Max Steinacker
Andreas Westphal

Sozialistische Wirtschaftspolitik in Frankreich

Max Steinacker
Andreas Westphal

Sozialistische Wirtschaftspolitik in Frankreich

projet socialiste
und
sozialdemokratische Modernisierung
der Volkswirtschaft

Wissenschaftlicher
Autoren-Verlag (WAV)
Berlin

CIP-Kurztitelaufnahme der Deutschen Bibliothek

Steinacker, Max:
Sozialistische Wirtschaftspolitik in Frankreich.
projet socialiste und sozialdemokratische Modernisierung
der Volkswirtschaft/Max Steinacker/Andreas Westphal.-
Berlin: Wissenschaftlicher Autoren—Verlag, 1985

Satz: Quorum Verlag und Druck GmbH
Druck: Interprint Ltd., Marsa
Printed in Malta 1985

ISBN 3-88840-225-5

Inhaltsübersicht

Kapitel 5
Die Industriepolitik der französischen Regierung nach dem Mai 1981 370

Kapitel 1

Vorwort

Nach der Ankündigung von neuen Stillegungen in der Stahlindustrie durch die französische Regierung im März 1984 wurden Parteibüros der französischen Sozialisten mit Steinen beworfen. Die lothringischen Arbeiter forderten den Rücktritt Mitterands.
Bei den Europawahlen am 17. Juni 1984 erweist sich die Koalition aus PS und PC als minoritär: Der PS erhielt lediglich 20,76% und der PC sogar nur 11,28% der Stimmen. Am 17. Juli trat die Regierung Mauroy mit der offiziellen Begründung zurück, daß die geplante Reform des Verhältnisses von Staat und Privatschulen gescheitert sei. Der PC hat auf eine Beteiligung an der neuen Regierung des am 18. Juli zum Premierminister ernannten vorherigen Industrieministers Laurent Fabius wegen der erheblichen Differenzen in der Konjunktur- und Beschäftigungspolitik verzichtet.
Mit dem Ende der gemeinsamen Regierungstätigkeit von PS und PC geht ein ganzer politischer Zyklus zuende, der in den sechziger Jahren mit der langsamen und widersprüchlichen Annäherung der beiden Parteien begonnen hatte. Dieser Zyklus beinhaltet das Sich- Anziehen und Sich- Abstoßen der beiden Parteien, die Formulierung eines gemeinsamen politischen Projektes und sein Scheitern aufgrund der sich verschiebenden strategischen Ziele. Die Festlegung des PS auf die Linksunion während seines historischen Parteitages 1971 in Epinay und der Abschluß des programme commun 1972 markieren den ersten Höhepunkt dieses Zyklus, der zum ersten Mal seit der Regierungsbeteiligung der italienischen und französischen Kommunisten in den ersten Nachkriegsjahren die Perspektive der von einer breiten Hegemonie getragenen Regierungsübernahme der Linken in einem westeuropäischen Land eröffnete.
Das programme commun war sowohl das verbindende politische Projekt der Linksunion, als auch ein Gegenstand des Kampfes um die Vormachtstellung innerhalb der Linken und die Entwicklung

ihrer strategischen Ausrichtung. Der Abbruch der Aktualisierungsverhandlungen zum programme commun im September 1977 und die damit verbundene weitgehende Zerstörung der Dynamik der linken Massenbewegung lastete schwer auf der zukünftigen Handlungsfähigkeit der Linken. Der Wahlsieg Mitterands im Mai 1981 war somit mehr Ausdruck einer Negativkoalition angesichts der bedrohlichen Resultate Giscard'scher Politik als Ausdruck einer linken Hegemonie. Das Volk wartete passiv auf eine Verbesserung seiner Lebenssituation. Unter diesen Bedingungen muß das Handeln der Regierung und der sie tragenden Parteien ganz entscheidend daran gemessen werden, inwiefern sie zum Aufbau von Massenbewegungen beigetragen hat, ohne deren vorantreibene Kraft das mühsame Projekt der gesellschaftlichen Umgestaltung nicht zum Erfolg geführt werden kann. Doch die "ruhige Kraft"[1] stellte auch die Ruhe der eigenen politischen Basis her, solange sie die Verbesserung der Beschäftigungssituation und die Erhöhung der Kaufkraft der am meisten benachteiligten Bevölkerungsgruppen in den Vordergrund ihres Handelns rückte.
Doch mit dem Ansteigen des Außenhandelsdefizites, das mit der traditionell keynesianischen Politik der ersten Phase der Tätigkeit der neuen Regierung verbunden war, hielt die Mehrheit der Regierungsmitglieder den Übergang zu Sparpolitik und Kaufkrafteinfrierung für notwendig. Die damit entstehenden Widersprüche, z.B. gegenüber den beschäftigungspolitischen Zielen, mobilisierten zunehmend die eigene soziale Basis - gegen die Regierung. Die Ergebnisse der Europawahlen und die Umbildung der Regierung im Juli 1984, die Ausdruck des grundlegenden Scheiterns des politischen Projekts des Jahres 1981 sind, müssen als Konsequenz dieser Entwicklung gesehen werden.

---

[1] Die "ruhige Kraft" (la force tranquille) war als Selbstbezeichnung des PS ein Slogan im Wahlkampf von 1981.

Mit unserer Arbeit wollen wir den Versuch unternehmen, den Beitrag der Wirtschaftspolitik am Scheitern des sozialistischen Projektes zu begreifen. Hierbei handelt es sich unserer Meinung nach allerdings nicht um ein beliebiges Politikfeld, sondern um eines mit zentralem Stellenwert für das Aufsteigen des PS zur Regierungspartei: Die beschäftigungspolitischen Versprechen waren wesentlicher Grund des Wahlsieges von 1981 und die linkskeynesianische Komponente der ersten Phase der Wirtschaftspolitik der neuen Regierung war der Kitt der Koalition von PS und PCF.
Eine Analyse der Rolle der Wirtschaftspolitik beim Auseinanderbrechen des Linksbündnisses kann nicht erst bei der Politik ansetzen, die nach dem Mai 1981 betrieben worden ist. Es bedarf zunächst einer Analyse des Gegenstandes, auf den sich die verschiedenen wirtschaftspolitischen Konzepte beziehen - eine nationale Ökonomie mit einer spezifischen Einbettung in die internationale Arbeitsteilung. Ohne eine solche Analyse kann die Angemessenheit einer bestimmten wirtschaftspolitischen Konzeption und ihr Handlungsspielraum nicht erfaßt werden.
Desweiteren erfordert eine Analyse der Wirtschaftspolitik nach dem Mai 1981 eine Bestimmung des <u>wirtschaftspolitischen Projektes</u> des PS, wie sie nur durch eine Untersuchung der Kontinuität und der Kohärenz der wirtschaftspolitischen Programmatik des PS in ihrer Entwicklung während der siebziger Jahre möglich ist.
Entsprechend haben wir unsere Arbeit in einen Teil I "Das Erbe" und einen Teil II "Die Wirtschaftspolitik der französischen Regierung nach dem Mai 1981" untergliedert.
<u>Teil I</u> umfaßt sowohl das Kapitel 2 mit der Analyse der französischen Ökonomie hinsichtlich der wirtschaftspolitischen Handlungsspielräume als auch das Kapitel 3 mit der Analyse der wirtschaftspolitischen Programmatik des PS in den siebziger Jahren.
<u>Teil II</u> wendet sich dann mit Kapitel 4 der Analyse der Konjunktur- und Beschäftigungspolitik und mit dem Kapitel 5 der Analyse der Industriepolitik der neuen Regierung zu.
Im Folgenden geben wir dem Leser einen groben Überblick über Gegenstandsbereiche und Hauptfragestellungen der einzelnen Kapitel. Angesichts der schlechten deutschsprachigen Literaturlage zu verschiedenen von uns behandelten Themenbereichen schien uns die Beibehaltung des Detaillierungsgrades unserer Arbeit und damit aber auch ihres Umfangs notwendig. Anderenfalls hätte die Nachvollziehbarkeit und Überprüfbarkeit erheblich gelitten.

Zu Kapitel 2 "Die Entwicklung der Industrie und der Wirtschaftspolitik Frankreichs im Rahmen der internationalen Arbeitsteilung"

Die außenwirtschaftlichen Schwierigkeiten der französischen Konjunkturpolitik in den Jahren 1982/1982 verweisen auf den Umstand, daß die spezifische Einbettung Frankreichs in den Weltmarktzusammenhang den wirtschaftspolitischen Handlungsspielraum der französischen Regierung beschränkt. Die Strategie der nachfrageorientierten Krisenbewältigung wurde durch den hohen Importsog der französischen Wirtschaft deutlich behindert, ein Großteil der staatlich induzierten Mehrnachfrage floß ins Ausland ab. Hierin reflektiert sich zunächst ein allgemeines Problem: Angesichts der 'offenen außenwirtschaftlichen Flanke' erleiden traditionelle, überwiegend für geschlossene Volkswirtschaften konzipierte wirtschaftspolitische Strategien einen Effizienzverlust. Doch gilt dies keineswegs für alle Länder gleichermaßen. Die Hierarchie innerhalb der internationalen Arbeitsteilung macht sich auch auf der gebrauchswertmäßigen Ebene geltend und bewirkt verstärkt intra- und internationale Disparitäten, in deren Folge sich die Abhängigkeit der einzelnen Ökonomien von Waren-, Kapital- und Technologieimporten unterschiedlich entwikkelt. Auf der Ebene der nationalstaatlich praktizierten Wirtschaftspolitiken muß diese Differenzierung in unterschiedlich ausgeprägten Regulierungspotentialen zum Ausdruck kommen. Gleichgerichtete wirtschaftspolitische Strategien werden in den einzelnen Ländern je nach ihrer Stellung in der internationalen Arbeitsteilung zu voneinander abweichenden Resultaten führen. Daraus aber kann geschlossen werden, daß einer Analyse der französischen Wirtschaftspolitik nach 1981 zunächst die Bestimmung der französischen Stellung innerhalb der internationalen Arbeitsteilung voraus gehen muß. Nur so läßt sich später die Frage beantworten, inwiefern die 1982 vollzogene Wende der französischen Wirtschaftspolitik zu einer angebotsorientierten Stabilisierungskonzeption zwangsläufig war, wie die Regierung behauptet hat, oder ob alternative Handlungsmöglichkeiten bestanden haben.
Kapitel 2 beginnt mit der Darlegung des theoretischen Rahmens, anhand dessen die spezifische Position Frankreichs in der Weltarbeitsteilung bestimmt werden kann. Darauf aufbauend werden

wir die wesentlichen Struktureigentümlichkeiten des französischen Produktionsapparates herausarbeiten. Die dabei gewonnenen Erkenntnisse dienen als Grundlage einer systematischen Untersuchung der französischen Industriestruktur an der Schwelle der achtziger Jahre. Im Rahmen von Branchenanalysen soll das Spezialisierungsprofil des französischen Produktionsapparates erfaßt werden. Hieraus erst läßt sich schlußfolgern, inwieweit die französische Industrie zur quantitativen und vor allem zur qualitativen Befriedigung der Binnennachfrage in der Lage ist.
In einem gesonderten Schritt werden wir die verschiedenen Varianten der vor 1981 betriebenen Industriepolitik sowie ihre jeweiligen realen Auswirkungen auf die französiche Ökonomie untersuchen. Dies erweist sich im Zusammenhang einer Kritik der Wirtschaftspolitik der PS-Regierung als erforderlich, weil die Besonderheiten ihrer industriepolitischen Strategie nur in Abgrenzung von den zuvor praktizierten Strategien auszumachen sind. Die diesbezüglichen Brüche, aber auch Kontinuitäten, erfordern ebenso ein Eingehen auf das Interventionsinstrumentarium, das die neue Regierung 1981 vorgefunden hat.

<u>Zu Kapitel 3 "Brüche und Kontinuitäten in der wirtschaftspolitischen Programmatik des PS vom programme commun bis zum projet socialiste</u>

Die Analyse der Wirtschaftspolitik der französischen Regierung nach dem Mai 1981 macht eine Untersuchung der Entwicklung der wirtschaftspolitischen Konzeptionen des PS notwendig, da diese entscheidender strategischer Bestandteil der Annäherung der neuen Regierung an den umzugestaltenden ökonomischen Prozeß sind. Das Kapitel 3 will mit einer historischen Betrachtung der Kontinuitäten und Brüche in der wirtschaftsprogrammatischen Entwicklung den Versuch unternehmen, ein politisches Projekt, d.h. die Einheit von den Zusammenhalt der Linksunion konstituierenden Elementen zu isolieren. Wir werden das programme commun, das das politische Projekt der Linksunion vergegenständlicht, im Hinblick darauf untersuchen, inwieweit es Strategien zur Bewältigung der spezifischen ökonomischen Probleme Frankreichs in den 70er Jahren , die in Kapitel 2 herausgear-

beitet worden sind, vor allem zur Verringerung der außenwirtschaftlichen Verletzbarkeit Frankreichs, entwickelt.
Doch die Betrachtung der Entwicklung des Verhältnisses von PS und PCF zeigt, daß mit dem programme commun nicht endgültig das Projekt der Linken umrissen war, sondern daß, erleichtert durch die inneren Widersprüche und die fehlende außenwirtschaftliche Absicherung der programme commun-Konzeption, ein Kampf um die Festlegung der Strategie der Linken beginnt, der im Scheitern der Aktualisierungsverhandlungen zum programme commun vorläufig endet. Ein wesentliches Erkenntnisinteresse ist die Frage nach den Ursachen dieses Scheiterns, die innerhalb der Entwicklung der beiden Parteien liegen. Eine Analyse der wirtschaftspolitischen Konzepte von drei PS-Theoretikern, die einen erheblichen Einfluß auf die Entwicklung der wirtschaftspolitischen Programmatik nach 1977 gehabt haben, soll die Frage klären, inwiefern sich innerhalb des PS-Mehrheitsflügels eine Orientierung an der Steigerung der nationalen Souveränität oder eine verstärkte Orientierung an der Wettbewerbsfähigkeit der französischen Industrie in einzelnen Marktlücken durchsetzt.
Das 3. Kapitel endet mit einer Untersuchung des projet socialiste, der offiziellen programmatischen Grundlage des PS für die achtziger Jahre, das hinsichtlich seiner industriepolitischen und außenhandelspolitischen Konzeption eine Weiterentwicklung gegenüber dem programme commun darstellt.

<u>Zu Kapitel 4 "Die Konjunktur- und Beschäftigungspolitik der französischen Regierung nach dem Mai 1981"</u>

Unser Interesse richtet sich zunächst auf die Frage, inwieweit das Scheitern der in der ersten Phase betriebenen expansiven Nachfragepolitik ökonomisch vermeidbar gewesen wäre. Nach einer Darstellung der wesentlichen Regierungsmaßnahmen und ihrer ökonomischen Resultate können die Faktoren für den weitgehenden Abfluß der staatlich induzierten Mehrnachfrage bestimmt werden. Vor diesem Hintergrund können dann alternative Handlungsmöglich-

keiten bestimmt werden.
Der folgende Teil des 4.Kapitels hat die Wende zur Angebotsorientierung im Frühjahr 1982 zum Gegenstand, die am augenscheinlichsten durch den Lohn- und Preisstop markiert worden ist. Wir konzentrieren uns daher zunächst auf eine Analyse dieser Maßnahme hinsichtlich ihrer einkommenspolitischen Implikationen und ihrer produktionsstrukturellen Konsequenzen.
Die Verschärfung der Angebotspolitik seit dem Frühjahr 1983 wurde von den verantwortlichen Akteuren mit der Notwendigkeit begründet, den hohen Importsog der französischen Wirtschaft zurückzudrängen. Diese Strategie, die bereits in den fünfziger und und sechziger Jahren mehrfach praktiziert wurde, soll anhand einer Zusammenfassung der seither ergriffenen Maßnahmen hinsichtlich ihrer ökonomischen Folgewirkungen untersucht werden.
Ein wichtiges Beurteilungskriterium für die angebotsorientierten Maßnahmen ist die Frage nach der Vereinbarkeit der nachfragebremsenden Sparmaßnahmen mit dem industriepolitischen Ziel, die strukturelle Importabhängigkeit Frankreichs durch die Restrukturierung des nationalen industriellen Geflechts abzubauen.

<u>Zu Kapitel 5 "Die Industriepolitik der französischen Regierung nach dem Mai 1981"</u>

Zentrale Stützpunkte der Industriepolitik der neuen Regierung waren die Erweiterung der wirtschaftspolitischen Handlungsfähigkeit durch die Ausweitung des nationalisierten Sektors und die Reduzierung der außenwirtschaftlichen Abhängigkeit durch eine stärkere Ausrichtung der Industrieproduktion auf die Nachfragestruktur des Binnenmarktes.
Die Bezugspunkte unserer Analyse der Industriepolitik sind außer der im projet socialiste enthaltenen industriepolitischen Programmatik die von uns entwickelten allgemeinen Anforderungen an eine Industriepolitik in der sozialistischen Transformationsperiode.
Zunächst mußte die Frage geklärt werden, inwiefern die Ausweitung des nationalisierten Sektors in quantitativer und in branchenmäßiger Hinsicht ausreichend war, um Grundelemente einer neuen ökonomischen Logik einführen zu können.

Nach einer Kritik der mangelnden Planhaftigkeit der industriepolitischen Programmatik im plan interimaire und im 9.Plan liegt der Schwerpunkt des 5. Kapitels bei der Analyse der industriepolitischen Praxis in verschiedenen Branchen. Die bei dieser Untersuchung festgestellten Widersprüche zur industriepolitischen Programmatik werfen eine Reihe von wichtigen Fragen auf:
Mit welchen Instrumenten hat die Regierung versucht, ihre industriepolitischen Vorstellungen dusrchzusetzen?
Welche Möglichkeiten haben die Beschäftigten, besonders im nationalisierten Sektor, auf die Festlegung der Unternehmensstrategie Einfluß zu nehmen und damit an der gesellschaftlichen Umsetzung der in nationalen Plänen festgeschriebenen industriepolitischen Zielsetzungen mitzuwirken?
Wie ist das Verhältnis zwischen der seit dem Frühjahr 1982 eingeschlagenen Sparpolitik der französischen Regierung und den industriepolitischen Zielen?
Das Haupterkenntnisinteresse dieses Kapitels ist jedoch die Frage, inwieweit die industriepolitische Praxis zu einer Umorientierung der Investitions- und Absatzziele der Unternehmen, besonders der nationalisierten Unternehmen, in Richtung auf eine Verringerung der außenwirtschaftlichen Verletzlichkeit und damit auf eine Vergrößerung des Handlungsspielraums einer linken Bewegung beigetragen hat.

Teil I

Das Erbe

Kapitel 2

Die Entwicklung der Industrie und der Wirtschaftspolitik Frankreichs im Rahmen der Internationalen Arbeitsteilung

2.1. Einleitung

2.1.1. Internationalisierung als Problem alternativer Wirtschaftspolitik

Die keynesianisch orientierte Konjunkturpolitik der neuen französischen Regierung, die die verantwortlichen Akteure zunächst nicht nur als kurzfristig greifendes Instrument zur Bewältigung der schweren Konjunkturkrise, sondern gleichzeitig auch als wesentliche Voraussetzung für den Erfolg einer sozialistischen Industriepolitik betrachteten, stieß bereits Ende 1981 an erste außenwirtschaftliche Schwierigkeiten. Das 'Diktat der Zahlungsbilanz' (steigende Außenhandelsdefizite) machte sich zunehmend fühlbar und diente der sozialistischen Regierungsmehrheit bereits im Frühsommer 1982 als das entscheidende Argument für die Einleitung eines konjunkturpolitischen Kurswechsels, in dessen Folge nun auch die französische Regierung verstärkt auf eine angebotsorientierte Stabilisierungskonzeption einschwenkte.
Der Verweis auf die aus den außenwirtschaftlichen Verflechtungen resultierenden Restriktionen macht deutlich, daß der Prozeß der Internationalisierung des Kapitals das wirtschaftspolitische Regulierungspotential einer lediglich auf der nationalstaatlichen Ebene operierenden Regierung beschränken muß. Angesichts der zunehmenden Handels- und Produktionsverflechtung verlieren traditionelle, überwiegend für 'geschlossene' Volkswirtschaften entwickelte wirtschaftspolitische Konzeptionen zunehmend an Effizienz. Insbesondere das keynesianische Paradigma sieht sich aufgrund der 'offenen außenwirtschaftlichen Flanke' mit erheblichen Problemen konfrontiert. Zweifellos muß jede linke, in einer sozialistischen Perspektive formulierte Wirtschaftspolitik diesem Umstand Rechnung tragen, will sie nicht aufgrund der äußeren Sachzwänge des Weltmarkts von vornherein zum Scheitern

verurteilt sein. Allerdings gilt nun der mit der Internationalisierung einhergehende wirtschaftspolitische Souveränitätsverlust nicht für alle Länder gleichermaßen. Ausschlaggebend dafür ist der Umstand, daß die Interpenetration der kapitalistischen Ökonomien keineswegs zu einer Angleichung der nationalen Entwicklungsniveaus führt, wie es die neoklassische Freihandelstheorie postuliert, sondern im Gegenteil verstärkte intra- und internationale Disparitäten nach sich zieht. Bereits eine oberflächliche Betrachtung der weltwirtschaftlichen Entwicklung macht dies deutlich: Während einige Ökonomien, insbesondere die deutsche und die japanische, vom Prozeß der Internationalisierung profitieren konnten, werden andere (durchaus auch Industrie-) Länder wie beispielsweise Großbritannien zunehmend marginalisiert. Auf der Ebene der Wirtschaftspolitik muß diese Differenzierung in unterschiedlich ausgeprägten nationalen Handlungsspielräumen zum Ausdruck kommen. Gleich oder ähnlich ausgerichtete wirtschaftspolitische Strategien werden in den einzelnen Ländern zu unterschiedlichen Resultaten führen, je nach dem, welche Stellung das entsprechende Land in der Weltarbeitsteilung innehat. Bezogen auf die französische Wirtschaftspolitik nach dem Mai 1981 läßt sich daraus schlußfolgern, daß ihre wissenschaftliche Abhandlung nicht umstandslos mit einer Untersuchung und Bewertung der von den verantwortlichen Politikern ergriffenen Maßnahmen beginnen kann. Vielmehr ist es zunächst erforderlich, die spezifische Stellung Frankreichs in der IAT zu bestimmen. Erst im Anschluß an diesen 'Umweg' kann herausgearbeitet werden, welcher wirtschaftspolitische Handlungsspielraum den Linksparteien nach ihrer Regierungsübernahme gegeben war, bzw. inwieweit die tatsächlich praktizierte Wirtschaftspolitik dem existierenden Regulierungspotential entsprach. Auch auf dieser Grundlage erst läßt sich schließlich überprüfen, ob der wirtschaftspolitische Kurswechsel im Frühjahr 1982 'zwangsläufig' vollzogen werden mußte, wie es der Mehrheitsflügel der sozialistischen Partei nunmehr behauptet, oder ob andere, insbesondere auf der politischen Ebene anzusiedelnde Faktoren dafür ausschlaggebend waren (diese Fragen diskutieren wir in den Kapiteln 3 und 4).

2.1.2. Die Theorie der Internationalen Arbeitsteilung (IAT)

Um die Stellung Frankreichs in der IAT bestimmen zu können, bedarf es einiger grundlegender theoretischer Aussagen zu Struktur und Entwicklungstendenzen der IAT. Anknüpfungspunkt ist dabei der Prozeß der Internationalisierung, welcher sich im Bereich kapitalistisch organisierter Gesellschaften auf den folgenden drei Ebenen vollzieht:

1. Die Internationalisierung des Warenkapitals. Hiermit ist die Intensivierung des Warenhandels zwischen den nationalen Ökonomien gemeint. Sie kommt in steigenden Im- und Exportquoten, also wachsenden Anteilen von Importen und Exporten am Bruttosozialprodukt der einzelnen Ländern zum Ausdruck. Diese Form der Internationalisierung dominierte insbesondere die erste große Phase der Weltmarktentwicklung nach dem Zweiten Weltkrieg in den 50er Jahren, als die Zuwachsraten des Außenhandels weit über denen des Bruttosozialproduktes lagen. In der Konsequenz hat sich heute ein Großteil der nationalen Warenmärkte zu Weltwarenmärkten entwickelt.
2. Die Internationalisierung des produktiven Kapitals. Großen Unternehmen gelingt es zunehmend, im Zuge ihrer Expansion die nationalen Grenzen zu überschreiten und auch im Ausland Produktionsprozesse zu beherrschen. Symbol dieser - seit Anfang der 60er Jahre stark anwachsenden Form der Internationalisierung - sind die sogenannten Multinationalen Konzerne (MNK). Ihr Spezifikum liegt darin, daß sie in mehreren Ländern von ihnen abhängige Tochterunternehmen besitzen und somit ihren

> "Profit unter Ausnutzung der verschiedenen Finanzierungs-, Beschaffungs-, Produktions- und Absatzbedingungen sowie der unterschiedlichen staatlichen Rahmenbedingungen in den einzelnen Ländern maximieren können "(Kisker u.a. 1982, 105).

3. Die Internationalisierung des zinstragenden Kapitals. Sie zeigt sich in der seit etwa 15 Jahren äußerst dynamisch verlaufenden Herausbildung übernationaler Kreditsysteme. Bestes Beispiel für diese Entwicklung dürfte der sogenannte Eurodollarmarkt sein, dessen Umfang sich in den 70er Jahren mehr als ver-

achtfacht hat.
Aufbauend auf diesen Ausführungen zum Prozeß der Internationalisierung soll die IAT definiert werden als das Gesamt der ökonomischen Interdependenzen zwischen den nationalen Ökonomien, wie sie sich im historischen Prozeß der Internationalisierung des Kapitals herausgebildet haben.
Die Annäherung an das Phänomen der Internationalisierung kann von zwei methodischen Ebenen aus erfolgen, wobei lediglich auf der zweiten Ebene Aussagen über die spezifische Position eines Landes in der IAT möglich sind:
1. Der Ebene des Verwertungsprozesses, dessen Gesetzmäßigkeiten den Einzelkapitalen zunehmend ein Überschreiten der nationalen Grenzen aufzwingen und damit einen internationalen Verwertungszusammenhang schaffen. Untersucht wird hier, welche Triebkräfte einen ausgebildeten Weltmarkt als die "Basis und Lebensatmosphäre der kapitalistischen Produktionsweise" (MEW 25, 120) hervorbringen. Auf der Ebene des Verwertungsprozesses lassen sich allerdings keine Aussagen darüber formulieren, welche Struktur bzw. Hierarchie der sich konstituierende internationale Verwertungszusammenhang hat, da hier unterschiedliche Fähigkeiten von einzelnen nationalen Kapitalen oder einzelnen nationalen Kapitalismen zur Beherrschung des internationalen Verwertungszusammenhangs nicht herausgearbeitet werden können.
2. Deshalb ist zur Analyse der IAT eine zweite Analyseebene, die der Reproduktion nationaler Ökonomien, notwendig. Ausgehend von der Tatsache, daß der Prozeß der Internationalisierung eine vollkommen autarke Reproduktion einer nationalen Ökonomie unmöglich macht, beschäftigt man sich in diesem Zusammenhang mit den Rückwirkungen der internationalen Verwertungszusammenhänge auf die jeweiligen nationalen Reproduktionsformen. Damit ist man aber gezwungen, auch die gebrauchswertmäßige Ebene der Produktion in ihrer strukturellen Veränderung durch die Errichtung internationaler Verwertungszusammenhänge zu untersuchen.
In diesem Zusammenhang wurde in der linken französischen Inter-

nationalisierungsdiskussion der 70er Jahre[1] die zentrale These entwickelt, daß der Prozeß der Internationalisierung des Kapitals zu einer wachsenden Hierarchisierung der nationalen Ökonomien in der IAT führt, die sich nach dem Grad der Kohärenz eines nationalen Produktionssystems, d.h. der Kohärenz der verschiedenen Sektoren und Abteilungen der Produktion richtet. Das Sektoren- bzw. Abteilungskonzept, gebildet in Abgrenzung zu traditionellen Branchennomenklaturen, ist als der Versuch zu verstehen, die industriellen Branchen unter dem Gesichtspunkt ihrer Funktion für den nationalen Reproduktionsprozeß zu gliedern. Die in diesem Zusammenhang entwickelten drei großen Sektoren, Produktionsmittel-, Zwischengüter- und Konsumgütersektor, lassen sich selbst wieder in verschiedene Unterabteilungen aufgliedern (vgl. Schaubild 2.1). Wenn nun betont wird, daß die Stellung einer Ökonomie in der IAT von deren Fähigkeit abhängt, "ihre eigene Akkumulation autonom voranzutreiben, also eine kohärente Gesamtheit von Abteilungen national zu kontrollieren" (GRESI,1976, in:

---

[1] vgl. Palloix,Christian 1975: L'internationalisation du Capital, Maspero 1975;
Andreff, Wladimir 1975: Dévelopement de la firme multinationale et sectoralisation mondiale de la production, Paris;
GRESI (Groupe de Reflexion pour les Stratégies Industrielles) 1976: Etudes politiques industrielles - La division international du travail, Tome 1 et 2, Paris - La documentation francaise 1976;
Andreff, Wladimir 1976: Profits et structure du capitalisme mondial, Paris, Calmann-Lévy;
Palloix, Christian 1977: Procès de production et Crise, PUG Maspero;
Deubner, C., Rehfeldt, U., Schlupp, F., Ziebura, G. 1979: Die Internationalisierung des Kapitals, Frankfurt am Main;
Deubner, Christian 1979: Internationalisierung als Problem alternativer Wirtschaftspolitik, in: Leviathan 1/79;
Schlupp, Frieder 1979: Internationalisierung und Krise - das 'Modell Deutschland' im metropolitanen Kapitalismus, in: Leviathan 1/79;
Les Cahiers Francaise, No 192: Redéploiment ou protectionisme juillet-séptembre 1979, Paris;
Les Cahiers Francaise, No 212: La politique industriell, juillet-séptembre 1983, Paris;
Bühler, Marcel 1981: Weltmarkt, internationale Arbeitsteilung und nationale Reproduktion, in: PROKLA 44.

Schaubild 2.1

Sektoralisierung des Produktionssystems

Sektor	Abteilung	Aktivitäten
1. Produktionsmittel- oder Ausrüstungsgütersektor (AGS)	1a) Produktionsmittel zur Herstellung von Produktionsmitteln	Werkzeugmaschinenbau (WMB), Datenverarbeitung (EDV), elektronische und elektrotechnische Industrie (EEI)
	1b) Produktionsmittel zur Herstellung von Zwischenprodukten	schwerer Maschinenbau (MB), elektrische Großanlagen, Steuer- und Regeltechnik
	1c) Produktionsmittel zur Herstellung von Konsumgütern	elektrische Ausrüstungsgüter, leichter Maschinenbau (MB)
2. Zwischengütersektor (ZGS)	2a) Zwischenprodukte zur Herstellung von Produktionsmitteln	Eisen- und Stahlindustrie (ESI): Spezial- und Profilstähle, Energie, NE-Metalle
	2b) Zwischenprodukte zur Herstellung von Konsumgütern	Eisen- und Stahlindustrie (ESI): Bleche; Petrochemie: Chemie (CI); Energie, Transport
3. Konsumgütersektor (KGS)	3a) Konsumgüter für den kollektiven Konsum	Bauindustrie, Gesundheitswesen usw.
	3b) Massenkonsumgüter	traditionelle Konsumgüter (TKI): Textil-, Leder-, Schuhindustrie; dauerhafte Konsumgüter: Automobile (FB), Unterhaltungselektronik (UE), elektromechanische Haushaltsgeräte

Quelle: Deubner u.a., 1979a,194)

Deubner u.a. 1979a, 196), so heißt dies nicht, daß allen drei Sektoren das gleiche Gewicht zukommt. Ausschlaggebend für den Grad der nationalen Autonomie gilt die Beherrschung des Sektors der Produktionsmittelproduktion. Dieser gliedert sich in die drei Abteilungen Produktionsmittel zur Herstellung von Produktionsmitteln, Produktionsmittel zur Herstellung von Zwischengütern und Produktionsmittel zur Herstellung von Konsumgütern. Als eigentlicher 'Kern' des Produktionssystems gilt die erste dieser drei Abteilungen, denn das technologische und organisatorische Potential der hier angesiedelten Industrien (insbesondere des WMB und EEI[1]) entscheidet zu einem großen Teil über das Niveau der Produktivitätsentwicklung sämtlicher ihnen nachgelagerter Bereiche.
Die spezifische Rolle des Zwischengütersektors ist bisher in der theoretischen Diskussion in Frankreich nicht befriedigend gelöst worden. Dabei spielt weniger die Tatsache eine Rolle, daß sich ein gesonderter Zwischengütersektor nicht aus den marx'schen Reproduktionsschemata ableiten läßt, sondern vielmehr die Offenheit der Rolle des Zwischengütersektors für die Konstituierung und die Beherrschung der Kohärenz der nationalen Produktionsstruktur[2].
Einigkeit herrscht jedoch über die Auffassung, daß der Sektor der die traditionellen[3] Konsumgüter herstellenden Industrien bezüglich seiner Bedeutung für die Autonomie des nationalen Reproduktionsprozesses eher am unteren Ende der Hierarchie anzusiedeln ist. Während sich sein Entwicklungspotential in der Re-

---

[1]Diese und die folgenden Branchenabkürzungen vgl.Schaubild 2.1.

[2]Beispielsweise darf die Rolle der Chemieindustrie bei der Konstituierung von Produktivitätsvorsprüngen und strukturellen nationalen Wettbewerbsvorteilen nicht unterschätzt werden. Historisch ist etwa die ständig wichtiger werdende Rolle Deutschlands in der IAT der 20er Jahre und 30er Jahre auch auf die Rolle der deutschen Chemieindustrie für die Eroberung neuer Produktions- und Absatzgebiete sowie für die Verbilligung verschiedener Elemente des konstanten Kapitals zurückzuführen.

[3]Die sogenannten dauerhaften Konsumgüter werden aufgrund ihrer technologischen Eigenschaften von manchen Autoren zur elektrotechnischen-elektronischen Industrie gerechnet.

gel als abhängig vom Entwicklungsstand der ihm vorgelagerten Bereiche Investitions- und Zwischengüterindustrien erweist, gehen umgekehrt von ihm in erheblich geringerem Maße Impulse zur Veränderung der technisch-ökonomischen Strukturen der anderen Industrien aus. Ein unterentwickelter Konsumgüterbereich verweist also tendenziell auf bestimmte Defizite des Investitions- und Zwischengütersektors und nicht umgekehrt.
Ausgehend von dieser Konzeption kann die IAT als "abgestuftes System nationaler Ökonomien (verstanden werden, welches) vom Grad der 'autonomen' Kontrolle des Reproduktionsprozesses her bestimmt wird" (Bühler 1980, 155). Mit ihm wird es möglich, neben der spezifischen Stellung der Entwicklungsländer in der IAT (vgl. ebd.) auch die Arbeitsteilung zwischen den Industrieländern zu erfassen:

> "Zwar sind alle Industrieländer mit einem bestimmten Typ sektoraler Kohärenz (d.h. Verflechtung zwischen den Sektoren und Abteilungen, die Verfasser) ausgestattet, doch sind sie ihrerseits in einen Internationalisierungsprozeß einbezogen, der ihnen nur eine relative Kontrolle dieser Kohärenz und damit der Akkumulation zuläßt. Dieser Tatbestand schlägt sich in nicht-symmetrischen Abhängigkeitsverhältnissen nieder, die sich als Hierarchie ausdrücken lassen" (Hervorhebungen im Original, GRESI 1976 in:Deubner 1979a, 198).

An der Spitze dieser Hierarchie stehen dabei diejenigen Produktionssysteme, welche aufgrund ihrer Spezialisierung im Sektor der produktionsgüterproduzierenden Industrien (und hier besonders in der Abteilung der Produktion von Produktionsmitteln zur Herstellung von Produktionsmitteln), "vermittelt über komplexe und tendenziell auch komplette Produktions- und Produktketten" (Schlupp 1979, 17), einen hohen Grad an zwischensektoraler Kohärenz besitzen. Der Begriff der Produktionskette (frz: filière) ist ein makroökonomischer Begriff, der in der Perspektive der Untersuchung der Kohärenz eines nationalen Produktionssystems gebildet wurde und die technischen Verbindungen zwischen den einzelnen aufeinander aufbauenden Produktionsprozessen untersucht. Die Kohärenz eines nationalen Produktionssystems ist dabei um so großer, je integrierter die voneinander abhängigen Produktionsprozesse in technischer Hinsicht sind und je mehr eine na-

tionale Kontrolle derselben gegeben ist. Der Begriff der Produktionskette liegt insofern quer zum reproduktionstheoretischen Begriff des Sektors, als er technische und potentiell sektorübergreifende Verbindungen von Produktionsprozessen untersucht. Er stellt jedoch gerade damit ein notwendiges analytisches Instrument zur Untersuchung sowohl der intra- als auch der intersektoralen Kohärenzbetrachtung dar.
Aufbauend auf der allgemeinen Definition der Produktionskette gibt es verschiedene Versuche, eine Anzahl konkreter Produktionsketten in einer gegebenen Ökonomie zu bestimmen, wobei das Spektrum von der Einteilung in nur zwei Produktionsketten, die Metallkette und die Landwirtschaftschemiekette (vgl. Lafay 1977), bis zu Konzepten von mehreren Dutzend Produktionsketten (vgl. z.B. Attali 1978, Boublil 1977) reicht. Wir halten es in unserem Rahmen nicht für sinnvoll, im einzelnen auf diese Konkretisierungsversuche, die für praktische wirtschaftspolitische Absichten natürlich ihre Bedeutung haben, einzugehen. Wie sehen die theoretische Leistungsfähigkeit des Begriffs der Produktionskette gerade darin, daß je nach Analysebezug ein bestimmter Zusammenhang von Produktionsprozessen hervorgehoben werden kann, während zeitweilig von einem anderen abstrahiert wird[1].
Ein weiteres relevantes Kriterium zur Untersuchung der Stellung einer nationalen Ökonomie in der IAT, die Fähigkeit zur quantitativen und qualitativen Befriedigung der Binnennachfrage, kann nach den bisherigen Ausführungen als eine abgeleitete Größe aufgefaßt werden. Je größer die intra- und intersektorale Kohärenz einer Volkswirtschaft ist, je mehr sie die zentralen Produktionsketten beherrscht, desto größer ist zugleich auch ihre Fähigkeit zur Befriedigung der Binnennachfrage. Der Begriff der autozentrierten Akkumulation schließlich verknüpft sich gerade in der Abstimmung von Angebots- und Nachfragestrukturen einer nationalen Ökonomie in den zentralen Bereichen der Herstellung der Produktionsmittel. Er bringt also zum Ausdruck, daß die für die Ko-

[1] So ist beispielsweise der MB sowohl im Zusammenhang der Produktionskette Stahl als auch der Produktionskette Elektronik zu analysieren.

härenz des industriellen Geflechts entscheidenden Produktionssegmente national verfügbar sind, so daß sich die Kapitalakkumulation zumindest hier weitgehend unabhängig von Waren- und Kapitalimporten vollzieht. Dies ist eine entscheidende Voraussetzung dafür, daß die Möglichkeit der technologischen und konjunkturpolitischen Dominierung durch andere Ökonomien zurückgedrängt werden kann. Damit aber zeigt sich zugleich, daß das Konzept der autozentrierten Akkumulation keinesfalls einen autarken Charakter hat. Es setzt nicht die Reduzierung der Importe generell, sondern lediglich ihre Reduzierung in den strategisch wichtigen Industriebereichen voraus.

2.1.3. Gegenstand, Zielsetzung und Aufbau der Untersuchung

Die dargestellte Theorie benennt Kriterien, anhand derer die spezifische Position Frankreichs in der IAT bestimmt werden kann. Gefragt werden muß nach der intra- und intersektoralen Kohärenz des französischen Produktionsapparates, von dem der Grad der 'autonomen' Kontrolle des Reproduktionsprozesses abhängig ist. Dies erfordert es , herauszuarbeiten, inwieweit Frankreich über komplette Produkt- und Produktionsketten insbesondere im Bereich der strategischen Knotenpunkte des AGS verfügt. Schwach- und Bruchstellen in den Produktionsketten müssen aufgedeckt und die Formen der Verflechtung zwischen den industriellen Sektoren untersucht werden. Auch die außenwirtschaftlichen Konsequenzen der industriellen Struktur sind zu benennen. In diesem Zusammenhang ist nun allerdings der Hinweis wichtig, daß die spezifische Stellung Frankreichs in der IAT nicht allein im Rahmen einer Querschnittsanalyse, also beispielsweise einer Bestandsaufnahme der Produktionsstrukturen im Jahre 1981, verdeutlicht werden kann. Die Ursache dafür liegt in dem Umstand, daß die Struktur der IAT dynamisch ist und einem beständigen Wandel unterliegt, in dessen Verlauf sich die Konkurrenzpositionen der einzelnen Länder und die Kräfteverhältnisse zwischen ihnen offensichtlich verschieben. Die Beispiele hierfür sind zahlreich und betreffen, wie oben bereits erwähnt, sowohl das duale Verhältnis zwischen den Industrie- und den Entwicklungsländern als auch das Verhältnis zwischen den Industrieländern selbst. Einigen Entwicklungsländern ist es beispielsweise im Rahmen eines 'verschuldeten Industrialisierungsprozesses' durchaus gelungen, die zuvor vorhandene ökonomische Monostruktur ansatzweise zu überwinden und in bestimmten Branchen eine international wettbewerbsfähige Produktion zu etablieren. Auch wenn sich diese Entwicklung meist nicht auf die zentralen, für die Kohärenz des nationalen Produktionsapparates entscheidenden Ausrüstungsgüterindustrien bezog, die subalterne Integration in die IAT folglich nicht grundsätzlich überwunden werden konnte, hat sich der Handlungsspielraum einiger dieser Länder dennoch erhöht (das Gesagte gilt allerdings keineswegs generell, da die alten Abhängigkeiten - wie im Fall der südamerikanischen Länder - häufig durch neue, nämlich die vom internationalen Kredit- und Bankensystem, ersetzt wurden). Südkorea, Taiwan oder Honkong nehmen heute in der Hierarchie der IAT zweifellos eine mittlere Stellung ein: zwar liegen sie immer noch weit hinter den großen Industrieländern zurück und werden von diesen nach wie vor technologisch, wirtschaftspolitisch und auch allgemeinpolitisch dominiert; dennoch ist ihre Position erheblich günstiger als beispielsweise die der Mehrheit der schwarzafrikanischen Staaten, deren (wirtschafts-) politischer Handlungsspielraum aufgrund ihrer völligen ökonomischen Marginalisierung sehr gering bleiben muß. Deutliche Differenzierungsprozesse zeigen sich auch innerhalb der Gruppe der dominanten Ökonomien. Der Bundesrepublik und Japan ist es - nicht zuletzt wegen der konsequenten Ausrichtung ihres Produktionsapparates auf die Investitionsgüterindustrien - zweifellos gelungen, die weltwirtschaftliche Hegemonie der USA zu relativieren. Eine Reihe von Indikatoren, wie z.B. die höheren deutschen und japanischen Produktivitätszuwachse insbesondere in den zentralen Bereichen des MB und - weniger ausgeprägt - auch der EEI, weisen darauf hin. Der Rückgang des amerikanischen Anteils am Welthandel mit industriellen Erzeugnissen zeigt ebenfalls an, daß die Wettbewerbs-

fähigkeit dieses Landes gegenüber der Bundesrepublik und Japan tendenziell rückläufig ist[1].
Gerade der deutsche Aufstieg in der Hierarchie der IAT kann nun allerdings nicht allein auf die vergleichsweise große Dynamik der bundesdeutschen Ökonomie in den letzten Jahren zurückgeführt werden. Eine historische Analyse zeigt, daß die Grundlagen der deutschen Dominanz in der IAT weit früher, bereits gegen Ende des 19. Jahrhunderts gelegt wurden. Mehr als jedem anderen Land gelang es Deutschland bereits damals, sich auf die 'modernen', zugleich Tempo und Qualität des wissenschaftlich-technischen Fortschritts prägenden Wachstumsbranchen (CI, MB, Elektrotechnik) zu spezialisieren. Während Groß-Britannien, die alte Hegemonialmacht des Weltmarktes, und Frankreich ihren Handel zunehmend auf die-mit hohen Zöllen vor der internationalen Konkurrenz geschützten - Kolonien konzentrierten, weshalb der Druck zur Modernisierung der Produktionsstrukturen in beiden Ländern nachließ, richtete der deutsche Produktionsapparat seine Strukturen optimal auf die dynamischen Wandlungen des Weltmarktes aus. Aufgrund der systematischen Rationalisierung der Produktion (Übergang von der extensiven zur intensiven Form der Reproduktion) gelang es Deutschland bereits Anfang des 20. Jahrhunderts, Groß-Britannien im Bereich der Ausfuhr wichtiger Industriegüter zu überholen und führender Weltexporteur von chemischen Erzeugnissen und Maschinenbauprodukten zu werden. Der Zweite Weltkrieg unterbrach diesen Zustand lediglich für eine kurze Zeit, stellte ihn jedoch nicht grundsätzlich in Frage.

---

[1] Allerdings darf nicht übersehen werden, daß die USA allein schon aufgrund der Größe ihres Binnenmarktes, ihrer Ex- und Importe sowie der Funktion des Dollars als Weltgeld die IAT nach wie vor entscheidend bestimmen. Der jeweiligen amerikanischen Regierung stehen deshalb immer noch eine Reihe von hegemonialen wirtschaftspolitischen Strategien zur Verfügung, die den Handlungsspielraum der anderen Industrieländer deutlich restringieren (man denke in diesem Zusammenhang lediglich an die Bedeutung der US-Hochzinspolitik für die wirtschaftspolitische Praxis in Westeuropa). Gleichzeitig verfügen die USA als politische und militärische Führungsmacht des westlichen Blocks noch zusätzlich zu den ökonomischen über weitere Möglichkeiten, ihre größten Konkurrenten zu dominieren.

Die Bundesrepublik knüpfte also 1949 an eine überlegene, bereits in den zurückliegenden Jahrzehnten geschaffene Produktionsstruktur an, die nunmehr weiter ausgebaut werden konnte und in deren Existenz eine entscheidende Grundlage für die heutige Position des Landes in der IAT gesehen werden muß.
Bereits diese kurzen Bemerkungen zu den historischen Grundlagen der Entwicklung der deutschen Industrie zeigen, daß die gegenwärtige Position eines Landes in der Hierarchie der IAT nur unter der Voraussetzung zu verstehen und in einer dynamischen, d.h. entwicklungsperspektivisch orientierten Sichtweise abzubilden ist, wenn wenigstens die grundlegendsten Struktureigentümlichkeiten seines Produktionsapparates in ihrer historischen Gewordenheit rekonstruiert worden sind. Zudem weisen sie darauf hin, daß die Entwicklung der Industriestruktur dieses Landes in Beziehung gesetzt werden muß zu den ebenfalls dynamischen Wandlungen der IAT (der Verschiebung der Kräfteverhältnisse zwischen den einzelnen Ökonomien), worauf aufbauend erst seine aktuelle Einbettung in den Weltmarktzusammenhang adäquat bestimmt und im Rahmen einer Querschnittsanalyse weiter konkretisiert werden kann. Bezogen auf die Herausarbeitung der französischen Position in der IAT läßt sich hieraus schlußfolgern, daß zunächst sowohl die französische Industriestruktur als auch die wichtigsten Linien der Weltmarktdynamik nachgezeichnet werden müssen, bevor die gegenwärtige Stellung Frankreichs in der Weltarbeitsteilung durch Branchenanalysen etc. spezifizierbar ist. Diesem - in der Tat anspruchsvollen - Unterfangen können wir allerdings nur teilweise gerecht werden, da eine umfassende Rekonstruktion der gegenwärtigen Weltmarktdynamik den Rahmen unserer Arbeit sprengen würde. Wir werden sie deshalb nur insoweit vornehmen, als es zur Charakterisierung der Stellung Frankreichs gegenüber seinen wichtigsten ökonomischen Konkurrenten, insbesondere Deutschland, unerläßlich ist. Die zentralen Struktureigentümlichkeiten des französischen Produktionsapparates sollen hingegen in ihrer historischen Gewordenheit rekonstruiert werden.

Die historische Vorgehensweise hat zudem den Vorteil, daß die französische Industriepolitik, der aufgrund der traditionellen Unterindustrialisierung des Landes schon lange eine große Bedeutung zukommt, in ihren verschiedenen Varianten und ihrer jeweiligen Auswirkung auf die französische Industriestruktur rekapituliert werden kann. Dies erweist sich im Zusammenhang einer Abhandlung der Wirtschaftspolitik der sozialistischen Regierung deshalb als erforderlich, weil die Besonderheiten ihrer Industriepolitik nur in Abgrenzung von der zuvor vertretenen und praktizierten Industriepolitik zu verdeutlichen sind. Sollen sowohl konzeptive als auch praktische Brüche (und durchaus auch Kontinuitäten) aufgezeigt werden, muß zunächst das staatliche Regulierungs- und Interventionsinstrumentarium rekonstruiert werden, das die neue Regierung 1981 vorfand und von dem sie in ihren industriepolitischen Überlegungen auszugehen gezwungen war. Es handelt sich hier im wesentlichen um den in den Nachkriegsjahren konstituierten öffentlichen Sektor sowie die in gleicher Zeit entwickelte Planification, die jedoch im Laufe der Zeit einem starken Funktionswandel unterlag. Zur Abgrenzung ist es aber nicht minder wichtig, auch auf die Subjekte und die Ziele der vor 1981 praktizierten Industriepolitik einzugehen. Es bleibt also herauszuarbeiten, welche Akteure an der Elaborierung der industriepolitischen Leitlinien beteiligt waren, inwieweit sie demokratisch legitimiert waren und welche Zielsetzungen mit welchen Konzeptionen von ihnen dabei verfolgt wurden. Ein Blick auf die französische Industriepolitik vor 1981 zeigt, daß es diesbezüglich durchaus Unterschiede gab: So bestand zwar das generelle Ziel aller bisherigen indutriepolitischen Interventionen darin, die Stellung Frankreichs in der IAT durch die Anhebung der Wettbewerbsfähigkeit der heimischen Industrie zu verbessern; dennoch wichen die einzelnen in diesem Kontext formulierten Strategien deutlich voneinander ab. Die in den 60er Jahren unter der Präsidentschaft von de Gaulle entwickelte Politik des 'industriellen Imperativs' strebte beispielsweise die 'autonome', d.h. von außenwirtschaftlichen Abhängigkeiten möglichst freie Modernisierung des französischen Kapitalismus an.

In jeder für die Kohärenz des nationalen Produktionsapparates wichtigen Industrie sollte mit staatlicher Unterstützung eine kleine Anzahl international wettbewerbsfähiger Großkonzerne geschaffen werden, die als nationale Speerspitze gegen die seit der Einbindung Frankreichs in den westeuropäischen Integrationsprozeß (EWG-Gründung 1958) wachsenden ausländischen Konkurrenzdruck gedacht waren. Sehr bald jedoch zeigten sich die Schranken der gaullistischen Konzeption: Die finanzielle und kommerzielle Förderung des Konzentrationsprozesses hatte zwar zur Entstehung großer französischer Konzerne geführt, damit war allerdings nur selten die Umwälzung der Produktionsstrukturen einhergegangen. Verantwortlich hierfür zeichneten die Strategien der neu entstandenen Konzerne, die meist an einer lediglich finanziellen Logik orientiert waren. Folglich blieb die Kohärenz des französischen Produktionsapparates in vielen Bereichen gering, was die Penetration der nationalen Märkte durch ausländische Kapitalgruppen und damit die Abhängigkeit Frankreichs von Waren- und Technologieimporten zweifellos verstärkte. Da die gaullistische Industriepolitik dieser Entwicklung aufgrund der weitgehenden Akzeptanz des Primats der Privatautonomie nur in Ausnahmefällen entgegenwirken konnte, war sie letztendlich zum Scheitern verurteilt. Die in den 70er Jahren, ansatzweise bereits unter Pompidou, konsequent aber erst unter Giscard d'Estaing praktizierte Politik der 'industriellen Umstrukturierung' beinhaltete gegenüber der vorgenannten Strategie einen völligen konzeptionellen Wandel. Nunmehr sollte die internationale Wettbewerbsfähigkeit Frankreichs durch die bewußte Anpassung der staatlichen Wirtschaftspolitik an die Export- und Internationalisierungsstrategien der Großunternehmen angehoben werden. Es ging also nicht mehr um den Aufbau einer nationalen Industriebasis in allen wichtigen Branchen, sondern um die Spezialisierung des französischen Produktionsapparates auf sogenannte 'Wettbewerbspole', mit denen auf den internationalen Märkten Exporterfolge angestrebt wurden. Wie noch zu zeigen bleibt, konnte dies nur in wenigen Fällen gelingen. Dafür mußte jedoch die Aufgabe ganzer Industrien die strukturellen Disparitäten des französischen

industriellen Geflechts weiter akzentuieren, so daß die Stellung Frankreichs in der IAT weiter unterminiert wurde.
Bereits diese kursorischen Bemerkungen deuten darauf hin, daß vor 1981 unterschiedliche industriepolitische Konzeptionen existierten, die auf unterschiedliche Interventionsmedien rekurrierten und auch zu unterschiedlichen Ergebnissen führten. Ihre Analyse ist im Zusammenhang einer Untersuchung der Industriepolitik der französischen Linksregierung insofern hilfreich, als sie - neben der Hervorhebung von Brüchen und Kontinuitäten - auch darauf hinweist, an welche Strategien eine sozialistisch orientierte Industriepolitik, deren Erfolg die Stärkung der Kohärenz des nationalen industriellen Geflechts zur Voraussetzung hat (vgl. Kapitel 5),keinesfalls anknüpfen kann. Zudem macht sie es möglich, die verschiedenen industriepolitischen Instrumente auf ihre Effizienz und ihre demokratische Legitimität hin zu überprüfen.

Kapitel 2 gliedert sich wie folgt:
Abschnitt 2.2. hat eine Analyse der großen Entwicklungsetappen der französischen Industrie und ihrer Einbettung in die Weltarbeitsteilung für die Zeit zwischen dem Ende des Zweiten Weltkrieges und dem Beginn der Weltwirtschaftskrise gegen Mitte der 70er Jahre zum Inhalt[1]. Da es in diesem Zusammenhang lediglich darum geht, einige strukturelle Spezifika des französischen Produktionsapparates in ihrer historischen Gewordenheit zu rekonstruieren, keinesfalls jedoch eine wirtschaftsgeschichtliche, gleichsam historisierende Betrachtung angestrebt wird,

[1] Wenn wir unsere Analyse mit einer Betrachtung der Ausgangsbedingungen der Jahre 1944/45 beginnen, dann mag dies zwar in einer gewissen Weise willkürlich sein; dieses Datum eignet sich jedoch deshalb relativ gut als Ansatzpunkt, weil es gemeinhin als Manifestation eines Bruchs betrachtet wird, der die ökonomischen Kräfteverhältnisse in Europa zugunsten der Siegermächte Groß-Britannien und Frankreich und zuungunsten von Deutschland verschoben hat. Wir werden zeigen, daß dies, insbesondere was das Kräfteverhältnis zwischen Frankreich und Deutschland anbelangt, nicht richtig ist.

müssen eine Reihe von Aspekten der französischen Wirtschaftsentwicklung, beispielsweise die Veränderung in der Einkommens- und Vermögensverteilung oder aber die Entwicklung des Kräfteverhältnisses zwischen Lohnarbeit und Kapital außerhalb unseres Blickfeldes bleiben. Neben der industriellen Entwicklung werden ausschließlich das von den wirtschaftspolitischen Akteuren nach 1944 geschaffene konjunktur- und industriepolitische Instrumentarium (also im wesentlichen der öffentliche Sektor und die Planification) sowie die unter de Gaulle konzipierte Strategie der 'nationalen Autonomie' herausgearbeitet und in ihrer Bedeutung für die Entwicklung des industriellen Geflechts eingeschätzt.

Im Abschnitt 2.3. behandeln wir die Struktur des französischen Produktionsapparates an der Schwelle der 80er Jahre. Dies soll in drei Schritten geschehen: Zunächst werden - anknüpfend an die Ausführungen des ersten Abschnittes - einige generelle Charakteristika der französischen Industrie systematisch benannt, die als erste große Indikatoren für den Grad ihrer Kohärenz anzusehen sind. Die auf dieser Ebene gewonnenen Erkenntnisse müssen jedoch konkretisiert und ergänzt werden, was in den anschließenden Branchenanalysen sowie einer Untersuchung der Investitionsverflechtung zwischen Frankreich und seinen Handelspartnern geschieht. Der Schwerpunkt der Branchenanalysen, die zugleich auch den großen industriepolitischen Handlungsbedarf beim Regierungsantritt der Linksparteien verdeutlichen sollen, liegt zweifellos im Bereich der 'strategischen Knotenpunkte' des AGS, also dem MB sowie der EEI[1]. Da die Stellung einer Ökonomie in der IAT jedoch nicht nur über die intra-, sondern auch über die intersektorale Kohärenz ihres Produktionsapparates vermittelt ist, müssen neben dem AGS auch die zentralen Bereiche des ZGS (ESI, CI) und des KGS (TKI, UE) sowie die Struktur ihrer Verflechtung mit dem AGS mituntersucht werden. Diese Notwendigkeit

[1] Da der FB in der französischen Statistik als Industrie des AGS betrachtet wird, werden auch wir ihn dort (und nicht im Rahmen des KGS) abhandeln.

gilt um so mehr, als die im ZGS und KGS angesiedelten Industrien angesichts gewisser Veränderungen in der Weltarbeitsteilung (teilweiserIndustrialisierungserfolg einiger'Schwellenländer') seit einigen Jahren einen verstärkten Anpassungsdruck ausgesetzt sind, dessen konkrete Bewältigung zu begutachten bleibt. In einem dritten Schritt werden dann anhand dreier Indikatoren - der Handelsbilanz, dem produktmäßigen und dem geographischen Spezialisierungsprofil des französischen Außenhandels - die außenwirtschaftlichen Konsequenzen der spezifischen Industriestruktur des Landes aufgezeigt. Dabei erweist es sich als sinnvoll, die französischen Daten mit den entsprechenden Daten einiger anderer großer Industrieländer zu vergleichen, um somit die Stellung Frankreichs in der IAT besser hervorheben zu können.

Hauptintention des Abschnitts 2.4. ist die systematische Reflexion der unter Giscard d'Estaing praktizierten Wirtschaftspolitik. Die Konjunkturpolitik wird in diesem Zusammenhang jedoch nur kurz angeschnitten, da es uns hier lediglich um die Benennung der sowohl in sozialer als auch produktionstruktureller Hinsicht schädlichen Auswirkungen der seit 1976 favorisierten Deflationspolitik geht. Die giscard'sche Währungspolitik hingegen ist von größerer Bedeutung, weil sie von der neuen Regierung weitgehend unverändert fortgesetzt wurde. Wir werden deshalb die seit 1979 praktizierte Politik des 'überbewerteten Franc' samt ihrer Bedeutung für die Wettbewerbsfähigkeit der französischen Industrie ausführlich analysieren, wobei in Kapitel 4 inmittelbar an die dabei gewonnenen Erkenntnisse angeknüpft werden kann. Das Schwergewicht des Abschnitts 2.4. liegt jedoch ganz eindeutig auf der Industriepolitik, deren Diskurs zunächst auf einer mehr theoretischen Ebene referiert und anschließend vom Standpunkt des Produktionskettenansatzes aus kritisiert werden soll. Es folgt eine systematische Analyse der industriepolitischen Praxis, deren negative Auswirkungen auf die Kohärenz des französischen Produktionsapparates aufgezeigt werden. Das Kapitel 2 endet schließlich mit einer Analyse des Niedergangs der Planification, die im Verlauf der Präsident-

schaft Giscards einen erheblichen Bedeutungsverlust hinnehmen mußte und am Beginn der 80er Jahre keine der ihr ursprünglich zugewiesenen Funktionen mehr erfüllen konnte.
An dieser Stelle bleibt noch auf zwei darstellungstechnische Probleme hinzuweisen: So ist es zum einen aufgrund der ausgeprägt interventionistischen Tradition der französischen Wirtschaftspolitik so gut wie unmöglich, die Spezifika einzelner Industrien völlig unabhängig von den in diesen Industrien getätigten staatlichen Eingriffen darzulegen. Sowohl die sektorale als auch die branchenmäßige Struktur des französischen Produktionsapparates sind wesentlich von der Industriepolitik geprägt. Wir werden deshalb bereits in Abschnitt 2.3. auf einige branchenspezifische Aspekte der unter Giscard d'Estaing praktizierten Industriepolitik eingehen. Die systematische Reflexion dieser Politik erfolgt jedoch erst in Abschnitt 2.4. Zum zweiten ist es aufgrund der zunehmenden Internationalisierung von Produktion und Zirkulation nunmehr kaum möglich, die konkrete Struktur einzelner industrieller Branchen getrennt von der Einbettung dieser Branchen in den Weltmarktzusammenhang herauszuarbeiten. Es ist deshalb erforderlich, schon im Rahmen des Unterabschnittes 2.3.5. bestimmte außenwirtschaftliche Aspekte, insbesondere die Handelsbilanzsalden auf Branchenebene, abzuhandeln. Eine systematische Untersuchung der außenwirtschaftlichen Konsequenzen der französischen Produktionsstruktur findet sich jedoch erst im Unterabschnitt 2.3.6.

2.2. Grundzüge der Entwicklung der Industrie und der Wirtschaftspolitik vom 2. Weltkrieg bis zum Beginn der Weltwirtschaftskrise in den 70er Jahren.

2.2.1. Die Ausgangslage nach dem Zweiten Weltkrieg

Nach dem Zweiten Weltkrieg war Frankreich im Vergleich zu anderen Ländern in einen deutlichen, in mancherlei Hinsicht sogar fast aussichtslosen industriellen Rückstand geraten (vgl. Müller-Ohlsen 1952, 1ff.). Die Wurzeln dieser Entwicklung reichen jedoch weiter als in die Zeit des Krieges zurück. Zwar hatten die unmittelbaren Kriegseinwirkungen auch den französischen Produktionsapparat in Mitleidenschaft gezogen, dennoch zeigten sich bereits erheblich früher, spätestens seit dem Ende des 19. Jahrhunderts, eine Reihe von Schwächen seines ökonomischen Potentials.

Noch um 1850 war Frankreich allerdings nach Groß-Britannien das industriell fortgeschrittenste Land und der zweitgrößte Exporteur der Welt. Insbesondere zur Zeit des zweiten Kaiserreichs (1852-1871) konnten hohe gesamtwirtschaftliche Wachstumsraten erzielt werden, die die Entstehung größerer Industrie- und Bankkapitale förderten. Zwei wichtige Ereignisse Anfang der 70er Jahre des letzten Jahrhunderts beendeten jedoch diese Phase der beschleunigten Akkumulation:

> "Zum einen wurde durch den preußischen Sieg und die Reichsgründung der bereits vorher eingeleitete Industrialisierungsprozeß Deutschlands weiter beschleunigt, zum anderen repräsentierte der Kommuneaufstand trotz seiner Niederschlagung einen derartigen Schock für die besitzenden Klassen, daß sie zur Absicherung ihrer Privilegien gegenüber dem aufsteigenden Proletariat eine breite Klassenallianz bildeten, die von der Industrie-, Bank- und Handelsbourgeoisie über die Bauernschaft bis zu den verschiedenen Fraktionen des städtischen Kleinbürgertums reichte" (Deubner u.a. 1979, I23).

In der Folgezeit trug diese Klassenallianz deutlich zur Bremsung des begonnenen Industrialisierungsprozesses bei. Da es nunmehr darum ging,

> "ein gesellschaftlich stabilisierendes Sicherheitspolster, gebildet aus prä- und frühkapitalistischen Klassen (Bauern, Kleinhandel und Handwerk), bestehen zu lassen (oder zumindest das Tempo ihrer Eliminierung zu verlangsamen)" (ebd.),

wurde die Akkumulation zuungunsten des industriellen Kapitals verzerrt. Hier liegt der historische Ausgangspunkt der dualen Wirtschaftsstruktur Frankreichs, die bis zur Gegenwart in ihren Grundzügen weiterbesteht. In der Konsequenz dieser Entwicklung verlor Frankreich zunehmend seine anfänglich günstige Position in der IAT. Seine Anteile an der Weltproduktion und am Welthandel gingen zurück und auch die zuvor positiven Außenhandelssalden wurden negativ. Die französische Regierung reagierte - wohl hauptsächlich zur Bewahrung der erwähnten Klassenallianz - defensiv und führte 1882 die erst 20 Jahre zuvor abgeschafften Schutzzölle (nach dem damaligen Landwirtschaftsminister Meliné benannt) wieder ein. Gleichzeitig versuchte sie, den Rückgang der eigenen Exportfähigkeit durch verstärkte Rohstoffausfuhren aus den zahlreichen Kolonien zu kompensieren. Daß diese Strategie zumindest teilweise erfolgreich war, belegt die Tatsache, daß noch 1939, wie schon viele Jahre zuvor, mehr als 25% des gesamten Handelsbilanzdefizits Frankreichs aus den Erträgen der ausländischen Besitzungen bezahlt werden konnten. Die ökonomische Bedeutung der Kolonien ging jedoch weit über die Funktion hinaus, Frankreich auch langfristig einen Importüberschuß zu ermöglichen. Vom Ausland durch hohe Zollmauern abgetrennt, dienten sie nämlich den französischen Unternehmen zugleich als sichere Absatzmärkte ihrer in Europa und den USA häufig nicht mehr wettbewerbsfähigen Waren. Zudem erwiesen sie sich als eine billige Quelle von Rohstoffen und senkten somit die unternehmerischen Kostpreise. Die hieraus resultierende 'künstliche' Aufrechterhaltung der Profite mußte allerdings dazu führen, daß die französische Industrie, ähnlich wie die britische, "-insgesamt gesehen - nicht so sehr unter dem Zwang (stand), sich wie andere Länder auf den Weltmärkten gegen schärfste Konkurrenz durchzusetzen" (Müller-Ohlsen 1952, 5). Die unter dem Gesichtspunkt der internationalen Wettbewerbsfähigkeit fatale Konsequenz: "Ihr fehlte deswegen auch der ständige Antrieb zur Rationalisierung und Modernisierung" (ebd.).

Im Anschluß an den Ersten Weltkrieg hatte sich die damalige französische Regierung verstärkt darum bemüht, einen neuen Industrialisierungsprozeß in Gang zu setzen. Dabei war es ihr - u.a. durch die Eingliederung der Industriegebiete Elsaß-Lothringens - zwar gelungen, vorübergehend ein kräftiges Wirtschaftswachstum zu induzieren, dennoch zeigte sich spätestens beim Beginn der Weltwirtschaftskrise, daß ein organischer Wiederaufbau des nationalen Produktionsapparates nicht gelungen war: Nach einer gewissen Verzögerung traf der internationale Konjunktureinbruch die französische Ökonomie mit voller Härte. Die industrielle Produktion ging vergleichsweise stark zurück; sie lag noch 1938 um 25% unter dem bis dahin im Jahre 1929 erreichten Bestergebnis und war damit zugleich um 8% niedriger als 1913! Die landwirtschaftliche Produktion stagnierte ebenfalls auf dem Niveau der Vorkriegszeit. Besonders ungünstig gestaltete sich auch die Entwicklung der Exporte, deren Volumen 1938 noch nicht einmal das des Jahres 1910 erreichte. Bei Kriegsbeginn waren die Kapazitäten der französischen Industrie zu weniger als 70% ausgelastet und die Arbeitsproduktivität lag sowohl in der Landwirtschaft als auch in der Industrie erheblich unter dem Niveau der meisten anderen Industrieländer (alle Zahlen nach Müller-Ohlsen 1952 und 1967).
Den besten Eindruck über die langandauernde Stagnation der französischen Ökonomie vermittelt jedoch die Entwicklung der Investitionstätigkeit. Nach einem leichten Aufschwung während der Wiederaufbauperiode ging sie im Verlauf der 30er Jahre und der ersten Hälfte der 40er Jahre sogar soweit zurück, daß ihr Umfang nicht mehr die erforderlichen Ersatzinvestitionen abdeckte. Mit anderen Worten: Ein wahrer Desindustrialisierungsprozeß hatte eingesetzt. Die zwangsläufige Folge dieses über ein Jahrzehnt andauernden Investitionszusammenbruchs war die zunehmende Überalterung des ohnehin unvollständig entwickelten Produktionsapparates. Im Jahr der Befreiung vom Faschismus, 1944, befand sich daher die - zudem noch durch kriegsbedingte Schäden dezimierte - industrielle und landwirtschaftliche Ausrüstung Frankreichs sowohl vom Umfang als auch vom technologischen Entwicklungsstand

her in einem beträchtlichen Rückstand gegenüber den anderen großen Industrieländern. Die Produktionsketten, insbesonders in den Kernbereichen des AGS, waren im Vergleich zu anderen Industrieländern stark lückenhaft.
Dies gilt insbesondere für Deutschland[1]. Dort hatte sich das bereits Mitte der 30er Jahre wieder in Gang gekommene Wachstum der Industrieproduktion trotz der Kriegseinwirkungen noch bis zum Ende des Jahres 1943 fortgesetzt. Die zusätzlichen Investitionen konzentrierten sich dabei wegen der absoluten Priorität der Rüstungsproduktion auf den Grundstoff- und Investitionsgütersektor, während die Nahrungsmittel- und Konsumgüterindustrie tendentiell stagnierten. Tabelle 2.1 zeigt den Trend der Kapazitätserweiterung in der deutschen Industrie zwischen 1938 und 1944. Sie macht deutlich, daß die deutsche Industrieproduktion nach 1944 trotz der kriegsbedingten Ausfälle und Zerstörungen um etwa 14% über dem Niveau des Jahres 1938 lag: "die industrielle Potenz war während des Krieges also nicht gesunken, sondern wies eine steigende Tendenz auf" (ebd., 94/95). Damit aber kommt zum Vorschein, daß die deutsche Industrie 1945 - entgegen einer verbreiteten Auffassung und anders als die französische - keine 'Stunde Null' erlebt hatte. Die kriegsbedingten Zerstörungen des Industriepotentials machten für das Gebiet der drei Westzonen inklusive der Demontagen nicht mehr aus, als im Verlauf des Krieges zusätzlich errichtet worden war (vgl. Kisker u.a. 1982, 54). Der Umfang der industriellen Kapazitäten glich also in etwa dem der unmittelbaren Vorkriegszeit, wobei allerdings vergünstigend hinzukommt, daß aufgrund der zahlreichen Modernisierungen während des Krieges die Arbeitsproduktivität in vielen Bereichen gestiegen war.

[1] Zu den historischen Grundlagen des Akkumulationsprozesses in Deutschland sowie der deutschen Stellung in der IAT vgl. Deubner u.a. 1979.

TABELLE 2.1: INDUSTRIEPRODUKTION NACH GRUPPEN IM DEUTSCHEN REICH 1938 - 1944

Industrieproduktion nach Gruppen 1938–1944*)[61]

1943=100	Gewichtung	1938	1939	1940	1941	1942	1943	1944
Grundstoffe	23,5	73	80	81	94	94	100	85
Rüstungsgerät	31,1	20	25	44	44	64	100	125
Bauten	6,4	325	320	208	173	118	100	88
Übrige Investitionsgüter	15,5	89	102	97	107	100	100	71
Verbrauchsgüter	23,5	110	110	104	106	95	100	95
Industrieproduktion insg.	100,0	84	89	86	88	89	100	98

*) Wägung nach den geschätzten Netto-Produktionswerten von 1943.

QUELLE: HUSTER, u. a. 1972, 94

2.2.2. Die Nationalisierungen

Die im Französischen Nationalen Widerstandskomitee (CNR) zusammengeschlossenen sozialen und politischen Kräfte waren sich schon lange vor der Befreiung darüber einig, daß die schwerwiegenden Strukturdefizite des französischen Produktionsapparates die Entwicklung umfangreicher staatlicher Lenkungs- und Interventionsmechanismen erforderlich machen würde (vgl. Regards sur l'actualité No. 79, 1982, 9). Der Vergesellschaftung einiger Schlüsselbereiche der französischen Ökonomie kam in diesem Zusammenhang eine zentrale Rolle zu. Zwar wichen die Nationalisierungskonzepte insbesondere der Gaullisten und der Kommunisten erheblich voneinander ab (vgl. ebd., 10), dennoch wurden zwischen 1944 und 1946 eine Reihe von wichtigen Unternehmen in öffentliches Eigentum überführt.
Die ersten größeren Nationalisierungen fanden allerdings bereits vor der Befreiung, im wesentlichen zur Regierungszeit der Volksfront (front populaire) 1936/37 statt. Wenn sich ihr Umfang dabei in relativ engen Grenzen hielt, so lag dies im wesentlichen an den starken Vorbehalten, die sowohl die guesdistisch orietierte SFIO, die die Regierungsmehrheit stellte, als auch die Kommunistische Partei gegenüber den Nationalisierungen hegten (vgl. ebd., 7f.). Neben der Ausweitung der Kontrolle über die

Banque de France beschränkte sich die Volksfrontregierung hauptsächlich auf die Nationalisierungen großer Teile der Rüstungsindustrie, wobei für diesen Schritt keineswegs wirtschafts- oder strukturpolitische Erwägungen ausschlaggebend waren, sondern allein die Furcht vor der zunehmenden Aggressivität der beiden faschistischen Staaten Deutschland und Italien. 1937 schließlich wurde in einem Abkommen zwischen der Regierung und einer Reihe von privaten Eisenbahngesellschaften festgelegt, eine nationale Eisenbahngesellschaft, die SNCF, zu gründen und dem Staat die Verfügungsgewalt über diese Gesellschaft zu übertragen. Allerdings handelte es sich auch hier nicht um ein originäres Projekt der Volksfrontregierung: Die Verhandlungen über die Nationalisierung der Eisenbahn reichten bis ins Jahr 1931 zurück und waren - angesichts riesiger Verluste - ursprünglich von den Eisenbahngesellschaften selbst angeregt worden.

Die Nationalisierungen der Jahre 1944 bis 1946 betrafen nun im wesentlichen vier große Wirtschaftsbereiche:

- Energie. Durch die Zusammenlegung von 896 bis dahin privaten Unternehmen zu zwei großen nationalen Konzernen, Electricité de France (EDF) und Gaz de France (GDF), sicherte sich der Staat das Produktionsmonopol in den Bereichen der Elektrizitäts- und Gaserzeugung. Darüberhinaus wurde die französische Kohleindustrie, zuvor in der Hand von mehreren Hundert Privatunternehmen, nationalisiert (Charbonnages de France).
- Transport. Nach der SNCF wurde nun auch die Fluggesellschaft AIR FRANCE, an der der Staat seit 1933 bereits eine Minderheitsbeteiligung hielt, in öffentliches Eigentum überführt. Hinzu kam die Übernahme der Kontrolle über einen Teil der französischen Handelsmarine.
- Fahrzeug- und Flugzeugbau. Neben dem Automobilhersteller Renault wurden zugleich die wichtigsten der französischen Flugzeugbaufirmen enteignet und zu einer nationalen Gesellschaft, der SNECMA, zusammengefaßt. In beiden Fällen wurde die Nationalisierung allerdings weniger mit ökonomischen Notwendigkeiten als vielmehr mit der Kollaboration der früheren Eigentümer mit der

deutschen Besatzungsmacht begründet.
- Banken und Versicherungen. Die endgültige Nationalisierung der Banque de France sowie vier großer Depositenbanken und 34 Versicherungsgesellschaften gab dem Staat einen großen Einfluß auf das nationale Kreditwesen, der seine Grenzen jedoch in dem Umstand fand, daß die Geschäftsbanken - auf Betreiben de Gaulles - entgegen den ursprünglichen Vorstellungen des CNR von der Enteignung ausgenommen blieben.
Insgesamt wurden mit den Nationalisierungen der Jahre 1944-46 gewichtige Teile der französischen Ökonomie der privaten Verfügungsgewalt entzogen und der öffentlichen Hand überantwortet (der Umfang des nationalisierten Sektors geht aus Tabelle 2.2 hervor).

TABELLE 2.2: GEWICHT DES NATIONALISIERTEN SEKTORS IN DER FRANZÖS. WIRTSCHAFT

Sie sichern (alle Zahlen beziehen sich auf 1965):		
Transport	Eisenbahn	100 % des Verkehrs
	Luft	90 % „ „
	See	25 % „ „
Energie	Kohle	100 % der Produktion
	Gas	99 % „ „
	Elektrizität	90 % „ „
	Erdöl	34 % „ „
Dünger	Kali	100 % der Produktion
	Stickstoff	60 % „ „
	Flugzeugbau	60 % „ „
	Automobilbau	40 % „ „

QUELLE: BRIERE 1973 6

Damit erhielt der Staat die Möglichkeit, entweder als Investor oder aber als Finanzgeber direkt in den Produktionsprozeß einzugreifen. Wenn auch anfänglich verschiedene Konzepte bezüglich der Ausgestaltung dieser Investitionsmöglichkeiten koexistierten, setzte sich im Zuge der Rekonstruktion und Befestigung der kapitalistischen Gesellschaftsverhältnisse dennoch diejenige Auffassung durch, die die nationalisierten Unternehmen nicht als Grundlegung einer sozialistischen Gesellschaftsentwicklung, sondern zunächst als geeignetes Instrument zur Überwindung der relativen Schwächen des französischen Kapitalismus betrachtete. Konkret wurde es mit dem erweiterten öffentlichen Sektor möglich, die geringe Kohärenz des französischen Produktionsapparates und damit die mangelnde internationale Wettbewerbsfähigkeit der französischen Kapitalgruppen - als Aufgabe in Angriff zu nehmen. Dies spielte insbesondere in der Phase der ökonomischen Rekonstruktion eine außerordentlich wichtige Rolle (vgl. Bouvier/ Caron 1982, 798). Darüberhinaus muß aber auch gesagt werden, daß es sich bei den französischen Nationalisierungen der Nachkriegszeit um eine 'reformistische', durchaus der keynesianischen Theorie nahestehende Konzeption handelt. Diese zielt - ausgehend von einer erfahrungsbedingt allemal berechtigten Skepsis gegenüber den Wirkungs- und Selbstheilungskräften des Marktes - darauf ab, die systematischen Funktionsdefizite der kapitalistischen Produktionsweise (ihre zyklische Krisenanfälligkeit sowie die langfristigen Stagnationstendenzen) zu lindern, um die unterneh-nehmerische Rentabilität auf einem möglichst hohen Niveau zu stabilisieren. Den nationalisierten Unternehmen wird hier neben der Praktizierung einer antizyklischen Investitionspolitik die Aufgabe zugewiesen, entweder die für die Kapitalakkumulation erforderlichen, im Rahmen der Verwertungslogik jedoch nicht herstellbaren Voraussetzungen (etwa im Bereich der Infrastruktur) zu produzieren oder aber die Verwertungsbedingungen unmittelbar, beispielsweise durch die Lieferung von Dienstleistungen unter dem Kostpreis, zu verbessern. Gerade diese letzte Funktion war für den nationalisierten Sektor der französischen Ökonomie von großer Bedeutung. Sie kollidierte allerdings zunächst mit der ursprünglich projektierten und in den Statuten der nationalisierten Unternehmen anfänglich auch festgeschriebenen relativen Autonomie dieser Unternehmen gegenüber dem Staat. Die politischen Instanzen lösten das entstandene Problem jedoch recht bald, und zwar auf dem administrativen Weg, indem sie die Zusammensetzung der Verwaltungsräte der öffentlichen Unternehmen zu ihren Gunsten veränderten und damit die staatlichen Investitionsmöglichkeiten in deren Unternehmenspolitik erheblich ausweiteten. Folglich war - trotz einer anders lautenden Rhetorik -

> "der reale Handlungsspielraum der nationalisierten Unternehmen sehr gering: die öffentliche Hand zwang diese Gesellschaften (gemeint sind die SNCF und die EDF, die Verfasser), sich unter Absehung von der Entwicklung des allgemeinen Preisniveaus auf äußerst geringe Tarife (bei Lieferung an private Unternehmen, die Verfasser) zu beschränken..." (ebd., 804).

2.2.3. Die Planification

Das neben den Nationalisierungen zweite grundlegende Element des nach der Befreiung institutionalisierten Systems staatlicher Wirtschafts- und Strukturpolitik stellt die 'Planification' (Planung) dar. Obwohl bereits einige Zeit zuvor - in den Arbeiterparteien und Gewerkschaften, während des Krieges aber auch im CNR - verschiedene Planungsmodelle diskutiert worden waren, griff die in den Jahren 1945/46 hauptsächlich vom de Gaulle-Mitarbeiter Jean Monnet entwickelte und schließlich auch realisierte Konzeption einer 'Planification française' kaum auf diese Ursprünge zurück. Unter Ablehnung sowohl des zentralisierten Planungs- und Leitungssystems der Sowjetunion als auch des reinen laissez-faire-Kapitalismus verstand sie sich als eine

> "Wirtschaftsplanung, die der vorwiegend marktwirtschaftlichen Ordnung der französischen Wirtschaft - in der die wirtschaftlichen Entscheidungen sowohl von den privaten Haushalten und Unternehmen als auch vom Staat (als Unternehmer und Administrator) getroffen werden - angepaßt wurde" (Müller-Ohlsen 1967, 11).

Die mit der Planification verfolgten Zielsetzungen glichen in etwa den mit der Erweiterung des öffentlichen Sektors verfolgten Intentionen und bestanden darin, aufbauend auf den nationalisierten Unternehmen zur Rekonstruktion, später zur Komplettierung sowie Modernisierung des französischen Produktionsapparates und somit zur Überwindung der zahlreichen Schwächen des französischen Kapitalismus beizutragen. Die keynesianische Komponente manifestierte sich dabei in dem Versuch, mit Hilfe der Planification die Entwicklung der volkswirtschaftlichen Angebotskompo-

nenten mit derjenigen der verschiedenen Nachfrageelemente (Staat, Investitionen, Konsum) zu koordinieren, d.h. einen Mangel oder Oberschuß an gesamtwirtschaftlicher Nachfrage in Bezug auf das existierende Produktionspotential möglichst zu verhindern (vgl. Monnet 1977, 21).
Ihre Urheber bezeichneten die 'planification francaise' von Anfang an als 'économie concertée' oder auch als 'Plan de la Nation' (vgl. Massé 1977, 6). Sie wollten damit zum Ausdruck bringen, daß an der Ausarbeitung der Pläne alle wichtigen sozialen und politischen Gruppen der französischen Gesellschaft - Arbeitnehmer, Arbeitgeber, Konsumenten etc. - gleichberechtigt mitwirken könnten. Bei einer näheren Betrachtung erweist sich diese Aussage jedoch als eine ideologische Behauptung. Zwar waren die genannten Gruppen auch schon vor 1981 sämtlichst (allerdings sehr ungleichgewichtig, wie Tabelle 2.3. deutlich macht) im Rahmen der sogenannten Planungs- und Modernisierungskommissionen beratend an der Plandiskussion beteiligt. Im für die Planung verantwortlichen Organ, dem Plankommissariat, waren sie jedoch nicht vertreten. Dieses Gremium setzte sich ausschließlich aus Nationalökonomen, Ingenieuren und Staatsfunktionären zusammen. Hinzukommt, daß die entscheidenden Kompetenzen über die Bestimmung der Planinhalte bei der Regierung, seit 1962 formal auch beim Parlament konzentriert blieben:

> "Bei den ersten vier Plänen erteilte die Regierung dem Plankommissariat die Direktiven für die Ausarbeitung des Planentwurfs, entschied über die dem Plan endgültig zugrundeliegende Wachstumsrate der Wirtschaft und billigte den ausgearbeiteten Plan, bevor er dem Parlament zur Verabschiedung vorgelegt wurde" (Müller-Ohlsen 1967, 27).

Formal durchlief der Planungsprozeß vom Konzept bis zur Ausarbeitung seit Mitte der 60er Jahre die folgenden Phasen (vgl. Menyesch/Utterwedde 1982, 58): 1. Das Plankommissariat erarbeitet einen Planentwurf. 2. Es erstellt einen 'Bericht über die grundlegenden Optionen', der 3. dem Wirtschafts- und Sozialrat, einer Versammlung der verschiedenen Berufs- und Interessengruppen zur

TABELLE 2.3: ZUSAMMENSETZUNG DER PLANUNGSGREMIEN NACH SOZIALEN UND POLITISCHEN GRUPPEN (1. PLAN - 6. PLAN, IN %)

	Ier	IIe	IIIe	IVe	Ve	VIe
GEWERKSCHAFTER	15,0	5,6	7,3	11,3	15,0	21,0
LANDWIRTE	3,0	3,4	3,1	1,9	3,4	4,6
UNTERNEHMER	21,8	22,6	16,9	19,6	20,8	35,9
ARBEITGEBERVERTRETER	11,9	15,7	19,8	24,0	23,0	
STAATSBEDIENSTETE	23,8	30,4	28,5	20,0	23,4	24,0
DIVERSE	22,8	22,0	24,1	23,0	14,4	14,5

QUELLE: LES CAHIERS FRANCAIS, No. 181, 1977, 138

zur Stellungnahme zugeleitet wird 4. Das Parlament verabschiedet die Grundlinien des Planes. 5. Nun beginnt die eigentliche Erarbeitung des Planes, d.h. die Regierung gibt zunächst Richtlinien für die weitere Ausarbeitung der Details, was 6. in den zahlreichen Planungs- und Modernisierungskommissionen geleistet wird. 7. Die Ergebnisse aus den Arbeiten dieser Kommission zusammenfassend, erstellt das Plankommissariat eine Synthese, die 8. der Regierung als Grundlage für die Ausarbeitung eines Gesetzentwurfs über den Plan dient. 9. Das Parlament verabschiedet den Plan als Gesetz (zur Reform des Planungsprozesses durch die Sozialisten vgl. Abschnitt 5.7.1.).

Von einigen Ausnahmen im ersten Plan abgesehen, handelte es sich bei der 'planification française' in ihrer bis 1982 praktizierten Form um ein lediglich indikatives Planungssystem. Die Projektionen der Pläne waren also den privaten Unternehmen gegenüber ausdrücklich nicht mit einer Vollzugsverbindlichkeit ausgestattet. Diese weitgehende Autonomie des privatwirtschaftlichen Bereichs verweist auf die grundsätzlichen Funktionen, die gesamtwirtschaftlichen Rahmenplänen in indikativen Planungssystemen zugewiesen werden. So sollen sie insbesondere dazu beitragen, den privaten Entscheidungsträgern in den verschiedenen Zweigen der Ökonomie ein Bündel in sich kohärenter und damit plausibler Projektionen über die zu erwartende Wirtschaftsentwicklung (etwa im Bereich der wichtigsten makroökonomischen Variablen) zur Verfügung zu stellen, um somit die nationale Investitionstätigkeit zu verstetigen. Gleichzeitig sollen sie es ermöglichen, die ökonomischen Entscheidungen der privaten Unternehmen - insbesondere die Investitionen - mit den Prioritäten der staatlichen Konjunktur- und Industriepolitik zu vermitteln, bzw. erstere im Sinne dieser Prioritäten zu beeinflussen. Schon bei der Elaborierung der Pläne müssen hier allerdings große Schwierigkeiten auftreten. So ist es zunächst kaum wahrscheinlich, daß dem Staat die zur Aufstellung einer realitätsnahen gesamtwirtschaftlichen Investitionsprognose erforderliche Erfassung aller individuellen Investitionsvorhaben gelingt. Die privaten Unternehmen sind nämlich keineswegs dazu verpflichtet, den Planungsgremien ihre diesbezüglichen Projekte mitzuteilen. Angesichts der Tatsache, daß es sich bei den Investitionsplänen um eine strategische Größe der Unternehmensplanung handelt, welche ja aus Gründen der Konkurrenz in der Regel geheim bleiben muß, ist sogar generell von einer mangelnden Informationsbereitschaft der Unternehmen auszugehen. Wenn also im Zusammenhang der Planerstellung überhaupt konkrete Daten übermittelt werden, dann besteht berechtigter Grund zur Annahme, daß es sich hierbei um lediglich unvollständige oder gar bewußt falsche Angaben handelt. Darüberhinaus dürfte es aber auch in Bezug auf alle anderen gesamtwirtschaftlichen Größen als die Investitionstätigkeit so gut wie unmöglich sein, im Rahmen eines ausschließlich indikativen Planungssystems einigermaßen zuverlässige Prognosen anzustellen. Dabei liegt der Ursache einer systematischen Abweichung der projektierten Soll- von den schließlich tatsächlich realisierten Istwerten in dem einfachen Umstand, daß die wichtigen Entscheidungszentren eben gerade nicht die im Zusammenhang des Planungssystems geschaffenen Gremien, sondern die privaten Wirtschaftseinheiten (Unternehmen und Haushalte) sind, deren konkrete Aktivitäten oftmals von ganz anderen als den im Plan vorgesehenen Kriterien bestimmt werden. So kann zwar beispielsweise in den Planungskommissionen zwischen dem Staat und den Arbeitgeberverbänden für das nächste Planjahrfünft eine bestimmte maximale Inflationsrate projektiert werden; nur

dürften sich die Unternehmen an die Vereinbarungen nicht halten, falls besondere Umstände - etwa ein unerwarteter Boom - die Durchsetzung höherer Preise erlauben.
Trotz der genannten grundsätzlichen Einwände hat der Staat dennoch einige Möglichkeiten, seine wirtschaftspolitischen Prioritäten mit den auf Profilmaximierung ausgerichteten Strategien der Privatunternehmen zu koordinieren: In Frankreich ergaben sich diese Möglichkeiten zunächst daraus, daß die Planziele im Gegensatz zu den privaten zumindest für die öffentlichen Unternehmen verbindlich waren. Diesen Tatbestand kam insbesondere für die Rekonstruktionsperiode nach 1944 große Bedeutung zu, weil der Anteil der öffentlichen Investitionen an den Gesamtinvestitionen der französischen Wirtschaft damals sehr groß gewesen ist. Allerdings muß in diesem Zusammenhang betont werden, daß überkommene Traditionen und eine häufig unklare Kompetenzverteilung zwischen den an der Planification beteiligten Ministerien von Anfang an zu einem gewissen Partikularismus einzelner Organe der Exekutive geführt hatten, wodurch ein gezielter Einsatz des Investitionspotentials des nationalisierten Sektors zur Durchsetzung der wirtschaftspolitischen Leitlinien stark erschwert, manchmal sogar unmöglich gemacht wurde.
Desweiteren kann der Staat sein gesamtes geld- und fiskalpolitisches Instrumentarium (inkl. öffentlicher Bestellungen) zur Planrealisierung einsetzen. Wie weiter unten noch zu sehen sein wird, kam es in Frankreich auch hier sehr bald zu erheblichen Schwierigkeiten.
Drittens schießlich vermag der Staat über speziell für einzelne Industrien bzw. industrielle Sektoren oder für bestimmte Unternehmensgruppen entwickelte Programme seine in den Plänen ausformulierten industriepolitischen Schwerpunktsetzungen zu realisieren versuchen. Die hier - insbesondere seit dem Ende 60er Jahre - gemachten Erfahrungen deuten jedoch ebenfalls auf die Existenz großer Probleme hin. Wir kommen in den Abschnitten 2.2.5. und 2.4.3. ausführlich darauf zurück (zur Reform der Planumsetzung durch die sozialistische Regierung vgl. Abschnitt 5.7.3.).

2.2.4. Die Rekonstruktionsperiode (1944-1958)

Der unter der Leitung von J. Monnet ausgearbeitete 1. Plan umfaßte die Jahre zwischen 1947 und 1952. Er war im wesentlichen darauf ausgerichtet, die Produktion und die Arbeitsproduktivität der französischen Wirtschaft zu erhöhen, um den Zielen der Reindustrialisierung sowie des Außenhandelsgleichgewichts näher zu kommen. Angesichts der zahlreichen Schäden und Unvollständigkeiten des französischen Produktionsapparates sowie der daraus resultierenden Notwendigkeit zum Wiederaufbau der Infrastruktur, der industriellen Anlagen etc., wurde das Schwergewicht des Planes zunächst auf die Entwicklung einiger Schlüsselindustrien gelegt. Ein konzentriertes Investitionsprogramm für die sechs sogenannten 'Basissektoren': Kohle, Elektrizität, Stahl, Zement, Transport und landwirtschaftliche Maschinen sollte deren schnelle Rekonstruktion ermöglichen und damit zugleich die notwendige Voraussetzung zur Entwicklung auch aller anderen Industriezweige schaffen. Dabei hob der Plan ausdrücklich die Verbindlichkeit der für die Basissektoren festgelegten Investitions- und Produktionsziele hervor. Im Gegenzug verpflichtete sich die Regierung, die betreffenden Industriezweige bevorzugt mit Rohstoffen und Devisen zu versorgen. Für alle anderen im Plan erwähnten Industriezweige hingegen (Fahrzeugbau-, Textil-, Mineralöl-, Maschinenbau- und Bauindustrie sowie die Landwirtschaft) waren die im Plan festgelegten Projektionen lediglich indikativer Natur.

1952, am Ende der ersten Planperiode, stellte sich zwar heraus, daß die durchaus ambitiösen Zielsetzungen des Jahres 1947 nicht vollends realisiert worden waren (vgl. Müller-Ohlsen 1967, 81); dennoch hatte - verglichen mit der Vorkriegszeit - ein starker Wachstumsprozeß eingesetzt. Die Industrieproduktion lag 1952 immerhin 16% über dem bisherigen Bestergebnis aus dem Jahre 1929 und auch das Bruttoinlandsprodukt (BIP) hatte das Niveau dieses Jahres wieder erreicht.
Neben den relativen Erfolgen des 1. Planes waren es insbesondere die trotz der positiven Wachstumsraten weiterhin unübersehbaren

Instabilitäten der französischen Ökonomie, die die Inhalte des 2. Planes (1954-1957) bestimmten. Dieser hatte sich die Modernisierung und Rationalisierung der gesamten industriellen Produktion zum Ziel gemacht, um damit zugleich die (angesichts der zunehmenden Außenhandelsquoten an Wichtigkeit gewinnende) internationale Wettbewerbsfähigkeit der französischen Industrie zu verbessern. Fünf großangelegte 'Basisaktionen' sollten zur Erreichung der anvisierten Ziele beitragen:

- die Entwicklung und Verbreitung des wissenschaftlich-technischen Fortschritts,
- die Spezialisierung der Unternehmen, um ihre Produktivität und Exportfähigkeit zu verbessern,
- die Normierung und Standardisierung der Produktion sowie die Aufstellung längerfristiger Produktionsprogramme zur Senkung der unternehmerischen Kosten,
- die Entwicklung der beruflichen Bildung und die verstärkte Umschulung der Arbeitskräfte,
- die Verbesserung der Organisation der Märkte, hauptsächlich im landwirtschaftlichen Bereich.

Was die gesamtwirtschaftlichen Daten anbelangt, so sah der 2. Plan für 1957 eine reale Erhöhung des Volkseinkommens um 25% gegenüber dem Jahr 1952 vor. Gleichzeitig sollte die industrielle Produktion um 25%-30% zunehmen und der Außenhandel (hauptsächlich über eine kräftige Expansion der Exporte) ins Gleichgewicht gebracht werden. Anders als im vorherigen hatten die im 2. Plan festgeschriebenen Projektionen nunmehr einen ausschließlich indikativen Charakter.
Am Ende des Jahres 1957 zeigte sich, daß die quantitativen Ziele des 2. Planes fast sämtlichst übererfüllt werden konnten: das Bruttosozialprodukt (BSP) lag jetzt um fast 30% und die industrielle Produktion sogar um fast 46% über dem Niveau des Jahres 1952. Auch die Beschäftigungs- sowie Investitionszuwächse übertrafen die anfänglichen Erwartungen[1]. Lediglich im Bereich

---

[1] In diesem Zusammenhang ist der Hinweis wichtig, daß die einzelnen Industriezweige sehr unterschiedlich zur Übererfüllung des Planes beigetragen hatten: eine sektorale Aufschlüsselung zeigt, daß insbesondere einige der Investitionsgüterindustrien erheblich hinter den im Plan festgelegten Soll-Werten zurückgeblieben waren. Hierin drücken sich noch bis heute nachwirkende Strukturdefizite des französischen Produktionsapparates aus.

der Importe blieben die Resultate ungünstiger als erhofft (vgl. Müller-Ohlsen 1967, 140).

Die bisherigen Ausführungen könnten den Schluß nahelegen, daß sich der französische Kapitalismus zwischen 1944 und 1957 in einem bis dahin unbekannten Expansionsprozeß weitgehend von seinen strukturellen Schwächen und Rückständen befreien konnte. Eine nähere Betrachtung zeigt jedoch, daß diese Auffassung - zumindest derart allgemein formuliert - nicht haltbar ist. Einige 'Dauerprobleme' begleiteten die Rekonstruktionsperiode der französischen Ökonomie. So konnte die mit der Rekonstruktion des Produktionsapparates steigende Nachfrage nach Investitionsgütern trotz der auf den Investitionsgütersektor ausgerichteten Planziele nur sehr unzureichend aus der französischen Produktion gespeist werden. Folglich mußte beim Wiederaufbau verstärkt auf ausländische Produktionsmittel zurückgegriffen werden. Ganz ähnlich lagen die Dinge im Konsumgüterbereich. Hier verstärkten die seit 1951 wieder steigenden Reallöhne noch zusätzlich zur Beschäftigungszunahme die ohnehin bereits hohe Nachfrage nach ausländischen Waren. In der Folge dieser Situation stiegen die französischen Importe bis zum Ende der 50er Jahre kräftig an, wobei diese Entwicklung durch die Tatsache begünstigt wurde, daß gleichzeitig einige Erfolge bei der Liberalisierung des internationalen Zahlungsverkehrs (Gründung der Europäischen Zahlungsunion = EZU) sowie beim Abbau mengenmäßiger Beschränkungen im internationalen Handelsverkehr zu verzeichnen waren.

Ohnehin unfähig, ihre binnenländische Nachfrage zu befriedigen, mußte die französische Industrie auch im Bereich der Exporte große Schwierigkeiten hinnehmen. Dabei war ihre Wettbewerbsfähigkeit zunächst durch die hohen nationalen Inflationsraten belastet[1]. Kein anderes europäisches Land hatte in den 50er Jahren ähnlich hohe Inflationsraten wie Frankreich aufzuweisen. Kaum weniger ins Gewicht fiel allerdings die Tatsache, daß die französische Industrie aufgrund ihrer spezifischen Struktur, gekennzeichnet durch die Dominanz zahlreicher, meist wenig produktiver Klein- und Mittelbetriebe, häufig kaum dazu in der Lage

[1] Bis 1952 stieg der Index der Großhandelspreise auf 2700 und der der Verbraucherpreise auf 2300 Punkte (1938=100).

war, mit den ausländischen, in der Regel erheblich stärker konzentrierten Produktionsapparaten zu konkurrieren. Auf einer Reihe von Märkten, wo allein die - lediglich von Großkonzernen zu bewältigende - Produktion in großen Serien ein gewisses Maß an Wettbewerbsfähigkeit garantiert, blieb sie deshalb trotz aller Wachstumserfolge nach wie vor stark im Hintertreffen.

Die zwangsläufige Konsequenz der außenwirtschaftlichen Schwäche bestand in einem permanenten Defizit in der französischen Handelsbilanz (einzige Ausnahme: 1955). Da es den zahlreichen Regierungen der 4. Republik trotz der Erweiterung des öffentlichen Sektors und der Planification nicht gelang, die strukturellen Ursachen dieses Defizits zu beseitigen, mußte sie zu seiner wenigstens teilweisen Kompensation mehrfach auf das Mittel der Abwertung zurückgreifen: Zwischen 1945 und 1958 wurde der Kurs des Franc gegenüber den Währungen der wichtigsten Industrieländer nicht weniger als neun mal herabgesetzt. Zeigte sich, daß dieses Heilmittel allein nicht den gewünschten Effekt - die Verbesserung der Handelsbilanz - mit sich brachte, wurde es, wie in den Jahren 1949/50 und 1952/53, durch eine restriktive Geld- und Fiskalpolitik ergänzt. Diese wiederum mußte jedoch den in den Plänen festgeschriebenen Zielen einer industriellen Rekonstruktion unmittelbar widersprechen, da sie die gesamtwirtschaftliche Investitionstätigkeit stark belastete.

2.2.5. Die Öffnung (1958-1973)

Fassen wir die Ergebnisse des letzten Abschnittes zusammen, so muß festgehalten werden, daß neben einer hohen Inflationsrate und der mangelnden Existenz kompletter Produktionsketten insbesondere der niedrige Grad der Kapitalkonzentration zu den Hauptschwächen des französischen Produktionsapparates der 50er Jahre gehörte (vgl. Statz 1975, 167). Angesichts eines solchen Zustandes war die mit der EWG-Gründung 1958 endgültig eingeleitete Öffnung Frankreichs gegenüber einigen der führenden Industrieländer Westeuropas durchaus mit großen Risiken behaftet.

Die Gegner dieser Öffnung befürchteten zunächst, daß die Senkung, später Abschaffung der Zölle zwischen den EWG-Mitgliedsstaaten sowie die Schaffung eines unterhalb des bisherigen französischen Schutzzolls liegenden gemeinsamen Zolltarifs gegenüber Drittländern eine katastrophale Verschlechterung der französischen Handelsbilanz nach sich ziehen würde. Dabei war es insbesondere das Übergewicht der westdeutschen Industrie, das ihnen als Argumentationsgrundlage diente. Zwar hatten sich die Wachstumsraten der französischen Ökonomie denen der westdeutschen mittlerweile angeglichen, dennoch lag das BSP Frankreichs 1955 immer noch um 20% und seine Industrieproduktion gar um 30% unter den entsprechenden Vergleichswerten der Bundesrepublik (vgl. Statz 1975, 127). Verstärkt wurde dieses Ungleichgewicht zudem durch die unterschiedliche Wirtschaftsstruktur beider Länder. So lag der Anteil der Industrie an der Gesamtbeschäftigung in der Bundesrepublik mit 47,2% um mehr als 8% über dem entsprechenden Anteil der französischen Industrie. Die Bereiche Landwirtschaft und Dienstleistungen hingegen beschäftigten in Westdeutschland einen erheblich geringeren Prozentsatz aller Erwerbstätigen als in Frankreich.
Kein Wunder also, daß es - in Anbetracht des mit der EWG-Gründung zunehmenden Wettbewerbsdrucks - hauptsächlich der 1946 gegründete 'Nationalrat der französischen Arbeitgeberschaft' (CNPF) war, der gegen die Einleitung des Öffnungsprozesses ankämpfte. Dieser Verband, der sowohl als das geistige als auch das organisatorisch-praktische Zentrum der oben bereits erwähnten und für das Frankreich der 50er Jahre durchaus noch wichtigen Klassenallianz bezeichnet werden muß, vertrat im wesentlichen die Interessen der die französische Ökonomie damals dominierenden Klein- und Mittelbetriebe. Seine Politik, die im wesentlichen von den traditionellen Mittelschichten (kleine Selbständige in der Landwirtschaft, im Handel und Handwerk) unterstützt wurde, war entschieden gegen jegliche (mit der Öffnung aber erforderlich gewordene) Konzentrations- und Modernisierungsprozesse ausgerichtet.
Sie orientierte sich vielmehr am ideologischen Leitbild einer

von allen außenwirtschaftlichen Gefahren abgeschirmten und gleichsam zunftmäßig organisierten französischen Wirtschaft, welche - zudem von aller oligopolitisch oder monopolistisch bedingten Marktmacht befreit - eine harmonische und krisenfreie Entwicklung vollziehen könnte (vgl. Gauron 1983, 29 und 45). Die hauptsächlich von der Staatsbürokratie der 5. Republik durchgesetzte Öffnung bedeutete für die hinter dieser Konzeption stehende Allianz von gesellschaftlichen Kräften nach der 1951 vollzogenen Gründung der 'Europäischen Gemeinschaft für Kohle und Stahl' (EKGS) die zweite, nunmehr entscheidende Niederlage. Sie leitete endgültig eine Rekomposition der französischen Bourgeoisie ein, an deren Ende die eindeutige Dominanz desjenigen Teils steht, der sein Kapital in den modernen Wachstumsbranchen (Maschinenbau, Flugzeug- und Fahrzeugbau, Elektronik etc.) angelegt hatte und zu seiner weiteren Expansion unbedingt auf die Modernisierung und Weltmarktintegration der französischen Ökonomie angewiesen war. Die "historische Rolle des Gaullismus" (Deubner u.a. 1979, I 27) bestand in diesem Zusammenhang in der Ersetzung der traditionellen Protektion durch ein Bündel neuer Interventionsmedien und -mechanismen, die für die entwickeltsten Gruppen des französischen Kapitals die Voraussetzungen schaffen sollten, auch im Kontext der internationalen Konkurrenz vorteilhafte Positionen einnehmen zu können. De Gaulle selbst beschrieb die grundlegenden Zielsetzungen seines wirtschaftspolitischen Programms dabei wie folgt:

> "Expansion, Produktivität, Konkurrenz und Konzentration, das sind die Regeln, die sich der traditionell vorsichtigen, konservativen und zersplitterten Wirtschaft Frankreichs zukünftig aufdrängen werden" (zit. nach Gauron 1983, 60).

In Zentrum der Wirtschaftspolitik der im Jahre 1958 geschaffenen 5. Republik stand ganz eindeutig der Aufbau einer nationalen Industriebasis (in Frankreich wurde dafür der Begriff 'imperatif industriell' geprägt). Insbesondere über eine aktive Konzentrations- und Strukturpolitik sollte die Wiederherstellung der internationalen Wettbewerbsfähigkeit des französischen Kapitals erreicht werden. Dabei entstanden allerdings zeitweilig erhebliche Konflikte mit der jeweiligen Konjunkturpolitik. So hielt es zum Beispiel die erste Regierung unter de Gaulle für erforderlich, zur Linderung des mit der EWG-Gründung verbundenen Wettbewerbsschocks eine nachfrage- und damit investitionsdämpfende Spar- und Austeritätspolitik zu praktizieren ('Plan Rueff', 1959). Zwar führte dieses Vorgehen, verbunden mit einer kräftigen Abwertung des Franc (um 20%), erstmals seit geraumer Zeit wieder zu einer positiven Handelsbilanz (1959), dennoch mußte es mit den industriepolitischen Zielsetzungen, die ja den Aufschwung der nationalen Investitionstätigkeit zur Voraussetzung aller weiteren Erfolge machte, unmittelbar kollidieren. Der Konflikt ging sogar so weit, daß der 1958 verabschiedete 3. Plan im Jahre 1961 abgebrochen und durch einen 'Zwischenplan' (Plan Intérimaire) ersetzt werden mußte. Ein ähnliches Problem entstand 1963, als sich im Zuge des steigenden Volkseinkommens die binnenländische Nachfrage stark ausweitete und angesichts der begrenzten Angebotsmöglichkeiten der französischen Industrie zunächst die Preise, dann aber auch die Importe erneut drastisch zunahmen. Die Regierung wußte in dieser Situation keinen anderen Ausweg als die Verabschiedung eines 'Plan de Stabilisation', der neben einer restriktiven Haushaltspolitik die Heraufsetzung des Zinsniveaus sowie einen allgemeinen Lohn- und Preisstop vorsah. Die Konsequenzen dieses Planes waren laut Gauron allerdings

> "... im weitesten Sinne negativ. Die Inflation wurde zwar gebremst, mit ihr aber auch das Wachstum und die Beschäftigung. Die Modernisierung des Produktionsapparates wurde zwar nicht völlig in Frage gestellt..., ihr Rhythmus nahm aber aufgrund der verlangsamten Investitionstätigkeit ab" (ebd., 84).

Zugleich gingen die Einfuhren (durch die Akzentuierung der Schwächen des nationalen Produktionsapparates) kaum zurück. 1966 schließlich wurde der 'Plan de Stabilisation' wegen seines Gegensatzes zu den im 4. Plan festgeschriebenen industriepolitischen Zielen endgültig aufgegeben.
Abgesehen von den Phasen, in denen eine restriktive Stabilisierungspolitik betrieben wurde, konnten zwischen 1958 und 1963

vergleichsweise hohe Wachstumsraten erzielt werden. Sie reichten allerdings nicht aus, um die in den zurückliegenden Jahrzehnten kumulierten industriellen Rückstände aufzuholen: Insbesondere im Bereich der zentralen Produktionsketten des AGS vergrößerten sich die Außenhandelsdefizite. Ausgehend von dieser bedrohlichen Entwicklung sowie einer grundsätzlichen Zustimmung zur Forcierung der ökonomischen Integration Westeuropas wurden die Inhalte des 4. (1962-1965) und 5. (1966-1970) Planes bestimmt. Im 'Bericht über den 5. Plan' hieß es:

> "In der Welt des internationalen Wettbewerbs, in die wir ohne Vorbehalte eingetreten sind, muß das fundamentale Anliegen des 5. Planes in der Schaffung einer soliden Basis für die internationale Konkurrenzfähigkeit unserer Ökonomie liegen" (zit. nach ebd., 85).

Eine 'neue industrielle Strategie' sollte die Erreichung dieses Ziels garantieren: Erforderlich sei

> "die Schaffung oder - falls vorhanden - Stärkung einer kleinen Anzahl von Unternehmen oder Unternehmensgruppen, die sich aufgrund ihrer internationalen Größe den ausländischen Konzernen gegenüber auf allen Gebieten behaupten können, wo Konkurrenzbeziehungen entstehen... In der Mehrzahl der großen industriellen Sektoren (Aluminium, Stahl, Maschinenbau, Elektronik und Elektrotechnik, Fahrzeug- und Flugzeugbau, Chemie, Pharmazie etc.) dürfte die Zahl dieser Gruppen sehr begrenzt, oft auf eine oder zwei reduziert sein" (zit. nach ebd., 88).

Weit weniger Einigkeit als über die im 5. Plan festgeschriebenen Zielsetzungen herrschte jedoch zunächst in Bezug auf die spezifische Rolle des Staates im Zusammenhang mit der Planrealisierung. Dabei ging es im wesentlichen um die Frage, ob der Staat den angestrebten Konzentrationsprozeß durch direkte Eingriffe in die unternehmerische Privatautonomie beschleunigen, gegebenenfalls auch in bestimmte, von ihm präferierte Richtungen beeinflussen sollte, oder aber den 'Gesetzen des Marktes' den Vorrang zu geben und seine Aktivitäten ausschließlich auf indirekte, die privaten Kapitale zur Konzentration 'stimulierende' Maßnahmen zu beschränken habe. Welche der beiden Positionen sich schließlich durchsetzte, geht aus den folgenden Ausführungen des damaligen Plankommissars Massé deutlich hervor:

> "In einer über einem Plan orientierten Marktwirtschaft... liegt die vorrangige Verantwortlichkeit bei den Unternehmensleitungen. Von ihrer Initiative hängt der Erfolg der in den Plänen zum Ausdruck kommenden politischen Ziele und Mittel ab" (zit. nach ebd., 87).

Unter diesen Bedingungen

> "ist die Aufgabe des Staates eine doppelte: Zum einen besteht sie in der Schaffung generell günstiger Bedingungen für die industrielle Entwicklung, zum anderen in der - in Zusammenarbeit mit den jeweiligen Berufsverbänden vorzunehmenden - Herausarbeitung der in den einzelnen industriellen Branchen zu verfolgenden Politik, wobei gegebenenfalls die hiermit übereinstimmenden Initiativen der Unternehmen zu unterstützen sind" (zit. nach ebd.).

Laut Gauron handelte es sich bei dieser Konzeption trotz anderslautender Behauptungen nicht um das Modell einer 'économie mixte', da sie de facto den eindeutigen Vorrang der Kapitalverwertung gegenüber den Zielen des Planes festschrieb. Neben der damit zwangsläufig verbundenen "Rehabilitierung des Profits" (Stoleru, zit. nach Gauron 1983, 89) mußte sie jedoch zugleich eine weitere, auch vom Standpunkt der Regierung mißliebige Konsequenz nach sich ziehen: Die vom Staat zwar geförderten, in ihrer konkreten Ausgestaltung von ihm jedoch nicht zu beeinflussenden Konzentrationsstrategien der großen Konzerne, erwiesen sich schon sehr bald als inkompatibel mit der ursprünglich von de Gaulle geprägten und in den Plänen auch bekräftigten Vorstellung einer 'nationalen Autonomie' des Industrialisierungsprozesses. Ein Beispiel bietet die Entwicklung der 'Affaire Bull' in der französischen Computerindustrie. Anfang der 60er Jahre besaß Frankreich mit der 'Compagnie des Machines Bull' ein durchaus potentes Unternehmen, das sich als einer der wenigen europäischen Hersteller gegen die Übermacht des amerikanischen Konzerns IBM behaupten konnte. Dennoch geriet das Unternehmen 1963 - relativ unerwartet - in erhebliche finanzielle Schwierigkeiten (vgl. Caron 1982, 1285f.). In dieser Situation machte der US-Konzern General Electric (GE) das Angebot, Bull durch die Übernahme von 20% seines Kapitals finanziell zu gesunden. Ziel des amerikanischen Konzerns war es dabei, durch den Ankauf und die anschließende Integration einer Reihe von europäischen Produktionsanlagen zukünftig auch in Europa gegen IBM konkurrieren zu können. Die französische Regierung wies das Angebot jedoch zunächst zurück. Angesichts der strategischen Bedeutung der EDV für die Kohärenz des gesamten Produktionsapparates sowie schwerwiegender, sowohl ökonomisch als auch politisch bedingter Spannungen im Verhältnis zu den USA (vgl. Gauron 1983, 88) bevorzugte sie eine 'rein französische' Lösung. Ihre Absicht bestand darin, die französischen Konzerne CGE und CSF sowie die beiden großen Kreditinstitute PARIBAS und Banque de Paris et des Pays-Bas zu einer mehrheitlichen Beteiligung an Bull zu bewegen, um auf diesem Wege dessen Reorganisation unter 'französischen Vorzeichen' zu ermöglichen. Trotz zahlreicher finanzieller Zugeständnisse lehnten die vier genannten Unternehmensgruppen das Anliegen der Regierung jedoch ab, denn ihnen war der Einstieg in die französische EDV-Industrie angesichts der sehr starken ausländischen Konkurrenz zu riskant. Bull mußte folglich zur Abwendung seines Konkurses eine Kooperation mit der GE einleiten, die 1967 schließlich in eine Mehrheitsbeteiligung des amerikanischen Konzerns mündete. Damit aber war die Zielsetzung der Regierung - über eine meist indirekte Konzentrationsförderungspolitik in allen wichtigen Industrien die Konstitution national kontrollierter Produktionsketten durchzusetzen - zumindest im Bereich der EDV gescheitert. Wie die in der zweiten Hälfte der 60er Jahre stark steigenden Auslandsinvestitionen in Frankreich zeigen, gilt das Gesagte auch für eine Reihe anderer Industrien (vgl. ebd. 89).

Insgesamt gesehen bewirkte die staatliche Konzentrationsförderung ab 1965 eine erhebliche Beschleunigung des Konzentrationsprozesses, wobei es allerdings bis zum Beginn der 70er Jahre nicht gelang, das französische Konzentrationsniveau dem der wichtigsten anderen Industrieländer anzugleichen. Zudem waren die drei industriellen Sektoren sehr unterschiedlich von der Kapitalkonzentration betroffen: Während die Produktionsmittel herstellenden Industrien (MB, EEI) sowie der ZGS (CI, ESI, Glas) einen besonders großen Anstieg des Konzentrationsgrades zu verzeichnen hatten, blieben insbesondere die traditionellen Konsumgüterindustrien (Holz, Textil, Bekleidung, Spielwaren etc.) weitgehend von dieser Entwicklung ausgespart. Die Ursachen einer solchen Differenzierung müssen dabei neben der geringen Wachstumsdynamik der genannten Branchen auch in den Prioritäten der staatlichen Konzentrationsförderungspolitik gesehen werden: Die erstmals im Kontext des 5. Planes entwickelten 'großen öffentlichen Programme' (grands programmes publiques), mit deren Hilfe der Konzentrations- und Modernisierungsprozeß in einigen als trategisch wichtig erachteten Industrien (EDV, ESI, Luft- und Raumfahrt) finanziell besonders gefördert wurde, bezogen sich nämlich sämtlichst auf Unternehmen im AGS und ZGS (vgl. dazu Guibert 1975a II, 171ff.). Nach Guibert kündigte sich mit diesem staatlich forcierten Konzentrationsprozeß die Verschärfung der Dualität in der französischen Industriestruktur an, die durch die Existenz vergleichsweise weniger, von der Regierung stark subventionierter und auch international engagierter Großkonzerne auf der einen Seite sowie einem quantitativ nach wie vor sehr bedeutsamen - mehrheitlich jedoch stagnierenden und staatlich kaum unterstützten - industriellen Mittelstand auf der anderen Seite gekennzeichnet ist (vgl. Guibert 1975b, 1321).

Das wohl auffälligste Kennzeichen der Entwicklung der französischen Industrie zwischen 1958 und 1973 dürfte wohl in ihrem kontinuierlichen Wachstum liegen. Tabelle 2.4 macht deutlich, daß Frankreich im betrachteten Zeitraum nach Japan die größten Wachstumsraten von allen westlichen Industrieländern erzielen konnte.

TABELLE 2.4: VERGLEICH DER WACHSTUMSENTWICKLUNG IN GROSSEN WESTLICHEN INDUSTRIELÄNDERN (REALE WACHSTUMSRATE DES BIP IN %)

	1955/ 1950	1960/ 1955	1965/ 1960	1970/ 1965	1975/ 1970	1979/ 1975	1979/ 1950
*BIP**							
Bundesrep. D.	9,3	6,3	5,0	4,4	1,9	3,9	5,2
Frankreich	4,4	4,7	5,7	5,5	4,0	3,6	4,7
Großbritannien	2,7	2,7	3,2	2,3	1,9	2,1	2,5
USA	4,3	2,2	4,6	3,1	2,3	4,3	3,4
Japan	7,0	8,9	10,0	12,3	5,3	5,9	8,1

* reale Wachstumsrate des Bruttoinlandsprodukts (BIP)

QUELLE: MENYESCH/UTERWEDDE 1982, 24

Dennoch zeichneten sich an der Schwelle der 70er Jahre eine Reihe von ökonomischen Problemen ab. Neben der erneut steigenden Inflationsrate war es dabei insbesondere die kontinuierliche Verschlechterung der - seit 1962 permanent negativen - französischen Handelsbilanz, die darauf hindeutete, daß die weiter oben erwähnten strukturellen Defizite des nationalen Produktionsapparates immer noch nicht beseitigt worden waren. Zwar hatte Frankreich seine Exporte trotz der geographischen Umorientierung des Außenhandels in Richtung auf die EG-Staaten ausdehnen können[1], dennoch gelang es ihm nur unzureichend, von der stark steigenden Weltnachfrage zu profitieren. Folglich ging der französische Anteil am Welthandel von 7,3% (Industrie 8,5%) im Jahre 1961 auf 6,6% (Industrie 7,7%) im Jahre 1969 zurück (vgl. Camus u.a. 1981, 178). Zudem nahmen die französischen Importe aus dem Ausland im gleichen Zeitraum in einem bis dahin nicht gekannten, die französischen Exporte weit übertreffenden Maße zu[2]. Betroffen von dieser Entwicklung waren dabei insbesondere die Kernbereiche des AGS, d.h. bestimmte Sparten des MB sowie der EEI, aber durchaus auch einige Industrien des ZGS (Teile der CI). Zwar muß die Tatsache in Rechnung gestellt werden, daß die Intensivierung des Handels mit den EG-Staaten eine erhebliche Verschärfung der Konkurrenzbedingungen mit sich brachte, dennoch weist diese Entwicklung eindeutig darauf hin, daß es trotz aller Modernisierungs- und Konzentrationsstrategien nicht gelungen war, die Wettbewerbsfähigkeit des französischen Produktionsapparates gegenüber den führenden Industrieländern zu verbessern. Das für das Jahr 1969 festzustellende Außenhandelsdefizit Frankreichs in Bezug auf alle EG-Handelspartner bestätigt diese Auffassung noch zusätzlich.

---

[1]Während noch 1958 gut 25% des französischen Außenhandels mit den Gebieten der Franc-Zone abgewickelt wurden, waren es 1969 nur noch 6,1%. Gleichzeitig hatte sich der Anteil der EG-Länder von 32,0% auf 55,6% erhöht (vgl. Camus u.a. 1981, 171).

[2]Die Penetration der französischen Märkte für Industrieprodukte durch ausländische Hersteller stieg zwischen 1963 und 1969 von 11,3% auf 19,0% (vgl. Gauron 1983, 142).

Bei der Frage nach den Ursachen der Verschlechterung der französischen Wettbewerbsposition liegt angesichts der traditionell hohen französischen Inflationsraten sicherlich zunächst der Hinweis auf die Preise nahe. Mistral hat jedoch nachgewiesen, daß deren Entwicklung nicht für die steigenden Außenhandelsdefizite der 60er Jahre verantwortlich gewesen sein kann: Die beiden kräftigen Franc-Abwertungen der Jahre 1957 und 1958 brachten für die französischen Produzenten erhebliche, in ihrer Wirkung lang andauernde Wettbewerbsvorteile auf den französischen Märkten mit sich. Zudem waren die französischen Preissteigerungen während der 60er Jahre vergleichsweise moderat (vgl. Mistral 1975, 38). Die Lohnkosten fallen als Erklärung ebenfalls aus, da ihr Niveau im internationalen Vergleich während des betrachteten Zeitraums gesunken ist (vgl. Gauron 1983, 143). Laut Gauron müssen die Ursachen der außenwirtschaftlichen Schwäche Frankreichs folglich zu einem großen Teil in der staatlichen Wirtschaftspolitik gesucht werden. Dabei richtet sich seine Kritik nicht nur gegen die mehrfach praktizierte - investitionsfeindliche - Stabilisierungspolitik, sondern auch gegen die gaullistische Modernisierungs- und Konzentrationskonzeption selbst. Gauron wirft ihr insbesondere eine zu große Selektivität vor:

> "Die nicht vom Konzentrationsprozeß erfaßten Unternehmen mußten der (internationalen, die Verfasser)) Konkurrenz alleine entgegentreten. In vielen Fällen fehlten ihnen die finanziellen Mittel, um Investitions- und Modernisierungsmaßnahmen zu ergreifen..." (ebd., 133).

Hinzu kommt, daß die Verschärfung der Konkurrenzbedingungen den ohnehin ausgeprägten Investitionsattentismus der traditionell risikofeindlichen 'patrons' weiter verstärken mußte. Diesen schien die Vornahme von - sichere Erträge versprechenden - Finanzinvestitionen nunmehr oftmals attraktiver als die relativ riskante Anlage ihres Kapitals im produktiven Bereich. Gauron zufolge waren es aber auch die Strategien der neu gebildeten Konzerne, die eine Anhebung der internationalen Wettbewerbsfähigkeit Frankreichs verhinderten. Da sich die Logik ihrer Unternehmenspolitik in wesentlichen auf eine kurzfristig orientierte Profitmaximierung beschränkte, wurde eine wirklich technisch-ökonomische Integration der Produktionsstätten der ehemals selbständigen und jetzt in den Konzernen zusammengeschlossenen Unternehmen meist nicht realisiert. Erforderte der wachsende Konkurrenzdruck eine Erhöhung der Produktivität, reagierten die Konzerne in der Regel mit der Aufgabe der unrentabelsten Produktgruppen und Produktionsbereiche, ohne jedoch zugleich die zur Erhöhung der Wettbewerbsfähigkeit erforderlichen Restruktierungs- und Modernisierungsmaßnahmen im Produktionsprozeß, kurzum: eine Komplettierung der Produktionsketten durchzusetzen. Gauron:

> "Indem sie einen Teil ihrer industriellen Substanz aufgaben, zerstörten die Konzerne zugleich einen Teil des industriellen Geflechts in seiner Gesamtheit und erleichterten damit die verstärkte Penetration der französischen Märkte durch ausländische Anbieter. Folglich zeigte sich, daß das, was für die Konzerne gut war, der Industrie insgesamt geschadet hat" (ebd., 144).

Der nach dem Rücktritt de Gaulles im Sommer 1969 gewählte Präsident Pompidou versuchte dem außenwirtschaftlichen Druck zunächst über eine Franc-Abwertung in Höhe von 12% beizukommen. Dabei bestand jedoch weitgehende Einigkeit, daß eine solche Maßnahme lediglich eine vorübergehende, nicht aber grundsätzliche Verbesserung der Handelsbilanz zur Folge haben konnte. Dementsprechend kam der Fortsetzung der Industrialisierungspolitik unter Pompidou ebenfalls ein zentraler Stellenwert zu, auch wenn sich ihre Logik vom gaullistischen Konzept der autonomen, d.h. von außenwirtschaftlichen Abhängigkeiten möglichst freien Modernisierung des französischen Kapitalismus zunehmend entfernte (vgl. dazu Abschnitt 2.4.3).
Die Jahre zwischen 1969 und 1973 waren, wie schon die vorhergehende Periode, durch hohe gesamtwirtschaftliche Wachstumsraten gekennzeichnet. Zudem verbesserte sich jetzt auch der Außenhandel, wofür neben der Franc-Abwertung insbesondere der internationale Boom ausschlaggebend gewesen sein dürfte. Die französischen Exporte stiegen kräftig, um jahresdurchschnittlich 13,3% zwischen 1969 und 1973 an (vgl. Camus u.a. 1981, 181). Diese Entwicklung ließ nun allerdings das Wissen um die Inkohärenz des französischen Produktionsapparates (die sich neben nach wie vor hohen Importzuwächsen - 11,8% jährlich - auch in dem weiterhin

sehr ungünstigen produktmäßigen und geographischen Spezialisierungsprofil des französischen Außenhandels manifestierte) zeitweilig in den Hintergrund treten und gab damit zu zahlreichen Spekulationen über das vermeintlich außergewöhnliche ökonomische Entwicklungspotential des Landes Anlaß (vgl. dazu Menyesch/Utterwedde 1978, 65). Erst nach dem Beginn der Krise, angesichts der deutlichen Verschlechterung aller wichtigen makroökonomischen Variablen, setzte sich - auch in Teilen der staatlichen Verwaltung - erneut die Erkenntnis durch, daß es sich in Frankreich bisher um einen unvollendeten, von der Krise brutal abgebrochenen Industrialisierungsprozeß gehandelt haben mußte.

2.2.6. Die Krise

Die weltwirtschaftliche Krise traf Frankreich mit einer gewissen Verzögerung erst im Jahre 1974 und äußerte sich - wie in den anderen Industrieländern auch - in einem starken Rückgang der Wachtumsrate des BSP, einer kräftig ansteigenden Arbeitslosenquote sowie einer weiteren Zunahme der - allerdings schon seit Ende der 60er Jahre steigenden - Inflationsrate. Tabelle 2.5. gibt über die Entwicklung dieser makroökonomischen Größen Auskunft.

Besonders hart traf der Konjunktureinbruch die Investitionstätigkeit der französischen Wirtschaft. Die gesamtwirtschaftliche Investitionsquote ging von 20,2% zwischen 1972 und 1976 auf durchschnittlich 15,0% zwischen 1977 und 1981 zurück (vgl. Grjebine 1984, 42). Lediglich in den Bereichen der Energie und Dienstleistungen konnte ein Desinvestitionsprozeß verhindert werden. Hier waren es insbesondere die auf eine Verringerung der Energieabhängigkeit Frankreichs sowie den Ausbau der Infrastruktur abzielenden Prioritäten der staatlichen Industriepolitik, die die vergleichsweise rege Investitionstätigkeit bewirkten. So stiegen aufgrund erheblicher öffentlicher Förderungsmaßnahmen die zuvor jahrelang rückläufigen Investitionen des französischen Kohlebergbaus seit 1974 mit jährlichen Zuwachsraten von mehr als 9% wieder kräftig an (Camus u.a. 1981, 163). Auch auf dem Gebiet der Nukleartechno-

logie wurde die Produktion mit staatlicher Unterstützung modernisiert und ausgeweitet. Frankreich avancierte im Verlauf der 70er Jahre zu einem führenden Weltanbieter von Kernkraftwerken. Die ebenfalls verhältnismäßig günstige Entwicklung im Dienstleistungssektor läßt sich fast vollständig auf einen einzigen Bereich, das Fernmeldewesen zurückführen, dessen Ausbau zusammen mit dem anderer Infrastrukturbereiche eine der Prioritäten des 6. Planes war. Diese Orientierung wurden nun im 7. Plan (1976-1980) fortgeschrieben.
Da in allen drei betrachteten Branchen der französischen Industrie nationalisierte Unternehmen einen bedeutenden Anteil der Produktion erstellten (CDF in der Kohleindustrie, EDF auf dem Gebiet der Nukleartechnik, die Post- und Fernmeldegesellschaft PTT im Bereich des Fernmeldewesens),mußtein Anbetracht der Stagnation bzw. Schrumpfung fast aller übrigen Wirtschaftsbereiche der Anteil des öffentlichen Sektors an den Gesamtinvestitionen wieder zunehmen. Aus Tabelle 2.6 geht hervor, daß der Anteil der öffentlichen Unternehmen an den Investitionen der gesamten französischen Ökonomie zwischen 1974 und 1979 um knapp 10% auf 22,3% angestiegen ist. Diese eindeutig kontrazyklische Entwicklung der öffentlichen Investitionen ist um so bemerkenswerter, als ihr relatives Gewicht in den vorhergehenden Jahren kontinuierlich abgenommen hatte.

Tabelle 2.5 : ENTWICKLUNG WICHTIGER MAKROÖKONOMISCHER GRÖSSEN IN FRANKREICH ZWISCHEN 1974 UND 1980 (IN %)

	1974	1975	1976	1977	1978	1979	1980
Arbeitslosenquote	2,9	4,1	4,5	4,7	5,5	6,4	6,9
BIP	2,8	0,3	4,6	3,0	3,8	3,3	1,1
Veränderungen der Verbraucherpreise	13,7	11,7	9,6	9,5	9,1	10,7	13,6

QUELLE: DIVERSE JAHRESGUTACHTEN DES SVR

TABELLE 2.6: ANTEIL DER ÖFFENTLICHEN UNTERNEHMEN AN DEN INVESTITIONEN ALLER FRANZÖSISCHEN UNTERNEHMEN (IN %)

Jahr	Investitionsanteil der öffentlichen Unternehmen
1960	22,8 %
1965	18,8 %
1970	14,6 %
1974	13,5 %
1975	17,5 %
1979	22,3 %

QUELLE: PAGE 1981, 191

Neben der Landwirtschaft, der Lebensmittelindustrie, dem Bausektor und dem Handel, mußte auch die verarbeitende Industrie einen Rückgang ihrer Investitionstätigkeit (zwischen 1973 und 1979 jahresdurchschnittlich 1,3%) hinnehmen. Die Krise bewirkte also eine jähe Unterbrechung des noch voll im Gange befindlichen Industrialisierungsprozesses. Besonders betroffen von dieser Entwicklung waren dabei die traditionellen Konsumgüterindustrien (Textil und Bekleidung -12% jährlich, Leder und Schuhe -14%, Holz und Möbel -9%) und einige Bereiche des ZGS (insbesondere die ESI mit -30%). Im AGS gelang es lediglich der EEI (+ 7,5%) und dem FB (+ 9,3%) den Umfang ihrer Investitionen weiter auszudehen bzw. sogar ein neues Rekordergebnis zu erzielen. Alle anderen hier anzusiedelnden Industrien (z.B. der MB) hatten dagegen ebenfalls einen Rückgang ihres Investitionsvolumens zu verzeichnen. Insgesamt bewirkte der Produktions- und Investitionseinbruch zwischen 1974 und 1981 die Vernichtung von 700000 industriellen Arbeitsplätzen (Zahlen nach Camus u.a. 1981, 164; Stoffaes 1983, 90).
Das außenwirtschaftliche Kennzeichen der Krise bestand in Frankreich zunächst in einer starken Verschlechterung der noch 1973 fast ausgeglichenen Handelsbilanz. Dabei mußte die sprunghaft

gestiegene Verteuerung des Öls die französische Ökonomie aufgrund ihrer vergleichsweise hohen Abhängigkeit von Energieimporten besonders hart treffen: Während der Anteil des Öls am Gesamtenergieverbrauch aller EG-Länder Mitte der siebziger Jahre bei etwa 55% lag, machte er in Frankreich mehr als 64% aus (vgl. Nerzey 1983, 71). Insgesamt gesehen führten die Ölpreissteigerungen im Jahre 1974 zu einem zusätzlichen Transfer von französischem Volkseinkommen in die Opec-Länder in Höhe von 33 Mrd. FF (vgl. ebd.). Dieser Betrag mag als sehr bedeutend erscheinen, dennoch darf nicht übersehen werden, daß der Anteil der Energie an den französischen Gesamtimporten trotz der Preiserhöhungen des Öls auch im Jahre 1974 nicht mehr als 16% ausmachte und in den Folgejahren aufgrund der Stagnation des französischen Ernergieverbrauchs sowie der zeitweiligen Senkung der relativen Preise fast aller Energieträger wieder zurückging. Nach dem 'zweiten Ölpreisschock' stieg der Importanteil der Energieträger ebenfalls nicht über 18% (vgl. Le Pors 1980, 21). Wenn die Handelsbilanz trotz dieser nur begrenzten Bedeutung der Energieeinfuhren permanent negativ blieb und gegen Ende 70er Jahre auf neue Rekorddefizite zusteuerte, verweist dies folglich auf die strukturellen Schwächen des französischen Produktionspotentials.

2.3. Die Struktur der französischen Industrie an der Schwelle der 80er Jahre

2.3.1. Die Bedeutung des Dienstleistungssektors für die Industrie

Spätestens seit Anfang der 60er Jahre unterlag die französische Ökonomie einem strukturellen Wandel, in dessen Verlauf das Gewicht der Landwirtschaft zugunsten der Industrie und insbesondere des Dienstleistungssektors zurückging. Diese Entwicklungstendenz setzte sich auch nach dem Beginn der Krise, allerdings mit einer leicht veränderten Akzentuierung und durch den Konjunktureinbruch verschärft, weiter fort. So nahm der Anteil der Landwirtschaft in Bezug auf alle der in Schaubild 2.2. genannten

Indikatoren nochmals ab, blieb aber dennoch im internationalen Maßstab vergleichsweise hoch. Die Industrie, bereits Anfang der 60er Jahre in Bezug auf die Beschäftigung vom Dienstleistungssektor überholt, wurde nun nach 1974 von diesem auch hinsichtlich der Wertschöpfung (Produktion minus Vorleistungen) überrundet. Ihr Anteil an den französischen Gesamtinvestitionen, schon 1974 mit 27,2% im Vergleich zu anderen großen Industrieländern relativ gering, ging bis 1981 weiter zurück und lag nunmehr bei lediglich 22,5%. Der 'tertiäre Sektor' schließlich entwickelte sich in den 70er Jahren eindeutig zum größten Bereich der französischen Wirtschaft. Sowohl in Bezug auf die Beschäftigung als auch die Wertschöpfung sowie die Investitionen war er der Industrie endgültig davongeeilt.

SCHAUBILD 2.2: STRUKTUR DER FRANZÖSISCHEN WIRTSCHAFT NACH SEKTOREN

1. BESCHÄFTIGUNG: VERTEILUNG NACH BRANCHEN 1974 UND 1981 (IN %)

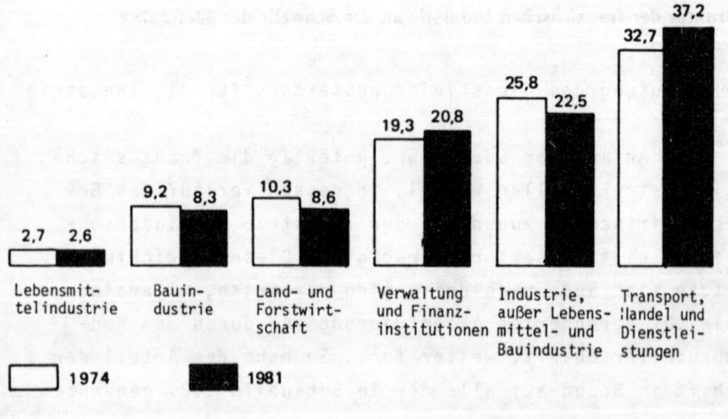

2. WERTSCHÖPFUNG: VERTEILUNG NACH BRANCHEN 1974 UND 1981 (IN %)

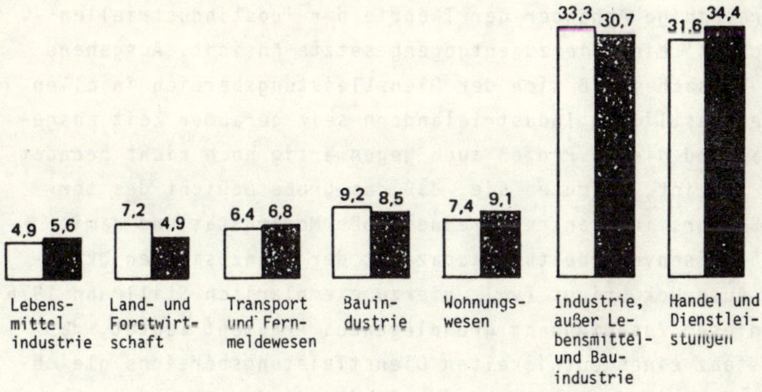

3. INVESTITIONEN: VERTEILUNG NACH BRANCHEN 1974 UND 1981 (IN %)

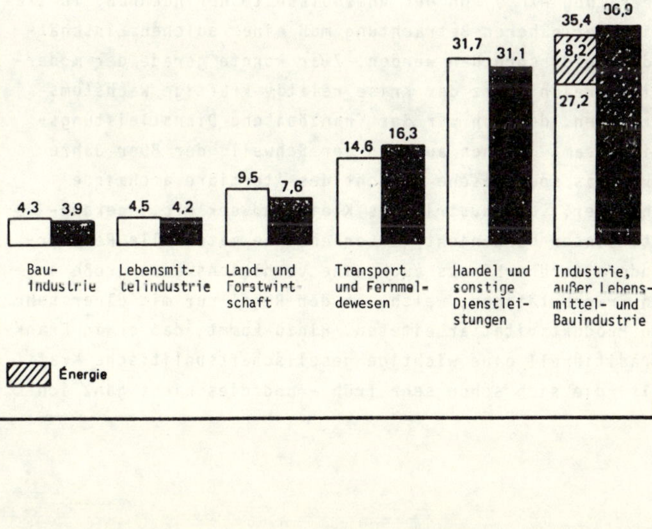

Während in Frankreich überwiegend die Meinung vertreten wird, daß das verhältnismäßig starke Gewicht des Dienstleistungsbereichs in der nationalen Ökonomie eher als Ausdruck einer gewissen industriellen Rückständigkeit des Landes aufgefaßt werden muß (vgl. beispielsweise Guibert 1975a, 22), vertreten insbesondere einige Anhänger der Theorie der 'postindustriellen Gesellschaft' eine hierzu entgegengesetzte Ansicht. Ausgehend von der Tatsache, daß sich der Dienstleistungsbereich in allen führenden westlichen Industrieländern seit geraumer Zeit ausgedehnt hat und dieser Prozeß auch gegenwärtig noch nicht beendet zu sein scheint, vermuten sie, daß das große Gewicht des tertiären Sektors in Frankreich eine große Modernität und damit zugleich Krisenverarbeitungskapazität der französischen Ökonomie zum Ausdruck bringt (vgl. hierzu exemplarisch Stillmann 1976). Ihr in diesem Zusammenhang grundlegendes Argument lautet, daß die Existenz eines entwickelten Dienstleistungsbereichs gleichzusetzen sei mit der weitgehenden Fähigkeit der französischen Ökonomie, sowohl dem Strukturwandel des Konsums der Haushalte (sich äußernd in einer Verschiebung der Nachfrage von traditionellen Konsumgütern hin zu tertiären Gebieten wie Freizeit, Bildung, Tourismus etc.) als auch der sich zunehmend auf Dienstleistungen orientierenden Nachfrage der Unternehmen (Forschung und Entwicklung, Management, Marketing, Versicherung, Unternehmensberatung etc.) von der Angebotsseite her Rechnung zu tragen. Bei einer näheren Betrachtung muß einer solchen Einschätzung jedoch widersprochen werden. Zwar konnte gerade der moderne Tertiärbereich trotz der Krise relativ kräftige Wachstumsraten erzielen, dennoch war der französische Dienstleistungssektor insgesamt gesehen auch an der Schwelle der 80er Jahre noch durch das spezifische Gewicht des 'tertiäre archaique' (Einzelhändler, vorindustrielles Kleinhandwerk etc.) gekennzeichnet. Dieser band nicht nur erhebliche materielle Ressourcen, sondern darüberhinaus auch eine vergleichsweise große Anzahl von Erwerbstätigen, welche in der Regel nur mit einer sehr geringen Produktivität arbeiteten. Hinzu kommt, daß er in Frankreich traditionell eine wichtige gesellschaftspolitische Kraft darstellt, die sich schon sehr früh - und dies nicht gänzlich ohne Erfolg - gegen jegliche Rationalisierungs- und Modernisierungsmaßnahmen im Dienstleistungssektor gewendet hat. Das Phänomen des Poujadismus, einer rechtspopulistischen Bewegung, in der gegen Ende der 50er Jahre insbesondere Kleinhändler und Bauern gegen die Wirtschafts- und Sozialpolitik der 4. Republik mobilisiert wurden, ist in diesem Zusammenhang zu nennen. Entgegen der dargestellten Auffassung muß folglich davon ausgegangen werden, daß sich in der großen Bedeutung des Dienstleistungssektors für die französische Wirtschaft eher ein Anzeichen ihrer Rückständigkeit als ein Anzeichen ihrer 'Modernität' reflektiert.

Aufgrund der zahlreichen Interdependenzen zwischen dem Dienstleistungs- und Industriesektor waren die archaischen Strukturen vieler Dienstleistungsbetriebe gerade auch für die französische Industrie mit einer Reihe von negativen Konsequenzen verbunden. Besonders bemerkbar machten sich dabei die erheblichen Defizite im Bereich der Dienstleistungen an die Unternehmen, die wegen ihrer wachsenden Bedeutung für die Konkurrenzfähigkeit der französischen Industrieunternehmen von großer Wichtigkeit sind. Mazier/Stoffaes fassen die diesbezügliche Problemlage wie folgt zusammen:

> "Im Vergleich zu den USA oder Groß-Britannien sind die Dienstleistungen an die Unternehmen nach wie vor nur mangelhaft strukturiert. Ob es sich nun um Werbung, Informatisation, Marketing... Versicherung, internationale Handelsgesellschaften etc. handelt, die französische Ökonomie hat sich bisher nur ungenügend der Idee angenommen, daß die industrielle Wettbewerbsfähigkeit in einem immer größeren Ausmaß von der Effizienz der Dienstleistungen an die Unternehmer abhängt" (Mazier/Stoffaes 1983, 105).

Aber auch auf dem Gebiet der überwiegend von den Unternehmen selbst organisierten Dienstleistungen, die die Kaufentscheidung der Nachfrager ebenfalls stark beeinflussen, gab es große Schwierigkeiten:

> "In der Einhaltung von Lieferfristen, dem Kundendienst sowie der Qualität der Service-Leistungen nach dem Verkauf bestehen immer noch entscheidende Rückstände" (ebd., 100).

2.3.2. Die sektorale Struktur der französischen Industrie

Die industrielle Entwicklung Frankreichs nach dem Zweiten Weltkrieg war durch das Problem der nachgeholten und beschleunigten Industrialisierung und Modernisierung des nationalen Produktionsapparates gekennzeichnet. Daß dabei zumindest relative Erfolge erzielt werden konnten, belegt der Tatbestand, daß das Gewicht der dynamischen, zugleich Tempo und Qualität des wissenschaftlich-technischen Fortschritts prägenden Ausrüstungsgüterindustrien - wie auch in anderen großen Industrieländern - kräftig angestiegen ist: Bereits Mitte der 70er Jahre gehörten 4 der 5 stärksten Industriebranchen zum Investitionsgüterbereich (vgl. Menyesch/Utterwedde 1978, 57). Dennoch deutet bereits eine relativ oberflächliche, also nicht auf die Untersuchung branchenspezifischer Probleme ausgerichtete Betrachtung darauf hin, daß es sich in Frankreich um einen Industrialisierungsprozeß mit erheblichen Lücken gehandelt haben muß. So war der Anteil des AGS am industriellen Gesamtumsatz und auch im Jahre 1980 noch deutlich geringer als etwa in der Bundesrepublik (vgl. Tabelle 2.7) und in Bezug auf die eigentlichen Kernbereiche des Produktionsapparates, den MB und die EEI, lag Frankreich gegenüber Westdeutschland ebenfalls noch ganz offensichtlich zurück.

Tabelle 2.7: Anteil einzelner Sektoren am industriellen Gesamtumsatz in Frankreich und der Bundesrepublik (1980)

	Frankreich	Bundesrepublik
A G S	38,2%	45,6%
- M B	7,8%	12,0%
- E E I	10,3%	15,6%
- F B	13,7%	12,1%
Z G S	41,5%	38,1%
K G S	20,3§	16,3%

Quelle: Statistisches Jahrbuch der Bundesrepublik Deutschland 1982, 167; Statistisches Jahrbuch der Republik Frankreich 1982, 245; eigene Berechnungen

Hinzu kommt, daß die Produktionsketten dieser beiden Schlüsselindustrien nach wie vor stark fragmentiert und in bestimmten Teilen sogar gänzlich lückenhaft waren, so daß ein großer Teil der für die industrielle Reproduktion erforderlichen Maschinen und Ausrüstungsgüter importiert werden mußte. Trotz gewisser Erfolge kann deshalb keinesfalls davon gesprochen werden, daß es die französische Industriepolitik bis 1981 vermocht hatte, die industrielle Rückständigkeit des Landes sowie seine technologische Dominierung durch ausländische Ökonomien zu überwinden (vgl. dazu die Abschnitte 2.3.5 und 2.4.3).
Die Disparitäten des französischen Produktionsapparates kommen schließlich auch darin zum Ausdruck, daß das Gewicht der - von bestimmten Verschiebungen in den Strukturen der IAT besonders betroffenen - Konsum- und Zwischengüterindustrie vergleichsweise groß geblieben ist (vgl. Tabelle 2.7). Insbesondere zweierlei dürfte sich hierin reflektieren: zum einen die Tatsache, daß die französische Industrie aufgrund der säkularen Schwäche des Investitionsgüterbereiches traditionell auf die vorgenannten Branchen spezialisiert war, ein Zustand, der bis zum Beginn der 80er Jahre zwar reduziert, keineswegs jedoch gänzlich abgebaut werden konnte. Zum zweiten aber auch die Unfähigkeit der wirtschaftspolitischen Akteure, den mit dem Aufkommen neuer Produktions- und Konsumtionsmuster entstandenen Anpassungsdruck in Richtung auf eine Restrukturierung der Konsum- und Zwischengüterindustrienzu bewältigen (vgl. dazu Abschnitt 2.3.5.3).

2.3.3. Unternehmenskonzentration

Während die seit der Präsidentschaft de Gaulles stark forcierte staatliche Konzentrationsförderungspolitik bis zum Beginn der 70er Jahre eines ihrer Hauptziele, nämlich das französische Konzentrationsniveau dem der anderen großen Industrieländer anzupassen, noch nicht erreicht hatte (s.o., Abschnitt 2.2.5), war der Abstand zehn Jahre später doch erheblich zurückgegangen:

An der Schwelle der 80er Jahre "dürfte sich der Konzentrationsgrad der französischen Wirtschaft in der Größenordnung demjenigen der Bundesrepublik angenähert haben" (Menyesch/Utterwedde 1982, 46). Nimmt man den Anteil des Umsatzes der zehn größten Unternehmen am Bruttosozialprodukt als einen ersten groben Indikator für das Konzentrationsniveau einer Ökonomie, so hatte Frankreich allerdings schon 1978 mit der Bundesrepublik gleichgezogen: Bereits damals war dieser Anteil in beiden Ländern mit etwa 21% gleich hoch (vgl. Gilly/Morin 1981, 52).
Interessant ist, daß trotz des generellen Anstiegs des Konzentrationsniveaus im Bereich der Industrie hinsichtlich der sektoralen und branchenspezifischen Ausdifferenzierungen des Konzentrationsgrades gegenüber den 60er Jahren kaum Änderungen eingetreten sind. Nach wie vor sind insbesondere einige Industrien des AGS (Fahrzeugbau, Büromaschinen-, Flugzeug- und Schiffsbau) sowie des ZGS (Glas-, Eisen- und Stahl-, Teile der Chemieindustrie) überdurchschnittlich stark von der Konzentration erfaßt. Gleichzeitig jedoch finden sich in beiden Sektoren immer noch Bereiche mit einem verhältnismäßig geringen Entwicklungsstand der Kapitalkonzentration (Teile des Maschinenbaus und der Elektronikindustrie, Papierindustrie).
Allgemein am niedrigsten liegt der Konzentrationsgrad schließlich - wie schon zu Anfang der 70er Jahre - im Ensemble der traditionellen Konsumgüterindustrie (Textil und Bekleidung, Leder- und Schuhwaren etc.).
Die zunehmende Beseitigung der französischen Rückstände auf dem Gebiet der Konzentration des industriellen Kapitals darf nun allerdings nicht ohne weiteres mit einer Erhöhung der technisch-ökonomischen Kohärenz des französischen Produktionsapparates und damit der Verbesserung seiner internationalen Wettbewerbsfähigkeit gleichgesetzt werden. Die entscheidende Ursache hierfür liegt in dem Umstand, daß die Wachstumsstrategien der seit der 2. Hälfte der 60er Jahre entstandenen Konzerne überwiegend an einer finanziellen und nicht an einer industriellen Logik ausgerichtet waren. Auch wenn also

"die französische Industrie ihre Defizite gegenüber anderen Industrienationen im Bereich der Unternehmensgröße mittlerweile aufholen konnte, blieben ihre Großunternehmen dennoch häufig mehr finanzielle Konglomerate als wirkliche Industriegruppen, die sich auf kohärente Strategien der technologischen Integration stützen" (Mazier/Stoffaes 1982, 92 f).

In der Konsequenz mußte die angesichts des krisenbedingt steigenden internationalen Konkurrenzdruckes dringend erforderliche Anhebung der Arbeitsproduktivität (was neben der technisch-ökonomischen Integration der zuvor selbständigen und jetzt in den Konzernen zusammengeschlossenen Unternehmen auch die Einleitung bestimmter Modernisierungsmaßnahmen im Bereich der Produktion erfordert hätte) häufig ausbleiben. Statt dessen reagierten die Konzerne auf die vermehrte Auslandskonkurrenz bevorzugt mit der Aufgabe der unrentabelsten Produkt- und Produktionsbereiche, eine Strategie, die der Anhebung der intersektoralen Kohärenz des französischen Produktionsapparates unmittelbar entgegengesetzt war: Verhinderte sie doch nicht nur die Komplettierung der ohnehin brüchigen Produktionsketten der französischen Industrie, sondern förderte sie sogar deren weitere Fragmentierung.
Schließlich muß noch darauf hingewiesen werden, daß die finanzielle Ausrichtung des industriellen Konzentrationsprozesses zu einem gewichtigen Teil auch auf den spezifischen Charakter der staatlichen Industriepolitik zurückzuführen ist: Da sie sich trotz ihrer sektoralen Schwerpunktsetzungen in der Regel mit fiskalpolitischen Anreizen sowie direkten Subventionen begnügte, also nicht auf die Verknüpfung des Konzentrationsprozesses mit der Umwälzung der Produktionsstrukturen orientiert war, hatte sie nämlich die konstatierten Konzernstrategien vom Ergebnis her noch unterstützt (vgl. ebd.).

2.3.4. Der Gegensatz zwischen Großkonzernen und Klein- und Mittelunternehmen

Eine weitere, durch den Anstieg des Konzentrationsniveaus leicht zu übersehende Strukturschwäche der französischen Industrie liegt in der vergleichsweisen Polarisierung zwischen den Großunternehmen auf der einen und den kleinen und mittleren Unternehmen (petits et moyennes entreprises = PME) auf der anderen Seite. So war deren Zahl in der Mitte der 70er Jahre immer noch sehr hoch: 75,6% aller Industrieunternehmen hatten 1975 weniger als 50 Beschäftigte (zum Vergleich: in der Bundesrepublik waren es dagegen lediglich 54,4%).
Das in diesem Zusammenhang entscheidende Problem liegt jedoch weniger in der großen quantitativen Bedeutung der PME. Es betrifft vielmehr den Umstand, daß ein überwiegender Teil insbesondere der Kleinunternehmen nach wie vor von der Dominanz archaischer Produktionsstrukturen und überkommener Managementmethoden gekennzeichnet war, woraus aufgrund der engen Verflechtung zwischen den PME und den Großunternehmen - zahlreiche PME fungieren als deren Zulieferer - negative Konsequenzen für den französischen Produktionsapparat in seiner Gesamtheit resultieren mußten: Da nämlich der industrielle Mittelstand weder in quantitativer noch in qualitativer Hinsicht dazu in der Lage war, der Nachfrage der Konzerne nach industriellen Vorleistungen in einem befriedigenden Ausmaß nachzukommen, behinderten seine Defizite zugleich auch die Produktivitätsentwicklung dieser - mehrheitlich dem internationalen Wettbewerbsdruck ausgesetzten - Unternehmensgruppen. Gleichzeitig schufen sie bei den Konzernen einen wachsenden Importbedarf, indem sie dort ohnehin schon vorhandene Tendenzen verstärkten, zur Überwindung der in der französischen Produktion vorhandenen Engpässe und Rigiditäten auf ausländische Vorleistungen zurückzugreifen. Dieser Prozeß mußte nun aber seinerseits negative Rückwirkungen auf die PME haben, da er potentiell einer Beschränkung ihrer Absatzmöglichkeiten gleichkam und somit die Einleitung der dringend erforderlichen Modernisierungsmaßnahmen noch zusätzlich zu den ideologischen

Vorbehalten behinderte. Es kann folglich davon ausgegangen werden, daß der für die französische Industrie charakteristischen Polarisierung zwischen den PME und den Großunternehmen eine Tendenz zur Selbstverstärkung, damit aber auch zur weiteren Fragmentierung der industriellen Strukturen innewohnte.

Bei der Beantwortung der Frage, warum sich die traditionelle Polarisierung zwischen den PME und den Großunternehmen in der französischen Industrie bis zum Beginn der 80er Jahre weiter zugespitzt hat, muß neben der erwähnten Dynamik insbesondere auch auf den spezifischen Charakter der staatlichen Industriepolitik verwiesen werden. So wurden die verantwortlichen Akteure unter Giscard zwar nicht müde, die Wichtigkeit einer "großen Vitalität der PME" sowie ihre "fundamentale Rolle im wirtschaftlichen Geschehen" (7. Plan 1976-80, 94) hervorzuheben und in diesem Zusammenhang die bevorzugte Förderung der PME zu einer ihrer unbedingten Prioritäten zu erklären (vgl. das 'programme d'action prioritaire Nr. 3' im 7. Plan 1976-80, 94-98); dennoch folgte die industriepolitische Praxis einer anderen Logik: wie schon in den Jahren der V. Republik, kam auch zwischen 1974 und 1981 der überwiegende Teil der staatlichen Industriesubventionen einer kleinen Zahl - meist international engagierter - Großkonzerne zugute. So gelang es in der Regel einer Gruppe von nur sieben Unternehmen, die zusammen weniger als 10% der industriellen Wertschöpfung repräsentierten, etwa 50% aller vom Staat an die Industrie umverteilten Mittel auf sich zu vereinigen. Fügt man hier noch einige Konzerne aus der ESI sowie der CI hinzu, so erhöhte sich der Anteil dieser Gruppe bereits auf 75% (vgl. Mazier 1982, 78). Kein Wunder also, wenn die den PME zur Verfügung gestellten Mittel - sie machten in der Regel nicht mehr als 3% aller direkten Industriesubventionen aus - quantitativ vergleichsweise unbedeutend blieben und somit kaum zur Einleitung der erforderlichen Innovationsprozesse geeignet waren.

2.3.5. Analyse der wichtigsten industriellen Branchen

2.3.5.1. Der Ausrüstungsgütersektor (AGS)

Wie bereits erwähnt, bezog sich die seit Mitte der 60er Jahre aktiv betriebene Modernisierungs- und Industrialisierungspolitik insbesondere auf den AGS. Dabei wurden - gemessen an den ungünstigen Ausgangsbedingungen - durchaus beachtliche Erfolge erzielt: So entwickelte sich der AGS zum größten Bereich der französischen Industrie und konnte seine traditionell stark negativen Außenhandelssalden seit Mitte der 70er Jahre in wachsende Überschüsse verwandeln. Eine Reihe von Indikatoren, die Investitionsquote, die Beschäftigungsentwicklung etc., legen zudem die Vermutung nahe, daß es dem AGS- insgesamt gesehen - besser als den anderen beiden großen Bereichen der französischen Industrie gelungen ist, sich in der Krise zu behaupten. Allerdings zeigt eine nähere Betrachtung, daß die erzielten Fortschritte im wesentlichen auf die Gebiete Luft- und Raumfahrt sowie Rüstungs- und Nuklearindustrie beschränkt blieben. Ökonomisch zweifelhafte Prestige-Objekte wie die 'Concorde' oder aber die französische Atomstreitmacht 'force de frappe' legen hiervon ein beredtes Zeugnis ab. Auch die seit den frühen 60er Jahren ständig steigenden französischen Waffenexporte - Frankreich avancierte mit dem Beginn der 70er Jahre nach den USA und der UdSSR zum drittgrößten Rüstungsexporteur der Welt - deuten in die gleiche Richtung.
Die entscheidenden Wurzeln des im internationalen Vergleich ungewöhnlichen Spezialisierungsprofils des französischen AGS müssen sicherlich in der unter de Gaulle verfochtenen Konzeption der 'nationalen Autonomie' gesucht werden. Diese manifestierte sich nicht nur auf der ökonomischen Ebene, im Versuch des Aufbaus einer von ausländischen Dominanzen weitgehend freien französischen Industriebasis, sondern gerade auch im politischen Bereich, wo die Entwicklung Frankreichs zu einer 'unabhängigen Großmacht' postuliert wurde (vgl. dazu Ziebura 1970, 98). Da es den politischen Akteuren zufolge einer materiellen Absicherung

dieses Anspruchs, sprich eines entwickelten Militärapparates bedurfte, mußten die Versuche zur Realisierung der de gaull'schen Konzeption gleichzeitig jedoch auch die Setzung bestimmter ökonomischer Prioritäten zur Konsequenz haben: So kamen die staatlichen Subventionen mehr als allen anderen Bereichen der Rüstungs- sowie den mit ihr verbundenen Industrien zugute. Neben der in der gesamten Industrie praktizierten Konzentrationsförderungspolitik spielten dabei insbesondere eine äußerst gezielte staatliche Forschungsförderung und (über Bestellungen in Verteidigungshaushalt vermittelte) staatliche Abnahmegarantien eine entscheidende Rolle.

Die bevorzugte Subventionierung der genannten Bereiche des AGS wurde auch in den 70er Jahren, wenn auch mit anderen Motiven, fortgesetzt. Nunmehr war es weniger das Bestreben nach 'nationaler Unabhängigkeit' als vielmehr der von den Konzernen gegenüber der Regierung durchgesetzte 'Imperativ der Anschlußaufträge'[1], welcher die Dynamik der französischen Rüstungsindustrie bestimmte. Vergleichsweise neu waren dabei die Bemühungen sowohl der Konzerne als auch der politischen Instanzen, das auf dem Gebiet der Rüstung gewonnene technologische Potential auch für bestimmte Bereiche der zivilen Produktion fruchtbar zu machen. Zwei Faktoren dürften in diesem Zusammenhang ausschlaggebend gewesen sein: Zum einen der Umstand, daß sich die französische Handelsbilanz mit der Ölpreiserhöhung stark verschlechtert hatte. Dies veranlaßte die Regierung, seit 1975 sehr ehrgeizige Programme zum Aufbau einer nationalen Industrie zur Herstellung von Kernkraftwerken zu verabschieden. Dabei konnten bis

[1] Dieser ursprünglich von J. Kurth für den militärisch- industriellen Komplex der USA entwickelte Begriff bringt zum Ausdruck, daß die in der Rüstung engagierten Konzerne hauptsächlich wegen der mit ihrer Expansion ebenfalls wachsenden ökonomischen und politischen Macht zunehmend dazu befähigt sind, im Anschluß an den Verkauf eines bestimmten Waffensystems an den Staat sofort mit der Entwicklung eines Nachfolgesystems zu beginnen, dessen Abnahme der Staat ebenfalls garantiert. Nach außen hin wird dies meist mit der Behauptung begründet, staatliche Anschlußaufträge seien zur Aufrechterhaltung der Kapazitäten für die Entwicklung, Konstruktion und Produktion moderner Waffensysteme unerläßlich (vgl. M. Kaldor 1981, 52ff.).

1981 verhältnismäßig große Erfolge erzielt werden. So war der Anteil der Atomenergie an der französischen Gesamtenergieerzeugung mittlerweile erheblich angestiegen und auch auf dem Gebiet des Exports von Kernkraftwerken hatte Frankreich nun eine Weltspitzenstellung. Zum anderen wirkte sich aber auch zunehmend die (bereits gegen Ende der 60er Jahre gefällte) Grundsatzentscheidung aus, Frankreich an der westeuropäischen Kooperation auf dem Gebiet der zivilen Luft- und Raumfahrt zu beteiligen, mit der im wesentlichen das eindeutige Übergewicht der amerikanischen Flugzeugbaukonzerne auf dem europäischen Markt für zivile Luftfahrzeuge bekämpft werden sollte. Aufgrund ihres vergleichsweise entwickelten technologischen Potentials sowie der gezielten staatlichen Förderungsmaßnahmen gelang es den französischen Unternehmen, sich im Rahmen dieser Zusammenarbeit eine gewichtige Position zu sichern. Sowohl das westeuropäische Verkehrsflugzeug 'Airbus' als auch die erste westeuropäische Weltraumrakete 'Ariane' sind wesentlich von 'französischer' Technik geprägt.
Mazier/Stoffaes zufolge läßt sich die schnelle Expansion des zivilen Bereichs der vorgenannten Industrien jedoch nicht allein auf den erheblichen Umfang der staatlichen Subventionen zurückführen. Ihres Erachtens war ganz entscheidend auch die - für die Industriepolitik der 'Ära Giscard' ansonsten überhaupt nicht typische-'technoökonomische Kohärenz' der in diesen Industriebereichen verfolgten Politik, die zu den positiven Resultaten geführt hatte:

> "Diese Erfolge lassen sich zurückführen auf eine - oft seit mehreren Jahren verfolgte - überlegt konzipierte Politik, welche sich neben einer engen Kooperation zwischen der staatlichen Verwaltung...und den...Unternehmen und Forschungszentren insbesondere auf öffentliche Subventionen und Bestellungen sowie die 'großen Programme zur nationalen Ausrüstung'(Energie, Fernmeldewesen) stützte" (Mazier/Stoffaes 1983, 22).

Hingegen erwies sich die Industriepolitik in den 'modernen Wachstumsbranchen' des AGS, also dem MB sowie der EEI, die beide für die intersektorale Kohärenz des französischen Produktionsapparates von zentraler Bedeutung sind, als weitaus weniger erfolgreich. Trotz vergleichsweise hoher Wachstumsraten konnte hier weder in quantitativer noch in qualitativer Hinsicht an die Entwicklung der entsprechenden Industrien anderer führender Industrieländer angeknüpft werden. Nur selten war es gelungen, die im Zusammenhang der Rüstungsproduktion realisierten technologischen Innovationen auf die zivilen Bereiche des MB sowie der EEI zu übertragen. Die Produktionsketten beider Industrien blieben folglich brüchig und in weiten Teilen sogar lückenhaft, mit der Konsequenz, daß es der französische AGS nur unzureichend vermochte, der nationalen Industrie in vollem Umfang Maschinen und Ausrüstungen mit dem zur Aufrechterhaltung der internationalen Wettbewerbsfähigkeit erforderlichen Qualitätsprofil zur Verfügung zu stellen. Zwangsläufig mußte deshalb jeder konjunkturelle Aufschwung in Frankreich einen starken Anstieg der Maschinen- und Ausrüstungsgüterimporte nach sich ziehen, welcher - zusammen mit den dann ebenfalls zunehmenden Energieimporten - zu einem gewichtigen Teil für das in Boomphasen regelmäßig wachsende Außenhandelsdefizit Frankreichs verantwortlich war.

Aufgrund der strategischen Bedeutung des MB sowie der EEI für die gesamte französische Ökonomie soll im folgenden auf die strukturellen Probleme bei der Industrie eingegangen werden. Dabei ergeben sich neben Erkenntnissen hinsichtlich einiger zentraler Schwachstellen des französischen Produktionsapparates zugleich auch Aufschlüsse über den großen industriepolitischen Handlungsbedarf, der in diesen Gebieten beim Regierungsantritt der Linksparteien bestand. Anschließend wird dann der französische Automobilbau betrachtet, der gemeinhin neben der Rüstungs- und Kernindustrie als einer der 'Trümphe' gilt, mit denen sich Frankreich auch international durchsetzen konnte.

2.3.5.1.1. Der Maschinenbau (MB)

Im französischen MB waren 1980 519000 (= 11,6% der Gesamtindustrie) Arbeitnehmer beschäftigt, die einen Umsatz von 110 Mrd. Franc (= 7,2% des industriellen Gesamtumsatzes) realisierten.

Nachdem die französischen Maschinenbauindustrien bis 1973 mit 6,3% vergleichsweise hohe Wachstumsraten erzielt hatten, ist seit 1973 eine Stagnation, ab 1979 sogar ein Rückgang des Produktionsvolumens festzustellen. Da die Arbeitsproduktivität im gleichen Zeitraum, wenn auch abgeschwächt, weiter zugenommen hat, nahm die Zahl der Beschäftigten stark ab: Gegenüber 1974 war sie sechs Jahre später bereits um mehr als 70000 Personen (= 13%) zurückgegangen (Zahlen nach Pagê 1983, 206f., Camus u.a. 1981, 269, Mazier 1983, 82). Die Ursachen dieser negativen Entwicklungstendenz sind zunächst sicherlich darauf zurückzuführen, daß der MB - mehr als alle anderen Industrien - unmittelbar von der gesamtwirtschaftlichen Investitionsgüternachfrage abhängig und damit von deren Rückgang besonders betroffen ist (knapp 70% des outputs fließen in die Industrien des AGS). Daneben muß aber auch auf die Tatsache hingewiesen werden, daß es den ausländischen Produzenten in den 70er Jahren - trotz des krisenbedingten Rückgangs der Nachfrage! - verstärkt gelungen ist, in den französischen Markt einzudringen und ihren ausländischen Konkurrenten ganz erhebliche Marktanteile abzunehmen: Zwischen 1973 und 1979 stieg der von nichtfranzösischen Unternehmen gehaltene Marktanteil von 32% auf 49%. Statistisch gesehen wurde also gegen Ende der 70er Jahre bereits jede zweite der in Frankreich eingesetzten Maschinen aus dem Ausland importiert. Wenn nun dieser im Vergleich zu anderen Indsutrien außerordentlich starke (und lediglich in den Bereichen der professionellen elektronischen Ausstattung und der Basischemie übertroffene) Anstieg unbestreitbar einen wachsenden Wettbewerbsverlust zum Ausdruck bringt, scheint es zunächst paradox zu sein, daß der französische MB zugleich seine traditionell defizitäre Außenhandelsbilanz in Außenhandelsüberschüsse transformieren konnte (vgl. Tabelle 2.8).

TABELLE 2.8: AUSSENHANDELSSALDO DES FRANZÖSISCHEN MASCHINENBAUS (IN MRD. FRANC)

1970	1972	1973	1976	1977	1978	1979
– 0,9	– 1,4	– 0,9	+ 6,8	+ 8,4	+ 9,5	+ 7,5

QUELLE: PAGE 1981, 207

Das Rätsel löst sich jedoch schnell bei einer geographischen Aufschlüsselung des Außenhandels: Während die vermehrten Importe fast ausschließlich aus den Industrie- sowie einigen Schwellenländern kamen, gingen die französischen Exportströme hauptsächlich in die Entwicklungsländer sowie bestimmte Staaten des Ostblocks. Der seit 1976 positive Außenhandelssaldo ergibt sich also aus dem einfachen Tatbestand, daß die französischen Maschinenbauer - nicht ohne Erfolg - danach strebten, ihre im Vergleich zu anderen führenden westlichen Industrieländern schwache Wettbewerbsposition über verstärkte Exportanstrengungen in ökonomisch weniger entwickelte Gebiete auszugleichen.
Nicht allen Bereichen des MB war es allerdings möglich, eine solche Strategie zu fahren: Die fast schon säkular zu nennende Schwäche etwa des Werkzeugmaschinenbaus, der Kugellagerindustrie oder aber der Produktion landwirtschaftlicher Maschinen machten eine jegliche Exportoffensive, auch wenn sie nur auf die Märkte der Entwicklungsländer abzielte, vorerst unmöglich. Angesichts ausländischer Marktanteile (bis zu 70%) war es hier seit langer Zeit weitgehend unumstritten, daß das primäre Ziel zunächst in einer wenigstens ansatzweisen Rückeroberung des Binnenmarktes bestehen mußte.
Besonders ungünstig gestaltete sich dabei die Lage im Werkzeugmaschinenbau (WMB). Diese für die Produktivität der gesamten französischen Industrie wichtige Branche stellte bereits im 19. Jahrhundert eine der zentralen Schwachstellen des französischen Produktionsapparates dar. Mußten damals zur Deckung des binnenländischen Bedarfs in erster Linie britische Produkte im-

portiert werden, so sind es seit Anfang dieses Jahrhunderts insbesondere deutsche Werkzeugmaschinen, die den französischen Markt versorgen. Den nationalen Herstellern gelang es nur selten, die heimische Nachfrage zu mehr als 40% zu befriedigen.
Seit Mitte der 70er Jahre geriet nun der französische Werkzeugmaschinenbau noch zusätzlich zu seinen schon traditionellen Defiziten in eine weitere, man könnte sagen 'doppelte' Krise. Diese reflektierte sich zum einen in der Kontraktion der binnenländischen Absatzmärkte. Der Rückgang der französischen Investitionstätigkeit hat die Nachfrage nach Werkzeugmaschinen zwischen 1973 und 1980 um real 30% gesenkt und damit die ohnehin schlechte finanzielle Situation der Produzenten weiter zugespitzt. Eine Reihe von Unternehmenszusammenbrüchen war die Konsequenz.
Das zweite 'neuere' Problem der französischen Werkzeugmaschinenbauer liegt darin begründet, daß sich auf dem Gebiet der Werkzeugmaschinenherstellung seit etwa 15 Jahren ein zuvor kaum gekannter technologischer Umbruch vollzieht (der auf der Produktebene in der Entwicklung numerisch gesteuerter Werkzeugmaschinen sowie vollautomatisierter Industrieroboter zum Ausdruck kommt), den die französischen Unternehmen kaum bewältigen konnten. Schlimmer noch, ihre strukturellen Rückstände im Bereich der Konzentration, des know hows, der technischen Organisation des Produktionsprozesses, der Qualifikation der Arbeitnehmer und, aus all diesen Faktoren resultierend, im Bereich der Produktqualität zeigten sich erst jetzt mit voller Schärfe. Ein Zusammenbruch des nationalen WMB war mittelfristig nicht mehr völlig auszuschließen. In dieser Situation entschloß sich die Regierung 1976 zur Intervention. Ein 'plan machine-outil' (Plan Werkzeugmaschinenbau) sollte binnen weniger Jahre die Gesundung der französischen Produktion herbeiführen. So war u.a. intendiert, das Produktionsvolumen von 104000 t im Jahre 1974 auf 142000 t im Jahre 1980 anzuheben und die ausländischen Anteile auf dem französischen Markt von weit über 50% auf 35% zurückzuführen. Als Mittel zur Realisierung ihrer Zielsetzung sah die Regierung

- die Verdreifachung der staatlichen F&E-Ausgaben
- finanzielle Vergünstigungen bei der Produktion numerisch gesteuerter Werkzeugmaschinen sowie der Entwicklung automatisierter Industrieroboter
- Finanzhilfen an Klein- und Mittelbetriebe
- die Schaffung einer Finanzierungsgesellschaft zur Erleichterung französischer Auslandsinvestitonen im Bereich des MB vor.

Weitergehende Maßnahmen wurden mit einem Verweis auf die notwendige Autonomie der Unternehmensleitungen abgelehnt. 1977 schienen sich mit der Verbesserung der Außenhandelssalden erste Erfolge des 'plan machine-outil' einzustellen. Die Importe konnten leicht gedrosselt, die Exporte stabilisiert werden. Bereits wenig später jedoch, 1978/79, wurde deutlich, daß es sich hierbei ausschließlich um konjunkturell und nicht strukturell bedingte Entwicklungstendenzen handelte. Schon die leichte Belebung der Binnenkonjunktur führte erneut zu einem starken Wiederaufschwung der Werkzeugmaschinenimporte. Die Krise des französischen WMB trat also erneut voll zu Tage. An der Schwelle der 80er Jahre ist denn auch die Bilanz des Regierungsplans, gemessen an seinen ursprünglichen Projektionen, nicht anders als als negativ zu bezeichnen: Das Produktionsvolumen des MB war bis Ende 1979 nicht auf etwa 142000 t angestiegen, sondern auf weniger als 66000 t abgesunken. Gleichzeitig hatte sich die Gesamtbeschäftigung gegenüber 1974 um fast 30% auf nunmehr 20000 Arbeitnehmer reduziert. Einer der größten französischen Werkzeugmaschinenbauer, Retier Forest, mußte 1979 Konkurs anmelden. Der schwerwiegendste Mißerfolg freilich betrifft das weitgehende Scheitern des ursprünglich anvisierten technologischen Umbruchs. Er zeigte sich dabei nicht nur in den nach wie vor bestehenden Qualitäts- und Produktionsrückständen der französischen Unternehmen, sondern darüber hinaus auch in der im internationalen Maßstab vergleichsweise niedrigen Anzahl der in Frankreich installierten numerisch gesteuerten Werkzeugmaschinen und Industrieroboter (1980 kamen in Frankreich knapp 10000, in der Bundesrepublik 30000 und in Japan gar 50000 numerisch gesteuerte

Werkzeugmaschinen zur Anwendung (vgl. Mazier 1983, 21). Aufgrund der Tatsache, daß der Umfang ihres Einsatzes einen entscheidenden Einfluß auf die Produktivität fast aller Industriebereiche ausübt, dürfte hier sicherlich eine der wichtigsten Ursachen für die häufig geringe Wettbewerbsfähigkeit des französischen Produktionsapparates liegen.
Fragt man nach den Ursachen des Scheiterns des 'plan machine-outil', so werden in der französischen Literatur eine Reihe von Ursachen genannt. Wir wollen uns hier auf die Darstellung der wichtigsten Faktoren beschränken (vgl. ebd.).

- der von allen Akteuren als notwendig erachtete Konzentrationsprozeß hatte kaum stattgefunden. Die staatlichen Interventionen waren diesbezüglich zu gering und auch zu indirekt, um entsprechende Entwicklungen in Gang zu setzen. Die durchschnittliche Größe der französischen Werkzeugbauunternehmen blieb somit weiterhin unter dem zur Behauptung gegenüber der ausländischen Konkurrenz erforderlichen Niveau. 'Economies of scale' konnten somit kaum entstehen.
- Angesichts der krisenbedingten Stagnation der Nachfrage nach Werkzeugmaschinen hätte der Staat über die Ausweitung der Bestellungen von Seiten der öffentlichen Unternehmen eine kontrazyklische Wirkung entfalten und damit die innovationshemmenden Finanzprobleme zahlreicher Werkzeugmaschinenbaufirmen lindern können. Dies ist jedoch nicht geschehen.
- Ein wettbewerbsfähiger Werkzeugmaschinenbau setzt das Vorhandensein eines qualifizierten Arbeitskräftepotentials voraus. Die dafür verantwortlichen Defizite im Bereich der Berufsbildung hat der Regierungsplan überhaupt nicht in Angriff genommen.
- Die Gesamtmasse der finanziellen Aufwendungen zur Förderung des WMB waren, insbesondere was die Klein- und Mittelbetriebe anbelangt, viel zu gering. Angesichts der Strukturprobleme dieser Industrie hätten ausschließlich erheblich höhere und nach bestimmten inhaltlichen Kriterien (etwa die Einführung modernerer Produktionsverfahren) vergebene Mittel reale Effekte zeigen können.

- Eine wesentliche Ursache für die permanenten Probleme des WMB lag in den Defiziten der französischen Elektronik-Industrie, der es bis 1981 nicht gelungen war, die zur Herstellung numerisch gesteuerter Werkzeugmaschinen und Industrieroboter erforderlichen elektronischen Bauelemente in einem quantitativ und qualitativ zufriedenstellenden Umfang zur Verfügung zu stellen. Das Scheitern des 'plan machine-outil' verweist folglich auch auf die relative Ineffizienz der im Bereich der elektronischen Industrie praktizierten Industriepolitik (vgl. Abschnitt 2.3.5.1.2).
  Hierin reflektiert sich die mangelnde intrasektorale Kohärenz der französischen AGS, die Synergien zwischen den Branchen der EEI und des MB weitgehend verhinderte.
- Schließlich wurde das in einigen öffentlichen Konzernen (Renault, SNECMA) durchaus vorhandene technologische Potential den zahlreichen Klein- und Mittelbetrieben des französischen MB kaum zugänglich gemacht.

2.3.5.1.2. Die elektrotechnische und elektronische Industrie (EEI)

Die diversen Branchen der Produktionskette der EEI gehören seit Mitte der 50er Jahre zu den großen Wachstumsbranchen der französischen Industrie. Zwischen 1960 und 1970 nahm ihr Produktionsvolumen jährlich um 12% zu, während das der Gesamtindustrie im gleichen Zeitraum durchschnittlich nur um 7% anstieg (lediglich der Automobilbau, die Chemie- und die Zementindustrie konnten noch größere Steigerungsraten erzielen). In der ersten Hälfte der 70er Jahre erreichten die jährlichen Zuwachsraten schließlich mit 18,6% ihren Höhepunkt - um allerdings 1975 in eine kurze, aber dennoch bis dahin nicht gekannte Phase der Stagnation zu treten. Zwischen 1976 und 1980 gelang es der französischen EEI erneut, eine Ausweitung ihres Produktionsvolumens durchzusetzen. Auch wenn dabei nicht mehr an frühere Wachstumsraten angeknüpft werden konnte, zeigt sich hierin angesichts der für den gleichen Zeitraum festzustellenden Stagnation der französischen Gesamt-

industrie die Dynamik dieses Produktionsbereiches.
Die vergleichsweise hohen Wachstumsraten machten es zugleich möglich, trotz starker Produktivitätszuwachse einen Beschäftigungsabbau weitgehend zu verhindern. 1979 waren in der französischen EEI, ähnlich wie schon 1974, 450 000 Arbeitnehmer (= 10,1% der Gesamtindustrie) tätig. Verglichen mit 1970 stellt dies sogar einen Zuwachs von 20% dar.
Bis 1976 konnte die französische EEI steigende Außenhandelsüberschüsse erzielen. Bei einer Aufschlüsselung nach Branchen wird deutlich, daß sich der positive Saldo traditionell aus Defiziten im Bereich der Datenverarbeitung, der Büromaschinen, der elektronischen Bauelemente und der Unterhaltungselektronik sowie die Defizite mehr als kompensierenden Überschüssen in den Bereichen der professionellen elektronischen Ausstattung (Industrieelektronik, medizinische und militärische Elektronik) und Telekommunikation zusammensetzte. Seit 1976 ist jedoch eine Verschlechterung, 1981 erstmals ein negativer Abschluß der EEI-Außenhandelsbilanz festzustellen. Dabei findet diese Entwicklung weniger in einem Rückgang der Exporte als vielmehr in einer steigenden Penetration der französischen Märkte durch nicht französische Produzenten ihre Ursache. 1980 deckten ausländische Kapitale die binnenländischen Märkte bereits zu mehr als 40% ab. Addiert man hierzu noch den Umsatz der in Frankreich angesiedelten , jedoch unter ausländischer Kontrolle produzierenden Unternehmen, so erhöht sich dieser Anteil auf gut 52% (alle Zahlen nach Stoffaes 1983, 318ff.; Pagé 1981, 208ff.; Mazier 1982, 32ff.).
Die Verschlechterung der Außenhandelssalden weist darauf hin, daß die - ohnehin in weiten Teilen von den USA und Japan dominierte - Produktionskette der EEI nach wie vor stark lückenhaft ist. Dies veranlaßte die wirtschaftspolitischen Akteure unter Giscard, bereits gegen Mitte der 70er Jahre in bestimmten, als strategisch wichtig erachteten Produktionssegmenten der EEI zu intervenieren. Die dabei zugrunde liegenden Motive waren allerdings durchaus unterschiedlich: Ging es im Programm zur Entwicklung des Fernmeldewesens in erster Linie um die Beseitigung ge-

wisser Engpässe im Bereich der französischen Infrastruktur, sollten also die allgemeinen Verwertungsbedingungen des französischen Kapitals verbessert werden, zielten die Eingriffe im Bereich der EDV und der elektronischen Bauelemente auf die Überwindung der produktionsstrukturellen Defizite zweier für die internationale Wettbewerbsfähigkeit der französischen Industrie sehr wichtigen Branchen ab.
Im folgenden soll auf die industriepolitischen Interventionen in den vorgenannten Branchen der EEI sowie deren ökonomische Resultate eingegangen werden.

a) Die elektronischen Bauelemente (EBE)

Neben dem WMB ist es insbesondere der Bereich der EBE, der zu den zentralen Schwachstellen des französischen AGS gehört. Dieses Defizit ist umso bedeutender, als die EBE innerhalb der Produktionskette der EEI eher oben angesiedelt sind, ihre Rückstände folglich die Produktivität sämtlicher nachgelagerter Branchen dieses Industriebereiches belasten müssen.
Obwohl die politischen Instanzen schon seit 1966, dem Jahr der Verabschiedung des 'plan calcul', die große Bedeutung der Mikroelektronik als eine der entscheidenden materiell-technischen Grundlagen des gesamten Bereichs der neuen Technologien erkannt hatten, war es bis zum Ende der 70er Jahre nicht gelungen, hier eine wettbewerbsfähige französische Produktion aufzubauen. Im Jahre 1978 deckten die französischen Anbieter - SECOSEN, Tochterunternehmen von Thomson; EFCIS, Tochterunternehmen von CEA; RTC, Tochterunternehmen von Philips - den französischen Markt zu lediglich 28% ab (vgl. Mazier 1982, 59). Darüber hinaus waren sie auch in technologischer Hinsicht in einen erheblichen Rückstand gegenüber ihren ausländischen (insbesondere amerikanischen, japanischen und zunehmend auch deutschen) Konkurrenten geraten.
Angesichts dieser Schwäche beschloß die französische Regierung im gleichen Jahr die Verabschiedung eines 'plan composants' (Plan elektronische Bauelemente). Dessen primäres Ziel bestand

in der Restrukturierung der französischen EBE-Industrie, um deren Produktionsniveau sowohl in quantitativer als auch in qualitativer Hinsicht anzuheben. Realisiert werden sollte dieses Ziel durch die Einleitung einer Kooperation zwischen den französischen Herstellern und den drei amerikanischen Elektronikkonzernen Motorola, NSC und Harris. Konkret vorgesehen war dabei die Bildung dreier Produktionspole (bestehend aus jeweils einem französischen und einem amerikanischen Unternehmen), die sich auf die Herstellung unterschiedlicher Typen von integrierten Schaltkreisen spezialisieren sollten. Zur finanziellen Absicherung der Kooperation mit den US-Konzernen beabsichtigte die Regierung den drei Produktionspolen bis 1983 Subventionen in einer Gesamthöhe von 1 Mrd. Franc zukommen zu lassen. Die Vergabe dieser Mittel war dabei nicht an bestimmte Auflagen gebunden. 1981, also drei Jahre nach der Verabschiedung des 'plan composants', nahm sich dessen Bilanz allerdings recht bescheiden aus: Zwar konnte der französische Rückstand auf dem Gebiet der Herstellung integrierter Schaltkreise vom Typ MOS[1] verringert werden. Dennoch war es kaum gelungen, den in Frankreich gehaltenen Marktanteil auszuweiten. Zudem war unverkennbar, daß die Kooperationsstrategie aufgrund des starken Übergewichts der US-Konzerne auch auf der technologischen Ebene zu einer weitgehenden Dominanz der amerikanischen Seite geführt hatte.

Die folgenden Faktoren trugen ebenfalls zum Scheitern des Regierungsplanes bei:

- Der Plan kümmerte sich nicht um die Effektivierung der französischen Forschungstätigkeit. Folglich konnte die sowohl in materieller als auch personeller Hinsicht schlechte Ausstattung der - zudem im internationalen Maßstab kleinen - französischen Forschungseinrichtungen kaum verbessert werden, mit der Konsequenz, daß die produktionstechnischen Rückstände tendenziell bestehen blieben.
- In Frankreich existierte keine Industrie zur Produktion der im Zusammenhang der Bauelementeherstellung erforderlichen Anlagen. Da im Plan der Aufbau einer solchen Industrie auch nicht

---

[1] Anfang der 80er Jahre wurden ca. 80% aller in den westlichen Industrieländern produzierten Mikroelektronikbauelemente auf Grundlage der Metall-Oxyd-Halbleitertechnik (Metal-Oxyd-Semiconductor = MOS) hergestellt.

vorgesehen war, mußte der intendierte Aufschwung der französischen EBE-Produktion zwangsläufig mit einer Zunahme der Anlagenimporte, damit eines verstärkten Drucks auf die französische Handelsbilanz verbunden sein.
Eine auch international wettbewerbsfähige EBE-Industrie setzt die Produktion in großen Serien voraus (nur dann können die nötigen Stückkostensenkungen erzielt werden). Dies erfordert jedoch zumindest die weitgehende Beherrschung des Binnenmarktes für integrierte Schaltkreise - ein Zustand, der in Frankreich nicht gegeben war und vom Regierungsplan auch nicht anvisiert wurde. Zwar griff das Fernmeldewesen auf elektronische Bauelemente aus der französischen Produktion zurück, dieser Bereich machte jedoch nicht mehr als 20% des nationalen Marktes für integrierte Schaltkreise aus. Andere potentielle Großabnehmer hingegen, die französische EDV-Industrie sowie der Bereich der professionellen elektronischen Ausstattungen, bezogen ihre Bauelemente hingegen fast vollständig aus der amerikanischen und japanischen Produktion (was im ersten Fall auf den dominierenden Einfluß des amerikanischen Kapitals bei CII-Honeywell-Bull und im zweiten Fall auf die spezifischen Strategien der dort engagierten französischen Konzerne Matra, Thomson und Dassault zurückzuführen war). Schließlich mußte sich auch das weitgehende Fehlen einer französischen Unterhaltungselektronikindustrie negativ auf die Absatzmöglichkeiten der französischen Mikroelektronikunternehmen auswirken.

Zusammenfassend kann also gesagt werden, daß eine effektive Industriepolitik zugunsten der EBI gezielte staatliche Interventionen in den geannten anderen Bereichen der EEI bzw. in die unternehmenspolitischen Strategien der dort angesiedelten Konzerne, kurzum eine Strategie der Produktionskette erforderlich gemacht hätte, was allerdings nicht geschehen ist.

b) Datenverarbeitende Industrie (EDV)

Im Abschnitt 'die Öffnung' konnten wir bereits sehen, daß die Entwicklung in der französischen EDV-Industrie gleichsam exemplarisch das relative Scheitern der gaullistischen Politik einer autonomen Modernisierung des französischen Kapitalismus zum Ausdruck bringt. Die 'Affaire Bull' der Jahre 1964-1967 hatte mit Eindringlichkeit darauf aufmerksam gemacht, daß die Verwertungsinteressen der - meist von der Regierung selbst mit konstituierten - Großkonzerne in der Regel nicht mit dem Ziel der 'nationalen Unabhängigkeit' korrespondierten.
Angesichts seiner strategischen Bedeutung für den Produktivitätsfortschritt der gesamten Industrie blieb der Bereich der EDV auch in den 70er Jahren eines der wichtigsten Felder industriepolitischer Interventionen. Allerdings ist im Vergleich zum vorhergehenden Jahrzehnt ein konzeptioneller Wandel unverkennbar, bei dem die Präsidentschaft Pompidous gewissermaßen einen Übergang darstellt. Die kurze Rekapitulation der wichtigsten Entwicklungsetappen auf dem Gebiet der französischen EDV-Industrie mag dies verdeutlichen (zum folgenden vgl. Bouvier/Caron 1982, 128ff.; Axt 1978, 268ff.). Nachdem der größte französische EDV-Konzern Bull 1967 endgültig unter die Kontrolle des US-Multis GE geraten war, hatte die Regierung noch im gleichen Jahr versucht, über die Fusion mehrerer kleinerer Unternehmen zur 'Compagnie International d'informatique' (CII) erneut einen französischen Gegenpol gegen die nunmehr noch größer gewordene Vormachtstellung des amerikanischen Kapitals zu errichten. Im 'plan calcul' von 1967 verpflichtete sie sich, dem neu entstandenen Unternehmen der Zusicherung staatlicher Abnahmegarantien im Umfang von 500 Mio. Franc zugleich auch einen nur zu 45% rückzahlbaren Kredit in Höhe von 450 Mio. Franç zukommen zu lassen, um seine internationale Wettbewerbsfähigkeit zu fördern. Die positive Entwicklung der von CII gehaltenen Marktanteile schien die in sie gesetzten Hoffnungen zunächst zu bestätigen (zwischen 1969 und 1973 konnte die CII ihre Anteile auf dem französischen EDV-Markt von 10% auf 15% steigern). Dennoch zeigte sich sehr bald, daß

eine rein nationale Herausforderung der amerikanischen Konzerne nicht möglich sein würde. Angesichts der strukturellen Überlegenheit dieser Unternehmen, die aufgrund ihrer Größe und Finanzkraft in einem erheblich stärkeren Umfang F&E-Ausgaben tätigen konnten und zudem wegen ihrer hohen Konzentration auch über deutliche Produktivitätsvorsprünge verfügten, mußte CII trotz der vorgenannten Erfolge grundsätzlich im Rückstand bleiben. Da sich etwa gleichzeitig in anderen europäischen Ländern ebenfalls die Erkenntnis durchsetzte, daß die vergleichsweise geringe Innovationsfähigkeit und die fehlende Größe der heimischen Computerproduzenten eine 'nationale Offensive' gegen die US-Konzerne zum Scheitern verurteilen mußte, kam es Anfang der 70er Jahre im Bereich der EDV zur europäischen Kooperation. Sie fand ihren Höhepunkt im Jahre 1973, als die drei Unternehmen Siemens (Bundesrepublik), Phillips (Niederlande) und CII (Frankreich) mit der UNIDATA eine gemeinsame Tochtergesellschaft gründeten, die nun zum größten europäischen Computerhersteller wurde. Das Ziel dieser Zusammenarbeit lag darin, ein stärkeres Gegengewicht zur amerikanischen Konkurrenz zu schaffen und die Grundlagen einer eigenständigen und auch international wettbewerbsfähigen europäischen EDV-Industrie zu legen. Konkret war vorgesehen, die Absatzwege der drei Konzerne zu vereinheitlichen und gemeinsame Vertriebsgesellschaften aufzubauen (die Märkte der Bundesrepublik, Frankreichs und der Niederlande blieben hiervon jedoch ausgenommen, da man sie offensichtlich als national privilegierte Absatzgebiete betrachtete). Darüberhinaus sollte auch eine gemeinsame voll aufeinander abgestimmte Produktlinie geschaffen werden. Der Bereich der F&E sowie die Produktion selbst sollten jedoch bei den Muttergesellschaften bleiben. Trotz des übereinstimmenden Interesses der beteiligten Konzerne an diesen Vorhaben war die Entwicklung der UNIDATA allerdings von Anfang an mit erheblichen Konflikten belastet. Als ausschlaggebend dafür erwies sich der Umstand, daß der 'Zwang zu Zusammenarbeit' die Fortexistenz von Konkurrenzbeziehungen innerhalb der Zusammenarbeit keineswegs verhinderte. Jede Gruppe versuchte, sich innerhalb der UNIDATA eine möglichst starke, wenn nicht dominante Position zu verschaffen und die gemeinsame Tochtergesellschaft in die eigenen unternehmenspolitischen Strategien zu integrieren. Wie Tabelle 2.9 zeigt, waren die diesbezüglichen Chancen jedoch ungleich verteilt. Insbesondere CII lag gegenüber den beiden anderen Konzernen deutlich im Rückstand.

TABELLE 2.9: VERGLEICH DER ÖKONOMISCHEN POTENZEN VON SIEMENS, PHILIPS UND CII IM COMPUTERBAU 1972/1973

Unternehmen	Umsatz in Mill. DM	Beschäftigte in 1000
Siemens	1100	16
Philips	650	12
CII	500	7

QUELLE: AXT 1978, 272

Bereits Anfang 1974 nahmen die Spannungen zwischen den drei an der UNIDATA beteiligten Unternehmen deutlich zu. Sie erreichten ihren Höhepunkt im Herbst des gleichen Jahres, als Siemens durch den Ankauf der Telefunken Computer GmbH ir den - gemäß den UNIDATA-Vereinbarungen der CII vorbehaltenen - Markt für Großrechner vorstieß und damit die Grundlagen einer weiteren Kooperation in Frage stellte. Diese Entwicklung veranlaßte nun die französische Regierung zum völligen Kehrtwechsel gegenüber der von allen früheren französischen Regierungen im Bereich der EDV praktizierten Politik. Im Sommer 1975 löste sie die CII aus der UNIDATA, allerdings nicht etwa, um zur alten Strategie de Gaulles zurückzukehren, sondern um erstmalig die bewußte Zusammenarbeit mit einem amerikanischen Computerkonzern - Honeywell-Bull - einzuleiten (zum Hintergrund dieses konzeptionellen Wandels vgl. Abschnitt 2.4.3).

> "Dabei war offensichtlich ausschlaggebend, daß CII, wenn sie einen europäischen Zusammenschluß nicht maßgeblich beeinflussen konnte, sich lieber gleich einem noch stärkeren US-Konzern anschließen solle, um von dessen größerem Marktanteil zu profitieren und einen erleichterten Zugang zum US Markt zu erhalten" (Axt 1978, 273).

Honeywell-Bull setzte dem französischen Staat für seine Bereitschaft zur Zusammenarbeit mit CII allerings eine Reihe von Bedingungen: So mußte die französische Regierung die Fusion beider Firmen u.a. mit 1,2 Mrd. Franc subventionieren und darüber hinaus für die folgenden Jahre Staatsaufträge in Höhe von knapp 4 Mrd. Franc zusagen.
Fünf Jahre nach ihrer Gründung hatte die CII-Honeywell-Bull (CII-HB) mit zunehmenden Schwierigkeiten zu kämpfen und weder die anfänglichen Erwartungen der Regierung noch der Konzernleitung von CII dürften sich erfüllt haben: So war die Strategie des französischen Unternehmens, durch die Kooperation mit Honeywell-Bull den Export eigenständig entwickelter Computersysteme in die USA ausweiten zu können, an der absoluten Dominanz des US-Kapitals gescheitert. Gleichzeitig war es jedoch Honeywell-Bull gelungen, durch die Fusion mit CII seine Präsenz auf dem französischen Markt deutlich zu verstärken und die dortige Vorherrschaft von IBM zumindest ansatzweise zurückzudrängen.
Das anfänglich durchaus vorhandene technologische Potential von CII konnte innerhalb der neuen Unternehmung ebenfalls kaum weiter entwickelt werden. Verantwortlich dafür war die Tatsache, daß Honeywell-Bull dieses Potential zwar in seine weltweit organisierte und konzernintern beherrschte Produktionskette integriert hatte, deren Kernbereiche jedoch (in denen die entscheidenden Innovationen realisiert werden) in den USA selbst angesiedelt ließ. Die von CII angebotenen EDV-Systeme waren dann auch fast gänzlich in den USA konzipiert und zuerst produziert worden. Bei den in Frankreich hergestellten Anlagen handelte es sich also faktisch um US-Lizenzproduktionen. Hinzu kommt, daß sich die finanzielle Situation des Unternehmens gegen Ende der 70er Jahre erheblich verschlechterte - die in- und ausländischen Marktanteile von CII-HB gingen zurück. Die von der französischen Regierung in dieser Situation entwickelte Subventionspolitik erweist sich als zwiespältig: Zwar erlaubte sie der CII-HB die Deckung ihrer wachsenden Defizite, gleichzeitig jedoch versäumte sie es, dem Unternehmen durch eine Stützung von der Absatzseite her kontinuierliche Einnahmen zu ermöglichen. Wie eine Untersu-

chung aus dem Jahre 1978 zeigt, versorgte sich die öffentliche Hand trotz einer anders lautenden Rhetorik bis dahin nur zu 40% mit EDV-Systemen aus der Produktion von CII-HB. Den Rest importierte sie aus dem Ausland, insbesondere aus den USA und Japan (vgl. Mazier 1982, 40).
Bezogen auf den gesamten EDV-Markt bleibt festzuhalten, daß es den französischen Herstellern bis 1981 nicht gelungen ist, die Dominanz ausländischer Kapitalgruppen zu brechen. Auf dem Gebiet der Großrechner hielten die französischen Anbieter einen Marktanteil von gerade 18%, im Bereich der Peri-Informatik (Software, Dienstleistungen in der EDV) und der Bürorechner waren es noch weniger. Lediglich auf dem Markt der Mini-Rechner konnte ein etwas besseres Ergebnis erzielt werden (vgl. ebd.).

c) Das Fernmeldewesen

Auf dem Gebiet des Fernmeldewesens hatte Frankreich im Vergleich zu anderen Industrieländern Anfang der 70er Jahre starke Rückstände aufzuweisen. Die mangelnde Ausstattung der Unternehmen und Haushalte mit Telefonen und Fernschreibern drohte angesichts der zunehmenden Wichtigkeit einer schnellen Übertragung immer komplexer werdender Daten und Nachrichten, zu einem zentralen Hemmschuh der Kapitalakkumulation zu werden. Außerdem deuteten erste Anzeichen darauf hin, daß im Ausland erfolgreich an der Entwicklung neuer, erheblich leistungsfähigerer Kommunikationstechniken (Kabelfernsehen, Bildschirmtext, Telefonkonferenzsystene, halbelektronische Telefonvermittlungszentralen) gearbeitet wurde. Um die Gefahr weiterer Rückstände zu vermeiden, beschloß die französische Regierung 1976 ein großangelegtes Programm zum Ausbau des nationalen Fernmeldewesens. Ausgangspunkt des Regierungsprogramms war der - erfolgreiche - Versuch, den größten französischen Elektronikkonzern, Thomson, zum Wiedereintritt in die Fernmeldeindustrie zu bewegen. Indem er die beiden bis dahin unter ausländischer Kontrolle stehenden Unternehmen LMT (Filiale des US-Konzerns ITT) und Ericsson-France

(Filiale des schwedischen Konzerns Ericsson) zurückkaufte[1], verfügte dieser Konzern nunmehr über einen wichtigen Teil des französischen Produktionspotentials, das allerdings überwiegend von ausländischer Technologie geprägt war. Zudem hatte die Regierung Thomson diesen Schritt dadurch 'schmackhaft' machen müssen, daß sie ihm neben erheblichen finanziellen Zuwendungen auch die Zusage gab, daß sich die französische Post bei der geplanten Ausrüstung des Landes mit Telefonvermittlungszentralen weitgehend auf sein Angebot stützen würde. Zugleich vereinbarte man eine erhebliche Aufstockung der in die F&E fließenden Mittel, um Thomson den Anschluß an den internationalen Stand der Forschung neuer Kommunikationstechnologien zu ermöglichen und seine Exporte auf dem Gebiet des Fernmeldewesens zu forcieren. Wie die Erfahrungen der folgenden Jahre zeigen, erwiesen sich die Vereinbarungen zwischen Thomson und der Regierung zumindest in Bezug auf ihre ursprüngliche Hauptintention, nämlich den binnenländischen Marktanteil der französischen Produzenten zu vergrößern und die Unterausrüstung des Landes auf dem Gebiet des Fernmeldewesens zu beseitigen, als relativ erfolgreich. Dennoch wird die giscard'sche Industriepolitik in dieser Branche von verschiedenen Seiten Kritisiert (vgl. Mazier 1982, 32f.; Le Monde, 15,5,1984). Anknüpfungspunkt ist dabei die Tatsache, daß zur Zeit der ersten Verhandlungen zwischen Thomson und der Regierung mit der CIT-Alcatel, einer Filiale der CGE, bereits ein französisches Unternehmen existierte, das in Kooperation mit dem 'nationalen Zentrum zur Erforschung des Fernmeldewesens' (Centre nationale d'etudes des tétécommunications) gerade eine voll elektronische Telefonvermittlungszentrale ('E10') entwickelt hatte, die den halbelektronischen Systemen der drei den Weltmarkt dominierenden Multis technologisch zweifellos überlegen war. Für CIT-Alcatel bedeutete die einseitige Ausrichtung

---

[1] Anfang der 70er Jahre wurde der Bereich des Fernmeldewesens weltweit (mit Ausnahme Japans) von den drei Multis ITT (USA), Siemens (Bundesrepublik) und Ericsson (Schweden) dominiert. Teilweise in enger Zusammenarbeit mit den verschiedenen Regierungen hatten diese Unternehmen die nationalen Märkte für Fernmeldewesen untereinander aufgeteilt und bestimmte Produktionsquoten festgelegt. Lediglich einige Marktlücken waren den lokalen Produzenten verblieben.

der staatlichen Interventionen auf Thomson folglich eine empfindliche Beschneidung seiner binnenländischen Absatzmöglichkeiten, was die Umsetzung des erzielten technologischen Vorsprungs in einen ökonomischen Erfolg stark behindern mußte. Zudem zeigte sich, daß Thomson anfänglich große Schwierigkeiten beim Export seines Telefonvermittlungssystems hatte. Die Ursache dafür lag in dem Umstand, daß dieses System aufgrund der früheren Abhängigkeit des Unternehmens LMT von der ITT weitgehend baugleich mit dem von der ITT in den USA angebotenen System war. Zahlreiche potentielle Abnehmer aus Drittländern bevorzugten es deshalb, ihre Bestellungen direkt in den USA - bei ITT - aufzugeben. Erst nach 1979, als es der LMT unter erheblichen finanziellen Aufwendungen gelungen war, ein überwiegend auf französischer Technologie basierendes vollelektronisches Telefonvermittlungssystem zu entwickeln, konnte auch Thomson seine Exporte steigern und auf den internationalen Märkten Erfolge erzielen.
1981 nahmen CIT-Alcatel und Thomson im Bereich des Fernmeldewesens unbestreitbar eine Weltspitzenstellung ein. Der Binnenmarkt war weitgehend zurückerobert und mehr als 45 Länder hatten sich mit Telefonvermittlungszentralen aus der französischen Produktion ausgerüstet. Allerdings wird diese Spitzenstellung bei einer geographischen Aufschlüsselung der Exporterfolge relativiert. So zeigt sich, daß die Ausfuhren überwiegend in die Länder des nahen Ostens, einige aufrikanische Staaten und Indien flossen. Auf den Märkten der Industrieländer dagegen konnte die dominante Position von ITT, Ericsson und Siemens kaum in Frage gestellt werden. Lediglich in Irland gelang es der CIT-Alcatel, den ITT-Konzern vom Markt zu verdrängen. Es muß folglich davon ausgegangen werden, daß die internationale Wettbewerbsfähigkeit der französischen Fernmeldeindustrie zu Beginn der 80er Jahre trotz der hohen Außenhandelsüberschüsse dieser Branche keinesfalls gesichert war. Die giscard'sche Industriepolitik ist hierfür insofern mitverantwortlich, als sie sich wegen ihrer einseitigen Festlegung auf die Förderung des Thomson-Konzerns nicht um die Vermarktung und den Ausbau des bei

CIT-Alcatel existierenden technologischen Potentials gekümmert hatte. Zudem konnte der Durchbruch bei Thomson nur mit sehr hohen staatlichen Subventionen und auch nur zeitlich verzögert realisiert werden. Unter dem Gesichtspunkt der industriepolitischen Effizienz wäre es somit auf jeden Fall sinnvoller gewesen, auf die Konstitution eines zweiten nationalen Produktionspols im Bereich des Fernmeldewesens zu verzichten, und von Anfang an Entwicklung und Verkauf der bei CIT-Alcatel hergestellten vollelektronischen Telefonvermittlungszentralen zu unterstützen.

2.3.5.1.3. Der Fahrzeugbau (FB)

Nach übereinstimmenden Angaben (vgl. Pagé 1981, 210 ff.; Mazier/Stoffaes 1983, 82) gehört der FB zu den wenigen wirklich erfolgreichen Branchen der französischen Industrie. Festgemacht wird diese Einschätzung neben den Exportüberschüssen meist an der vergleichsweise gelungenen Bewältigung des Nachfrageeinbruchs von 1973, der den FB zunächst besonders getroffen hatte: Nachdem zwischen 1968 und 1973 jahresdurchschnittlich reale Wachstumsraten von 11,3% (Gesamtindustrie: 6,3%) erzielt werden konnten, ging das Produktionsvolumen zwischen 1973 und 1975 um 5% jahresdurchschnittlich (Gesamtindustrie: +1%) zurück (Zahlen nach Fontaine 1980, 181). Aufgrund des hohen Fixkostenanteils im FB waren mit der bis dahin nicht gekannten Absenkung der Kapazitätsauslastung zugleich starke Stückkostensteigerungen verbunden, die die Rentabilität der FB-Konzerne zusammen mit den Umsatzeinbußen zeitweilig kräftig senkten. Doch bereits 1976 stieg die Nachfrage nach PKW erneut - unerwartet stark - an. Die französische FB-Industrie konnte hiervon profitieren und weitete ihr Produktionsvolumen binnen eines Jahres um mehr als 17% aus. In den Folgejahren konnte zwar nicht mehr an dieses herausragende Ergebnis angeknüpft werden, dennoch blieben die Wachstumsraten erheblich über denen der Gesamtindustrie.
Angesichts der positiven Entwicklung im Bereich der Produktion

nimmt es nicht Wunder, daß der FB auch in Bezug auf die Beschäftigung bessere Ergebnisse als die Gesamtindustrie aufzuweisen hat. Während letztere zwischen 1974 und 1978 mehr als 300 000 Arbeitsplätze vernichtete, weitete der FB seinen Personalbestand im gleichen Zeitraum um mehr als 30 000, auf 510 000 (= 11,4% der industriellen Gesamtbeschäftigung) aus (wofür allerdings auch das - konjunkturbereinigt - nur relativ geringe Produktivitätswachstum im FB verantwortlich war).
Der FB ist sowohl hinsichtlich des Handels als auch in Bezug auf die Produktion eine stark internationalisierte Industrie. Dieser Tatbestand äußert sich zunächst in relativ hohen Ex- und Importquoten der einzelnen Herstellerländer. Tabelle 2.10 zeigt, daß es den französischen FB-Konzernen während der gesamten 70er Jahre gelang, mehr als 50% ihrer Produktion zu exportieren. Da es die ausländischen Hersteller im gleichen Zeitraum nicht vermochten, ähnliche Erfolge auf dem französischen Markt zu erzielen, ergab sich für den französischen FB ein hoher Außenhandelsüberschuß. Mit mehr als 30 Mrd. Franc erreichte er 1979 seinen bisherigen Höchststand. Die Tatsache, daß dies mehr als 87% (!) des von der französischen Gesamtindustrie im gleichen Jahr erzielten Handelsbilanzüberschusses sind (vgl. Camus u.a. 1981, 194), muß jedoch sicherlich als ein zweideutiges Ergebnis interpretiert werden, weist es doch neben einer hohen internationalen Wettbewerbsfähigkeit der französischen Automobilindustrie auch auf die starken Defizite in anderen Bereichen der Industrie hin.
Der französische FB besteht 1981 im wesentlichen aus zwei großen Konzerngruppen, dem im Januar 1945 verstaatlichten Unternehmen Renault sowie der privaten Gesellschaft Peugeot-Citroen-Talbot. Beide gehören sowohl in Hinsicht auf den Umsatz als auch auf die Beschäftigung zu den größten französischen Unternehmen. In Bezug auf ihre Struktur sowie die unternehmenspolitischen Strategien können jedoch einige Unterschiede festgestellt werden, die - pauschal formuliert - die Annahme einer höheren Wettbewerbsfähigkeit von Renault nahelegen (vgl. dazu Fontaine 1980, 93ff.).

TABELLE 2.10: DER FRANZÖSISCHE FB

	Produktion (i.Tsd.Stck)	Exporte (i.Tsd.Stck)	Exportquote (in %)	Deckungsrate (in %)
1970	2.245	1.182	52,6	206
1971	2.466	1.258	51,0	199
1972	2.719	1.378	50,6	204
1973	2.867	1.446	50,4	198
1974	2.699	1.419	52,5	221
1975	2.546	1.363	53,5	246
1976	2.979	1.503	50,4	186
1977	3.092	1.621	52,6	198
1978	3.111	1.579	50,7	204
1979	3.220	1.698	52,7	203
1980	2.938	1.382	47,0	180
1981	2.611	1.250	47,8	164

QUELLE: PAGE 1981, 211, eigene Berechnungen

Trotz der vergleichsweise herausragenden Position des französischen FB weisen an der Schwelle der 80er Jahre einige Faktoren auf die zunehmende Unterminierung dieser Position hin. So ging der Außenhandelsüberschuß nach 1979 kräftig zurück. Die Deckungsrate der Ex- durch die Importe fiel von 203% 1979 auf 164% im Jahre 1981 ab, eine Entwicklung, die sowohl dem Rückgang der Ausfuhren als auch einer steigenden Auslandspenetration des französischen Marktes geschuldet war. Zweifelsohne reflektiert sich hierin die Tatsache, daß die Wettbewerbsfähigkeit des französischen FB nach 1979 tendenziell abnahm. Insbesondere die folgenden Faktoren dürften dafür ausschlaggebend gewesen sein:

- Spätestens seit dem Ende der 70er Jahre waren die französischen Autokonzerne im Bereich der Arbeitsproduktivität gegenüber ihren ausländischen, vorwiegend japanischen und deutschen Konkurrenten, in einen erheblichen Rückstand geraten. Da dies zeitweilig zu deutlichen Preisunterschieden zwischen vergleichbaren japanischen und deutschen sowie französischen PKW führte, mußte die Attraktivität der letzteren vom Standpunkt der potentiellen Käufer aus geringer werden. Entsprechende Substitutionsprozesse im Bereich der Nachfrage waren die Folge.

- Angesichts eines relativ hohen Ausstattungsgrades der französischen Haushalte mit Erstwagen, steigenden Benzinpreisen und stagnierenden Realeinkommen deutete sich seit Mitte der 70er Jahre unverkennbar eine Umstrukturierung der PKW-Nachfrage an. Anstelle großer Limousinen ging der Trend jetzt in Richtung auf benzinsparende und trotzdem leistungsfähige Kleinwagen zu geringen Preisen. Im Vergleich zu manchen ausländischen Produzenten hatten die französischen FB-Konzerne, insbesondere die Gruppe Peugeot, zunächst jedoch einige Schwierigkeiten, sich auf diese Entwicklung umzustellen. Folglich entsprach ihre Produktpalette nurmehr unzureichend den veränderten Kaufbedürfnissen der Konsumenten, was die Nachfrage nach französischen PKW ebenfalls senkte.
- Die erwähnten Rückstände verweisen auf die Existenz schwerwiegender Defizite im Bereich des unmittelbaren Produktionsprozesses. Die Hauptschwierigkeiten lagen dabei im Einsatz neuer Technologien (vgl. Stoffaes 1979). Während ein Großteil der japanischen PKW schon 1979 zu sehr großen Serien in fast vollautomatisierten Fabriken produziert wurde , blieben die französischen (und mit ihnen die meisten europäischen) FB-Konzerne bis dahin weit hinter den technischen Möglichkeiten der Produktivitätssteigerung zurück. Allerdings war dies nicht nur Ausdruck einer mangelnden Innovationsfähigkeit, sondern auch Resultat einer mangelnden Innovationsbereitschaft: Insbesondere die bei Talbot entwickelten unternehmenspolitischen Strategien waren nämlich darauf ausgerichtet, das Ziel der Profitmaximierung weniger durch die Rationalisierung der Produktion als vielmehr durch den massenhaften Einsatz sehr schlecht bezahlter Gastarbeiter vorwiegend aus dem nordafrikanischen Raum zu realisieren. Diese Strategie mußte jedoch zum Scheitern verurteilt sein: Da die ausländischen Arbeitskräfte - angesichts ihrer geringen Entlohnung sowie der zunehmenden Ausländerfeindlichkeit ohnehin kaum zur Arbeit motiviert - aufgrund ihrer schlechten Bildung und Ausbildung kaum zu einer sachgerechten Bedienung der Produktionsmittel in der Lage waren, kam es immer häufiger zu Arbeitsunfällen, Produktionsunterbrechungen und Qualitäts-

rückständen. Folglich konnten die anvisierten Kostensenkungen nur in Ausnahmefällen durchgesetzt werden, mit der Konsequenz, daß die Wettbewerbsschwäche gegenüber den ausländischen Konkurrenten weiter zunahm. Das Gesagte gilt allerdings weniger für den Renault-Konzern, da dieser wegen seiner Verankerung im WMB schon vergleichsweise früh mit der Anwendung neuer Technologien, etwa dem Einsatz von Industrierobotern experimentieren konnte.

- Große Probleme ergaben sich für die beiden französischen FB-Konzerne auch im Bereich der Zulieferung. Neben der geographischen Zersplitterung der zuliefernden Unternehmen waren es dabei insbesondere die Defizite in der Produktionskette der EEI, die die Rationalisierung des Produktionsprozesses behinderten (zahlreiche elektronische Bauteile mußten aus der Bundesrepublik importiert werden).
- Wie erwähnt, ist die Produktion des FB stark internationalisiert. Alle FB-Konzerne versuchen, durch die konzerninterne Beherrschung weltweit organisierter Produktionsketten die komparativen Kostenvorteile der verschiedenen Länder für sich auszunutzen. Zwar trifft dies auch für Renault und Peugeot-Citroen-Talbot zu, dennoch waren beide Konzerne hinsichtlich der Internationalisierung ihrer Produktion an der Schwelle der 80er Jahre gegenüber ihrer ausländischen Konkurrenz in einen deutlichen Rückstand geraten (vgl. ebd.). Folglich konnten sie die aus der Internationalisierung resultierenden Kostensenkungen nur in einem vergleichsweise geringen Umfang für sich nutzen. Hinzu kommt, daß der ökonomische Erfolg der Internationalisierungsanstrengungen der französischen FB-Konzerne äußerst fragwürdig ist (vgl. die Erfahrungen von Renault in den USA beim Aufkauf des Automobilunternehmens AMC).
- Schließlich bleibt zu erwähnen, daß der französische FB auch im Bereich bestimmter verkaufsrelevanter Dienstleistungen wie dem Kundendienst, der Einhaltung von Lieferfristen oder der Qualität der Service-Leistungen erhebliche Defizite aufzuweisen hatte, die seine Wettbewerbsfähigkeit neben den vorgenannten Faktoren ebenfalls belasteten.

Gezielte industriepolitische Interventionen zugunsten des FB gab es während der 'Ära Giscard' nicht.

2.3.5.2. Der Zwischengütersektor (ZGS)

2.3.5.2.1. Die Eisen- und Stahlindustrie (ESI)

Die ESI Frankreichs wurde 1981 zu fast 100% von zwei - im internationalen Maßstab allerdings nur mittelgroßen - Konzernen, Usinor und Sacilor, beherrscht, deren Existenz im wesentlichen auf die seit 1966 vom Staat forcierte Konzentrationspolitik zurückzuführen ist (vgl. dazu Guibert 1975 171). Sie befindet sich, ähnlich wie die ESI anderer europäischer Länder spätestens seit 1975 in einer schweren Absatzkrise. Dabei mußte sie aufgrund ihrer engen Verflechtung mit dem AGS[1] der Rückgang der industriellen Investitionstätigkeit besonders hart treffen. Ihre Produktion sank von 27 Mio. Tonnen im Jahre 1974, dem bisherigen Rekordergebnis, auf 23 Mio. Tonnen im Jahre 1978 und schließlich auf 21 Mio. Tonnen im Jahre 1981. Dies entspricht gegenüber 1974 einem Rückgang von 22%. Gleichzeitig verringerte sich der Grad der Kapazitätsauslastung von über 80% auf zeitweilig nur noch 60% (1977) (Zahlen nach Stoffaes 1983; Pagê 1981).
Die Krise der französischen ESI kann allerdings nicht ausschließlich mit dem Konjunktureinbruch begründet werden. Eine Reihe weiterer Faktoren waren für ihren Niedergang ebenfalls verantwortlich: So stieg das Weltstahlangebot im Verlauf der 70er Jahre unerwartet stark an. Einigen Ländern, die bis dahin als Nettostahlimporteure galten, war es durch den kräftigen Ausbau ihrer Kapazitäten gelungen, zunehmend den Eigenbedarf zu decken und in manchen Fällen sogar als Nettoexporteure von Stahl auftreten zu können (Südkorea, Mexiko, Brasilien). Die französi-

---

[1] Allein 40% des Outputs der ESI fließen in den Maschinen- und Fahrzeugbau.

sche ESI verlor mit dieser Entwicklung zahlreiche zuvor als sicher geglaubte ausländische Absatzmärkte - der Anteil der Exporte an der gesamten französischen Produktion (Exportquote), aber auch der französische Anteil an der Weltproduktion von Stahl ging zurück.
Zum zweiten sind die Stahleinfuhren nach Frankreich trotz der Schrumpfung des Binnenmarktes im Verlauf der 70er Jahre stark angestiegen. 1979 lag der Anteil der ausländischen Anbieter auf dem französischen Stahlmarkt bereits bei 34% (6 Jahre zuvor waren es noch 27%, vgl. Camus u.a. 1981, 175). Dies deutet darauf hin, daß die Wettbewerbsfähigkeit der französischen ESI im Verhältnis zu ihren ausländischen Konkurrenten seit dem Beginn der Krise tendenziell gesunken ist.
zwar, daß die Arbeitsproduktivität der französischen ESI schon vor der Krise vergleichsweise gering war, der Abstand zu den führenden ausländischen Herstellern hat jedoch in den Folgejahren weiter zugenommen. In der Konsequenz mußte sich die für Frankreich ungünstige Relation zwischen den nationalen und den ausländischen Produktionskosten weiter verschlechtern; die Konkurrenzfähigkeit der französischen ESI ging - global betrachtet - zurück.
Drittens schließlich heben Mazier/Stoffaes (Mazier/Stoffaes 1983, 79) hervor, daß die großen Überkapazitäten auf den Stahlmärkten auch das Resultat viel zu optimistischer Einschätzungen über die voraussichtliche Entwicklung der Nachfrage nach Stahl darstellen. Ausgehend von den steigenden Wachstumsraten der 60er Jahre hatten die französischen Produzenten noch bis 1975 ihre Kapazitäten kräftig ausgebaut, so daß beim Beginn der Krise eine Reihe von neuen Produktionsanlagen - z.B. der hochmoderner Produktionskomplex in Fos-sur-mer - noch nicht einmal fertiggestellt waren. Erst im weiteren Verlauf des Konjunktureinbruchs setzte sich dann die Erkenntnis durch, daß aufgrund der weltweite Stagnation sowie der zunehmenden Substitution von Stahl durch andere Werkstoffe (Kunststoff, Aluminium, Beton) der Umfang der zukünftigen Produktionskapazitäten nicht mehr auf einer Extrapolation vergangener Wachstumsraten bestimmt werden kann.

Angesichts des zunehmenden internationalen Konkurrenzdruckes, stark steigender Produktionskosten[1] sowie dem überproduktionsbedingten Preisverfall auf den Stahlmärkten stand die französische ESI 1978 vor dem finanziellen Zusammenbruch. In dieser Situation entschloß sich die Regierung, die sich seit dem Krisenbeginn weitgehend mit einer Unterstützung der EG-Stahlpolitik[2] sowie einigen punktuellen Maßnahmen zur finanziellen Entlastung der Stahlkonzerne zufrieden gegeben hatte, zur Intervention. Ein sogenannter 'Plan zur Rettung der Stahlindustrie' (Plan de sauvetage de la siderurgique) sollte zur Beseitigung der strukturellen Defizite dieses Produktionsbereiches beitragen und binnen dreier Jahre seine internationale Wettbewerbsfähigkeit und damit auch sein finanzielles Gleichgewicht wieder herstellen. Kern des 'plan de sauvetage' war dabei die Umwandlung der von verschiedenen staatlichen Institutionen sowie einigen Banken gehaltenen Schuldverschreibungen der beiden Konzerne Usinor und Sacilor in Aktien. Mit dieser Maßnahme, die der öffentliche Hand allerdings den Verzicht auf Forderungen in Höhe von fast 20 Mrd. Franc bedeutete, weitete die Regierung ihren Einfluß auf die französische ESI erheblich aus (Mazier/Stoffaes (1983, 79) sprechen sogar von einer Quasi-Nationalisierung). So verpflichtete sie Usinor und Sacilor zunächst auf die

---

[1] Wegen der vergleichsweise hohen Kapitalintensität in der Produktion der ESI muß ein Rückgang der Kapazitätsauslastung in dieser Branche - unter sonst gleichbleibenden Bedingungen - mit besonders starken Stückkostensteigerungen verbunden sein.

[2] Das von der EG-Kommission im Jahre 1977 zur Stützung und Protektion der europäischen Stahlindustrie verabschiedete Maßnahmepaket beinhaltete im wesentlichen die folgenden fünf Komponenten (vgl. Pagé 1981, 202f.): Die erstmalige Festlegung bestimmter Produktionsquoten für die Stahlproduzenten der einzelnen Mitgliedsländer; die erstmalige Festlegung obligatorischer Mindestpreise für verschiedene Stahlsorten; die Publizierung sogenannter 'Orientierungspreise' für weitere Stahlsorten, welche auf freiwilliger Grundlage eingehalten werden sollen; die Kontingentierung der Importe durch bilaterale 'Selbstbeschränkungsabkommen' mit Drittländern, in denen sich diese freiwillig auf eine Begrenzung ihrer Exporte in die EG festlegen; die Sonderbesteuerung von Stahlimporten, die die von der EG festgelegten Preise unterschreiten.

Schließung einer Reihe von unrentablen Produktionsstätten. Darüberhinaus sollten einige besonders stark unter ausländischen Konkurrenzdruck stehende Produktionsbereiche (v.a. die Profilstahlherstellung) gänzlich aufgegeben und zugunsten einer Spezialisierung auf andere Bereiche (Flachstähle wie Grob- und Feinbleche und Warmbreitband) ersetzt werden. Der bei einer Realisierung dieser Zielsetzungen drohenden Gefahr der Massenarbeitslosig keit beabsichtigte man schließlich durch die Verabschiedung eines umfassenden Sozialplans entgegenzutreten, der neben der Frühverrentung älterer Arbeitnehmer sowie Rückkehrhilfen für Gastarbeiter insbesondere Umschulungszuschüsse für un- oder angelernte Arbeitnehmer vorsah.
Die Bilanz des 'plan des sauvetage' ist negativ: In 1981, dem von der Regierung selbst projektierten Jahr der endgültigen Gesundung der französischen ESI, war die Zahl der dort tätigen Arbeitnehmer gegenüber 1979 um 20000, auf nunmehr 97 000 gesunken (zum Vergleich: 1974 beschäftigte dieser Bereich der französischen Industrie noch mehr als 160 000 Arbeitnehmer). Aufgrund der im selben Zeitraum stark angestiegenen Arbeitslosenrate dürften nur wenige der Entlassenen in anderen Industriebranchen einen neuen Arbeitsplatz gefunden haben. Gleichzeitig waren die in- und ausländischen Marktanteile der französischen Stahlkonzerne weiter zurückgegangen. Ihre jährlichen Verluste hatten sich auch nicht aufgelöst, wie es ursprünglich von der Regierung geplant war, sondern betrugen 1981 insgesamt 5,6 Mrd. Franc - ein bis dahin einmaliges Rekordergebnis.
Von seiten der Regierung wurde zur Erklärung der ungünstigen Ergebnisse insbesondere auf den 1979 erneut einsetzenden konjunkturellen Aufschwung verwiesen. Dieses Argument mag angesichts der großen Konjunkturabhängigkeit der ESI sicherlich eine relative Berechtigung haben. Allerdings dürfte das Scheitern des Regierungsplans in erster Linie darauf zurückzuführen sein, daß er nicht zur Modernisierung der Produktionsstrukturen (etwa durch die Beschleunigung der Produktionsumstellung auf Blasstahlverfahren, Stranggußtechnik und computergestützte Anlagensteuerung)beigetragen hat. Auch wurde die mangelnde regionale Integration der

der französischen ESI sowie ihre ungenügende Anpassung an die Binnennachfrage kaum als Aufgabe in Angriff genommen, so daß die Produktionskette dieser Industrie weiterhin brüchig bleiben mußte. Mazier, ein Kritiker der französischen Stahlpolitik, meint denn auch, daß es sich beim 'plan de sauvetage' abgesehen von der - erfolglosen - Konstruktion zur finanziellen Gesundung der beiden großen Konzerne (Umwandlung der Schuldverschreibungen in Aktien) nicht um ein industriepolitisch ausgerichtetes Programm gehandelt hat: "Weit davon entfernt, die strukturellen Schwächen der französischen Stahlindustrie in Angriff zu nehmen, hat der Plan von 1978 eher das Gegenteil bewirkt und die vorhandenen Probleme weiter verschärft" (Mazier 1982, 49).

2.3.5.2.2. Die chemische Industrie (CI)

Die CI ist ein sehr komplexer Produktionszusammenhang, der eine Reihe von Industriezweigen umfaßt, welche bestimmte natürliche Rohstoffe zu insgesamt mehr als 100 000 (!) Zwischen- und Endprodukten weiter verarbeitet. Als wesentliche Bereiche der CI gelten: organische Chemie, mineralische oder anorganische Chemie, Chemiefasern, Parachemie und Pharmazie. Aufgrund der Tatsache, daß sie in der Produktions- und Produktkette der CI eher oben angesiedelt sind, ihre Produkte also in der Regel als Zwischengüter oder Hilfsmittel in andere Produktionsprozesse eingehen, werden die ersten der genannten Sparten in der französischen Statistik unter dem Begriff 'chimie de base' zusammengefaßt. Die Pharmazie und Parachemie dagegen produzieren tendenziell für den Endverbrauch. Man subsumiert sie deshalb unter dem Begriff 'chimie fine'.
Die französische CI erwirtschaftete 1981 bei 300 000 Beschäftigten (= 6,8% der gesamten Industrie) einen Umsatz von 181 Mrd. Franc. Mit dieser Summe, die etwa 10% des Gesamtumsatzes der französischen Industrie ausmacht, liegt sie im internationalen Vergleich hinter den USA, der Bundesrepublik und Groß-Britannien an 4. Stelle. Die Abstände zu diesen Ländern sind aller-

dings, was den Umsatz und das Produktionsvolumen anbelangt, recht erheblich. So liegt das Produktionspotential der bundesdeutschen CI z.B. um mehr als 50% über dem der französischen.

Die Außenhandelssalden der französischen CI gestalteten sich seit den 60er Jahren meist positiv. 1981 konnte - hauptsächlich wegen der positiven Ergebnisse der 'chimie fine' - ein Überschuß von 14 Mrd. Franc erzielt werden, hinter dem sich allerdings starke Defizite im Handel mit den EG-Staaten und den USA sowie große Überschüsse in Bezug auf die Ostblock- und Entwicklungsländer verbergen.
Nachdem sie bis 1973 zu den industriellen Wachstumsbranchen gehörte, sind große Teile der französischen CI mit dem Beginn der Krise in eine Phase der Stagnation getreten. Dies gilt insbesondere für die 'chimie de base'. Ihre Situation kann dabei, wenn auch abgeschwächt, durchaus mit der der ESI verglichen werden: starke Konjunkturabhängigkeit, Existenz großer Überkapazitäten, zunehmende finanzielle Verluste, struktureller Wandel der Nachfrage, der Konkurrenz und auch der Technologie.

Fragt man nach den strukturellen Schwächen der französischen CI, so werden in der französischen Literatur eine Reihe von Faktoren genannt (vgl. Stoffaes 1983,293ff.). Der erste Hinweis betrifft meist die im internationalen Vergleich geringe Größe sowie weite geographische Streuung der vorhandenen Produktionsstätten. Neben Transport- und Kommunikationsproblemen wird hierin deswegen ein besonderes Handicap gesehen, weil einige Tendenzen im Produktionsprozeß der CI darauf hindeuten, daß zukünftig allein stark zentralisierte und erheblich vergrößerte Produktionsstätten die Ausnutzung aller technisch möglichen Synergien erlauben und damit die Aufrechterhaltung der internationalen Wettbewerbsfähigkeit garantieren können (vgl. Stoffaes 1983, 322). Findet diese Einschätzung im allgemeinen Zustimmung, so verweist der daraus resultierende Restrukturierungsbedarf allerdings auf ein weiteres, fast schon traditionelles Problem der französischen CI: Angesichts der sehr hohen Kapitalintensität dieses Industriebereichs erfordert die Realisierung der

notwendigen Modernisierungsmaßnahmen einen sehr hohen Aufwand an Kapital, der von den vergleichsweise zahlreichen Mittelbetrieben der CI Frankreichs kaum aufgebracht werden kann. Die konsequente Forderung lautete denn auch schon früh, der Staat solle mit Hilfe einer aktiven Konzentrationsförderungspolitik die Schaffung großer und zugleich finanzkräftiger Konzerngruppen forcieren. Wie wir gesehen haben, datieren die ersten Maßnahmen in diese Richtung aus der zweiten Hälfte der 60er Jahre. Über ein komplexes System von Anreizen (Investitionszulagen, Steuervergünstigungen, Sonderkredite etc.) versuchten die damaligen Regierungen, den Prozeß der Konzernbildung zu beschleunigen - im Bereich der CI nicht ohne gänzlichen Erfolg - wie einige spektakuläre Fusionen zeigen (Entstehung der Charbonnages de France Chimie, 1967; Pechiney Ugine Kulmann, 1969; Absorption von Rhone Prougil durch Rhone Poulenc 1975).
Dennoch deuten die seit der Krise zunehmenden finanz- und außenwirtschaftlichen Schwierigkeiten der französischen CI darauf hin, daß die Konzentrationspolitik ihr primäres Ziel, die Schaffung auch gegenüber den führenden Industrieländern wettbewerbsfähiger Großkonzerne, bis zum Beginn der 80er Jahre nicht erreicht hatte. Insbesondere zwei Faktoren müssen dafür verantwortlich gemacht werden: Zum einen die erwähnte Tatsache, daß der Umfang der größten Chemieunternehmen trotz der Beschleunigung des Konzentrationsprozesses nach wie vor erheblich hinter dem ihrer stärksten ausländischen Konkurrenten zurückgeblieben war (hinsichtlich des Umsatzes lag der größte französische Chemiekonzern, Rhone Poulenc, in der Weltrangliste der CI 1980 erst an 14. Stelle). Folglich konnte es ihnen auch nur vergleichsweise unzureichend gelingen, die aus der Produktion in großen Serien erzielbaren Stückkostensenkungen zu realisieren; ihre Kostenstruktur gestaltete sich deshalb in vielen Bereichen relativ ungünstig.
Zum zweiten machte sich bemerkbar, daß die im Zuge der Konzentrationspolitik entstandenen Konzerne zwar eine juristische und finanzielle Zusammenlegung ehemals selbständiger Unternehmen darstellten, damit jedoch nur in Ausnahmefällen die von der Re-

gierung ursprünglich projektierte Einleitung der Modernisierungs- und Restrukturierungsmaßnahmen im Bereich der Produktion verbunden war (Stoffaes: "Pechiney und Kuhlmann fusionierten niemals wirklich!" (ebd., 306)). Anstelle einer technisch-ökonomischen Integration der diversen Produktionsstätten, einer Anhebung der - im internationalen Maßstab sehr geringen - Forschungs- und Entwicklungsausgaben sowie der Einführung modernerer Produktionsverfahren, kurzum: einer Komplettierung der filière chimique, hatten die meist an der kurzfristigen Profitmaximierung orientierten Strategien der französischen Chemiekonzerne die Vornahme von Finanzinvestitionen, Kapitalexporte in bestimmte Entwicklungsländer etc. bevorzugt. Die negativen Konsequenzen dieser Unternehmenspolitik zeigten sich spätestens im weiteren Verlauf der Krise, als die französische CI angesichts der verschärften internationalen Konkurrenz zunehmend in die Defensive geriet. Insbesondere im Bereich der 'chimie de base' gelang es nach 1973 einigen ausländischen Herstellern, manchmal spektakuläre Einbrüche auf dem französischen Markt zu erzielen. Ihr gesamter Marktanteil stieg hier auf 54,7% im Jahre 1979, was gegenüber 1973 eine Zunahme von fast 12% bedeutete (vgl. Camus u.a. 1981, 175). Die französischen Konzerne reagierten auf den zunehmenden Wettbewerbsdruck mit Entlassungen (zwischen 1974 und 1980 wurden mehr als 50 000 Arbeitsplätze vernichtet), Betriebsstillegungen sowie der völligen Aufgabe bestimmter Produktionsbereiche - ohne jedoch mit diesen die Produktionskette der CI weiter zerstörenden Maßnahmen ihre Produktivität grundsätzlich anheben zu können. Die entstandenen Verluste (Zwischen 1974 und 1980 insgesamt 11 Mrd. Franc) versuchten sie durch eine Diversifizierung ihrer Aktivitäten in Richtung auf einige ihr nachgelagerte Produktionsbereiche (Textilindustrie) sowie den Handel auszugleichen. Auch wenn diese Strategie nicht ohne völligen Erfolg geblieben ist - nach 1977 konnte der Zuwachs der Verluste zeitweilig begrenzt werden -, mußte sie dennoch zu einer weiteren Befestigung der vorhandenen Strukturschwächen beitragen, da ein Abbau der technologischen Rückstände kaum in Angriff genommen wurde. Kein Wunder also, wenn

Stoffaes zu dem Ergebnis kommt: "Die französische CI gehört, und das ist ganz eindeutig, zu den rückständigsten des gesamten westeuropäischen Raums" (Stoffaes 1983, 298).
Gezielte industriepolitische Interventionen zur Beseitigung der im internationalen Vergleich erheblichen Rückstände der französischen CI gab es während der Ära Giscard nicht. Die wirtschaftspolitischen Akteure beschränkten sich lediglich auf eine finanzielle Subventionierung der Konzerne CDF-Chimie sowie EMC, um deren wachsende Verluste wenigstens teilweise zu kompensieren.

2.3.5.3. Der Konsumgütersektor (KGS)

2.3.5.3.1. Die traditionellen Konsumgüterindustrien (TKI)

Das Ensemble der TKI (Textil und Bekleidung, Leder und Schuhwaren, Holz-, Möbel-, Spielzeug- und Juwelierwaren) gehört zu den arbeitsintensivsten und am wenigsten konzentrierten Bereichen der französischen Industrie. 1979 realisierten die hier angesiedelten 10423 Unternehmen (42,8% aller französischen Industrieunternehmen mit mehr als 10 Beschäftigten) einen Gesamtumsatz von 257 Mrd. Franc (= 18% des industriellen Gesamtumsatzes). Gleichzeitig beschäftigten sie mit 1,11 Mio. Personen knapp 25% aller industriellen Arbeitnehmer (Zahlen nach Annuaire Statistique de la France 1982; eigene Berechnungen).

Trotz positiver Wachstumsraten ging das Gewicht der TKI in der französischen Industrie seit dem Beginn der 60er Jahre kontinuierlich - zugunsten des AGS - zurück. Kam in dieser Entwicklung zunächst ein für alle Industrieländer charakteristischer Strukturwandel zum Ausdruck, in dessen Verlauf zunehmend 'traditionelle' durch 'moderne' Industrien verdrängt wurden, so gestaltete sich die Bewältigung dieses Strukturwandels in Frankreich als besonders schwierig. Obwohl bereits 1973 einige Anzeichen auf eine Abschwächung der Wachstumsdynamik hindeuteten (das Investitionsvolumen ging beispielsweise seit 1971 zurück), ließ erst der schwere Konjunktureinbruch die lange Reihe der strukturellen Probleme der französischen TKI vollends zu Tage treten. Sie können wie folgt resümiert werden:

- Die TKI sind stark konjunkturabhängige Industrien. Aufgrund der Tatsache, daß ein Großteil ihrer Produkte unmittelbar von den privaten Haushalten nachgefragt wird, mußte sie der kräftige Rückgang der Einkommenszuwachse nach 1974 besonders hart treffen. Hinzu kam, daß sich der Anteil der traditionellen Konsumgüter an den Gesamtausgaben der Haushalte seit der zweiten Hälfte der 60er Jahre ohnehin verringerte. Französische Untersuchungen zeigen, daß er insbesondere zugunsten der sogenannten 'gehobenen' Konsumgüter (z.B. Unterhaltungselektronikprodukte) sowie einigen Dienstleistungen zurückging (vgl. Camus u.a. 1981, 131; Ponson 1983, 29). Beide Faktoren zusammengenommen bewirkten eine zeitweilig kräftige Kontraktion sowohl der in- als auch der ausländischen Absatzmöglichkeiten.
- Ein weiteres Problem resultierte aus dem Tatbestand, daß einige Entwicklungs- und Schwellenländer ihre Industrialisierungsbemühungen verstärkt auf die TKI konzentrierten. Angesichts der hohen Arbeitsintensität dieser Industrien war es ihnen dabei durchaus gelungen, unter Ausnutzung der ihnen auf dem Gebiet der Löhne zur Verfügung stehenden komparativen Kostenvorteile in bestimmten Sparten auch international wettbewerbsfähige Produktionsstätten aufzubauen. Die Folge: Eine regelrechte Überflutung der europäischen Märkte mit Produkten aus diesen 'Niedriglohnländern'. Die französischen TKI standen also zunehmend vor dem Problem, neben stagnierenden Absatzmärkten zugleich auch eine verstärkte Auslandskonkurrenz bewältigen zu müssen. Wie die in den 70er Jahren stark steigenden Importquoten zeigen, ist ihnen dies nur sehr unzureichend gelungen. So stieg beispielsweise der von ausländischen Unternehmen gehaltene Anteil auf dem französischen Markt für Produkte der Textilindustrie zwischen 1973 und 1979 um fast 14%, von 18,8% auf 32,7% an. Nur zwei Jahre später, also 1981, hatte er sich bereicht auf knapp 35% erhöht (vgl. Camus u.a. 1981, 175; Ponson 1983, 35).

- Der beschleunigte Verlust binnenländischer Marktanteile kann jedoch nicht ausschließlich auf die erfolgreiche Exportoffensive einiger Länder der Dritten Welt zurückgeführt werden. Denn auch im - nach wie vor sehr bedeutsamen - Handel mit den übrigen Industrieländern[1] verschlechterte sich die Position der französischen TKI zunehmend: Der bis dahin traditionell positive Außenhandelssaldo in Bezug auf die EG-Staaten wurde 1976 erstmals negativ und blieb es in den Folgejahren ebenfalls. Sicherlich gab es einige Branchen der TKI - etwa die Kosmetik-, Porzellan- oder Sportartikelherstellung -, die von der dargestellten Entwicklung ausgenommen werden müssen, also weiterhin vergleichsweise hohe Wachstumsraten und Außenhandelsüberschüsse erzielen konnten, dennoch läßt die Gesamtheit der Daten nur einen Schluß zu: Die französischen TKI haben seit dem Beginn der 70er Jahre ganz erheblich an internationaler Wettbewerbsfähigkeit verloren. Offenbar war es ihnen weitaus schlechter als den entsprechenden Industrien anderer Länder gelungen, sich an die veränderten Rahmenbedingungen von Produktion und Konsumtion anzupassen. Die zwangsläufige Konsequenz: Betriebsstillegungen, Unternehmenszusammenbrüche und Massenentlassungen. (Allein im Bereich der Textilindustrie mußten zwischen 1970 und 1980 40% aller Unternehmen Konkurs anmelden (vgl. ebd., 30)).
- Die Ursachen der im internationalen Maßstab geringen Anpassungsfähigkeit der französischen TKI an den industriellen Strukturwandel müssen in erster Linie darauf zurückgeführt werden, daß das Bild dieses Industriebereiches - mehr als das aller anderen - auch in den 70er Jahren noch von den zahlreichen Klein- und Mittelbetrieben geprägt war, die sich in der Regel durch eine traditionelle, wenig dynamische Unternehmensführung sowie archaische Produktionsmethoden auszeichnen[2]. Zwar existierten in den französischen TKI durchaus eine Reihe von - meist größeren - Unternehmen (insbesondere in den oben genannten Branchen

---

[1] Die französische Textilindustrie wickelte noch 1979 über 80% ihres Außenhandels mit den Ländern der OECD ab.

[2] 1980 befand sich unter den 50 größten französischen Unternehmen lediglich eins aus dem Bereich der TKI: Der Textilkonzern Agache-Willot auf Platz 27 (vgl. Cahiers Francaise, No. 211,45).

sowie der Textilindustrie), die sich aufgrund rechtzeitiger Modernisierungs- und Spezialisierungsmaßnahmen auch nach dem Krisenbeginn relativ gut behaupten konnten; dennoch hatte es die Innovationsfähigkeit der überwiegenden Mehrheit der hier angesiedelten Hersteller unmöglich gemacht, die in Beziehung auf die ausländische Konkurrenz wachsenden Rückstände im Bereich der Produktion (zu geringe Verbreitung moderner Massenproduktionsverfahren), der Produktqualität sowie der Anpassung an die (sich gerade im Konsumgütersektor häufig ändernden) Nachfragestrukturen aufzuholen. Entscheidend dabei war zweifellos die mangelnde intersektorale Kohärenz des französischen Produktionsapparates: Weder der französische MB noch die französische CI konnten die TKI mit Maschinen und Zwischenprodukten (beispielsweise Kunstfasern und Farben), in einer zur Wiederherstellung der Wettbewerbsfähigkeit erforderlichen Qualität versorgen.

Eindeutig verschärft wurde der Niedergang der französischen TKI schließlich auch durch die fast vollständige industriepolitische Abstinenz, die die 'Ära Giscard' diesen Industrien gegenüber praktizierte. Lediglich in bestimmten, als strategisch wichtig erachteten Sparten der Textil- und Lederindustrie kam es nach 1978 zu punktuellen Interventionen. Deren Logik kritisierten allerdings sogar einige wirtschaftspolitische Berater der Regierung (vgl. Stoffaes 1983, 345). So zielten die ergriffenen Maßnahmen, bei denen es sich fast ausschließlich um finanzielle Vergünstigungen (Kredite zu Sonderbedingungen, direkte Subventionen) handelte, kaum auf die Einleitung der erforderlichen Modernisierungs- und Restrukturierungsprozesse ab. Zudem kamen sie lediglich einer sehr kleinen Anzahl - meist noch vergleichsweise dynamischer - Unternehmen zugute. Angesichts ihres äußerst geringen Umfangs (in die ganze Textilindustrie beispielsweise flossen 1981 nicht mehr als 0,8% aller Industriesubventionen) dürfte es jedoch fraglich sein, ob wenigstens hier reale Effekte erzielt werden konnten.

2.3.5.3.2. Die Unterhaltungselektronikindustrie (UE)

Für den Bereich der UE ist zunächst auffällig, daß die Nachfrage der privaten Haushalte trotz des erwähnten Rückgangs der Einkommenszuwachse auch nach dem Beginn der Krise kräftig, zwischen 1973 und 1979 um real 12,8% jährlich angestiegen ist (vgl. Camus u.a. 1981, 148). Eine wichtige Grundlage dieser Entwicklung bestand in dem starken Preisverfall der Produkte der UE. Insbesondere bei den Rundfunk- und Fernsehgeräten waren die Preise trotz der vergleichsweise hohen französischen Inflationsrate nicht nur relativ, also im Verhältnis zu den übrigen Waren, sondern zeitweilig auch absolut zurückgegangen. Bestimmt wurde der Preisverfall auf dem Markt der UE durch den enormen technologischen Umbruch in der elektronischen Industrie. Die starke Verbilligung der elektronischen Bauelemente - ein Schaltkreis beispielsweise kostete 1950 1,50 DM, 30 Jahre später jedoch nur noch 0,1 Pfenning - hatte zu einer erheblichen Reduktion der Produktionskosten geführt, die die Produzenten größtenteils in die Preise weitergaben
Dies galt allerdings in erster Linie für die japanischen Anbieter, die sich seit dem Beginn der 70er Jahre verstärkt auf dem westeuropäischen und damit auch dem französischen Markt engagierten. Unter Ausnutzung ihres deutlichen Vorsprungs im Bereich der Arbeitsproduktivität setzten sie hier das Mittel der Preiskonkurrenz gezielt ein, um ihre Marktanteile zu vergrößern - eine Strategie, die gerade in Frankreich Erfolg haben mußte, da die nationale UE-Industrie - auch im europäischen Maßstab - traditionell unterentwickelt war. Angesichts japanischer Verkaufspreise, die teilweise unter den Selbstkosten der französischen Hersteller lagen, ging der von den letzteren gehaltene, ohnehin schon geringe, Anteil auf dem französischen Markt für Produkte der UE weiter zurück. Hieraus wiederum resultierte zwangsläufig eine nochmalige Differenzierung der bereits ungleichen Kostenstrukturen: Da gerade im Bereich der UE die technologisch möglichen Stückkostensenkungen erst bei einer Produktion in sehr großen Serien realisiert werden können, mußte

nämlich die Quasi-Stagnation des französischen Outputs dazu führen, daß den französischen Produzenten die Ausnutzung dieser potentiellen Kostensenkung tendenziell versperrt blieb. Anders hingegen im Fall der japanischen Unternehmen, die aufgrund ihrer weltweiten Exporterfolge die Kostenvorteile der modernen Massenproduktionstechnologie voll wirksam werden lassen konnten.

- Hinzu kommt, daß es der französischen UE-Industrie bis zum Beginn der 80er Jahre nicht gelungen war, einige der sogenannten 'jungen' Produkte dieser Branche (Videoanlagen, quarzgesteuerte Plattenspieler etc.) im Angebot mit aufzunehmen. Die zahlreichen Schwachstellen in der Produktionskette der französischen EEI hatten eine solche Erweiterung der Produktpalette vorerst unmöglich gemacht. Angesichts der Tatsache, daß es aber gerade diese Bereiche der UE waren, in denen die Nachfrage besonders kräftig anzog, mußte auch hieraus ein weiterer Verlust an binnenländischen Marktanteilen resultieren.

- Mehr als für viele andere Industriebranchen trifft für die UE die Aussage zu, daß der Preis nicht allein über die Wettbewerbsfähigkeit eines Anbieters entscheidet. Qualität (Haltbarkeit), Design, Kundendienst etc. spielen hier bei der Kaufentscheidung oftmals eine ebenso wichtige Rolle wie die Anschaffungskosten. Zuungunsten der französischen Hersteller ist nun festzustellen, daß es ihnen hinsichtlich dieser Faktoren ebenfalls nicht gelungen war, mit ihren ausländischen Konkurrenten gleichzuziehen. Folglich resultierte auch aus dieser Schwäche eine Verschlechterung ihrer Wettbewerbsposition.

Zusammengenommen bewirkten die - in vergleichsweise hohen Produktionskosten, einer an die Nachfrage nur mangelhaft angepaßten Produktpalette sowie in Qualitätsrückständen und einer schlechten Vermarktung zum Ausdruck kommenden - strukturellen Defizite der französischen UE-Industrie seit dem Beginn der 70er Jahre einen wachsenden Verlust an in- und ausländischen Marktanteilen. 1979 gelang es nurmehr zu lediglich 26%, die Importe nach Frankreich durch entsprechende Ausfuhren zu decken (vgl. Stoffaes 1983, 320). Obwohl alle Indikatoren auf eine weitere Verschlechterung der Situation im Bereich der französischen UE-Industrie hindeuteten, blieben industriepolitische Interventionen zugunsten dieser Branche während der Präsidentschaft Giscards aus. Lediglich indirekt, etwa über die Förderung bestimmter anderer Segmente der Elektronikindustrie, können also einige, in ihrer Wirkung allerdings nur schwer zu qualifizierende, Effekte aufgetreten sein.

2.3.6. Die Investitionsverflechtung

In Frankreich hat sich seit den 70er Jahren eine breite Debatte über die Auswirkungen der mit der beschleunigten Entwicklung multinationaler Konzerne (MNK) zunehmenden "Interpenetration der Produktionsapparate" (Savary 1981, 715) entwickelt. Gefragt wird dabei zum einen nach den Effekten dieses Prozesses auf die französische Ökonomie - entstehen neben den bereits aus der spezifischen Struktur des französischen Produktionsapparates resultierenden noch weitere Abhängigkeiten oder aber führt die wachsende Investitionsverflechtung zu einem tendenziellen Abbau der vorhandenen Strukturprobleme? Ein anderer Diskussionsstrang geht von der unbestreitbaren Tatsache aus, daß die Existenz der MNK für alle Nationalstaaten eine - je nach den ökonomischen Strukturen allerdings unterschiedlich ins Gewicht fallende - Einschränkung ihres wirtschaftspolitischen Regulierungspotentials mit sich bringt. Erörtert wird hier, welche quantitativen und qualitativen Dimensionen diese Einschränkung im Falle Frankreichs annimmt. Bevor wir auf einige Aspekte der im Zusammenhang dieser Diskussion vorgebrachten Argumente eingehen, wollen wir jedoch zunächst den Stand der Investitionsverflechtung für die französische Ökonomie rekapitulieren.

a) Ausländische Direktinvestitionen (DI) in Frankreich

Obwohl bereits vor dem Zweiten Weltkrieg eine Reihe von ausländischen Konzernen (überwiegend amerikanischer Herkunft) in

Frankreich DI getätigt hatten, entwickelten sich diese nach der Befreiung zunächst nur sehr langsam. Erst im Anschluß an die EWG-Gründung kam verstärkt ausländisches, wiederum meist amerikanisches Kapital ins Land[1]. Wie wir bereits weiter oben gesehen haben, stieß diese Entwicklung in Frankreich selbst allerdings auf erhebliche politische Widerstände: Die wirtschaftspolitischen Akteure der 'Ära de Gaulle' befürchteten, daß ihr Konzept der autonomen Modernisierung der französischen Ökonomie durch die mögliche ausländische Beherrschung einiger industrieller Schlüsselsektoren unterlaufen werden könnte. Mitte der 60er Jahre wurde dann auch

> "jede über 20% hinausgehende ausländische Beteiligung an einem französischen Unternehmen...genehmigungspflichtig, und während der Präsidentschaft de Gaulles fehlte es nicht an spektakulären Verweigerungen, obwohl die französische Politik alles andere als konsequent war und nach 1969 die Kontrollen lockerte" (Utterwedde 1982, 70).

Seit der Präsidentschaft Pompidous wurden ausländische DI's schließlich aktiv gefördert, so daß ihr Umfang binnen weniger Jahre kräftig anstieg. Dabei hat der Anteil der USA an den in Frankreich getätigten DI im Laufe der 70er Jahre zugunsten der EG-Länder sowie zeitweilig auch der OPEC-Staaten abgenommen. Gleichzeitig floß ein wachsender Teil des ausländischen Kapitals trotz des nach wie vor bestehenden Übergewichts der Industrie in den Bereich der Dienstleistungen. Diese - ebenfalls für andere Länder zu konstatierende - Entwicklung dürfte darauf zurückzuführen sein, daß Kredit-, Finanzierungs- und Versicherungsleistungen, ebenso wie Marketing, Werbung und Unternehmensberatung gerade auch für die international engagierten MNK von wachsender Bedeutung sind.

Zusammengenommen haben die Investitionsströme nach Frankreich dazu geführt, daß ein wesentlicher Teil der französischen Ökonomie von ausländischen Unternehmen beherrscht wird. So standen

---

[1] Zur Europastrategie der US-MNK während der 50er und 60er Jahre vlg. Nerzey 1982, 181-189.

nach Angaben von Dubarry (Dubarry 1983, 19-27) im Bereich der Industrie am 1.1.81 genau 1792 von 24390 Unternehmen mit mehr als 10 Beschäftigten (= 7,3%) unter nichtfranzösischer Kontrolle[1]. Sie beschäftigten 18,5% aller in der Industrie tätigen Arbeitnehmer, realisierten 26,6% des industriellen Gesamtumsatzes und nahmen darüberhinaus 19,1% aller industriellen Investitionen ein. Vergleicht man diese Zahlen mit den entsprechenden Daten anderer Länder (vgl. Nerzey 1982, 205), so scheinen sie nicht überdurchschnittlich hoch zu liegen. Eine Betrachtung auf Branchenebene zeigt allerdings, daß der Penetrationsgrad hier teilweise stark von den Durchschnittswerten abweicht (ebd., 206). Als besonders hoch erweist er sich dabei insbesondere in einigen modernen Wachstumsbranchen: Daten- sowie Mineralölverarbeitung, elektronische Haushalts- und Berufsgeräte. Vergleichsweise ausgeprägt ist die ausländische Kontrolle auch auf dem Gebiet der landwirtschaftlichen Maschinen sowie bestimmer Sparten der chemischen Industrie. Alle der genannten Industriebereiche gehören entweder dem AGS oder aber dem ZGS an. Während sich der Penetrationsgrad in einer Reihe hinsichtlich ihrer außenwirtschaftlichen Situation völlig unterschiedlich zu beurteilender Branchen aller drei Sektoren auf einem etwa durchschnittlichen Niveau befindet, fällt doch auf, daß er in Bezug auf die überwiegend stagnierenden Bereiche aus dem KGS (Kleidung, Möbel, Leder, Textil etc.) relativ gering ist. Hier dürften insbesondere die meist nur vergleichsweise minimalen Profiterfahrungen die ausländischen Konzerne von DI abgehalten haben.

b) Französische DI im Ausland

Spätestens seit der Präsidentschaft Pompidous haben sich alle französischen Regierungen verstärkt um eine beschleunigte Ent-

---

[1] In den französischen Statistiken werden alle Unternehmen, an denen ausländische Gruppen mindestens 20% des Kapitals halten, als ausländisch kontrolliert bezeichnet.

wicklung der französischen DI im Ausland bemüht. Mit Hilfe eines komplexen Systems von Anreizen (Steuervorteilen, Risikoübernahmen etc.) versuchten sie, verstärkt französisches Kapital ins Ausland, möglichst in die führenden OECD-Staaten zu lenken. Der zumindest teilweise Erfolg dieser Politik zeigt sich darin, daß der aus Frankreich kommende Strom von DI im Verlauf der 70er Jahre im Vergleich zu vorhergehenden Perioden stark angestiegen ist. Dennoch lagen seine Zuwachsraten im internationalen Maßstab bis 1981 nur verhältnismäßig niedrig. Folglich ging der französische Anteil am Weltgesamtbestand von DI trotz der staatlichen Förderung zwischen 1967 und 1976 um knapp 30%, von 5,7% auf 4,1% zurück. Entgegengesetzt verlief die Entwicklung für die zwei Hauptkonkurrenten Frankreichs, die BRD und Japan: Beide Länder konnten, ausgehend von einem sehr niedrigen Niveau, ihre Anteile im betrachteten Zeitraum um 250% bzw. sogar um 400% steigern und Frankreich damit inzwischen überholen. Allerdings gelang es auch ihnen bis 1976 nicht, die auf dem Gebiet der DI traditionell überragende Position der USA und Groß-Britannien zu brechen: Die Anteile beider Länder hatten sich zwar kräftig reduziert, blieben aber immer noch mit Abstand am größten (47,6% sowie 11,2%, Zahlen nach ebd., 218).
Was die geographische Ausrichtung der französischen DI anbelangt, so lassen sich für die 70er Jahre einige Veränderungen feststellen: Ging ursprünglich ein relativ großer Teil in die Länder der 3. Welt - Frankreich wollte seine starke Rohstoff- und Energieabhängigkeit insbesondere durch DI im mittleren und nahen Osten sowie seinen früheren Kolonien reduzieren -,so nahm dieser Anteil in den letzten Jahren erheblich ab. Gleichzeitig flossen verstärkt französische DI in die USA (1974: 9%, 1980: 25%). In dieser Entwicklung kommt jedoch kein spezifisch französisches Phänomen zum Ausdruck. Auch die MNK anderer EG-Länder sowie Japans leiten ihre DI zunehmend nach Nordamerika, wobei viele von Ihnen die französischen Bemühungen noch übertreffen[1].

[1] Zu den Ursachen der zunehmenden Investitionsexporte in die USA vergl. Michalet u.a. 1983, 54.

Der französische Anteil am Gesamtbestand der in den USA getätigten DI betrug denn auch 1980, wie schon ein Jahrzehnt zuvor, nicht mehr als magere 4% (zum Vergleich: Niederlande: 20%, Groß-Britannien: 18%, Bundesrepublik: 10%, Japan: 7%; alle Zahlen nach ebd., 220). In die Länder der EG strömten zu Beginn der 80er Jahre etwa 30% aller französischen DI.
Die stärksten Veränderungen betreffen sicherlich die sektorielle bzw. branchenmäßige Orientierung der französischen DI. Gingen noch 1969 mehr als 50% in den Bereich der Energie, so war dessen Anteil 11 Jahre später bereits auf 20% gefallen. Gleichzeitig nahmen, wie wir es auch schon bei den ausländischen DI in Frankreich beobachten konnten, die prozentualen Anteile der Industrie sowie der Dienstleistungen stark zu. Beide Bereiche vereinigten 1980 gut 75% der französischen DI auf sich. Innerhalb der Industrie waren es dabei insbesondere die Branchen des AGS, deren Anteile kräftig anstiegen.

c) Schlußfolgerungen

Ein Vergleich der Bestände zeigt, daß Frankreich, traditionell ein Nettoimporteur von DI, an diesem Zustand bis zum Beginn der 80er Jahre trotz seiner verstärkten Anstrengungen zum Investitionsexport nichts ändern konnte[1]. Nerzey, ein Befürworter der zunehmenden Investitionsverflechtung, betont, daß der Importüberschuß an Investitionen eine "gewisse Schwäche der französischen Ökonomie" (ebd., 230) zum Ausdruck bringt. "Nicht durch Zufall sind (mit Ausnahme Frankreichs und Italiens) alle großen Industrieländer Nettoexporteure von DI" (ebd.). Sein Vorschlag zur Reduzierung der konstatierten 'Schwäche' lautet, Frankreich solle - bei einer grundsätzlichen Offenheit gegenüber ausländischen Investitionen im Lande selbst - seine Anstrengungen im Bereich der Investitionsexporte weiter forcieren und auf diesem Wege den bestehenden Negativsaldo tendenziell auf

---

[1] Für die Zeit zwischen 1971 und 1981 betrug der kummulierte Negativsaldo 7,54 Mrd. FF (vgl. Nerzey 1982, 230).

Null bringen, gegebenenfalls sogar in einen Überschuß umwandeln. Nerzey begründet seine positive Haltung gegenüber der von den MNK getragenen Investitionsverflechtung dabei insbesondere mit deren angeblich positiven Beschäftigungs- und Zahlungsbilanzeffekten sowie der Behauptung, ausländische DI in Frankreich förderten die Implantierung bisher nur von anderen Ökonomien beherrschter Spitzentechnologien in den französischen Produktionsapparat und erhöhtem damit zugleich dessen internationale Wettbewerbsfähigkeit (vgl. ebd., 207-214).

Eine solche Einschätzung ist allerdings stark umstritten. So kommt z.B. Savary (Savary 1983) in seinem Aufsatz "Für eine selektive Politik bezüglich ausländischer Investitionen in Frankreich" zu dem Ergebnis, daß diese zwar minimale Beschäftigungseffekte, dafür aber um so negativere Auswirkungen auf die französische Handelsbilanz haben. Letzteres läßt sich darauf zurückführen, daß die Exportquote der unter ausländischer Kontrolle stehenden Unternehmen systematisch niedriger, ihre Importquote dafür aber eindeutig höher als die der französisch kontrollierten Unternehmen ist - ein Sachverhalt, der Savary zufolge seine Ursache in dem Umstand findet, daß "innerhalb der in Frankreich engagierten ausländischen Konzerngruppen diejenigen Strategien überwiegen, die auf den Zugang zu den lokalen Märkten ausgerichtet sind" (ebd. 1983, 178).
Das wichtigste Argument gegen ausländische Direktinvestitionen in Frankreich liegt jedoch auf einer anderen Ebene. Es geht von der Tatsache aus, daß die ausländischen MNK mit diesen Investitionen bestimmte Produktionssegmente bzw. bestimmte Teile von Produktionsketten der nationalen Verfügbarkeit entzogen und in ihre Konzerntrategien integriert haben, was die Kohärenz des französischen industriellen Geflechts sowie die Möglichkeiten zu deren Anhebung eindeutig schwächen muß.
Michalet u.a. (Michalet u.a. 1983), die sich ausgehend vom Konzept der Produktionsketten mit den Auswirkungen der zunehmenden Investitionsverflechtung auf die französische Ökonomie beschäftigt haben, bestätigen dies. Sie kommen in der Zusammenfassung

ihrer Studie zu dem Ergebnis, daß die auf Profitmaximierung ausgerichteten Strategien der ausländischen, in Frankreich engagierten Multis - genauso wie die Internationalisierungsstrategien der französischen Konzerne - in der Regel mit dem Ziel des Abbaus struktureller Defizite des französischen Produktionsapparates kollidieren. So streben die MNK im Rahmen ihres weltweiten Engagements zwar durchaus die konzerninterne Beherrschung ganzer Produktionsketten an, jedoch geschieht dies eben - unter Ausnutzung der komparativen Kostenvorteile der verschiedenen Länder - im internationalisierten Zusammenhang. Folglich lassen sich die Konzerntrategien "nur schwerlich in Übereinstimmung bringen mit der Schaffung integrierter Produktionsketten auf einer nationalen Basis" (Michalet u.a. 1983, 146). Entwickelt für die optimale Kapitalverwertung, "betrachten die die Bewahrung (im Falle Frankreichs sollte man besser sagen: Entwicklung, die Verfasser) des industriellen Geflechts als eine exogene Variable" (ebd.). Savary (Savary 1983) bringt hierfür ein aufschlußreiches Beispiel: Im Juni 1981 erwarb der italienische Büromaschinenkonzern Olivetti die Mehrheitsbeteiligung am größten französischen Anbieter im Bereich der Peri-Informatik (Software, Dienstleistungen in der EDV), dem Unternehmen Logabax. Bereits kurz darauf leitete Olivetti eine völlige Restrukturierung des französischen Unternehmens ein. Dabei handelte es sich neben einer drastischen Reduzierung des westeuropäischen Vertriebsnetzes von Logabax insbesondere um die Schließung einiger - angeblich unrentabler - Produktionsstätten, wodurch insgesamt 600 Arbeitsplätze vernichtet wurden. Die Konsequenz dieser Operation? Zunächst gingen die Exporte von Logabax kräftig zurück, während seine Bezüge aus dem Ausland (überwiegend von Olivetti) erheblich zunahmen. Gleichzeitig benutzte Olivetti das binnenländische Logabax-Vertriebsnetz zum vermehrten Absatz seiner Produkte auf dem französischen Markt. Am wichtigsten jedoch ist der Umstand, daß die Umstrukturierungen im Bereich der Produktion das technisch-ökonomische Potential des französischen Unternehmens eindeutig schwächten. Aufgrund der

strategischen Bedeutung von Logabax für den gesamten Komplex der Peri-Informatik mußte damit nämlich ein weiterer Wettbewerbsverlust dieses ohnehin vergleichsweise rückständigen Segments der Produktionskette der EEI verbunden sein.
Da sich das Beispiel aus dem Bereich der Peri-Informatik durchaus verallgemeinern läßt, fordern die Kritiker des von den MNK beherrschten Internationalisierungsprozesses, daß die für Frankreich negative Investitionsbilanz durch die Zurückdrängung des Einflusses ausländischer Kapitalgruppen auf die französische Industrie beseitigt werden müsse[1]. Dabei gilt die Durchsetzung dieser Forderung zugleich als eine wesentliche Voraussetzung für die Effektivierung der gesamten französischen Wirtschaftspolitik. So impliziert die weitgehend ausländische Dominierung einiger Schlüsselbranchen für die Industriepolitik das folgende Problem: Da die Tochtergesellschaften ausländischer MNK in der Regel den Prioritäten ihrer Muttergesellschaft bzw. denen des jeweiligen Stammlandes untergeordnet sind, entziehen sie sich in einem besonderen Maße der Einflußnahme durch die französische Regierung. Das aber muß die Effizienz einer an der Stärkung der Kohärenz des nationalen Produktionsapparates orientierten Industriepolitik, welche ja die Entwicklung des AGS als eine entscheidende Voraussetzung für den Aufschwung aller anderen Industrien betrachtet, erheblich mindern.
Hinzu kommt, und davon sind in einem wachsenden Ausmaß alle Industrieländer betroffen, daß die MNK auch das gesamte Spektrum der geld-, fiskal- sowie außenhandelspolitischen Maßnahmen einer nationalen Regierung beeinflussen und unterlaufen können. Wir wollen an dieser Stelle jedoch auf die Benennung des Ensembles der den MNK in diesem Zusammenhang gegebenen Möglichkeiten verzichten und lediglich auf ein Beispiel aus dem Bereich der Fiskalpolitik hinweisen: Hat ein beliebiges Land seine Unternehmenssteuern erhöht, z.B. um eine bessere Finanzierung sozialstaatlicher Leistungen zu garantieren, können sich international

---

[1] Savary allerdings sieht zur Verringerung der negativen Auswirkungen ausländischer DI nicht deren generelle Reduzierung, sondern vielmehr ihre Bindung an bestimmte, von der Regierung zu erarbeitende Kriterien vor (vgl. ebd.).

engagierte Kapitalgruppen weitaus besser als rein national operierenden Unternehmen dieser Maßnahme entziehen. Die Grundlage hierfür liegt in dem konzerninternen Tranferpreissystem, das der -meist relativ willkürlichen - Bewertung der Ein- und Vekäufe zwischen den einzelnen Konzernteilen dient. So ist es den MNK im Falle erhöhter Steuersätze über eine entsprechende Manipulation ihrer Transferpreise - etwa die Anhebung der Preise der von den ausländischen Konzernteilen bezogenen Vorleistungen - in einem bestimmten Ausmaß möglich, ihre Gewinne in Länder mit einer vergleichsweise niedrigen Unternehmensbesteuerung zu verschieben. Dies aber bedeutet, daß den fiskalpolitischen Prioritäten des Landes mit der erhöhten Unternehmensbesteuerung unmittelbar entgegengewirkt wird.

2.3.7. Außenwirtschaftliche Konsequenzen der französischen Industriestruktur

Im Folgenden soll auf die außenwirtschaftlichen Konsequenzen der dargestellten Disparitäten des französischen Produktionsapparates eingegangen werden. Dabei wollen wir uns auf die Untersuchung dreier Indikatoren - der Handelsbilanz, des produktmäßigen und schließlich des geographischen Spezialisierungsprofils des französischen Außenhandels - beschränken. Zur Verdeutlichung der französischen Stellung in der IAT ist es dabei sinnvoll, die Daten für Frankreich an verschiedenen Stellen mit den entsprechenden Daten anderer Industrieländer zu vergleichen. Hierbei bieten sich insbesondere die Bundesrepublik, Japan und die USA an, weil die Produktionsapparate dieser Länder in vielerlei Hinsicht den französischen überlegen sind.

2.3.7.1. Die Handelsbilanz

Wie wir gesehen haben, war die französische Ökonomie - ganz anders als die deutsche - bis in die 50er Jahre hinein nur wenig nach außen geöffnet. Die heimische Industrie war weitgehend vom internationalen Wettbewerb abgeschirmt, der Außenhandel spielte folglich nur eine vergleichsweise geringe Rolle. Erst im Zuge der Einbettung Frankreichs in den westeuropäischen Integrationsprozeß trat diesbezüglich eine Änderung ein; die französische Exportquote stieg erheblich an, ohne allerdings bis 1981 das Niveau anderer großer EG Länder zu erreichen. Die wachsende Einbindung Frankreichs in den internationalen Handel machte jedoch zugleich auch die strukturellen Defizite seines Produktionsapparates manifest. So stieg die Abhängigkeit vom Weltmarkt auf der Importseite schneller als beim Export. Die Konsequenz: permanente französische Probleme mit der Handelsbilanz. Tabelle 2.11 zeigt, daß diese zwischen 1961 und 1981 ohne Unterbrechung negativ war. Die Deckungsrate der Im- durch die Exporte fiel während der gesamten 60er Jahre, von 109% im Jahre 1961 auf 87% im Jahre 1969. Nach einer partiellen Berichtigung Anfang der 70er Jahre verschlechterte sie sich aufgrund der Ölpreiserhöhung nach 1973 erneut, um sich dann bis 1978 wieder leicht zu erholen. Zwischen 1978 und 1981 schließlich nahm das französische Außenhandelsdefizit mit einer bis dahin

TABELLE 2.11: ENTWICKLUNG DER FRANZÖSISCHEN HANDELSBILANZ 1955 - 1981 (IN MRD. FRANC)

Exporte: fob - Importe: cif

	1955	1956	1957	1958	1959	1960	1961	1962	1963	1964	1965	1966	1967	1968	1969
EXPORTE	17,4	16,2	18,9	21,5	27,8	33,9	35,7	36,4	39,9	44,4	50,2	54,2	57,0	63,7	78,8
IMPORTE	16,7	19,8	22,7	23,6	25,2	31,0	33,0	37,1	43,1	49,7	51,3	58,5	61,4	69,2	90,1
SALDO	+ 0,7	- 3,6	- 3,8	- 2,1	+2,6	+2,9	+2,7	- 0,7	- 3,2	-5,3	-1,1	- 4,3	- 4,4	-5,5	-11,3
DECKUNGSRATE	104	82	83	91	110	109	108	98	93	89	98	93	93	92	87

	1970	1971	1972	1973	1974	1975	1976	1977	1978	1979	1980	1981
EXPORTE	100	114	131	160	220	223	266	311	345	415	470	550
IMPORTE	106	118	136	166	255	232	308	346	368	457	570	655
SALDO	– 6	– 4	– 5	– 6	– 35	– 9	– 42	– 35	– 23	– 42	– 100	– 105
DECKUNGSRATE	95,8 %	96,6 %	96,3 %	95,8 %	86,2 %	96,1 %	86,3 %	90 %	93,7 %	90,8 %	82,4 %	84,6 %

QUELLE: NERZEY 1982, 19 und 50

nicht gekannten Geschwindigkeit zu. Die Deckungsrate verschlechterte sich binnen zweier Jahre, zwischen 1978 und 1980, um mehr als 11% (eine wesentliche Rolle spielte dabei der zweite 'Ölpreisschock'). 1981 lag sie bei 84,6%, einem Betrag, welcher mit Ausnahme des davorliegenden Jahres seit 1958 nicht mehr unterschritten worden war.
Gerade spiegelbildlich hierzu lagen die Dinge im Bereich des deutschen Außenhandels (die entsprechenden Zahlen vgl. SVR-JG 1983/84, 283f.). Zwischen 1961 und 1981 konnte die Bundesrepublik (mit einer Ausnahme im Jahre 1980) aufgrund ihres großen industriellen Potentials permanente Außenhandelsüberschüsse erzielen. Nicht einmal die Verteuerung der Ölimporte im Herbst 1973 stellte für die bundesdeutsche Handelsbilanz eine ernsthafte Belastung dar. Die hohe Wettbewerbsfähigkeit der deutschen Industrie machte es möglich, die entstandenen Mehrkosten ohne weiteres durch vermehrte Exportanstrengungen zu kompensieren. Im Jahre 1974, als die Ölpreissteigerungen voll wirksam wurden, nahm der positive Außenhandelssaldo sogar noch zu. Ganz ähnlich war es im Falle Japans, das wegen seiner relativ hohen Energieimportabhängigkeit von der Ölverteuerung zunächst besonders betroffen sein mußte, dann aber die neu entstandenen Außenhandelsdefizite (1974/1979/1980) binnen kurzer Zeit ebenfalls mehr als ausgleichen konnte. Im Gegensatz zu Frankreich handelt es sich also bei der Bundesrepublik und Japan - trotz vereinzelt negativer Handelsbilanzen - um strukturelle Überschußländer.

2.3.7.2. Die produktmäßige Spezialisierung des französischen Außenhandels

Die produktmäßige Spezialisierung des Außenhandels eines Landes muß unter drei Gesichtspunkten betrachtet werden, die erst zusammengenommen Aufschlüsse über die Wettbewerbsfähigkeit dieses Landes ermöglichen[1]:

---

[1] Die Gliederung dieses Unterabschnittes folgt weitgehend Deubner u.a. 1978, 102ff..

a) Anteil bestimmter Waren am Gesamtex- und import
b) Anteil dieser Warengruppen an den Gesamtexporten führender Industrieländer
c) Entwicklung der nach Warengruppen aufgeschlüsselten Außenhandelssalden

a) Die Außenhandelsstruktur

Tabelle 2.12 zeigt, daß die Exporte der großen westlichen Industrieländer in den 60er und 70er Jahren relativ unterschiedlich strukturiert waren. Bezogen auf den Anteil der Industrieprodukte an den Gesamtexporten fällt zunächst die vergleichsweise schwache Position Frankreichs auf: Es konnte zwar zwischen 1962 und 1979 den Exportanteil der Industrie um 3,7% auf 77% steigern, lag aber mit diesem Betrag immer noch weit hinter seinen wichtigsten Konkurrenten, der Bundesrepublik (1979: 89,5%) und insbesondere Japan (1979: 97,3%). Lediglich in den USA war der prozentuale Anteil mit 70,4% geringer als der entsprechende französische Prozentsatz. Hierin reflektiert sich allerdings nicht eine Schwäche der amerikanischen Industrie, sondern (neben dem relativ großen Rohstoffvorrat dieses Landes) insbesondere die außerordentlich hohe Produktivität und Exportorientiertheit der amerikanischen Landwirtschaft.

Bei einem Vergleich der Ex- mit den Importstrukturen wird zunächst bestätigt, daß alle der betrachteten Länder Nettoexporteure industrieller Erzeugnisse waren. Dabei verdeutlicht sich auch hier die herausragende Position Japans: 97,3% seiner Ausfuhren, aber nur 26,1% seiner Einfuhren bestanden 1979 aus Industriegütern. Frankreichs Importstruktur ähnelt stark der der Bundesrepublik. In beiden Ländern machten die Industrieprodukte 1979 etwa 60% aller Importe aus, und auch hinsichtlich der prozentualen Anteile der Agrarprodukte, Rohstoffe und des Energiesektors an den Gesamtimporten gab es nur relativ geringe Unterschiede.

TABELLE 2.12: EXPORT- UND IMPORTSTRUKTUR GROSSER WESTLICHER INDUSTRIELÄNDER (IN % DER GESAMTEXPORTE)

	EXPORTE				IMPORTE			
	Landwirtschaftl. Produkte und Lebensmittelerzeugnisse	Rohstoffe	Energie	Industrieprodukte	Landwirtschaftl. Produkte und Lebensmittelerzeugnisse	Rohstoffe	Energie	Industrieprodukte
USA								
1962	21,0	6,7	3,9	68,4	24,9	16,1	11,9	47,1
1971	13,1	9,9	3,4	73,6	14,4	7,4	8,1	70,1
1979	13,8	12,7	3,1	70,4	8,6	5,5	29,1	56,8
FRANKREICH								
1962	14,3	7,9	3,8	74,0	20,9	18,4	15,4	45,3
1971	17,2	4,7	2,2	75,9	13,2	9,5	13,9	63,4
1979	14,3	4,3	3,7	77,7	10,7	7,4	21,5	60,4
BUNDESREPUBLIK								
1962	2,2	1,8	5,8	90,2	29,5	14,7	8,3	47,5
1971	3,7	2,2	3,0	91,1	17,2	10,9	10,2	61,7
1979	4,5	2,6	3,4	89,5	11,7	8,5	19,7	60,1
GROSS-BRITANNIEN								
1962	6,3	3,1	4,1	86,5	38,8	15,5	11,3	34,4
1971	6,5	2,9	2,6	83,0	23,5	11,8	12,7	52
1979	7,0	2,9	10,1	80,0	13,7	8,1	11,4	66,8
ITALIEN								
1962	15,7	2,7	5,7	75,9	17,7	19,2	12,3	50,8
1971	8,8	2,0	5,4	83,8	20,3	14,0	16,8	48,9
1979	7,5	1,9	6,6	84,0	13,9	12,9	23,7	49,5
JAPAN								
1962	7,6	2,5	0,4	89,5	16,2	36,7	17,7	29,4
1971	3,0	1,7	0,3	93,0	15,1	32,1	24,1	28,7
1979	1,2	1,2	0,3	97,3	13,0	20,0	40,9	26,1

QUELLE: PAGE 1981, 388/89

Aufgrund der übergroßen Bedeutung der Industrie für die Stellung eines Landes in der IAT soll im folgenden dieser Bereich weiter aufgeschlüsselt und die Anteile einzelner industrieller Sektoren am industriellen Gesamtex- und import der einzelnen Länder herausgearbeitet werden. Aus Tabelle 2.13, die allerdings nur etwas ältere Daten beinhaltet, geht hervor, daß es zwischen 1963 und 1973 insbesondere der japanischen Industrie aufgrund der weitgehenden Modernisierung ihres Produktionsapparates gelungen ist, ihren Außenhandel weitgehend umzustrukturieren. War sie noch 1963 stark von Investitionsgüterimporten abhängig - diese machten knapp die Hälfte aller industriellen Einfuhren Japans aus - und exportierte sie in erster Linie Halb-

TABELLE 2.13: STRUKTUR DER INDUSTRIEEXPORTE UND -IMPORTE IN GROSSEN WESTLICHEN INDUSTRIELÄNDERN

	IMPORTE					EXPORTE				
	Anteil der Industrieprodukte an den Gesamtimporten	Struktur der Industrieprodukte				Anteil der Industrieprodukte an den Gesamtexporten	Struktur der Industrieprodukte			
		Chemische Erzeugnisse	Halbfertigwaren	Maschinen und Fahrzeuge	Andere Produkte		Chemische Erzeugnisse	Halbfertigwaren	Maschinen und Fahrzeuge	Andere Produkte
FRANKREICH										
1963	47	13	36	40	11	72	13	38	37	12
1969	63	12	35	39	14	74	14	32	42	12
1973	65	13	33	40	14	73	13	30	44	13
BUNDESREPUBLIK										
1963	54	10	51	27	12	88	13	25	53	10
1969	56	11	46	28	15	90	14	24	51	11
1973	58	11	39	31	19	89	13	25	52	10
GROSS-BRITANNIEN										
1963	33	13	45	26	16	83	11	27	54	8
1969	50	11	45	32	12	86	11	30	48	11
1973	56	10	38	37	15	84	12	31	46	11
ITALIEN										
1963	48	12	37	44	7	76	10	28	41	21
1969	48	16	36	40	8	83	8	26	42	24
1973	49	17	34	40	9	84	9	27	41	23
USA										
1963	46	7	52	23	18	60	13	19	57	11
1969	64	5	34	43	18	72	13	17	61	9
1973	65	5	30	47	18	64	13	16	62	9
JAPAN										
1963	23	22	21	49	8	91	6	47	30	17
1969	29	18	38	34	10	94	7	37	41	15
1973	30	16	39	27	18	95	6	31	52	11

QUELLE: MISTRAL 1978, 13

fertigwaren (47%), so hatte sich dieses Verhältnis bereits 10 Jahre später umgekehrt: 1973 lag der Anteil von Maschinen und Transportgütern am Gesamtexport der japanischen Industrie bereits bei 52%, der entsprechende Anteil an den Importen war auf 27% gefallen. Die Halbfertigwaren machten im gleichen Jahr nur noch 31% der Ausfuhren, dafür aber 39% aller Einfuhren aus. Laut Mistral ist dieser Wandel der japanischen Außenhandelsstrukturen (der sich bis 1981 fortsetzte) einzigartig:

> "In seiner außerordentlichen Schnelligkeit liegt ohne jeden Zweifel eines der wichtigsten Anzeichen für die Erhöhung der japanischen Wettbewerbsfähigkeit in den letzten Jahren" (Mistral 1978, 11).

In Bezug auf die Bundesrepublik scheint es charakteristisch zu sein, daß sich die Struktur der industriellen Exporte zumindest auf einem hohen Aggregationsniveau im betrachteten Zeitraum kaum verändert hat. 1973 bestanden, wie schon 10 Jahre zuvor, über die Hälfte aller industriellen Ausfuhren aus Investitionsgütern. Hierin kommt zweifellos die große Dynamik und Potenz des deutschen AGS zum Audruck. Im Bereich der Importe fällt neben dem kräftigen Rückgang der Halbfertigwaren auch ein leichter Anstieg der Investitionsgütereinfuhren auf - eine Entwicklung, die allerdings nicht voreilig als ein Anzeichen sinkender bundesdeutscher Wettbewerbsfähigkeit aufgefaßt werden darf:

> "Der Anstieg der Investitionsgüter bei den Importen...findet seine Erklärung vielmehr in der zweifachen Einbettung dieses Sektors in die IAT: zum einen greifen deutsche Firmen immer stärker auf ausländische Vorprodukte zurück, organisieren also eine internationale Zulieferung; zum anderen spezialisieren sie sich immer stärker auf bestimmte technologieintensive Güter und überlassen den Markt für standartisierte Güter mehr und mehr ihren ausländischen Konkurrenten" (Deubner u.a. 1979, II 8).

Frankreichs industrielle Exportstruktur war lange Zeit durch einen im internationalen Vergleich außerordentlich geringen Investitionsgüteranteil geprägt, was seine Erklärung in der säkularen Schwäche dieses Bereiches der französischen Industrie findet. Erst seit dem Ende der 60er Jahre gelang es der französischen Industrie mit Mühe, dieses Defizit teilweise aufzuholen

und ihre Exportstruktur der der westdeutschen anzunähern - ohne sie allerdings erreichen zu können (der Abstand auf dem Gebiet des AGS lag 1973 bei 8%).
Das tatsächliche Ausmaß des französischen Rückstandes wird dabei allerdings noch durch den Umstand verdeckt, daß auch die Investitionsgüterausfuhren beider Länder selbst unterschiedlich strukturiert waren (vgl. Tabelle 2.14). Isoliert man innerhalb dieser Gruppe den MB und die EEI, so zeigt sich, daß hier die eigentliche Ursache für die im Vergleich zur Bundesrepublik ungünstigere französische Exportstruktur zu suchen ist: Während der Anteil beider Branchen an der Gesamtausfuhr der deutschen Industrie im Jahre 1980 bei 32,4% lag, machte er im gleichen Jahr lediglich 22,6% aller industriellen Exporte Frankreichs aus (als besonders groß erwies sich der Unterschied im MB). Lediglich im Bereich des FB gab es einen prozentualen (nicht absoluten!) Gleichstand. Die Betrachtung der Importseite legt ebenfalls die Vermutung nahe, daß es der französischen Industrie bis 1980 nicht gelungen war, ihre Rückstände im Bereich der AGS völlig aufzuholen. Nach wie vor lag der Anteil der Investitionsgüter an den industriellen Gesamtimporten in Frankreich (38,9%) erheblich höher als in der Bundesrepublik (34,9%)[1]. Besonders ausgeprägt waren die Unterschiede wiederum im Bereich des MB und der EEI: Auf diese beiden Branchen entfielen 1980 24,8% aller französischen, aber nur 19,2% aller deutschen Industrieimporte. Wenn die französischen Investitionsgütereinfuhren in den 70er Jahren prozentual dennoch leicht zurückgingen (vgl. Deubner u.a. 1979 II, 9), kann auch dies nicht voreilig als Ausdruck einer verbesserten französischen Industriestruktur interpretiert werden. Wie nämlich die Entwicklung der Jahre 1978/79 zeigte, genügte bereits ein leichter, die Investitionstätigkeit nur geringfügig stimulierender Konjunkturaufschwung, um die französischen Investitionsgüterimporte erneut in die Höhe zu treiben. In den zeitweise niedrigeren Einfuhrraten reflektierte sich also weniger eine erhöhte Wettbewerbsfähigkeit des französischen AGS

---

[1] Er übertraf auch eindeutig die entsprechenden japanischen, amerikanischen und britischen Anteile.

als vielmehr die Tatsache, daß die 70er Jahre eine Phase ökonomischer Stagnation waren, in der die Investitionstätigkeit in Frankreich zurückging.

Tabelle 2.14

Anteil der drei Industriesektoren am industriellen Gesamtex- und import und der Bundesrepublik und Frankreich 1980 (ohne Energie- und Lebensmittelindustrie)

	Bundesrepublik		Frankreich	
	Exporte	Importe	Exporte	Importe
AGS	57 %	34,9%	43 %	38,9%
-MB	18,1%	7,4%	12,5%	11,9%
-EEI	12,6%	11,8%	10,1%	12,9%
-FB	16,7%	7,1%	16,7%	9,7%
ZGS	30,3%	34,2%	39,3%	39,2%
KGS	12,7%	22,9%	17,7%	20,9%

Quelle: Statistisches Jahrbuch der Bundesrepublik Deutschland 1982, 259 ff.; Annuaire Statistique de la France 1981, 260 f.; eigene Berechnungen.

b) Anteil der Warengruppen an den Gesamtexporten führender Industrieländer

Die leichte Verbesserung der französischen Exportstruktur schlug sich auch in einem entsprechenden Anstieg des französischen Weltmarktanteils im Bereich bestimmter Industriegüter nieder, obwohl der Weltmarktanteil des Landes insgesamt zwischen 1970 und 1980 von 6,4% auf 6,2% zurückging. (Eine ähnliche Entwicklung zeigte sich mit Ausnahme Japans auch in den anderen Industrieländern. Ausschlaggebend hierfür war in erster Linie der wachsende Anteil der OPEC-Länder am Welthandel, vgl. Nerzey 1982, 93.)

Tabelle 2.15

Französische Anteile am Welthandel in ausgewählten Industriebranchen 1973 und 1978

	1973	1978
MB	7,9%	8,4%
professionelle elektronische Ausrüstungen	8,3%	8,5%
FB	10,2%	10,5%
ESI	9,1%	10,2%
Basischemie	7,9%	11,5%
Textilindustrie	9,7%	8,0%

Quelle: Camus u.a. 1981, 178

Verschiebungen im Bereich der Weltmarktanteile müssen allerdings generell mit Vorsicht interpretiert werden. Deubner u.a. weisen zum Beispiel darauf hin, daß

> "dem Verlust des amerikanischen Weltmarktanteils ein bedeutsamer Anstieg der Auslandsproduktion amerikanischer Firmen entgegenzusetzen (ist), der diesen Verlust teilweise kompensiert" (Deubner u.a. 1979, II 11).

Der Einwand zeigt also die Notwendigkeit an, den Prozeß der Internationalisierung der Produktion ebenfalls in die Produktion mit einzubeziehen (vgl. Abschnitt 2.3.6). Darüberhinaus genügt die Betrachtung der Weltmarktanteile zur Erfassung der Spezialisierung des Exports einer Ökonomie aber auch deshalb nicht, weil hier die Unterschiede in der absoluten Größe der einzelnen Branchensegmente eingehen (Liechtenstein z.B. kann eine bessere Exportstruktur als die USA haben, was jedoch aufgrund des enormen Unterschiedes in der absoluten Größe des Exportes beider Länder nicht in den Weltmarktanteilen Liechtensteins in den einzelnen Branchen zum Ausdruck kommen kann). Zur Ausschaltung der hieraus resultierenden Verzerrungen werden in Frankreich sogenannte 'Spezialisierungsindizes' berechnet, die das Exportprofil eines bestimmten Landes in Beziehung setzen zu dem durchschnittlichen Exportprofil einer bestimmten Ländergruppe. Spezialisierungsindizes größer (kleiner) 100 bringen zum Ausdruck, daß das betrachtete Land in der untersuchten Ländergruppe überdurchschnittlich (unterdurchschnittlich) auf den Export des jeweiligen Produktes spezialisiert ist (vgl. Camus u.a. 1981, 187). In Tabelle 2.16 sind die Spezialisierungsindizes der 6 größten OECD-Länder für den Bereich der industriellen Produkte dargestellt. Sie deuten auf recht unterschiedliche nationale Entwicklungstendenzen hin:

- Japans Anstrengungen zur Umstrukturierung seiner Exporte sind am offensichtlichsten. Seit 1967 versuchte es mit Erfolg, sich von seiner anfänglichen Spezialisierung auf die Ausfuhr traditioneller Konsumgüter zu lösen und seinen Spezialisierungsgrad im Bereich der stark expandierenden Branchen des AGS (professionelle elektronische Ausstattungen, FB) sowie der 'gehobenen Konsumgüter' auszudehen. 1979 war Japan mehr als jedes andere Land auf die Ausfuhr der in den vorgenannten Branchen hergestellten Produkte spezialisiert.
- Die USA waren während des gesamten betrachteten Zeitraums - wenn auch mit einer leicht rückläufigen Tendenz - überdurchschnittlich stark auf den Export von Produkten der Basischemie, des MB, der professionellen elektronischen Ausstattung sowie des Schiffbaus ausgerichtet. Unübersehbar ging allerdings ihre Spezialisierung im Bereich des FB zurück.
- Groß-Britannien und Italien orientierten sich zunehmend auf die Ausfuhr traditioneller Konsumgüter und verloren damit offensichtlich immer mehr ihre anfänglich durchaus guten Positionen in bestimmten Bereichen des AGS (Ausnahme: Groß-Britannien im Schiffsbau) sowie dem FB. Lediglich in einigen Zwischengüterindustrien (Glas, Groß-Britannien: Basischemie, Parachemie; Italien: ESI) konnten sich beide Länder behaupten bzw. ihre Stellung leicht ausbauen.

TABELLE 2.16: SPEZIALISIERUNGSINDIZES FÜR DEN AUSSENHANDEL DER SECHS GRÖSSTEN INDUSTRIELÄNDER

	USA	Frankreich	BRD	Italien	GB	Japan
T 07. ERZE UND EISENHALTIGE METALLE						
1967	42,8	134,7	101,5	55,3	59,9	141,6
1973	46,3	115,5	95,5	61,3	46,0	171,4
1978	31,0	113,0	89,5	80,9	45,4	153,9
1979	35,1	109,4	90,0	68,9	46,1	170,9
T 08. ERZE UND NICHTEISENHALTIGE METALLE						
1967	42,8	47,0	41,0	14,6	63,9	13,9
1973	52,3	46,7	39,6	18,8	88,1	14,9
1978	54,4	59,6	54,6	28,8	75,4	25,7
1979	71,7	59,3	56,9	24,7	85,2	24,5
T 09. BAUMATERIALIEN						
1967	82,6	87,4	71,7	116,9	78,5	81,4
1973	63,0	89,1	79,5	184,5	89,5	58,8
1978	62,7	73,0	73,9	167,9	78,1	55,7
1979	63,3	70,2	70,2	173,3	81,8	58,1
T 10. GLASINDUSTRIE						
1967	96,4	196,9	110,4	125,7	92,6	79,9
1973	85,0	206,6	98,2	138,6	104,9	41,9
1978	94,6	193,8	101,1	141,5	105,2	34,8
1979	88,0	196,0	102,1	146,7	95,1	36,1
T 11. BASISCHEMIE/KUNSTFASERN						
1967	136,8	134,0	117,3	91,0	80,1	78,5
1973	142,5	101,6	103,9	70,0	98,3	67,6
1978	135,1	139,5	103,2	49,0	123,1	51,2
1979	139,6	124,9	107,4	50,3	125,4	54,1
T 12. PARACHEMIE/PHARMAZIE						
1967	88,4	151,8	139,3	62,6	141,2	29,8
1973	83,7	136,5	135,7	69,5	147,6	27,6
1978	112,9	125,2	126,5	62,2	153,6	28,2
1979	109,3	125,9	130,4	64,6	146,4	31,4
T 13. EISEN- UND STAHLINDUSTRIE						
1967	103,6	100,5	146,7	130,2	127,5	119,3
1973	85,6	106,3	140,1	135,2	114,9	107,8
1978	81,5	107,5	133,9	140,8	103,0	98,6
1979	76,6	107,0	137,1	145,4	100,4	103,4
T 14. MASCHINENBAU						
1967	134,8	77,6	138,9	103,4	113,6	66,6
1973	132,0	87,4	137,4	104,0	111,9	77,0
1978	130,0	91,9	125,6	94,5	107,0	95,8
1979	131,6	87,8	124,0	94,3	107,1	99,4
T 15 A. PROFESSIONELLE ELEKTRON. AUSSTATTG.						
1967	145,5	117,5	117,8	110,9	117,0	92,8
1973	156,2	108,1	110,7	88,0	105,0	116,3
1978	144,1	103,3	110,9	77,1	109,6	124,3
1979	142,8	105,6	105,3	76,0	109,7	133,0

TABELLE 2.16: SPEZIALISIERUNGSINDIZES FÜR DEN AUSSENHANDEL DER SECHS GRÖSSTEN INDUSTRIELÄNDER

	USA	Frankreich	BRD	Italien	GB	Japan
T 15 B. HAUSHALTSGERÄTE						
1967	52,9	41,4	98,3	188,4	62,0	413,3
1973	43,3	37,4	93,6	144,0	54,2	334,2
1978	44,4	45,9	79,6	98,2	50,5	291,6
1979	39,2	45,1	78,9	98,0	42,9	295,1
T 16. FAHRZEUGBAU						
1967	128,4	111,2	138,5	102,3	124,7	73,4
1973	113,2	129,7	132,5	94,6	90,5	126,8
1978	104,1	128,9	128,0	81,4	76,4	164,7
1979	97,7	130,7	134,2	78,8	74,4	173,5
T 17. SCHIFFSBAU, LUFTFAHRT UND WAFFEN						
1967	208,3	74,2	32,4	42,2	117,8	187,4
1973	215,9	68,3	43,8	38,7	113,9	197,5
1978	240,4	64,1	44,4	49,7	123,2	160,6
1979	251,8	112,4	42,9	61,3	148,6	94,5
T 18. TEXTIL UND BEKLEIDUNG						
1967	29,6	117,6	54,7	166,7	84,3	176,2
1973	33,7	115,5	62,5	164,6	83,8	85,1
1978	36,0	94,3	66,2	176,3	82,7	56,7
1979	39,7	87,8	66,4	177,1	80,2	53,6
T 19. LEDER UND SCHUHE						
1967	34,1	176,4	54,6	361,3	82,1	96,1
1973	23,4	122,6	42,0	362,7	71,5	29,7
1978	24,1	74,1	39,9	380,3	57,8	18,2
1979	25,4	75,4	43,3	414,5	57,2	16,1
T 20. HOLZ, MÖBEL, DIVERSE INDUSTRIEN						
1967	67,1	71,8	75,8	103,4	140,4	117,6
1973	78,4	72,5	62,7	98,5	189,1	60,8
1978	73,6	62,2	64,8	132,6	200,9	46,0
1979	73,7	61,9	61,7	142,3	196,2	48,4
T 21. PAPIER UND KARTON						
1967	80,1	45,1	26,4	23,6	32,7	23,0
1973	89,4	57,7	41,9	31,4	38,7	24,2
1978	91,9	64,9	54,0	39,5	47,4	22,5
1979	89,7	63,3	53,9	38,4	44,6	25,5
T 22. PRESSE UND VERLAGSWESEN						
1967	141,2	155,3	89,0	123,4	148,9	28,5
1973	113,7	146,0	101,0	112,0	177,7	22,0
1978	117,6	144,5	117,9	126,3	179,8	20,6
1979	108,3	124,9	117,5	122,6	172,8	19,2
T 23. KAUTSCHUK UND PLASTIK						
1967	101,3	137,5	128,7	167,0	116,3	130,7
1973	86,0	140,4	137,2	146,7	110,4	104,6
1978	84,0	138,2	133,8	130,9	109,1	80,7
1979	92,0	137,2	132,4	117,9	105,9	80,0

QUELLE: CAMUS, u.a. 1981, 99 f.

- Das Spezialisierungsprofil der bundesdeutschen Exporte veränderte sich zwischen 1967 und 1979 kaum. Trotz einer generell leicht rückläufigen Tendenz blieb der überdurchschnittliche Spezialisierungsgrad in den Kernbereichen des AGS (MB, professionelle elektronische Ausstattungen, FB) erhalten. Traditionelle Schwachstellen, die Bereiche Schiffs-, Luft- und Raumfahrt wurden kaum abgebaut.
- Frankreich schließlich konnte zwar - in dieser Hinsicht ähnlich wie Japan - seine anfängliche Spezialisierung auf den Export traditioneller Konsumgüter reduzieren, von wenigen Ausnahmen abgesehen (FB, Luft- und Raumfahrt, Waffen) gelang es ihm jedoch kaum, seine ungünstige Exportstruktur im Bereich des AGS (insbesondere des MB) zu verbessern. Auffällig ist auch die äußerst geringe Ausrichtung der französischen Exporte auf die Gruppe der gehobenen Konsumgüter; seine überdurchschnittliche Spezialisierung auf den Export von Produkten des ZGS hielt Frankreich bis 1979 aufrecht.

c) Außenhandelssalden

Das Verfahren der Spezialisierungsindizes ermöglicht ausschließlich die Erfassung der Spezialisierung einer Ökonomie auf der Exportseite. Damit allein aber läßt sich ihre Position in der Hierarchie der IAT nicht hinreichend bestimmen. Sollen aussagekräftigere Ergebnisse erzielt werden, müssen die Exporte mit den Importen der betrachteten Ökonomie verknüpft werden, mit anderen Worten: es ist erforderlich, ihre Außenhandelssalden zu studieren, und zwar zunächst auf der Ebene der industriellen Sektoren. Je nach den Unterschieden in Bezug auf das Volumen und die sektorale Zusammensetzung der Ex- und Importe kommt es dabei zu sektoralen Defiziten oder Überschüssen, die sich wiederum in positiven oder negativen Deckungsraten der Im- durch die Exporte ausdrücken lassen.
Tabelle 2.17 präsentiert die Außenhandelssalden der drei großen Bereiche der französischen Industrie, der Landwirtschaft (inkl.

Lebensmittel), des Energiesektors sowie der Industrie[1].
- An den Daten fällt zunächst auf, daß sich die Außenhandelssituation wichtiger industrieller Sektoren während der 70er Jahre verbessert hatte, so daß die Industrie insgesamt zumindest einen gewissen Teil des im gleichen Zeitraums stark gestiegenen Defizits im Energiesektor decken konnte. Dabei war es insbesondere dem AGS gelungen, seine anfängliche Stellung als Nettoimporteur zu überwinden und seit 1975 stabile Überschüsse zu erzielen. Seine Deckungsrate stieg von 98% im Jahre 1971 auf 125% im Jahre 1979.
- Ähnlich günstig lagen die Dinge im Bereich des FB. Während der gesamten 70er Jahre konnten hier die größten Außenhandelsüberschüsse erwirtschaftet werden, auch wenn die Deckungsrate von ihrem bisherigen Höhepunkt im Jahre 1975 bis 1980 auf 186% gefallen war.
- Der ZGS hatte - trotz einer tendenziellen Verbesserung seines Außenhandelssaldos gegen Mitte der 70er Jahre - mit erheblich größeren Schwierigkeiten zu kämpfen. Nachdem 1975 sogar eine positive Deckungsrate erreicht worden war, fiel diese in den Folgejahren erneut ab, um sich schließlich bei einem unter 100 liegenden Niveau einzupendeln.
- Am ungünstigsten verlief die Entwicklung im Bereich des KGS. 1970 war dieser Sektor - abgesehen vom FB - der größte Nettoexporteur der gesamten französischen Industrie. Seine Außenhandelsüberschüsse trugen damals wesentlich dazu bei, daß die Gesamtbilanz der französischen Industrie trotz der zu jener Zeit negativen Salden des AGS und des ZGS positiv blieb. 10 Jahre später hatte sich das Bild völlig umgekehrt: Die bis auf 85,3% abgesackte Deckungsrate des KGS begrenzte jetzt den Anstieg des Gesamtüberschusses der französischen Industrie.

---

[1] Die folgenden Ausführungen können relativ kurz gehalten werden, da auf die Außenhandelssalden bereits in den Branchenanalysen eingegangen wurde.

TABELLE 2.17: AUSSENHANDELSSTRUKTUREN DER FRANZÖSISCHEN WIRTSCHAFT (IMPORTE cif, EXPORTE fob)

(IN MRD. FRANC)

NEC	IMPORTE						EXPORTE					
	1970	1973	1975	1977	1978	1979	1970	1973	1975	1977	1978	1979
LANDWIRTSCHAFT	19,3	29,2	34,6	56,0	59,1	63,1	16,6	31,7	36,5	48,3	57,3	66,3
ENERGIE	12,7	21,3	51,6	73,8	71,1	98,5	2,1	3,3	5,9	9,1	9,0	14,7
INDUSTRIEGÜTER	73,7	116,1	144,7	215,4	237,2	294,0	79,4	123,0	178,9	251,5	275,2	329,6
- ZGS	33,2	49,5	61,8	87,0	95,0	120,5	28,6	42,6	62,3	85,7	94,8	115,9
- AGS	21,8	33,1	40,4	57,4	62,6	74,2	21,4	32,4	53,5	75,0	78,0	92,7
- FB	5,5	10,0	11,2	21,2	24,0	28,7	12,2	19,8	29,3	43,6	49,8	59,0
- KGS	13,2	23,5	31,3	49,8	55,6	70,6	17,2	28,2	33,8	47,2	52,6	62,0
DIVERSE	0,5	0,6	0,7	1,0	1,0	1,5	1,5	1,7	2,1	2,7	3,1	4,1
ZUSAMMEN	106,2	167,2	231,6	346,2	368,4	457,1	99,6	159,7	223,4	311,6	344,6	414,7

NEC	SALDO						DECKUNGSRATE					
	1970	1973	1975	1977	1978	1979	1970	1973	1975	1977	1978	1979
LANDWIRTSCHAFT	- 2,7	+ 2,5	+ 1,9	- 7,7	- 1,8	+ 3,2	86,0	108,6	105,5	86,3	97,0	105,1
ENERGIE	- 10,6	- 18,0	- 45,7	- 64,7	- 62,1	- 83,8	16,5	15,5	11,5	12,3	12,7	14,9
INDUSTRIEGÜTER	+ 5,7	+ 6,9	+ 34,2	+ 36,1	+ 38,0	+ 35,6	107,8	106,0	123,2	116,8	116,0	112,1
- ZGS	- 4,6	- 6,9	+ 0,5	- 1,3	- 0,2	- 4,6	86,2	86,1	100,8	98,5	99,8	96,2
- AGS	- 0,4	- 0,7	+ 13,1	+ 17,6	+ 15,4	+ 18,5	98,2	97,9	132,4	130,7	124,6	124,9
- FB	+ 6,7	+ 9,8	+ 18,1	+ 22,4	+ 23,8	+ 30,3	221,8	190,0	261,6	205,7	207,5	205,6
- KGS	+ 4,0	+ 4,7	+ 2,5	- 2,6	- 3,0	- 8,6	130,3	120,0	108,0	94,8	94,6	87,8
DIVERSE	+ 1,0	+ 1,1	+ 1,4	+ 1,7	+ 2,1	+ 2,6	200,0	283,3	285,7	270,0	310,0	267,0
ZUSAMMEN	- 6,6	- 7,5	- 8,2	- 34,6	- 23,8	- 42,4	93,8	95,5	96,5	90,0	93,5	90,7

QUELLE: PAGÉ 1981, 374

Nach 1979 muß - ganz im Gegensatz zur Entwicklung in der deutschen Industrie - für alle industriellen Sektoren und fast alle Branchen eine kräftige Verschlechterung der Außenhandelssalden festgestellt werden. Hierin kommt zum Ausdruck, daß die erneute Verschärfung der Krise zusammen mit der nunmehr in fast allen Industrieländern gleichzeitig praktizierten exportorientierten Deflationspolitik für die französische Industrie eine erhebliche Verschärfung des Konkurrenzdruckes bedeuten mußte, dem sie aufgrund der in den Branchenanalysen gezeigten produktionsstrukturellen Schwächen kaum gewachsen war. Ausnahmen von dieser Entwicklung zeigten sich lediglich im Bereich der Nuklear-, Rüstungs-, Luft- und Raumfahrtindustrie sowie einigen Sparten der EEI (Fernmeldewesen, professionelle elektronische Ausstattungen).

2.3.7.3. Das geographische Spezialisierungsprofil des französischen Außenhandels

Mit der Öffnung Frankreichs zum gemeinsamen Markt im Jahre 1958 sowie dem etwa zur gleichen Zeit eingeleiteten Prozeß der Entkolonialisierung setzte neben der produktmäßigen zugleich auch eine bis dahin nicht gekannte Umorientierung der geographischen Ausrichtung des französischen Außenhandels ein: wurden noch zu Beginn der 50er Jahre knapp 60% des gesamten französischen Außenhandels mit den eigenen Kolonien sowie einigen über die 'Franc-Zone' eng an Frankreich angelehnten und ökonomisch abhängigen Entwicklungsländern abgewickelt, so war der Anteil dieser Gebiete bis 1970 auf weniger als 15% zurückgegangen. Im gleichen Zeitraum stieg der Anteil der EG-Staaten von nur 15% auf gute 50% (vgl. Nerzey 1982, 52f.).
Wir haben bereits darauf hingewiesen, daß die gegen Ende der 50er Jahre eingeleitete geographische Umorientierung des französischen Außenhandels für die französische Ökonomie zunächst ein großes Risiko darstellte, weil sie von nun an mit einer Reihe weitaus besser strukturierter Produktionsapparate (insbesondere

dem westdeutschen) in direkte Konkurrenzbeziehungen treten mußte. Wenn dabei - entgegen den anfänglichen Vermutungen insbesondere der französischen Unternehmerschaft - ein außenwirtschaftliches Debakel vermieden und in einigen Branchen sogar Außenhandelsüberschüsse erzielt werden konnten, so drückt sich hierin sicherlich eine anfangs ungeahnte Anpassungsfähigkeit Frankreichs an die veränderten Wettbewerbsbedingungen aus. Allerdings verbergen derart globale Aussagen leicht bestehende Disparitäten und zeichnen damit tendenziell ein zu günstiges Bild der außenwirtschaftlichen Situation des Landes. Deshalb soll im folgenden der französische Außenhandel auch nach geographischen Zonen aufgeschlüsselt und untersucht werden.
Aus Tabelle 2.18 geht hervor, daß Frankreich zwischen 1973 und 1980 ein kumuliertes Außenhandelsdefizit von nahezu 300 Mrd. FF hinnehmen mußte. Anders als die hohe französische Abhängigkeit von Energieimporten vielleicht vermuten läßt, war dieser Negativsaldo nicht nur den Defiziten aus dem Handel mit den OPEC-Staaten geschuldet, sondern resultierte zu einem gewichtigen Teil auch aus den ungleichen Handelsströmen zwischen Frankreich und den entwickelten westlichen Industrieländern (Defizit zur EG: 81 Mrd. FF, zur restlichen OECD: 76 Mrd. FF). Dabei zeigt sich eine interessante Entwicklungstendenz (vgl. Tabelle 2.19): Die in Bezug auf die Entwicklungsländer (außer OPEC) sowie die Ostblockstaaten erzielten Überschüsse waren gegen Ende der 70er Jahre immer weniger dazu in der Lage, die - abgesehen von konjunkturellen Schwankungen - kontinuierlich steigenden Defizite im Handel mit den Industrieländern zu kompensieren. Folglich mußte der zu Beginn der 70er Jahre noch relativ geringe Negativsaldo der französischen Handelsbilanz - wiederum abgsehen von konjunkturell bedingten Ausnahmen - kräftig zunehmen. 1980 überschritt erstmals die Schwelle von 100 Mrd. Franc, wobei mehr als die Hälfte dieses Betrages allein aus den Defiziten im Handel mit den drei führenden Industrieländern, der Bundesrepublik, Japan und den USA, herrührte.

TABELLE 2.18: KUMULIERTER SALDO DES FRANZÖSISCHEN AUSSENHANDELS ZWISCHEN 1973 UND 1980 AUFGESCHLÖSSELT NACH LÄNDERGRUPPEN (IN MRD. FRANC)

EG	− 81,6
OECD (ohne EG)	− 76,1
OECD	− 157,7
OPEC	− 252,2
ENTWICKLUNGSLÄNDER	+ 95,7
OSTBLOCK	+ 16,3
SALDO	− 297,9

QUELLE: NERZEY 1982, 57

TABELLE 2.19: GEOGRAPHISCHE AUFSCHLÖSSELUNG DES FRANZÖSISCHEN AUSSENHANDELS (IN MRD. FRANC)

	1973	*1974*	*1975*	*1976*	*1977*	*1978*	*1979*	*1980*	*1981*
EG	− 2,3	− 4,2	− 3,5	− 17,8	− 14,0	− 8,6	− 8,7	− 22,5	− 33,9
OECD (ohne EG)	− 1,6	− 2,6	− 3,8	− 11	− 6,8	− 9,3	− 13,4	− 27,6	− 29,1
OECD (gesamt)	− 3,9	− 6,8	− 7,3	− 28,8	− 20,8	− 17,9	− 22,1	− 50,1	− 63,0
OSTBLOCK	+ 1,3	+ 1,5	+ 4,7	+ 4,3	+ 2,4	+ 1,9	+ 3,3	− 3,1	− 6,4
OPEC	− 9,7	− 34,9	− 20,7	− 31,3	− 28,9	− 23,5	− 38,8	− 64,2	− 62,3
ENTWICKLUNGSLÄNDER	+ 0,8	+ 5,7	+ 15,2	+ 14,1	+ 12,8	+ 15,7	+ 15,0	+ 16,4	+ 26,7
SALDO	− 11,5	− 34,5	− 8,1	− 41,7	− 34,5	− 23,8	− 42,6	− 101	− 105

QUELLE: NERZEY 1982, 58

Grundsätzlich läßt sich also die nach 1975 zu verzeichnende Verschlechterung der außenwirtschaftlichen Situation Frankreichs auf zwei Faktoren zurückführen: Zum einen auf die beiden Ölpreiserhöhungen von 1973 und 1979, darüberhinaus aber auch auf den zunehmenden Wettbewerbsverlust der französischen Ökonomie in Beziehung auf die entwickelten Industriestaaten. Eine Aufschlüsselung der sektoralen sowie branchenspezifischen Außenhandelssalden nach geographischen Zonen zeigt nun desweiteren, daß sich auch hinter einer Reihe global positiver Salden starke geographische Disparitäten verbargen. So ist Tabelle 2.20 beispielsweise zu entnehmen, daß die französische Industrie 1980 einen Handelsbilanzüberschuß von 34,2 Mrd. FF erwirtschaften und damit wenigstens teilweise zur Kompensation des Energiedefizits (132,9 Mrd. FF) beitragen konnte. Zugleich wird jedoch auch deutlich, daß sich dieser Überschuß der Industrie aus stark negativen Salden mit den EG- und OECD-Ländern auf der einen sowie einem dieses Defizit mehr als ausgleichenden Überschuß in Bezug auf die restlichen Ländergruppen (OPEC, Entwicklungs- und Ostblockländer) auf der anderen Seite zusammensetzte. Dies aber legt, zusammen mit dem seit 1973 wieder wachsenden Anteil der Entwicklungsländer an den französischen Gesamtexporten die Vermutung nahe, daß große Teile der französischen Industrie ihre sinkende Wettbewerbsfähigkeit auf den Märkten der entwickelten Länder durch vermehrte Exporte in diejenigen Gebiete zu neutralisieren versuchte, wo sich der Druck der Konkurrenz - sei es aus ökonomischen oder politischen Gründen - als weniger stark erwies.

Die Untersuchungen von Camus u.a.(1981,187 ff.)bestätigen diese Einschätzung. Während Frankreich noch 1973 in 10 oder 24 von den Autoren betrachteten Branchen einen positiven Außenhandelssaldo gegenüber den EG-Ländern verzeichnen konnte, waren es 1979 nunmehr lediglich 6. Im gleichen Zeitraum hatte sich allerdings die Zahl der Branchen mit einer in Bezug auf die Entwicklungsländer überschüssigen Handelsbilanz von 12 auf 15 erhöht.

TABELLE 2.20: AUFSCHLÜSSELUNG DES FRANZÖSISCHEN AUSSENHANDELS NACH PRODUKTGRUPPEN UND LÄNDERGRUPPEN (IN MRD. FRANC)

	gesamt	Landwirtschaft u. Lebensm.	Energie	Zwischengüter	Ausrüstungsgüter	Haushaltsgüter	Fahrzeuge	laufende Konsumgüter	Verschiedene
EG									
Exporte	239	46	9	73	35	3	34	34	4
Importe	261	29	20	89	51	6	25	40	2
Saldo	-22	+17	- 11	-16	- 16	- 3	+ 9	- 6	+2
OECD									
Exporte	92	10	6	27	21	1	12	14	1
Importe	120	13	8	34	34	4	9	17	ε
Saldo	-28	- 3	- 2	- 7	-13	- 3	+ 3	- 3	+1
OPEC									
Exporte	39	6	ε	8	12	1	7	4	0
Importe	103	ε	102	ε	0	0	ε	ε	0
Saldo	-64	+ 6	- 102	+ 8	+12	+1	+ 7	+ 4	0
OSTBLOCK									
Exporte	21	5	ε	8	6	ε	1	2	0
Importe	24	2	13	4	1	ε	ε	3	0
Saldo	- 3	+ 3	- 13	+ 4	+ 5	0	+ 1	- 1	0
ENTWICKLUNGSLÄNDER									
Exporte	78	13	3	18	24	1	8	10	1
Importe	62	23	8	15	3	1	1	11	ε
Saldo	+16	- 10	- 5	+ 3	+21	0	+ 7	- 1	+ 1
ZUSAMMEN									
Exporte	470	79,7	18,8	134,9	98,4	5,4	62,4	64,3	5,7
Importe	- 571	- 68,0	- 151,7	- 143,0	- 88,7	-11,0	- 34,5	- 71,3	- 2,5
Saldo	- 101	+11,7	- 132,9	- 8,1	+ 9,7	- 5,6	+27,9	- 7,0	+3,2

QUELLE: MERZEY 1982, 63

Läßt man die der Landwirtschaft sowie dem Energiesektor zuzurechnenden Bereiche beiseite, so verbleiben auf dem Gebiet der Industrie an der Schwelle der 80er Jahre nicht mehr als 4 Branchen mit einem im Verhältnis zur EG aktiven Außenhandelssaldo: die Glasindustrie, die Parachemie, der Fahrzeugbau sowie die Schiffs-, Luft- und Raumfahrindustrie. Fast sämtliche Bereiche des Ausrüstungs- und Zwischengütersektors sowie alle Konsumgüterindustrien importierten also weitaus mehr Waren aus den EG-Ländern, als sie dorthin exportieren konnten. Ähnliches gilt, wie Dubarry (Dubarry 1983, 63) hervorhebt, auch für den Handel mit den beiden wichtigsten Industrieländern außerhalb Europas, den USA und Japan: 1981 lagen die Deckungsraten für die französische Industrie hier lediglich bei 64% bzw. sogar nur bei 32%.

Aus der spezifischen Struktur der geographischen Ausrichtung des französischen Außenhandels lassen sich einige Schlußfolgerungen ziehen, von denen an dieser Stelle zwei hervorgehoben werden sollen: Zunächst dürfte klar geworden sein, daß das geographische Spezialisierungsprofil die in den letzten Abschnitten bereits herausgearbeiteten außenwirtschaftlichen Schwächen Frankreichs bekräftigt. So zeigt sich, daß die seit 1978 zu konstatierende rapide Verschlechterung der französischen Außenhandelssituation nicht nur auf die zweite Ölpreisexplosion, sondern in einem entscheidenden Maße auch auf einen - angesichts der wenigen Ausnahmen - fast global zu nennenden Wettbewerbsverlust des französischen Produktionsapparates gegenüber den großen westlichen Industrieländern zurückzuführen ist. Als Konsequenz hieraus mußte eine weitere Zunahme der traditionell bereits großen französischen Importabhängigkeit resultieren. Die neue Qualität dieser Abhängigkeit ist dabei insbesondere in dem Umstand zu sehen, daß die negativen Außenhandelssalden gegenüber der Bundesrepublik, Japan und den USA im Verlauf der Jahre 1980 und 1981, also zur Zeit der bisher schwersten Nachkriegsrezession, in den westlichen Ländern nicht etwa - wie in früheren Rezessionsjahren üblich - zurückgingen, sondern im Gegenteil auf neue Rekorde zusteuerten (vgl. Annuaire Statistique de la France 1982, 723f.). Trotz der krisenbedingten Schwäche der französischen Investitionstätigkeit sowie der Stagnation der binnenländischen Konsumgüternachfrage war es diesen drei Ländern also gelungen, ihre Anteile auf den französischen Märkten zu vergrößern. Anders dagegen noch 1975, während des ersten Höhepunktes der Krise: Damals hatte das französische Importvolumen aus der Bundesrepublik, Japan und den USA gegenüber dem Vorjahr erheblich abgenommen. Zum zweiten muß darauf hingewiesen werden, daß die seit Mitte der 70er Jahre immer deutlicher hervortretende Strategie bestimmter Teile der französischen Industrie, dem wachsenden Wettbewerbsdruck von Seiten der entwickelten Länder über eine verstärkte Ausrichtung der Exporte auf die Entwicklungs- und Ostblockländer auszuweichen, aufgrund einiger Tendenzen der Weltmarktentwicklung strukturell begrenzt sein dürfte. Diese Tatsache reflektiert sich in der jüngsten Entwicklung der internationalen Währungs- und Kreditbeziehungen. Läßt sich das explosionsartige Anwachsen der internationalen Kreditmärkte zunächst als eine relative Loslösung der Kreditbewegung von den produktiven ökonomischen Prozessen interpretieren (vgl. Krüger 1982; Altvater u.a. 1983), so weist die gefährlich ansteigende Verschuldung der (nicht Erdöl produzierenden) Entwicklungs- und Schwellenländer [1] auf deren zunehmende

[1] Auch bestimmte Ostblockländer (Polen, Rumänien) ließen sich hinzufügen.

Marginalisierung in der IAT hin. Neben dem weitgehenden Scheitern des Konzepts der 'verschuldeten Industrialisierung' (vgl. Altvater 1983, 13ff.) ist es dabei insbesondere die in fast allen großen Industrieländern praktizierte Austerity-Politik, die diese Ländergruppen in die Klemme bringt: Führt sie auf der einen Seite zu einer bis dahin nicht gekannten Erhöhung des internationalen Zinsniveaus und damit zugleich zu einem enormen Anstieg des von den Entwicklungs- und 'Schwellenländern' zu leistenden Schuldendienstes, so beschneidet sie auf der anderen Seite auch deren Exportmöglichkeiten, indem sie - vermittelt über die zusätzliche Kontraktion der krisenbedingt ohnehin stagnierenden Masseneinkommen in den Metropolen - die Nachfrage der Industrieländer nach ihren Produkten tendenziell verringert[1]. Dies aber heißt in der Konsequenz nichts anderes, als daß die Entwicklungs- und Schwellenländer einen wachsenden Teil ihrer sinkenden Exporterlöse zur Leistung des Schuldendienstes aufwenden müssen. Folglich bleiben ihnen immer weniger Devisen zum Ankauf von Waren aus den entwickelten Ländern - auch deren Exportmöglichkeiten müssen jetzt, zumindest soweit sie sich auf die Gebiete der sogenannten Dritten Welt beziehen, abnehmen. Wie gezeigt, deutet die geographische Exportstruktur der französischen Industrie zu Beginn der 80er Jahre darauf hin, daß Frankreich von dieser Entwicklung besonders betroffen sein dürfte.

---

[1] Das Gesagte gilt um so mehr, als sich ein Großteil der genannten Länder auf den Export von Konsumgütern spezialisiert hat.

2.3.8. Zusammenfassung: Struktur der französischen Industrie an der Schwelle der 80er Jahre

1. Die französische Wirtschaft war zu Beginn der 80er Jahre durch ein vergleichsweise hohes Gewicht nichtindustrieller Sektoren (Landwirtschaft, Energie) gekennzeichnet, deren Unternehmen in ihrer überwiegenden Mehrheit von archaischen Produktionsstrukturen und überkommenen Management-Konzeptionen geprägt waren. Aufgrund der großen Bedeutung insbesondere des Dienstleistungssektors für die Industrie (Unternehmensberatung, Werbung, Marketing, Finanzierung etc.) mußten daraus erhebliche Restriktionen für die Entwicklung der industriellen Wettbewerbsfähigkeit resultieren.
2. Die für die französische Industrie lange Zeit charakteristischen Rückstände im Bereich der Kapitalkonzentration konnten bis 1980 weitgehend beseitigt werden. Allerdings darf dies nicht umstandlos mit einer Anhebung des industriellen Potentials Frankreichs gleichgesetzt werden: Da die Konzentrationsstrategien oftmals einer mehr finanziellen Logik folgten, blieben die zur Übernahme moderner Massenproduktionsverfahren erforderlichen Innovationen im Bereich der Produktion häufig aus.
3. Verstärkt wurden die genannten Defizite noch durch die für die französische Industrie typische Polarisierung zwischen den Großunternehmen auf der einen sowie den zahlreichen Klein- und Mittelunternehmen auf der anderen Seite. Da die PME in der Regel als Zulieferer der Großunternehmen fungieren, mußten ihre Entwicklungsrückstände nämlich auch deren Produktivitätsniveau belasten. Gleichzeitig förderten sie die Bestrebungen der Großunternehmen, sich mit ausländischen, d.h. billigeren Vorleistungen zu versorgen - eine Tendenz, die wiederum die Absatzmöglichkeiten der PME verschlechterte und damit hier die veralteten Produktionsstrukturen befestigte.
4. Das wohl folgenreichste Defizit des französischen Produktionsapparates betrifft jedoch die Rückstände im Bereich der

Investitionsgüterindustrie, die aufgrund ihrer großen Bedeutung für die Produktivität der gesamten Industrie die Position des Landes in der Hierarchie der IAT entscheidend mitbestimmen. Zwar konnte Frankreich bis zum Beginn der 80er Jahre auf dem Gebiet der Rüstungs- und Nukleartechnologie eine Weltspitzenstellung erlangen; dennoch blieb das relative Gewicht der zentralen AGS-Industrie - des MB sowie der EEI - erheblich geringer als etwa in der Bundesrepublik oder Japan. Hinzu kommt, daß die Produktionsketten beider Industrien äußerst brüchig, teilweise sogar lückenhaft waren. So konnten die 'säkularen' Schwachstellen des MB die Produktion landwirtschaftlicher Maschinen sowie der WMB trotz gewisser Erfolge keineswegs beseitigt werden. In der EEI war es zwar gelungen, in den Bereichen professionelle elektronische Ausstattungen und Telekommunikation eine auch international wettbewerbsfähige Produktion aufzubauen, die Disparität der 'filière electronique' mußte jedoch wegen der nach wie vor erheblichen Rückstände auf dem Gebiet der EBE, der EDV sowie der Büromaschinen bestehen bleiben, zumal der Einfluß ausländischer Kapitalgruppen in diesen Branchen überdurchschnittlich ausgeprägt war.
Die Schwäche großer Teile der französischen AGS hatte zur Konsequenz, daß ein erheblicher Prozentsatz der zur Modernisierung der Industrie erforderlichen Ausrüstungsgüter aus anderen Ländern, überwiegend aus der Bundesrepublik, Japan und den USA importiert werden mußte. Die Normen der industriellen Produktion, d.h. die im Produktionsprozeß angewandten Technologien, waren also in weiten Bereichen von ausländischen Ökonomien bestimmt. Zudem zog jeder Konjunkturaufschwung ein Defizit im Ausrüstungsgüterhandel nach sich, der nur mit Mühe durch entsprechende Überschüsse im Handel mit den sozialistischen und den Entwicklungsländern ausgeglichen werden konnte.

5. Der Fahrzeugbau, neben der Rüstungs- und Nuklearindustrie einer der wenigen 'Trümphe' der französischen Industrie, konnte in den 70er Jahren häufig mehr als 60% des gesamten

industriellen Außenhandelsüberschusses auf sich vereinigen. Seit dem Ende der 70er Jahre deuten jedoch sinkende in- und ausländische Marktanteile darauf hin, daß die Wettbewerbsfähigkeit dieser Branche tendenziell zurückgeht. Probleme bei der Zulieferung, ein mangelnder Einsatz moderner Produktionsverfahren sowie die vergleichsweise geringe Internationalisierung der Produktion dürften dafür insbesondere ausschlaggebend gewesen sein. Allerdings wurde eine positive Entwicklung auch durch die zunehmenden Rückstände auf dem Gebiet der Kommerzialisierung und der Dienstleistungen nach dem Verkauf behindert.

6. Die überwiegende Mehrheit der Zwischengüterindustrie hatte bei der Anpassung an die veränderten Strukturen der IAT mit großen Schwierigkeiten zu kämpfen. Insbesondere der Eisen- und Stahlindustrie war es bis 1981 nicht gelungen, die aus dem Rückgang der Weltstahlnachfrage sowie dem Aufkommen neuer Konkurrenten resultierende Notwendigkeit zur Restrukturierung ihres Produktionspotential in Angriff zu nehmen. Hier blieb der Handlungsbedarf folglich sehr groß. Lediglich in den Bereichen der Glasindustrie und der chimie fine konnten - auch im Export - Erfolge verbucht werden, die jedoch zumindest in der chimie fine auf recht brüchigen Grundlagen beruhten: Da nämlich die dieser Branche vorgelagerten Produktionsstufen der 'filière chimique' seit dem Beginn der Krise in erhebliche Schwierigkeiten geraten waren, mußten die Unternehmen der chimie fine zur Aufrechterhaltung ihrer Produktion verstärkt auf ausländische Vorleistungen zurückgreifen.

7. Das Ensemble der TKI, deren Gewicht in der französischen Industrie nach wie vor sehr groß ist, geriet im Verlauf der 70er Jahre angesichts des krisenbedingt verschärften Konkurrenzdruckes sowohl von Seiten einiger Schwellen- als auch anderer Industrieländer zunehmend in die Defensive. Neben den überalterten Strukturen zahlreicher hier angesiedelter Unternehmen wirkte sich dabei insbesondere die Unfähigkeit des französischen AGS zur Lieferung moderner Produktionsanlagen retardierend auf den Innovationsprozeß in den Konsumgü-

terindustrien aus. Die mangelnde Verbreitung moderner Massenproduktionsverfahren führte zu relativ hohen Stückkosten, die die internationale Wettbewerbsfähigkeit dieses Sektors stark belasteten, 1975 wurde der zuvor positive Außenhandelssaldo der traditionellen Konsumgüterindustrien negativ, wobei sich die Defizite bis 1981 permanent erhöhten. Besonders bemerkbar machten sich die Rückstände des französischen AGS auch im Bereich der gehobenen Konsumgüter. So muß die außerordentliche Schwäche der französischen UE-Industrie größtenteils auf die strukturellen Disparitäten der ihr vorgelagerten Segmente der 'filière electronique' zurückgeführt werden. Insbesondere die Rückstände auf dem Gebiet der elektronischen Bauelemente verhinderten, daß die UE einige der sogenannten 'jungen' Produkte dieser Branche in ihre Angebotspalette aufnehmen konnte. Auch hier stieg folglich das Außenhandelsdefizit bis 1981 kräftig an.

8. In der hohen Energieabhängigkeit sowie der mangelnden intra- und intersektoralen Kohärenz des nationalen Produktionsapparates sind ohne Zweifel die entscheidenden Ursachen für die Permanenz der außenwirtschaftlichen Probleme Frankreichs zu suchen. Zwar konnte die Industrie zwischen 1974 und 1978 ihren Außenhandelsüberschuß um 38 Mrd. FF vergrößern und damit einen wachsenden Teil des hohen Defizits des Energiesektors kompensieren, dennoch reflektiert sich hierin kaum eine Verbesserung ihrer strukturellen Wettbewerbsfähigkeit: Der Überschuß war nämlich dem einfachen Umstand geschuldet, daß die französische Industrie mit starker staatlicher Unterstützung ihre Anteile auf den Märkten der Entwicklungs-, Öl- und Schwellenländer ausgedehnt hatte; auf den Märkten der führenden Industrieländer hingegen blieb sie weiterhin in der Defensive. Dies zeigte sich deutlich an der Schwelle der 80er Jahre, als die erneute Verschärfung der Weltwirtschaftskrise zusammen mit der nunmehr von zahlreichen Regierungen praktizierten Stabilisierungspolitik einen verstärkten Wettbewerbsdruck erzeugte, in dessen Folge sich die Außenhandelssituation der französischen Industrie drastisch ver-

schlechterte. Die steigenden Defizite fast aller Branchen gegenüber den meisten großen Industrieländern konnten jetzt kaum noch durch entsprechende Exporte in ökonomisch weniger entwickelte Gebiete ausgeglichen werden. Mazier/Stoffaes ist daher völlig zuzustimmen, wenn sie am Ende ihres Überblicks über die industriellen Strukturen Frankreichs sowie den daraus resultierenden außenwirtschaftlichen Abhängigkeiten zu dem Ergebnis kommen, daß das Land trotz aller Modernisierungsbemühungen "...hinsichtlich seiner industriellen Kapazität.... das schwächste der starken oder andersherum, das stärkste der schwachen Länder geblieben ist" (Mazier/Stoffaes 1983, 89).

9. Abschließend soll noch darauf hingewiesen werden, daß die bestenfalls mittlere Position Frankreichs in der IAT seit dem Beginn der Krise zu einer steigenden Einkommenselastizität der Importe geführt hat. Wie das Beispiel der Jahre 1976, 1978 und 1979 verdeutlicht, zog bereits ein verhältnismäßig geringer Anstieg des französischen Volkseinkommens und damit der binnenländischen Konsum- und Investitionsgüternachfrage eine überproportionale Zunahme der Einfuhren nach sich. Da die französischen Exporte im gleichen Zeitraum nicht entsprechend gesteigert werden konnten, resultierte hieraus zwangsläufig eine Zunahme des Handelsbilanzdefizits.
Cotta (Cotta 1977, 154) hat versucht, die Einkommenselastizität der Im- und Exporte für Frankreich zu quantifizieren. Nach seinen Berechnungen muß davon ausgegangen werden, daß - unter den Bedingungen der Jahre 1975-1977[1] - ein 4-5%iges Wachstum des französischen Volkseinkommens die Einfuhren real um 15-20%, die Ausfuhren jedoch lediglich um maximal 5-10% ansteigen läßt. Cottas Schlußfolgerung:

---

[1] Die Betonung des Untersuchungszeitraums ist deshalb wichtig, weil die außenwirtschaftliche Position eines Landes nicht nur von strukturellen Faktoren, sondern darüberhinaus auch von der jeweiligen in- und ausländischen Wirtschaftspolitik abhängig ist.

"Man braucht kaum die Unterstützung von Korrelationsberechnungen, um zu verstehen, was seit 3 Jahren geschieht: Unsere Handelsbilanz ist immer dann nahezu ausgeglichen, wenn das interne Wachstum - wie beispielsweise 1975 - bei null liegt...jedem auch nur vorübergehenden und leichten Aufschwung des Wachstums folgt sofort ein beträchtliches Defizit in der Handelsbilanz" (Cotta 1977, 151).

2.4. Die französische Wirtschaftspolitik während der Präsidentschaft Giscard d'Estaings

2.4.1. Die Konjunkturpolitik

Die Weltwirtschaftskrise beendete nicht nur eine lange, seit den 50er Jahren andauernde Expansionsphase des französischen Kapitalismus, sondern leitete zugleich eine Tendenzwelle der französischen Wirtschaftspolitik ein. Sichtbarster Ausdruck dieser Wende waren auf der Ebene der Konjunkturpolitik die Wirtschaftspläne des 1976 ernannten Premierministers Barre. Während sich die konjunkturpolitischen Maßnahmen vor und in der unmittelbaren Reaktion auf die Krise wesentlich im Rahmen einer keynesianisch orientierten Interventionspolitik bewegten, zielte die Regierung Barre darauf ab, wirtschaftspolitische Eingriffe des Staates möglichst einzuschränken und den Gesetzen des Marktes bei der Krisenüberwindung mehr Geltung zu verschaffen. Hintergrund dieses Paradigmenwechsels war dabei eine Neubestimmung der wirtschaftspolitischen Prioritäten. Obwohl seit dem Beginn der Krise alle Ziele des sogenannten 'magischen Vierecks' - Wirtschaftswachstum, Preisstabilität, Vollbeschäftigung und Zahlungsbilanzgleichgewicht - unerreicht blieben, legte die Regierung (mit Unterstützung der international engagierten Großkonzerne) jetzt den eindeutigen Schwerpunkt ihrer Wirtschaftspolitik auf die Beseitigung des außenwirtschaftlichen Ungleichgewichts. Zur Erreichung dieses Zieles hielt sie die Praktizierung einer auf dem neoklassischen Theoriegebäude basierenden ange-

botsorientierten Wirtschaftspolitik für geeignet[1]. Nach deren Logik muß die Krise insbesondere auf die angeblich zu hohe Kostenbelastung der Unternehmen (verursacht durch übermäßige Löhne und Unternehmenssteuern) zurückgeführt werden. Diese Kostenbelastung beschleunigt nämlich die Inflation und vermindert damit die Exportfähigkeit der nationalen Industrie; gleichzeitig mindert sie die Investitionstätigkeit aber auch deshalb, weil sie die Rentabilität des eingesetzten Kapitals erheblich verringert. Folglich kann ein neuer Aufschwung nur unter der Bedingung erreicht werden, daß der Staat die Verbesserung der unternehmerischen Angebotsbedingungen durchsetzt, also zumindest auf die Senkung der Reallöhne sowie seiner eigenen Ausgaben hinwirkt. Zwar mag eine solche Politik in der kurzen Frist negative Konsequenzen für die Binnenkonjunktur nach sich ziehen (da sie einer Beschränkung der Inlandsnachfrage gleichkommt), mittelfristig wird sie jedoch aufgrund der Verbesserung der internationalen Wettbewerbsfähigkeit zur Schaffung neuer Arbeitsplätze in den exportorientierten Industrien und damit zur Einleitung eines neuen Aufschwungs beitragen.
Die von den Regierungen Barre seit 1976 vorgelegten Stabilisierungsprogramme entsprachen im großen und ganzen diesem Konzept der angebotsorientierten Wirtschaftspolitik. Vermittelt über eine meist restriktive Handhabung der Geld- und Fiskalpolitik, die Begrenzung der Staatsausgaben sowie verstärkte Industriesubventionen zielten sie primär darauf ab, die Inflation zu bekämpfen und die Weltmarktposition der französischen Industrie zu verbessern. Eine Bilanz der barreschen Konjunkturpolitk zeigt jedoch, daß keines der von den Akteuren selbst gesetzten Ziele erreicht werden konnte. So war die Inflationsrate von 7,4% im Jahre 1974 auf 13,3% im Jahre 1980 angestiegen. Das Wirtschaftswachstum hatte sich von 5,6% zwischen 1969 und 1974 auf durchschnittlich 2,8% in den Jahren 1975 bis 1980 verringert. Die Arbeitslosigkeit hatte sich zwischen 1974 und Anfang 1981 mehr als vervierfacht und lag jetzt bei gut 1,7 Mio.. Und die Handels-

---

[1] Auf eine ausführliche Darstellung und Kritik der angebotsorientierten Wirtschaftspolitik wird hier verzichtet. Sie folgt im Abschnitt 4.4.

bilanz schloß, nachdem sie noch 1975 fast ausgeglichen war (der Negativsaldo lag bei lediglich 9 Mrd. FF), im Jahre 1980 mit einem bis dahin nicht gekannten Rekorddefizit in Höhe von 100 Mrd. FF ab (Zahlen nach Priester 1982, 31; Nerzey 1982, 50).
Hinzu kommt, daß die Deflationspolitik auch ihr Hauptziel, die Verbesserung der unternehmerischen Angebotsbedingungen, weit verfehlt hatte. Trotz der Ausweitung der Subventionen, insbesondere an die Industrie, mußten zahlreiche Unternehmen nach 1976 eine erhebliche, teilweise sogar katastrophale Verschlechterung ihrer Rentabilität hinnehmen. Eigenkapitalausstattung und Selbstfinanzierungsquote (!) gingen zurück. Zu Beginn der 80er Jahre lag die Zahl der jahresdurchschnittlichen Konkurse bei mehr als 16 000 und damit doppelt so hoch wie noch 1974 (vgl. Grjebine 1984, 41ff.). Die Hauptursache für das Scheitern der angestrebten Umverteilung zugunsten der Profite basierte dabei auf dem Grundwiderspruch einer jeden Deflationspolitik, die die unternehmerischen Angebotsbedingungen über eine Kontraktion der binnenländischen Nachfrage verbessern will: Da die Kostensenkungen insbesondere über die Reduktion der unternehmerischen Absatzmöglichkeiten, damit aber auch eine weitere Verringerung der - ohnehin schon niedrigen - Kapazitätsauslastung realisiert werden sollen, muß die durchschnittliche Stückkostenbelastung der Unternehmen kräftig steigen. Gleichzeitig gehen ihre Umsätze zurück, so daß die Gewinne nunmehr sowohl von der Kosten- als auch der Absatzseite in die Klemme gerieten - eine Entwicklung, die in Frankreich durch die direkt angebotsorientierten Entlastungsmaßnahmen offensichtlich nicht kompensiert werden konnte. Es bleibt also festzuhalten, daß die barresche Konjunkturpolitik die Wirtschaftskrise in Frankreich bis 1981 eindeutig verschärft und damit die dringend erforderlichen Modernisierungs- und Restrukturierungsmaßnahmen im Bereich der Produktion zweifellos erschwert hat. Darüber hinaus trug sie aber auch zu einer Befestigung der dualen Struktur in der französischen Industrie bei. Als ausschlaggebend dafür erwies sich der Umstand, daß es einer kleinen Gruppe international engagierter Konzerne - im Gegensatz

zur überwiegenden Mehrheit der französischen Unternehmen - durchaus gelungen war, sich dem mit der Kontraktion der binnenländischen Absatzmärkte einhergehenden Produktions- und Investitionsrückgang durch die Forcierung ihrer Exporte zu entziehen. Nur diese Großkonzerne konnten folglich von den staatlich induzierten Kostensenkungen profitieren, was ihre Wettbewerbsfähigkeit gegenüber dem Rest der Industrie nochmals verstärken und damit den Gegensatz zwischen den Klein- und Mittel- und den Großunternehmen weiter zuspitzen mußte.

2.4.2. Die Währungspolitik

Die in der zweiten Hälfte der 70er Jahre zunehmende Dominanz einer angebotsorientierten Stabilisierungskonzeption äußerte sich auch auf dem Gebiet der Währungspolitik. Deutlichstes Kennzeichen dafür war das kontinuierliche Bestreben Giscard's, trotz der negativen französischen Erfahrungen mit der sogenannten 'Währungsschlange' einen neuen, im März 1979 mit dem Europäischen Währungssystem (EWS) schließlich realisierten Verbund fixierter Wechselkurse zu schaffen.
Da die ökonomische Bedeutung des EWS bei einer Kenntnis der für das Scheitern der Schlange ausschlaggebenden Faktoren besser verständlich gemacht werden kann und das EWS darüberhinaus auch für die Wirtschaftspolitik der sozialistischen Regierung von großer Wichtigkeit ist, sollen zunächst Geschichte und Funktionsweise der Schlange kurz rekapituliert werden. Darauf aufbauend wird dann der spezifische Charakter des EWS und seine Bedeutung für die französische Ökonomie herausgearbeitet.
Die Ursprünge der Schlange reichen zurück in das Jahr 1972. Ihr konkreter Ausgangspunkt lag in dem Versuch der EG-Staaten, trotz des mit der Dollarkrise 1971 endgültig eingeleiteten Zusammenbruchs des auf festen Wechselkursen und dem Dollar als Leitwährung beruhenden 'Bretton-Woods-Systems' an die seit dem Ende der 60er Jahre entwickelten, aufgrund der internationalen Währungskrise inzwischen jedoch unrealistisch gewordene Konzeption

einer europäischen Wirtschafts- und Währungsunion (WWU) anzuknüpfen (vgl. hierzu Sanio/Breuer 1975, 290ff.). Im Kern handelte es sich bei der Schlange um eine erneute Einengung der Bandbreiten, innerhalb derer die EG-Staaten die Wechselkurse ihrer Währung festhalten wollten. Während noch auf der Washingtoner Smithonian-Konferenz vom 18.12.1971 die Schwankungsbreiten der Währungen der IWF-Mitgliedsländer - insbesondere wegen des auf dem Dollar lastenden starken Abwertungsdrucks - ausgeweitet worden waren, zielte der die Schlange konstituierende Beschluß der EG-Ministerkonferenz vom 24.4.1972 auf die Halbierung der zuvor innerhalb der EG gültigen Bandbreiten: Von nun an sollten die Wechselkursbewegungen zwischen den verschiedenen EG-Währungen nicht mehr als ± 2,25% betragen. Für den drohenden Ausbruch einer Währung aus den festgelegten Bandbreiten sollte die Funktionsfähigkeit der Schlange dadurch erhalten werden, daß die Zentralbanken der beteiligten Länder über entsprechende Interventionen die Kurse in den entsprechenden Bandbreiten hielten. Diese Vereinbarungen hatten jedoch keinen imperativen Charakter. Ein koordinierter Einsatz des gesamten geld- und fiskalpolitischen Instrumentariums der Mitgliedsländer zur Stabilisierung der beschlossenen Wechselkurse konnte ebenfalls nicht festgelegt werden.
Dem neuen Währungsverbund gehörten ursprünglich neben den 6 EG-Ländern auch Großbritannien, Dänemark, Norwegen und Schweden an. Bereits kurz nach seinem Inkrafttreten zeigten sich jedoch schwerwiegende Probleme (vgl. Busch 1979, 280f.): So mußte Großbritannien das Pfund Sterling schon im Sommer 1972 aus der Schlange zurückziehen. Ein starker Abwertungsdruck auf seine Währung hatte diesen Schritt erforderlich gemacht. Italien folgte - aus demselben Grund - im Februar 1973. Auch nach der Aufgabe des 'Tunnels', also dem Beschluß der in der Schlange verbliebenen Länder, ihre Währungen gemeinsam gegenüber dem Dollar floaten zu lassen, setzte sich die Reihe der Verschiebungen fort: Die DM wurde im März 1973 um 5% aufgewertet; Frankreich verließ den Währungsverbund zwischen Januar 1974 und August 1975, kehrte bis März 1976 zurück, um den Block dann endgültig bis zur

EWS-Gründung zu verlassen. Im August 1977 schließlich mußte auch Schweden seine Währung aus der Schlange zurückziehen; zugleich wertete die Dänische Krone um 5% ab. Damit aber war der Versuch, die Grundlagen einer europäischen Währungsunion zu schaffen, zu einer erweiterten DM-Zone degeneriert: Neben der Bundesrepublik waren lediglich die ökonomisch stark von ihr abhängigen Benelux-Länder sowie Dänemark in der Restschlange verblieben. Großbritannien, Frankreich, Italien und Irland hingegen ließen ihre Währungen frei floaten.
Die Ursachen für das Scheitern der Schlange müssen in den starken ökonomischen Disparitäten der beteiligten Länder gesucht werden.

> "Wenn die jährlichen Zuwachsraten des Sozialprodukts und die jährlichen Inflationsraten zwischen den EG-Ländern erheblich divergieren, verschiebt sich die Konkurrenzposition der einzelnen nationalen Kapitale im EG-Raum permanent, kommt es von daher zu krassen außenwirtschaftlichen Ungleichgewichten" (Busch 1979, 280).

Soll unter diesen Umständen ein System fixer Wechselkurse wenigstens einigermaßen funktionsfähig bleiben, so setzt das zumindest die Bereitschaft der beteiligten Länder voraus, ihre Wirtschaftspolitik aufeinander abzustimmen[1]. Grundsätzlich sind dabei 2 Wege möglich: Zum einen können sich diejenigen Länder, deren Währungen aufgrund der strukturellen Zahlungsbilanzüberschüsse einem dauernden Aufwertungsdruck unterliegen (Bundesrepublik, Niederlande), zur Praktizierung einer expansiven Geld- und Fiskalpolitik bereit erklären. Dieser Schritt fördert ihre Importe (die Exporte der Defizitländer) und trägt damit zu einer Verringerung der unterschiedlichen Zahlungsbilanzsalden bei In der Konsequenz nimmt die Tendenz zur Auseinanderentwicklung der Wechselkurse ab[2]. Zum zweiten können sich die Länder mit

---

[1] Es ist jedoch auch denkbar, daß die Ungleichgewichte aufgrund zu starker struktureller Disparitäten trotz einer entsprechenden Anpassung der Wirtschaftspolitiken nicht beseitigt werden können. Unter diesen Umständen ist mittelfristig ein Zusammenbruch des Fixkurssystems unvermeidbar.

[2] Diese Tendenzen werden durch entsprechende Bewegungen der Kapitalströme noch verstärkt.

einer strukturell defizitären Zahlungsbilanz (Frankreich, Italien) zur Praktizierung einer restriktiven, auf die Drosselung der binnenländischen Nachfrage ausgerichteten Stabilisierungspolitik entschließen. Hieraus muß unmittelbar eine Reduzierung ihrer Importfähigkeit (Exportfähigkeit der Überschußländer) resultieren - ihre Außenhandelsdefizite (-überschüsse) gehen zurück. Auch in diesem Fall ergibt sich eine Tendenz zur Verringerung des Drucks auf die festgelegten Währungsparitäten.

Die erste der beiden dargestellten Möglichkeiten, trotz der unterschiedlichen nationalen Ausgangsbedingungen im westeuropäischen Raum ein System fixierter Wechselkurse zu erhalten, fiel von vornherein aus. Die Bundesrepublik, das mit Abstand bedeutendste Überschußland, praktizierte seit 1975 eine angebotsorientierte Restriktionspolitik, deren Schwerpunkt nicht auf der Belebung der Binnenkonjunktur, sondern im Gegenteil auf der Forcierung der eigenen Exporte beruhte.

Die zweite Lösung erwies sich allerdings zunächst als ebenso wenig praktikabel. Insbesondere in Frankreich, aber genauso in Italien und (bis 1979) in Großbritannien verhinderte die Existenz einer starken Arbeiterbewegung eine konsequente Deflationspolitik, welche unter den gegebenen Rahmenbedingungen allein - dies allerdings auch nur kurzfristig - die gewünschte Stabilisierung der Wechselkurse in den festgelegten Bandbreiten hätte garantieren können. Folglich mußte die Schlange neben den strukturellen Ungleichgewichten auch wegen des Fehlens eines koordinierten Einsatzes des wirtschaftspolitischen Instrumentariums der Mitgliedsländer als europäisches Währungssystem zum Scheitern verurteilt sein.

Damit taucht natürlich die Frage auf, weshalb 1978/79 ein erneuter Versuch in Richtung auf die Installierung eines auf fixierten Paritäten beruhenden Währungsverbundes unternommen wurde. Busch (1979, 284) weist in diesem Zusammenhang zunächst darauf hin, daß die starke ökonomische Verflechtung zwischen den westeuropäischen Ländern innerhalb der EG ein starkes Interesse an der Stabilisierung der Währungsbeziehung hervorrufen

mußte, da hierin eine wesentliche Voraussetzung für die Entlastung sowohl der Ex- als auch der Importindustrien vom Wechselkursrisiko liegt.
Hinzu kommt, daß die Erfahrungen derjenigen Länder, die ihre Währung im Verlauf der 70er Jahre aus der Schlange zurückgezogen hatten und anschließend floaten ließen, keineswegs den ursprünglichen Erwartungen entsprachen. So wertete beispielsweise der Franc zwischen 1973 und 1979 gegenüber der DM um fast 30%, also mehr, als es zum bloßen Ausgleich des Inflationsgefälles zwischen Frankreich und der Bundesrepublik erforderlich gewesen wäre, ab. Trotz des daraus resultierenden Wettbewerbsvorteils blieb die erhoffte Verbesserung der traditionell für Frankreich ungünstigen Handelsstrukturen zwischen beiden Ländern jedoch aus. Insbesondere zwei Ursachen dürften dafür verantwortlich sein: Zum einen hatte sich ein Großteil der französischen Importe (überwiegend im Energie- und Ausrüstungsgütersektor) als preisunelastisch erwiesen. Trotz der Tatsache also, daß die Preise der aus der Bundesrepublik importierten Waren - in Franc ausgedrückt - mit der Abwertung der französischen Währung teilweise stark angestiegen waren, ging das Volumen der Importe nicht zurück. Folglich mußte ihr Gesamtwert, wiederum in französischem Geld ausgedrückt, ebenfalls steigen. Zum zweiten war es mit den Abwertungen auch nicht gelungen, im Bereich der Exporte dauerhafte Wettbewerbsvorteile zu erzielen. Der entscheidende Grund hierfür liegt in dem Umstand, daß sich die große Mehrheit der französischen Exportunternehmen nicht daran interessiert zeigte, die Wechselkursanpassungen zu einer Senkung ihrer relativen Preise auf den deutschen Märkten und damit potentiell zu einer Ausweitung ihrer dortigen Marktanteile zu nutzen. Sie bevorzugten statt dessen - zumindest, soweit möglich - eine Erhöhung ihrer Gewinnmargen, indem sie im Anschluß an jede Franc-Abwertung die Franc-Preise der für den Export nach Deutschland bestimmten Waren genau um den Betrag heraufsetzten, der ihre DM-Preise nach der Wechselkursänderung den zuvor gültigen gleichmachte (vgl. Cohen u.a. 1980, 12). Grundsätzlich blieb also im Handel zwischen der Bundesrepublik und Frankreich alles beim

alten. Da ähnliche Erfahrungen auch in Großbritannien und Italien gemacht wurden, läßt sich dieses Ergebnis verallgemeinern: Es bringt zum Ausdruck, daß auch ein System flexibler Wechselkurse kaum dazu in der Lage ist, die aus den strukturellen Disparitäten der westeuropäischen Ökonomien resultierenden außenwirtschaftlichen Ungleichgewichte zu beseitigen[1].
Drittens schließlich heben Altvater u.a. (Altvater u.a. 1983, 76ff.) hervor, daß sich die Rahmenbedingungen für die Schaffung eines neuen, auf fixierten Paritäten beruhenden europäischen Währungssystems gegen Ende der 70er Jahre dadurch günstiger gestalteten , daß die nunmehr langandauernde, zunehmende Massenarbeitslosigkeit hervorrufende ökonomische Stagnation zusammen mit der weitgehenden Synchronisierung der Konjunkturzyklen zu einer wachsenden Harmonisierung der Wirtschaftspolitik geführt hatte. Dies jedoch nicht in Richtung auf die Wiederbelebung des keynesianischen Paradigmas, sondern im Gegenteil in Richtung auf die Praktizierung einer (von der Bundesrepublik schon lange favorisierten) 'Stabilitätsgemeinschaft': Begrenzung der Staatsausgaben, Kostenentlastungen der Unternehmen durch Steuer- und Reallohnsenkungen - darin lagen jetzt die wirtschaftspolitischen Prioritäten in fast allen westeuropäischen Ländern. Somit aber war einer der wesentlichen Faktoren, die noch zum Scheitern der Schlange geführt hatten, nämlich das Fehlen eines koordinierten Einsatzes des wirtschaftspolitischen Instrumentariums der Mitgliedsländer, tendenziell ausgeschaltet. Allerdings standen in Frankreich der Durchsetzung einer angebotsorientierten Stabilisierungskonzeption zunächst noch große innenpolitische Widerstände entgegen. Insofern mußte die Regierung Barre besonders stark an der Installierung des EWS als äußere Absicherung der nationalstaatlichen Deflationspolitik gelegen sein, denn

> "dies stellt mit seinen Funktionsmechanismen eine Zwangsmaßnahme dar, deren Sachzwänge sich die nationalstaatliche Wirtschaftspolitik nur schwer zu entziehen vermag" (Altvater u.a. 1983, 77).

[1] Mit dieser Einschätzung soll jedoch keinesfalls bestritten werden, daß eine Politik der Abwertung zu den entscheidenden Voraussetzungen für die erfolgreiche Beseitigung struktureller Handelsbilanzdefizite gehören kann (vgl. Abschnitt 4.2.6.).

Unter Verweis auf die - von Frankreich allein nicht veränderbaren - Regeln des EWS[1] konnte Barre die insbesondere von den Linksparteien und den Gewerkschaften vorgebrachte Forderung nach expansiven beschäftigungspolitischen Maßnahmen sowie einer Abwertung des Franc nun weitaus überzeugender als zuvor zurückweisen.

Die französische Einbindung in das EWS hatte zur Konsequenz, daß das Inflationsgefälle zwischen Frankreich und einigen seiner wichtigsten europäischen Handelspartner (Bundesrepublik, Niederlande, Schweiz) nicht mehr durch entsprechende Franc-Abwertungen kompensiert wurde. Somit mußten die relativen Preise der französischen Waren auf den Märkten dieser Länder - ausgedrückt in deren Währungen - ansteigen, was tendenziell einem Wettbewerbsverlust der französischen Anbieter gleichkam und damit die Überwindung der traditionellen Exportschwäche Frankreichs eindeutig erschwerte. Als Ausweg aus dieser Situation bot sich

---

[1] Anknüpfend an die Schlange legt das (am 13.3.1979 in Kraft getretene) EWS fixe Wechselkurse zwischen den beteiligten Währungen fest. Mit Ausnahme Italiens, dem eine Schwankungsbreite von 6% zugestanden wurde, durften die Abweichungen zwischen den restlichen Währungen nicht mehr als 2,25% betragen (Großbritannien war und ist nicht am EWS beteiligt). Dieses Währungsgitter, das für jede Währung im Verhältnis zu jeder anderen Währung einen festen Kurs bestimmt, wird ergänzt durch die Einführung der 'Europäischen Rechnungseinheit' (ECU), die als Bezugsgröße für den Wechselkursmechanismus dient. Ihr Wert ergibt sich über einen Währungskorb, in den alle 9 EG-Währungen, gerichtet nach der Wirtschaftskraft des jeweiligen Landes, eingehen. Um die Aufrechterhaltung der beschlossenen Paritäten zu garantieren, ist im EWS ein Alarmsystem eingebaut: Der sogenannte 'Abweichungsindikator' zeigt innerhalb der zugestandenen Schwankungsbreiten an, wann ein Land mit geld- oder fiskalpolitischen Maßnahmen intervenieren muß, um den Kurs seiner Währung zu stützen. Dies soll ihm dabei durch die Ausweitung der bis dahin gültigen Kreditmechanismen erleichtert werden: Im EWS ist zur Stabilisierung schwacher Währungen neben kurzfristigen Krediten mit einer Laufzeit von 45 Tagen (die allerdings bis um drei Monate verlängert werden können) auch ein mittelfristiger Währungsbeistand - das sind Kredite mit einer Laufzeit bis zu maximal 5 Jahren - vorgesehen. Deren Vergabe ist allerdings an wirtschaftspolitische Auflagen geknüpft.

lediglich die Strategie an, die nationalen Preissteigerungen unter Hinnahme von Gewinneinbußen im Bereich der Exportgeschäfte nicht in die Exportpreise weiterzugeben. Ein solches Vorgehen, zu dem die französischen Unternehmen aus Gründen der Aufrechterhaltung ihrer Wettbewerbsfähigkeit nicht selten gezwungen waren, mußte die meist ohnehin angespannte finanzielle Lage dieser Unternehmen jedoch weiter zuspitzen und damit ihre strukturelle Konkurrenzfähigkeit zusätzlich schwächen.
Auf der Importseite zog die 'Politik des starken Franc' erhebliche Vorteile für die ausländischen Produzenten nach sich. So gingen die relativen Preise ihrer Waren auf den französischen Märkten zumindest potentiell, also soweit das Ausbleiben der erforderlichen Wechselkursanpassungen nicht zu einer Erhöhung der Franc-Preise und damit der Gewinnmargen genutzt wurde, zurück. Folglich leistete die Barresche Währungspolitik nicht nur einer Begrenzung der französischen Exporte, sondern darüberhinaus auch einer weiteren Penetration des französischen Binnenmarktes durch ausländische Anbieter Vorschub.
Ohne Übertreibung kann deshalb der Schluß gezogen werden, daß in der mit dem EWS festgeschriebenen Überbewertung des Franc - neben den strukturellen Disparitäten des französischen Produktionsapparates und der weiteren Ölpreiserhöhung - eine zusätzliche Ursache dafür zu sehen ist, daß sich der französische Außenhandelssaldo nach 1979 dramatisch verschlechtert hat und zu Beginn der 80er Jahre auf ein neues Rekorddefizit zusteuerte. Damit aber offenbart sich zugleich ein fundamentaler Widerspruch der von Barre praktizierten Stabilisierungspolitik: So kam die Einbindung des Franc in das EWS zwar zweifellos einer internationalen Absicherung der in Frankreich praktizierten Deflationspolitik gleich, deren erklärtem Hauptziel jedoch, nämlich die Handelsbilanz durch die Forcierung der Ex- und die Bremsung der Importe zu verbessern, war sie völlig entgegengesetzt.

2.4.3. Die Industriepolitik

Die Industriepolitik unter Giscard soll in vier Schritten rekapituliert und kritisiert werden. Zunächst wollen wir den generellen gesellschaftlichen Kontext herausarbeiten, der zur Ablösung des gaullistischen Paradigmas der 'nationalen Autonomie' und zur Herausbildung einer neuen, im wesentlichen an den Export- und Internationalisierungsstrategien der MNK orientierten Industriepolitik ('Marktlückenstrategie')[1] geführt hat. Anschließend wird der theoretische Diskurs dieser Konzeption dargestellt, wobei wir uns auf zwei Texte, einen Aufsatz von G. Lafay aus dem Jahre 1979 ('Die Nachfrage integrieren') und das 1978 von C. Stoffaes verfaßte Buch 'Die große industrielle Bedrohung' beziehen. Lafay ist stellvertretender Direktor des 'Instituts für auswertende Studien und internationale Informationen' (CEPII) und gilt als einer der wichtigsten Konzeptoren der Marktlückenstrategie. Stoffaes war unter Giscard und ist auch unter Mitterand als Leiter des 'Industriellen Forschungsdienstes beim Ministerium für Forschung und Industrie' ein wichtiger Regierungsberater. Sein Buch 'Die große industrielle Bedrohung' kann als vehementes Plädoyer für die Marktlückenstrategie angesehen werden, auch wenn es gegenüber der von Giscard tatsächlich praktizierten Industriepolitik erhebliche Vorbehalte anmeldet und ihr zahlreiche Inkonsequenzen vorwirft. In einem dritten Schritt soll der Diskurs der Marktlückenstrategie vom Standpunkt des Produktionskettenansatzes aus kritisiert und sein fundamentaler Gegensatz zu einer an der Stärkung der Kohärenz des nationalen industriellen Geflechts ausgerichteten Konzeption dargelegt werden. Abschließend wird die industriepolitische Praxis unter Giscard einer systematisierenden Betrachtung unterzogen, wobei ihr

---

[1] Die von Giscard favorisierte Industriepolitik wird in Frankreich als 'créneaux'-Strategie bezeichnet. Wörtlich übersetzt heißt dies 'Schießscharten'-Strategie - ein Terminus, der sicherlich etwas undeutlich ist. Wir wollen deshalb im folgenden den Begriff 'créneaux'-Strategie mit Marktlückenstrategie übersetzen.

Anteil an der Unterminierung der französischen Position in der Hierarchie in der IAT zu zeigen bleibt.

2.4.3.1. Der Kontext

Bereits zu Beginn der 70er Jahre stellte sich immer deutlicher heraus, daß die im Kontext der gaullistischen Modernisierungspolitik formulierte Zielsetzung einer 'autonomen', d.h. von äußeren Abhängigkeiten möglichst freien Entwicklung des französischen Kapitalismus zunehmend mit den Strategien der gerade zur Durchsetzung dieses Zieles gegründeten Konzerne kollidierte.
So war es zwar einigen Großunternehmen durchaus gelungen, sich binnen weniger Jahre eine relative Autonomie gegenüber ihren ausländischen Konkurrenten zu erkämpfen, dennoch kann diese Entwicklung keinesfalls mit einer Erhöhung der Autonomie des gesamten französischen Produktionsapparates gleichgesetzt werden. Im Gegenteil. Wie bereits gezeigt,

> " ... war der Gegenpart einer auf dem Internationalisierungsprozeß aufbauenden industriellen Expansion die Penetration wichtiger Branchen durch ausländisches (vor allem amerikanisches) Kapital sowie eine Verstärkung der Abhängigkeit von Importen, insbesondere auf dem Gebiet der Investitionsgüter..." (Deubner u.a. 1978, 125).

Die wirtschaftspolitischen Instanzen der Ära de Gaulle versuchten zwar, diesen Tendenzen entgegenzuwirken, blieben in ihren Bemühungen aber relativ inkonsequent. So wurde bereits 1969 der Versuch aufgegeben, ausländische DI in Frankreich zu begrenzen. Gleichzeitig behielten direkte Interventionen in die unternehmenspolitischen Strategien der Konzerne eindeutig einen Ausnahmecharakter und auch die grundsätzliche Offenheit und Liberalität Frankreichs stand niemals wirklich zur Disposition.
Wenn sich nun trotzdem herauskristallisierte, daß die gaullistische Industriepolitik "zu einem Hindernis für die immer stärker in den Prozeß der Internationalisierung involvierten französischen Konzerne geworden war" (Le Pors 1980, 146), dann dürfte dies zunächst auf deren Befürchtung zurückzuführen sein, daß die

rhetorischen Überhöhungen gegen die 'unkontrollierte' Entwicklung der Investitionsverflechtung bei den Regierungen der von den Beschränkungen potentiell betroffenen ausländischen Konzerngruppen entsprechende Gegenmaßnahmen provozieren könnten. Dies wäre jedoch u.U. einer empfindlichen Beschneidung des eigenen internationalen Engagements gleichgekommen. Zum zweiten wurde die gaullistische Industriepolitik aber auch deshalb verstärkt kritisiert, weil sie aufgrund ihres überwiegend branchenbezogenen Charakters noch keinesfalls optimal auf die Export- und Internationalisierungsstrategien der Konzerne ausgerichtet war. Der von der konzerndominierten 'Industriekommission' im Zusammenhang der Ausarbeitung des 6. Plans (1971-75) an die Regierung gerichtete Vorwurf, die bisherige Wirtschaftspolitik habe noch nicht genügend dem grundlegenden Unterschied zwischen den "15 größten französischen Unternehmen, die die wirkliche Speerspitze unserer Wirtschaft darstellen" (Industriekommission, zit. nach Gauron 1983, 178) und dem Rest der Industrie Rechnung getragen, zielte genau in diese Richtung. Gefordert wurde jetzt nicht mehr nur eine "Stärkung des industriellen Sektors durch Maßnahmen der Erneuerung, Konsolidierung und Gesundung" (ebd.), sondern darüberhinaus auch direkt unternehmens (=konzern)bezogene Interventionen, "um die Konsolidierung der gerade gebildeten oder noch im Prozeß der Konstitution befindlichen großen Gruppen zu beschleunigen und ihre Entwicklungsbasis zu verbreitern..." (ebd.).

Im weiteren Verlauf der Präsidentschaft Pompidous war eine Annäherung der industriepolitischen Praxis an die von den Konzernen formulierten Zielsetzungen unverkennbar. So wurde die Zunahme des Einflusses ausländischer MNK auf den französischen Produktionsapparat nunmehr ausdrücklich begrüßt:

> "Wie wir gesehen haben, beinhaltet unsere Industriepolitik eine Strategie. Diese gründet sich...auf dem Interesse an der Öffnung unseres Territoriums für ausländische Investitionen, damit wir von deren wohlbekannten Vorteilen (Technologieimport, Eröffnung neuer Märkte, Einfuhr moderner Management-Methoden, Anstoßeffekte für die gesamte Industrie...) profitieren können" (Esaubert 1971, zit. nach Cahiers Francais 1983, 5).

Gleichzeitig versprach man jetzt auch die Förderung der Internationalisierungsstrategien der französischen Konzerne. Die Begründung:

> "Auslandsinvestitionen stellen für ein modernes Industrieland eine der wichtigsten Bedingungen für das industrielle Wachstum und, in einem weiteren Sinne, auch für seine nationale Unabhängigkeit dar" (ebd.).

Damit erhebt sich natürlich die Frage, welche Faktoren bei der Auflösung des Spannungsverhältnisses zwischen der gaullistischen Modernisierungspolitik und den Konzernstrategien zugunsten der letzteren ausschlaggebend gewesen sind. Zuallererst muß hier wohl auf die mit der Konzentration des Kapitals gewachsene ökonomische und politische Macht der französischen Großunternehmen hingewiesen werden. Sie ermöglichte es einigen Konzerngruppen, nunmehr direkt, also unter Umgehung sowohl der Unternehmerverbände als auch der Gewerkschaften, gegenüber dem Staat zu intervenieren und einen verstärkten Einfluß auf dessen Wirtschaftspolitik bzw. die dort formulierten Zielsetzungen auszuüben (wie wir noch zeigen werden, trug auch diese Entwicklung - neben der Weltwirtschaftskrise und dem Prozeß der Internationalisierung - zum weiteren Niedergang der Planification bei).
Allerdings käme es einer ökonomistischen Verengung gleich, wollte man den Wandel der industriepolitischen Konzeption zu einseitig auf die gewachsene Macht des französischen Großkapitals reduzieren. So kann der 'historische Bruch' zwischen der Präsidentschaft de Gaulles und der Präsidentschaft Giscards (Pompidou repräsentiert hier gewissermaßen den Übergang) keinesfalls mit bestimmten ökonomischen Sachzwängen hinreichend erklärt werden; eine solche Interpretation würde nämlich die tiefgreifende Reorganisation der Kräfteverhältnisse im Lager der damaligen Regierungsparteien verkennen, in deren Verlauf die Gaullisten zunehmend an Boden gegenüber ihrem wichtigsten Koalitionspartner, den 'unabhängigen Republikanern' Giscards, verloren. Folglich ist Deubner u.a. zuzustimmen, wenn sie die Abkehr vom Konzept der 'autonomen' Modernisierung des französischen Kapitalismus nicht nur als Resultat gewisser Veränderungen in den öko-

nomischen Strukturen, sondern auch als "Ausdruck des Übergangs der politischen Hegemonie innerhalb der französischen Bourgeoisie von einem mehr 'nationalen' auf einen mehr 'europäisch-atlantischen' Flügel" (Deubner u.a. 1978, 125) betrachten.

Giscard trat seine Präsidentschaft im Jahre 1974, also in etwa zeitgleich mit dem Beginn der Weltwirtschaftskrise an, die äußerst deutlich auf die Fortexistenz der bereits überwunden geglaubten Defizite des französischen Produktionsapparates aufmerksam machte. So zeigten sich die industriellen Rückstände in den vergleichsweise großen Schwierigkeiten fast aller französischen Konzerne, der Krise zu begegnen und sich auf die veränderten weltwirtschaftlichen Strukturen und Wettbewerbsverhältnisse (verschärfter Konkurrenzdruck) einzustellen. Anders als etwa der Bundesrepublik und Japan gelang es Frankreich auch nicht, den mit der Anhebung der Ölpreise verbundenen Einkommenstransfer zugunsten einiger OPEC-Länder zu kompensieren. Somit mußte sich in der giscardschen Industriepolitik, und dies unterscheidet sie zumindest graduell von der pompidouschen Konzeption, das Wissen um die lediglich mittlere Position Frankreichs in der IAT reflektieren. Da die Strategie des neuen Präsidenten auf der Grundsatzentscheidung beruhte, die aus dem Prozeß der Internationalisierung des Kapitals resultierenden Abhängigkeiten als unausweichliche Notwendigkeiten zu akzeptieren, machte sie konsequenterweise die Stärkung der industriellen Wettbewerbsfähigkeit zu einer ihrer obersten Maximen. Aufgrund der engen Anbindung der Wirtschaftspolitik an die Export- und Internationalisierungsstrategien der Konzerne konnte dies jedoch nichts anderes als deren noch bevorzugtere Förderung und Subventionierung bedeuten - ein Umstand, der allerdings (wie wir im folgenden zu verdeutlichen versuchen) kaum mit einer Effektivierung der staatlichen Interventionen in die französische Ökonomie gleichzusetzen ist.

2.4.3.2. Der Diskurs

Ausgangspunkt der während der Präsidentschaft Giscards praktizierten Industriepolitik ist die Erkenntnis, daß die französische Position in der Hierarchie der IAT bestenfalls eine mittelmäßige ist und sich angesichts der gestiegenen Energiekosten sowie des krisenbedingt verschärften Konkurrenzdrucks sowohl von Seiten der Industrie- als auch einiger Schwellenländer weiter zu verschlechtern droht. Folglich steht die Anpassung der industriellen Strukturen an die veränderten Bedingungen der IAT, die industrielle Umstrukturierung (redéploiment industriell) auf der Tagesordnung. Hierunter ist eine Strategie zu verstehen, die die außenwirtschaftlichen Abhängigkeiten Frankreichs insbesondere durch eine verbesserte Ausrichtung der nationalen Industrie auf die Weltnachfragestrukturen zu überwinden versucht. Konkret geht es dabei um die Aufspürung bestimmter, von ausländischen Kapitalen noch nicht besetzter Marktlücken (créneaux) auf dem Weltmarkt. Deren erfolgreiche Einnahme durch international engagierte französische Unternehmen macht es möglich, daß traditionelle hohe Außenhandelsdefizit Frankreichs abzubauen und damit die Stellung des Landes in der IAT zu verbessern. Mittelfristig führt diese Entwicklung dann zu "Vollbeschäftigung, Wachstum sowie einer Erhöhung des Lebensstandards, und zwar sowohl in quantitativer (Einkommen) als auch qualitativer (soziale Progression in allen Formen) Hinsicht" (Stoffaes 1978, 227). Voraussetzung für die tatsächliche Realisierung der genannten Wirkungskette ist allerdings die rasche Durchsetzung eines Spezialisierungsprozesses innerhalb der französischen Industrie, die gegenwärtig aufgrund des weitgehenden Fehlens von 'Spitzenbereichen' kaum Trümphe im Export vorweisen kann. Denn:

> "Um wettbewerbsfähig zu sein, hat ein Land - in der gleichen Art wie ein Unternehmen - all seine Mittel auf diejenigen créneaux zu konzentrieren, in denen gewissen Aussichten zur Dominierung des Weltmarktes bestehen. Dabei muß es auch die äußersten Konsequenzen der IAT, also die Spezialisierung der nationalen Industrie auf bestimmte Branchen sowie im Gegenzug die gänzliche Aufgabe anderer Bereiche akzeptieren" (Stoffaes 1978, 146).

Bei der Frage, welche Marktlücken ein Land zu wählen hat, müssen grundsätzlich mehrere Kriterien beachtet werden (vgl. Lafay 1979, 21): So ist zur Vermeidung einer falschen Wahl zunächst die voraussichtliche Weltnachfrage, also das Ensemble der Binnennachfragen aller Länder genauestens zu studieren. Hierbei darf man sich jedoch keinesfalls mit einer Analyse des internationalen Handels zufrieden geben, denn dieser bezieht sich lediglich auf die Gesamtheit der Weltimporte, nicht aber auf den Teil der Binnennachfragen, welcher aus der jeweiligen nationalen Produktion befriedigt wird. Folglich macht die wirkliche Bestimmung der Weltnachfrage umfangreiche Marktstudien auf einem weltweiten Niveau erforderlich.
Zum zweiten muß auch den strukturellen Eigentümlichkeiten des nationalen Produktionsapparates Rechnung getragen werden. So ist es beispielsweise denkbar, daß bereits erkannte créneaux wegen momentaner Angebotsengpässe nicht oder nur zu überhöhten Kosten wahrgenommen werden können. In einer solchen Situation sollte dann überlegt werden, inwieweit die Existenz ökonomischer Entwicklungsreserven die Einleitung einer industriellen Umstrukturierung mit dem Ziel der Spezialisierung auf die erkannten créneaux sinnvoll erscheinen läßt.
Neben den binnenländischen Produktionsbedingungen sowie den daraus resultierenden Restriktionen gibt es bei der Beantwortung dieser Frage jedoch noch ein weiteres Kriterium, nämlich die "Trümphe der Konkurrenten" (ebd.). In Anbetracht der Tatsache, daß aufgrund des schnellen technischen Fortschritts heutzutage keine Spezialisierung mehr definitiv ist, liegt in der Kenntnis der Strategien sowie der voraussichtlichen Produktionskapazitäten der wichtigsten Konkurrenzländer ein Hauptschlüssel zur richtigen Bestimmung der nationalen Investitionstätigkeit.

Die angemessene Handhabung der vorgenannten Kriterien garantiert allerdings noch nicht automatisch eine erfolgreiche Anpassung an die Weltnachfrage und damit eine Reduzierung der außenwirtschaftlichen Abhängigkeiten. Eine weitere unerläßliche Bedingung liegt in der Praktizierung einer entsprechenden Wirtschaftspolitik durch den Staat. So hat dieser zum einen das

grundsätzliche Primat des privatwirtschaftlichen Prinzips anzuerkennen: "In einer Marktwirtschaft, und das ist logisch, kommt den Unternehmen die Hauptverantwortung für die Investitionen und damit die Wahl der créneaux zu" (Lafay 1979, 22). Doch kann sich die staatliche Rolle nicht in der Anerkennung und Gewährleistung dieses Primats erschöpfen. Da nämlich die Unternehmen ihrer Verantwortung für die Investitionstätigkeit nur dann gerecht zu werden vermögen, wenn sie hieraus "die entsprechenden Gewinne ziehen können" (ebd.), muß die Regierung zugleich auch eine Politik der aktiven Angebotsförderung betreiben. Diese impliziert zunächst die Reduzierung der überhöhten Löhne und Unternehmenssteuern sowie die völlige Freigabe der in Frankreich traditionell reglementierten Preise für industrielle Erzeugnisse. Zudem hat sie durch die Einleitung von Maßnahmen zur Verbesserung der unternehmerischen Eigenkapitalausstattung und zur Belebung der privaten Spartätigkeit die französische Industrie auch von der Finanzierungsseite her zu entlasten. Lediglich die konsequente Durchführung der genannten Maßnahmen ermöglicht eine grundsätzliche Erhöhung der Profite und damit auch der indutriellen Investitionstätigkeit, was ja eine unbedingte Voraussetzung für die Verbesserung der internationalen Wettbewerbsfähigkeit Frankreichs darstellt.
Trotz des Primats der Privatautonomie darf allerdings nicht übersehen werden, daß sich bisher "noch nirgends tiefgreifende Restrukturierungen des industriellen Produktionsapparates ohne die entscheidende Mitwirkung des Staates vollzogen haben" (Lafay 1979, 23). Dies gilt in einem besonderen Maße für Frankreich, dessen Industrie zu großen Teilen überaltert und nur mangelhaft an die Weltnachfrage angepaßt ist. Folglich kommt dem Staat neben der Praktizierung einer unternehmensbezogenen Angebotspolitik zugleich auch die Aufgabe zu, im Rahmen einer aktiven Strukturpolitik den von den Privatunternehmen bestimmten Prozeß der Spezialisierung auf noch nicht besetzte Weltmarktlücken zu unterstützen. Damit aber "werden die Einleitung des Wechsels, die Beschleunigung des 'redéploiment' sowie der Tendenzen des Marktes zu den Hauptzielen der Industriepolitik" (Stoffaes 1978, 241).

Konkret geht es dabei insbesondere um die bevorzugte Förderung der exportorientierten Spitzenbereiche der französischen Industrie, wobei in diesem Zusammenhang zwei Ebenen zu unterscheiden sind: So muß der Staat zum einen durch den Ausbau der industriellen Infrastruktur (F&E, Berufsbildung, Kommunikation, Transport) die allgemeinen Voraussetzungen für eine effektive Spezialisierung und Umstrukturierung der Spitzenindustrien schaffen. Zum anderen, und darauf liegt die Betonung, hat er seine Interventionen jedoch ganz gezielt auf die hier angesiedelten Unternehmen sowie deren Export- und Internationalisierungsstrategien auszurichten. Allein ein solches Vorgehen, das eindeutig im Gegensatz zur gaullistischen Modernisierungskonzeption steht, kann nämlich das höchste Maß an industriepolitischer Effizienz garantieren: Da

> "die Politik der (sektorbezogenen, die Verfasser) Projekte, geführt im Namen der nationalen Unabhängigkeit, von wenigen Ausnahmen abgesehen, nicht zu einer Erhöhung der internationalen Wettbewerbsfähigkeit beigetragen hat..." (Stoffaes 1978, 280), muß sie jetzt "... ersetzt werden durch eine Politik der Unternehmen, welche die Unternehmensförderung als ein Ziel an sich betrachtet und darauf abzielt, deren Wettbewerbsfähigkeit herzustellen bzw. wieder aufzurichten" (Stoffaes 1978, 281; Hervorhebung im Original).

Sektorielle Interventionen hingegen lassen sich nur noch in Ausnahmefällen legitimieren. Abgesehen von strategisch wichtigen, jedoch unter starkem Konkurrenzdruck stehenden Industrien, sollte sich ihre Anwendung auf die stagnierenden und in Anbetracht der veränderten Strukturen der IAT tendenziell aufzugebenden Industriebereiche beschränken und dort einen "geordneten Rückzug" (Latay 1979, 23) ermöglichen. Dabei ist allerdings zu beachten, daß sie nicht zu einer künstlichen Aufrechterhaltung dieser Industrien umfunktioniert werden - eine Gefahr, die angesichts der protektionistischen Tradition sowie der vergleichsweise großen Gewerkschaftsmacht in Frankreich nicht unterschätzt werden darf (vgl. ebd.).

2.4.3.3. Kritik der Marktlückenstrategie

Die Marktlückenstrategie, aufgefaßt als eine 'Anleitung' zur besseren Anpassung eines nationalen Produktionsapparates an die veränderten Strukturen der IAT geht, wie auch Stoffaes (Stoffaes 1978, 230) hervorhebt, auf die sogenannte 'Portfolio-Selection-Theory' zurück. Diese war ursprünglich (unter Beachtung der beiden Bewertungskriterien Erwartungsgewinn und Risiko) zur Bestimmung der optimalen Zusammensetzung des Wertpapierportefeuilles eines individuellen Vermögensbesitzers entwickelt worden. Sie wurde dann später auch auf den industriellen Bereich übertragen, wo sie insbesondere international engagierten Multiproduktunternehmen zur Optimierung ihrer Unternehmensstrategien dient (vgl. hierzu ausführlich Dunst 1983). Auf der Grundlage sogenannter 'strategischer Erfolgsfaktoren' (technisch-ökonomisches Potential des betreffenden Unternehmens sowie seiner Konkurrenten, relativer Marktanteil, quantitative und qualitative Entwicklung der zukünftigen Nachfrage, Lebensphasen des Produkts etc.) lassen sich 'Portfolio-Management-Konzeptionen' entwickeln, die den Leitungen dieser multinationalen Multiproduktunternehmen Auskunft darüber geben, welche produktmäßigen und geographischen Diversifizierungs- und Spezialisierungsstrategien eingeschlagen werden müssen, damit das Ziel der mittel- und langfristigen Gewinnmaximierung realisiert werden kann.
Die Transferierung des Portfolio-Management-Ansatzes auf die makroökonomische Ebene, wie sie in der crêneaux-Strategie zum Ausdruck kommt, muß vom Standpunkt der Bewahrung bzw. Förderung der Kohärenz des nationalen Produktionsapparates in mehrfacher Hinsicht kritisiert werden:
1. Die Anhänger der Marktlücken-Theorie sehen in der beschleunigten Konstituierung multinationaler Konzerne eine wesentliche Voraussetzung für die erfolgreiche Einnahme bestimmter Weltmarktlücken durch eine nationale Ökonomie:

> "Morgen wird lediglich dasjenige Unternehmen wettbewerbsfähig sein, welches zu 40% für seinen Binnenmarkt, und zu 30% für seine Exportmärkte produziert sowie darüber hinaus 30% seiner Produktion im Ausland, über DI, realisiert" (Stoffaes, zit. nach Mazier 1982, 6 f.).

Die grundsätzliche Problematik dieser Auffassung liegt in der Gleichsetzung von nationalem und Konzerninteresse. Wie wir bereits gezeigt haben, streben die MNK zwar durchaus die konzerninterne Integration aufeinanderfolgender Produktionsstufen an; nur geschieht dies eben, und darin liegt ja das Spezifikum der MNK, im internationalisierten Zusammenhang, also unter Ausnutzung der verschiedenen Beschaffungs-, Produktions- und Absatzbedingungen in den einzelnen Ländern. Auch wenn es somit wahrscheinlich ist, daß die Internationalisierung der Produktion für einen MNK erhebliche Rationalisierungs- und Kostensenkungseffekte mit sich bringt, folglich seine Fähigkeit zur Belieferung sowohl der diversen Konzernteile als auch des Weltmarktes erheblich stärkt, muß dieser Tendenz dennoch die Tatsache gegenübergestellt werden, daß das internationale Engagement des MNK auf der wachsenden Auslagerung bestimmter Produktionssegmente aus dem nationalen industriellen Geflecht basiert und damit dessen Kohärenz unmittelbar schwächt. Da nämlich das binnenländische Industriepotential im Bereich des ausgelagerten Produktionssegments eindeutig reduziert, u.U. sogar gänzlich vernichtet wird, entsteht bei den binnenländischen Abnehmern dieses Segments (zumindest, soweit sie nicht den MNK angehören) die zunehmende Notwendigkeit, sich mit ausländischen Vorleistungen zu versorgen. Das aber kommt einer wachsenden Importabhängigkeit der nationalen Industrie gleich.
Zum zweiten müssen aber auch die der ausgelagerten Produktionsstufe vorangehenden Industrien in verstärkte Schwierigkeiten geraten, da sich ihre binnenländischen Absatzmärkte mit der Internationalisierung tendenziell verengen. Mazier (Mazier 1983, 18) ist deshalb zuzustimmen, wenn er zu der Auffassung kommt, daß "...zwischen der Wettbewerbsfähigkeit einer kleinen Anzahl großer Unternehmen und der globalen Wettbewerbsfähigkeit einer Ökonomie erhebliche Differenzen" bestehen.

2. Indem sie die Wahl der zu besetzenden Weltmarktlücken und damit des industriellen Spezialisierungsprofils den Verwertungsinteressen der Konzerne überläßt, ignoriert die créneaux-Konzeption die unterschiedliche Bedeutung der einzelnen Industrien

für die Position eines Landes in der Hierarchie der IAT. Sowohl Stoffaes (1978, 148f.) als auch Lafay (1981) heben zwar die herausragende Bedeutung der filière electronique bei der Zurückdrängung der außenwirtschaftlichen Abhängigkeit hervor und plädieren für eine Spezialisierung des französischen Produktionsapparates auf die hier angesiedelten Branchen. Nur können sie aufgrund des von ihnen anerkannten Primats der Privatautonomie keinen auch nur einigermaßen 'sicheren' Weg zur tatsächlichen Realisierung der von ihnen präferierten Umstrukturierungen angeben. Das Gesagte gilt dabei insbesondere für diejenigen Länder, die wegen der mangelnden Kohärenz ihres industriellen Geflechts lediglich eine mittlere Position in der IAT einnehmen. Denn was geschieht beispielsweise, wenn sich ein Großteil der international engagierten Unternehmen aufgrund des bestehenden Spezialisierungsprofils sowie erheblicher Rückstände im Bereich der Investitionsgüterindustrien auf den Export banalisierter und wenig technologieintensiver Produkte des Konsumgütersektors konzentriert? Gemäß der créneaux-Konzeption hätte die jeweilige Regierung (abgesehen von indirekten, meist sehr kostspieligen, dafür aber wenig wirksamen fiskalpolitischen Anreizen zur Beeinflussung der entsprechenden Unternehmen) in einer solchen Situation kaum die Möglichkeit, ihre Vorstellungen gegen die Konzernstrategien durchzusetzen. Auch hier zeigt sich folglich, daß die Anbindung der staatlichen Industriepolitik an die Logik der Kapitalverwertung mit dem Ziel der Stärkung der Industriestrukturen und damit der Reduzierung der außenwirtschaftlichen Abhängigkeiten kollidiert.

3. Die Marktlücken-Strategie beruht, wie wir gezeigt haben, auf der bewußten Aufgabe derjenigen Industriebereiche, die gegenüber der ausländischen Konkurrenz nicht bzw. nicht mehr ausreichend wettbewerbsfähig sind. Ein Großteil des industriellen Potentials soll hingegen dort konzentriert werden, wo gewisse Chancen zur Dominierung des Weltmarktes bestehen. Eine solche Konzeption ist deshalb grundsätzlich zu kritisieren, weil sie das Kriterium der Befriedigung der Binnennachfrage gänzlich außer acht läßt. So mag zwar die erfolgreiche Einnahme einzelner

Weltmarktlücken in den entsprechenden Branchen die Produktion stimulieren und auch zu Außenhandelsüberschüssen beitragen. Insgesamt gesehen muß sie jedoch - da sie auf der 'Zerstörung' anderer Industrien basiert - die Fähigkeit des binnenländischen Produktionsapparates zur quantitativen und qualitativen Befriedigung der Binnennachfrage erheblich reduzieren. Damit aber wird die nationale Reproduktion immer stärker von den Warenlieferungen ausländischer Kapitalgruppen abhängig. Außenhandelsüberschüssen in den créneaux-Bereichen stehen also steigende Defizite in anderen, von der Industriepolitik tendenziell aufgegebenen Industrien gegenüber. Hinzu kommt, daß wegen der zahlreichen Interdependenzen zwischen den diversen Branchen hieraus mittelfristig auch negative Konsequenzen für die exportorientierten Bereiche selbst zu erwarten sind. Immer mehr von den nachgefragten Vorleistungen werden nämlich nicht mehr im Inland hergestellt, müssen folglich ebenfalls importiert werden. Die gewählte Spezialisierungsstrategie kollidiert demnach mit einer autozentrierten Entwicklung des nationalen Produktionsapparates.

4. Die Marktlücken-Konzeption ist, da sie sich an der bevorzugten Spezialisierung auf einzelne Produktsegmente orientiert, der Entwicklung möglichst kompletter Produkt- und Produktionsketten auf einer nationalen Basis unmittelbar entgegengesetzt: Da es ihrer Logik durchaus entspricht, sogenannte 'Spitzenbereiche' einer Produktionskette zu fördern, andere - weniger wettbewerbsfähige - Glieder dieser Kette hingegen aufzugeben, muß sie trotz der Stärkung einzelner Produktionssegmente die Brüchigkeit der Kette und damit des indsutriellen Geflechts in seiner Gesamtheit weiter vorantreiben; die Importabhängigkeit der Industrie nimmt zu.

Lafay widerspricht allerdings einer solchen Einschätzung. Seines Erachtens läßt eine 'extrovertierte' Wachstumsstrategie die "Vorteile, die aus der Existenz eines nationalen industriellen Geflechts herrühren, keinesfalls verschwinden; im Gegenteil, sie erlaubt sogar dessen Restrukturierung..."(Lafay 1979, 21). Konkret hat man sich das so vorzustellen, daß die erfolgreiche Konstituierung bestimmter 'Wettbewerbspole' (in denen ja die entscheidende Voraussetzung für die Eroberung noch vorhandener Weltmarktlücken zu sehen ist) bestimmte 'Anstoßeffekte' nach sich zieht, die sowohl im Bereich der den Wettbewerbspolen vor- als auch der ihnen nachgelagerten Produktionsstufen wirksam werden und hier zur Entfaltung der industriellen Potenz beitragen: Bezüglich der den créneaux vorgelagerten Branchen

> "...eröffnet der Wettbewerbspol einen Binnenmarkt, auf dessen Belieferung sich die nationalen Produzenten konzentrieren können, bevor sie die Eroberung des Weltmarktes in Angriff nehmen" (ebd.).

Und im Bereich der nachfolgenden Industrien "...sind es die Produktionskosten, die gesenkt werden können" (ebd.). Somit muß das bevorzugte Engagement in ausgewählten Segmenten verschiedener Produktionsketten die strukturelle Wettbewerbsfähigkeit der gesamten Industrie, also "ihre gleichzeitige Fähigkeit zur Eroberung ausländischer Märkte und zur Senkung der Importabhängigkeit stärken" (Lafay 1979, 22). Lafays konsequente Schlußfolgerung:

> "Es ist demnach absurd, der Politik der Exportförderung die Strategie der Rückeroberung des Binnenmarktes entgegen zu stellen...beide Bewegungen gehen notwendigerweise miteinander einher..."(ebd.).

Gegen Lafays Verteidigung der créneaux-Strategie muß insbesondere eingewandt werden, daß die Ausnutzung der behaupteten Anstoßeffekte durch die nationale Industrie keinesfalls gesichert ist. So mag es zwar richtig sein, daß die erfolgreiche Belieferung des Weltmarktes durch eine bestimmte Branche den dieser Branche vorgelagerten Produktionsstufen einen vergrößerten Absatzmarkt bietet; nur kann deshalb noch lange nicht angenommen werden, daß die entstandene Mehrnachfrage auch tatsächlich aus der binnenländischen Produktion befriedigt wird. Da es nämlich den in den créneaux-Bereichen engagierten Unternehmen lediglich darauf ankommt, die gebrauchswertmäßig besten und zudem preiswertesten Vorleistungen zu beziehen, werden sie sich für den Fall, daß das nationale Angebot weder quantitativ noch qualitativ ausreichend ist, bevorzugt mit ausländischen Vorleistungen versorgen. Dies aber käme der Konstitution internationalisierter Produktionsketten gleich; der von Lafay behauptete Anstoßeffekt ginge also größtenteils in die ausländische Produktion und hätte somit einen Anstieg der Importabhängigkeit der nationalen Industrie zur Konsequenz. Zur Verteidigung seines Anstoßeffektes müßte Lafay deshalb die Bedingungen benennen, unter denen - gerade auch in einer nur mangelhaft strukturierten Industrie - die mit der Durchsetzung eines Wettbewerbspols verbundene Mehrnachfrage tatsächlich auf die inländische Produktion ausgerichtet werden könnte. Dies ist ihm jedoch im Rahmen seines Ansatzes grundsätzlich nicht möglich, da es ja allein die privaten Unternehmen sind, die über das Spezialisierungsprofil der nationalen Industrie und damit die Aufgabe bestimmter Produktionssegmente entscheiden.

Aber auch die behaupteten Kostensenkungseffekte auf die den crêneaux-Branchen nachgelagerten Produktionsstufen sind keineswegs zwangsläufig. So ist es aufgrund der Exportorientiertheit der crêneaux-Industrien durchaus denkbar, daß ein überwiegender Teil, u.U. sogar die Gesamtheit der von ihnen hergestellten Waren, ins Ausland fließt und somit keine produktivitätssteigernden Effekte in den nachfolgenden Bereichen der binnenländischen Industrie auftreten können. Ähnliches ergäbe sich natürlich auch für den Fall, daß der Wettbewerbspol am Ende einer Produktionskette angesiedelt ist. Kostensenkungseffekte müßten hier deshalb ausbleiben, weil keine nachgelagerte Produktionsstufe mehr existiert.

5. Schließlich soll noch kurz erwähnt werden, daß die konjunkturpolitische Grundlage der Marktlücken-Konzeption, also die angebotsorientierte Deflationspolitik, bereits vorhandene Tendenzen zur Polarisierung zwischen den - überwiegend national operierenden - Klein- und Mittelunternehmen sowie den - meist international engagierten - Großunternehmen weiter verstärken muß. Lediglich die letzteren können nämlich, da ihre Ertragserwartungen von der binnenländischen Nachfragekappung nur wenig betroffen sind, die angebotspolitisch induzierten Kostensenkungseffekte voll ausnutzen. Die ausschließlich auf den Binnen-

markt angewiesenen Unternehmen müssen dagegen erhebliche Absatz- und damit auch Gewinneinbußen hinnehmen; ihre Investitionstätigkeit geht zurück, was die Übernahme modernerer (wettbewerbsfördernder) Produktionstechniken eindeutig erschwert.

Faßt man die in den Punkten 1 - 5 formulierte Kritik zusammen, so ergibt sich als Resultat, daß die konsequente Praktizierung einer an den privaten Verwertungsinteressen ausgerichteten weltmarktorientierten Spezialisierungsstrategie gerade für einen nur 'mittelmäßig' strukturierten Produktionsapparat keine Verbesserung seiner Position in der IAT zur Folge haben kann. Im Gegenteil! Sie dürfte seine dortige Stellung weiter unterminieren und somit zur Vergrößerung der bereits existierenden außenwirtschaftlichen Abhängigkeiten beitragen.

2.4.3.4. Die industriepolitische Praxis 1974-1981

Die industriepolitische Praxis der Jahre 1974-1981 kann in drei Bereiche - die 'Maßnahmen zur Verbesserung der industriellen Angebotsbedingungen', die 'großen öffentlichen Programme' und die 'sektoriellen Interventionen' eingeteilt werden, die wir im folgenden nacheinander betrachten wollen.

a) Die Maßnahmen zur Verbesserung der industriellen Angebotsbedingungen

Die seit 1974, verstärkt und konsequent erst mit dem Regierungsantritt Barres im Jahre 1976, eingeleiteten Maßnahmen zur Verbesserung der industriellen Angebotsbedingungen zielten darauf ab, durch die Anhebung der Erträge auf das bestehende Kapital die Investitionstätigkeit und damit die internationale Wettbewerbsfähigkeit der französischen Industrie zu fördern. Sehr bald zeigte sich jedoch, daß dem Ensemble dieser Maßnahmen - Steuererleichterungen, Sonderabschreibungen, Vorzugskredite, Freigabe der industriellen Preise etc. - kein Erfolg beschieden war.

Sowohl die Eigenkapitalausstattung als auch die Selbstfinanzierungsquote der französischen Unternehmen lagen 1981 erheblich niedriger als noch 1974. Zudem war die industrielle Investitionstätigkeit gesunken und die Zahl der aus Gründen der Illiquidität zusammengebrochenen Unternehmen ständig angestiegen (vgl. Grjebine 1984, 41ff.). Die Hauptursache für das Scheitern der Umverteilungspolitik zugunsten der Profite liegt in dem Grundwiderspruch einer jeden angebotsorientierten Deflationspolitik, die die Kostenstrukturen der Unternehmen durch die Kappung der Binnenkonjunktur verbessern will: Da sie die Kostensenkungen insbesondere über die Reduzierung der unternehmerischen Absatzmöglichkeiten, folglich auch der Kapazitätsauslastungen zu realisieren versucht, müssen die staatlich induzierten Entlastungen auf der Angebotsseite durch die mit der verringerten Kapazitätsauslastung verbundenen Stückkostensteigerungen und Ertragseinbußen kompensiert, teilweise sogar überkompensiert werden. Genau das letztere war in Frankreich offenbar der Fall. Lediglich die exportorientierten Konzerne konnten dieser Restriktion - zumindest teilweise - entgehen, indem sie ihre Ausfuhren verstärkten. Da ihr quantitatives Gewicht in der französischen Industrie jedoch relativ gering ist (nur 1400 größere und große Unternehmen tätigten 1974 über 80% aller Exporte (vgl. Menyesch/ Utterwedde 1978, 60)), mußte die Angebotspolitik die duale Struktur in der französischen Industrie befestigen und den Desindustrialisierungsprozeß in zahlreichen Branchen samt seiner negativen Konsequenzen für die Großunternehmen selbst weiter beschleunigen.
Verstärkt wurde diese Tendenz dabei noch durch den Umstand, daß auch die direkten staatlichen Subventionen (1981: 51 Mrd. Franc) ganz überwiegend einer kleinen Zahl international engagierter Konzerne des AGS sowie z.T. auch des ZGS zugute kam. (Die folgenden Zahlen und Prozentsätze nach Mazier 1982, 19ff.). Wie bereits erwähnt, konnten während der 'Ära Giscard' lediglich sieben französische MNK (Thomson, CGE, CII-Honeywell-Bull, Alstholm-Atlantic, Empain, Dassault, Snias) etwa 50% aller an die Industrie verteilten Subventionen auf sich vereinigen. Addiert man hier noch die Konzerne der chemischen sowie der Eisen- und

Stahlindustrie hinzu, so erhöht sich der Anteil dieser Gruppe auf 75%. Die Gesamtheit der - nicht nur in den traditionellen Konsumgüterindustrien, sondern auch im MB stark vertretenen - Klein- und Mittelunternehmen erhielt dagegen in der Regel lediglich 3% aller vom Staat an die Industrie umverteilten Mittel. Dies war ein Betrag, der schon aufgrund seiner quantitativen Begrenztheit kaum zur Einleitung der hier oftmals besonders dringlichen Restrukturierungs- und Modernisierungsmaßnahmen geeignet war.
Die einseitige Ausrichtung der Industriesubventionen auf einige französische MNK kann nun allerdings nicht einmal mit einem staatlichen Beitrag zur Entwicklung und Modernisierung von deren Produktionsbedingungen gleichgesetzt werden. Da nämlich ein überwiegender Teil dieser Mittel (80%) nicht nach inhaltlichen Kriterien, etwa die Einführung neuer Produktionstechniken, sondern auf 'Abonnement', also gänzlich ohne Auflagen und vorherige Diskussion vergeben wurde, trug die staatliche Politik vom Ergebnis her häufig noch zur Unterstützung der oft an einer mehr finanziellen Logik ausgerichteten Konzernstrategien bei. Dies gilt besonders auch für die sogenannten Exportbeihilfen (1981: 18,5 Mrd. Franc), die nur in Ausnahmefällen zur Verbesserung des äußerst ungünstigen geographischen Spezialisierungsprofils des französischen Außenhandels genutzt wurden. In der Regel dienten sie den Konzernen zu einer Ausweitung ihrer Anteile auf den Märkten der Entwicklungs- und Schwellenländer, wobei Tendenzen in Richtung auf eine Spezialisierung auf 'banalisierte' und wenig technologieintensive Güter erkennbar waren.
Ein zweiter Widerspruch der unter Giscard praktizierten Politik zur Verbesserung der industriellen Angebotsbedingungen betrifft den Bereich der Forschungsförderung. Dieser nahm zwar im Diskurs der 'industriellen Umstrukturierung' einen gewichtigen Platz ein, da man in der Beherrschung neuer Technologien und Produktionsverfahren eine entscheidende Voraussetzung für die Eroberung bestimmter Weltmarktlücken sah; dennoch blieben die tatsächlichen Anstrengungen zur Anhebung der Forschungstätigkeit weit hinter den gesetzten Ansprüchen zurück. So war der Anteil der F&E-

Ausgaben am Bruttoinlandprodukt zwischen 1974 und 1981 in Frankreich mit durchschnittlich 1,7% erheblich geringer als etwa in der Bundesrepublik, Japan und den USA (vgl. Mazier 1982, 23). Hinzu kommt, daß sich die staatlichen Ausgaben auch hier sehr ungleich auf die verschiedenen Industrien verteilten. So konnten beispielsweise 1980 nur sechs Branchen (Nuklear-, Rüstungs-, Luft- und Raumfahrtindustrie, Telekommunikation und EDV), die - mit Ausnahme der EDV - allesamt bereits relativ gut auf dem Weltmarkt vertreten waren, etwa 95% aller vom Staat an die Industrie zur Hebung der Forschungstätigkeit vergebenen Sonderkredite auf sich vereinigen. Sämtliche anderen Industrien, die teilweise vor erheblichen strukturellen Problemen standen, gingen also diesbezüglich so gut wie leer aus - ein Umstand, der Mazier zufolge in einem nicht minderen Maße auch für die übrigen Bereiche der staatlichen Forschungspolitik galt (vgl. ebd.).

Zusammenfassend läßt sich somit sagen, daß die während der Präsidentschaft Giscards zur allgemeinen Förderung der industriellen Angebotsbedingungen ergriffenen Maßnahmen kaum zu einer Bewältigung der vorhandenen Strukturprobleme beigetragen haben. Ohnehin unfähig, die industrielle Produktions- und Investitionstätigkeit anzuheben, mußten sie wegen ihrer einseitigen Ausrichtung auf die großen Konzerne und der Nichtinfragestellung von deren meist kurzfristig orientierten Profitmaximierungstrategien die duale Struktur in der französischen Industrie weiter befestigen. Auch die Wettbewerbsfähigkeit der Konzerne selbst konnte nur in Ausnahmefällen gestärkt werden.

b) Die 'großen öffentlichen Programme' (grands projets publics)

Die 'großen öffentlichen Programme', deren Ursprünge größtenteils noch in die gaullistische Periode zurückreichen, dienten neben dem Ausbau der Infrastruktur (Eisenbahn, Fernmeldewesen) insbesondere der gezielten Förderung und Stärkung einiger 'Wettbewerbspole' der französischen Industrie (Nuklear-, Luft- und Raumfahrtindustrie, professionelle elektronische Ausstattung,

einzige Ausnahme: EDV), in denen die französische Industrie meist auch auf den internationalen Märkten bereits eine relativ gefestigte Position besaß. Dank des in diesen Branchen bereits vorhandenen Produktionspotentials, der großen Bedeutung öffentlicher Bestellungen (Fernmeldewesen, Schienenfahrzeuge) und Exportbeihilfen (Nuklear-, Rüstungs- und Raumfahrtindustrie), einer vergleichsweise konsequenten Politik der Angebotsförderung sowie einer engen Kooperation zwischen dem Staat und den entsprechenden Konzernen, konnten mit den 'grands projekts' unbestreitbare Erfolge erzielt werden: Die vorgenannten Branchen entwickelten sich in den 70er Jahren zu den dynamischsten der gesamten französischen Industrie und entfalteten in der Krise ohne Zweifel eine kontrazyklische, den Investitionsverfall begrenzende Wirkung. Dennoch blieben die Schwierigkeiten auch hier unübersehbar. So hatten die Bereiche Nuklearindustrie und Schienenfahrzeuge trotz einer relativ starken Position auf dem Binnenmarkt zunächst mit erheblichen Exportproblemen zu kämpfen, die nur durch umfangreiche staatliche Exportbeihilfen (teilweise) überwunden werden konnten. Ganz ähnlich lagen die Dinge, zumindest was Thomson betrifft, auch im Bereich des Fernmeldewesens. Und in der EDV-Industrie schließlich blieben die Erfolge gänzlich aus. Hier nahm sowohl die technologische Abhängigkeit von ausländischen Kapitalgruppen als auch die Penetration des Binnenmarktes kräftig zu, ohne daß die Exporte, wie ursprünglich erhofft, nennenswert gesteigert werden konnten.
Diese Entwicklung verweist auf einige charakteristische und verallgemeinerbare Mängel der mit den 'grands projets' verfolgten Politik: ungenügende Anstrengungen zur Beseitigung der relativen Schwäche der nationalen Forschungszentren; Hinnahme einer (über ausländische DI vermittelten) Abhängigkeit von nicht französischer, meist amerikanischer Technologie; unkoordinierte und teilweise widersprüchliche Vergabe von Subventionen; keine Kontrolle dieser Subventionen und schließlich eine nicht immer optimale Ausnutzung der öffentlichen Märkte.
Die grundlegende Kritik an den 'grands projets' hat sich jedoch auf den Versuch zu beziehen, über eine enge Kooperation zwischen

der staatlichen Verwaltung und den entsprechenden Großunternehmen die Exportfähigkeit bestimmter 'Spitzenbereiche' der französischen Industrie fördern zu wollen, ohne zugleich auch die diesen 'Spitzenbereichen' vor- bzw. nachgelagerten Produktionsstufen sowie die von den veränderten Bedingungen der IAT besonders betroffenen Industrien zu restrukturieren. Eine solche Wahl mußte eine Reihe negativer Konsequenzen nach sich ziehen:

- So trug sie zu einer äußerst ungleichen Entwicklung zwischen den einzelnen - über zahlreiche Interdependenzen miteinander verflochtenen - Industrien bei. Den stark expandierenden standen zunehmend stagnierende, dem industriellen Strukturwandel voll ausgesetzte und von der Industriepolitik tendenziell aufgegebene Branchen (Basischemie, ESI, TKI) gegenüber. Diese Polarisierung bewirkte zunächst einen erheblichen Anstieg der mit dem Strukturwandel verbundenen sozialen Folgekosten, da sie die Arbeitslosigkeit deutlich in die Höhe trieb. Gleichzeitig förderte sie die Zerstörung des industriellen Geflechts, was die französische Importabhängigkeit weiter ansteigen ließ. Dies galt dabei auch für die 'Spitzenindustrien' selbst, die nunmehr zahlreiche ihrer Vorleistungen aus dem Ausland beziehen mußten, da die entsprechenden Produkte von innländischen Herstellern nicht mehr angeboten wurden. Zudem gingen den 'Spitzenbereichen' mit den Niedergang der vorgenannten Industrien zahlreiche binnenländische Absatzmärkte verloren, eine Entwicklung, die nur in Ausnahmefällen durch Exportsteigerungen kompensiert werden konnte.
- Zum zweiten stand die Politik der 'grands projets' aufgrund ihrer einseitigen Ausrichtung auf bestimmte Produktionssegmente einer Entwicklung möglichst kompletter Produktionsketten auf einer nationalen Basis direkt entgegen. Ein Beispiel hierfür bietet wiederum die Entwicklung in der EEI, wo die ohnehin sehr selektiven Förderungsmaßnahmen zugunsten einzelner Produktionssegmente nicht nur inkonsequent, sondern darüber hinaus auch kaum aufeinander abgestimmt blieben. So waren die industriepolitischen Mißerfolge in der EDV neben den oben genannten Faktoren entscheidend auch auf die Ineffektivität der zugunsten der EBE

vorgenommenen Interventionen zurückzuführen, die es nicht vermocht hatten, hier zum Aufbau einer wettbewerbsfähigen Produktion beizutragen. Die Fortexistenz der Defizite in der EDV wiederum belastete die Produktivitätsentwicklung in zahlreichen anderen Branchen, so daß die intra- und intersektorale Kohärenz der französischen Industrie trotz der staatlichen Eingriffe kaum angehoben werden konnte.

- Drittens müssen die 'grands projets' auch deshalb grundsätzlich kritisiert werden, weil sie sich wegen ihrer einseitigen Ausrichtung auf bestimmte Produktionsprozesse nicht um die Diffundierung der dort realisierten produktionstechnischen Fortschritte kümmerten. Da die Beispiele hierfür zahlreich sind, soll lediglich auf zwei Fälle verwiesen werden: So wurden die sowohl in der Luftfahrtindustrie als auch im FB erzielten Fortschritte beim Einsatz vollautomatisierter Industrieroboter bis 1981 kaum zur Modernisierung anderer Branchen genutzt - ein Umstand, der zweifellos um so bemerkenswerter ist, als in beiden Branchen staatliche Unternehmen (Renault, SNECMA) ein großes Gewicht besaßen. Ähnliches gilt auch für den Bereich der Telekommunikation, wo das im Zusammenhang mit der Entwicklung vollelektronisch gesteuerter Telefonnetze gewonnene technologische Potential kaum für die tendenziell stagnierende EDV-Industrie genutzt wurde.

c) Die 'sektoriellen Interventionen' ('interventions sectorielles')

Die 'sektoriellen Interventionen' bezogen sich auf zwei Gruppen von Industrien, die vom industriellen Strukturwandel und den veränderten Bedingungen der IAT stark betroffenen 'traditionellen' Branchen (ESI, Schiffahrt, TKI) und die als strategisch wichtig erachteten, im internationalen Vergleich jedoch sehr rückständigen Bereiche des WMB sowie der EBE.

Der Logik der Marktlückenstrategie zufolge dürfte sektoriellen Interventionen zugunsten struktur- und exportschwacher Industrien lediglich ein Ausnahmecharakter zukommen, da die vorrangige Aufgabe der Industriepolitik in der direkten Förderung der

'Spitzensektoren' des nationalen Produktionsapparates liegt und die erforderlichen Anpassungsprozesse in den Krisensektoren weitgehend den 'Gesetzen des Marktes' überlassen werden sollten. Dennoch zeigte sich nach 1978, daß dieser Diskurs zumindest in zwei Bereichen, dem Schiffsbau und der ESI, nicht durchgehalten werden konnte (die Maßnahmen zugunsten der TKI blieben marginal). Zu groß war hier offenbar der Handlungsbedarf, zu stark die Gefahr eines völligen Zusammenbruchs samt der daraus resultierenden legitimatorischen Probleme (Massenarbeitslosigkeit), als daß eine staatliche Intervention hätte unterlassen werden können.
Die Eingriffe im WMB und der EBE kollidierten ebenfalls mit einer konsequenten Auslegung der Marktlückenstrategie, da es sich bei beiden Branchen nicht um exportorientierte Bereiche handelte. Wenn die Regierung hier dennoch gezielt intervenierte, dann reflektiert sich darin sicherlich die - wie erwähnt, auch bei Stoffaes und Lafay durchaus vorhandene - Erkenntnis, daß die nationale Beherrschung bestimmter Ausrüstungsgüterindustrien unerläßlich für die Expansion auf dem Weltmarkt ist.
Unsere Branchenanalysen haben nun allerdings gezeigt, daß die während der Präsidentschaft Giscards in den vorgenannten Industrien eingeleiteten industriepolitischen Interventionen sämtlichst erfolglos geblieben sind (das gilt auch für den von uns nicht betrachteten Schiffsbau). So konnte weder der 'geordnete Rückzug' aus den Krisensektoren, von dem Lafay sprach, noch die Restrukturierung der als strategisch wichtig erachteten Branchen des AGS durchgesetzt werden. Im Gegenteil, es entsteht sogar der Eindruck, daß die giscardsche Industriepolitik noch zur Beschleunigung des Niedergangs dieser Bereiche des französischen Produktionsapparates beigetragen hat. Insbesondere die folgenden Faktoren dürften für den gänzlichen Mißerfolg der 'sektoriellen Interventionen' ausschlaggebend gewesen sein:

- Der in Frankreich gebräuchliche Terminus 'sektorielle Interventionen' geht am wirklichen Charakter der in den betroffenen Industrien getätigten Eingriffe vorbei. In der Regel (Ausnahme: WMB, TKI) handelte es sich nämlich nicht um sektorielle, sondern direkt unternehmens (=konzern)bezogene Maßnahmen, die ausschließlich auf die individuelle Förderung dieser Unternehmen ausgerichtet waren. Wirkliche Probleme der gesamten Branche, beispielsweise auf dem Gebiet der materiellen Infrastruktur oder der beruflichen Bildung, mußten deshalb oftmals außerhalb des Blickfeldes der Industriepolitik bleiben.

- Die Förderung der Konzerne bezog sich meist nicht auf die zur Einleitung der zur Anhebung der Produktivität erforderlichen Restrukturierungs- und Modernisierungsmaßnahmen in der Produktion, sondern folgte überwiegend einer mehr finanziellen, an der möglichst kurzfristigen Eliminierung der Verluste orientierten Logik (bestes Beispiel hierfür ist der 'plan de sauvetage' aus der ESI, vgl. dazu oben, Abschnitt 2.3.5.2.2). Da ein solches Vorgehen jedoch die noch verbliebenen industriellen Kapazitäten weiter unterminieren mußte, trug es unmittelbar zu einer steigenden Binnenmarktpenetration in den entsprechenden Branchen, folglich zu einer erneuten Verschlechterung der Absatz- und Ertragslage der dort angesiedelten Unternehmen bei. In der Konsequenz nahmen neben den produktionstechnischen nun auch die finanziellen Defizite dieser Unternehmen kräftig zu. Die Industriepolitik hatte also genau das Gegenteil von dem bewirkt, was sie ursprünglich anstrebte.

- Behindert wurden die Restrukturierungsbemühungen auch durch die Abwesenheit einer Strategie der Produktionskette. Besonders negativ wirkte sich dies im Bereich der EBE aus, wo der Aufbau einer wettbewerbsfähigen Produktion nicht zuletzt auch an den kaum beseitigten Rückständen in den nachgelagerten Branchen scheiterte. So blieben die von der französischen EDV- und UE-Industrie auf die EBE-Industrie ausgehenden Nachfrageimpulse relativ gering (wofür allerdings neben strukturellen Problemen auch die Bestellpolitik der dort engagierten Unternehmen verantwortlich war). Im Bereich des WMB wiederum waren es im wesentlichen die Defizite der französischen Elektronikindustrie, die die Bewältigung des technologischen Wandels behinderten und damit den Aufbau einer leistungsfähigen Produktion numerisch gesteuerter Werkzeugmaschinen und vollautomatischer Industrie-

roboter unmöglich machten. Und die französischen TKI verloren nicht zuletzt deshalb an internationaler Wettbewerbsfähigkeit, weil der nationale MB trotz der staatlichen Eingriffe nicht zur Lieferung der im Zusammenhang mit der Produktivitätssteigerung erforderlichen Maschinen in der Lage war.
Diese Beispiele zeigen, daß die Politik der 'sektoriellen Interventionen' nur unzureichend der Verflechtung zwischen den diversen Branchen Rechnung trug und damit der Stärkung der intra- und intersektoralen Kohärenz des französischen Produktionsapparates kaum dienlich sein konnte.
- Schließlich wurden die Restrukturierungen in den von den 'sektoriellen Interventionen' betroffenen Branchen auch dadurch behindert, daß der Umfang der vom Staat vergebenen Mittel völlig unzureichend blieb. So erhielten die hier zusammengefaßten Industrien im Jahre 1981 lediglich 31,6% aller staatlichen Industriesubventionen[1] (vgl. Mazier 1983, 15; eigene Berechnungen), die im Rahmen der 'großen öffentlichen Programme' geförderten Bereiche dagegen 65& (vgl. Mazier 1983, 15; eigene Berechnungen). Zieht man von den 31% noch die auf die relativ stark subventionierte ESI und den Schiffsbau anfallenden Beträge ab, so verblieben für die strukturschwachen Industrien lediglich 9,9% übrig - ein Betrag, der deutlich auf die industriepolitischen Prioritäten unter Giscard verweist.

d) Zusammenfassung

Die Auswirkungen der 'industriellen Umstrukturierung' auf den französischen Produktionsapparat waren im weitesten Sinne negativ. Abgesehen von einigen meist isolierten und überwiegend im Bereich der Luft-, Raumfahrt-, Rüstungs- und Nuklearindustrie erzielten Erfolge wurden nahezu alle strukturellen Schwächen des französischen industriellen Geflechts weiter akzentuiert. So trug die bevorzugte Subventionierung einer kleinen Gruppe von MNK zur Befestigung des traditionellen Gegensatzes zwischen Klein- und Mittel- sowie Großunternehmen bei. Die lediglich selektive (und dazu inkonsequente) Förderung bestimmter Produk-

---

[1]Ohne Exportbeihilfen und'sonstige Hilfen'.

tionssegmente beschleunigte den Desindustrialisierungsprozeß in zahlreichen, meist unter starkem Anpassungsdruck stehenden Industrien und verstärkte die ohnehin ausgeprägten Schwach- und Bruchstellen in den Produktionsketten der französischen Industrie. Sowohl die intra- als auch die intersektorale Kohärenz des nationalen Produktionsapparates wurden geschwächt, mit der Konsequenz, daß die Abhängigkeit Frankreichs von Waren-, Kapital- und Technologieimporten, insbesondere aus der Bundesrepublik, Japan und der USA, zunehmen mußte. Die Industriepolitik Giscards war also in einem entscheidenden Maße dafür mitverantwortlich, daß sich die französische Position in der Weltarbeitsteilung während der 70er Jahre offensichtlich verschlechtert hatte und das Land am Beginn des folgenden Jahrzehnts auf eine lediglich mittlere, zwar vor den Entwicklungs- und Schwellenländern, jedoch deutlich hinter den führenden Industriestaaten anzusiedelnde Position zurückzufallen drohte.

2.4.4. Niedergang der Planification

Abschließend bleibt darauf hinzuweisen, daß die Planification, die bis weit in die 60er Jahre zu den wichtigsten Instrumenten der französischen Wirtschaftspolitik gehörte, während der Präsidentschaft Giscards noch zusätzlich zu den ihr ohnehin anhaftenden Defiziten (vgl. oben, Abschnitt 2.2.3) einen weiteren Funktionsverlust hinnehmen mußte, der ihre Bedeutung sowohl im Zusammenhang der konjunktur- als auch industriepolitischen Praxis erheblich reduzierte.
Im Bereich der Konjunkturpolitik basierte der Niedergang der Planification dabei insbesondere auf dem Umstand, daß dem Planungssystem mit dem Prozeß der Internationalisierung eine seiner entscheidenden Grundlagen, nämlich die Existenz eines nationalen, im Rahmen des Planungsprozesses zu erfassenden und wenigstens ansatzweise steuerbaren Wirtschaftsgebietes zunehmend entzogen wurde. Angesichts steigender Ex- und Importquoten sowie der damit einhergehenden wachsenden Abhängigkeit der Binnenkonjunktur

von der Entwicklung der Weltwirtschaft war es nunmehr kaum möglich, mit der Planification das "Bedürfnis der großen Industriegesellschaften nach umfangreichen Wirtschaftsprognosen" (Maier 1978, 127) zu befriedigen. Zudem ließ die schwere Krise klare Entwicklungstendenzen auch nur der wichtigsten makroökonomischen Variablen ohnehin immer weniger erkennen, so daß die Aufstellung realitätsnaher Prognosen schon deshalb ständig schwieriger werden mußte. Die Planziffern entfernten sich folglich immer offensichtlicher von den Istziffern, mit der Konsequenz, daß die Pläne häufig bereits zum Zeitpunkt ihres Inkrafttretens überholt waren.

Die Akteure der Planification versuchten zunächst, der Unterminierung des Plans durch die Konzipierung zunehmend umfangreicherer ökonometrischer Modelle entgegenzuwirken. So wurde beispielsweise im Zusammenhang mit der Ausarbeitung des 7. Plans (1976-1980) zur Verbesserung der Prognosefähigkeit ein komplexes, stark desaggregiertes Modell (DMS) entwickelt, das auf über 2000 Gleichungen (davon 400 Verhaltenshypothesen) sowie mehr als 500 exogenen Variablen beruhte. Gleichzeitig versuchte das Plankommissariat der gestiegenen ökonomischen Unsicherheit dadurch Rechnung zu tragen, daß es im Jahre 1975 - unter Aufgabe seiner bisherigen Praxis - nunmehr zwei Szenarien über die zukünftige gesamtwirtschaftliche Entwicklung entwarf - eine 'optimistische' Variante mit einer jährlichen realen Wachstumsrate des BIP von 5,5% und eine 'pessimistische' mit einer Rate von lediglich 3,9%. Darüberhinaus verzichtete man vom 7. Plan an weitgehend auf quantitative Aussagen, um der Gefahr von Fehlprognosen vorzubeugen.

Alle diese Maßnahmen konnten jedoch den konjunkturpolitischen Bedeutungsverlust der Planification nicht verhindern. So wurde die 'pessimistische' Variante des Plankommissariats sogar noch unterschritten. Auch die wenigen im 7. Plan quantifizierten Sollwerte blieben fast sämtlichst unerreicht, wobei die Abweichungen im Verhältnis zu früheren Plänen erheblich größer geworden waren. Die mit der Krise und dem Prozeß der Internationalisierung zunehmende Notwendigkeit zu spekulativen Annahmen

und Verhaltenshypothesen hatte also den Aussagewert der Planification trotz der Anwendung verbesserter Planungstechniken eindeutig beschnitten. Die Pläne konnten deshalb die ihnen im Kontext der Konjunkturpolitik ursprünglich zugewiesene Aufgabe, nämlich den ökonomischen Akteuren eine realitätsnahe Prognose der gesamtwirtschaftlichen Angebots- und Nachfragefunktionen zu liefern, nunmehr kaum gerecht werden.
Dies heißt allerdings nicht, daß sie damit jegliche Funktion verloren. So zeigte sich im Verlauf der 70er Jahre immer offensichtlicher, daß die Regierung die Planification als ein geeignetes Forum zur propagandistischen d.h. der eigentlichen Logik der praktizierten Wirtschaftspolitik entgegengesetzten Verbreitung und Popularisierung ihrer angebotsorientierten Stabilisierungskonzeption betrachtete. Dies reflektiert sich insbesondere im 7. Plan, wo der Bekämpfung der Arbeitslosigkeit ein zentraler Stellenwert zugeschrieben wurde (vgl. hierzu das Kapitel 3 im 2. Buch des 7. Plans: "Die Vollbeschäftigung sichern" (La documentation francaise 1976, 113-122)). Wenn allerdings das Spezifische der giscardschen Wirtschaftspolitik darin bestand,

> "'von einer Ökonomie, die zum Export fähig ist, zu einer Ökonomie, die für den Export konstruiert ist, überzugehen' (so der damalige Finanzminister Fourcade...), kann nicht die Beseitigung der Arbeitslosigkeit, wie der Barre-Plan bestätigt, die Beseitigung der Inflation mit Hilfe der Einkommenspolitik absolute Priorität (gehabt) haben. Die Beseitigung der Arbeitslosenzahl rückt(e) dabei...in weite Ferne" (Deubner u.a. 1978, 126).

Der Funktionsverlust der Planification im Bereich der Industriepolitik kommt wohl am deutlichsten darin zum Ausdruck, daß sich die staatliche Förderung der hochkonzentrierten 'Spitzensektoren' der französischen Industrie seit dem Beginn der 70er Jahre de facto kaum mehrim Rahmen der Planification vollzog. Der von den nach 1965 entstandenen Großkonzernen formulierte und aufgrund ihrer gewachsenen ökonomischen und politischen Macht auch verstärkt durchsetzbare Wunsch nach "individuellen Staatseingriffen" (Maier 1978, 133), hatte nämlich das klassische Planungskonzept zunehmend obsolet werden lassen und zur Herausbildung eines zweiten, neben der Planification anzusiedelnden In-

teraktionssystems zwischen Staat und Industrie geführt (vgl. dazu Friedberg 1979). Dessen spezifische Ausdrucksform stellten die bereits genannten - erstmals im Kontext des 5. Plans entwickelten, sich jedoch zunehmend von der Planification verselbständigenden-'sektoralen Industrieprogramme' und 'großen öffentlichen Projekte' dar. In ihnen wurden unter Ausschluß sowohl der unternehmerischen Branchenverbände als auch der Planungsbehörden in direkten Verhandlungen zwischen den Spitzen der jeweiligen Konzerne und den Vertretern der Regierung (bevorzugt aus dem Finanzministerium) die direkten Interventionen des Staates zugunsten einzelner Branchen (=den diese Branchen dominierenden Kapitalgruppen) sowie im Gegenzug die Investitionsvorhaben der Konzerne ausgehandelt. Anders als die zahlreichen Arbeiten und Berichte der im Zusammenhang der Planification arbeitenden Kommissionen wurden die dabei erzielten Verhandlungsergebnisse in der Regel nicht einmal mehr veröffentlicht. Bei den 'sektoralen Industrieprogrammen' und den 'großen öffentlichen Projekten' handelte es sich also um die völlige Entdemokratisierung zentraler Bereiche der staatlichen Industriepolitik. Zwar waren die Konzerne durchaus noch an der Ausübung eines dominierenden Einflusses auf die an der Planerstellung beteiligten Gremien interessiert (vgl. Tabelle 2.3 in Abschnitt 2.2.2), sie betrachteten diese jedoch mehr als ein günstiges Forum, um ihren konzernbezogenen Forderungen propagandistisch wirkungsvoll Nachdruck zu verleihen und den Staat auf allgemeine wirtschaftspolitische Prioritäten festzulegen, denn als Ort konkreter Vereinbarungen über branchenspezifische Subventions- und Investitionsvorhaben.
Die Herausbildung eines weiteren, eher informellen Beziehungssystems zwischen dem Staat und bestimmten Bereichen der französischen Industrie hatte zur Konsequenz, daß die Planification nun auch der zweiten der ihr ursprünglich zugewiesenen Funktionen, nämlich ein-in den zahlreichen Planungsgremien demokratisch abgestimmtes - gesamtwirtschaftliches Investitionsprogramm zu erstellen, endgültig nicht mehr gerecht wurde. Damit aber zeigt sich, daß die neue Regierung nach 1981 nicht

einfach an dieses Instrument staatlicher Wirtschaftsintervention und -regulierung anknüpfen konnte, um ihre konjunktur- und industriepolitischen Zielsetzungen zu realisieren. Sollte die Planification zu einem zentralen Element einer gesamtgesellschaftlich legitimierten Wirtschaftspolitik werden, war es nicht nur erforderlich, die Planungsgremien selbst zu demokratisieren, sondern darüberhinaus auch industriepolitische Kompetenzen, die jetzt ausschließlich von einem kleinen Kreis hoher Ministerialbeamter und Konzernvertreter ausgeübt wurden, in die Planification zurückzuverlagern. Allerdings konnte es nicht bloß darum gehen, die nach dem Zweiten Weltkrieg entwickelte Planungskonzeption in ihrer alten Form wieder herzustellen. Die entscheidende Schranke der französischen Planification, ihr lediglich indikativer Charakter, mußte überwunden werden, um sie zu einem effektiven Instrument sozialistischer Wirtschaftspolitik zu machen (zur Reform der Planification durch die sozialistische Regierung vgl. Abschnitt 5.7.).

Kapitel 3

Brüche und Kontinuitäten in der wirtschaftspolitischen Programmatik des Parti Socialiste vom *programme commun* bis zum *projet socialiste*

3.1. Einleitung

Wenn die Wirtschaftspolitik der französischen Regierung von 1981 - 1984 untersucht werden soll, muß sowohl eine Analyse der wirtschaftspolitischen Programmatik als auch der wirtschaftspolitischen Praxis und deren Verhältnis zueinander vorgenommen werden. Dabei ist die Grundlage der Ausarbeitung von wirtschaftspolitischen Konzepten nicht eine "objektive ökonomische Entwicklung", sondern eine bereits durch eine oder mehrere Theorien über die ökonomische Entwicklung strukturierte Wahrnehmung dieser Entwicklung. Wenn also die Leistungsfähigkeit des wirtschaftspolitischen Konzeptes, mit dem der PS 1981 angetreten ist, untersucht werden soll, muß zunächst nachvollzogen werden, wie der PS die in Kapitel 2 dargestellten ökonomischen Entwicklungen besonders bezüglich der mangelnden Kohärenz und Autonomie des nationalen Produktionsapparates und der industrie- und konjunkturpolitischen Handlungsfähigkeit des Staates verarbeitet hat. Programmatische Diskussionen und politische Machtkämpfe im PS zeugen davon, daß wir es hier mit ganz unterschiedlichen Verarbeitungsweisen zu tun haben, die zum Teil in erheblichem Gegensatz zueinander stehen. Da es uns nicht darum geht, eine Geschichte der wirtschaftspolitischen Programmatik des PS in den siebziger Jahren als Selbstzweck zu zeichnen, sondern die Entwicklung von Strategien von politischen Strömungen mit spezifischen gesellschaftstheoretischen Konzepten als Grundlage der strategischen Situation im Jahre 1981 zu analysieren, muß der Versuch unternommen werden, derartige strategische Linien aufzuspüren. Ebenso entscheidend ist die Frage nach den Brüchen innerhalb der wirtschaftspolitischen Programmatik, die durch die Entwicklung einer neuen strategischen

Linie oder die größere politische Dominanz einer strategischen Linie entstehen können. Bei dieser Analyse wird sich das programme commun der Linksunion von 1972 als in sich widersprüchlicher Rahmen erweisen, innerhalb dessen sich ab 1974 heftige Kämpfe um die Zuspitzung bzw. Umgestaltung des politischen Projektes der Linken abgespielt haben, die schließlich im September 1977 zum Scheitern der Aktualisierungsverhandlungen zum programme commun geführt haben.
Da es vom PS insgesamt wenige offizielle wirtschaftsprogrammatische Veröffentlichungen gibt oder diese im Vergleich zu den Theorien, auf denen sie aufbauen, ein niedriges theoretisches Niveau haben, greifen wir in unserer Analyse auf drei Werke von PS-Theoretikern zurück, deren Bedeutung entweder darin besteht, daß sie einen politischen Flügel des PS repräsentieren oder ihren Niederschlag auf entsprechende offizielle Dokumente gehabt haben.
Entsprechend den Hauptfragestellungen unserer Arbeit werden die verschiedenen wirtschaftspolitischen Konzepte in vier Bereichen untersucht, nämlich in ihrer konjunkturpolitischen Dimension, ihrer Stellung gegenüber den Nationalisierungen, ihren industrie- und außenhandelspolitischen Vorschlägen und ihrem Konzept der Entwicklung der Arbeiterrechte.
Die Geschichte der kommunistischen wirtschaftspolitischen Programmatik greifen wir nur insoweit auf, wie sie für das Scheitern der Aktualisierungsverhandlungen notwendig ist. Ein solches Vorgehen scheint uns dadurch gerechtfertigt, daß eine spezifische kommunistische wirtschaftspolitische Programmatik fast vollständig ohne Einfluß auf die praktische Politik der Linksregierung geblieben ist. So können aber die kommunistischen Konzeptionen nicht als Maßstab zur Beurteilung der Regierungspolitik betrachtet werden. Die sich hier stellende Frage nach den Gründen und der Funktion der Regierungsbeteiligung der PCF kann in unserem Zusammenhang nicht beantwortet werden.

Das programme commun stellt zweifellos einen Höhepunkt in der Geschichte der französischen Arbeiterbewegung dar, deren wechselvolle Geschichte von Annäherung und Abstoßung von Sozialisten und Kommunisten geprägt ist. Die unterschiedlichen Einschätzungen der Sowjetunion, ein teilweise unklares Verhältnis des PC zur parlamentarischen Demokratie und ein instrumentalistisches Bündnisverständnis des PC haben genauso zur Vertiefung des Abgrundes beigetragen wie die häufig wechselnde strategische und taktische Ausrichtung der Sozialisten. Nach Karin Priester

> "...gehört (es) zum Charakter jeder aus der Arbeiterbewegung hervorgegangenen reformistischen Partei, grundsätzlich offen zu sein für zwei strategische Linien: a) eine reformistische Politik im Verbund mit bürgerlichen Reformparteien, wobei die Sozialdemokratie die Funktion hat, darauf zu achten, daß die Kosten eines sich unter dem Primat bürgerlicher Reformpolitik sich vollziehenden Modernisierungsschubs nicht zu sehr zu Lasten ihrer Wähler und Anhänger und insgesamt der arbeitenden Bevölkerung geht; b) eine reformistische Politik im Verbund mit nichtbürgerlichen, in der Regel kommunistischen Parteien, wobei ihre Funktion hier ganz anderer Art ist, nämlich darauf zu achten, daß die Systemgrenzen nicht überschritten werden..." (Priester 1982, 58f).

Diese Wahlmöglichkeit prägte auch die alte sozialistische Partei SFIO Ende der sechziger Jahre. Während Gaston Defferre nach 1965 zusammen mit den Provinznotablen eine "große Föderation", d.h. ein Bündnis mit den Zentrumsparteien, anstrebte, trat Mitterand für eine grundlegende Umorientierung der sozialistischen Strategie ein. Der politische Einfluß sollte sich nicht mehr länger auf lokale Klientelbeziehungen stützen, die Sozialisten sollten zur Massenpartei der unteren Volksschichten werden und dem PC das Oppositionsmonopol streitig machen. Mitterand hielt dies nur für möglich, wenn das Kräftegleichgewicht innerhalb der Linken innerhalb eines Linksbündnisses wiederhergestellt würde. Der 1969 durch Fusion der SFIO mit einigen sozialistischen Splittergruppen neu gegründete PS beschließt auf seinem Parteitag 1970 in Issy-les-Moulineaux mit 2025 gegen 908 Stimmen die Annahme der Strategie der Linksunion. Die eigentliche strategische Umorientierung des PS erfolgt jedoch erst auf dem Parteitag 1971 in Epinay, wo sich Mitterand mit dem CIR, einer Vereinigung politischer Clubs, dem PS anschließt und in einem Bündnis mit dem linkssozialistisch-marxistisch orien-

tierten Flügel innerhalb der PS, dem Ceres (Centre d'etudes et des recherches socialistes), endgültig die rechtssozialdemokratischen und attentistischen Molletisten (nach dem schon 1946 zum Generalsekretär der SFIO gewählten Guy Mollet) ausschaltet. (Vgl. Roucaute 1983).
Jean Pierre Chevènement, der Führer des Ceres, wird als nationaler Sekretär für die Ausarbeitung eines Parteiprogramms benannt, das im März 1972 unter dem Titel "Changer la vie" (das Leben ändern) veröffentlicht wird. Es lehnt sich in seinem wirtschaftspolitischen Teil in verschiedenen Punkten an das 1971 vom PC veröffentlichte Wahlprogramm "Changer le cap" (den Kurs ändern) an. Dies ist in einem gewissen Maß sowohl darauf zurückzuführen, daß der von Chevènement repräsentierte Ceres-Flügel in den frühen siebziger Jahren noch monopoltheoretische Vorstellungen vertrat, als auch auf die Abwesenheit einer qualifizierten wirtschaftspolitischen Diskussion innerhalb des PS.
Die von französischen Kommunisten ausgearbeitete Version der Monopoltheorie (Boccara 1973 a, Boccara 1973 b, Traité marxiste d'économie politique 1971) führt die aktuellen wirtschaftlichen Probleme wie Arbeitslosigkeit, niedrige Löhne, Demontage der Sozialversicherung, Steuerbelastungsungleichheit und Inflation auf die Dominierung der französischen Gesellschaft durch die kombinierte Kraft der Monopole und des kapitalistischen Staates zurück. Seit der Depression der dreißiger Jahre interveniert der Staat immer öfter, um die Verwertung der großen Kapitale, die im Zuge der technischen und wissenschaftlichen Entwicklung immer größere Produktiv- und Infrastrukturinvestitionen benötigen, zu sichern. Ohne den zusätzlichen über den Staat organisierten Wertetransfer wäre die Verwertung der großen Kapitale nicht mehr möglich. Auf dieser Grundlage wird eine neue Wachstumslogik für notwendig gehalten, die auf einer Vergesellschaftung der Akkumulationszentren des Kapitals, der demokratischen Kontrolle der nationalisierten Betriebe durch die Arbeiter und einer Erhöhung der Massenkaufkraft der unteren Einkommensgruppen beruht.

3.2. Das *programme commun*

Das programme commun will die drängendsten ökonomischen Probleme durch eine neue Wachstumslogik bekämpfen, die auf einer Erhöhung der Massenkaufkraft, insbesonders der unteren Einkommensschichten, und dem Ausbau der staatlichen Infrastrukturen beruht. Diese linkskeynesianische Strategie soll durch verschiedene strukturpolitische Maßnahmen, insbesonders durch die Nationalisierungen und die Erweiterung der Arbeiterrechte, abgesichert werden.

3.2.1. Die linkskeynesianische Komponente

> "Eine wesentliche Erhöhung der Löhne und Gehälter, besonders der niedrigsten und der für die schwerste Arbeit gezahlten, wird stattfinden. Von heute an darf kein Lohnabhängiger weniger als 1000 FF. pro Monat verdienen" (Programme commun, 53).

Die Lohnhierarchie soll abgebaut werden. Eine Lohngleitklausel, die die Kaufkraft der Löhne und Gehälter garantiert, soll eingeführt werden.
Die Familienbeihilfen sollen erhöht und an die Lohnentwicklung angepaßt werden. Die Altersgrenze soll auf 60 Jahre für Männer und 55 Jahre für Frauen gesenkt werden. Es wird eine allgemeine Erhöhung der Renten und Pensionen stattfinden, die nicht mehr geringer als der Mindestlohn sein dürfen und langsam an 75% des durchschnittlichen jährlichen Lohnes der letzten 10 Jahre der Berufstätigkeit angepaßt werden. (Vgl. programme commun, 55).
Die wöchentliche Arbeitszeit wird auf 40 Stunden bei vollem Lohnausgleich gesenkt.
Das Ziel der Beseitigung der Arbeitslosigkeit wird durch die

> "neue Politik der Restrukturierung und Entwicklung der Wirtschaft, durch neue Investitionen, die sie mit sich bringt, durch die Verringerung der Arbeitszeit, durch die Entwicklung der Bildung, durch die Erhöhung der Löhne" (programme commun, 57)

erreicht. Die Arbeitslosenunterstüzung wird sofort erhöht und ihr Empfängerkreis erweitert.

Die Sozialversicherung (die in Frankreich die Krankenversicherung mit umfaßt) wird verbessert werden. Die materielle und personelle Ausstattung des Gesundheitssystems wird erheblich erweitert werden. Die Wiedererstattung der Krankheitskosten soll wieder auf 80% und 100% angehoben werden. Die öffentlichen Einrichtungen, wie der Nahverkehr, städtebauliche Investitionen und der Wohnungsbau (700000 Wohnungen pro Jahr werden angestrebt) sollen ebenso ausgebaut werden. Dazu gehört auch ein finanzielles und juristisches Engagement für den Umweltschutz.

Dieses Programm von sozialen und infrastrukturellen Maßnahmen ist sicherlich geeignet, einen Teil der dringendsten Bedürfnisse der unteren Schichten der französischen Bevölkerung besser zu befriedigen. Inwiefern es jedoch einen qualitativen Einschnitt in das gesellschaftliche Verteilungssystem und damit einen strukturellen Wandel hervorbringt, kann aus diesem Teil des programme commun nicht geschlossen werden, da hier nicht genügend Informationen über Art und Umfang der Umverteilung gegeben werden.

3.2.2. Die Nationalisierungen

"Um die Dominierung des Großkapitals zu brechen und eine neue Wirtschafts- und Sozialpolitik durchführen zu können..." (programme commun, 113), soll zunehmend die Überführung der größten Produktionsmittel und der finanziellen Instrumente in Gemeineigentum vorgenommen werden. Diese Strategie dient auch zur Absicherung der linkskeynesianischen Konzeption, da der geplante Nachfrageschub nicht allein durch eine Umverteilung der Einkommen finanziert werden kann, die durch verstärkte Besteuerung der Unternehmen, Vermögen und höheren Einkommen erreicht werden soll. (Vgl. programme commun 131f). Vielmehr muß die Erhöhung der gesellschaftlichen Produktivität das neue Wachstumsmodell stützen. Gemäß der Theorie des staatsmonopolistischen Kapitalismus werden wegen der Orientierung der Produktion an den

Monopolprofiten die Produktivitätsreserven nicht vollständig ausgeschöpft. Dies könnte aber geschehen, wenn die Monopole unter gesellschaftliche Kontrolle gebracht werden.
Vom Beginn der Legislaturperiode an "muß eine Mindestschwelle von Nationalisierungen überschritten werden" (programme commun, 114). Die Kriterien der Vergesellschaftung der strategisch wichtigen industriellen Unternehmen sind folgende:

- "Unternehmen, die öffentlichen Funktionen entsprechen, die den Charakter von öffentlichen Dienstleistungen haben, und die damit fundamentalen sozialen Bedürfnissen entsprechen
- Gesellschaften, die von öffentlichen Mitteln leben, egal, ob es sich um öffentliche Nachfragen, Subventionen, Vorzugskredite usw. handelt.
- Die prinzipiellen Zentren der kapitalistischen Akkumulation" (programme commun, 114), die die Konkurrenz in ihrem Bereich auf die der Riesenunternehmen beschränken (hier hat der PS seinen bürgerlichen Monopolbegriff gegen den Monopolbegriff der PC durchgesetzt);
- Unternehmen, die für die Entwicklung der Volkswirtschaft wesentliche Branchen kontrollieren.

Auf der Grundlage dieser sehr weiten Definition der zu nationalisierenden Bereiche, wird im programme commun eine recht beschränkte Liste von 13 zu nationalisierenden Konzernen genannt. Vollkommen verstaatlicht werden sollen neun Firmen: Dassault (Flugzeugbau), Roussel-Uclaf, Rhone-Poulenc (Pharmazie, Chemie), CGE, Thomson-Brandt, ITT-France, Honeywell-Bull (Elektrotechnik und Elektronik), Pechiney-Ugine-Kuhlmann (Nichteisenmetalle), Saint-Gobain-Pont-à-Mousson (Glas, Baustoffe). Außerdem sollten vier staatliche Beteiligungen aufgenommen werden, "die bis zur Mehrheitsbeteiligung gehen könne" (programme commun, 116).

> "Die Gesamtheit dieser Konzerne macht nur 4% der Gesamtbeschäftigung und 9% der Beschäftigung in der Industrie aus. Der Anteil des öffentlichen Sektors nach den zusätzlichen Verstaatlichungen würde damit auf 13% der Gesamtbeschäftigten und 26% der Beschäftigten in der Industrie steigen" (Rehfeldt 1978, 24; vgl. Weber 1977, 76 und Le Pors 1977).

Alain Boublil, einer der führenden Wirtschaftstheoretiker des PS, kommt zu einem noch niedrigeren Anteil an den Beschäftigten in der Industrie, nämlich nur 7%. Diese Berechnung folgt aus der Weigerung des PS in den Aktualisierungsverhandlungen von 1977, auch die Tochtergesellschaften zu verstaatlichen, die nicht zu 100% im Besitz der Holdinggesellschaften sind (vgl. Boublil 1977, 164). Ein "bedeutender privater Sektor" (programme commun, 114) würde also fortbestehen bleiben. Der Anteil der staatlichen Unternehmen an der Industrie würde nach den Verstaatlichungen in etwa "ein Niveau erreichen, das mit dem Schwedens vergleichbar wäre, ohne jedoch das Ausmaß des Staatssektors in Österreich oder Italien anzunehmen" (Rehfeldt 1978, 24).

Doch trotz des recht bescheidenen Umfanges der industriellen Nationalisierungen kann davon gesprochen werden, daß ihre Realisierung "...die monopolistischen Basen beschränken und umgrenzen" (programme commun, 114) würde. Von den größten französischen Konzernen würden nur wenige, wie z.B. Michelin oder Peugeot/Citroen, in Privatbesitz bleiben. Von den 500 größten französischen Industrie- und Handelsunternehmen, die etwa zwei Drittel des Eigenkapitals aller Unternehmen besitzen, würden nach den Nationalisierungen statt bisher 35% etwa 70% zum nationalisierten Sektor gehören (Angaben nach: Morin 1977, 198 und 218). Zu einer höheren Einschätzung der Bedeutung des nationalisierten Sektors kommt man auch, wenn man den Anteil der nationalisierten Unternehmen nach den Nationalisierungen an den Forschungs- und Entwicklungsausgaben (80%), der industriellen Investitionen (etwa 50%) und der Industrieexporte (etwa 30%) berücksichtigt (Angaben nach: Le Pors 1977, 213).

Obwohl die Zahl von 13 Nationalisierungen einen Kompromiß zwischen PC und PS zugunsten des letzteren darstellt, der PC hatte ursprünglich die Nationalisierung von 25 Konzernen gefordert, hat der PS die Formulierung ins programme commun eingebracht, wonach

> "in dem Fall, in dem die Arbeiter es wünschen, daß ihr Unternehmen in den öffentlichen Sektor eingeht oder nationalisiert wird, die Regierung dies dem Parlament vorschlagen wird" (programme commun, 115).

Im Banken- und Finanzsektor sollen folgende Nationalisierungen stattfinden:

1. Die Gesamtheit der Geschäftsbanken, der wichtigsten Finanzholdings und der Depotbanken. Die Tätigkeit der ausländischen Banken soll durch die Bank von Frankreich überwacht werden.
2. Die Finanzierungsinstitute für Kreditverkäufe und für Immobilienfinanzierung;
3. die großen privaten Versicherungsgesellschaften, mit Ausnahme der wirklichen Genossenschaften. (Vgl. programme commun, 115)

Die wesentlichen Institutionen für die Vergabe von Industriekrediten werden zu einer nationalen Investitionsbank zusammengeschlossen ("Banque National d' Investissements", programme commun, 115).
Dieses grundsätzlich umstrukturierte Bankensystem erlaubt der Regierung bedeutende Eingriffsmöglichkeiten auch in den privaten Sektor. Die höhere Steuerbelastung der Unternehmen, die zu einer abnehmenden Eigenfinanzierung führt, bildet zusammen mit selektiven Kreditvergabebedingungen die Möglichkeit der Einflußnahme in Richtung auf die vorrangige Entwicklung bestimmter Branchen, Techniken usw. gemäß den demokratisch festgesetzten Plänen.

3.2.3. Die Demokratisierung der Wirtschaft

Eine Ausrichtung der Produktion an den Bedürfnissen der Gesellschaft impliziert, daß diese Bedürfnisse artikuliert werden können und auch wirksam die Ausarbeitung betrieblicher und gesamtwirtschaftlicher Planungen beeinflussen können. Der Aufbau von Mitentscheidungsrechten in unterschiedlichem Ausmaß in privatem und nationalisiertem Sektor ist also eine Mindestvoraussetzung dafür, daß die durch die Nationalisierungen ausgeweiteten Möglichkeiten zur wirtschaftlichen Steuerung nicht allein von der staatlichen Administration ausgeschöpft werden, was bekanntlichermaßen die Orientierung an gesellschaftlichen Bedürfnissen in keiner Weise garantiert.

Das programme commun postuliert zunächst, daß

> "wirtschaftliche und politische Demokratie untrennbar sind; ihre gemeinsame Entwicklung schließt ein, das jeder Arbeiter, jeder Bürger, auf allen Ebenen die Möglichkeit und die Mittel hat, an der Ausarbeitung von Entscheidungen, an der Wahl der Mittel, an der Kontrolle der Ausführung und der Ergebnisse teilzuhaben" (programme commun, 105).

Die Rechte der Arbeiter, der Gewerkschaften, der comités d'enteprise (den Deutschen Betriebsräten vergleichbar), der Personaldelegierten werden im privaten und öffentlichen Sektor ausgeweitet.

> "Das Recht auf Entlassung wird nicht mehr ein ausschließliches Recht des Arbeitgebers sein. Jede Entlassung, die nicht durch eine vorherige Maßnahme der Wiedereingliederung unter gleichwertigen Bedingungen begleitet ist, wird verboten sein". (programme commun, 106)

Wie allerdings ein solcher rigoroser Kündigungsschutz in der Praxis, zumal in Zeiten wachsender Krisenerscheinungen durchzuführen ist, wird nicht weiter ausgeführt. Da wir uns auch nach den Nationalisierungen in einer dominant privatwirtschaftlichen Ökonomie befinden, müßte diese Maßnahme, soll sie kein generelles Entlassungsverbot bedeuten, auch das Recht des Staates zur Verpflichtung anderer Unternehmer zur Einstellung von Arbeitern bedeuten. Das würde aber der vom programme commun befürworteten Autonomie der privaten Unternehmen grundlegend widersprechen.
Die Betriebsräte (comités d'entreprise), die Werksräte (comités d'etablissement), die Belegschaftsdelegierten (délégués du personnel) müssen vor jeder Maßnahme konsultiert werden, die die "Beschäftigung, Entlassung, Zuordnung auf Posten, Veränderungen, Klassifizierung der Arbeiter, Arbeitstakt und allgemeiner die Gesamtheit der Arbeitsbedingungen betreffen" (programme commun, 107f). Alle Belegschaftsorgane erhalten eine komplette Information über die Unternehmensentwicklung. Um diese Informationen mit den Arbeitern diskutieren zu können, haben Betriebsräte, Werksräte und Gewerkschaftssektionen das Recht, die Arbeiter für eine bezahlte Arbeitsstunde pro Monat am Arbeitsort zu versammeln. Die Macht und die Verantwortlichkeiten der Betriebs-

und Werksräte, der Hygiene- und Sicherheitsausschüsse und der Belegschaftsdelegierten sollen besonders auf den Gebieten der Ausbildung, der gesellschaftlichen Aktivitäten, der Arbeitsorganisation, der Hygiene und der Sicherheit, der Arbeitsmedizin und der Einrichtung neuer Ausrüstungen ausgeweitet werden. Es wird allerdings kein Wort darüber verloren, wie das geschehen soll, wie also zum Beispiel die Kompetenzen des Betriebsrates bei der Arbeitsorganisation oder der Einführung neuer Ausrüstungen aussehen soll. Soll er mitentscheiden können im Sinne eines Vetorechtes oder besteht nur eine Konsultationspflicht?
Diese völlige Offenheit für die Konkretisierung allgemeiner Ausführungen gilt nicht für das Recht der Betriebs- und Werksräte sowie der Belegschaftsdelegierten, bei der nationalen Unternehmensleitung gegen alle Entscheidungen derselben bezüglich Beschäftigung, Entlassungen und Arbeitsbedingungen zu protestieren. "Im Einverständnis zwischen den betroffenen Parteien, wird die Durchführung dieser Maßnahmen unterlassen" (programme commun, 109). Die Belegschaftsorgane verfügen also hier über keinerlei Recht der Einflußnahme auf besagte Entscheidungen, außer der Möglichkeit der Berufung auf das oben genannte allgemeine Entlassungsverbot, bei nicht vorhandenen Wiedereingliederungsmaßnahmen.
Alle Belegschaftsorgane werden mit proportioneller Listenwahl gewählt. Die Gewerkschaftsorganisationen präsentieren die entsprechenden Listen. Die repräsentativen Gewerkschaften der entsprechenden Branche können, wenn die Arbeiter des Unternehmens einverstanden sind, einen Beobachter zu den Sitzungen des Betriebsrates entsenden.
Zusammenfassend kann für den privaten Sektor festgehalten werden, daß die Verwirklichung der im programme commun enthaltenen Maßnahmen nicht zu einer eindeutigen Ausweitung der Entscheidungsrechte der Arbeiter in den Bereichen Beschäftigung, Entlassung und Arbeitsbedingungen, geschweige denn bezüglich Investitionsvorhaben oder Stillegungen führt. Die Mehrzahl der angesprochenen Ausweitungen der Rechte der verschiedenen Beleg-

schaftsorgane sind defensiver Natur, d.h. sie betreffen den Schutz der Minimalbedingungen auf den Gebieten der Hygiene, des Arbeitsschutzes, der Organisation von Gewerkschaftssektionen im Betrieb, die Minimalausstattung der Belegschaftsorgane mit Informationen durch die Unternehmensleitung usw. Allerdings werden in einigen Passagen entscheidende Fragen bezüglich der Konkretisierung der Erweiterung der Rechte der verschiedenen Belegschaftsorgane offengelassen , so daß bei einer Umsetzung des programme commun in ein konkreteres Gesetzesvorhaben durchaus noch Spielräume bestehen, allerdings sowohl in die Richtung der Einrichtung von wirklichen Mitentscheidungsrechten der Arbeiter als auch in Richtung auf eine vollständig eindeutige Festlegung auf Defensivrechte.
Der einzige definitive Eingriff in die Unternehmerautonomie in einem zentralen Bereich, das Verbot der Entlassung bei nicht vorhandener Wiedereingliederungsmöglichkeit in einem anderen Betrieb, bleibt, wie oben ausgeführt, ökonomisch inkohärent, wenngleich es in seiner Stoßrichtung sicherlich wegweisend ist.
Im öffentlichen Sektor wird "eine breite Entwicklung der Beteiligung der Arbeiter und ihrer Organisationen an der Direktion und Führung der nationalen Unternehmen möglich sein" (programme commun, 110).

> "Der Verwaltungsrat (conseil d'administration) der nationalen Unternehmen wird aus gewählten Repräsentanten der Arbeiter, bestimmten Arten von Benutzern (Gewerkschaften, öffentliche Gemeinschaften, große nationale Unternehmen) und den von der neuen demokratischen Macht designierten Repräsentanten zusammengesetzt werden" (programme commun, 110f).

Die Staatsrepräsentanten dürfen nicht in der Mehrheit sein. Der Verwaltungsrat wird seinen Präsidenten wählen und die Generaldirektion des Unternehmens designieren.
Wenn es gesetzlich oder vertraglich vereinbart wird, können die Betriebsräte des öffentlichen Sektors über erheblich ausgedehnte Kompetenzen verfügen, insbesonders bezüglich der Personalpolitik, den Arbeitsbedingungen, der Entlohnung, der Ausbildung und der Versetzung, ebenso wie "für die Aufstellung

und die Kontrolle der Produktions- und Investitionsziele des Unternehmens im Rahmen des demokratischen Plans" (programme commun, 111).
Wenn die Arbeiter eines Unternehmens es wünschen, können in einem Vertrag zwischen dem Staat, der Unternehmensdirektion und den Gewerkschaften neue Interventionsformen der Arbeiter in der Unternehmensführung beschlossen werden,

> "die die Sozialistische Partei in die Perspektive der Selbstverwaltung und die Kommunistische Partei Frankreichs in die ständige Entwicklung einer demokratischen Leitung einschreibt" (programme commun, 111).

In dieser Formulierung kommen die Differenzen zwischen PS und PC bezüglich der Forderung nach Selbstverwaltung (autogestion) zum Ausdruck. Die Möglichkeit von der allgemeinen Organisation der öffentlichen Unternehmen abweichenden Modellen läßt theoretisch die Einrichtung von Unternehmen zu, die zwar Eigentum des Staates bleiben, aber in einem gewissen Rahmen ausschließlich von Belegschaftsvertretern verwaltet werden. Vor allem scheinen dadurch Lösungen möglich, die bestimmte Kompetenzbereiche wie z.B. die Arbeitsorganisation, Arbeitsbedingungen und Personalentscheidungen ausschließlich unter die Kontrolle der Betriebsräte stellen. Letztere Regelung wäre sicherlich ein entscheidendes Moment zur Mobilisierung der Arbeiter für eine sozialistische Perspektive der gesellschaftlichen Entwicklung. Einschränkend gilt allerdings auch hier die Zustimmung der Regierung.
Ein bedeutender offener Punkt für die allgemeine Organisation des öffentlichen Sektors ist die Nichtfestlegung der genauen Parität der verschiedenen Gruppen im Verwaltungsrat und das Offenlassen der Rekrutierung der Gruppe der "Benutzer". Entsprechend der inhaltlichen Ausfüllung könnten so, an der getroffenen Regelung vorbei, daß die Staatsvertreter nicht die Mehrheit haben dürfen, doch staatliche oder parastaatliche Vertreter in die Mehrheit gelangen oder zumindest den Einfluß der Vertreter der Lohnabhängigen paralysieren. Die Offenheit dieser Regelung war denn auch im Verlauf der folgenden Jahre Gegen-

stand heftiger Auseinandersetzungen und Umdenkungsprozesse innerhalb und zwischen PS und PC.
Doch trotz dieser Unklarheiten kann gesagt werden, daß die im programme commun vorgesehenen Maßnahmen die potentielle Grundlage zu einem entscheidenden Bruch der Machtverhältnisse in den öffentlichen Unternehmen im Sinne der Perspektive der gesellschaftlichen Selbstorganisation darstellen.

3.2.4. Industriepolitik und Außenwirtschaftspolitik

Der industriepolitischen und außenwirtschaftlichen Strategie kommt, wie unsere Analyse der Entwicklung der Stellung Frankreichs in der Weltarbeitsteilung (vgl. Kap. 2) gezeigt hat, ein zentraler Stellenwert zu, da eine sozialistische Entwicklungsperspektive nur auf Grundlage der Erhaltung und des Ausbaus der nationalen Souveränität erfolgen kann. Dennoch werden diesen Problemen im programme commun nur knappe vier Seiten mit einem sehr allgemeinen Inhalt eingeräumt. Die Industriepolitik wird danach zum Ziel haben, "die nationale Unabhängigkeit im Rahmen der Entwicklung des internationalen Austausches und der ausgeglichenen internationalen Kooperation zu sichern", sowie "die Orientierung der Produktion an den sozialen und nationalen Bedürfnissen" (programme commun, 121) vorzunehmen. Man findet jedoch weder eine Analyse der Tendenzen, durch die die nationale Unabhängigkeit bedroht ist, noch irgendeinen Hinweis darauf, mit welchen konkreten industriepolitischen Strategieen sie gesichert werden kann. Vielmehr schimmern unter der Vagheit der Ausführungen die Ansätze zweier verschiedener Strategien durch. Auf der einen Seite lassen Formulierungen wie die Förderung der nationalen Unabhängigkeit, die Einführung einer "anderen Logik - der eines ausgeglichenen Wachstums" (programme commun, 139) oder die "Umstrukturierung des Produktionssystems" (programme commun, 114) darauf schließen, daß ein neues, auf den nationalen Markt und die Kohärenz der nationalen Wirtschaftsstruktur ausgerichtetes Entwicklungsmodell angestrebt wird. Diese Interpretation wird auch durch die Bedeutung der Sozial- und Infrastrukturinvestitionen, und die Ankurbelung des Binnenmarktes durch die Einkommenserhöhungen unterstützt. Auf der anderen Seite muß die industrielle Strategie auch "am internationalen Charakter des ökonomischen Lebens ausgerichtet werden" (programme commun 114), eine Formulierung, die die Interpretationsmöglichkeit offenläßt, daß die bisherige Rolle Frankreichs im Rahmen der kapitalistischen Weltarbeitsteilung nicht infragegestellt wird (vgl. hierzu auch Rehfeldt 1978, 26). Es wird sogar der Eindruck der Widerspruchslosigkeit zwischen Weltmarktintegration und sozialem Fortschritt behauptet:

> "Die auf internationaler Ebene weitgehend offene Entwicklung von Handel und Kooperation entspricht den Forderungen des wirtschaftlichen und sozialen Fortschritts" (programme commun, 135).

In diesen beiden Interpretationsmöglichkeiten des programme commun sind grundlegende Divergenzen zwischen PS und PC angelegt, die sich in den kommenden Jahren noch verschärfen sollten.

Für die Durchführung der neuen industriellen Strategie, über deren konkreten Inhalt wir nichts weiter erfahren, spielt der nationalisierte Sektor eine hervorragende Rolle. Die nationalen Unternehmen verfügen im Rahmen des nationalen Planes über die "Autonomie der Unternehmensführung" (programme commun, 110). "Sie werden ihre Politik bestimmen, indem sie besonders über ihr Programm, ihr Budget und ihre Märkte entscheiden" (programme commun, 110).
Alle diese Formulierungen, die sicherlich vor dem Hintergrund des Abgrenzungsbedürfnisses gegenüber dem bürokratischen Zentralismus der Comecon-Staaten entstanden sind, lassen offen, wie das Verhältnis zwischen den nationalen Planzielen und den Strategien der nationalisierten Unternehmen konkret aussieht. Was heißt das Schlagwort von der Autonomie der Unternehmensführung, wenn die nationalen Unternehmen, wie sie es während der siebziger Jahre in großem Umfang getan haben, eine Strategie verfolgen, die einer kohärenten nationalen Produktionsstruktur entgegenläuft? Was heißt Autonomie der Unternehmens-

führung, wenn in nationalisierten Unternehmen eine Preis- oder Beschäftigungspolitik betrieben wird, die der Regierungskonzeption entgegenlaufen? Die Autoren des programme commun müssen sich hier den Vorwurf gefallen lassen, mit ihren Unklarheiten den Weg zu nach kapitalistischen Kriterien geführten und vorrangig an der Weltmarktentwicklung orientierten Konzernen in Staatsbesitz nicht angeschlossen zu haben.
Überraschen muß auch die uneingeschränkt positive Einschätzung von Auslandsinvestitionen in Frankreich:

> "Jede Auslandsinvestition wird für die französische Wirtschaft nützlich sein (neue Technologie und Produktionskapazität) im Rahmen der Respektierung der im Plan fixierten Bedingungen" (programme commun, 123).

3.2.5. Die relative strategische Offenheit des programme commun

Die beiden Stützpfeiler des programme commun sind ohne Zweifel seine linkskeynesianische Komponente und die Nationalisierung. Auf beides konnten sich PS und PC trotz der unterschiedlichen wirtschaftspolitischen Orientierungen relativ leicht einigen. Mit der linkskeynesianischen Strategie antwortete man auf ein in Westeuropa vergleichsweise schwaches Niveau der Reallohnentwicklung und eine überaus starke Hierarchie der Einkommen. Doch schon bei der inhaltlichen Konkretisierung der keynesianischen Komponente ergeben sich verschiedene strategische Möglichkeiten. Serge-Christophe Kolm, der das programme commun gleichwohl für das "beste Gesamtprojekt (hält), was dem Volk von der politischen Klasse vorgeschlagen wurde" (Kolm 1977, 154), sieht eine maximalistische und eine minimalistische Interpretation des programme commun, die sich vor allem durch das Ausmaß der Lohnerhöhungen unterscheiden. In der maximalistischen Variante, d.h. mit einer erheblichen Umverteilung des gesellschaftlichen Reichtums verbunden, würde das programme commun in eine inflationistische Sackgasse laufen, die zugleich das Außenhandelsdefizit bedrohlich vergrößern würde. Die Inflation würde die Lohnerhöhungen wieder aufzehren und damit auch die politische

Integration der Mittelschichten infragestellen, während gleichzeitig das Zahlungsbilanzdefizit den internationalen Druck auf das sozialistische Experiment vergrößern würde. Die Kombination dieser Faktoren hat schon 1973 in Chile und 1975 in Portugal zum Scheitern geführt (vgl. Kolm 1977, 183-207). Die Ursache dieser bedrohlichen Konsequenzen der maximalistischen Interpretation liegt für Kolm in der umfangreichen Umverteilung im Rahmen eines fortbestehenden marktwirtschaftlichen Systems, in dem die Unternehmer über die Freiheit der Preisgestaltung und die Autonomie der Investitionsentscheidungen verfügen. Zu Recht weist Kolm auch auf die Preissetzungsautonomie des nationalisierten Sektors hin (vgl. Kolm 1977, 155). Kolm schlägt eine Strategie des Aufbaus einer aktiven Arbeitermacht anstelle von nur defensiven Arbeiterrechten in Verbindung mit Mechanismen der Verteilung "mehr gemäß den Bedürfnissen als gemäß der Arbeitsleistung" (Kolm 1977, 179) vor, die die negativen Effekte einer Umverteilung nach Marktkriterien vermeiden könnten.

Die minimalistische Interpretation, die durch die beschränkte Forderung der Erhöhung der Minimallöhne auf 1000 FF. gestützt wird, würde leichte Verbesserungen des Lebensstandards und einen leichten Abbau der Lohnhierarchie bringen. Diese Variante wäre machbar, "das programme commun wäre ein guter und blasser Reformismus" (Kolm 1977, 175).

In seiner Analyse übersieht Kolm jedoch, daß

> "...sich mit der Verwirklichung der Nationalisierungen und der Einsetzung demokratischer Kontrolle auf der Ebene von Finanzierung, Produktion und Distribution dem kapitalistischen Regelungsprinzip des Profits ein nicht-kapitalistisches in feindlicher Koexistenz gegenübersteht" (Rehfeldt 1978, 28).

Den inflationären Tendenzen und außenwirtschaftlichen Entwicklungen kann also durchaus durch eine die Kohärenz des nationalen Produktionsapparates fördernde Politik entgegengewirkt werden, zumal die Stellung Frankreichs in der Weltarbeitsteilung auch nicht mit der Chiles oder Portugals zu vergleichen ist.

Dennoch verweist Kolm zu Recht auf die im programme commun

nicht analysierte Frage des Verhältnisses von Markt und Plan, die sich sowohl bei der Frage der Erfolgsaussichten der links-keynesianischen Strategie als auch der Frage der industriepolitischen Strategie stellt, wie wir im Abschnitt Kap. 2/4.4. gezeigt haben. Je nachdem, wie diese Frage beantwortet wird, ergibt sich die Möglichkeit eines sozialdemokratischen, gemäßigt reformistischen Weges mit einer leichten Umverteilung und einer Beibehaltung der Weltmarktorientierung mit dem Versuch der Steigerung der Wettbewerbsfähigkeit Frankreichs durch eine Modernisierung der französischen Wirtschaft und ihres sozialen und kulturellen Umfeldes, sowie die Möglichkeit eines autonomen nationalen Entwicklungsmodells, das die mit den Nationalisierungen vorhandenen Mittel zu einer wachsenden Orientierung der Produktion an gesellschaftlichen Bedürfnissen und zu einer größeren Kohärenz der nationalen Produktionsstruktur ausnutzt. Diese strategische Offenheit wird noch dadurch verschärft, daß das programme commun für den privaten Sektor keine aktiven Mitentscheidungsrechte der Arbeiter vorsieht, diese höchstens aus recht unbestimmten Formulierungen abgeleitet werden könnten. Damit steht die Konterkarierung der Dominanz von profitorientierter Regulierung im privaten Sektor auf sehr schwachen Füßen. Diese auf allen Ebenen des programme commun vorhandene relative strategische Offenheit bildet den Rahmen der Auseinandersetzung zwischen PS und PC über die Aktualisierung des programme commun.

3.3. Die Veränderung des Kräfteverhältnisses zwischen Parti Socialiste und Parti Communiste

Am 23. September 1977 scheiterten die Aktualisierungsverhandlungen zwischen PS und PC in einem Moment, wo die Erfolgsaussichten für einen Wahlsieg der beiden Parteien durchaus positiv waren. Offizieller Anlaß dieses Scheiterns war das Nichtzustandekommen einer Einigung über die Anzahl der zu verstaatlichenden Unternehmen. Inwiefern diese Differenz jedoch die Ursache des Scheiterns gewesen ist, läßt sich nur aus dem historischen

Kontext heraus beurteilen.
Die Zeit zwischen dem Abschluß des programme commun und 1974 wurde von den Kommunisten als Phase "der Einheit ohne Kampf" (Balibar u.a., 1979, 28f), von Sozialisten als "Einheit ohne Wolken" (Verdier 1976, 283) bezeichnet. Es entstanden zwar Spannungen bezüglich der Einschätzung der Europäischen Gemeinschaft, der Einschätzung der sozialistischen Länder, doch wurden von beiden Parteien immer wieder die verbindenden Gemeinsamkeiten in den Mittelpunkt gerückt. Erst mit einer am 7.10.1974 vom Politbüro der PC veröffentlichten Erklärung, die vom PS als heftiger Angriff gewertet worden war, "begann die Phase des Kampfes ohne Einheit" (Priester 1982, 69). "Erstmalig seit 1972 wurde wieder die alte Anschuldigung vom Klassenkollaborationismus des PS vorgetragen" (Priester 1982, 69). Anlaß dafür waren Stimmenverluste der PC bei Kommunalwahlen und die Stärkung des PS durch seine Öffnung gegenüber der PSU sowie der Gewerkschaft CFDT. Im Oktober 1974 führte der PS die sogenannten "assises du socialisme" (vgl. Pour le socialisme 1974) durch, in deren Folge eine Minderheit der PSU unter der Führung ihres Vorsitzenden Michel Rocard und eine Reihe von CFDT-Gewerkschaften dem PS beitraten. Die Gruppe um Rocard hatte zwar die Wahl Mitterands unterstützt, sich aber vom programme commun distanziert. Der PC betrachtete diese Erweiterung des PS als eine Gefährdung der Stabilität des Bündnisses. Der Eintritt von "2500 bis 3000 Mitgliedern der PSU und etwa 2000 Aktivisten der CFDT" (Roucaute 1983, 101) hat in der Tat zur Veränderung der Kräfteverhältnisse innerhalb des PS beigetragen, da diese Strömung gleichzeitig für eine Selbstverwaltungskonzeption und eine verstärkte Weltmarktintegration Frankreichs im Sinne einer "modernen Sozialismuskonzeption" (vgl. unseren Abschnitt 2.5.4) eintrat. Mitterand erschien der linkssozialistische Ceres-Flügel, mit dessen Hilfe er noch 1971 in Epinay die Molettisten ausschalten konnte, zunehmend als Gefahr, da der Ceres innerparteilich erheblich an Einfluß, vor allem auch im Bereich der Unternehmenssektionen und der Studenten, gewinnen konnte. Auf dem Kongreß des PS im Januar 1975 in Pau sichert sich Mitterand

die Unterstützung des Mauroy-Flügels und der neu eingetretenen Gruppe um Rocard, um den Ceres aus der Parteidirektion hinauswerfen zu können (vgl. Roucaute 1983, 102 ff).
Diese Veränderungen der Kräfteverhältnisse innerhalb des PS gehen einher mit der Umkehrung des Kräfteverhältnisses zwischen PS und PC. War dieses Verhältnis bis zum März 1973 etwa gleichgewichtig gewesen, eventuell mit anfangs leichter Überlegenheit des PC, mußte dieser in verschiedenen Gebieten Stimmeinbußen zugunsten des PS hinnehmen. Der PS ist gemessen an Wählerstimmen 1977 zur stärkeren Partei geworden. Nicht jedoch bezüglich der Mitgliederzahl: Während der PC sich von 385000 im Jahre 1971 auf 600000 fast verdoppeln konnte, vergrößerte sich der PS im gleichen Zeitraum von 75000 auf 160000 (Zahlen nach Pfister 1977, 23). Der mit dem Wachstumsprozeß des PS einhergehende Wandel der sozialen Struktur hat ein starkes Ansteigen des Anteils der neuen Mittelschichten (leitende und mittlere Angestellte) auf 39% zur Folge. Gemeinsam mit Ober- und Hochschullehrern (18,8%) und Volksschullehrern (6,1%) ergibt sich ein Anteil der Mittelschichten von 63,9% gegenüber einem Anteil des Proletariats (Arbeiter und einfache Angestellte) von 11% (Zahlen nach Rehfeldt 1978, 30). Ohne ökonomistisch aus dieser Sozialstruktur des PS seine Politik ableiten zu wollen, läßt sich doch ein Zusammenhang aus dem von einer Partei repräsentierten Klassenbündnis und dem Spektrum der Handlungsmöglichkeiten dieser Partei herstellen. Der vergleichsweise unbedeutende Arbeiteranteil des PS kann so auch als Begrenzung des innerparteilichen sozialen Druckes in Richtung auf eine primär an den Interessen der Lohnabhängigen orientierten Politik verstanden werden.
Im Frühjahr und Sommer 1975 kam es zu einer weiteren Verschärfung der Spannungen zwischen PS und PC angesichts der Einschätzung der Entwicklung in Portugal. Während der PS Soares unterstützte, ergriff der PC für Cunhal Partei, was Mitterand zum Anlaß nahm, das Problem des Verhältnisses des PC zu Demokratie und Freiheit verstärkt zu diskutieren. Die Kommunisten warfen dem PS vor allem vor, sie würden nicht aktiv am Kampf

der Linksunion teilnehmen. Doch trotz verstärkter Mitgliederwerbung und dem im XXII. Parteitag mit der Streichung des Begriffs der Diktatur des Proletariats aus dem Parteiprogramm und der Annäherung an die Linie Berlinguers zum Ausdruck kommenden Bemühens einer möglichst weiten demokratischen Öffnung des PC, ist es nicht gelungen, die in den Kommunalwahlen sichtbaren Erfolge der Sozialisten bei der Umwandlung des innerlinken Kräfteverhältnisses zu verhindern. Trotz des seit dem März 1977 weiter gestärkten Einflusses der Linken, der sogar mit einer gewissen Volksbewegung zugunsten des programme commun einherging, "am 24.5. kam es sogar zu einem nationalen Streik und Kapitalflucht griff bereits um sich" (Priester 1982, 71), spitzte sich die Debatte zwischen den beiden Linksparteien immer weiter zu.

3.4. Die Aktualisierungsverhandlungen

Die Aktualisierungsverhandlungen dauerten vom Mai bis zum 23. September 1977. Sie wurden offiziell damit begründet, daß sich die ökonomische Situation Frankreichs drastisch verschlechtert hatte (vgl. hierzu unser Kap. 2). Insbesonders die Arbeitslosigkeit, die Inflation und das strukturelle Außenhandelsdefizit machten sowohl quantitative konjunkturelle Anpassungen als auch zusätzliche Absicherungen der Strategie des programme commun notwendig.
In den Aktualisierungsverhandlungen war bereits ein Konsens über die meisten Fragen zwischen PC und PS hergestellt worden. Bezüglich der Anpassung der linkskeynesianischen Komponente waren lediglich die Höhe des Mindestlohns (PS: 2200 FF, PC: 2400 FF) und die Einführung einer gesetzlichen Maximalabweichung zwischen niedrigstem und höchstem Lohn von 1 : 5, die vom PS abgelehnt wurde, umstritten (vgl. parti communiste francais 1978, 18f; parti socialiste 1978, 9f.). Im Bereich der Ausweitung der Rechte der Arbeiter in der Wirtschaft haben sich PS und PC zwar nunmehr auf den Begriff der Selbstverwaltung

geeinigt, die Perspektive ihrer praktischen Verwirklichung jedoch gegenüber dem programme commun von 1972 weiter zurückgestellt. In den sozialistischen Aktualisierungsvorschlägen heißt es gar:

> "In der Perspektive einer möglichst dezentralen Verwaltung und einer direkten Partizipation der Arbeiter, werden nach und nach die konkreten Möglichkeiten einer Diskussion von Arbeitsbedingungen und Arbeitsorganisation auf Werkstatts- und Büroebene durch die Arbeiter selbst geschaffen" (parti socialiste 1978, 57).

Dieser sich ausschließlich auf Konzertation der Arbeiter beschränkte Passus findet sich zwar nicht im Entwurf des PC, jedoch verweisen identische Passagen in beiden Entwürfen auf eine Verschiebung der Selbstverwaltungsansätze. Hieß es 1972 noch, daß durch gesetzliche oder vertragliche Regelung die Betriebsräte von nationalen Unternehmen über ausgeweitete Vorrechte in den Gebieten Arbeitsbedingungen, Entlohnung, Bildung, Produktions- und Investitionsziele des Unternehmens verfügen können, so ist in den Entwürfen von 1977 nur noch von der Ausweitung der Befugnisse bei der Ausarbeitung einer Unternehmensordnung, dem Vetorecht auf dem Gebiet der Arbeitsbedingungen und dem Gebiet von Entlassungen und Reduzierung der Arbeitsstunden die Rede (vgl. parti communiste francais 1978, 72; parti socialiste 1978, 57). Für den PS stellt diese Reduzierung der Selbstverwaltungsperspektive einen klaren Bruch gegenüber ihren Selbstverwaltungsthesen von 1975 dar (Quinze Thèses sur l'autogestion 1975), der die Frage aufkommen läßt, inwiefern der PS hier nicht langsam von einem Motto des programme commun, "die Nationalisierung darf nicht Verstaatlichung sein" (programme commun, 114), abrückt.
Trotz des Benennens der Probleme des Außenhandelsdefizits und der Forderung nach einer ausgeglichenen Produktions- und Handelsstruktur Frankreichs kann nicht von einer Konkretisierung und einer Reduzierung der Zweideutigkeiten der Abschnitte zu Industriepolitik und Außenhandel in den beiden Aktualisierungsentwürfen gesprochen werden. Eine Analyse und Kritik der Stellung Frankreichs in der kapitalistischen Weltarbeitsteilung fehlt immer noch völlig.

Die Hauptdifferenz zwischen PS und PC in den Aktualisierungsverhandlungen war jedoch die Forderung des PC nach einem Ausbau der staatlichen wirtschaftlichen Eingriffsmöglichkeiten durch eine Erweiterung der Nationalisierungen.

> "Dabei spielte insbesondere die Frage eine zentrale Rolle, ob die in den Vereinbarungen von 1972 vorgesehene Nationalisierung der restlichen Privatbanken und Versicherungen und von neun großen Industriegruppen (...), sowie die staatliche Mehrheitsbeteiligung an Stahlkonzernen Usinor-Vallourec, Wendl-Sidélor und Schneider sowie dem Mineralölkonzern Compagnie Francaise des Petroles noch eine ausreichende Basis für die Realisierung der anvisierten Ziele sein könne" (Priester 1982, 74).

Der PC schlug daher (wie übrigens auch der Ceres) die Verstaatlichung von vier Stahlkonzernen, dem Mineralölkonzern CFP und die Gruppe Peugeot-Citroen vor. Im Verlauf der Verhandlungen verzichtete der PC auf die Verstaatlichung der letzten beiden Industriekonzerne, bestand aber weiter auf der Verstaatlichung der Stahlkonzerne. Neben der Weigerung des PS zu zusätzlichen Verstaatlichungen außer den neun im programme commun von 1972 vereinbarten, kam noch der Streit um die Definition des Begriffs der Tochtergesellschaft hinzu. Während der PS unter dem Begriff "Industriegruppe" nur die Muttergesellschaft und die mindestens 98-prozentigen Tochtergesellschaften verstand, forderte der PC die Verstaatlichung der mit mehr als 50% gehaltenen Tochtergesellschaften. Die Kommunisten beriefen sich dabei auf den, angeblich seit den Nationalisierungen der Nachkriegszeit gebräuchlichen, und auch von den Sozialisten bis 1977 gepflegten Sprachgebrauch, nachdem alle mehrheitlich gehaltenen Tochtergesellschaften zu einem Konzern gehören (vgl. Goldtschmidt 1978, 7; Gärtner 1977, 1391). Der PC machte geltend, das 1972 undiskutiert dieser Konzernbegriff vorausgesetzt worden war und der PS jetzt davon abweichen würde. Dieses Ausgehen von einer undiskutierten, nicht schriftlich festgehaltenen Position ist allerdings problematisch, da es sich im nachhinein kaum noch glaubwürdig entscheiden läßt, ob die Sozialisten tatsächlich von einem Konsens abgewichen sind, oder sich lediglich restriktiv, aber buchstabengetreu, an das

programme commun von 1972 halten. Der PS trat allerdings auch für die Wiederverstaatlichung der von Giscard d'Estaing reprivatisierten Mineralölgesellschaft Elf-Erap ein.
Betrachtet man die von den Kommunisten am Ende der Verhandlungsperiode geforderten Verstaatlichungen mit den schon 1972 vereinbarten zusammen, so wären

> "neben den Banken insgesamt 15 Industriegruppen mit 1450 Tochtergesellschaften betroffen gewesen. Dies entspricht weniger als 1% der französischen Unternehmen, etwa 15% aller Beschäftigten und ca. 13-15% des Bruttosozialproduktes. Eine solche Ausweitung des öffentlichen Sektors (...) hat mit Sozialismus nur wenig zu tun" (Priester 1982, 75f.).

Doch gerade deshalb wird es um so unverständlicher, daß der PC konzessionslos an der vollständigen Zahl der Tochtergesellschaften festgehalten hat, ohne auf die vom PS gemachten Angebote, auch mit weniger als 98% gehaltene Tochtergesellschaften, die eine strategisch wichtige Position einnehmen, zu verstaatlichen.

> "Um zu einer Einigung zu kommen, hat die Sozialistische Partei der Verstaatlichung von 286 zusätzlichen Unternehmen zugestimmt, die unterhalb ihrer ursprünglichen Forderung von 98%iger Beteiligung der Muttergesellschaften liegen" (Leithäuser 1978, 51).

Die Sozialisten haben auch bezüglich der Verstaatlichung der Stahlkonzerne Kompromisse angeboten, nämlich eine sukzessive Verstaatlichung durch schrittweise Erhöhung der staatlichen Beteiligung auf 100%. Gerhard Leithäuser kommt bei der Berechnung der Differenz zwischen PS- und PC-Forderungen zu folgendem Ergebnis:

> "KPF - 729 Filialen rd. 503000 Beschäftigte in Frankreich
> SP - 303 Filialen rd. 450000 Beschäftigte in Frankreich
> Die Distanz zwischen beiden Forderungen beträgt, auch wenn die Zahl der Beschäftigten nur relativ grob geschätzt werden kann, höchstens 100000 Beschäftigte - in der obigen Aufstellung nur 53000. Der Dissens über den Umfang der Nationalisierungen liefert keine überzeugende Begründung für die Suspendierung der Verhandlungen, die einem Bruch der Linksunion gleichzusetzen ist" (Leithäuser 1978, 51).

Dies gilt zumal für die, offiziell als Grund der Aktualisierung angegebene Notwendigkeit der Verstärkung der Eingriffsmöglichkeiten des Staates gegenüber der Krise. Hier wäre vielmehr eine Konkretisierung der Aufgaben des öffentlichen Sektors bezüglich Beschäftigung, Preispolitik und ihrem Beitrag zu einer Vergrößerung der Kohärenz der nationalen Produktionsstruktur naheliegender gewesen.
Der eigentliche Grund für das Scheitern der Verhandlungen muß somit außerhalb der in ihren selbst explizit diskutierten Differenzen gesehen werden. Das konzessionslose Beharren des PC auf der Verstaatlichung aller Mehrheitstöchter läßt darauf schließen, daß der PC aufgrund seiner strategischen Lage die Verhandlungen scheitern ließ. Angesichts der Verschiebung des Kräfteverhältnisses zwischen PS und PC, die sich noch zu verschärfen drohte, angesichts auch der Veränderung der innersozialistischen Machtverhältnisse, stellte der PC sich die Frage, welche Rolle er eigentlich bei einer gemeinsamen Linksregierung spielen würde. Es "wuchs auf kommunistischer Seite die Angst vor der Bedrohung, lediglich zum Steigbügelhalter einer sozialdemokratischen Vorherrschaft zu werden" (Priester 1982, 72). Die Forderung des PC nach Aktualisierung des programme commun ist sicherlich auch als die Suche nach Garantien zur Verhinderung dieser Perspektive zu sehen, zumal die sich verschärfende Krise in Frankreich eine ernsthafte Gefährdung der teilweise recht optimistischen linkskeynesianischen Wachstumsstrategie, an deren Erfolg auch ein Teil des notwendigen politischen Konsensus zugunsten der Linksregierung hängen würde, darstellte. In jedem Fall war abzusehen, daß sich mit abnehmenden Wachstumsraten die beiden möglichen gegensätzlichen im programme commun enthaltenen Strategien immer weniger miteinander vereinen lassen würden und damit eine Entscheidung für die sozialdemokratische, sich an Weltmarktanforderungen orientierende, mit geringen Verbesserungen der Lage der Lohnabhängigen verbundene Strategie angesichts der politischen Kräfteverhältnisse fallen würde. Von daher ist es sehr zweifelhaft, ob der PC während der Aktualisierungsverhandlungen eine

Linksregierung überhaupt nocht gewollt hat. Die mit einer solchen Entscheidung verbundenen bündnistheoretischen Positionen, die darauf hinauslaufen, daß ein Bündnis mit der Sozialdemokratie nur unter kommunistischer Hegemonie möglich ist, können hier nicht weiter diskutiert werden.

3.5. Die Angebots- und Weltmarktorientierung in den wirtschaftspolitischen Positionen des Parti Socialiste

3.5.1. Einleitung

Aufgabe dieses Abschnittes ist es, die sich seit Mitte der siebziger Jahre zunehmend im PS herauskristallisierende Tendenz zu Angebots- und Weltmarktorientierung der wirtschaftspolitischen Konzepte aufzuzeigen. Diese Entwicklung vollzieht sich parallel zu einem offiziellen Festhalten der PS-Führung am programme commun, dessen bedeutender Stützpfeiler seine linkskeynesianische Komponente war. So findet man in einer der wenigen parteioffiziellen Veröffentlichungen zur Wirtschaftspolitik aus der Zeit um die Aktualisierungsverhandlungen, den "89 Antworten auf wirtschaftliche Fragen" (parti socialiste 1977), in friedlicher Eintracht nebeneinander primitiv-keynesianische und angebotsorientierte Positionen. Um also die Herausbildung der Dominanz angebots- und weltmarktorientierter Konzepte im PS in ihrer Reinheit aufweisen zu können, müssen wir auf zentrale theoretische Veröffentlichungen zurückgreifen, die einen erheblichen Einfluß auf die ideologische Entwicklung in verschiedenen Strömungen des PS gehabt haben. Jacques Attali's Werk "Die neue französische Wirtschaft" (Attali 1978) wurde deshalb ausgewählt, weil es nicht nur eine Analyse verschiedener Entwicklungsetappen der kapitalistischen Gesellschaft und die Stellung Frankreichs in der heutigen Weltarbeitsteilung anspricht, sondern auch einen Entwurf einer sozialistischen Gesellschaft und deren Einbettung in den kapitalistischen Weltmarkt entwickelt. Attali, schon während der sieb-

ziger Jahre Wirtschaftsexperte des PS, ist seit dem Wahlsieg der Linken zum wirtschaftspolitischen Berater im Elysee-Palast avanciert und entscheidender konzeptiver Ideologe der sogenannten sozialistischen Modernisierungspolitik. Alain Boublil's Buch "Der industrielle Sozialismus" (Boublil 1977) legt theoretisch viel eindeutiger als die eher oberflächlichen Beiträge zum industriepolitischen Kolloquium des PS im Februar 1977 (Spêcial Industrie, 1977) die Positionen des PS zur anzustrebenden Industriestruktur und ihrer Einbettung in die Weltwirtschaft offen. Die große Leistung Boublil's besteht darin, daß er die angestrebten Nationalisierungen in ein Konzept zu errichtender Produktionsketten einbettet. Es muß hier überprüft werden, inwiefern diese mit dem programme commun in Einklang stehende Strategie mit der gleichzeitig von Boublil geforderten Ausrichtung der französischen Industrie an der Weltspitze zu vereinbaren ist. Boublil ist heute ebenfalls wirtschaftspolitischer Berater des französischen Präsidenten.
Das von Jacques Gallus und Bernard Soulage verfaßte und von Michel Rocard bevorwortete Buch "Die Variablen von Austerlitz" (Gallus/Soulage 1979) repräsentiert die theoretische Ausarbeitung der Politik des rocardistischen Flügels des PS. Das linke Projekt soll danach in der an der internationalen technologischen Entwicklung orientierten, mehr soziale Gerechtigkeit verwirklichenden Industriegesellschaft bestehen, die durch Kaufkrafteinfrierung und industrielle Umstrukturierung erreicht werden soll. Dieses Buch steht als einziges als repräsentativ für einen ganzen Flügel innerhalb des PS, der mit dem politischen Aufstieg Rocards gegen Ende der siebziger Jahre zunehmend an Bedeutung gewann.
Diese drei Theorien können selbstverständlich nicht für alle wirtschaftspolitischen Positionen des PS repräsentativ sein, sondern nur die Entwicklungsrichtung der Hauptströmungen des heutigen Mehrheitsflügels des PS angeben. Zumindest der Ceres hat eine Reihe origineller, zu den hier behandelten Theorien im Gegensatz stehenden Konzepten entwickelt (vgl. z.B. Le compromis géographique 1976). Auf eine Behandlung der Ceres-Positionen

verzichten wir in diesem Zusammenhang, da sie nicht in ihrer originellen Form in die explizite Programmatik oder Praxis der Linksregierung seit 1981 eingegangen sind.

3.5.2. Jacques Attali: "La nouvelle économie francaise", 1978

Ausgangspunkt der systemtheoretisch geprägten Theorie Attali's ist die Unterscheidung zwischen Produktion und Produktion der Nachfrage. Letztere ist bestimmt durch das Wirken von "Netzen", die in sehr unklarer Weise als Wirkungszusammenhänge zur Beeinflussung von Größe und stofflicher Zusammensetzung der Nachfrage gefaßt werden, worunter letztlich alle gesellschaftlichen Funktionszusammenhänge, also auch die Produktion fallen. Die Netze zur Herstellung der Nachfrage können selbst durch warenproduzierende Arbeit "(solche wie Handels- und Werbungsnetze, kollektive Gesundheits- und Bildungsausstattungen, die Arbeitsstätten, die Kommunikations-, Informations- und Energienetze) oder durch nicht-warenproduzierende Arbeit (ideologische Apparate, symbolische Systeme, die Familie, die Machtsysteme)" (Attali 1978, 17) hergestellt werden.
Attali möchte zeigen, "daß eine Krise der Moment ist, wo neue Netze der Produktion der Nachfrage notwendig werden..." (ebd., 20), da die alten kein gleichgewichtiges Wachstum von Produktion und Produktion der Nachfrage mehr gewährleisten können. Die seit 1945 bestehende "Gesellschaft der Selbstunterhaltung" (societé d'autoentretien), die dritte große Entwicklungsetappe des Kapitalismus, basiert auf einem breiten Zugang der Arbeiter zu den langlebigen Konsumgütern, dem Ausbau des Elektronetzes und der Gewährleistung einer gewissen Umverteilung des gesellschaftlichen Reichtums durch den Sozialstaat, der immer mehr zum wichtigsten Netz zur Produktion der Nachfrage geworden ist.
Diese Ausführungen dienen Attali zur Grundlage, um die sich verschärfende Krise, in die das Entwicklungsmodell der "Gesellschaft der Selbstunterhaltung" seit Mitte der sechziger Jahre geraten ist, vor allem auf die wachsenden Kosten der staatlichen Dienst-

leistungen und des Sozialstaates zurückzuführen. Aufgrund von im Vergleich zur Industrie schlechteren Produktivitätssteigerungsmöglichkeiten verbrauchen diese Netze einen immer größeren Anteil am Bruttosozialprodukt, machen immer umfangreichere Transfers von den Unternehmen zum Staat notwendig und verschlechtern so die Rentabilität der Unternehmen. Hier übernimmt Attali die Argumentation der neoklassischen Angebotstheoretiker, die ein stagnierendes Wirtschaftswachstum u.a. auf die Belastung der Angebotsbedingungen durch die Kosten eines übertriebenen Sozialstaates erklären.
Die Krise kann nach Attali nur überwunden werden, wenn die Umwandlung eines Teils der die Nachfrage produzierenden Netze in Waren vorgenommen wird, wodurch eine Senkung der Kosten der Produktion der Nachfrage und damit eine geringere Belastung der Unternehmensgewinne möglich wird, sowie gleichzeitig profitträchtige Branchen zur Herstellung der neuen Waren entstehen können (vgl. Attali 1978, 22). So können z.B. die kostspieligen Dienstleistungen im Gesundheitsbereich zumindest zu einem bedeutsamen Teil durch die Einführung von Apparaten ersetzt werden, die als Waren von den Bedürftigen gekauft werden müßten, mit denen sie selbst ihre Gesundheit kontrollieren können.
Historisch hat laut Attali die Einführung des Automobils den Kapitalismus aus einer Krise geführt, indem sie die Transportkosten gesenkt und neue Profitquellen erschlossen hat.
Heute stehen sich nach Attali zwei Entwicklungsmodelle zur Überwindung der gegenwärtigen Krise gegenüber: das kapitalistische und das sozialistische. Die spontane Entwicklung der kapitalistischen Gesellschaft unter der Führung der USA drängt auf die Installierung der "Gesellschaft der Selbstüberwachung" (societé d'autosurveillance), "die die Erziehung, die Gesundheit, die Kultur in Waren und unproduktive in produktive Arbeit transformieren" (Attali 1978, 133) wird. Zentrale Rolle bei diesen Wandlungen von Dienstleistungen in Waren spielt die elektronische Industrie. Da jeder Haushalt mit einem Computerterminal ausgestattet sein wird, kann fast der gesamte Handel über dieses neue Netz abgewickelt werden und erfordert daher nur noch einen rela-

tiv geringen Abzug vom gesellschaftlichen Wertprodukt. In der Vision Attali's werden die Menschen ihre Energie ausschließlich auf die Erwerbung von Waren richten, die ihrer Selbstkontrolle dienen, so z.B. Apparate zur Gesundheitskontrolle, zum Spielen, zur sexuellen Befriedigung. Da allerdings die französische Gesellschaft durch zahlreiche Blockaden gekennzeichnet ist, ist es anzunehmen, daß

> "Frankreich keine Rolle ersten Ranges in der Errichtung dieses neuen internationalen Entwicklungsmodells spielen wird, daß es wenige Industrien haben wird, die geeignet sind, sich in diesen Marktlücken (denen der Gesellschaft der Selbstüberwachung, die Verfasser) einzurichten und daß es in die Gruppe der dominierten Wirtschaften, an die Peripherie des Kapitalismus zurückfallen wird" (Attali 1978, 138).

Der geschilderten kapitalistischen Entwicklung setzt Attali die sozialistische "Beziehungsgesellschaft" (societé relationelle) entgegen, deren Hauptcharakteristikum für ihn nicht in der Kontrolle der Produktion durch die Menschen, sondern in der Kontrolle der Entstehung der Nachfrage besteht. Betriebliche Arbeiterkomitees sollen sich für den gesellschaftlichen Bedarf nach bestimmten Produkten, für deren Umweltverträglichkeit usw. interessieren und die Möglichkeit haben, z.B. mittels der Werbung für die Förderung bestimmter Produkte oder das Verbot anderer Produkte einzutreten. Den Konsumenten muß wieder "eine andere Verwendung der Zeit als für die Zerstörung von Waren" (Attali 1978, 169) möglich sein. Hinter dieser recht unklaren Begrifflichkeit verbirgt sich vor allem die Absicht des Ausbaus kultureller und kommunikativer Aktivitäten auf der Grundlage von Datenverarbeitungs- und Kommunikationsnetzen, die mit einem kostenlosen oder billigen Zugang eine neue Form kommunaler Radio- oder Fernseh-Produktionsgemeinschaften und sonstige informationsproduzierende Tätigkeiten ermöglichen sollen. Ökonomische Grundlage dieser neuen Netze ist der massive Ausbau der Produktionsketten, die eine leistungsfähige Technik für die neuen Netze herstellen. "Ausstattungsgüter, Mikroprozessoren, Computer-Engineering bilden den Schlüssel des industriellen Erfolges der Beziehungsgesellschaft" (Attali 1978, 220f.). Es läßt sich also feststellen, daß Attali bezüglich der Beziehungsgesellschaft exakt dieselben Industriezweige ausbauen will, die seiner Auffassung nach auch die Hauptpole der naturwüchsigen kapitalistischen Entwicklung sind. Auch in der Beziehungsgesellschaft hat der massive Ausbau bestimmter international expandierter Branchen, z.B. die Informatisierung der Gesellschaft in Form der Ausstattung eines jeden Haushaltes mit einem Bildschirmcomputer, folgende wesentliche Funktion:

> "Indem sie (diese gesellschaftliche Veränderung, die Verfasser) die Netze der Produktion der Nachfrage auswechselt, erlaubt sie den zu ihrer Herstellung notwendigen Teil des Reichtums an Waren zu reduzieren; sie schafft also die Bedingungen einer neuen Wirksamkeit der Nachfrage nach Waren, die erneut eine wirksame Nutzung des Kapitals möglich macht" (Attali 1978, 169).

Hier wird deutlich, daß es für Attali, der für eine Marktwirtschaft mit einem nationalisierten Sektor eintritt, um die Wiederherstellung der Kapitalrentabilität durch die drastisch reduzierte Belastung der Unternehmen infolge stark reduzierter Transfers der Unternehmen an die Netze des Sozialstaates geht. Die für die Absatzchancen der Unternehmen negativen Kreislaufeffekte, die mit der Abschaffung "alter Netze" verbunden sind, werden von Attali nicht näher untersucht. Er begnügt sich mit der einfachen Behauptung, die neuen Waren, die an die Stelle der alten Netze treten, werden ihre Nachfrage schon finden. Attali erweist sich damit als Angebotstheoretiker.
Bezüglich seiner industriepolitischen Strategie ist Attali widersprüchlich. Er spricht sich zwar zunächst für eine Organisation der Wirtschaft in Produktionsketten aus, hebt dann jedoch zu folgendem Gedankengang an: "Frankreich kann natürlich nicht in der Weltwirtschaft abwesend sein" (Attali 1978, 222). Jedes Unternehmen muß im Weltmaßstab planen. Wenn Frankreich die zur Befriedigung der inländischen Bedürfnisse notwendigen Waren importieren möchte, muß es für den Weltmarkt und das heißt im wesentlichen für die entwickelten Industrieländer produzieren.

"Man kann also nicht vermeiden, die Produktionsketten der Selbstüberwachung (also insbesonders die Elektronik- und Informatikindustrie, die Verfasser) zu kontrollieren und sie auf dem Weltmarkt zu entwickeln, selbst wenn man im Innern versucht, von diesen Objekten einen anderen Gebrauch zu machen" (Attali 1978, 222).
"Man kann ohne Risiko des Irrtums ein Prinzip definieren: Frankreich muß sich in den Elementen der Produktionsketten der Selbstüberwachung mit Verbindung zu den Produktionsketten der Beziehungsgesellschaft spezialisieren, wo es in einer guten komparativen Stellung wegen seiner internationalen Spezialisierung und der neuen beziehungsmäßigen Nachfrage" (Attali 1978, 222f.)

ist. Die spezielle Förderung dieser Produktionsketten heißt für Attali auch, "andere nicht zu wählen, daraus also keine Entwicklungsprioritäten zu machen und im Grenzfall sogar, sie in der internationalen Konkurrenz preiszugeben" (Attali 1978, 224). Unter der Hand wandelt sich Attalis "Beziehungsgesellschaft" immer mehr zu einer Spezialisierungs- und Exportstrategie, die sich auf die neue kulturelle und soziale Organisation von Kommunikation, Medien und Handel stützt. Diese Abstützung hat sowohl die ökonomische Funktion der Existenz und zumindest teilweisen staatlichen Absicherung einer sich ausweitenden Binnennachfrage für die neuen Produkte vor allem im Bereich der Elektronikindustrie als auch eine hegemoniale Funktion, die angestrebte ökonomische Spezialisierungsstrategie sozial akzeptabel zu machen. Die Preisgabe bestimmter Produktionsketten, die Attali für unvermeidlich hält, richtet sich grundsätzlich gegen die Intention des Begriffs der Produktionskette, dem es um die Herstellung der Kohärenz des nationalen Produktionssystems geht. Attali wäre damit ein Marktlückentheoretiker, dessen Strategie sich nur auf erfolgversprechende und "sozialistisch" abgesicherte Exportspezialisierungen stützen will.

3.5.3. Alain Boublil: "Le socialisme industriel", 1977

Dieses von Attali bevorwortete Werk Boublil's ist zweifellos die fundierteste Ausarbeitung der industriepolitischen Vorstellungen des PS. Es stützt sich auf eine Kritik der Industriepolitik Giscard's, der es vor allem vorwirft, die Entscheidungen über das industrielle Geflecht Frankreichs den multinationalen Konzernen überlassen zu haben, die diese nach dem Kriterium der Maximierung finanzieller Gewinne und nicht nach nationalen Interessen vornehmen.

> "Man darf also nicht mehr die multinationalen Konzerne an unserer Stelle über die internationale Aufteilung von Produktion und Investitionen zum Nachteil des inländischen Wachstums und der nationalen Unabhängigkeit entscheiden lassen" (Boublil 1977, 25f.).

Ausländische multinationale Konzerne kontrollieren strategisch wichtige Produktionsketten und zwingen so französische Unternehmen, bestimmte Produkte dieser Produktionsketten zu importieren, um überhaupt auf einem bestimmten Niveau weiterproduzieren zu können. Infolgedessen ist die Export-/Importelastizität größer 1, d.h. jeder zusätzliche Export führt zu einem größeren zusätzlichen Import. Dieser rezessionistisch wirkende Zusammenhang kann für Boublil nur durch die Umstrukturierung der französischen Industrie mittels eines großen öffentlichen Sektors durchbrochen werden. Es muß ein hoher Grad an vertikaler Integration durch die Errichtung von nach ihrer strategischen Bedeutung ausgewählten Produktionsketten hergestellt werden. Boublil spricht sich für den Aufbau von sechs Produktionsketten in drei Bereichen aus: Die "Produktionsketten des Antriebs" (Stahlindustrie und Chemie), die "Produktionsketten der Unabhängigkeit" (Energiewirtschaft, Transportindustrie, wie z.B. Fahrzeugbau, Flugzeugbau, Schiffsbau, Eisenbahnbau), die vor allem die Importabhängigkeit reduzieren sollen und die "Produktionsketten der Souveränität" (Industrien der Informationsverarbeitung und -übertragung sowie die Industrien für automatische Anlagen, Werkzeugmaschinen und Meßinstrumente). Die "Produktionsketten der Souveränität" sollen die Unabhängigkeit Frankreichs langfristig

garantieren.
Eingebettet in das Konzept der sechs vorrangig zu fördernden Produktionsketten entwickelt Boublil die ökonomische Notwendigkeit der im programme commun von 1972 vorgesehenen Nationalisierungen.
Der sich auf dem nationalisierten Sektor aufbauende "industrielle Sozialismus" soll die "Verstärkung der Investitionsanstrengungen der Industrie entsprechend neuen Kriterien: Beschäftigung, Entwicklung einer nationalen Industrie, technologische Unabhängigkeit" (Boublil 1977, 48) mit sich bringen. Bei der Frage, wie diese allgemein akzeptierten und mit dem programme commun vereinbarten Ziele in eine wirtschaftspolitische Strategie umgesetzt werden können, entfernt sich Boublil vom programme commun. Eine an Keynes orientierte Nachfragepolitik ist für Boublil "aus drei Gründen nicht mehr anwendbar" (Boublil 1977, 16). Erstens soll ein einmaliges Anwachsen der öffentlichen Nachfrage in der Rezession nicht ausreichen, um den alten Investitionsrhythmus wieder zu erreichen. Zweitens soll ein Teil der erhöhten Binnennachfrage wegen der hohen Importquote nicht den inländischen Anbietern zugute kommen. Und zum dritten soll eine hohe Kapazitätsauslastung für den heutigen Industriellen kein ausreichender Grund mehr zum Investieren sein. Diese unreflektierte Übernahme der gängigen Keynes-Kritik gipfelt in der Behauptung, daß eine nachfrageorientierte Politik nicht mit den heutigen internationalen Wirtschaftsbeziehungen vereinbar sei. Hier wird unzweifelhaft mit der linkskeynesianischen Komponente des programme commun gebrochen, die Untersuchung der Notwendigkeit einer Steigerung der Binnennachfrage für die industrielle Umstrukturierung gar nicht angegangen. Das Hauptziel der Wirtschaftspolitik sieht Boublil in einer offensiven Angebotspolitik zur "Wiederherstellung der Wettbewerbsfähigkeit" (Boublil 1977, 62) Frankreichs auf dem Weltmarkt, zu der es außer dem selbstmörderischen Protektionismus keine Alternative gibt. "Die sozialistische Industriepolitik fühlt sich nicht in der Lage, unmittelbar das eherne Gesetz der Domination im Außenhandel infrage zu stellen" (Boublil 1977, 78). "Die Umwandlung des französischen Produktionsapparates

in ein System, das sich der Spitze der Hierarchie (der kapitalistischen Ökonomien, die Verfasser) nähert, ist also eine Notwendigkeit" (Boublil 1977, 78). Boublils Strategievorschlag läuft also darauf hinaus, Frankreich zu einem der dominanten kapitalistischen Staaten in der internationalen Arbeitsteilung zu machen. Die Errichtung der Produktionsketten mittels der Nationalisierungen werden in diesem Zusammenhang zum bloßen Mittel einer Exportstrategie. Eine übergreifende staatliche Planung kann eine Umstrukturierung der Industrie vornehmen, die nicht mehr an die Inkohärenzen des Produktionsapparates fördernden Einzelkapitalinteressen gebunden ist. Eine vertikale Integration des Produktionsapparates und eine enge Verbindung von Produzenten und Kunden soll ein "natürlicher Schutz" (Boublil 1977, 258) der nationalen Ökonomie gegenüber der Weltmarktkonkurrenz werden. Doch für Boublil ist das Ziel dieser Maßnahmen, die nur vorübergehend die Marktgesetzmäßigkeiten einschränken sollen, nicht ein zunehmender Ausbau von Mechanismen gesellschaftlich bewußter Regulation der nationalen Produktion, sondern nur Mittel zum Zweck der Erreichung der Spitze der Hierarchie. Damit ist Udo Rehfeldt in seiner Einschätzung des Boublil'schen Projektes zuzustimmen:

> "Das sich hier manifestierende 'Übergangsprogramm' ist damit der Logik des GP (gemeinsames Programm der Linksunion, die Verfasser) diametral entgegengesetzt: Während das GP schrittweise die kapitalistischen Gesetzmäßigkeiten zurückdrängen und den 'Weg zum Sozialismus öffnen' will, benutzt der 'industrielle Sozialismus' die Übergangsphase der zeitweisen Ausschaltung dieser Gesetzmäßigkeiten nur als Sprungbrett für eine verstärkte Integration in den kapitalistischen Weltmarkt..." (Rehfeldt 1978, 35).

Ein Aspekt der Boublil'schen Strategie, die zunehmende Internationalisierung der französischen Wirtschaft, hat notwendigerweise Konsequenzen für das Verhältnis Boublil's zu den internationalen Konzernen. Wegen deren zu erwartenden Gegenreaktionen ist eine drastische Einschränkung der Handlungsfreiheit der multinationalen Konzerne in Frankreich auszuschließen. Boublil spricht sich zwar nicht gegen die im programme commun vorgesehene Nationalisierung weniger Tochterunternehmen aus, schlägt allerdings vor, bestimmte Bereiche dieser Tochterfirmen, die in keinen nach seiner Ansicht strategischen Bereich fallen, nicht zu nationalisieren. Darunter würden z.B. alle französischen Töchter von ITT fallen, die nicht im Bereich Telefonbau und elektronische Bauelemente arbeiten.

3.5.4. Jacques Gallus und Bernard Soulage: "Les variables d'Austerlitz", 1979

Gallus und Soulage sehen Grundtendenzen in der weltwirtschaftlichen Entwicklung, die dem tendenziellen Fall der Profitrate entgegenwirken. Zum einen erlaubt die liberale Politik der Begrenzung des Kaufkraftwachstums den Unternehmen, alle Produktivitätsgewinne zur Rentabilitätsverbesserung auszunutzen. Zum anderen organisieren sich die multinationalen Unternehmen im Zuge der Veränderung der internationalen Arbeitsteilung erhebliche Wettbewerbsvorteile, die ihnen trotz der allgemein sinkenden Profitrate eine wachsende Profitrate ermöglicht. "Heute ist es die wahrscheinlichste Hypothese, daß wir nicht mit einer Krise des Kapitalismus, sondern mit einer Krise des nationalen Kapitalismus konfrontiert sind" (Gallus/Soulage 1979, 32). Der Kapitalismus kann als "multinationaler Kapitalismus" (Gallus/Soulage 1979, 32) gestärkt aus der Krise hervorgehen, wenn er sich neue Gebiete unterwerfen kann. Dieser Ausgang der Krise wäre mit der zunehmenden Macht multinationaler Konzerne verbunden, die gesellschaftlichen Strukturen und Konsummodelle sowie die Regierungspolitik anderer Länder bestimmen zu können. Wie sehen Gallus/Soulage die sozialistische Antwort auf die Entwicklung der internationalen Arbeitsteilung? "Die französische Wirtschaft muß nach außen offen bleiben" (Gallus/Soulage 1979, 53), da das Lebensniveau der französischen Gesellschaft durch den Außenhandel entscheidend erhöht wird. Jede protektionistische Perspektive verbietet sich, da mit entsprechenden Gegenmaßnahmen der Haupthandelspartner zu rechnen ist. Doch Frankreich weist gegenüber den anderen hochentwickelten Industrieländern ein strukturelles Defizit in der Außenhandelsbilanz auf, was auf ein schlechtes Spezialisierungsprofil und eine geringe Autonomie des französischen Produktionssystems schließen läßt. Angesichts dieser Prämissen muß die sozialistische Industriepolitik es sich zum Ziel machen, daß die französische Industrie einen bedeutenden Platz in einer internationalen Arbeitsteilung einnimmt..."(Gallus/Soulage 1979, 109). Der Weg hin zu einer solchen Spitzenposition macht in großem Umfang eine Anpassung der internen industriellen Strukturen Frankreichs in der Perspektive der Erhöhung der internationalen Konkurrenzfähigkeit notwendig. Die Lasten dieser Anpassung sollen umverteilt werden. "Das Fortschreiten der technischen Revolution darf nicht durch zusätzliche Arbeitslose bezahlt werden, sondern durch die Gesamtheit der Bevölkerung" (Gallus/Soulage 1979, 108) oder anders ausgedruckt: "Die Gesellschaft, die von den Vorteilen des internationalen Handels profitiert, muß gegenüber seinen Nachteilen solidarisch sein" (Gallus/Soulage 1979, 55). Die Unterwerfung Frankreichs unter die Gesetze der internationalen Konkurrenz, die in erster Linie von den multinationalen Konzernen bestimmt werden, wird also von Gallus/Soulage akzeptiert bzw. für unvermeidlich gehalten, woraufhin sich ihre Hauptsorge auch auf die gesellschaftliche Akzeptanz der anstehenden industriellen Umstrukturierung richtet. In diesem Zusammenhang stellen Arbeitszeitverkürzung und Einkommensumverteilung die bevorzugten Mittel einer sozialistischen Wirtschaftspolitik dar. Für Gallus/Soulage haben Erfahrungen in den USA eindeutig gezeigt, daß eine Verlangsamung der Entwicklung der Arbeitsproduktivität zusammen mit einer Einfrierung der Kaufkraftentwicklung und einer Abwertungsstrategie eine klare Verbesserung der Beschäftigungssituation ermöglichen. Wegen der in Frankreich vorhandenen Akzeptanzprobleme wäre eine solche Politik nur unter zwei Bedingungen möglich. Erstens muß die Einfrierung der durchschnittlichen Kaufkraft mit einer Reduktion der sozialen Ungleichheiten einhergehen, womit vor allem ein Abbau der Lohnhierarchie, also eine Senkung der höheren und ein Anheben der unteren Einkommen gemeint ist. Zweitens muß die außenwirtschaftliche Lage Frankreichs durch ein

Währungsabkommen mit den wichtigsten Handelspartnern, vor allem den EG-Staaten, abgesichert werden. Weiterer zentraler Weg einer sozialistischen Wirtschaftspolitik ist die Arbeitszeitverkürzung ohne vollen Lohnausgleich. Eine größere soziale Gerechtigkeit soll realisiert werden, indem für die unteren Einkommensgruppen ein voller Lohnausgleich stattfindet. Damit dadurch allerdings keine höhere Kostenbelastung der Unternehmen entsteht, muß ein Ausgleich bei den höheren Lohngruppen in Form einer der Arbeitszeitverkürzung entsprechenden Lohnsenkung stattfinden (vgl. Gallus/Soulage 1979, 105).
Langfristig halten Gallus/Soulage den Bruch mit dem Kapitalismus zur Gewährleistung der Vollbeschäftigung für unumgänglich, wollen jedoch an dem Organismus der Marktgesetze festhalten, der ihnen für die Milliarden von kurzfristigen ökonomischen Entscheidungen am leistungsfähigsten zu sein scheint. Die Wirtschaftsplanung dient vor allem dem Ausgleich der Unvollkommenheiten der Marktgesetze, z.B. bezüglich langfristiger Entwicklungsprioritäten oder Umweltproblemen. Sie bezieht sich auf makroökonomische Gleichgewichte, Beschäftigungspolitik, die großen industriellen Projekte und die internationale Kooperation (vgl. Gallus/Soulage 1979, 153). Die sozialistische Industriepolitik muß sich auf einen ausgeweiteten nationalisierten Sektor stützen, obwohl Nationalisierungen immer die Gefahr eines übermächtigen Staates und neuer Bürokratien mit sich bringen. Daher müssen die Nationalisierungen auf die strategisch wichtigsten Bereiche der Industrie beschränkt bleiben, in denen eine direkte staatliche Einwirkung zur Erhöhung der internationalen Wettbewerbsfähigkeit Frankreichs unumgänglich ist.
Generell muß sich die sozialistische Strategie jedoch auf eine Rehabilitierung des Unternehmens, der "wirtschaftlichen Basiszelle" stützen, das heute "eine diskreditierte Institution" (Gallus/Soulage 1979, 161). ist. Der Kapitalismus hat den kreativen, risikotragenden Schumpeterschen Unternehmer immer mehr zurückgedrängt, für die Sozialisten ist es daher notwendig, "sich gegen die Freiheit der Ausbeutung zu wenden, aber die Freiheit zu Unternehmen zu fördern" (Gallus/Soulage 1979, 161). Denn:

"Unternehmer zu sein, heißt eine Idee realisieren und ein Stück sozialen Lebens aufbauen zu wollen" (ebd.).
Das langfristige Zukunftsprojekt von Gallus/Soulage ist eine Marktwirtschaft mit selbstverwalteten Unternehmen, die voneinander unabhängig und selbst ihr Risiko tragend wirtschaften. In diesen selbstverwalteten Betrieben entscheiden die Arbeiter in einer Generalversammlung darüber, was mit welchen Arbeitskräften und in welcher Arbeitsorganisation produziert werden soll. Doch das Kapital und damit auch seine Gesetzmäßigkeiten sollen nicht zu existieren aufhören: "Im sozialistischen Unternehmen praktizieren die Arbeiter Selbstverwaltung und mieten oder kaufen den Gebrauch des Kapitals" (Gallus/Soulage 1979, 180). Diese Interpretation der gesellschaftlichen Vision von Gallus/Soulage wird noch durch folgende Aussage verstärkt: "Der Selbstverwaltungssozialismus ist die Machtteilung und infolgedessen die Teilung der Risiken der Macht" (ebd.). Mit wem sollen sich denn die Arbeiter im Selbstverwaltungssozialismus die Macht teilen, wenn nicht mit dem Kapital, dessen Bewegungsgesetzmäßigkeiten die privat-unabhängig produzierenden und auf den "Gebrauch des Kapitals" (ebd.) angewiesenen Unternehmen weiterhin unterworfen bleiben und daher das Risiko des Konkurses tragen müssen?
So muß, auch bezogen auf das langfristige gesellschaftliche Projekt, die Ernsthaftigkeit einer Organisation der Produktion nach gesamtgesellschaftlichen Bedürfnissen infragegestellt werden, da keine Vermittlung zwischen gesamtgesellschaftlicher Organisationsweise und der Logik der selbstverwalteten Unternehmen hergestellt wird.
Die "sozialistische Strategie" (Gallus/Soulage 1979, 103) erweist sich als Strategie zur Modernisierung des französischen Kapitalismus in der Perspektive des Aufrückens an die Spitze der internationalen Arbeitsteilung. Der Preis der damit verbundenen industriellen Umstrukturierung ist ein Einfrieren der Kaufkraftentwicklung, bzw. eine Einkommenssenkung der oberen Einkommensgruppen, die durch ihre Einbettung in ein Projekt sozialer Gerechtigkeit hegemoniefähig gemacht werden sollen. Die Kreislaufeffekte einer Stagnation der Nachfrage bzw. eines Sinkens der

Nachfrage bei der angestrebten Arbeitszeitverkürzung ohne vollen Lohnausgleich werden nicht analysiert. Insofern bricht die Theorie von Gallus/Soulage vollständig mit der linkskeynesianischen Logik des programme commun. Auch die im programme commun vorhandenen Ansätze, wie eine Strategie einer autozentrierten Akkumulation, d.h. einer vergrößerten Kohärenz des nationalen Produktionssystems eingeleitet werden könnte, um die Verwundbarkeit von sozialistischen Entwicklungen durch Weltmarktentwicklungen zu reduzieren, werden in keiner Weise aufgenommen.

3.6. Das *projet socialiste* 1980

Nach den gescheiterten Aktualisierungsverhandlungen zum programme commun entspann sich im PS ein immer heftiger werdender Machtkampf um die zukünftige Strategie der Partei. Die Rocardisten, die ein Programm der "ökonomisch machbaren" Reformen, der Modernisierung des französischen Kapitalismus und kulturellen Veränderungen vorlegten (vgl. unseren Abschnitt 3.5.4) hatten an Einfluß gewonnen. Rocard hatte auf dem Kongreß in Nantes 1977 die ideologische Kontroverse extrem zugespitzt, indem er davon sprach, daß sich in der Linken zwei Kulturen gegenüberstehen, die traditionalistische Linke, die jakobinistisch, zentralistisch, etatistisch und nationalistisch ist, und die moderne Linke, die dezentral, regionalistisch und antibürokratisch orientiert ist und für Emanzipationsbewegungen verschiedenster Art eintritt (vgl. Rocard 1979, 79f.). Zur traditionalistischen Linken zählte er den PC und den Ceres, wobei durch den Kontext dieser ideologischen Kontroverse auch die Mitterandisten einbezogen waren, zur modernen Linken vor allem seine eigenen Anhänger in PS und CFDT. Einsatz des Machtkampfes war das Festhalten des PS an der Strategie der Linksunion, für die Mitterand auch nach den Entwicklungen der Jahre 1977 und 1978 noch entschieden eintrat, die aber von ihrer inhaltlichen Perspektive her mit der Strategie der Rocardisten weitgehend unvereinbar ist. Rocard, der in einer großangelegten Kampagne der liberalen

Rechten und ihrer Presse als neuer Spitzenkandidat des PS aufgebaut wurde, gewann eine immer größere Popularität in der Bevölkerung und einen größeren Einfluß in der Partei, so daß

> "Mitterand sich mehr und mehr in einer Situation à la Robespierre wiederfindet: Nachdem er einen Teil seiner Rechten (die Mollettisten) in Epinay und dann seine Linke (den Ceres) ausgeschaltet hatte, ist er mehr und mehr isoliert" (Roucaute 1983, 121).

Mitterand strebt daher wieder nach einem Bündnis mit dem Ceres, den er noch 1975 in Pau aus den Leitungsgremien der Partei hinausgedrängt hatte. Nachdem Mitterand im Vorfeld des Kongresses von Metz 1979 das Bündnis mit dem Ceres wiederherstellen konnte, beschließt der Kongreß ein weiteres Festhalten an der Strategie der Linksunion - die Rocardisten sind zunächst zurückgeschlagen.
In der Perspektive der 1981 anstehenden Präsidentschaftswahlen wurde die Ausarbeitung eines alle Politikbereiche umfassenden Programmes des PS für die achtziger Jahre in Auftrag gegeben, bei der der Ceres-Führer Jean-Pierre Chevènement eine entscheidende Rolle spielte. Das "projet socialiste", das sich eindeutig in die Tradition der Linksunion stellt, enthält einige Passagen, die sich implizit gegen rocardistische Positionen wenden. Doch aus der relativ schwachen Position heraus, die für Rocard aus seiner Niederlage auf dem Kongreß von Metz entstanden war, wagte er es ebensowenig wie andere Strömungen der Partei (z.B. Mauroy), die inhaltlich nur sehr begrenzt hinter dem "projet socialiste" standen, sich dagegen auszusprechen. So wurde das "projet socialiste" am 13. Januar 1980 in Altfortville einstimmig angenommen.

Für das "projet socialiste" ist die gegenwärtige Krise eine Profitkrise, die mit einer industriellen Umstrukturierung verbunden ist, in der das Kapital traditionelle Sektoren verläßt, um neue Profitquellen zu suchen.

> "Die aktuelle Krise findet ihren Ursprung in der Erschöpfung von Produktivitätsgewinnen und Reserven von 'relativem Mehrwert', in dem gewachsenen Widerstand der Arbeiterklasse..." (Parti socialiste 1980, 37).

und den veränderten Machtverhältnissen in den 3. Weltländern. Der Kapitalismus versucht sich unter der Herrschaft der multinationalen Konzerne zu restrukturieren. Diese können durch die Beherrschung neuer Technologien und die Verlagerung von Produktionsstätten ihre Dominierung auf neue Gebiete ausdehen. Von den Entwicklungsländern abgesehen, sind es die europäischen Staaten (außer der BRD), die am härtesten von der gegenwärtigen Krise betroffen sind und besonders durch den industriellen und politischen Druck der USA und den industriellen Druck Japans bedroht werden. Es wird eindeutig gefolgert:

> "Um die Krise zu überwinden, muß man den Kapitalismus, der sich in der Krise befindet, überwinden." "Es ist nicht möglich, die ökonomische Krise, die Frankreich zu einer Filiale der Vereinigten Staaten zu machen droht, zu überwinden, es sei denn unter der Bedingung, daß die aktuelle Entwicklung radikal umgekehrt wird" (Parti socialiste 1980, 172).

Zur Bekämpfung der Krise hält das "projet socialiste" an den im programme commun angeführten linkskeynesianischen Maßnahmen fest (vgl. Parti socialiste 1980, 172). In Anspielung auf die politischen Konzeptionen Giscard's und Rocard's wird betont, daß eine kontinuierliche Verbesserung der sozialen Lage der Bevölkerung und der gleichzeitig notwendige Aufschwung der Investitionen nicht ohne ein entsprechendes Wachstum möglich ist (vgl. Parti socialiste 1980, 183). Das Wachstum muß ein differenziertes Wachstum sein, d.h. die gesellschaftlich gewünschten Bereiche sollen wachsen, neue kollektive Lebensweisen (Wohnen, Stadtplanung) eingeführt werden.

> "Wenn es um die Motoren dieses sozialen Wachstums geht, hat die klassische Debatte zwischen den Verfechtern eines Aufschwungs durch den Konsum und denen des Aufschwungs durch Investitionen für die Sozialisten keinen großen Sinn" (Parti socialiste 1980, 184).

Diese allgemeine Aussage läßt allerdings offen, inwieweit hier nur die Notwendigkeit angesprochen ist, daß sich eine an der nationalen Souveränität orientierte Wirtschaftspolitik auch um die gebrauchswertmäßige Struktur des Angebots sorgen muß, oder inwieweit damit auf Argumente der supply-side-economics, wie z.B.

die Notwendigkeit der Verringerung der Kostenbelastung der Unternehmen positiv Bezug genommen wird. Die Ausführungen zur Einführung der 35-Stundenwoche bei vollem Lohnausgleich verstärken diese Zweifel. Denn diese prinzipiell für notwendig gehaltene Maßnahme muß laut dem "projet socialiste" ihre Grenzen darin finden, daß "die Aufrechterhaltung von hohen Auslastungsgraden der Ausstattungen" (ebd., 175) gewährleistet sein muß, was unter anderem durch die Einführung einer fünften Schicht erreicht werden soll, und daß "der Druck der internationalen Konkurrenz" (ebd.) beachtet werden muß. Die in diesen Ausführungen implizit enthaltene Theorie, daß sich Frankreichs Position im internationalen Wettbewerb durch eine höhere Kostenbelastung der Unternehmen verschlechtert, steht im Widerspruch sowohl zu den keynesianischen Aussagen des "projet socialiste" wie auch zur industriepolitischen Konzeption, auf die wir im folgenden eingehen.

Die industrielle Entwicklung Frankreichs unter der Herrschaft der Logik der finanziellen Rentabilität bei Investitionsentscheidungen hat zu Veralterung und großer Inkohärenz des französischen Produktionsapparates geführt. Die großen Investitionsentscheidungen müssen nach einem gesellschaftlichen Plan getroffen werden, der über Planverträge (contrats de plan) mit den Unternehmensplänen der nationalisierten Unternehmen koordiniert werden soll. Der Staat garantiert die finanziellen Bedingungen der als gesellschaftlich notwendig erachteten Investitionen. Entgegen der Logik des Verlassens der nicht mehr international konkurrenzfähigen Produktionsbereiche, nach der sich die giscard'sche Industriepolitik gerichtet hat, müssen die Sozialisten "die Idee des industriellen Imperativs" (Parti socialiste 1980, 191) wiederaufnehmen.

> "Die französische Industrie muß mächtig und diversifiziert sein, in der Lage, den entscheidenden Teil der auf dem Binnenmarkt artikulierten Bedürfnisse zu befriedigen und eine gewisse Anzahl von starken Positionen auf dem Weltmarkt zu besetzen" (Parti socialiste 1980, 189).

Damit soll Frankreich zu einer "weder dominierenden noch dominierten Wirtschaft" (ebd., 179) werden, was gleichgewichtige

Außenhandelsbeziehungen sowohl zu den kapitalistischen Zentralstaaten als auch zu den Entwicklungs- und Schwellenländern einschließt. Die sozialistische Industriepolitik muß die Autonomie des französischen Produktionsapparates vergrößern, indem sie seine Diversifizierung vorantreibt, intersektorielle Komplementaritäten aufbaut und Forschungsergebnisse sowie technologische Neuerungen über die gesamten Produktionsketten verteilt. Nur so können Kohärenz und Leistungsfähigkeit der französischen Industrie so gesteigert werden, daß der Binnenmarkt in den am stärksten penetrierten Bereichen wieder zurückerobert werden kann (vgl. Parti socialiste 1980, 192). "Das Außenhandelsgleichgewicht wird einer der Schlüssel des Erfolges der Linken sein" (Parti socialiste 1980, 222). Die Verringerung des Außenhandelsanteils am Bruttoinlandsprodukt auf unter 20% bis 1990, die Verringerung des Wertschöpfungsanteil an den Importen und seine Vergrößerung bei den Exporten werden in diesem Zusammenhang angestrebt. Ungeachtet der grundsätzlichen Entscheidung der Sozialisten für die Offenhaltung der Grenzen für die internationale Konkurrenz, darf "die Freiheit des Außenhandels kein Dogma" (Parti socialiste 1980, 223) sein. Der PS behält sich zeitlich begrenzte Maßnahmen vor, "um gegen unlauteren Wettbewerb vorzugehen und die Anpassung des industriellen Geflechts an die internationale Konkurrenz zu ermöglichen" (Parti socialiste 1980, 224).

Im Bereich der Arbeiterrechte geht das "projet socialiste" bezüglich der Rechte des Betriebsrates (comité d'entreprise) im privaten Sektor über das programme commun hinaus, indem es in den Gebieten von Einstellung und Entlassung, Arbeitsorganisation und betrieblichen Weiterbildungsplänen ein Vetorecht des Betriebsrates vorsieht, "ohne daß die Gefahr besteht, daß die Konsultation der Arbeiter nur ein Ritus ist" (Parti socialiste 1980, 242). Im programme commun war nur die allgemeine Formulierung enthalten, daß Entlassungen nicht erlaubt seien, wenn nicht vorher Wiedereingliederungsmaßnahmen sichergestellt seien. Ein wirkliches Interventionsrecht bezüglich der Arbeitsbedingungen war gar nicht vorgesehen. Im öffentlichen Sektor werden im

Unterschied zum programme commun drei verschiedene Modelle der betrieblichen Leitung als möglich angesehen: erstens ein drittelparitätischer Verwaltungsrat (conseil d'administration), der aus Staatsvertretern, Vertretern regionaler Körperschaften, Arbeitern und Benutzern zusammengesetzt ist, wobei die Staatsvertreter nicht die Mehrheit haben dürfen; zweitens durch einen Führungsrat (conseil de gestion), der vollständig durch die Arbeiter des Unternehmens gewählt wird; und drittens die Koexistenz eines durch die Arbeiter gewählten Führungsrates und eines Überwachungsorganes, das sich aus Repräsentanten des Staates, der regionalen Körperschaften und Benutzern zusammensetzt. Hauptdilemma dieser drei Modelle ist ebenso wie beim programme commun, daß die genauen Bestimmungsmodalitäten der verschiedenen Kategorien von Mitgliedern in den Verwaltungsräten nicht bestimmt sind und damit auf verstecktem Wege doch eine Mehrheit der Staatsvertreter zustande kommen kann. Damit stellt die Konzeption des "projet socialiste" zur Demokratisierung der Wirtschaft zwar im Bereich der privaten Unternehmen eine klare Weiterentwicklung dar, fällt allerdings im Bereich der Durchsetzung von wirklichen Selbstverwaltungsansätzen im Bereich der öffentlichen Unternehmen hinter die "15 Selbstverwaltungsthesen" des PS (Parti socialiste, 1975) zurück. Dieser Rückfall sollte nach 1981 in der Ablehnung von Seiten der PS-Regierungspolitiker der freien Wahl der Unternehmensleiter der nationalisierten Unternehmen durch die demokratisch legitimierten Verwaltungsräte gipfeln.

Mit den Ausführungen zur Autonomie des nationalen Produktionssystems, zur Rückeroberung des Binnenmarktes und zur Infragestellung des Freihandelsdogmas entwickelt das "projet socialiste" Ansätze eines Entwicklungsmodells der französischen Wirtschaft, das den Spielraum einer an nationalen Interessen orientierten Wirtschaftspolitik steigert. Wenngleich die Strategie zur Vergrößerung der Komplementarität zwischen verschiedenen Produktionssektoren nicht näher konkretisiert werden und auch die Frage der Reglementierung der Tätigkeit ausländischer multinationaler Konzerne in Frankreich und französischer multinationaler

Konzerne im Ausland ausgeklammert wird, ist es dennoch ein Verdienst des "projet socialiste", die sich aus der Entwicklung der internationalen Arbeitsteilung unter der Herrschaft der multinationalen Konzerne ergebenen Anpassungszwänge nicht als Fatalität hinzunehmen, sondern nach Alternativen zu suchen. Besonders die außenhandelspolitischen Maßnahmen stehen in einem vollständigen Gegensatz zur wachsenden Dominanz der Freihandelsideologie in der Politik der französischen Regierung nach 1981. Das "projet socialiste" hat damit einen wirtschafts- und besonders industriepolitischen Diskurs entwickelt, der im Vergleich zum programme commun von 1972 eine Analyse der Entwicklung der Hierarchie der internationalen Arbeitsteilung und der Besonderheiten der Industriestruktur Frankreichs liefert und sehr wohl als allgemeine programmatische Grundlage zur Einleitung einer autonomeren nationalen Entwicklungslogik geeignet ist. Dies gilt trotz der erwähnten Ambivalenzen bezüglich der Passagen über die Gefahr einer zu hohen Kostenbelastung der Unternehmen, die in ihrer Unklarheit als politische Kompromißbildung mit den sich im PS entwickelnden angebotstheoretischen Positionen aufgefaßt werden müssen.

3.7. Ist das *projet socialiste* das gesellschaftliche Projekt des Parti Socialiste?

Welches ist nun das programmatische Rüstzeug, mit dem der PS ab 1981 von den Bastionen des Staatsapparates und dem Feld seiner sozialen Basis aus den Kampf zur Umgestaltung der französischen Gesellschaft aufnimmt? Wie resümiert sich das Jahrzehnt der Partei- und Programmentwicklung, das seit 1971 vergangen ist? Es wäre leichtfertig, das "projet socialiste", das offiziell die Grundlage der PS-Politik für die achtziger Jahre darstellt, als die wirkliche strategische Grundlage der Politik zu betrachten. Die Geschichte lehrt uns, daß die Kluft zwischen den wirklichen mit dem Handeln von politischen Organisationen verwobenen Strategien und den Diskursen derselben erheblich sein kann.

Das programme commun von 1972 kann nicht als wissenschaftlich fundierte strategische Ausarbeitung sondern nur als politischer Kompromiß betrachtet werden, der durch die keynesianische Komponente und die Perspektive der Ausweitung des öffentlichen Sektors zusammengehalten wurde. Dieser in der Geschichte der Arbeiterbewegung herausragende Kompromiß besaß keine strategische Kohärenz. Der Diskurs der Kaufkrafterhöhung für die benachteiligtsten Bevölkerungsgruppen bei gleichzeitiger Einleitung von Strukturreformen zur Einleitung einer anderen ökonomischen Logik blieb ambivalent und in verschiedene Strategien integrierbar. Insofern kann außer den beiden genannten Hauptsäulen des Kompromisses kein eindeutiger und feststehender "Sinn" des programme commun ausgemacht werden. Dieser Sinn wird vielmehr durch den Versuch der verschiedenen politischen Kräfte, das programme commun für ihre Strategie zu vereinnahmen, konstituiert. Als nach 1974 der Streit um die Auslegung des programme commun entbrannt war, trat die PC-Führung zwar konsequent für die Propagierung der linkskeynesianischen und strukturreformistischen Ziele des programme commun ein, geriet aber aufgrund des veränderten politischen und ökonomischen Gesamtrahmens Anfang 1977 ins Schwanken, ob sie die Eröffnung der Möglichkeit der Umsetzung eines solchen Programmes in einer gemeinsamen Regierung mit dem stärkeren PS noch wollen kann. Beim PS ging das Festhalten des Diskurses am programme commun einher mit der Entwicklung der im Abschnitt 3.5 behandelten angebots- und weltmarktorientierten Positionen. So war denn auch die einstimmige Verabschiedung des "projet socialiste", das sich eindeutig in die Tradition des programme commun und der Linksunion stellt, keineswegs der Ausdruck der Hegemonie der im "projet socialiste" verkörperten Positionen innerhalb des PS. Wie in unserem Abschnitt 3.6 dargestellt, waren dafür vielmehr politisch taktische Überlegungen von Strömungen innerhalb des PS ausschlaggebend, die 1980 teilweise nicht mehr oder noch nicht zur offensiven Vertretung eines Gegenprogrammes in der Lage gewesen sind. Der an die Traditionslinien des programme commun anknüpfende Diskurs des projet socialiste bot zudem eine Ebene, auf der sich

der sehr gegensätzliche Positionen in sich vereinigende PS als scheinbar kohärente und zur Übernahme der Regierung fähige politische Kraft darstellen konnte.
Eine entscheidende Ursache für die Möglichkeit der Auseinanderentwicklung von wirklichen Strategien und offiziellem Diskurs innerhalb des PS ist die Abwesenheit einer Massenbewegung für das programme commun bzw. für die Umsetzung und Weiterentwicklung des darin erstmals als gemeinsames Regierungsprogramm und noch unzulänglich formulierten gesellschaftlichen Projektes. Blieb das programme commun in den Jahren nach 1972 weitgehend ein Vertrag zwischen Parteiführungen, entstand Anfang 1977 während der Aktualisierungsauseinandersetzungen erstmals der Anfang einer Volksbewegung. Diese brach jedoch mit dem Bruch der Linksunion und verlorenen Hoffnung auf eine Einheitsdynamik der Linken vollständig ab. Der Beginn eines sozialistischen Projektes im Jahre 1981 wurde somit von der ungeheuer schweren Hypothek belastet, daß es ohne eine Hegemonie der Linken, d.h. ohne ein Verbundensein der politischen Kräfte der Linken mit verschiedenen zu einer sozialistischen Transformation notwendigen Massenbewegungen blieb. Genauso, wie der Wahlsieg der Linken von 1981 verbirgt, daß keine Hegemonie für ein definiertes sozialistisches Projekt existiert hat, verbirgt auch die einstimmige Verabschiedung des "projet socialiste" die mangelnde Hegemonie desselben innerhalb des PS. Unter solchen Umständen kann das "projet socialiste" nicht unproblematisiert als das programmatische Rüstzeug des PS für die sich seit 1981 stellenden neuen Anforderungen gesehen werden. Welche der im PS existierenden strategischen Positionen sich schließlich in der praktischen Regierungspolitik durchsetzen würde, mußte erst durch die Kohärenz der einzelnen Strategien mit der Entwicklung der Realität entschieden werden. Die Abfolge einer angesichts der Stellung Frankreichs in der internationalen Arbeitsteilung naive keynesianische Politik im ersten Regierungsjahr mit der zunehmend angebotsorientierten Politik der folgenden Regierungsjahre, spiegelt zu einem gewissen Teil die Konfrontation verschiedener strategischer Linien mit den aktuellen Problemen der französischen Gesellschaft wider.

Teil II

Die Wirtschaftspolitik der französischen Regierung nach dem Mai 1981

Kapitel 4

Die Konjunkturpolitik der französischen Regierung nach dem Mai 1981

4.1. Einleitung

Zumindest in den großen Linien durchaus konform mit dem an das programme commun anknüpfenden Diskurs des projet socialiste schlug die neue französische Regierung im ersten Jahr ihres Bestehens auf der Ebene der Konjunkturpolitik den Weg einer nachfrageorientierten Stabilisierungskonzeption ein. Sie hielt dieses Vorgehen zunächst aus zweierlei Gründen für geboten: Zum einen, um mit der Erhöhung der Masseneinkommen insbesondere der untersten Einkommensschichten zum Abbau der in Frankreich traditionell ausgeprägten Einkommens- und Vermögenshierarchie beizutragen und somit dem Ziel einer 'gerechteren' Verteilung des Volkseinkommens näher zu kommen; zum anderen aber auch, um die schwere ökonomische Krise, in der sich Frankreich seit Mitte der 70er Jahre befand, durch die Einleitung einer neuen Wachstumslogik zu überwinden. Der im Sommer 1981 erarbeitete und im Oktober des gleichen Jahres verabschiedete 'Zwischenplan für die Jahre 1982 bis 1983' (plan intérimaire: stratégie pour deux ans 1982-1983, im folgenden=PI), gleichsam programmatisches Kondensat der ersten Phase der sozialistischen Wirtschaftspolitik, brachte die genannten Zielsetzungen sowie die Verknüpfung des sozialen mit dem ökonomischen Aspekt deutlich zum Ausdruck:

> "Die Beseitigung der Arbeitslosigkeit macht den Wiederaufschwung der ökonomischen Aktivitäten erforderlich. Dies aber kann nur unter der Bedingung geschehen, daß die binnenländische Nachfrage ansteigt, und damit zugleich eine sofortige Verbesserung der Lebensbedingungen der ärmsten Bevölkerungsschichten ermöglicht wird" (PI, 50).

Doch bereits ein halbes Jahr später stieß dieses Projekt auf erhebliche außenwirtschaftliche Schwierigkeiten. Die Importe nahmen kräftig zu und die intendierte Konjunkturbelebung blieb deutlich hinter den Erwartungen der Regierung und der linken Wählerschaft zurück. Der hohe Importsog der französischen Wirtschaft schien also nunmehr denjenigen angebots- und weltmarktorientier-

ten Positionen innerhalb der sozialistischen Partei zu bestätigen, die bereits in der zweiten Hälfte der 70er Jahre davon ausgegangen waren, daß die ungünstige französische Industriestruktur eine keynesianisch inspirierte Strategie der Krisenbewältigung grundsätzlich unmöglich macht(vgl.Abschnitt 3.5.).
Spätestens seit dem Frühsommer 1982 läßt sich verfolgen, daß die neue Regierung auf die entstandenen ökonomischen Schwierigkeiten mit einer Abkehr von der expansiven Konjunkturpolitik reagierte. Obwohl die offizielle Rhetorik zunächst noch am Diskurs der Kaufkraftsteigerung festhielt (wohl insbesondere, um die neue Wirtschaftspolitik nicht zu sehr als Bruch in das Bewußtsein der Bevölkerung treten zu lassen), wurden jetzt die Rezepte einer klassichen Deflationspolitik zunehmend handlungsleitend. Wie schon früher einigen bürgerlichen Regierungen diente nun auch der sozialistischen Regierung die Drosselung der Binnennachfrage und damit die Verschlechterung der Lebenssituation vieler Franzosen als Mittel zur Abwehr des außenwirtschaftlichen Drucks. Unverkennbar steht seit 1982 die unternehmerische Rentabilität wieder im Zentrum der staatlichen Wirtschaftpolitik. Direkt angebotsfördernde Maßnahmen sollen die internationale Wettbewerbsfähigkeit der französichen Industrie erhöhen. Dieser Kurswechsel war und ist allerdings in der französischen Linken umstritten. Sowohl der CERES als auch die PC plädieren für die Fortsetzung der expansiven Politik. Beide Gruppierungen werfen der sozialistischen Regierungsmehrheit insbesondere vor, sie habe 1981/1982 einen 'naiven', den strukturellen Disparitäten des französischen Produktionsapparates nicht angepaßten Keynesianismus betrieben, der in seiner konkreten Form notwendigerweise an der offenen außenwirtschaftlichen Flanke scheitern mußte. In dieser Kritik ist die Auffassung impliziert, daß der französischen Regierung trotz der schweren Hypothek der industriellen Schwächen Frankreichs durchaus ein gewisser wirtschaftspolitischer Handlungsspielraum zur Verfügung steht, dessen konsequente Ausnutzung die Option der nachfrageorientierten Krisenbewältigung offenhält. Gefordert wird die Wiederaufnahme einer besser abgesicherten Wachstumspolitik dabei allerdings nicht allein deshalb, weil hierin eine entscheidende

Voraussetzung für die Bildung eines linken Blocks gesehen werden muß, der eine notwendige Bedingung für die Einleitung einer sozialistischen Gesellschaftsentwicklung ist. In dieser Forderung reflektiert sich zugleich die Erkenntnis, daß die 1981 formulierten industriepolitischen Zielsetzungen im Kontext einer deflationistischen Konzeption kaum zu verwirklichen sind. Die spezifische Einbettung Frankreichs in die Hierarchie der IAT verweist auf die Notwendigkeit, die Strukturen des nationalen industriellen Geflechts zu stärken. In den strategisch wichtigen Industriebereichen müssen möglichst komplette und in nationaler Verfügbarkeit befindliche Produktionsketten geschaffen werden, damit die Möglichkeit der konjunkturpolitischen Dominierung Frankreichs durch andere Staaten, insbesondere die Bundesrepublik, die USA und Japan verringert werden und ein sozialistischer Transformationsprozeß eingeleitet werden kann. Diese Strategie eines autozentrierten Akkumulationstypus, die sowohl im projet socialiste als auch im PI durchaus angedeutet ist (vgl. Abschnitt 3.6.u.5.3.) scheint gegenwärtig stark in Frage gestellt. So konnte bereits unter der Präsidentschaft de Gaulles mehrfach die Erfahrung gemacht werden, daß eine investitionsfeindliche Sparpolitik zwar kurzfristig den außenwirtschaftlichen Druck reduziert, mittelfristig jedoch die Restrukturierung des Produktionsapparates und damit die Einleitung eines autonomeren Wachstumsprozesses erheblich behindert.

Der CERES und die PC sind mit ihren Alternativvorschlägen zur gegenwärtigen Regierungspolitik allerdings deutlich in der Defensive. Der Umstand nämlich, daß sich die Nachfragepolitik in der praktizierten Form als nicht kohärent mit der tatsächlichen ökonomischen Entwicklung herausgestellt hat, kommt einer enormen Stärkung der Angebotspolitiker in der Regierung gleich. Unter Verweis auf die relative Ineffizienz der 1981/82 ergriffenen Maßnahmen und in Anknüpfung an die in weiten Kreisen der Bevölkerung ohnehin vorhandenen Vorstellungen des 'Sparen-müssens' in der Krise, versuchen diese Kräfte durchaus mit Erfolg, jede Form der Nachfragepolitik - gleichgültig ob naiv praktiziert oder nicht - zu diskreditieren. In dieser Strategie erscheint insbe-

sondere die PC als Vertreter der traditionalistischen, einem mörderischen Protektionismus verschriebenen Linken, welche lediglich überkommene Industriestrukturen konservieren, nicht aber die notwendige Modernisierung Frankreichs einleiten und bewältigen kann.
Die Tatsache, daß die Konjunkturpolitik in der französischen Linken umstritten ist und zudem eine zentrale Bedeutung im Zusammenhang einer mittel- und langfristig angelegten sozialistischen Transformationsstrategie besitzt, zeigt die Notwendigkeit an, die Ursachen des konjunkturpolitischen Kurswechsels vom Sommer 1982 herauszuarbeiten. Dies soll im folgenden Abschnitt 4.2, wo eine Analyse der - nachfrageorientierten - Phase der sozialistischen Wirtschaftspolitik vorgenommen wird, geschehen. Da jede Nachfragekonzeption auf einer Erklärung allgemeiner Ursachen konjunktureller Krisen beruht, beginnt Abschnitt 4.2 mit einer kurzen Darlegung eines industriellen Zyklus. Anschließend wird das Konzept der nachfrageorientierten Wirtschaftspolitik und seine Reflexion im PI herausgearbeitet. Es folgt eine Auflistung der wichtigsten konjunkturpolitischen Maßnahmen, die die neue Regierung in ihrem ersten Jahr ergriffen hat sowie eine Zusammenfassung der ökonomischen Wirkungen, die diese Maßnahmen bis Mitte 1982 nach sich zogen. Dabei wird sich herausstellen, daß - entgegen den Vermutungen gerade auch der bundesdeutschen Linken - von einem generellen Scheitern keineswegs gesprochen werden kann. Schließlich wollen wir diejenigen Faktoren herausarbeiten, die dafür ausschlaggebend waren, daß die ökonomischen Resultate der expansiven Konjunkturpolitik dennoch deutlich hinter den ursprünglich in sie gesetzten Erwartungen zurückblieben. Abschnitt 4.2 endet mit der Diskussion der Frage, ob 1981/1982 trotz der geringen Kohärenz des französischen Produktionsapparates ein Handlungsspielraum zur besseren außenwirtschaftlichen Absicherung der praktizierten Politik bestand.
Die Abschnitte 4.3 und 4.4 beschäftigen sich mit der angebotsorientierten Konjunkturpolitik der sozialistischen Regierung. Hierbei sind zwei Phasen zu unterscheiden, zum einen die Zeit der Einleitung des konjunkturpolitischen Wechsels (Frühjahr 1982 bis Anfang

1983), zum anderen die Zeit der Verschärfung der angebotsorientierten Politik (Anfang 1983 bis Herbst 1984). Wenn wir die Betrachtung der ersten Phase in Abschnitt 4.3 mit der Darstellung der zentralen Theoreme der angebotsorientierten Stabilisierungskonzeption sowie ihrer Reflexion im 9. Plan beginnen lassen, obwohl dieses Dokument erst im Verlauf des Jahres 1983 verabschiedet wurde, dann ist damit zwar die chronologische Vorgehensweise durchbrochen; dennoch läßt sich dies durch die Tatsache legitimieren, daß die vom Sommer 1982 an praktizierte Konjunkturpolitik zumindest in den großen Linien bereits mit dem im 9. Plan entwickelten wirtschaftspolitischen Diskurs übereinstimmte. Die wichtigsten Maßnahmen der 'Übergangsperiode' waren zweifellos der von der Regierung für die Zeit von Juli bis November 1982 verfügte generelle Lohn- und Preisstop sowie die auf ihn folgenden Preismoderierungsabkommen. Abschnitt 4.3 wird sich deshalb neben der Auflistung und Kritik der wichtigsten übrigen konjunkturpolitischen Neuregelungen schwerpunktmäßig auf eine Analyse dieser beiden Maßnahmen konzentrieren. Dabei sollen vor allem ihre lohn- und einkommenspolitischen Implikationen sowie die produktionsstrukturellen Konsequenzen eines längerfristigen praktizierten Preisstops und die notwendigerweise geringe Effizienz der Preismoderierungsabkommen herausgearbeitet werden.
Abschnitt 4.4 beschäftigt sich mit der Verschärfung der Angebotspolitik von Anfang 1983 an. Die wichtigsten der seither ergriffenen Maßnahmen, neben dem 'Märzprogramm' und der immer restriktiveren Gestaltung des öffentlichen Budgets insbesondere die 'Sanierung' der Arbeitslosenversicherung im Winter 1983/84, werden rekapituliert und hinsichtlich ihrer sozialen Folgewirkungen untersucht. Es folgt die Kritik einiger zentraler Theoreme der angebotsorientierten Stabilisierungskonzeption. Dabei wollen wir uns neben der Behauptung vom angeblich inflations- und zinstreibenden Charakter einer defizitfinanzierten Ausweitung der Staatsausgaben insbesondere mit der These von der investitionsfördernden Wirkung ausschließlich kostensenkender Maßnahmen auseinandersetzen und der Frage nachgehen, inwieweit eine kaufkraftmindernde Sparpolitik mit dem 1981 ansatzweise formulierten Ziel,

die Kohärenz des nationalen Produktionsapparats durch die Praktizierung einer am Produktionskettenkonzept orientierten Industriepolitik zu stärken, in Übereinstimmung gebracht werden kann.

4.2. Die nachfrageorientierte Konjunkturpolitik der französischen Regierung (Mai 1981 — Frühsommer 1982)

4.2.1. Konjunktur und Krise

4.2.1.1. Die zyklische Entwicklung der Kapitalakkumulation

Die allgemeinen Ursachen von konjunkturellen Krisen in kapitalistisch verfaßten Gesellschaften liegen darin begründet, daß Umfang und Entwicklung der gesamtwirtschaftlichen Produktionskapazitäten in keinerlei Hinsicht mit der gesamtwirtschaftlichen Nachfrage koordiniert sind: Während das volkswirtschaftliche Angebot von Gütern un Dienstleistungen in den zahlreichen - überwiegend unabhängig voneinander und in Konkurrenz zueinander produzierenden - Unternehmen entschieden wird, folgt die Entwicklung der diversen Nachfragekomponenten ebenfalls einer Reihe von kaum prognostier- und damit planbaren Variablen. So hängt die Höhe der Auslandsnachfrage entscheidend von der internationalen Konjunktur sowie der in den verschiedenen Ländern praktizierten Wirtschaftspolitik ab. Die binnenländische Investitionsgüternachfrage bestimmt sich im wesentlichen nach den - in den einzelnen Branchen oftmals sehr unterschiedlichen - Profiterwartungen der inländischen Unternehmen. Die Staatsnachfrage, in allen Industrieländern mittlerweile von erheblicher Bedeutung, variiert mit den wirtschaftspolitischen Maximen der jeweiligen Regierungen. Und schließlich hängt die Konsumgüternachfrage von zahlreichen, im einzelnen kaum anzizipierbaren Faktoren wie der Beschäftigung, dem Lohn- und Preisniveau sowie dem Sparverhalten der einzelnen Haushalte ab. Unter diesen Bedingungen ist es folglich kein Wunder, wenn eine abgestimmte Entwicklung von Angebot und Nachfrage die Ausnahme ist. Die Anarchie des Marktes macht einen

> "Zyklus von Perioden mittlerer Lebendigkeit, Produktion unter Hochdruck, Krise und Stagnation "(MEW 23, 661)

zum "charakteristischen Lebenslauf der modernen Industrie"(ebd.). Wie kommt es nun konkret innerhalb eines industriellen Zyklus zur Herausbildung von Krisen (zum folgenden vgl. Hickel 1979, Goldberg 1979, Beaud 1983, Demele 1983)? Zur Klärung dieser Frage wollen wir ausgehen von der Situation des Booms. Diese ist dadurch gekennzeichnet, daß die vielen Einzelkapitale einer sehr hohen gesamtwirtschaftlichen Nachfrage gegenüber stehen, der sie zum einen durch die Anhebung ihrer Preise, zum anderen aber auch durch die Ausweitung ihrer Produktionskapazitäten nachzukommen versuchen. Die Zunahme der Investitionstätigkeit löst dabei zunächst einen weiteren Anstieg der Beschäftigung und damit gleichzeitig der nominalen Lohneinkommen aus. Diese Entwicklung führt jedoch aufgrund der Tatsache, daß die neuen Produktionsanlagen noch nicht fertiggestellt sind, folglich eine Situation der gesamtwirtschaftlichen Übernachfrage herrscht, keinesfalls zu einer Beschneidung der unternehmerischen Rentabilität. Im Gegenteil, sämtliche (also nicht nur die Lohn-) Kostensteigerungen vollziehen sich bei stark expandierenden Märkten, so daß sie in der Regel problemlos auf die Preise überwälzt werden können (hierin liegt die eigentliche Ursache dafür, daß sich im Boom der Inflationsprozeß beschleunigt). Erst im weiteren Verlauf der Entwicklung, d.h. nach der Inbetriebnahme der neuen Produktionskapazitäten entscheidet sich dann, ob die Ausreifung der Investitionen zu einer grundsätzlichen Veränderung im Verhältnis von gesamtwirtschaftlichen Angebots- und Nachfragebedingungen geführt hat: Bleibt die Wachstumsrate der realen Nachfrage über oder gleich dem Anstieg des volkswirtschaftlichen Produktionspotentials, nimmt der Boom seinen Fortgang. Bleibt sie jedoch hinter der Angebotsentwicklung zurück, muß die Kapazitätsauslastung tendenziell abnehmen. Zu Recht betont Demele deshalb, daß es

> "zur Unterauslastung der Anlagen...selbst bei absolut steigender Nachfrage kommen (kann, die Verfasser) sofern nämlich das Produktionspotential noch rascher steigt. Der Nachweis einer steigenden Nachfrage vor Ausbruch einer Krise

widerlegt also keinesweg die Theorie einer unzureichenden Nachfragesteigerung" (Demele 1983, 37).

Die zyklische Krise nimmt ihren Ausgang, wenn von Seiten der Unternehmer - insbesondere der Konsumgüterindustrien - die Erfahrung gemacht wird, daß der Rückgang der Kapazitätsauslastung längerfristiger Natur sein dürfte. Verschlechterte Umsatzrenditen und zunehmend pessimistischere Ertragserwartungen führen dann zum Abbruch des weiteren Ausbaus des Produktionspotentials. Dadurch aber geraten nun auch die Anbieter der Maschinen in eine Absatzklemme und sehen sich mit einer sinkenden Kapazitätsauslastung konfrontiert. Es zeigt sich also, daß der der Krise vorangegangene Boom zu einer Ausweitung der gesamtwirtschaftlichen Produktionskapazitäten geführt hat, die die gebrauchswertmäßig bestimmten Proportionen zwischen Investition und Konsum verletzt. In der Konsequenz werden zahlreiche Unternehmen ihre Beschäftigung reduzieren, was die Krise allerdings weiter verschärft: Da die Lohnsumme unter dem Druck der steigenden Arbeitslosigkeit tendenziell zurückgeht, muß nun auch die gesamtwirtschaftliche Konsumgüternachfrage stagnieren, u.U. sogar real abnehmen. Dies wiederum veranlaßt speziell die Unternehmen der Konsumgüterindustrie, ihr Produktionspotential nochmals einzuschränken und damit zugleich die Absatzmöglichkeiten der Investitionsgüter produzierenden Firmen weiter zu beschneiden. Die Folge ist ein kumulativer Prozeß, in dessen Verlauf sich die Rentabilität fast sämtlicher Einzelkapitale verschlechtert: So treibt die gesunkene Kapazitätsauslastung zunächst die Stückkosten in die Höhe. Gleichzeitig verengt sich jedoch der Spielraum für Preiserhöhungen, da der Angebotsüberhang zu einer verschärften Konkurrenz zwischen den einzelnen Unternehmen um die verbliebenen Märkte führen muß. Mit anderen Worten, die Zwischenräume zwischen Kosten- und Absatzpreisen werden also deutlich geringer. Zahlreiche Unternehmen geraten deshalb in ernsthafte Liquiditätsschwierigkeiten und müssen entweder ganz aus dem Markt scheiden oder aber - zur Vermeidung ihres Zusammenbruches - die 'Kooperation' mit größeren und finanzstärkeren Unternehmen einleiten (Zentralisation des Kapitals im Sinne von Marx).

4.2.1.2. Die marktvermittelte Überwindung der Krise

Grundsätzlich gilt, daß die Krise erst bei einer Beseitigung des im vorangegangenen Boom entstandenen Mißverhältnisses zwischen Angebot und Nachfrage überwunden werden kann. In diesem Abschnitt wollen wir zeigen, daß auch die von konservativer Seite viel beschworenen 'Selbstteilungskräfte des Marktes' zur Einleitung eines neuen Aufschwungs führen müssen, allerdings zu hohen gesellschaftlichen Kosten (zum folgenden vgl. ebd., 40 ff., Goldberg 1979, 156 f).
Dauert die Krise eine gewisse Zeit an, geht das gesamtwirtschaftliche Produktionspotential tendenziell zurück. Dies vollzieht sich insbesondere über die Konkurse der in Liquiditätsschwierigkeiten geratenen und deshalb nicht mehr profitablen Unternehmen, denn Firmenzusammenbrüche sind zwangsläufig mit der Vernichtung von Maschinen und Anlagen, aber auch einem kräftigen Anstieg der Arbeitslosigkeit verbunden. Gleichzeitig dürften zahlreiche der weiterhin bestehenden Unternehmen die Vornahme von Ersatzinvestitionen verzögern, da ihre bestehenden Angebotsmöglichkeiten völlig ausreichen, um die momentane Nachfrage zu befriedigen. Dieses Verhalten trägt folglich ebenfalls zur Reduktion des volkswirtschaftlichen Angebotspotentials bei.
Auf der Nachfrageseite dagegen bestehen für den Rückgang des privaten Verbrauchs deutliche Schranken. Teile der Beschäftigung sind nämlich vom Rückgang der Produktion durchaus unabhängig, können also nicht entsprechend der Reduzierung des Outputs abgebaut werden. Zudem erweist sich die Senkung der Realeinkommen über gewisse Grenzen hinaus als schwierig, weil bestimmte Teile dieser Einkommen - in erster Linie die Komponenten des Soziallohns - von den Angebots- und Nachfrageverhältnissen am Arbeitsmarkt und damit auch der Arbeitslosenquote entkoppelt sind. In der Konsequenz verteilt sich die (ein historisch determiniertes Minimum nicht unterschreitende) konsumtive Endnachfrage nunmehr auf ein geringeres Produktionspotential, welches von einer reduzierten Zahl privater Unternehmen repräsentiert wird. Dies aber kommt vom Standpunkt der großen Mehrheit der am Markt verbliebe-

nen Unternehmen einer erhöhten Nachfrage nach ihren Produkten gleich - mit anderen Worten: Ihre Rentabilität nimmt langsam wieder zu.
Verstärkt wird der allmählich Ausgleich zwischen Angebot und Nachfrage schließlich auch durch den Umstand, daß die seit dem Beginn der Krise verzögerten Ersatzinvestitionen im weiteren Verlauf des Konjunktureinbruchs doch vorgenommen werden müssen, wollen die entsprechenden Unternehmen nicht aus dem Markt scheiden. Die Investitionsgüternachfrage trägt also ebenfalls zur Stabilisierung der gesamtwirtschaftlichen Nachfrage in Bezug auf die vorhandenen Produktionskapazitäten bei. Hinzu kommt, daß diese Tendenz noch durch die 'Autonomie' eines großen Teils der öffentlichen Investitionen unterstützt wird. Auch bei einer prozyklischen Haushaltspolitik läßt sich nämlich die staatliche Investitionsgüternachfrage aufgrund ökonomischer, rechtlicher und politischer Faktoren nicht grenzenlos senken.
In der Spätphase der Krise bewirkt die relative Stabilität der gesamtwirtschaftlichen Produktions- und Konsumgüternachfrage, daß der Auslastungsgrad der - geschrumpften - Kapazitäten langsam wieder ansteigt. Die Stückkosten der Unternehmen gehen somit zurück. Gleichzeitig führen verbesserte Ertragserwartungen zu einer erneuten Ausweitung des Produktionsvolumens, was nach einer gewissen zeitlichen Verzögerung wieder zu einer Anhebung des Beschäftigungsniveaus führt. Sowohl die Löhne als auch die Profite weisen also eine steigende Tendenz auf. Diese Entwicklung aber bedeutet einen weiteren Nachfrageschub für die Konsumgüterindustrien, die ihre Produktions- und Investitionstätigkeit verstärken werden. Entsprechende Rückwirkungen auf den Investitionsgütersektor tragen zur Beschleunigung des Aufschwungs bei. Die Konjunkturbelebung setzt sich so lange fort, wie es nicht zur erneuten Entstehung von Disproportionen zwischen der gesamtwirtschaftlichen Nachfrage und den vorhandenen Produktionskapazitäten kommt.

4.2.2. Nachfrageorientierte Konjunkturpolitik und ihre Reflexion im plan intérimaire (PI)

Die eben dargestellte 'naturwüchsige' Überwindung von ökonomischen Krisen im Kapitalismus ist mit außerordentlich hohen gesellschaftlichen Kosten verbunden. Dies zeigte sich beispielsweise in den Jahren 1980-1982, als die Regierungen zahlreicher großer Industrieländer bei der Krisenüberwindung verstärkt auf die 'Selbstheilungskräfte des Marktes' setzten und dabei einen rasanten Anstieg der Massenarbeitslosigkeit sowie deutliche Unterauslastungen des vorhandenen Produktionspotentials, kurzum: großes soziales Leid und eine erhebliche Verschwendung vorhandenen volkswirtschaftlichen Reichtums akzeptierten.
Nun lassen sich, wie wir in den vorangegangenen Ausführungen gezeigt haben, Wirtschaftskrisen in kapitalistisch verfaßten Gesellschaften nicht vermeiden, da sei ein endogenes Produkt der ökonomischen Dynamik dieser Gesellschaften sind. Dennoch können, und hier liegt der Anknüpfungspunkt einer jeden nachfrageorientierten Wirtschaftspolitik, auch innerhalb des Marktsystems Mittel und Wege aufgezeigt werden, die die Linderung der Konjunkturkrisen sowie ihrer negativen Folgewirkungen zum Resultat haben. Voraussetzung dafür ist die systematische Intervention des Staates in den Wirtschaftsprozeß. Durch einen expansiven Einsatz seines Budgets (insbesondere der Geld- und Fiskalpolitik) kann er dazu beitragen, daß die für den Abschwung bzw. die Krise verantwortliche Schere zwischen der gesamtwirtschaftlichen Nachfrage und dem existierenden Produktionspotential früher geschlossen wird, als es im Zusammenhang der 'naturwüchsigen' Krisenbereinigung möglich wäre. Grundsätzlich zwei Wege stehen dabei zur Einleitung eines neuen Wachstumsprozesses offen: Zum eine die staatlich induzierte Anhebung des Massenkonsums (z.B. über die Anhebung der Sozialleistungen), zum anderen die staatliche Stimulierung der nationalen Investitionstätigkeit (z.B. über die Ausweitung der öffentlichen Bestellungen).
Ein Blick in den im Herbst 1981 verabschiedeten PI zeigt, daß sowohl die Belebung der Konsum- als auch der Investitionsgüter-

nachfrage für notwendig erachtet wird, um die Krise zurückzudrängen. Für die kurze Frist liegt das Schwergewicht allerdings beim privaten Verbrauch:

> "Die Realisierung der Strategie des Plans beinhaltet...die Suche nach einem beschleunigten und dauerhaften Wachstums. Sie stützt sich dabei - in einer ersten Phase - auf die Stärkung der Binnennachfrage, insbesondere des Konsums, um die Ökonomie wieder zu beleben" (PI, 47).

Schon sehr bald jedoch wird sich zeigen, daß "die Belebung des Konsums, eingeleitet über die Anhebung der niedrigsten Löhne sowie die Ausweitung der Sozialleistungen" (ebd., 81) den Unternehmen "...neue Absatzmärkte sichert und ihnen somit die Vornahme neuer Investitionen erleichtert" (ebd.). Der Anstieg der Investitionen wiederum "erhöht die Wettbewerbsfähigkeit der Unternehmen und stärkt deshalb ihre Fähigkeit, den Binnenmarkt zurückzuerobern" (ebd.).

Die historischen Erfahrungen zeigen, daß Phasen wirtschaftlicher Belebung in Frankreich traditionell mit einer kräftigen Zunahme des Außenhandelsdefizits sowie der Inflationsrate verbunden sind. Zur Abwehr der daraus für den Konjunkturaufschwung resultierenden Gefahren hält es der PI für erforderlich, daß die Regierung die wirtschaftliche, speziell industrielle Investitionstätigkeit nicht nur über den Konsum, sondern auch unmittelbar, also über direkt angebotsorientierte Maßnahmen stimuliert, damit die "strukturellen Grundlagen eines autonomeren Wachstumsprozesses" ebd., 47) gelegt werden können. Große Bedeutung kommt in diesem Zusammenhang beispielsweise der staatlichen Forschungsförderung, der Schaffung verbesserter Finanzierungsbedingungen sowie der Reform des Bildungssystems zu. Auch soll die Durchsetzung einer binnenmarktorientierten Unternehmenspolitik im erweiterten öffentlichen Sektor zur Einleitung eines neuen Investitionsaufschwungs beitragen (vgl. Abschnitt 5.3.1.).

Aufgrund der hohen französischen Arbeitslosenquote sowie des demographisch bedingten Anstiegs des Arbeitsangebots geht der PI davon aus, daß eine Wachstumspolitik allein nicht zur Überwindung der Arbeitslosigkeit führen kann. Er plädiert deshalb dafür, die Anhebung der Masseinkommen durch eine aktive Arbeitsmarktpolitik zu ergänzen, die über eine Vielzahl von Regelungen (Wochen-, Jahres-, Lebensarbeitszeitverkürzung) ebenfalls dazu beiträgt, daß die Schere zwischen dem existierenden Arbeitsangebot und der vorhandenen Arbeitsnachfrage allmählich geschlossen wird (vg. ebd., 79 ff.). Das Schwergewicht legt der PI dabei eindeutig auf die "generelle und substantielle" (vgl. ebd., 63) Verkürzung der Wochenarbeitszeit. "Insbesondere diese...Maßnahme ist zur Schaffung neuer Arbeitsplätze geeignet" (ebd.). Bis 1985 soll die 35-Stundenwoche durchgesetzt werden. Die Tarifpartner sollen in einzelnen Branchen unter Berücksichtigung der jeweiligen branchenspezifischen Bedingungen die konkreten Modalitäten der Wochenarbeitszeitverkürzung aushandeln. Der Regierung wird die Aufgabe zugewiesen, die in diesen Verhandlungen erzielten Fortschritte jedes Jahr gesetzlich abzusichern. Bezüglich der Frage des Lohnausgleichs geht der PI davon aus, daß

> "die Verkürzung der Arbeitszeit in gewissen Grenzen vereinbar (ist, die Verfasser) mit der Aufrechterhaltung bzw. leichten Anhebung der mittleren jährlichen Kaufkraft der Arbeitnehmer" (ebd., 85).

Völlig zu Recht hebt der PI hervor, daß es die Logik der von der neuen Regierung zunächst favorisierten Politik entpsricht, den Umfang der Staatsverschuldung zeitweilig kräftig ansteigen zu lassen: Während die Regierungen unter Giscard im Rahmen ihrer Restriktionspolitik auf eine Reduzierung der Staatsverschuldung hinarbeiteten, hat sich die neue Regierung

> "auf eine aktive Nutzung des öffentlichen Defizits festgelegt. Indem sie die öffentlichen Ausgaben stärker als die entsprechenden Einnahmen ausweitete, hat sie - gestützt auf staatliche Defizite - dazu beigetragen, die Nachfrage zu stimulieren, die strukturelle Anpassung einzuleiten und eine Offensive gegen die Arbeitslosigkeit zu initiieren" (ebd., 67).

Gelingt es der Regierung, mit Hilfe einer expansiveren Gestaltung des Budgets einen neuen Wachstumsprozeß in Gang zu setzen, wird sich die finanzielle Situation des Staates jedoch bald wieder verbessern. Steigende Einnahmen aus Steuern und Sozialversicherungsbeiträgen stehen dann sinkenden Ausgaben für die Finanzierung der Arbeitslosigkeit gegenüber, so daß die "öffentlichen Finanzen ins Gleichgewicht zurückkehren können" (ebd.).
Schließlich geht der PI davon aus, daß die staatlich induzierte Schließung der Schere zwischen der gesamtwirtschaftlichen Nachfrage und dem gesamtwirtschaftlichen Angebotspotential nicht nur beschäftigungswirksam ist, sondern darüber hinaus auch inflationshemmende Effekte mit sich bringen muß. Als Grundlage dieser Vermutung dient dabei die Tatsache, daß eine verbesserte Kapazitätsauslastung für die Unternehmen mit einer Senkung der Fixkosten pro Outputeinheit sowie einer Erhöhung der Arbeitsproduktivität verbunden ist. Aufbauend auf einer kostentheoretischen Inflationserklärung wird daraus geschlossen, daß die Unternehmer die entstandene Senkung ihrer Stückkosten in die Preise weitergeben werden, so daß die "inflationistischen Spannungen zusammen mit den Stückkosten reduziert werden können" (ebd., 71). Da in den vergleichsweise hohen französischen Preissteigerungsraten eine der wesentlichen Ursachen für die geringe Wettbewerbsfähigkeit der französischen Industrie gesehen werden muß, führt - gemäß der Logik des PI - die mit einem neuen Wachstumsprozeß möglich gewordene Senkung der Inflation zugleich auch zu einer Verbesserung der außenwirtschaftlichen Position des Landes. Eine aktive Konjunkturpolitik und der Kampf gegen das traditionelle Außenhandelsdefizit stehen also in dieser Sicht nicht gegeneinander, sondern sind zwei Seiten der gleichen Medaille (vgl. ebd., 71ff.).

Nachdem wir in den bisherigen Ausführungen einige grundlegende Elemente der von der neuen französischen Regierung im Jahre 1981 verfochtenen konjunkturpolitischen Konzeption dargestellt haben, ist es nun möglich, die mit dieser Konzeption angestrebte Wirkungskette in systematisierter Form zu skizzieren: Ausgegangen wird zunächst von einer Erhöhung des staatlichen Budgetdefizits, das die Regierung neben einer aktiven Beschäftigungspolitik zur Anhebung der privaten Massenkaufkraft sowie der Ausweitung investitionsfördernder Maßnahmen nutzt. Der daraus resultierende Anstieg der gesamtwirtschaftlichen Nachfrage verbessert die Ertragserwartungen der Unternehmen und veranlaßt sie, ihre Produktion auszuweiten. Mit der steigenden Kapazitätsauslastung nimmt dann zugleich die Stückkostenbelastung der Unternehmen ab. Ihre Rentabilität verbessert sich also sowohl von der Kosten- als auch der Absatzseite, was sie - nach einer gewissen zeitlichen Verzögerung - zur Vornahme neuer Investitionen, erst im Konsumgüter- und anschließend im Investitionsgütersektor veranlassen wird. Da die Zunahme der Investitionstätigkeit mit der Schaffung neuer Arbeitsplätze, d.h. mit einer Anhebung des allgemeinen Beschäftigungsniveaus verbunden ist, muß sie zugleich auch einen weiteren Anstieg der Massenkaufkraft sowie der unternehmerischen Gewinne nach sich ziehen. Dies wiederum kommt einer nochmaligen Stärkung der gesamtwirtschaftlichen Nachfrage gleich und trägt somit zur Befestigung des sich immer mehr selbst finanzierenden Aufschwungs bei. Zwei Konsequenzen ergeben sich schließlich: Zum einen kann der Staat sein in der Krise ausgeweitetes Budgetdefizit allmählich wieder zurückfahren, da steigenden Steuereinnahmen einem tendenziell sinkenden Handlungsbedarf auf der Ausgabenseite gegenüberstehen. Zum anderen führt die mit dem Aufschwung verbundene Verbesserung der unternehmerischen Kostenstrukturen zu einer Verringerung der nationalen Inflationsrate und damit zu einer Erhöhung der internationalen Wettbewerbsfähigkeit der heimischen Industrie, so daß der auf der Konjunkturbelebung lastende Außenhandelsdruck zurückgedrängt werden kann.

M. Beaud hat versucht, die ökonomische Logik dieser Konzeption graphisch darzustellen. Das von ihm entwickelte Schaubild 4.1 hebt mit Eindringlichkeit hervor, daß die Realisierung fast aller von der Linksregierung anvisierten wirtschaftspolitischen Zielsetzungen - dauerhafte Erhöhung der Einkommen und der Beschäftigung, Verbesserung der unternehmerischen Angebotsbedingungen, mittelfristige Reduktion der öffentlichen Defizite, Stärkung der internationalen Wettbewerbsfähigkeit Frankreichs - davon abhängen, inwieweit die staatlichen Impulse zur Stimulierung der Konsum- und Investitionsgüternachfrage tatsächlich einen Anstoßeffekt auf die nationale Produktionstätigkeit ausüben können. "Die Perspektive eines wiedererlangten Wachstums gab diesem Projekt seine ökonomische Glaubwürdigkeit" (Beaud 1983, 40). "Ökonomischer Aufschwung, sozialer Fortschritt, Kampf gegen die Arbeitslosigkeit und Kampf gegen die Inflation waren derselben Bewegung verschrieben" (ebd., 41).

SCHAUBILD 4.1: KONJUNKTURPOLITISCHE KONZEPTION DER FRANZÖSISCHEN LINKSREGIERUNG 1981/82

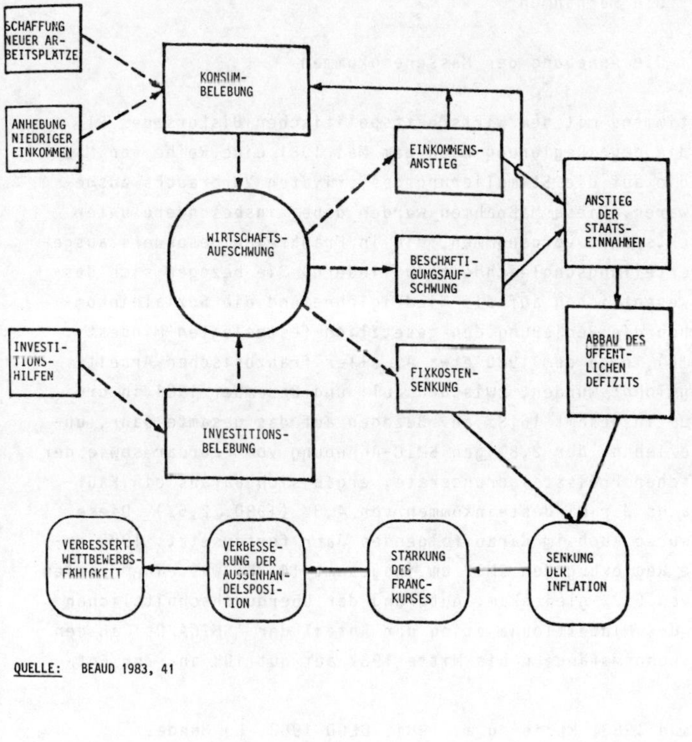

QUELLE: BEAUD 1983, 41

Doch stand weitaus mehr auf dem Spiel als nur der Erfolg einer wirtschaftspolitischen Konzeption. Da die französische Linke die Wahl von 1981 insbesondere mit dem Versprechen gewonnen hatte, den von der giscard'schen Politik forcierten Desindustrialisierungsprozeß Frankreichs sowie die mit ihm verbundenen katastrophalen sozialen Folgewirkungen zu stoppen und an seine Stelle ein neues, an den Bedürfnissen und Interessen der übergroßen Bevölkerungsmehrheit orientiertes Wachstum zu setzen, ging es zugleich um die politische Glaubwürdigkeit der gesamten Regierung

4.2.3. Die Maßnahmen[1]

4.2.3.1. Die Anhebung der Masseneinkommen

Übereinstimmend mit dem wirtschaftspolitischen Diskurs des PI ergriff die neue Regierung nach dem Mai 1981 eine Reihe von Maßnahmen, die auf die Stimulierung des privaten Verbrauchs ausgerichtet waren. Diese Maßnahmen wurden dabei insbesondere unter dem Gesichtspunkt vorgenommen, die in Frankreich besonders ausgeprägte Verteilungsungleichheit zu lindern. Sie bezogen sich deshalb im wesentlichen auf die Niedriglöhne und die Sozialeinkommen. So hob die Regierung den gesetzlich festgelegten Mindestlohn (SMIC), nach dem 1980 etwa 4% aller französischen Arbeitnehmer entlohnt wurden, zwischen Juli und Dezember 1981 in drei Etappen um insgesamt 16,8% an. Bezogen auf das gesamte Jahr, unter Einbeziehung der 2,8%igen SMIC-Anhebung vom Februar sowie der französischen Preissteigerungsrate, ergab sich daraus ein Kaufkraftzuwachs der Mindesteinkommen von 4,8% (1980: 2,5%). Diese Politik wurde auch im darauffolgenden Jahr fortgesetzt. 1982 erhöhte die Regierung den SMIC um insgesamt 14,2%, was einem realen Zuwachs von 5,2% gleichkam. Aufgrund der überdurchschnittlichen Anhebung des Mindestlohns stieg der Anteil der 'SMICARDs' an den gesamten Lohnempfängern bis Mitte 1982 auf gut 10% an. Zur Ent-

---

[1]Vgl. Beaud 1983, Mazier u.a. 1984, OECD 1983, Le Monde.

lastung der vom überproportionalen Kaufkraftzuwachs der untersten Einkommen besonders betroffenen arbeitsintensiven Unternehmen (insbesondere des KGS) erklärte sich die Regierung dazu bereit, diesen Unternehmen 50% der entstandenen Mehrkosten zu finanzieren.
Einen zentralen Stellenwert in der Politik der Einkommensumverteilung besaß auch die Aufbesserung der staatlichen Sozialleistungen. So wurden im Rahmen des von der Regierung im Juni 1981 beschlossenen Maßnahmepakets zunächst die Mindestrenten um 20% und die Familien- und Wohnungsbeihilfen um 25% heraufgesetzt (die Mindestrenten wurden im September nochmals, auf 2000 Franc monatlich, angehoben). Diese Maßnahmen, die insgesamt 5 Mio. Haushalten zugute kamen, wurden ergänzt durch die Anhebung der Mietbeihilfen um 50% und die Ausweitung der Behindertenbeihilfen um 25%. Zudem erhöhte die Regierung im September das Arbeitslosengeld um 6,8%. Alle Neuregelungen zusammengenommen, stieg die Kaufkraft der Sozialleistungen 1981 um 5,1% und 1982 sogar um 6,7% an. Damit erhöhte sich ihr Anteil am Bruttoeinkommen der Haushalte bis 1982 auf 33% (1980: 29,5%).
Während die gesetzlichen Mindestlöhne und die Sozialeinkommen im ersten Jahr der französischen Linksregierung deutlich zunahmen, gilt dies für die übrigen Lohneinkommen nur in einem erheblich geringeren Maße. Der von den Gewerkschaften erhoffte Anstoßeffekt auf die gesamte Lohnhierarchie blieb also weitgehend aus. Zwar konnte bei den tariflichen Nominalstundenlöhnen zwischen Juni 1981 und Juni 1982 ein durchschnittlicher Anstieg von 16,7% erzielt werden (wodurch sich der Kaufkraftzuwachs des Stundenlohns gegenüber der vorangegangenen Periode sogar verdoppelte), doch schlug sich dies aufgrund der rückläufigen Wochenarbeitszeit kaum in der Kaufkraft des monatlichen Bruttolohns nieder. Für den betrachteten Zeitraum muß deshalb davon ausgegangen werden, daß das durchschnittliche Monatseinkommen der französischen Arbeitnehmer (ohne SMICARDs) real lediglich um knapp 1% zugenommen hat. Besonders ungünstig gestaltete sich dabei die Entwicklung im öffentlichen Dienst, wo die Löhne und Gehälter in der zweiten Hälfte des Jahres 1981 nur um 0,3% anstiegen und in der

ersten Hälfte des darauffolgenden Jahres sogar real rückläufig waren (-0,6%).
Insgesamt nahm das verfügbare Realeinkommen der französischen Haushalte (direkte Löhne und staatliche Übertragungen) zwischen Juni 1981 und dem gleichen Monat des Folgejahres um 2,7% zu. Verglichen mit 1980, als die Realeinkommen aufgrund der barre'schen Deflationspolitik noch rückläufig waren, kam dies einer Steigerung von 3,0% gleich. Der Regierungswechsel vom Mai hatte also für einen Großteil der Bevölkerung eine spürbare Verbesserung der materiellen Lebenssituation mit sich gebracht. Die Ausrichtung der Einkommensanhebung auf die Niedriglohnbezieher, die sich durch eine vergleichsweise hohe Konsumneigung auszeichnen, hatte zudem den Effekt, daß die gesamtwirtschaftliche Sparquote nur sehr wenig - um o,1% - anstieg. Folglich schlugen sich die Einkommensimpulse - wie von der Regierung angestrebt - in einer starken Zunahme des privaten Verbrauchs nieder. So stiegen die Verbrauchsausgaben in der zweiten Hälfte des Jahres 1981 um 3,9%, nachdem sie sich noch in den sechs vergangenen Monaten lediglich um 1,9% erhöht hatten. Dieser Trend setzte sich auch in der ersten Jahreshälfte 1982 ungebrochen fort (+4,0%). Die staatlich induzierte Mehrnachfrage konzentrierte sich dabei im wesentlichen auf den Bereich der dauerhaften Konsumgüter und den FB. Allein im Bereich der UE stieg die Nachfrage im ersten Quartal von 1982 um 19% an. Die PKW-Nachfrage erreichte ihren Höhepunkt ebenfalls in den ersten drei Monaten des Jahres 1982, als sie gegenüber dem entsprechenden Vorjahresteitraum um 16,4% zunahm.

4.2.3.2. Die Beschäftigungspolitik

Sowohl in der vor 1981 entwickelten konjunkturpolitischen Programmatik als auch während des Wahlkampfes hatten die beiden Linksparteien die Bekämpfung der Arbeitslosigkeit als das primäre Ziel ihrer Wirtschaftspolitik bezeichnet. Dabei gingen sie von der Annahme aus, daß lediglich die staatlich induzierte Belebung der Produktions- und Investitionstätigkeit eine grundsätzliche Reduktion des Problemdrucks am Arbeitsmarkt bewirken könnte. Gleichzeitig waren sie sich aber auch der Tatsache bewußt, daß aufgrund der (sowohl aus demographischen Gründen als auch wegen der Zunahme der Erwerbsquote) deutlich steigenden Zahl der Erwerbspersonen und der erheblichen Produktivitätsreserven der französischen Industrie eine Wachstumspolitik allein nicht zur Wiederherstellung der Vollbeschäftigung in der Lage war. Folglich kam der Beschäftigungspolitik der Linksregierung neben der Anhebung der Masseneinkommen eine zentrale Bedeutung zu. Bis zum Sommer 1982 setzte sie folgende beschäftigungspolitische Maßnahmen durch:

1. Verkürzung der Wochenarbeitszeit. Ausgehend von dem erklärten Ziel, bis Ende 1985 die 35-Stundenwoche für alle Arbeitnehmer zu verwirklichen, bewirkte die Regierung bereits im Juni die Wiederaufnahme der (1980 gescheiterten) Verhandlungen zwischen den Tarifpartnern über verschiedene Formen der Arbeitszeitverkürzung. Dabei konnte bereits im Juli eine Rahmenvereinbarung unterzeichnet werden, in der sich die Arbeitgeberseite mit der Einführung der 39-Stundenwoche einverstanden erklärte. Nachdem bis Dezember 1981 in insgesamt 26 Branchen entsprechende Vereinbarungen unterzeichnet werden konnten, sicherte die Regierung die Verkürzung der Wochenarbeitszeit auf 39 Stunden im Januar 1982 gesetzlich ab. Die konkreten Durchführungsmodalitäten sollten jedoch dezentral in den einzelnen Branchen zwischen den Tarifpartnern ausgehandelt werden. Zudem sah die Regierungsverordnung zunächst nur für die SMIC-Empfänger einen vollen Lohnausgleich vor, während über die Frage des Lohnausgleichs für alle übrigen Arbeitnehmer in Verhandlungen zwischen den Gewerkschaften und den Arbeitgeberverbänden entschieden werden sollte. Diese Einschränkung wurde jedoch schon im Februar auf massive Proteste von Seiten der Gewerkschaften und der PC hin wieder aufgehoben. Staatspräsident Mitterand erklärte: "Kein Arbeitnehmer braucht im Zusammenhang mit der Einführung der 39-Stundenwoche um seine Kaufkraft zu fürchten" (zit. nach Le Monde, 11.2.1982).

Ergänzt wurde die einstündige Wochenarbeitszeitverkürzung durch die Herabsetzung der gesetzlichen Höchstarbeitszeit von 48 Wochenstunden über 12 aufeinander folgende Wochen auf nunmehr 45 Stunden. Gleichzeitig beschränkte die Regierungsverordnung die jährlich erlaubte Überstundenzahl auf 130 Stunden. Weiterhin wurde die Einführung einer 5. Urlaubswoche beschlossen und neue Arbeitszeitverkürzungen insbesondere für Schicht- und Schwerarbeiter bis 1983 in Aussicht gestellt.
Mit allen vorgenannten Maßnahmen zusammengenommen hoffte die Regierung innerhalb eines Jahres knapp 150 000 potentielle neue Arbeitsplätze schaffen zu können.
2. Stellenausbau im öffentlichen Dienst. Die Neueinstellungen im öffentlichen Dienst wurden neben beschäftigungspolitischen Gründen auch unter dem Gesichtspunkt vorgenommen, die staatlichen Dienstleistungen zu verbessern. Deshalb bezogen sie sich überwiegend auf sozial nützliche Bereiche. So waren von den im Sommer 1981 im öffentlichen Sektor neu bereitgestellten 55 000 Arbeitsplätzen 12 000 im nationalen Erziehungswesen, 12 000 bei der Post und 7 000 im sozialen Dienst angesiedelt (die restlichen Stellen wurden in der öffentlichen Verwaltung geschaffen). Die im Herbst des gleichen Jahres beschlossenen Neueinstellungen (61 000) bezogen sich größtenteils auf die Bereiche Erziehung, Ausbildung, Gesundheit, Arbeit, Post und Polizei. Gleichzeitig wurde für 1982 die Schaffung weiterer Arbeitsplätze sowohl im öffentlichen Dienst (55-60 000) und in den (neu) nationalisierten Unternehmen angekündigt, wobei allerdings im Falle der letzteren eine Quantifizierung zunächst unterblieb.
3. Solidaritätsverträge. Bei diesem Instrument der Beschäftigungspolitik handelt es sich um Vereinbarungen zwischen dem Staat, den Arbeitgebern und teilweise auch den Arbeitnehmern, die auf die Verbesserung der Arbeitsmarktlage ausgerichtet sind. Beschlüssen des Ministerrats vom Januar und März 1982 zufolge sind im Rahmen der Solidaritätsverträge die folgenden Regelungen zur Entlastung des Arbeitsmarktes möglich:
- Betriebe, die sich zu einer überdurchschnittlichen Arbeitszeitverkürzung bereit erklären, um somit ihren Personalbestand

auszuweiten, können beim Staat die Erstattung von bis zu 100% der durch die Neueinstellungen zusätzlich entstandenen Sozialabgaben beantragen.
- Arbeitnehmer über 55 Jahre können vorzeitig in den Ruhestand treten, wobei der Staat bis zum Erreichen der gesetzlichen Altersgrenze eine 70%ige Einkommensgarantie übernimmt (Frühverrentung).
- Arbeitnehmer über 35 Jahre, die von einem Voll- auf einen Teilzeitarbeitsplatz umsteigen, erhalten vom Staat einen Lohnzuschuß in Höhe von 30% ihres früheren Einkommens.
- Unternehmen, die arbeitslose Jugendliche bis zu 26 Jahren, Dauerarbeitslose über 45 Jahre oder alleinstehende Mütter einstellen, können beim Staat die Übernahme von 50% des Arbeitgeberbeitrags zur Sozialversicherung beantragen.

Um bloße Substitutionseffekte zu vermeiden, wurden alle im Rahmen der Solidaritätsverträge den Unternehmen gewährten Zuschüsse an effektive Neueinstellungen gebunden.
4. Allgemeine Senkung des Rentenalters. Im März 1982 erfüllte die Linksregierung eine "alte Forderung der Arbeiterbewegung" (Le Monde 17.4.1982), indem sie die Herabsetzung der gesetzlichen Altersgranze auf 60 Jahre (oder 37,5 Beitragsjahre) beschloß. Diese Reform wurde jedoch aufgrund technischer und finanzieller Probleme erst zum 1.4.1983 in Kraft gesetzt.
5. Beschäftigungsfördernde Maßnahmen zugunsten der Privatwirtschaft. Die bis dahin gänzlich ohne staatliche Auflagen vergebenen Investitionszulagen wurden vom Sommer 1981 an nur noch denjenigen Unternehmen gewährt, die ihren Beschäftigtenstand aufrechterhielten (Betriebe bis 100 Mitarbeiter) bzw. erhöhten (Betriebe mit mehr als 100 Mitarbeitern). Gleichzeitig wurden die Mittel des Arbeitsministeriums für Kurzarbeit um gut 100% erhöht, um die Entlassungen aus 'ökonomischen Gründen' einzuschränken. Zudem setzte die Regierung die Zahl der pro Jahr pro Arbeitnehmer zugelassenen Kurzarbeiterstunden von 400 auf 600 herauf.
6. Maßnahmen zur Bekämpfung der Jugendarbeitslosigkeit. Angesichts der hohen Jugendarbeitslosigkeit und der großen Zahl der neu auf den Arbeitsmarkt drängenden Schul- und Hochschulabgänger

verabschiedete die Regierung im Juli 1981 einen Plan zur Bekämpfung der Jugendarbeitslosigkeit. Dieser sah u.a. die folgenden Einzelmaßnahmen vor:

- die Zahlung von Einstellungsprämien an Handwerkerbetriebe, die erstmals - und für wenigstens ein Jahr - einen Arbeitnehmer einstellen.
- Arbeits-Ausbildungs-Verträge für die Dauer von 1 bzw. 2 Jahren (500 bzw. 1000 Stunden). Der Staat entschädigt die Unternehmen für den Arbeitsausfall und die entstandenen Ausbildungskosten mit dem vierfachen Stundensatz des SMIC.
- Kleinbetrieben (bis 11 Mitarbeiter), die Lehrlinge einstellen, werden die Sozialabgaben für die volle Lehrzeit vom Staat finanziert (bei größeren Betrieben gilt dies lediglich für ein Jahr).
- die Ausweitung staatlich finanzierter Berufspraktika.
- die staatliche Förderung sozialer und kultureller Projekte arbeitloser Jugendlicher.
- die Möglichkeit für Jugendliche, die nach Ableistung ihres Militärdienstes keine Arbeit gefunden haben, im Rahmen eines Vertrages der 'jungen Freiwilligen' für ein Jahr lang eine Art bezahlten Zivildienst zu leisten.

Im Dezember 1981 beschloß der Ministerrat, für 160 000 arbeitslose Jugendliche unter 18 Jahren weitere flexible und differenzierte Formen der beruflichen und sozialen Eingliederung zu schaffen. Im ersten Halbjahr 1982 wurden weitere 12 000 Berufspraktikaplätze bereitgestellt.

7. Schließlich bekräftigte die Regierung ihre Absicht, die Berufsbildungs- und Fortbildungsmöglichkeiten zu verbessern.

4.2.3.3. Die expansive Gestaltung des öffentlichen Budgets

Die vorgenannten einkommens- und beschäftigungspolitischen Maßnahmen kamen einer starken finanziellen Mehrbelastung des öffentlichen Budgets gleich. Allein das Ensemble der beschäftigungspolitischen Maßnahmen dürfte den Staat im Jahre 1981 gut 40 Mrd. Franc gekostet haben. Die Aufbesserung der Sozialeinkommen hob

die Staatsausgaben im ersten Halbjahr der Linksregierung um 6,3 Mrd. Franc an. Zur Finanzierung dieser zusätzlichen Ausgaben beschloß die Regierung, das öffentliche Defizit deutlich auszuweiten. War im (noch unter Giscard verabschiedeten) Haushaltsgesetz für 1981 ursprünglich nur ein Defizit von 29,3 Mrd. Franc projektiert, sah das von der Linksregierung im August verabschiedete Nachtragsbudget zur Finanzierung der expansiven Politik eine Aufstockung der staatlichen Verschuldung auf insgesamt 57 Mrd. Franc (+96,5%) vor. Um den Staatshaushalt nicht übermäßig durch ungedeckte Ausgaben zu belasten, beschloß die Regierung gleichzeitig eine Reihe von Steuererhöhungen, die insgesamt Mehreinnahmen in Höhe von 7,6 Mrd. Franc bewirken sollten. Da das Ziel des Abbaus der Verteilungsungleichheit nicht verletzt werden sollte, wurden diese Steuererhöhungen überwiegend auf die höheren Einkommensschichten ausgerichtet. So mußten die großen Steuerzahler (über 80.000 Franc Einkommenssteuer jährlich) aufgrund der sofortigen Anhebung der Grenzbesteuerung für jedes zusätzlich verdiente Einkommen mehr Steuern zahlen. Von dieser Neuregelung, die etwa 150 000 Personen betraf, erhoffte sich die Regierung zusätzliche Einkommenssteuereinnahmen von 3,4 Mrd. Franc. Gleichzeitig erhob sie eine Sondersteuer auf 'außerordentliche' Gewinne der Erdölgesellschaften sowie die Zusatzgewinne der Banken aus der Zinshausse. Beide Maßnahmen zusammengenommen sollten das Budget durch Mehreinnahmen von 2,5 Mrd. Franc entlasten. Daneben wurde eine Sonderbesteuerung der unternehmerischen Aufwandskosten (Dienstwohnungen und -wagen, Werbegeschenke etc.) erhoben und für gewisse Güter und Dienstleistungen mit 'Luxuscharakter' (beispielsweise große Segelschiffe oder 4-Sterne-Hotels) die Mehrwertsteuer von 17% auf 33% heraufgesetzt. Die beiden letztgenannten Neuregelungen sollten die öffentlichen Einnahmen um 1,9 Mrd. Franc erhöhen.
Die expansive Gestaltung des Staatshaushalts wurde auch 1982 beibehalten. So sah das diesjährige Budget gegenüber dem Ersthaushalt des Jahres 1981 einen Ausgabenzuwachs von 27,8% vor. Die Staatsverschuldung sollte nochmals kräftig, auf nunmehr 95,5 Mrd. Franc ansteigen. Um sie bei diesem Betrag festzuhalten, wurden wiederum einige Steueränderungen durchgesetzt. So führte die Re-

gierung eine Höchstgrenze für die steuerliche Absetzbarkeit unterhaltsberechtigter Personen ein und erhob einen 10%igen Sonderzuschlag auf die hohen Einkommen. Betroffen von dieser 'Solidaritätsabgabe' waren diejenigen Steuerzahler (etwa 1,5-2 Mio), deren Steuerbetrag mehr als 15 000 Franc jährlich ausmachte. Zudem wurde - erstmals in Frankreich - eine Vermögenssteuer eingeführt und damit eine alte Forderung der Linken zum Abbau der sozialen Hierarchie realisiert. Angesichts der relativ hohen Freigrenze von 3 Mio. Franc, die für das sogenannte 'produktive' Vermögen um weitere 2 Mio. Franc heraufgesetzt wurde, sind von dieser Steuer allerdings nur etwa 150 000 Personen betroffen. Außerdem können Neuinvestitionen vom geschuldeten Steuerbetrag in Abzug gebracht werden. Folglich konnte die Vermögenssteuer, deren Sätze zwischen 0,5% und 1,5% liegen, dem Staat 1982 lediglich 3,6 Mrd. Franc einbringen. Abschließend bleibt zu erwähnen, daß die Regierung auch einige Maßnahmen zur direkten steuerlichen Entlastung der Niedrigeinkommen ergriff. Genannt werden muß hier neben der Anhebung der Steuerklassen zur Berücksichtigung der Inflation von 13,5%, insbesondere die Schaffung von Steuerfreibeträgen für die untersten Einkommensgruppen.

4.2.4. Die ökonomischen Ergebnisse der expansiven Konjunkturpolitik

Die Maßnahmen zur Belebung der Binnenkonjunktur hatten zur Folge, daß der 1980 einsetzende Konjunkturabschwung zumindest gebremst und zeitweilig sogar gestoppt werden konnte. So stieg das BSP, nachdem es in den beiden vorangegangenen Jahren nahezu konstant geblieben war, zwischen Mai 1981 und Mai 1982 wieder leicht an (die Zuwachsraten lagen in der zweiten Hälfte des Jahres 1981 bei 2,5% und in der ersten Hälfte von 1982 bei 1,4%)[1]. Im Bereich der industriellen Produktion, die zuvor einen stark rückläufigen

[1] Alle Zahlen, wenn nicht anders angegeben, nach OECD, 1983, 11ff., Tendances de la conjoncture N° 11, 22.12.1983.

Trend aufgewiesen hatte, setzte im Sommer 1981 ebenfalls eine Belebung ein (+3,0% zwischen Juli und Dezember 1981), die allerdings nur bis zum Jahreswechsel 1981/82 anhielt (vgl. Schaubild 4.2). Bereits in der ersten Jahreshälfte 1982 ging der Index der industriellen Produktion erneut - und mit 3,0% auch relativ kräftig - zurück. Dabei verlief die Entwicklung in den einzelnen Industriebereichen sehr unterschiedlich (vgl. Schaubild 4.3). Während insbesondere die Gesamtheit der Konsumgüterindustrien von der Belebung der Nachfrage profitieren uhd ihre Produktion bis in die zweite Jahreshälfte 1982 ausweiten konnten, blieben die Effekte auf die Investitionsgüterindustrien erheblich geringer. Zwar gelang es, die Produktion in diesem Bereich zunächst zu stabilisieren, sie fiel dann aber mit dem Beginn des Jahres 1982 wieder deutlich ab, wobei bezogen auf das ganze Jahr das - ohnehin schon niedrige - Produktionsvolumen von 1980 noch unterschritten wurde. Eine entgegenläufige Tendenz zeigte sich lediglich in der EEI. Die Zwischengüterindustrien, deren Produktion im wesentlichen von der Nachfrage des Investitionsgütersektors abhängig ist, profitierten ebenfalls nur wenig von der staatlich induzierten Kaufkraftbelebung. Von 1982 an mußten sie nach einer kurzen Phase der Stabilisierung ebenfalls einen erneuten Rückgang ihres Outputs hinnehmen. Dem Automobilbau schließlich gelang es, seinen Absatz in der zweiten Jahreshälfte 1981 zeitweilig zu erhöhen, diese Entwicklung kehrte sich jedoch bereits im Dezember des gleichen Jahres wieder um. Erst im 4. Quartal 1982 konnte der Produktionsrückgang aufgehalten werden.

SCHAUBILD 4.2: INDUSTRIEPRODUKTION (ohne private Bauwirtschaft u. öffentliche Arbeiten) PRODUKTIONSINDIKATOREN Saisonbereinigte Angaben

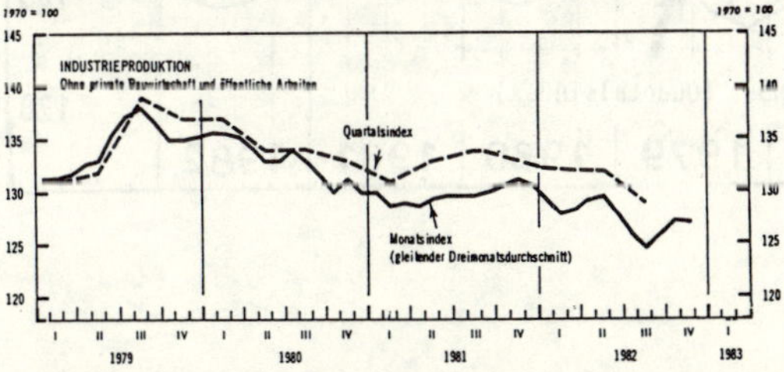

QUELLE: OECD 1983, 14

SCHAUBILD 4.3: PRODUKTIONSENTWICKLUNG IN AUSGEWÄHLTEN BEREICHEN DER FRANZÖSISCHEN INDUSTRIE (1970 = 100) 1978 - 1982

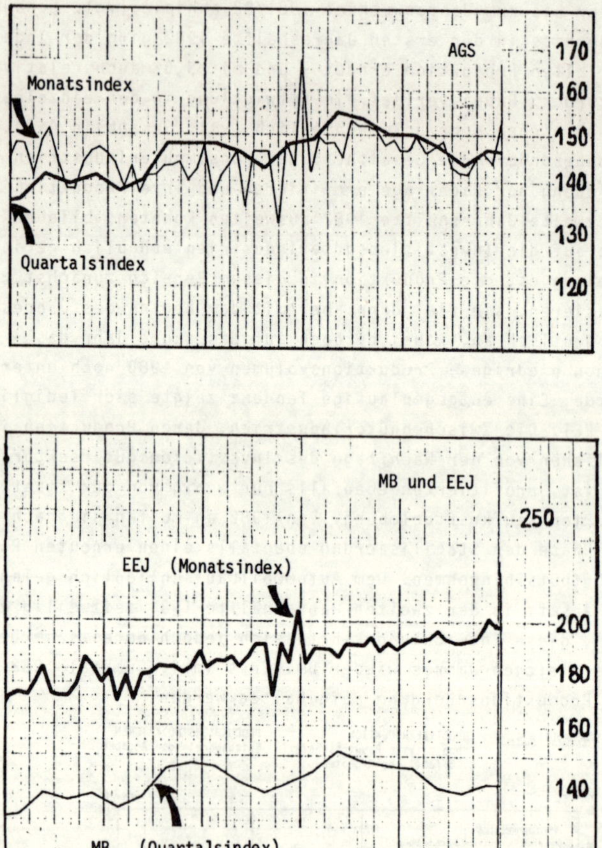

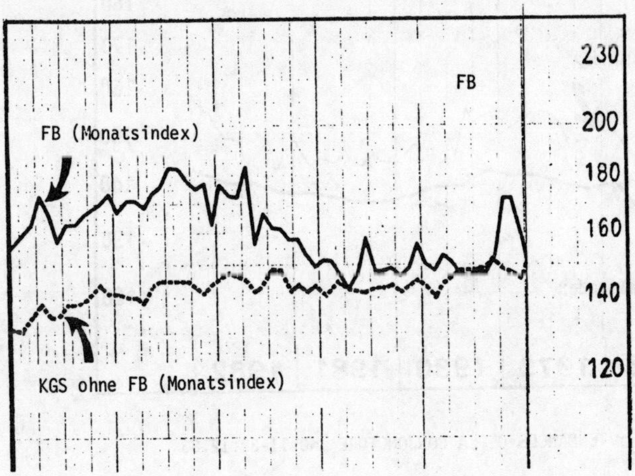
FB
FB (Monatsindex)
KGS ohne FB (Monatsindex)
230
200
180
160
140
120

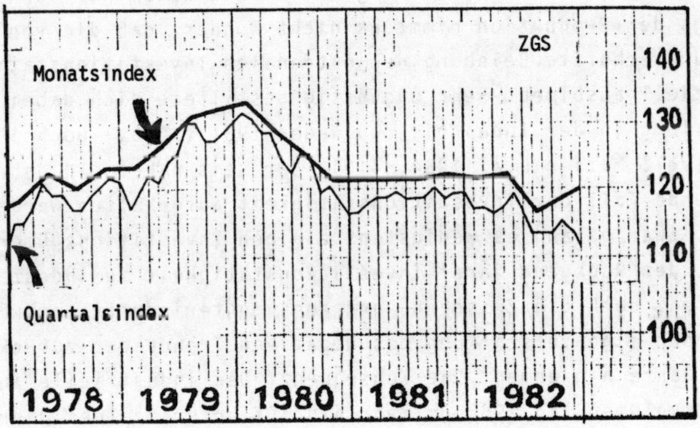
ZGS
Monatsindex
Quartalsindex
140
130
120
110
100
1978
1979
1980
1981
1982

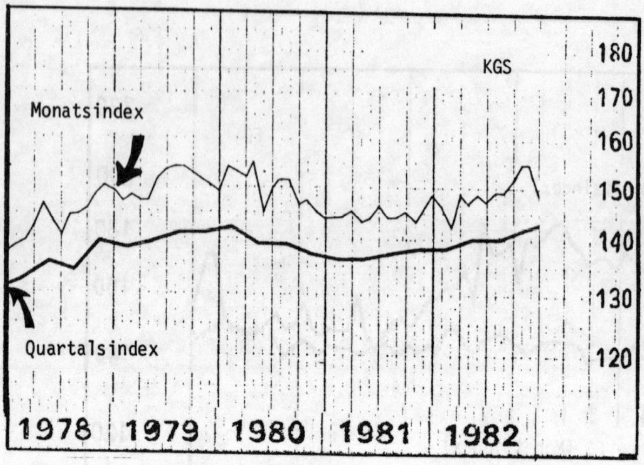

QUELLE : TENDANCES DE LA CONJONCTURE NO 11-22.12.83

Angesichts des zeitlich sehr begrenzten und zudem nur schwachen Anstiegs der Produktion nimmt es nicht Wunder, daß die von der Regierung erhoffte Belebung der nationalen Investitionstätigkeit tendenziell ausblieb. Sehr ungünstig gestaltete sich dabei die Entwicklung in der Industrie, wo weder 1981 (-4,0%) noch 1982 (-6%) (vgl. Mazier u.a. 1984, 410), der seit nahezu 10 Jahren anhaltende Fall der Investitionstätigkeit aufgehalten werden konnte. Zwar gelang es wenigstens einigen Investitionsgüterindustrien, den Rückgang ihrer Investitionstätigkeit zumindest zu begrenzen, doch die Zwischen- und Konsumgüterindustrien mußten sogar noch eine Verstärkung des negativen Trends der zurückliegenden Jahre hinnehmen. Die Konsequenz: Das industrielle Investitionsvolumen lag 1982 um mehr als 10% unter dem des Jahres 1973! Wenn die gesamtwirtschaftliche Investitionstätigkeit trotz des Einbruchs in der Industrie 1981 stabilisiert und 1982 sogar wieder leicht - um 1% - angehoben werden konnte, dann reflektiert sich hierin allein die vergleichsweise günstige Entwicklung im Dienstleistungssektor, der sein Produktionspotential im ersten Jahr der Linksregierung um 5% ausbaute. Die staatlichen Investi-

tionen dagegen (EDF, GDF, Chabonnages de France, Air France, SNCF und PTT) gingen trotz der expansiven Gestaltung des Budgets weiter (1982 um 2%) zurück. Und auch der erweiterte öffentliche Sektor konnte die ihm zugewiesene Motorenrolle nicht übernehmen (1981: -5%, 1982: +3%, 1979 aber noch +9%, vgl. Lipietz 1984, 172).
Aufgrund der nur schwachen Belebung der Produktionstätigkeit sowie der Fortsetzung des Desinvestitionsprozesses in der Industrie mußten auch die ursprünglich anvisierten Ziele im Bereich der Beschäftigung unerreicht bleiben. Obwohl die Zahl der Erwerbspersonen 1982 um mehr als 100 000 anstieg, gelang es der Regierung vom 4. Quartal 1981 an immerhin, die zuvor negative Entwicklung am Arbeitsmarkt zu stoppen: Die absolute Zahl der Arbeitslosen konnte bis zum Sommer 1982 bei einem Stand von knapp unter 2 Mio. stabilisiert werden, was einer Arbeitslosenquote von etwa 8,8% entspricht. Ursächlich für diesen Teilerfolg war allerdings nicht der Aufschwung der Produktionstätigkeit. Da die leichte Konjunkturbelebung von einem überproportionalen Anstieg der Arbeitsproduktivität (4. Quartel 1981: +4,3%, 1. Quartal 1982: +5,3%) begleitet wurde, mußte die Gesamtnachfrage der französischen Ökonomie nach Arbeitskräften sogar noch abnehmen. Allein im Bereich der Industrie wurden 1982 100 000 Arbeitsplätze vernichtet (lediglich der Dienstleistungssektor, wo die Produktion stärker als die Produktivität wuchs, stellte eine Ausnahme dar). Wenn die Entwicklung am Arbeitsmarkt dennoch relativ günstig verlief, dann deutet dies also darauf hin, daß die diversen Maßnahmen der Regierung zur Bekämpfung der Arbeitslosigkeit durchaus erfolgreich waren. Zu erwähnen sind in diesem Zusammenhang zunächst die Neueinstellungen im öffentlichen Sektor. Allein 1981 wurden hier mehr als 116 000 neue Arbeitsplätze, überwiegend in sozial nützlichen Bereichen (Ausbildungs-, Gesundheits- und Forschungswesen) und in den staatlichen Unternehmen geschaffen (zum Vergleich: zwischen 1974 und 1980 waren es jahresdurchschnittlich lediglich 25 600 Neueinstellungen im öffentlichen Bereich). 1982 wurden dann nochmal 110 000 Personen zusätzlich eingestellt, so daß der Arbeitsmarkt in den ersten anderthalb

Jahren der Linksregierung durch die Ausweitung der öffentlichen Beschäftigung um insgesamt 226 000 Personen entlastet wurde. Weiterhin wirkten sich seit Anfang 1982 auch die im Zusammenhang der 'Solidaritätsverträge' zwischen dem Staat und den privaten Unternehmen zur Verbesserung der Beschäftigungslage vereinbarten Maßnahmen am Arbeitsmarkt aus. Bezogen auf das ganze Jahr 1982 dürften sie die Zahl der Arbeitsuchenden um immerhin 80 000 Personen reduziert haben. Das Ensemble der im Zusammenhang der beruflichen Fortbildung sowie der Eingliederung von Schul- und Hochschulabgängern in den Arbeitsprozeß durchgesetzten Neuregelungen trug ebenfalls dazu bei, einen weiteren Anstieg der Unterbeschäftigung zu verhindern. Allerdings lassen sich die hieraus resultierenden Effekte nur schwer quantifizieren, zumal ja der von diesen Maßnahmen betroffene Personenkreis dem Arbeitsmarkt nicht endgültig, sondern nur für einen bestimmten Zeitraum entzogen blieb. Lipietz(1984, 192) geht davon aus, daß der Arbeitsmarkt durch diese Maßnahmen 1982 um etwa 100 000 Personen entlastet wurde. Schließlich bleibt noch auf die mit der Einführung der 39-Stundenwoche bei vollem Lohnausgleich verbundenen Beschäftigungseffekte einzugehen. Einer französischen Untersuchung (Marchand u.a. 1983) zufolge, ging die effektive Wochenarbeitszeit pro beschäftigtem Arbeitnehmer zwischen Oktober 1981 und dem gleichen Monat des Folgejahres, um durchschnittlich 1,3 Stunden auf 39,3 Stunden zurück. Bei einer Gesamtbeschäftigtenzahl von gut 17 Mio. hätte diese Reduktion rein rechnerisch - sowohl die Produktion als auch die Produktivität konstant gesetzt - zur Schaffung von mehr als 400 000 neuen Arbeitsplätzen führen müssen. Das ist jedoch nicht geschehen. Tatsächlich entstanden infolge der Arbeitszeitverkürzung bis Ende 1982 lediglich 75 000 neue Stellen, davon etwa 40 000 in der Industrie. Gut 4/5 der aus der Arbeitszeitverkürzung resultierenden rechnerischen Beschäftigungseffekte wurden also durch zusätzliche betriebliche Rationalisierungs- und Umstrukturierungsmaßnahmen aufgefangen. Lediglich 21% aller Unternehmen nahmen Neueinstellungen vor, wobei es sich allerdings überwiegend um die Schaffung von Teilzeitarbeitsplätzen handelte. Immerhin 10% der französischen Unternehmen verzichteten wegen der Einführung der 39-Stundenwoche auf zuvor geplante Entlassungen.

Offensichtlich am weitesten entfernt von den ursprünglichen Projektionen gestaltete sich die Entwicklung im Bereich des Außenhandels (vgl. Schaubild 4.4). Zwar konnten die Exporte bis ins zweite Quartal 1981 gesteigert werden, doch fand diese Entwicklung aufgrund der internationalen Stagnation bereits im Spätsommer des gleichen Jahres ihr Ende: vom 3. Quartal 1981 an bis Mitte 1982 gingen die französischen Ausfuhren gegenüber dem gleichen Vorjahreszeitraum um 10,5% zurück. Nahezu alle Branchen, also auch die sogenannten 'Exporttrümphe' Frankreichs (besonders der Automobilbau), waren hiervon betroffen. Lediglich bei den Rüstungsgütern und der Luft- und Raumfahrtindustrie konnten weiter hohe Exportzuwächse erzielt werden. Die Importe, die noch im 2. Quartal 1981 leicht rückläufig waren, begannen vom 3. Quartal des gleichen Jahres an kräftig zu steigen. Bis zum Juli 1982 nahmen

SCHAUBILD 4.4.: ENTWICKLUNG DES FRANZÖSISCHEN AUSSENHANDELS

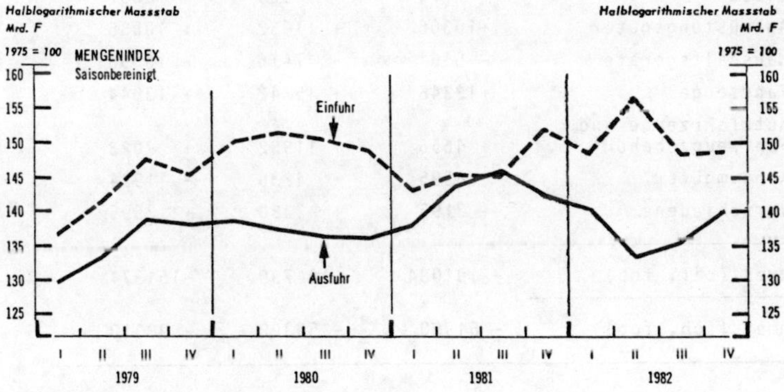

QUELLE: OECD 1983, 35

sie gegenüber dem entsprechenden Vorjahreszeitraum um real 14,0% zu (vgl. Lipietz 1984, 173). Als Konsequenz dieser ungleichen Entwicklung von Ex- und Importen schloß die französische Handelsbilanz 1982 mit einem bis dahin nicht gekannten Rekorddefizit in Höhe von 151 371 Mill.FF (cif/fob) ab (vgl. Tabelle 4.1.).

Tabelle 4.1: Die französische Handelsbilanz aufgeschlüsselt nach industriellen Sektoren (1980 - 1982) (Exporte: fob; Importe: cif, in Mio. Franc)

Produktgruppen	1980	1981	1982
1. Landwirtschaftliche Produkte	+ 2935	+ 8314	+ 5361
2. Lebensmittel	+ 8741	+ 12809	+ 9569
3. Energieerzeugnisse	-132900	-161600	-178422
4. Mineralische Rohstoffe	- 5938	- 6823	- 7065
5. Metallische Erzeugnisse	- 1499	- 7196	+ 7544
6. Chemische Erzeugnisse	- 770	+ 1366	- 2837
7. Ausrüstungsgüter	+10306	+ 11932	+ 10056
8. Haushaltsgeräte	- 5561	- 7416	- 10056
9. Fahrzeuge	+13346	+ 15342	+ 13944
10. Nutzfahrzeuge und Fahrzeugzubehör	+ 4656	+ 11932	+ 7023
11. Konsumgüter	- 6595	- 4230	- 11924
12. Verschiedene	+ 2195	+ 2330	+ 2595
Zusammen (cif, fob)	- 101084	-104739	-151371
Zusammen (fob, fob)	- 61980	- 59390	- 93310

Quelle: Grjebine 1983, 71

Eine sektorale Betrachtung zeigt, daß mit Ausnahme der Rüstungsgüterindustrie, die allein 1982 über 70% des industriellen Außenhandelsüberschusses repräsentierte (vgl. Mazier u.a. 1984, 412), alle großen Industriebereiche zur Verschlechterung der außenwirtschaftlichen Situation Frankreichs beigetragen haben. Wichtig dabei ist allerdings der Hinweis, daß diese Verschlechterung weniger dem Rückgang der Ausfuhren als vielmehr dem überproportionalen Anstieg der Importe geschuldet war. Dieser Sachverhalt kommt in der steigenden Penetration des französischen Marktes für industrielle Erzeugnisse durch ausländische Produzenten zum Ausdruck. Tabelle 4.2 zeigt, daß nichtfranzösische Anbieter zwischen 1980 und 1982 teilweise spektakuläre Erfolge auf den französischen Märkten erzielen konnten. Das Gesagte gilt dabei insbesondere für diejenigen Branchen, auf die sich die staatlich induzierte Mehrnachfrage hauptsachlich konzentrierte, d.h. die gehobenen Konsumgüter und den FB. Das wohl spektakulärste Beispiel für den Wettbewerbsverlust der französischen Anbieter liefertdabei die Entwicklung im FB, also einem der bisheringen 'Wettbewerbspole' der nationalen Industrie. Hier erreichte nämlich die Binnenmarktpenetration im Juli 1982, nachdem sie noch 1980 bei 26% gelegen hatte, mit 40% einen absoluten Höhepunkt.

Tabelle 4.2: Die Penetration des französischen Binnenmarktes durch ausländische Produzenten 1979 - 1982 (in %; Penetrationsrate = Importe/Binnenmarkt)

	1979	1980	1981	1982
ZGS	27,3	27,8	28,4	29,2
AGS	32,6	33,6	36,6	38,7
Haushaltsgeräte	42,7	43,6	48,6	51,6
FB	25,8	26,1	27,3	31,3
laufende Konsumgüter	21,0	21,9	21,8	22,7

Quelle: Magniez 1983, 11

Zudem wurde die Außenhandelsbilanz dieser Branche zum ersten Mal seit Jahrzehnten wieder negativ (vgl. Lipietz 1984, 175).
Die steigende Penetration der französischen Binnenmärkte durch ausländische Produzenten legt die Vermutung nahe, daß die staatlich induzierte Mehrnachfrage überwiegend in die ausländische Produktion geflossen ist. Tabelle 4.3, die der inländischen Nachfrage nach industriellen Produkten die Entwicklung der industriellen Produktion gegenüberstellt, bestätigt diese Vermutung. "Die binnenländische Produktion ist 1982 nicht der Binnennachfrage gefolgt" (Magniez 1983, 5). In nahezu allen wichtigen Branchen blieb die Entwicklung der ökonomischen Aktivität deutlich hinter der angestiegenen Nachfrage zurück. Somit läßt sich schlußfolgern, daß der von der Linksregierung angestrebte Wirkungsablauf insbesondere aufgrund der starken Importzunahme gestört und tendenziell unterbrochen wurde. Die von den wirtschaftspolitischen Akteuren als Voraussetzung für den Erfolg ihrer Politik beschworene Rückeroberung des Binnenmarktes hatte also nicht stattgefunden.
Fazit: Die von der neuen französischen Regierung nach dem Mai 1981 ergriffenen konjunkturpolitschen Maßnahmen haben dazu beigetragen, die Massenkaufkraft zu beleben und den Rückgang des gesamtwirtschaftlichen Wachstums zu bremsen. Vom 4. Quartal des Jahres 1981 an setzte sogar ein leichter Konjunkturaufschwung ein, in dessen Verlauf die nationale Produktionstätigkeit - insbesondere in den Konsumgüterindustrien - zeitweilig wieder anstieg. Auch eine weitere Zunahme der Massenarbeitslosigkeit konnte im großen und ganzen verhindert werden. Bedenkt man zudem, daß sich die ökonomische Rezesssion in allen anderen führenden Industrieländern (außer Japan) während des gleichen Zeitraums weiter verschärfte (wofür auch die dort fast einhellig praktizierte Deflationspolitik verantwortlich war), dann muß der bis zum Sommer 1982 von der Linksregierung praktizierten Konjunkturpolitik zumindest ein realtiver Erfolg zugeschrieben werden. Dennoch blieben die Ergebnisse deutlich hinter den anfänglichen Projektionen der Regierung zurück. Vom Standpunkt der im Mai 1981 in die expansive Nachfragepolitik gesetzten Erwartungen, handelte

Tabelle 4.3: Binnennachfrage und Produktion in Frankreich 1979 - 1982

a) Die Entwicklung der französischen Binnennachfrage nach industriellen Erzeugnissen 1979 - 1982 (reale jährliche Wachstumsraten in %)

	1979	1980	1981	1982
Zwischengüter	6,1	1,6	-5,9	- 0,9
Ausrüstungsgüter	3,6	7,1	-1,9	3,9
Haushaltsgeräte	8,2	4,9	4,2	12,5
Fahrzeuge	2,8	1,2	-1,3	5,4
laufende Konsumgüter	3,9	-0,1	-0,6	3,8
Zusammen:	4,6	2,1	-2,6	2,6

b) Die Entwicklung der industriellen Produktion 1979 - 1982 (reale jährliche Wachstumsraten in %)

	1979	1980	1981	1982
Zwischengüter	5,7	0,4	-5,1	-2,5
Ausrüstungsgüter	1,0	4,8	1,2	1,1
Haushaltsgeräte	5,0	2,0	-7,1	7,0
Fahrzeuge	2,5	-1,4	-3,0	-2,6
laufende Konsumgüter	2,9	-0,3	-1,2	2,1
Zusammen:	3,4	1,1	-2,4	-0,4

Quelle: Magniez 1983, 6/9

es sich folglich um eine Niederlage, die aufgrund der zentralen Bedeutung des Wachstums im wirtschaftspolitischen Diskurs der Linksregierung nicht ohne Konsequenzen sowohl für das Verhältnis zwischen den beiden Linksparteien selbst als auch der Beziehung zwischen der Linksregierung und ihrer Wählerschaft bleiben konnte. Die entscheidende Ursache dieser Niederlage basiert dabei auf dem Umstand, daß die mit der Anhebung der Massenkaufkraft induzierte Mehrnachfrage tendenziell ins Ausland abfloß, so daß der leichte Aufschwung bereits im 2. Quartal des Jahres 1982 sein Ende fand. Die Konjunkturbelebung mündete in eine kräftig gestiegene Penetration der französischen Binnenmärkte, mit der Konsequenz, daß der von der Regierung angestrebte ökonomische Wirkungsablauf kaum zur Tragen kam. Im folgenden wollen wir versuchen, die wesentlichen Faktoren herauszuarbeiten, die dafür verantwortlich waren, daß die expansive Konjunkturpolitik 1981/82 an der offenen außenwirtschaftlichen Flanke scheiterte. Zugleich soll in diesem Zusammenhang auch herausgearbeitet werden, inwieweit auf der wirtschaftspolitischen Ebene ein Handlungsspielraum bestand, dem 'Diktat der Zahlungsbilanz' offensiver entgegenzutreten, als es die Linksregierung tat.

4.2.5. Die Ursachen des Scheiterns

4.2.5.1. Die Inkohärenz des nationalen Produktionsapparats

Die vorrangige Ursache dafür, daß es den französichen Unternehmen 1981/1982 nicht gelang, die staatlich induzierte Mehrnachfrage aus der eigenen Produktion zu befriedigen und den Binnenmarkt zurückzuerobern, liegt zweifellos in der mangelnden Kohärenz des nationalen Produktionsapparats.
Kapitel 2 unserer Arbeit hat sich ausführlich mit den strukturellen Eigentümlichkeiten der französischen Industrie beschäftigt. Die dort herausgearbeiteten Ergebnisse lauten, kurz zusammengefaßt, daß Frankreich, abgesehen von ganz wenigen Branchen wie der Luft-, Raumfahrt- und Rüstungsindustrie sowie dem Fahrzeugbau nicht über einen kohärenten Produktionsapparat verfügt. Insbesondere in den zentralen Bereichen des AGS, der zu einem erheblichen Teil über die Produktivitätsentwicklung der gesamten Industrie entscheidet, bestehen erhebliche Defizite. Die Produktions- und Produktketten sowohl des MB als auch der EEI sind stark lückenhaft, so daß ein Großteil der für die industrielle Reproduktion erforderlichen Maschinen und elektronischen Bauteile und Geräte aus dem Ausland, überwiegend aus der Bundesrepublik, Japan und den USA importiert werden müssen. Dies aber heißt, daß die Normen der industriellen Produktion, also die im Produktionsprozeß angewandten Technologien in weiten Bereichen von ausländischen Ökonomien bestimmt werden - ein Beleg für die bestenfalls mittlere Position Frankreichs in der Hierarchie der internationalen Arbeitsteilung. Hinzu kommt, daß die Rückständigkeit der Investitionsgüterindustrie nicht ohne Konsequenzen auf die ihnen nachgelagerten Branchen des KGS bleiben kann. Die erheblichen Schwierigkeiten der sogenannten traditionellen Konsumgüterindustrien, bei der Einführung moderner Massenproduktionsverfahren mit den ausländischen Konkurrenten mitzuhalten, beruhen größtenteils auf der Unfähigkeit des AGS, die zur Restrukturierung und der Modernisierung dieser Industrien notwendigen Produktionsmittel zu liefern. Das weitgehende Fehlen einer französischen Unterhaltungselektronikindustrie muß ebenfalls darauf zurückgeführt werden, daß die dieser Branche vorgelagerten Pro-

duktionsstufen (insbesondere im Bereich der Produktionskette der EEI) entweder unterentwickelt oder gar nicht vorhanden sind.

Angesichts der Tatsache, daß der französische Produktionsapparat aufgrund seiner strukturellen Defizite sowohl in quantitativer als auch qualitativer Hinsicht nicht dazu in der Lage ist, die Binnennachfrage zu befriedigen, nimmt es nicht Wunder, daß ein Großteil der 1981/82 entstandenen Mehrnachfrage ins Ausland abfloß. Eine ähnliche Entwicklung hatte sich schon 1976 gezeigt, als bereits eine sehr moderate Belebung der Nachfrage zu einem kräftigen Anstieg des Handelsbilanzdefizits führte. Bis 1981 haben sich die produktionsstrukturellen Voraussetzungen für die Praktizierung einer expansiven Konjunkturpolitik allerdings weiter verschlechtert. Verantwortlich dafür sind zum einen die Export- und Internationalisierungsstrategien der französischen und nichtfranzösischen multinationalen Konzerne, die zwar auf die konzerninterne Beherrschung ganzer Produktionsketten abzielen, dies jedoch nicht auf einer nationalen Basis, sondern im weltweiten Zusammenhang. Für einen einzelnen Produktionsapparat implizieren die Konzernstrategien deshalb zwangsläufig die Auslagerung einzelner - auch zentraler - Produktionssegmente aus dem nationalen industriellen Geflecht - dessen strukturelle Abhängigkeit von Waren- und Technologieimporten nimmt zu (vgl. hierzu Abschnitt 2.3.6 der vorliegenden Arbeit).
Eine kaum minder große Verantwortung für den industriellen Niedergang Frankreichs in den 70er Jahren trägt aber auch die unter Giscard verfochtene Industriepolitik ('Marktlücken-Strategie'), die aufgrund ihrer einseitigen Weltmarktorientierung der Bildung von kohärenten und in nationaler Verfügbarkeit befindlichen Produkt- und Produktionsketten ebenfalls entgegenarbeitete (vgl. oben, Abschnitt 2.4.3). Die selektive Förderung sogenannter 'Wettbewerbspole' beschleunigte den Desindustrialisierungsprozeß in zahlreichen - vom Strukturwandel der IAT meist besonders betroffenen - Branchen, mit der Konsequenz, daß ausländische Anbieter in die entstandenen Lücken vorstoßen und ihre Anteile auf den französischen Märkten vergrößern konnten. Da die

giscard'sche Industriepolitik auf der Verkennung der technisch-ökonomischen Interdependenzen zwischen den diversen Industrien beruht, mußten aber auch die Erfolge der Wettbewerbspole deutlich hinter den in sie gesetzten Erwartungen zurückbleiben. Da im Bereich der den Wetthewerspolen vorgelagerten Produktionssegmente oftmals erhebliche Defizite existierten, die auch den Innovationsprozeß in den 'Spitzenbereichen' behinderten, konnten sich diese (abgesehen von wenigen Ausnahmen) international kaum durchsetzen.

Die zunehmende Destrukturierung des französischen Produktionsapparates zeigte sich ganz offensichtlich in den Jahren 1979/80, als die erneute Verschärfung der Weltwirtschaftskrise einen verstärkten Konkurrenzdruck erzeugte, in dessen Folge sich die Außenhandelssituation fast aller Branchen der französischen Industrie kräftig verschlechterte. Das Rekorddefizit des Jahres 1982 ist somit in erster Linie Manifestation und Höhepunkt eines Endindustrialisierungsprozesses, der von der neuen Regierung nicht verursacht, sondern gleichsam 'geerbt' wurde (was nicht heißen soll, daß auf der wirtschaftspolitischen Ebene kein Handlungsspielraum bestand, den Umfang dieses Defizits zu beeinflussen). Wie weit der daraus resultierende Wettbewerbsverlust mittlerweile fortgeschritten war, demonstriert dabei die für Frankreich katastrophale Entwicklung seines Außenhandels mit den USA, Japan und der Bundesrepublik, also den Ländern, die aufgrund der vergleichsweise ausgeprägten Kohärenz ihrer Produktionsapparate an der Spitze der Hierarchie der IAT stehen. Allein gegenüber der Bundesrepublik mußte Frankreich 1982 ein Außenhandelsdefizit in Höhe von 38 Mrd. Franc (fob/fob) hinnehmen. Dieser Betrag, der schon für sich genommen 41% des französischen Gesamtdefizits des gleichen Jahres (93 Mrd. Franc) entspricht, kommt gegenüber 1981 einer Steigerung von 15 Mrd. Franc (=65%) und gegenüber 1980 sogar von 21 Mrd. Franc (=125%) gleich. Im Handel mit den USA stieg das französische Defizit im Jahre 1982 auf 25 Mrd. Franc an (im Vorjahr 22 Mrd. Franc, 1980: 24 Mrd. Franc) und in Bezug auf Japan machte der Negativsaldo nunmehr 12 Mrd. Franc aus (1981: 9,3 Mrd. Franc, 1980: 6,1 Mrd. Franc) (alle

Zahlen aus dem Handelsblatt, 13.1.1983 sowie eigene Berechnungen). Faßt man das im Handel mit der Bundesrepublik, Japan und den USA im Jahre 1982 entstandene französische Außenhandelsdefizit zusammen, so ergibt sich somit ein Betrag von 75 Mrd. Franc. Dies aber sind mehr als 80% des von Frankreich im gleichen Jahr insgesamt erwirtschafteten Handelsbilanzdefizits!

4.2.5.2. Das Konjunkturgefälle zwischen Frankreich und seinen Handelspartnern

Es wäre jedoch eine Vereinfachung, die dramatische Verschlechterung der außenwirtschaftlichen Position des Landes ausschließlich auf die grundsätzliche Wettbewerbsschwäche der französischen Industrie zurückführen zu wollen. Eine Reihe weiterer Faktoren trugen zur Verstärkung des produktionsstrukturell angelegten Handelsbilanzdefizits bei. Genannt werden muß in diesem Zusammenhang zunächst die Tatsache, daß sich die weltweite Rezession - für die neue Regierung unerwartet - in den Jahren 1981/1982 fortsetzte.
Als die Linksparteien im Mai 1981 die Regierung übernahmen, waren sie sich der außenwirtschaftlichen Gefahren, die einer expansiven Konjunkturpolitik drohten, durchaus bewußt. Niemand zweifelte daran, daß aufgrund der ungünstigen Industriestrukturen zumindest ein Teil der Zusatznachfrage ins Ausland abfließen mußte, die Anstoßeffekte auf die binnenländische Produktion also geringer ausfallen würden,als die Belebung des Konsums. Allerdings setzte die Regierung auf das unmittelbare Bevorstehen eines internationalen Konjunkturaufschwungs, von dem sie sich die Stärkung der ausländischen Nachfrage nach französischen Produkten versprach. Die hieraus resultierende Anregung der heimischen Produktion sollte wenigstens ansatzweise die aus der hohen Importabhängigkeit Frankreichs resultierenden Sickereffekte kompensieren. Gleichzeitig hätte der Exportanstieg das Handelsbilanzdefizit in erträglichen Grenzen halten können. Grundlage dieser Regierungsprojektion waren dabei die Konjunkturprognosen der OECD, in denen davon ausgegangen wurde, daß der Tiefpunkt des Krisenzyklus Anfang 1981 erreicht worden sei und für das 4. Quartal des glei-

chen Jahres, spätestens aber für die erste Hälfte des Jahres 1982, eine weltweite Konjunkturbelebung erwartet werden könne.

TABELLE 4.4: PROJEKTIONEN DER OECD ÜBER DAS ÖKONOMISCHE WACHSTUMS GROSSER WESTLICHER LÄNDER

(REALE WACHSTUMSRATEN DES BIP)	1982		
	PROJEKTIONEN Juli 1981	PROJEKTIONEN Dez. 1981	REALISIERTE WACHSTUMSRATEN
USA	1,0	- 0,5	- 1,7
JAPAN	4,0	3,75	3,0
BUNDESREPUBLIK	2,0	1,25	- 1,1
GROSS-BRITANNIEN	0,25	0,25	1,2
FRANKREICH	1,75	2,5	2,0
OECD INSGESAMT	2,0	1,25	- 0,2

QUELLE: RAPPORT D'EXECUTION DU PLAN INTERIMAIRE 1982 - 1983, 38

Tabelle 4.4. zeigt, daß die OECD mit dieser Prognose nicht richtig lag. Fast sämtliche der von ihr im Juli 1981 für die großen Industrieländer vorausgesagten Wachstumsraten blieben unerreicht. Das BSP der OECD-Länder insgesamt stieg 1982 nicht um 2,0%, wie prophezeit, sondern ging um 0,2% zurück. Mit anderen Worten: die internationale Konjunkturkrise setzte sich mit unverminderter Kraft fort. Diese ungeahnte Entwicklung aber konnte nicht ohne Konsequenzen für die Strategie der französischen Regierung bleiben: Da die Binnenmärkte fast aller wichtigen Handelspartner Frankreichs nach wie vor stagnierten, teilweise sogar schrumpften, fiel der Export als eine zusätzliche Quelle zur Stimulierung der heimischen Produktion und damit zugleich als ein wichtiger Faktor bei der Stabilisierung der Handelsbilanz aus.
Weiter kompliziert wurde die Lage schließlich noch durch den Umstand, daß zahlreiche Konkurrenzländer im gleichen Zeitraum eine restriktive Deflationspolitik praktizierten, die die Krise insbesondere über die Senkung der unternehmerischen Kosten und

die Ausweitung der Exporte, d.h. gerade nicht über die Stimulierung der Binnennachfrage, bezwingen sollte. Da Frankreich somit das einzige Land war, in dem die Binnennachfrage merklich anstieg, mußte diese Konstellation zwangsläufig zu einer verstärkten Penetration der französischen Märkte durch ausländische Produkte führen. Auch die Tatsache, daß die neue Regierung ihre expansive Konjunkturpolitik unter den Rahmenbedingungen einer nahezu weltweit praktizierten Deflationspolitik starten mußte, trug also zur Verschärfung des außenwirtschaftlichen Problemdrucks nach dem Mai 1981 bei.

2.4.5.3. Die Fortsetzung der 'Politik des überbewerteten Franc'

Ein weiterer wichtiger Faktor für die Verschlechterung der außenwirtschaftlichen Position Frankreichs nach dem Mai 1981 liegt darin begründet, daß die neue Regierung auf dem Gebiet der Währungspolitik die Praxis ihrer liberalkonservativen Vorgänger fortsetzte und die Einbindung des Franc in das EWS mit relativ festen Wechselkursen beibehielt. Diese Entscheidung muß um so mehr verwundern, als die spezifische Bedeutung des EWS für die Regierung Barre gerade darin bestand, die im Inland praktizierte Sparpolitik von außen her abzusichern, um somit die von den Linksparteien und den Gewerkschaften geforderte aktive Wachstums- und Beschäftigungspolitik weitaus effizienter als zuvor zurückweisen zu können (vgl. dazu Abschnitt 2.4.2).
Die von der neuen Regierung nach ihrer Amtsübernahme für einen Verbleib im EWS vorgebrachten Argumente nehmen sich denn auch recht schwach aus. Mitterands Formulierung: "Den Wahlsieg der Linken feiert man nicht mit einer Abwertung" (zit. nach Le Monde 26.5.1981) entbehrt sogar jeglicher ökonomischen Logik und zielte wohl in erster Linie darauf ab, der von den Rechtsparteien im Kontext der bevorstehenden Parlamentswahlen vehement verbreiteten (und in gewissen Bevölkerungskreisen durchaus Widerhall findenden) Behauptung entgegenzutreten, wonach die Linken angeblich nur die Staatsfinanzen sowie den Franc ruinieren könnten und ansonsten nichts. Ökonomisch ernster zu nehmen ist dagegen die im PI vertretene Auffassung, derzufolge ein Verbleib im EWS

für Frankreich lohnend sei, da sich dies

> "als eine Zone der relativen Stabilität erwiesen hat, in der die Unsicherheit der ökonomischen Akteure reduziert und damit der internationale Handel gefördert wurde" (PI, 48).

Zuzustimmen ist dieser Position insofern, als eine Fixierung der Paritäten innerhalb der EG große Teile der französischen Ex- und Importindustrie vom Wechselkursrisiko entlastet und deshalb die 'Unsicherheit' im Außenhandel reduziert. Manche französischen Unternehmen mögen folglich ihre Exporttätigkeit gesteigert haben. Hieraus - wie der PI - eine generelle Stabilisierung (=Förderung) der Handelsbeziehungen zwischen Frankreich und den anderen EWS-Mitgliedsländern ableiten zu wollen, geht jedoch völlig an der Realität vorbei. Unter den Bedingungen eines strukturellen Handelsbilanzdefizits in Bezug auf fast alle großen Industriestaaten sowie einer sehr hohen nationalen Inflationsrate (vgl. Tabelle 4.5.) mußte das Festhalten an fixierten Wechselkursen für Frankreich mit erheblichen außenwirtschaftlichen Konsequenzen verbunden sein (vgl. dazu auch Abschnitt 2.4.2): So konnte das Inflationsgefälle gegenüber den wichtigsten europäischen Handelspartnern - im Rahmen des EWS sind das die Bundesrepublik, Belgien und die Niederlande - nun nicht mehr durch entsprechende Korrekturen der Wechselkurse ausgeglichen werden.

TABELLE 4.5: JAHRESDURCHSCHNITTLICHE INFLATIONSRATEN IN AUSGEWÄHLTEN WESTLICHEN INDUSTRIELÄNDERN (in %)

	1980	1981	1982	1983
FRANKREICH	13,4	13,1	11,6	9,1
BUNDESREPUBLIK	5,4	6,1	5,2	3,1
ITALIEN	20,3	19,0	16,7	15,1
NIEDERLANDE	6,9	6,2	5,7	2,8
BELGIEN	6,4	9,1	8,8	7,1
GROSS-BRITANNIEN	15,9	10,8	8,1	6,5
USA	10,2	8,6	5,9	4,4
JAPAN	7,1	4,5	2,9	1,9
KANADA	10,5	11,4	10,8	6,5
INDUSTRIELÄNDER	10,8	10,3	8,8	6,9
ECART FRANCE - ETRANGER*	2,6	2,8	2,8	2,2

*Inflationsdifferential zwischen Frankreich u. den übrigen Ländern

QUELLE: RAPPORT D'EXECUTION DU PLAN INTERIMAIRE 1982 - 1983, 39

In der Folge stiegen die relativen Preise der französischen Waren auf den Märkten dieser Länder - ausgedrückt in deren Währungen - an, was tendenziell einem Wettbewerbsverlust der französischen Anbieter gleichkam und damit noch zusätzlich zu den 1. und 2. genannten Faktoren für den Rückgang der französischen Exporte in den Jahren 1981/82 verantwortlich war. Hinzu kommt, daß die Politik des 'überbewerteten Franc' ausländische Unternehmen auch auf den französischen Märkten bevorteilte, da sie die relativen Preise der nach Frankreich eingeführten Waren zumindest potentiell, also soweit das Ausbleiben der erforderlichen Wechselkursanpassungen nicht zu einer Anhebung der Franc-Preise und damit der Gewinnmargen genutzt wurde, senkte. Es muß somit davon ausgegangen werden, daß die von der Linksregierung praktizierte Währungspolitik - wie schon die ihrer Vorgänger - nicht nur einer Begrenzung der französischen Exporte, sondern zugleich auch einer weiteren Penetration der französischen Binnenmärkte durch ausländische Anbieter Vorschub leistete und damit für die weitere Zunahme des Handelsbilanzdefizits im ersten Jahr der Linksregierung ebenfalls verantwortlich war.

Angesichts steigender Außenhandelsdefizite sowie einer sofort nach dem Wahlsieg der Linken einsetzenden (und in erster Linie politisch motivierten) massiven Kapitalflucht[1] geriet die französische Währung bereits im Frühsommer 1981 innerhalb des EWS erheblich unter Druck. Dies veranlaßte die neue Regierung, eine Reihe von Maßnahmen zur 'Verteidigung' des Franc einzuleiten, die darauf abzielten, eine Franc-Abwertung sowie die im Anschluß hieran erforderliche Neufestsetzung der Paritäten im EWS zu verhindern. Einen zentralen Stellenwert besaß dabei die Zinspolitik. Über eine Anhebung der binnenländischen Zinssätze hoffte man, den Kapitalfluß aus Frankreich begrenzen und wieder mehr ausländisches Kapital ins Land holen zu können. So wurde, um ausländische Anleger zum Kauf des französischen Geldes zu bewegen, der Leitzins der Banque de France zwischen Mai und Oktober 1981 in mehreren Etappen von 13,5% auf 18,5%, also auf ein neues Rekord-

[1] In den ersten zwei Wochen nach der Wahl Mitterands zum Staatspräsidenten lag der Kapitalabfluß zwischen 0,5 Mrd. und 2 Mrd. Franc täglich (vgl. Beaud 1983, 47).

niveau angehoben. Andere wichtige Zinssätze, wie z.B. der Leitsatz für Schatzscheine oder der Marktsatz für Tagesgeld, zogen ebenfalls kräftig an. Gleichzeitig wurden zur Abwehr der Spekulation gegen den Franc die Devisenmarktvorschriften erheblich verschärft. So durften sich französische Importeure seit Mitte September nur noch am Tag der fällig werdenden Zahlungen mit Devisen eindecken (bereits im Mai war die Eindeckungsfrist von zwei auf einen Monat reduziert worden). Diese Maßnahme sollte verhindern, daß sich diejenigen Importeure, die auf eine Abwertung des Franc im EWS spekulierten, schon früh mit ausländischem Geld versorgten und so den Druck auf die heimische Währung noch zusätzlich verstärkten. Die französischen Exporteure wurden dazu verpflichtet, ihre Deviseneinnahmen nunmehr binnen eines Monats (zuvor 6 Monate) in nationales Geld umzutauschen. Zudem wurde der Gold- und Wertpapiererwerb aus den Nachbarländern (zumindest zeitweilig) ganz verboten und auch industrielle Auslandsinvestitionen einer verschärften staatlichen Genehmigungspflicht unterworfen. Schließlich sah sich die Banque de France mehrfach dazu gezwungen, durch massive Interventionen auf den internationalen Devisenmärkten den Kurs des Franc zu stützen. Diese Operationen führten jedoch zu einer erheblichen Reduktion der französischen Währungsreserven. So verlor die Banque de France allein in den ersten fünf Monaten der Linksregierung ausländische Gelder in einem Gesamtwert von 60 Mrd. Franc - eine Entwicklung, die ihren Höhepunkt in der dritten Septemberwoche erreichte, als binnen weniger Tage Devisenverluste in einer Höhe von 8 Mrd. Franc zu beklagen waren.

Insgesamt gesehen erwiesen sich die zur Stabilisierung der französischen Währung ergriffenen Maßnahmen (zumindest anfänglich) als relativ erfolgreich. Der Kurs des Franc, der im Mai den im EWS festgelegten Schwankungskorridor zu verlassen drohte, konnte bis zum Spätsommer des Jahres einigermaßen stabil gehalten werden. Allerdings mußte dieser'Erfolg' mit einem hohen Preis bezahlt werden: Das Hauptinstrument der Kursstabilisierung, die kräftige Anhebung des inländischen Zinsniveaus, hatte nämlich den Konjunkturaufschwung erheblich behindert. Sowohl die gestiegenen unternehmerischen Kreditkosten als auch die gewachsene Aktivität nicht produktiver Finanzinvestitionen mußten die wirtschaftliche Aktivität unmittelbar bremsen. Die 'Politik des starken Franc' stand also nicht nur wegen ihrer negativen Wirkungen auf den Außenhandel, sondern auch wegen ihres produktions- und investitionshemmenden Charakters einer konsequenten Wachstums- und Beschäftigungspolitik direkt entgegen. Der konservativen FAZ, die die Widersprüche zwischen den währungs- und konjunkturpolitischen Zielsetzungen der neuen Regierung grundsätzlich richtig erfaßte, kann folglich nur zugestimmt werden, wenn sie schrieb:

> "Angeblich will die neue sozialistische Regierung alles tun, um die Arbeitslosigkeit in Frankreich zu überwinden. In Wirklichkeit aber führt sie die Währungspolitik des früheren Premierministers Raymond Barre unverändert, ja sogar mit doppelt so hohen Zinsen...zur Verteidigung des Franc weiter. Daraus resultiert eine verstärkte Überschwemmung des französischen Marktes besonders mit deutschen und holländischen Produkten, ein starker Rückgang der französischen Ausfuhr und damit der Produktion und Beschäftigung in Frankreich" (FAZ, 8.7.1981).

Ende September 1981 nahm der Druck auf den Franc kräftig zu. Das wachsende Handelsbilanzdefizit gegenüber den EG-Ländern (insbesondere der Bundesrepublik und den Niederlanden) hatte die französische Devise zusammen mit dem erneuten Anstieg des spekulationsbedingten Kapitalabflusses wieder auf den untersten Interventionspunkt der vom EWS vorgesehenen Schwankungsbreite fallen lassen. Trotz der verschärften Kapitalverkehrskontrollen und massiver Interventionen der Banque de France auf den internationalen Devisenmärkten gelang es diesmal nicht, die Franc-Schwäche zu überwinden. Damit aber war eine Neufestsetzung der Paritäten im EWS nunmehr unvermeidlich geworden. Am 4.10.1981 wurde der Franc zusammen mit der italienischen Lira um 3% gegenüber den Währungen der übrigen Mitgliedsländer abgewertet. Gleichzeitig wurde der Wert der DM und des holländischen Gulden um 5% heraufgesetzt. Diese Neubestimmung der Wechselkurse, vom Standpunkt der Regierungskonzeption eine Niederlage, vom Standpunkt der 'Wettbewerbsfähigkeit der französischen Industrie..jedoch ein Gewinn" (FAZ, 6.10.1981) genügte allerdings nicht, um das seit dem März 1979, also dem Inkrafttreten des EWS, kumulierte Inflationsgefälle zwischen Frankreich und einigen seiner wichtigsten europäischen Handelspartner auszugleichen. So blieb der Franc beispielsweise trotz seiner 8,5%igen Abwertung gegenüber der DM in Bezug auf die deutsche Währung überbewertet, und zwar um mindestens 12,5% (bei einer Zugrundelegung der Wechselkurse vom März 1979).

1.2.5.4. Der Verzicht auf eine aktive Außenhandelspolitik

Im Widerspruch zur eigenen Programmatik verzichtete die neue Regierung darauf, die inländische Nachfragestimulierung mit außenhandelspolitischen Maßnahmen abzusichern.

> "Frankreich bejaht den internationalen Handel... Für unser Land kommt es deshalb nicht in Frage, sich mit künstlichen Regelungen vor seinen Handelspartnern zu schützen" (Wirtschaftsminister Delor, zit. nach Le Monde vom 13.7.1981).

Noch im 'projet socialiste' von 1980 hätte es allerdings anders geheißen: Ausgehend von der Einschätzung, daß das "Außenhandelsgleichgewicht einer der Schlüssel für den Erfolg der Linken sein wird" (projet socialiste, 222), wurde hier bei einer grundsätzlichen Bejahung der internationalen Wirtschaftsverflechtung dafür plädiert, den Freihandel nicht zum Dogma zu machen (vgl. ebd., 223) und gegebenenfalls mit zeitlich begrenzten Maßnahmen "gegen unlauteren Wettbewerb vorzugehen und die Anpassung der industriellen Strukturen an die internationale Konkurrenz zu ermöglichen" (ebd., 224). Dabei verwies das 'projet' zu Recht auf die Tatsache, daß nahezu alle Industrieländer ihre Binnenmärkte über Importbeschränkungen, seien sie nun offenbarer oder verdeckterer Natur, abschirmen und somit eine wirklich freie Entwicklung des internationalen Warenaustauschs verhindern (Bevorzugung nationaler Produzenten bei der Vergabe öffentlicher Aufträge, öffentliche Handelsmonopole, technische und administrative Handelshemmnisse, steuer- und patentrechtliche Handelsbeschränkungen etc.). Frankreich hätte also mit ähnlichen Maßnahmen den in der EG üblichen Rahmen projektionistischer Regelungen keineswegs überschritten. Eventuelle Gegenmaßnahmen von Seiten der Handelspartner wären folglich sehr unwahrscheinlich gewesen. Zudem ist es nach den Artikeln 108 und 109 der Römischen Verträge ohnehin zulässig, wenn ein EG-Mitgliedsland aufgrund schwerwiegender Handelsbilanzprobleme für bestimmte Produkte zeitweilige Einfuhrbeschränkungen - etwa Bardepots auf Importe - beschließt. Doch auch diese Möglichkeit zur besseren außenwirtschaftlichen Absicherung der expansiven Konjunkturpolitik im Binnenland ließt die neue Regierung ungenutzt.

4.2.5.5. Die Abwesenheit einer binnenorientierten Wachstumsstrategie

Verstärkt wurde der außenwirtschaftliche Druck schließlich auch durch den Umstand, daß die Nachfragebelebung 1981/1982 insbesondere über eine Stimulierung der privaten Masseneinkommen und weniger eine Ausweitung des - traditionell auf binnenorientierte Wirtschaftsbereiche ausgerichteten - öffentlichen Verbrauchs ausgeweitet wurde. Die folgenden Zahlen machen den Vorrang der Massenkaufkraftsteigerung deutlich: Während der private Konsum in der 2. Jahreshälfte 1981 um 3,9% und in der 1. Jahreshälfte 1982 sogar um 4,0% zunahm, erhöhten sich die öffentlichen Verbrauchsausgaben in den gleichen Zeiträumen lediglich um 1,7% bzw. 3,0% (vgl. OECD 1983, 16). Diese Struktur des zusätzlichen Kaufkraftvolumens wirkte sich deshalb ungünstig auf die französische Handelsbilanz aus, weil die Anhebung der individuellen Einkommen (wie bereits gezeigt) hauptsächlich zu einem vermehrten Verbrauch von Produkten der stark unter internationalem Konkurrenzdruck stehenden Konsumgüterbranchen (UE, FB) geführt hatte, was angesichts der hier bestehenden Produktionsstrukturen den hohen Importsog der französischen Wirtschaft weiter verstärken mußte. Zweifellos hätte die Regierung über ein größeres Gewicht des öffentlichen Konsums in der zusätzlich geschaffenen Nachfrage einer solchen Entwicklung entgegenwirken können. So ist davon auszugehen, daß es ihr bei einer überproportionalen Anhebung der öffentlichen Ausgaben grundsätzlich möglich gewesen wäre, die Mehrnachfrage mittels politischer Festlegungen gezielt auf die tendenziell binnenorientierten Branchen zu konzentrieren. Der PI nennt in diesem Zusammenhang die Bauindustrie, den Transportsektor sowie das Ensemble der sozialen Dienste (vgl. PI, 68).

Angesichts der lediglich geringen Importquote aller drei Wirtschaftsbereiche hätten die hier angesiedelten Unternehmen im Falle einer kräftigen Nachfragebelebung sicherlich mit einer deutlichen Ausweitung ihrer Produktion reagiert, so daß der mit der expansiven Konjunkturpolitik angestrebte ökonomische Wirkungsablauf deutlicher zum Tragen gekommen wäre. Die Tatsache, daß die öffentlichen Ausgaben im Transportsektor und bei den sozialen Diensten 1981/1982 nur geringfügig zunahmen und im Baubereich sogar stagnierten, weist folglich darauf hin, daß die neue Regierung den ihr mit dem öffentlichen Budget gegebenen Handlungsspielraum zur Durchsetzung einer binnenorientierten Wachstumsstrategie nicht ausgeschöpft hat. Allerdings sollten die den wirtschaftspolitischen Akteuren in diesem Zusammenhang gegebenen Handlungsmöglichkeiten auch nicht überschätzt werden. In Anbetracht des zentralen Stellenwerts, den die Massenkaufkraftsteigerung im wirtschaftspolitischen Diskurs der Linksparteien besaß sowie den daraus resultierenden Erwartungen der linken Wählerschaft bezüglich einer Anhebung ihrer individuellen Einkommen hätte nämlich eine Abwicklung der Nachfrageausweitung vorwiegend über den öffentlichen Konsum schon bald nach dem Wahlsieg erhebliche Proteste gegen die neue Regierung ausgelöst. Es läßt sich somit schlußfolgern, daß die Struktur der 1981/1982 zusätzlich geschaffenen Nachfrage den Kaufkraftabfluß zwar objektiv gefördert hat, jedoch aufgrund der konkreten politischen Konstellation nach der Regierungsübernahme nur in einem relativ geringen Maße zur Disposition der wirtschaftspolitischen Akteure stand.

4.2.5.6. Woran es nicht lag: Die kostenmäßige Mehrbelastung der Unternehmen

Schließlich soll noch auf ein - zwar wenig stichhaltiges, an gängige Denkmuster jedoch durchaus anknüpfendes - 'Argument' eingegangen werden, daß insbesondere von konservativer Seite, aber auch von Teilen der neuen Regierung selbst, vorgebracht wurde, um den Mißerfolg bei der Rückeroberung des Binnenmarktes zu erklären. Es handelt sich um die Behauptung, die mangelnde Belebung der Produktions- und Investitionstätigkeit in den Jahren 1981/1982 müssen in einem entscheidenden Maße auf die staatlich durchgesetzte Anhebung der Massenkaufkraft selbst zurückgeführt werden. Der Lohnanstieg habe die unternehmerische Kostenstrukture derart stark belastet, daß die Ausweitung der Produktion und erst recht die Vornahme neuer Investitionen für die französische Industrie nicht mehr rentabel sein konnte. Ganz im diesem Sinne äußerte sich beispielsweise der Präsident des französischen Arbeitgeberverbandes CNPF, Y. Gattaz:

> "Wir sind bereit, an der Konstruktion des ökonomischen Wiederaufschwungs mitzuwirken. Allerdings setzt das voraus, daß die Regierung aufhört, unsere finanzielle Lage zu verschlechtern... Die Kosten der französischen Unternehmen, ins besondere die Lohnkosten, dürfen nicht weiter steigen. Wenn die Regierung will, daß wir investieren, dann muß sie uns unsere Profite lassen" (zit. nach Le Monde, 18.11.1981).

Gegen diese Position ist einzuwenden, daß sich die Rentabilität der französischen Unternehmen während des ersten Jahres der Links regierung nicht etwa verschlechtert, sondern - global betrachtet erstmals seit Jahren wieder verbessert hatte (vgl. Lipietz 1984, 183ff.). Zwar waren die Löhne im betrachteten Zeitraum deutlich angestiegen, doch konnten die daraus resultierenden Kostensteigerungen aufgrund der mit der Konjunkturbelebung ebenfalls gestiegenen Arbeitsproduktivität sowie der leichten Verbesserung der Kapazitätsauslastung (Senkung der Fixkostenbelastung pro Outputeinheit!) weitgehend kompensiert werden. In ihrem Länderbericht zu Frankreich bestätigt die OECD diesen Sachverhalt:

> "Trotz eines teilen Anstiegs der Löhne verlangsamte sich in der verarbeitenden Industrie 1981 und 1982 der Anstieg der Lohnstückkosten, was insbesondere dem Umstand geschuldet ist daß im Zuge der wirtschaftlichen Belebung Produktivitätsgewinne erzielt werden konnten..." (OECD 1983, 23).

Auch die aus der Anhebung der Arbeitgeberverträge zur Sozialversicherung entstandenen Mehrbelastungen wurden größtenteils ausgeglichen, und zwar in erster Linie über die Reduktion der Produktionssteuern sowie die gezielte Vergabe von Krediten zu Vorzugsbedingungen an finanzschwache Unternehmen. Außerdem hatte sich der Staat ohnehin dazu bereit erklärt, 50% der mit der Anhebung der Mindestlöhne für die Unternehmen zusätzlich entstandenen Sozialabgaben selbst zu tragen. Von einer generellen Mehrbelastung der französischen Wirtschaft durch die expansive Konjunkturpolitik der französischen Linksregierung kann also keinesfalls gesprochen werden, zumal auch auf der Absatzseite Entlastungseffekte unverkennbar waren: Die Belebung der Produktion hatte die Umsätze zahlreicher Unternehmen in die Höhe getrieben, so daß sich ihre Ertragslage deutlich verbesserte. Im ersten Jahr der Linksregierung stiegen die industriellen Bruttoprofite, nachdem sie unter Giscard lange Zeit gefallen waren, erstmals wieder an. Dieser Anstieg fiel dabei mit 13,5% sogar derart kräftig aus, daß der Profitanteil an der industriellen Wertschöpfung trotz der gleichzeitigen Erhöhung der Lohnsumme leicht zunahm (was darauf hinweist, daß die industrielle Wertschöpfung ebenfalls zunahm, vgl. ebd.). Die Tatsache, daß die finanzielle Situation vieler Unternehmen dennoch angespannt blieb, kann also nicht auf die Anhebung der Masseneinkommen zurückgeführt werden. Andere Faktoren, wie z.B. sehr hohe Verschuldung zahlreicher Betriebe, das extreme Zinsniveau oder aber der Umstand, daß der Aufschwung nicht kräftiger ausgefallen war, dürften dagen in diesem Zusammenhang von großer Bedeutung gewesen sein.

4.2.6. War das Scheitern vermeidbar?

Die Ausführungen des letzten Abschnitts haben gezeigt, daß die von der neuen französischen Regierung 1981/82 angestrebte nachfrageorientierte Krisenbewältigung überwiegend an der offenen außenwirtschaftlichen Flanke gescheitert ist. Die Hauptursache dafür lag zweifelsohne in der geringen Kohärenz des französischen Produktionsapparates, der sowohl in quantitativer als auch insbesondere in qualitativer Hinsicht zur Befriedigung der Binnennachfrage nicht in der Lage ist. Allerdings konnte auch herausgearbeitet werden, daß der den politischen Akteuren - insbesondere in den Bereichen der Währungs- und Außenhandelspolitik - gegebene Handlungsspielraum zur besseren außenwirtschaftlichen Absicherung der binnenländischen Konjunkturstimulierung nicht genutzt wurde. Damit stellt sich nun die Frage, inwieweit eine konsequentere Außenwirtschaftspolitik den mit der Kaufkraftstimulierung intendierten ökonomischen Wirkungsablauf zumindest soweit sichergestellt hätte, daß die Belebung der französischen Produktions- und Investitionstätigkeit deutlich stärker ausgefallen wäre. Deshalb soll in diesem Abschnitt die Reichweite des den politischen Handlungsträgern 1981/1982 trotz der industriellen Strukturdefizite gegebenen konjunkturpolitischen Handlungsspielraums untersucht werden.

4.2.6.1. Währungspolitik

Wie erwähnt, stellt(e) die neue Regierung die Einbindung Frankreichs in das EWS (bis heute Herbst 1984) nicht in Frage und praktiziert(e) damit eine Politik des 'überbewerteten Franc', die die Wettbewerbsfähigkeit der französischen Anbieter sowohl auf den heimischen als auch den ausländischen Märkten belasten muß(te). Zurecht erhob (erhebt) deshalb der CERES die Forderung, Frankreich solle - gleichsam als notwendige Voraussetzung für den Erfolg einer expansiven Wachstumsstrategie - seine bisherige Währungspolitik aufgeben und den europäischen Handelspartnern eine "zeitlich begrenzte Einschränkung des EWS" (Mazier 1983 a,

12) vorschlagen. Das System fester Wechselkurse müsse ersetzt werden durch eine neue Regelung, die durch die automatische monatliche Anpassung der Wechselkurse an die unterschiedlichen nationalen Inflationsraten der Mitgliedsländer die 'realen' Paritäten wieder herstellen würde (konkret hieße dies, daß der Franc gegenüber der DM jeden Monat um das aktuelle Inflationsgefälle zwischen Frankreich und der Bundesrepublik abgewertet würde). Spekulative Bewegungen gegen schwache Währungen wie den Franc, könnten auf diesem Wege weitgehend ausgeschaltet und die extremen Handelsbilanzungleichgewichte zwischen den einzelnen Mitgliedsländern reduziert werden. Für den Fall, daß ein derartiges Abkommen innerhalb des europäischen Währungsverbundes nicht möglich sein sollte, "...müßte auch die Hypothese eines (französischen, die Verfasser) Austritts aus dem EWS ins Auge gefaßt" (ebd., 15), der Wechselkurs des Franc also völlig frei gegeben werden.
Der Forderung nach einer Abwertung der französischen Währung liegt die Vorstellung zugrunde, daß mit dieser Maßnahme die Wettbewerbsfähigkeit der französischen Industrie gestärkt und damit zugleich die außenwirtschaftliche Position Frankreichs stabilisiert werden kann. So führt die Herabsetzung des Franc-Werts zu einer Verteuerung der ausländischen Produkte auf den nationalen Märkten, in deren Folge ein Substitutionsprozeß zugunsten der von den heimischen Produzenten angebotenen Waren eintreten muß. Die Importe nehmen also ab, ein größerer Teil der Binnennachfrage wird aus der nationalen Produktion befriedigt. Gleichzeitig verbessert sich aber auch die Position der französischen Exporteure, da die relativen Preise ihrer Waren auf den ausländischen Märkten - geschrieben in Devisen - zurückgehen werden. Beide Bewegungen zusammengenommen führen schließlich zu einer deutlichen Verbesserung der Handelsbilanz.
Nun haben wir allerdings in Abschnitt 2.4.2 gezeigt, daß die Dinge so einfach nicht liegen. In den 70er Jahren wertete nämlich der Franc gegenüber den Währungen einiger wichtiger Handelspartner kräftig, mehr als es zum bloßen Ausgleich des Inflationsgefälles zwischen Frankreich und diesen Ländern erforderlich gewesen wäre, ab, ohne daß damit eine grundsätzliche Reduktion des

strukturellen französischen Außenhandelsdefizits erreicht werden konnte. Zwei Faktoren, die auch nach 1981 unvermindert Gültigkeit besitzen dürften, waren hierfür verantwortlich: Zum einen zeigten sich zahlreiche französische Exportunternehmen - entgegen den obigen Annahmen - nicht daran interessiert, die Paritätsänderung zu einer Senkung ihrer relativen Preise auf den ausländischen Märkten und damit zu einer Ausweitung ihrer dortigen Marktanteile zu nutzen. Statt dessen bevorzugten sie, zumindest soweit dies möglich war, eine Erhöhung ihrer Gewinnmargen, indem sie die Franc-Preise der für den Export bestimmten Waren im Anschluß an jede Franc-Abwertung genau um den Betrag heraufsetzten, der ihren Devisenpreis nach der Wechselkursanpassung dem vorherigen gleichmachte. Somit blieb das französische Exportvolumen weitgehend unverändert, auch wenn sich sein in Franc geschriebener Wert erhöhte (die hieraus resultierenden positiven Handelsbilanzeffekte waren jedoch bezogen auf das Gesamtdefizit relativ gering (vgl. Cohen u. a. 1980, 14)). Zum zweiten war es ebenfalls nicht gelungen, mit der Freigabe des Franc-Kurses die französischen Einfuhren signifikant zu senken. Dies lag insbesondere an dem Umstand, daß sich ein Großteil der französischen Importe als preisunelastisch erwiesen hatte. Obwohl die Franc-Preise der importierten Waren mit der Abwertung der französischen Währung gestiegen waren, ging das Importvolumen nur wenig zurück. Sein Gesamtwert, wiederum in Franc ausgedrückt, nahm jedoch zu, so daß sich die französische Handelsbilanz zumindest zeitweilig sogar noch verschlechterte.

Muß nun aus diesen Erfahrungen der 70er Jahre geschlossen werden, daß die Flexibilisierung der Wechselkurse mit dem Ziel der Franc-Abwertung doch nicht zu einer Reduktion des außenwirtschaftlichen Drucks beigetragen und damit die Voraussetzungen für den Erfolg einer expansiven Nachfragepolitik in Frankreich verbessert hätte? Zur Beantwortung dieser Frage soll zunächst diskutiert werden, unter welchen Bedingungen eine Abwertung der französischen Währung zu einer Anhebung des französischen Exportvolumens führen würde. Angesichts des aufgezeigten Verhaltens der überwiegenden Mehrheit der französischen Exportunternehmen liegt die entscheidende Voraussetzung hierfür zweifellos in einer effektiven Kontrolle der im Exportgeschäft realisierten Gewinnspannen. Die Regierung müßte versuchen, bestimmte Obergrenzen für die von den Unternehmen im Export realisierten Stückgewinne festzulegen, um auf diesem Wege die mit der Abwertung möglichen Preissenkungen auf den internationalen Märkten zu erzwingen. Dieses Unterfangen erweist sich jedoch in mehrerlei Hinsicht als problematisch: So dürften die Stückgewinne nahezu permanent - mit dem jeweiligen Grad der Kapazitätsauslastung - schwanken. Je nach dem momentanen Auslastungsgrad müßten also verschieden hohe Stückgewinne zugelassen werden, was jedoch schon auch praktischen Gründen nicht realistisch sein kann. Hinzu kommt, daß sich die betroffenen Unternehmen entsprechenden Regierungsvorschriften ohnehin relativ leicht entziehen können. Mit Hilfe buchungstechnischer Tricks wäre es ihnen problemlos möglich, die auf das Ensemble der Exportprodukte anfallenden Kosten 'künstlich' in die Höhe zu treiben, so daß die im Bereich dieser Produkte tatsächlich realisierten Stückgewinne auf andere Produkte verschoben würden. Drittens schließlich könnten international engagierte Großkonzerne, die einen wesentlichen Teil der Ausfuhren auf sich vereinigen, durch geeignete Manipulationen ihres konzerninternen Transferpreissystems die im Export erzielten Stückgewinne weitgehend auf ausländische Tochterunternehmen verlagern, so daß die Regierungsvorschriften auch von daher unterlaufen würden. Realistischerweise muß folglich davon ausgegangen werden, daß eine grundlegende Anhebung des französischen Exportvolumens von einer Abwertungspolitik allein nicht erwartet werden kann. Diese Einschätzung darf jedoch nicht als ein Plädoyer gegen die Flexibilisierung der Wechselkurse mißverstanden werden: Da die 'Politik des überbewerteten Franc' die von den französischen Unternehmen aus den Exportgeschäften gezogenen Gewinne bis zum Beginn der 80er Jahre teilweise derart stark beschnitten hatte, daß "den Firmen die Aufrechterhaltung bestehender Marktanteile im Ausland oftmals kaum noch attraktiv erscheint" (Le Monde 1.10.1981), liegt in einer Abkehr vom System fester Wechselkurse eine wesentliche Voraussetzung dafür, daß sich die Stellung der

französischen Industrie auf den internationalen Märkten zumindest nicht weiter verschlechtert.
Auf der Seite der Einfuhren liegt das hauptsächliche Problem in der geringen Preiselastizität zahlreicher Importgüter. Ausschlaggebend dafür ist der Umstand, daß Frankreich einen erheblichen Teil der zu seiner industriellen Reproduktion erforderlichen Waren importieren muß, da sie im Lande selbst nicht hergestellt werden. Eine Franc-Abwertung führt deshalb für viele Unternehmen (Haushalte) lediglich zu einer Verteuerung der aus dem Ausland bezogenen Vorleistungen (Konsumgüter), mit der Konsequenz, daß die Gewinne (Realeinkommen) beschnitten werden. Ein Umsteigen auf Waren aus der nationalen Produktion ist dagegen oftmals kaum möglich. Allerdings macht es hier Sinn, nach einzelnen Produktgruppen zu differenzieren: So ist die Preiselastizität sicherlich am geringsten im Bereich der Energie- und Ölimporte, da Frankreich nur über wenig eigene Energiequellen verfügt. Sehr groß ist die Angewiesenheit auf Importe auch in zahlreichen Industrien des AGS (großen Teilen der EEI sowie des MB) und der UE. Bezogen auf die in diesen Branchen hergestellten Produkte muß folglich ebenfalls davon ausgegangen werden, daß Substitutionsprozesse bei einer Verteuerung der Importe kaum eintreten werden. In gewissen Sparten des ZGS, der traditionellen und dauerhaften Konsumgüter sowie dem FB verfügt dagegen Frankreich über eine auch international wettbewerbsfähige Produktion. Hier kann deshalb durchaus angenommen werden, daß eine abwertungsbedingte Änderung des relativen Preisgefüges zugunsten des nationalen Angebots die Nachfrage nach inländischen Produkten erhöht.
Wichtig ist in diesem Zusammenhang nun die Tatsache, daß ein großer Teil der weitgehend preisunelastischen Importe mit Dollars bezahlt werden muß. So verlangen die OPEC-Staaten für ihr Öl generell amerikanisches Geld; einen erheblichen Teil seiner elektronischen Bauteile und Geräte bezieht Frankreich (neben Japan) direkt aus den USA; und die überwiegend aus Japan, den USA sowie einigen asiatischen Schwellenländern eingeführten UE-Produkte sind meist ebenfalls mit Dollars zu verrechnen. Dies aber läßt den Schluß zu, daß eine Franc-Abwertung gegenüber der amerikani-

schen Währung das französische Importvolumen nur wenig reduziert, seinen Franc-Wert jedoch deutlich in die Höhe treibt und damit unter dem Gesichtspunkt der Zurückdrängung des außenwirtschaftlichen Drucks keinesfalls sinnvoll sein kann. Bestätigung findet diese These auch in der Entwicklung der Jahre 1980 bis 1982, als die französische Währung gegenüber der amerikanischen Devise mehr als 40% ihres Wertes verlor (vgl. Rapport d'execution du plan intérimaire 1982-1983, 38), ohne daß daraus ein nennenswerter Rückgang des französischen Importvolumens gefolgt wäre. Die hauptsächliche Konsequenz der Dollar-Hausse lag also - neben einer Verschlechterung der französischen Handelsbilanz - in einer Anhebung des binnenländischen Kosten- und Preisniveaus, was die Wettbewerbsfähigkeit der französischen Industrie weiter belastete. Zudem konnten nur wenig französische Exporteure von den laufenden Wechselkursanpassungen profitieren, da nur ein vergleichsweise geringer Anteil der französischen Exporte in den Dollarraum fließt. Unter außenwirtschaftlichen Gesichtspunkten muß also davon ausgegangen werden, daß nicht eine Ab-, sondern im Gegenteil eine Aufwertung des Franc gegenüber dem Dollar am günstigsten ist[1].

Anders liegen die Dinge jedoch in Bezug auf die europäischen Währungen. Zahlreiche der stärker preiselastischen Importgüter bezieht Frankreich nämlich von seinen europäischen Handelspartnern: So stammt ein Großteil der traditionellen Konsumgütereinfuhren (Textilien etc.) aus Italien, Groß-Britannien und der Bundesrepublik; dauerhafte Konsumgüter (die sogenannte 'weiße Ware') bezieht Frankreich ebenfalls von der genannten Ländergruppe sowie den Niederlanden. Und im Bereich des Fahrzeugbaus kommen die Einfuhren neben Japan insbesondere aus der Bundesrepublik und Italien. Es ist hier deshalb durchaus wahrscheinlich, daß eine abwertungsbedingte Verschiebung der relativen Preise zugunsten der französischen Produkte gewisse Substitutionseffekte erzeugt, in deren Folge ein größerer Teil der Binnennachfrage aus der nationalen Produktion befriedigt werden kann. Allerdings gibt es wichtige Ausnahmen, die eine kräftige Abwertung gegenüber den euro-

---

[1] Nach ökonomischen Modellrechnungen steigert eine 10%ige Franc-Abwertung gegenüber dem Dollar die französischen Importe um 32 Mrd. Franc, die Exporte jedoch lediglich um 8 Mrd. Franc (vgl. Lipietz 1984, 204).

päischen Währungen ebenfalls als fragwürdig erscheinen lassen: So stammt ein erheblicher Teil der überwiegend preisunelastischen französischen Maschinenimporte aus der Bundesrepublik. Eine Franc-Abwertung in Bezug auf die DM hat deshalb trotz der positiven Wirkungen in den vorgenannten Bereichen für viele französische Industrieunternehmen lediglich die Erhöhung ihres Kostenniveaus zur Folge. Ganz ähnlich ist es auch in einigen Sparten der UE-Industrie, wo aufgrund des weitgehenden Fehlens eines wettbewerbsfähigen französischen Angebots im Falle einer Wechselkursanpassung die Einfuhren aus der Bundesrepublik, Italien und den Niederlanden zwar teurer werden, aber kaum zurückgehen dürften. Es läßt sich somit schlußfolgern, daß die vom CERES vorgeschlagene Umgestaltung des EWS, in deren Rahmen zumindest das laufende Inflationsgefälle zwischen Frankreich und seinen wichtigsten europäischen Handelspartnern kompensiert werden könnte, für die außenwirtschaftliche Situation des Landes am günstigsten ist: Die Wiederherstellung der 'realen' Paritäten ermöglichte die Begrenzung der ausländischen Penetration bestimmter französischer Märkte, ohne daß die mit einer Franc-Abwertung zwangsläufig verbundenen Kosten- und Preissteigerungseffekte allzu stark ins Gewicht fielen. Die französische Handelsbilanz würde sich zweifelsohne verbessern[1]. Kaum minder wichtig ist es aber auch, daß Frankreich zusammen mit seinen europäischen Handelspartnern eine "gemeinsame Schlacht gegen die Dollar-Hausse" (Lipietz 1984, 205) führt, um den aus der (v.a.politisch bedingten) Oberbewertung der amerikanischen Währung resultierenden Importdruck zu reduzieren.

Die sozialistische Regierung hat nach 1981 darauf verzichtet, eine Währungspolitik in diesem Sinne zu praktizieren. Sie trug damit eindeutig zur Verschärfung der außenwirtschaftlichen Problemlage und zum Scheitern der nachfrageorientierten Krisenbewältigung bei. Eine Quantifizierung des währungspolitisch bedingten Kaufkraftabflusses ins Ausland ist allerdings sehr schwierig. Angesichts der Tatsache, daß die Anhebung der Masseneinkom-

[1] Eine 10%ige Franc-Abwertung gegenüber der DM erhöht nach ökonomischen Modellrechnungen den Wert der französischen Importe um lediglich 3 Mrd. Franc, steigert die Exporte jedoch immerhin um 14 Mrd. Franc (vgl. Lipietz 1984, 204).

men insbesondere die Nachfrage nach gehobenen Konsumgütern und Automobilen gesteigert hat, dies aber gerade die Bereiche waren, wo der Wechselkurs eine vergleichsweise große Bedeutung für die Aufteilung der Marktanteile zwischen den nationalen und den ausländischen Herstellern hat, muß jedoch von einer erheblichen Bedeutung der Währungspolitik für die verstärkte Binnenmarktpenetration in den Jahren 1981/82 ausgegangen werden.

4.2.6.2. Die Außenhandelspolitik

Der zweite große Bereich, in dem eine konsequentere außenwirtschaftliche Absicherung der expansiven Konjunkturpolitik möglich war, ist die Außenhandelspolitik. Wie bereits erwähnt, lehn(t)en die verantwortlichen Akteure der Regierung importbeschränkende Maßnahmen entschieden ab. "Die Rückeroberung des Binnenmarktes...darf nicht über defensive Maßnahmen, etwa protektionistische Regelungen, angestrebt werden..."(PI, 54).

> "Frankreich bejaht den internationalen Handel...Für unser Land kommt es deshalb nicht in Frage, sich mit künstlichen Regelungen vor seinen Handelspartnern zu schützen" (Wirtschaftsminister Delors, zit. nach Le Monde vom 13.7.1981).

Wenn auch unausgesprochen, klingt in diesen Formulierungen zweifellos die Gleichsetzung von Importrestriktionen mit autarkistischen Bestrebungen an. Die Befürworter entsprechender Regelungen, in der Regierung wiederum der CERES und die PC, weisen diese Unterstellung jedoch deutlich zurück. Ihres Erachtens soll mit zeitweiligen Einfuhrbeschränkungen nicht ein genereller Abbau der Handelsverflechtung zwischen Frankreich und dem Ausland eingeleitet werden: Einziger Zweck dieser Maßnahmen ist es, die notwendigen Voraussetzungen für den Erfolg einer nachfrageorientierten Konjunkturbelebung zu schaffen. Importrestriktionen

> "erhalten nur dadurch einen Sinn, daß sie über die Eröffnung neuer Märkte im Inland den Wiederaufschwung der industriellen Investitionstätigkeit fördern" (Mazier 1983a, 11).

Sie sind

> "... nicht einer protektionistischen Logik verschrieben... Frankreich bliebe gegenüber der internationalen Konkurrenz weitgehend geöffnet..."(ebd.).

Weiterhin wird darauf verwiesen, daß alle großen Industrieländer bestimmte Bereiche ihrer Industrie vor der ausländischen Konkurrenz zu schützen versuchen. Die dabei angewandten Praktiken sind vielfältig und verstoßen in der Regel nicht einmal gegen bestehende internationale Abkommen und Verträge: So zielt das 'Allgemeine Zoll- und Handelsabkommen' (GATT), dem 1982 insgesamt 118 Länder angehörten, zwar auf die Förderung des internationalen Handels und die Beseitigung mengenmäßiger Handelsbeschränkungen ab; dennoch läßt es im Rahmen einer Reihe von Ausnahmeregelungen zeitweilige Importbeschränkungen zu. Importkontingentierungen zur Förderung der strukturellen Anpassung an die Bedingungen des Freihandels sowie zum Schutze der Zahlungsbilanz sind ausdrücklich erlaubt. Auch der EWG-Vertrag schließt zeitlich begrenzte Einfuhrbeschränkungen keinesfalls aus:

> "Gerät ein Mitgliedsland in eine plötzliche Zahlungsbilanzkrise..., kann der betreffende Staat vorsorglich die erforderlichen Schutzmaßnahmen treffen" (EWG-Vertrag, Art. 109 (II)).

In Frankreich wurden (und werden) insbesondere zwei Typen von Maßnahmen zur kurzfristigen Reduzierung der Binnenmarktpenetration vorgeschlagen (vgl. Mazier 1983a, 11; Economie et Politique, Avril 1983, 47).

1. Maßnahme: Bardepots auf Importe. Auf der Grundlage der Artikel 108/109 der Römischen Verträge können die Importeure ausländischer Waren dazu verpflichtet werden, einen Betrag in Höhe eines bestimmten Prozentsatzes des Werts der Einfuhren in nationalem Geld bei der Zentralbank zinslos für drei Monate zu hinterlegen. Mit dieser Vorschrift, die spätestens nach 18 Monaten wieder aufzuheben ist, wird die Wareneinfuhr teurer, was die gesamtwirtschaftliche Nachfrage nach binnenländischen Produkten stärken soll. Gleichzeitig erhöhen sich die - unter dem Gesichtspunkt einer Zahlungsbilanzverbesserung positiven - Kapitalimporte, da die ausländischen Exporteure einen Teil der Bardepots über Handelskredite finanzieren. Inflationäre Effekte können weitgehend vermieden werden, indem die tendenziell preisunelastischen Importgüter von der Hinterlegungspflicht ausgenommen bleiben. Die Befürworter von Bardepots auf Importe verweisen dabei insbesondere auf die positiven Erfahrungen, die Italien, also ein tra-

ditionell stark einfuhrabhängiges Land, 1981 mit entsprechenden Regelungen gemacht hat (vgl. Mazier 1983a, 11): So ging das italienische Importvolumen im genannten Jahr um 5,3% zurück, obwohl das BIP des Landes lediglich um 0,2% abnahm. Die Bardepots führten zu einem kräftigen Abbau der Lagerbestände bei importierten Waren, ohne zugleich die Inflation zu beschleunigen (die italienische Preissteigerungsrate verlangsamte sich 1981 um mehr als 4%). Schließlich gelang es Teilen der italienischen Industrie, von der zeitweiligen Zurückdrängung der ausländischen Konkurrenz zu profitieren und ihre Produktion wieder auszuweiten.
Gestützt auf eine Auswertung dieser Erfahrung hat das französische Plankommissariat versucht, den Handelsbilanzeffekt von Bardepots auf Importe auch für Frankreich zu berechnen (vgl. Commissariat General du plan 1984). Es kommt dabei mit Hilfe ökonometrischer Modellrechnungen zu dem Ergebnis, daß die konsequente Anwendung dieser Maßnahme unter den Bedingungen des Jahres 1982 die französischen Einfuhren um 15-20 Mrd. FF gesenkt hätte. Preistreibende Effekte wären durch entsprechende Ausnahmeregelungen im Bereich der preisunelastischen Energie- und Investitionsgüterimporte weitgehend vermeidbar gewesen. Und die Produktion hätte insbesondere in einigen Sparten der Konsumgüterindustrie sowie dem FB stimuliert werden können. Natürlich lassen sich diese Ergebnisse aufgrund der Problematik ökonometrischer Modellrechnungen lediglich als Tendenzaussagen interpretieren, dennoch verweisen sie auf den relativ großen Spielraum, der den wirtschaftspolitischen Akteuren 1981/82 bei der kurzfristigen Begrenzung des außenwirtschaftlichen Drucks gegeben war.
Der zweite Maßnahmenkomplex bezieht sich auf die Einführung von Importkontingentierungen. So ist es den EG-Mitgliedsländern - wiederum auf Grundlage der Artikel 108/109 der Römischen Verträge - im Zusammenhang sogenannter 'Schutzklauseln' erlaubt, im Bereich bestimmter, entweder stark defizitärer oder stark ausländisch penetrierter Produkte zeitlich begrenzte mengenmäßige Höchstgrenzen für Importe festzulegen. Zweck dieser Ausnahmeregelung ist es, durch die zeitlich begrenzte Einschränkung der Konkurrenz die Einleitung der zur Anhebung der Wettbewerbsfähig-

keit erforderlichen Modernisierungs- und Restrukturierungsmaßnahmen in der Produktion zu ermöglichen. Sie eignet sich folglich insbesondere für diejenigen Produkte und Produktgruppen, wo

> "die gegenwärtige Wettbewerbsfähigkeit der nationalen Produzenten nicht ausreichend ist, jedoch innerhalb einer relativ kurzen Frist - 1 bis 2 Jahre - verbessert werden könnte" (Mazier 1983a, 11).

Auch hier hat das französische Plankommissariat versucht, die Auswirkungen auf die französischen Importe zu berechnen. Bezogen auf das Jahr 1982 kommt es zu dem Ergebnis, daß das französische Handelsbilanzdefizit um knapp 20 Mrd. Franc geringer ausgefallen wäre, wenn die Regierung entsprechende Importkontingentierungen beschlossen hätte (vgl. Commissariat general du plan 1983). Zudem weist es darauf hin, daß über die beiden erwähnten Maßnahmen hinaus noch ein breit gefächertes - von der Linksregierung jedoch nur wenig genutztes - Instrumentarium importrestriktiver Maßnahmen zur Verfügung steht, das bereits nahezu alle Industrieländer angewandt haben (oder immer noch anwenden), um ihre Binnenmärkte vor der ausländischen Konkurrenz zu schützen: Sondersteuern auf bestimmte Einfuhrprodukte, nichttarifäre Handelshemmnisse (Festlegung von Normen, sicherheits- und gesundheitsrechtlichen Bestimmungen und Kundenschutzvorschriften, die den freien Warenaustausch behindern), Kompensationsgeschäfte, Selbstbeschränkungsabkommen, Ausrichtung der öffentlichen Nachfrage auf die binnenländische Produktion. Gerade im letzten Bereich sind der Linksregierung schwere Versäumnisse vorzuwerfen, da sie sich entgegen der von ihr selbst formulierten Programmatik (vgl. PI) kaum darum gekümmert hat, die Staatsnachfrage auf die heimische Produktion umzuschichten. Auch setzten zahlreiche der nationalisierten Großunternehmen ihre gewohnte Praxis fort, sich mit Vorleistungen aus der ausländischen Produktion zu versorgen, eine Entwicklung, in der sich zweifellos die Tatsache reflektiert, daß es der Regierung nicht einmal im öffentlichen Sektor gelungen war, die unternehmenspolitischen Strategien auf die Konstituierung von kompletten Produktionsketten in der Perspektive der Stärkung der Kohärenz des nationalen Produktionsapparates auszurichten (vgl. dazu Kapitel 5).

4.2.6.3. Schlußfolgerungen

Im Anschluß an die Sichtung und Einschätzung der Maßnahmen zur Begrenzung der Binnenmarktpenetration läßt sich nun schlußfolgern, daß es eine konsequente Ausnutzung des der neuen Regierung in den Jahren 1981/82 gegebenen Handlungsspielraums durchaus möglich gemacht hätte, das 'Diktat der Zahlungsbilanz' zumindest teilweise zurückzudrängen und damit die Chancen der nachfrageorientierten Krisenbewältigung in Frankreich deutlich zu verbessern. Aufgrund des weitgehenden Fehlens von kohärenten und in nationaler Verfügbarkeit befindlichen Produktionsketten ist das französische Handelsbilanzdefizit zwar struktureller Natur; dennoch hätte eine auf die Wiederherstellung der 'realen' Paritäten innerhalb des EWS abzielende Währungspolitik zusammen mit einer offensiven Anwendung aller - auch international gebräuchlichen importbeschränkenden Maßnahmen den außenwirtschaftlichen Druck erheblich reduziert. Die Berechnungen des Plankommissariats zeigen, daß bei einer entsprechenden Politik die französischen Importe 1982 um 40 bis 50 Mrd. Franc niedriger gewesen wären. Dies aber bedeutet, daß es in den Jahren 1981/82 möglich war, das binnenländische Kaufkraftvolumen weitaus stärker auf die nationale Produktion zu konzentrieren, als es im genannten Zeitraum tatsächlich geschehen ist. Der von der Regierung mit der Nachfragestimulierung angestrebte ökonomische Wirkungsablauf hätte also zumindest soweit sichergestellt werden können, daß die Belebung der französischen Produktions- und Investitionstätigkeit deutlich kräftiger ausgefallen wäre. Allerdings darf in diesem Zusammenhang nicht übersehen werden, daß mit der Gesamtheit der einfuhrbegrenzenden Maßnahmen der Spielraum für eine expansive Konjunkturpolitik lediglich kurzfristig und auch nicht grundsätzlich angehoben wird. Die strukturelle Importabhängigkeit und damit die nur begrenzte Machbarkeit einer nationalen Wirtschaftspolitik bleibt so lange bestehen, wie die Inkohärenz des französischen Produktionsapparates nicht beseitigt ist. Zur Erhöhung des wirtschaftspolitischen Handlungsspielraums ist es deshalb erforderlich, daß die vorgeschlagenen währungs- und außenhandelspolitischen Maßnahmen nicht nur im Kontext einer nachfrageorientierten Konjunkturpolitik gesehen, sondern darüber hinaus auch als eine wesentliche Voraussetzung für die Praktizierung einer Industriepolitik betrachtet werden, die auf die Beseitigung der strukturellen Ungleichgewichte abzielt (vgl. dazu Kapitel 5). Die intendierte Produktions- und Investitionsbelebung muß also insbesondere darauf ausgerichtet sein, in den für die Kohärenz des nationalen industriellen Geflechts zentralen Industriebereichen eine wettbewerbsfähige französische Produktion aufzubauen, in deren Folge erst die dauerhafte Reduzierung des französischen Außenhandelsdefizits realisiert werden kann. Würde hierauf verzichtet, handelte es sich bei den einfuhrbeschränkenden Regelungen letztendlich doch bloß um defensive, d.h. ausschließlich kurzfristig und nicht an der Ausweitung des nationalen Handlungs spielraums orientierte Maßnahmen.

4.3. Die Einleitung des konjunkturpolitischen Wechsels (Frühsommer 1982 — Anfang 1983)

4.3.1. Die Indikatoren

Obwohl die 'linke Minderheit' in der Regierung für eine konsequentere außenwirtschaftliche Absicherung der expansiven Konjunkturpolitik und damit für deren Fortsetzung plädierte, stellte sich im Frühsommer 1982 immer deutlicher heraus, daß die sozialistische Regierungsmehrheit auf die entstandenen Schwierigkeiten zunehmend mit einer grundsätzlichen Abkehr vom Konzept der expansiven Krisenbewältigung reagierte und verstärkt auf eine angebotsorientierte Stabilisierungskonzeption einschwenkte. Erste Anzeichen für eine mangelnde Bereitschaft zur Fortführung der Nachfragepolitik hatten sich allerdings schon erheblich früher, im November 1981 angedeutet, als Wirtschafts- und Finanzminister Delors davon sprach, daß "eine Pause in der Ankündigung von Reformen eingelegt" (zit. nach Le Monde 19.11.1981) werden müsse. Ausgehend von der Einschätzung, daß "das gegenwärtige Klima nicht stimulierend auf die Investitionstätigkeit wirkt" (ebd.), bestimmte er bereits damals die vorrangige Aufgabe der Linksregierung darin, ein neues, "für die Unternehmen anspornendes Klima" (ebd.) herzustellen, um die Wirtschaft wieder zu beleben. Angesichts der Tatsache, daß die Regierung zu diesem Zeitpunkt im wesentlichen erst die Anhebung der Masseneinkommen sowie einige beschäftigungspolitische Maßnahmen durchgesetzt hatte, die anderen grundlegenden Reformen (Nationalisierungen, Ausweitung der Arbeiterrechte, Demokratisierung der Planification, gesetzliche Festlegung der 35-Stundenwoche etc.) zwar projektiert, überwiegend jedoch noch nicht realisiert waren, stellte dies eine durchaus bemerkenswerte Aussage dar: Machte sie doch deutlich, daß der Minister - trotz aller sonstigen Rhetorik - vom 'Sozialistischen Projekt' abzurücken begann und nun, wenn auch noch indirekt, für die Ausweitung direkt angebotsorientierter Maßnahmen plädierte. Zudem mußte seine Formulierung, die in der französischen Öffentlichkeit auf eine erhebliche Resonanz gestoßen war (vgl. Le Monde 1.12.1981), die Position der Gewerkschaften in ihren Verhandlungen mit den Arbeitgeberverbänden über die konkrete Durchsetzung bestimmter Reformprojekte (beispielsweise die Wochenarbeitszeitverkürzung) unmittelbar schwächen. Zwar hatte es Delors durch eine entsprechende Wortwahl vermieden, die weitere Verfolgung dieser Reformen grundsätzlich in Frage zu stellen. Seine Formulierung gab den Unternehmervertretern jedoch deutlich zu verstehen, daß die neue Regierung von einer konsequenten Realisierung ihres ursprünglichen Programms abzurücken begann und unterstützte somit die ablehnende und starre Haltung der Kapitalvertreter gegenüber den gewerkschaftlichen Forderungen.

Zusätzliche Bestätigung findet die Vermutung, daß sich die Regierung allmählich vom Konzept einer nachfrageorientierten Wirtschaftsbelebung entfernte, auch dadurch, daß sie bereits wenig später - im Dezember 1981 - erstmals ein konjunkturpolitisches Programm beschloß, das zur Anhebung der Investitionstätigkeit ausschließlich auf angebotsorientierte Maßnahmen rekurrierte. So wurden die Steuervergünstigungen für investierende Unter-

nehmen um 5% angehoben. Daneben, und dies wiegt sicherlich schwerer, wurde die Bindung dieser Steuervergünstigungen an eine Ausweitung der Beschäftigung wieder aufgehoben. Zukünftig sollen sie bereits dann gewährt werden, wenn die betreffenden Unternehmen im Falle neuer Investitionen auf Entlassungen verzichten. Damit aber gab die Regierung ein wesentliches Element ihrer erst wenige Monate zuvor definierten Beschäftigungspolitik zugunsten der Unternehmensförderung auf.
Im März 1982 schließlich kündete Ministerpräsident Mauroy an, die neue Regierung werde vom Konzept der defizitfinanzierten Stimulierung der Nachfrage zugunsten einer Konsolidierung der öffentlichen Haushalte abweichen. Angesichts der steigenden Staatsverschuldung sei für 1983 ein "Budget der Härte" (budget de la rigueur, zit. nach Le Monde 13.3.1982) erforderlich:

> "Die Ausgaben werden auf ein vernünftiges Maß zurückgeführt. Wir bewahren - und das werden wir auch in der Zukunft tun - die großen (makroökonomischen, die Verfasser) Gleichgewichte" (ebd.).

Auch diese Formulierung weist unmißverständlich auf eine Annäherung an neoklassisches Gedankengut hin, sieht sie doch in der Staatsverschuldung nicht mehr ein potentielles Instrument zur Krisenbewältigung, sondern generell einen produktions- und investitionshemmenden Faktor.
Die Katze aus dem Sack ließ der Ministerpräsident allerdings erst 2 Monate später, im Mai 1982, als er die Anhebung der Massenkaufkraft und damit das zentrale Element der zuvor praktizierten Nachfragepolitik direkt für das Mißlingen des ökonomischen Aufschwungs verantwortlich machte:

> "Die übermäßigen Lohn- und Einkommenssteigerungen unterhalten den Prozeß der Inflation und trennen unsere Wirtschaft von den Mitteln, die zur Schaffung neuer Arbeitsplätze geeignet sind. Hier muß gebremst werden, was sich zu verselbständigen droht" (zit. nach Liberation, 22/23.5.1982).

Die Begründung:

> "Wir können den Abstand zwischen unserer Inflationsrate und der unserer Partner nicht weiter wachsen lassen. Deshalb müssen wir unsere Anstrengungen zur Verringerung der Preissteigerungen verdoppeln" (zit. nach Liberation, 29/30.5.1982).

Diese beiden letzten Sätze sind sehr wichtig, denn sie bringen die neuen Prioritäten der sozialistischen Konjunkturpolitik zum Ausdruck: Nicht mehr die aktive Krisenbewältigung mit Hilfe eines nachfrageorientierten Ansatzes, sondern die kurzfristige Abwehr des außenwirtschaftlichen Drucks durch die Reduktion der französischen Inflation standen jetzt im Zentrum der konjunkturpolitischen Bemühungen. Aufbauend auf einer lohnkostentheoretischen Inflationserklärung ging es nunmehr darum, über die Kontraktion der Binnennachfrage den hohen Importsog der französischen Wirtschaft zurückzudrängen und auf diesem Weg zugleich ihre Exportfähigkeit zu steigern. Obwohl die offizielle Rhetorik zunächst noch am Konzept der expansiven Konjunkturpolitik festhielt (vgl. Neue Züricher Zeitung 23.6.1982), war das Ziel der Vollbeschäftigung damit in weite Ferne gerückt.
Die von der französischen Regierung seit Frühsommer 1982 verfolgte Konjunkturpolitik weist zweifellos eine große Nähe zum Konzept der angebotsorientierten Wirtschaftspolitik auf. Zum besseren Verständnis des wirtschaftspolitischen Wechsels sollen deshalb im folgenden einige Grundtheoreme dieses Konzepts kurz skizziert werden. Anschließend wollen wir ihre Reflexion im 9. Plan, dem 'programmatischen Kondensat' der 2. Phase der sozialistischen Wirtschaftspolitik in Frankreich, herausarbeiten (wobei sich allerdings neben Übereinstimmungen auch deutliche Unterschiede - insbesondere im Bereich der Krisenerklärung - zeigen werden). Dieses Dokument wurde zwar erst im Verlauf des Jahres 1983 elaboriert und verabschiedet; da die in der zweiten Hälfte des Jahres 1982 praktizierte Konjunkturpolitik jedoch in den großen Linien bereits der im 9. Plan entworfenen Strategie entsprach, ist es sinnvoll, das chronologische Vorgehen zu durchbrechen und die relevanten Passagen des 9. Plans bereits an dieser Stelle unserer Arbeit darzulegen.

4.3.2. Das Konzept der angebotsorientierten Wirtschaftspolitik

Das auf dem neoklassischen Theoriegebäude beruhende Konzept der angebotsorientierten Wirtschaftspolitik besagt im Kern, daß die Ursachen ökonomischer Krisen nicht in den Bewegungsgesetzen der kapitalistischen Produktionsweise, also dem systematischen Zurückbleiben der gesamtwirtschaftlichen Nachfrage hinter den existierenden Angebotsmöglichkeiten zu suchen sind, sondern auf 'externe Schocks' (wie die Ölpreisanhebungen) oder aber nicht marktkonforme Preise der Produktionsfaktoren Arbeit (zu hohe Löhne durch gewerkschaftliche Monopolmacht) und Kapital (zu starke staatliche Besteuerung) zurückgeführt werden müssen. Die daraus angeblich resultierende übermäßige Kostenbelastung habe den Ertrag auf bestehendes Kapital - die entscheidende Investitionsdeterminante - derart niedrig werden lassen, daß die Unternehmen ihre Produktions- und Investitionstätigkeit tendenziell eingestellt hätten. Dem Staat wird im Rahmen dieser Konzeption deshalb die Aufgabe zugewiesen, auf die Reduktion der vermeintlich zu hohen Unternehmensbelastungen hinzuwirken, damit die von außen in das an sich stabile System hineingetragenen Störungen schneller überwunden werden können. Einen antizyklischen Einsatz des öffentlichen Budgets lehnen die Angebotstheoretiker hingegen ab, da sie im Falle entsprechender Interventionen lediglich eine Störung und Verdrängung privater Aktivitäten vermuten. So wird davon ausgegangen, daß eine defizitfinanzierte Ausweitung der Staatsausgaben die Zinsen in die Höhe treibt und somit die privaten Investitionen zu teuer macht. Gleichzeitig soll die öffentliche Verschuldung über die Aufblähung der Geldmenge zu einem schädlichen Anstieg der Preise führen, wodurch die optimale Allokation der Ressourcen behindert und die internationale Wettbewerbsfähigkeit der heimischen Industrie geschwächt wird.
Zweierlei Wege hat der Staat bei der Entlastung der Wirtschaft einzuschlagen: Zum einen soll er auf die generelle Senkung der unternehmerischen Steuer- und Abgabenlast, aber auch die Reduktion aller gesetzlichen und bürokratischen Reglementierungen

(z.B. umweltpolitische Auflagen) hinwirken, die die betriebliche Dispositionsfreiheit einschränken und damit zugleich auch die ökonomische Leistungsfähigkeit der Unternehmen behindern könnten. Zum anderen, und dies ist zentral, soll er die 'Inflationsmentalität' brechen: Über eine restriktive Handhabung seines geld- und fiskalpolitischen Instrumentariums soll der Staat die Krise zunächst verschärfen, um auf diesem Wege das binnenländische Preisniveau zu reduzieren (da die Neoklassiker in den Löhnen den entscheidenden Kostenfaktor sehen und die Kostenentwicklung als entscheidende Determinante der Preisentwicklung betrachten, steht für sie hierbei der Kampf gegen die Löhne der Arbeitnehmer im Vordergrund). Dies wird deshalb als wichtig erachtet, weil eine Reduktion der Inlandspreise - alle anderen Bedingungen konstant gesetzt - die internationale Wettbewerbsfähigkeit der heimischen Industrie stärkt: gegenüber den ausländischen müssen sich nämlich die heimischen Waren auf den Weltmärkten relativ verbilligen. Gleichzeitig bewirkt die Kontraktion der Binnenmärkte einen Rückgang der Importe. Im Anschluß an die bewußt verschärfte Phase gesamtwirtschaftlicher Stagnation sollen dann - so die Logik der angebotsorientierten Wirtschaftspolitik - die anvisierten Zielsetzungen: Aufschwung der Investitionstätigkeit sowie Zunahme der Exporte aufgrund der verbesserten unternehmerischen Kostenstruktur und der damit einhergehenden Preissenkungen realisiert werden können. Auch das 'Folgeproblem' Arbeitslosigkeit läßt sich schließlich auf diese Art lösen. Zugleich eröffnet der erneute Anstieg des Volkseinkommens einen größeren Spielraum für Lohnerhöhungen.

4.3.3. Der 9. Plan

Während das primäre Ziel des PI ganz eindeutig in der staatlich induzierten Belebung der Binnenkonjunktur und damit der Bewältigung der Massenarbeitslosigkeit lag, rückt dieses Ziel im 9. Plan weit in den Hintergrund. Absolute Priorität kommt dagegen nunmehr der nationalen Entwicklung und Beherrschung der neuen Technologien zu. Begründet wird diese Verschiebung in der Zielhierarchie damit, daß

> "angesichts der Ambitionen der Mächtigsten...diejenigen Staaten, die nicht die dritte technologische Revolution beherrschen, schnell den Rang der großen Industrienationen verlassen" (9. Plan, Tome 2, 9).

werden. Hierin reflektiert sich die Auffassung, daß "das, was man gemeinhin Krise nennt,...kein konjunkturelles Phänomen" (ebd.) ist. Seit dem Ende der 60er Jahre sind die Grundlagen des Nachkriegswachstums in den westlichen Industrieländern zunehmend unterminiert worden. Die tayloristische Organisation des Produktionsprozesses hat in einem steigenden Maße zu Arbeitskonflikten und zu einer antiindustriellen Einstellung bei den Arbeitern geführt, mit der Konsequenz, daß die Produktivitätszuwächse tendenziell rückläufig sind (vgl. ebd., 14). Das mit dem Taylorismus verbundene Konsummodell ist aufgrund der Sättigung zahlreicher Märkte für dauerhafte Konsumgüter ebenfalls in die Krise geraten, so daß die Entwicklung der industriellen Aktivitäten auch von der Absatzseite her beschränkt wird. Die großen Industrieländer versuchen, die Stagnation durch die Adaption neuer Technologien und die Anhebung ihrer internationalen Wettbewerbsfähigkeit zu überwinden. Dabei aber haben Japan und die USA gegenüber den europäischen Ländern bereits einen großen Vorsprung, der die Stellung der letzteren in der IAT deutlich zu schwächen droht (vgl. ebd., 18). Deshalb "wird die Bewältigung des technologischen Umbruchs zu einer Hauptaufgabe des 9. Plans" (ebd.). "Viele Hoffungen werden darauf gesetzt, daß die dritte industrielle Revolution die Akkumulationsgrundlagen eines neuen industriellen Kapitals legt" (ebd.). Diese Strategie muß zwar, so gibt der 9. Plan durchaus zu, in der kurzen Frist zu erheblichen Beschäftigungsproblemen führen, da die angestrebten Innovationen Träger starker Produktivitätssteigerungen sind, ihre Realisierung hält er jedoch im Kontext des internationalen "Wirtschaftskrieges" (ebd.) für unerläßlich. Sozial- und arbeitsmarktpolitische Maßnahmen (Berufsbildung, Teilzeitarbeit, Frühverrentung, Wochen- und Jahresarbeitszeitverkürzung etc.) sollen den Anstieg der Ar-

beitslosigkeit zumindest in Grenzen halten.
Die Modernisierung Frankreichs kann allerdings nur unter der Voraussetzung gelingen, daß das große Außenhandelsdefizit des Landes abgebaut wird (vgl. ebd., 28, 109). Dessen Ursachen verortet der 9. Plan neben dem Inflationsdifferential zwischen Frankreich und seinen Handelspartnern, dem überbewerteten Dollar sowie der Ungleichzeitigkeit in der konjunkturellen Entwicklung zwischen Frankreich und den übrigen OECD-Ländern insbesondere in den zahlreichen Defiziten des französischen Produktionsapparates (vgl. ebd., 108). Diese machen, so schlußfolgert der 9. Plan, eine expansive Konjunkturpolitik zur Bewältigung der Krise für Frankreich gegenwärtig unmöglich und erfordern es, die binnenländische Nachfrage zu bremsen, damit die strukturellen Grundlagen eines neuen Wachstumsprozesses gelegt werden können. Dabei steht am "Anfang der Periode eine Anstrengung zur Mäßigung des Konsums" (ebd., 109). Weil die Restrukturierung der Industrie erst mittelfristig eine Verbesserung der Handelsbilanz ermöglicht, muß in der kurzen Frist (mindestens bis Ende 1985) mit Hilfe "harter Maßnahmen der Konjunkturregulierung" (ebd., 122) "das Wachstumsdifferential reduziert werden, das Frankreich in den Jahren 1981 und 1982 mit seinen Handelspartnern hatte" (ebd.). Der Schwerpunkt liegt hier "prinzipiell auf dem Konsum der Haushalte" (ebd.), die den größten Teil der Endnachfrage ausmachen und in den ersten anderthalb Jahren der neuen Regierung besonders kräftig gestiegen sind. Aber auch der antizyklische Einsatz des öffentlichen Budgets soll zurückgenommen werden:

> "Die erklärte Absicht, die Zwangsabgaben zu begrenzen und das Haushaltsdefizit zu stabilisieren..impliziert, daß die öffentlichen Einnahmen nicht schneller wachsen als die nationale Aktivität" (ebd., 136).

Eine weitere wesentliche Voraussetzung für die schnelle Reduzierung des Handelsbilanzdefizits sieht der 9. Plan in der Senkung der vergleichsweise hohen französischen Inflationsrate. Dabei soll "die Schlacht gegen die Inflation" (ebd., 124) insbesondere durch die Aufhebung der automatischen Anpassung der Löhne an die Preisentwicklung (Lohnindexierung), also unter den gegenwärtigen

Bedingungen letztlich eine Reallohnsenkung, gewonnen werden[1]. Lediglich die untersten Einkommen sollen aus Gründen der sozialen Gerechtigkeit von dieser Neuregelung ausgenommen bleiben und auch weiterhin automatisch den Preisen angeglichen werden. Als Ersatz für die Lohnindexierung schlägt der 9. Plan die Ausrichtung der Lohnerhöhungen an den von der Regierung für die nächste Periode projektierten Inflationszielen vor. Falls die tatsächliche Inflationsrate hierüber hinausgeht, kann in Kollektivverhandlungen am Ende der Periode "je nach den besonderen Bedingungen" (ebd., 125) überprüft werden, inwieweit eine nachträgliche Lohnanpassung möglich ist.
Die Bremsung der Inlandsnachfrage und die Senkung der Preissteigerungen werden jedoch nicht nur im Kontext einer kurzfristigen Reduzierung des Handelsbilanzdefizits gesehen. Der 9. Plan betrachtet sie zugleich als eine wesentliche Voraussetzung für die Verbesserung der unternehmerischen Angebotsbedingungen, in deren Folge erst die zur Restrukturierung und Modernisierung des französischen Produktionsapparates erforderlichen Investitionen erwartet werden. "Damit die Unternehmen investieren...ist es erforderlich, daß sie über die entsprechenden Finanzmittel verfügen" (ebd., 132). Eine Reihe von Maßnahmen werden zur Förderung der finanziellen Situation der französischen Unternehmen genannt:

---

[1] Reflektiert sich in der Kampfansage an die Lohnindexierung eine lohnkostentheoretische Inflationserklärung, so weisen die daneben vorgeschlagenen Maßnahmen zur Begrenzung des Preisauftriebs darauf hin, daß der 9. Plan über keine kohärente Inflationstheorie verfügt. So wird es beispielsweise ebenfalls als wichtig erachtet, daß die "gesamtwirtschaftliche Liquidität in den zur Finanzierung der Aktivitäten der verschiedenen Wirtschaftssubjekte geeigneten Grenze bleibt" (ebd.). Diese Formulierung, die als ein Plädoyer für eine restriktivere Geldpolitik betrachtet werden kann, legt eher eine nachfragetheoretische Inflationserklärung nahe. Zudem soll eine größere Transparenz in der Preisbildung gesucht" (ebd.) und die Rolle der - bisher weitgehend funktionslosen - Konkurrenzkommission gestärkt werden. Hierin wiederum deutet sich eine monopoltheoretische Interpretation der Preissteigerungen an.

- So sollen zunächst die Stundenlöhne der Arbeitnehmer nur noch langsamer als die Arbeitsproduktivität pro Stunde zunehmen (vgl. ebd., 133). Ziel dieses Vorschlages ist es, den Profitanteil an der Wertschöpfung anzuheben und damit die seit Mitte der 70er Jahre rückläufige Eigenkapitalquote der Unternehmen wieder zu erhöhen.
- Dem gleichen Ziel dient auch der Vorschlag, die Entwicklung der auf den Unternehmen lastenden Steuern und Sozialabgaben zu begrenzen. Deren zukünftigen Umfang will der 9. Plan an der Entwicklung der Abgabenquote in den kapitalistischen Konkurrenzländern Frankreichs ausgerichtet wissen: "Die Zwangsabgaben dürfen nicht schneller erhöht werden als die, die auf den Unternehmen der anderen großen Industrieländer lasten" (ebd., 98). Da in der überwiegenden Mehrheit dieser Staaten gegenwärtig auf eine Senkung der von den Unternehmen zu leistenden Steuern und Sozialabgaben hingewirkt wird, läuft eine konsequente Handhabung dieses Vorschlages allerdings auch für Frankreich nicht auf eine Stabilisierung, sondern eine Senkung der unternehmerischen Abgabenquote hinaus.
- Weiterhin plädiert der 9. Plan vehement für die Stimulierung der seit Jahren rückläufigen Spartätigkeiten der privaten Haushalte.

> "Der Sachverhalt ist eindeutig: Alles, was heute gespart wird, finanziert die Modernisierung der Ökonomie von morgen. Das Sparen ist nicht mehr eine Vorsichtsmaßnahme aus Angst vor einer verschlechterten Zukunft; es ist die Grundlegung einer besseren Zukunft" (9. Plan, Tome 1, 7).

Konkret vorgeschlagen wird die Einführung neuer Sparbücher und die Anhebung bestimmter Sparzinsen, um auf diesem Wege Kaufkraft von den freiwilligen privaten Sparern abzuschöpfen, die dann vermittelt über industrielle Entwicklungsfonds in Form von Krediten zu besonders günstigen Bedigungen zur Verfügung gestellt werden kann. Das Schwergewicht legt der 9. Plan dabei auf das Wohnungsbausparen, da die Bauindustrie vergleichsweise stark von Fremdmitteln abhängig ist. Allerdings gibt er zu, daß ein Gegensatz zwischen der intendierten Sparförderung und der ebenfalls angestrebten Einkommenssenkung besteht, die die Tragweite der sparfördernde Maßnahmen notwendigerweise begrenzen muß: "Da das Wachstum der Realeinkommen die Hauptdeterminante des Sparverhaltens der Haushalte bleibt..." (9.Plan, Tome 2, 134) muß angesichts der gebremsten Einkommensentwicklung befürchtet werden, daß die Sparförderung "nicht die zur Finanzierung der Investitionen erforderlichen Ressourcen beschaffen kann" (ebd.). Deshalb wird angeregt, die Stimulierung der Spartätigkeit durch die Einführung betrieblicher und überbetrieblicher, in dezentralen Verhandlunggen zwischen den Gewerkschaften und den Unternehmerverbänden auszugestaltender Vermögensbeteiligungssysteme zu ergänzen. Diese hätten für die Unternehmen den Vorteil, daß Teile der Lohnsumme nicht ausgezahlt werden müßten und somit zur Finanzierung von Investitionen genutzt werden könnten.

- Angestrebt wird auch eine generelle Verbesserung der Fremdfinanzierungsmöglichkeiten (vgl. ebd., 285). Der 9. Plan fordert in diesem Zusammenhang eine modifizierte Kreditvergabepraxis insbesondere der nationalisierten Banken, die eine größere Beteiligung an den Risiken produktiver Investitionen akzeptieren sollen. Gleichzeitig sollen die als besonders förderungswürdig eingeschätzten Unternehmen (Klein- und Mittel- sowie neu gegründete Unternehmen) verstärkt Kredite zu Vorzugsbedingungen erhalten können. Eine automatische Bindung der nominalen Zinssätze an die Inflationsrate soll verhindern, daß die realen Zinssätze im Falle des erwarteten Rückgangs der Preissteigerungsraten zunehmen.

Schließlich gibt der 9. Plan das Ziel der Wochenarbeitszeitverkürzung bei vollem Lohnausgleich auf, um auch auf diesem Wege die Unternehmen auf der Angebotsseite zu entlasten. Hatte es im PI von 1981 noch geheißen, daß "die effektive Wochenarbeitszeit pro Arbeitnehmer Ende 1985 bei 35 Stunden liegen wird" (PI, 86) und daß dieses Ziel durchaus "mit einem leichten Anstieg des Jahreseinkommens der Arbeitnehmer vereinbar ist" (ebd., 85), so verbleibt nunmehr lediglich die unverbindliche Bekräftigung, daß eine Arbeitszeitverkürzung beschäftigungswirksam sein kann (vgl. 9. Plan, Tome 2, 42). Ihre Einführung allerdings "darf keinesfalls die Wettbewerbsfähigkeit und die Produktionskapazitäten belasten" (ebd., 42). Die Sozialpartner sollen dezentral in den

einzelnen Branchen und angepaßt an die branchenspezifischen Bedingungen über verschiedene Formen der Arbeitszeitverkürzung sowie die Frage des Lohnausgleichs verhandeln. Zwar "bekräftigt die Regierung das Ziel der 35-Stundenwoche" (ebd.), Gesetzesinitiativen zur Realisierung dieses Ziels sind jedoch nicht mehr zu erwarten. Die Rolle der Regierung wird sich darauf beschränken, die dezentralen Verhandlungen zwischen den Arbeitgeberverbänden und den Gewerkschaften"durch eine Serie von jährlichen Treffen" (ebd.) für die Sozialpartner transparent zu machen und eventuelle Vereinbarungen in einzelnen Branchen ex post gesetzlich abzusichern.
Ein Vergleich zwischen dem PI und dem 9. Plan zeigt den völligen konzeptionellen Wandel, der die erste von der zweiten und dritten Phase der Wirtschaftspolitik der französischen Linksregierung trennt. Wurde anfangs die staatlich induzierte Anhebung der Massenkaufkraft als eine entscheidende Voraussetzung für die Bewältigung sowohl der konjunkturellen als auch der strukturellen Krisenursachen betrachtet, so gilt jetzt genau das Gegenteil. Für die kurze Frist ist die Senkung des Außenhandelsdefizits entscheidend, ein Ziel, das angesichts der grundsätzlichen Ablehnung handelsbeschränkender Maßnahmen (ebd. 114) und einer Abwertung des Franc (vgl. ebd., 34) ausschließlich durch die Abbremsung der Binnennachfrage und die Reduzierung der französischen Inflation realisiert werden kann. Gleichzeitig wird in der Kappung der Binnenkonjunktur eine wesentliche Bedingung für den Aufschwung der Investitionstätigkeit gesehen, in dessen Rahmen die anvisierte Modernisierung des französischen Produktionsapparates geschehen soll.

> "Die unabweisliche Notwendigkeit, die Investitionsanstrengungen zu vermehren, impliziert eine relative Mäßigung der öffentlichen Ausgaben und des Konsums der Haushalte" (9. Plan, Tome 1,5).

Mittelfristig jedoch, wenn die strukturellen Grundlagen für eine Verbesserung der Handelsbilanz gelegt sind, hält der 9. Plan "die Rückkehr zu einem kräftigeren Wachstum" (9. Plan, Tome 2, 71) für möglich. In Anbetracht der erhöhten Wettbewerbsfähigkeit der französischen Industrie, die eine Befriedigung der Binnennachfrage erlaubt, können die einkommensbeschränkenden Maßnahmen zurückgenommen und ein erneutes Wachstum aller gesamtwirtschaftlichen Nachfragekomponenten eingeleitet werden. Damit dieser vom 9.Plan intendierte ökonomische Wirkungsablauf zum Tragen kommt, müssen allerdings eine Reihe von Bedingungen erfüllt sein:

- So ist es zunächst erforderlich, daß der Regierung die Senkung der Realeinkommen tatsächlich gelingt. Dies wäre insofern ein Novum, als die Deflationspolitik der Regierungen Barre unter dem alten Präsidenten Giscard trotz großer Anstrengungen eine Reduzierung der Massenkaufkraft nicht durchsetzen konnte.
- Angenommen, die kaufkräftige Nachfrage ist tatsächlich gesenkt, darf der damit induzierte Nachfragerückgang nicht durch einen Anstieg der Konsumquote (Rückgang der Sparquote) kompensiert werden. Die im 9. Plan vorgesehenen Maßnahmen zur Sparförderung müssen also greifen.
- Trotz der mit der privaten Endnachfrage ebenfalls zurückgehenden inländischen Absatz- und Ertragserwartungen der Unternehmen muß weiter investiert werden. Da der 9. Plan angesichts der gegenwärtigen Weltwirtschaftskrise berechtigterweise davon ausgeht, daß die internationale Nachfrage nach französischen Produkten den gewünschten Investitionsaufschwung nicht entscheidend stützen wird (vgl. ebd., 13), hätten sich die Investitionen also weitgehend selbst zu tragen (lediglich vom nationalisierten Sektor sollen gewisse Nachfrageimpulse auf die privaten Unternehmen ausgehen, vgl. ebd., 123).
- Die von den öffentlichen und den privaten Unternehmen getätigten Investitionen müssen sowohl von ihrem Umfang als auch von ihrer qualitativen Ausrichtung her zur Beseitigung der Inkohärenzen des französischen Produktionsapparates in der Lage sein, damit die im 9. Plan angekündigte 'neue Wachstumsphase' wirklich eintreten kann.

Während diese letzte Voraussetzung in Kapitel 5 überprüft wird, soll der Realitätsgehalt der ersten drei Voraussetzungen in den folgenden Abschnitten dieses Kapitels untersucht werden.

4.3.4. Die Maßnahmen

4.3.4.1. Das angebotsorientierte Konjunkturprogramm vom April 1982

Das von der französischen Regierung im April 1982 verabschiedete Konjunkturprogramm zur Stimulierung der privaten Investitionstätigkeit (vgl. Beaud 1983, 105) entsprach bereits im großen und ganzen den Linien des 9. Plans. Es beinhaltete insbesondere eine Reihe von Maßnahmen, die auf die Verbesserung der Angebotsbedingungen ausgerichtet waren. So wurde den Unternehmen für 1982 und 1983 ein Abbau der Gewerbesteuer um insgesamt 11 Mrd. Franc (=4,3 Mrd. DM zu damaligen Wechselkursen) zugesagt. Gleichzeitig versprach ihnen die Regierung ein 'Einfrieren' der Sozialabgaben bis zum 1.7.1983. Die aus der Senkung der Unternehmenssteuern entstandenen Einnahmeverluste sollten dabei durch eine Anhebung der Mehrwertsteuer von 17,5% auf 18,5%,also letztendlich durch eine Beschneidung der Massenkaufkraft finanziert werden (noch im Sommer 1981 hatte es dagegen geheißen, daß "eine gerechtere Gestaltung unseres Steuersystems die Zurückdrängung des Anteils der indirekten Steuern impliziert" (Ministerpräsident Mauroy, zit. nach Le Monde 12.7.1981)).

4.3.4.2. Der Verzicht auf die Einführung der 35-Stundenwoche bis 1985

Weiterhin rückte die Regierung im Sommer 1982 von einem ihrer zentralen Reformprojekte, nämlich der Einführung der 35-Stundenwoche bei vollem Lohnausgleich bis Ende 1985 ab. Zur Förderung der unternehmerischen Angebotsbedingungen sollte mindestens bis Ende 1983 auf jede gesetzliche Initiative zur weiteren Reduktion der Wochenarbeitszeit verzichtet werden. Zwar betonten führende Politiker der Sozialistischen Partei, dieser Schritt bedeute keine grundsätzliche Abkehr vom Ziel der Wochenarbeitszeitverkürzung, da die Gewerkschaften "selektiv, dezentral und kontraktuell" (Wirtschafts- und Finanzminister Delors, zit. nach Le Monde 22.7.1981) mit den Arbeitgeberverbänden der einzelnen Branchen über verschiedene Formen der Arbeitszeitverkürzung, also auch die Wochenarbeitszeitverkürzung, verhandeln könnten. Doch mußte angesichts der gesamtwirtschaftlichen Stagnation sowie der hohen Arbeitslosigkeit, aber auch des zunehmenden Einschwenkens der Regierung auf die konjunkturpolitischen Forderungen der Unternehmer davon ausgegangen werden, daß eine weitere Reduzierung der Arbeitszeit von den Gewerkschaften allein nicht durchsetzbar war.

4.3.4.3. Franc-Abwertung und 'Sanierung' der Arbeitslosen- und Sozialversicherungen

Aufgrund des seit März 1982 wieder kräftig steigenden Außenhandelsdefizits gegenüber fast allen übrigen EWS-Ländern geriet der Franc innerhalb des europäischen Währungsverbundes im Frühjahr des gleichen Jahres erneut unter Druck. Obwohl die Banque de France wiederum massiv auf den Devisenmärkten intervenierte, um den Kurs der französischen Währung zu stabilisieren, mußte der Franc am 12.6.1982 zum zweiten Mal seit der Amtseinführung der Linksregierung im Rahmen des EWS abgewertet werden, und zwar um 5,75%. Da die DM gleichzeitig um 2,25% aufgewertet wurde, betrug der Wertverlust der französischen Devise gegenüber der DM diesmal etwa 9% - ein Betrag, der ebenso wie die Abwertung vom Oktober 1981 nicht zur Kompensation des Inflationsgefälles zwischen Frankreich und der Bundesrepublik ausreichte, die Wettbewerbsfähigkeit der französischen Industrie immerhin jedoch verbesserte. Begleitet wurde die erneute Wechselkursanpassung von Maßnahmen, die überwiegend auf die Verringerung der mit 13,8% nach wie vor hohen Inflationsrate ausgerichtet waren. Neben Sparmaßnahmen im Staatshaushalt, dessen Defizit sowohl 1982 als auch 1983 auf 3% des BIP begrenzt werden sollte[1], handelte es sich hier zunächst um einschneidende Regelungen zur 'Sanierung' der Arbeitslosen- und Sozialversicherung. Deren Saldo war infolge der zeitweiligen Beitragssenkungen sowie der kräftigen Ausweitung der Leistungen nach dem Regierungswechsel seit 1982 negativ geworden. Da die Defizite der Sozialversicherung, die Ende 1982 bei 7,4 Mrd. Franc lagen, zu einem großen Teil - etwa 40% - im Bereich der Krankenversicherung entstanden waren, bezogen sich die im Oktober von der Regierung zur Wiederherstellung des finanziellen Gleichgewichts der sozialen Sicherheit beschlossenen Maßnahmen überwiegend auf diesen Sektoren (vgl. Le Monde 9.11.1983):

- So wurden die bis dahin außerordentlich niedrigen Krankenkassenbeiträge für Landwirte und Freiberufler um durchschnittlich 17,6% angehoben.
- Gleichzeitig sollten vom 1.1.1983 an auch Frührentner, die die Leistungen der Krankenversicherung bisher kostenlos in Anspruch nehmen konnten, einen Krankenkassenbeitrag zahlen.
- Mit Ausnahme der Sozialhilfeempfänger sollten alle Versicherten im Falle eines Krankenhausaufenthaltes eine Tagespauschale in Höhe von 20 Franc entrichten.

---

[1] Für das 1983er Budget waren nur noch Ausgabenzuwächse in Höhe von 11,7% (nach 27,7% im Jahre 1982) vorgesehen, wodurch die Staatsverschuldung auf 117,7 Mrd. Franc (also knapp 3% des BIP) begrenzt werden sollte. Die geplante Zunahme der Staatsausgaben entsprach in etwa dem nominalen Wachstum des BIP von 11,2% (real 2%). Hinter der globalen Wachstumsrate verbargen sich allerdings recht unterschiedliche Entwicklungen bei den verschiedenen Ausgabeposten (vgl. OECD 1983, 36): Während die staatlichen Interventionsausgaben (Wirtschaftssubventionen, Forschungsförderung, Übertragungen etc.) um immerhin 16,6% (real 7,6%) steigen sollten, war für die staatlichen Investitionsausgaben lediglich ein Anstieg von 12,5% (real 3,5%) vorgesehen. Die laufenden Betriebsausgaben (Sach- und Personalaufwand) sollten schließlich nur um 8,3% (real -0,7%) zunehmen und die Zahl der Neueinstellungen im öffentlichen Dienst auf 13.000 beschränkt werden. Da die Einhaltung des von der Regierung für 1983 genannten Inflationszieles angesichts der bisherigen französischen Preissteigerungen sehr unwahrscheinlich sein mußte, ging man in Frankreich allerdings davon aus, daß die tatsächlichen Wachstumsraten der einzelnen Posten des Budgets deutlich hinter den Regierungsprojektionen zurückbleiben würden.

- Zudem sollten eine Reihe von Steuern geschaffen werden, deren Aufkommen ausschließlich zur Finanzierung der Krankenkasse bestimmt war: Eine Steuer auf die Werbung für alle Medikamente, deren Kosten die Krankenversicherung erstattet, eine Steuer auf Tabakwaren in Höhe von 25% sowie eine Steuer auf Alkohol in Höhe von 10 Franc pro Liter.
- Schließlich wurde festgelegt, daß die Beihilfen für behinderte Erwachsene ab 1983 über das öffentliche Budget finanziert werden sollten - eine Maßnahme, die den Haushalt der Sozialversicherung um etwa 7 Mrd. Franc entlastete. Konkrete Regelungen zur Beseitigung des Defizits der Arbeitslosenversicherung (UNIDEC) sollten ursprünglich in Verhandlungen zwischen den die UNIDEC paritätisch verwaltenden Unternehmerverbänden und Gewerkschaften beschlossen werden. Diese Verhandlungen führten jedoch zu keinem Erfolg und endeten im November 1982 mit einem Eklat, als die Unternehmerverbände CNPF und CGPME den seit 1958 bestehenden Vertrag über die UNIDEC einseitig aufkündigten. In der Folge dekretierte die Regierung eine Reihe von Maßnahmen, die die Beseitigung des Kassenlochs der Arbeitslosenversicherung sowohl über eine Reduktion der Ausgaben als auch eine Anhebung der Einnahmen anstrebten (vgl. Le Monde 23.11.1983):
- Zur Senkung der Ausgaben wurden zunächst die Frührenten von 70% auf 65& bzw. 50% des letzten Bruttogehaltes gesenkt. Ausgenommen von dieser Kürzung blieben lediglich die Renten der im Rahmen der 'Solidaritätsverträge' bis zum 1.4.1983 vorzeitig in den Ruhestand getretenen Arbeitnehmer.
- Der Satz von 90% des früheren Bruttogehaltes bei der Entlassung aus 'ökonomischen' Gründen wurde nur noch 6 (zuvor 9) Monate gezahlt.
- Die Bemessungsgrundlage zur Berechnung des Arbeitslosengeldes wurde zuungunsten der Arbeitnehmer modifiziert: Nicht mehr das Einkommen der letzten drei, sondern das der letzten 12 Monate sollte nunmehr ausschlaggebend bei der Festsetzung des Arbeitslosengeldes sein. Diese Neuregelung mußte deshalb vergleichsweise stark ins Gewicht fallen, weil zahlreiche Löhne und Gehälter in Frankreich quartalsmäßig und nicht, wie es etwa in der Bundes-

republik üblich ist, jährlich angehoben werden.
- Schließlich wurde die Karenzzeit bei Kündigungen durch den Arbeitnehmer selbst von 6 Wochen auf drei Monate ausgedehnt.

Insgesamt gesehen verloren mit den Sparmaßnahmen mehr als 230.000 Arbeitnehmer ohne Beschäftigung einen Anspruch auf Leistungen aus der Arbeitslosenversicherung. Die Regierung hoffte, das Budget der UNIDEC auf diesem Wege um 10 bis 13 Mrd. Franc entlasten zu können. Gleichzeitig sollte die finanzielle Situation der Arbeitslosenversicherung aber auch von der Einnahmeseite her verbessert werden. Deshalb wurde ein - zunächst auf ein Jahr begrenzter - 'Solidaritätsbeitrag' aller Staatsbediensteten in Höhe von 1% ihres zu versteuernden Einkommens sowie die Anhebung der Arbeitnehmerbeiträge zur Arbeitslosenversicherung von 0,84% auf 1,32% und die der Arbeitgeber von 2,76% auf 3,48% beschlossen.

4.3.4.4. Der Lohn- und Preisstop

Den eigentlichen Kern der Regierungsmaßnahmen zur Reduzierung der Inflation und des Außenhandelsdefizits stellte allerdings die Einführung eines auf die Zeit vom 1.7.1982 bis zum 31.10.1982 befristeten allgemeinen Lohn- und Preisstops (LPS) dar. Diese Maßnahme knüpfte, zumindest was den Preisstop (PS) betrifft, an eine lange Tradition in Frankreich an. PS waren zuletzt 1976 von der Regierung Chirac unter dem damaligen Präsidenten Giscard und, beschränkt auf bestimmte Branchen des Dienstleistungssektors und der Industrie, auch von der neuen Regierung selbst - im Herbst 1981 - praktiziert worden. Das mit dem LPS verfolgte Ziel bestand nunmehr darin, die französische Inflationsrate für 1982 auf 10% zu senken und somit das Inflationsgefälle zwischen Frankreich und seinen Handelspartnern, insbesondere der Bundesrepublik zu verringern. Währen die Blockade der Löhne mit Ausnahme der SMICARDs, deren Einkommen am 1.7. um 3% angehoben wurden, alle abhängig Beschäftigten betraf, blieben folgende Waren vom PS ausgenommen:

- die in Dollar bezahlten Energie- und Ölimporte;
- die importierten Industrieerzeugnisse. Hier wurden zwar die Gewinnspannen der Importeure blockiert, nicht jedoch die Franc-Preise der eingeführten Waren, da die ausländischen Hersteller ihre Preise in Devisen festlegen können;
- alle Lebensmittel und Agrarprodukte, deren Preise in Brüssel im Rahmen der EG-Agrarpolitik bestimmt werden.

Für die Zeit nach dem PS sah die Regierung nicht die Rückkehr zu freien Preisen, sondern zunächst die Einführung sogenannter 'Preismoderierungsabkommen' vor, denen die Vertreter der einzelnen Branchen mit den staatlichen Stellen die zukünftige Preisentwicklung festlegen sollten. Als entscheidende Bestimmungsfaktoren für die Preisfestlegung wurden dabei neben den jeweiligen branchenspezifischen Bedingungen (Produktivitäts- und Kostenstrukturen, Importabhängigkeit, Preisentwicklung importierter Vorleistungen etc.) auch die Inflationsziele der Regierung genannt. Unternehmen, Branchen oder Berufsgruppen, die die Unterzeichnung der Rahmenbestimmungen für Preise ablehnen würden, drohte die Regierung die Fortsetzung des PS an. Im Laufe des Jahres 1983 sollten dann die Erfolge der Preismoderierungsabkommen untersucht und die Preise gegebenenfalls wieder gänzlich freigegeben werden.

Obwohl die Regierung zunächst behauptete, daß

> "die Franzosen während der Zeit der Blockade der Löhne und Preise nicht um ihre Einkommen zu fürchten brauchen" (Ministerpräsident Mauroy, zit. nach Le Monde 1.7.1981),

deuteten bereits die Ausnahmeregelungen im Bereich des PS darauf hin, daß eine Sicherung der Realeinkommen nicht ernsthaft angestrebt werden konnte.

> "Unausgesprochen bedeutet (die Politik des LPS, die Verfasser), daß die Kaufkraftgarantie der Löhne nicht mehr gilt. Eine Umschichtung des Volkseinkommens von den Löhnen zu den Unternehmen zur Förderung der Investitionen ist offenbar Ziel der neuen wirtschaftspolitischen Strategie" (FAZ 15.6.1982).

Diese Vermutung bestätigte sich wenig später, als Wirtschafts- und Finanzminister Delors die in Frankreich bis dahin gültige

Lohn-Preis-Indexierung, die "größte soziale Errungenschaft" (Handelsblatt 15/16.10.1982) der französischen Arbeiterbewegung, unter Bezugnahme auf ein - nie angewandtes - Gesetz aus dem Jahre 1959 für illegal erklärte. Ausgehend von der Auffassung, daß in der automatischen Anpassung der Löhne an die Preisentwicklung eine der wichtigsten Inflationsursachen gesehen werden müsse (vgl. ebd.), hob Delors hervor, daß den französischen Arbeitnehmern bis Ende 1983 mit Ausnahme der Mindestlohnempfänger kein Kaufkraftausgleich garantiert werden könne. Zukünftig müßten sich die Lohneinkommen nicht mehr an der tatsächlichen Inflationsrate, sondern an den von der Regierung vorgesehenen Preiszielen ausrichten. Für 1983 nannte er dabei als Inflationsziel der Regierung 8%, womit - der vorgeschlagenen Regelung entsprechend - für die Jahre 1982 und 1983 zusammengenommen maximale Lohnerhöhungen von 18% (10% für 1982, 8% für 1983) festgelegt waren. Den öffentlichen Unternehmen, in denen gerade Tarifverhandlungen angelaufen waren, kam die Vorreiterrolle bei der Durchsetzung der neuen Einkommenspolitik zu. Die Konzernleitung von Renault beispielsweise bot den Gewerkschaften Anfang Oktober für die Monate November und Dezember eine Lohnerhöhung von 1,5% an, was hochgerechnet auf das ganze Jahr 1982 einer Lohnanhebung von lediglich 8% und damit - sogar bei Zugrundelegung des offiziellen Inflationsziels - einer Reallohnsenkung von 2% gleichkam. Trotz verbaler Kritik von Seiten der Unternehmerverbände, denen die Regierungsbeschlüsse nicht weit genug gingen, wurden die neuen Lohnrichtlinien sehr schnell auch für die Privatwirtschaft übernommen:

> "Die Arbeitgeber in der metallverarbeitenden Industrie Frankreichs haben schon bekanntgegeben, daß 1982 und 1983 ein Kaufkraftausgleich nicht garantiert werden könne" (ebd.).

Mit ihrer neuen Lohnpolitik hatte die sozialistische Regierung die Grundlagen dafür gelegt, daß sich die Reallohnposition zahlreicher französischer Arbeitnehmer erstmals seit 30 Jahren wieder verschlechterte. Auch wenn die untersten Einkommensbezieher von dieser Entwicklung ausgenommen blieben, folglich das Ziel der 'sozialen Gerechtigkeit' nicht gänzlich aufgegeben wurde, verkörperten die neuen Regierungsdirektiven den für die gesamte linke Wählerschaft wahrnehmbaren Bruch mit dem wirtschaftspolitischen Diskurs von 1981, in dem die Anhebung der Massenkaufkraft noch eines der zentralen Elemente darstellte. Die Abkehr vom Konzept der nachfrageorientierten Konjunkturpolitik, mit dem die Linke ursprünglich angetreten war, das katastrophale Erbe ihrer liberalkonservativen Vorgänger zu bekämpfen und aufgrund dessen sie von vielen Franzosen gewählt worden war, erzeugte jedoch zunächst keinen massenhaften Protest gegen die Regierungspolitik. Zwar war "die Enttäuschung der linken Wähler so groß wie zuvor ihre Illusionen" (FAZ 15.10.1982), dennoch kam es nur vereinzelt zu Streiks, die in der Gruppe der großen linken Gewerkschaften lediglich von der CGT - und dies auch nicht konsequent - organisiert und unterstützt wurden.

> "Die französischen Gewerkschaften haben offensichtlich, anders als die italienischen Gewerkschaften...keine gezielten Protestaktionen zur Verteidigung der Lohnindexierung unternommen" (Le Monde, l'année économique et sociale, 55, 3.1.1984).

Es scheint also, daß die von der sozialistischen Regierungsmehrheit gemachte Rechnung, derzufolge die den Linksparteien verbundenen Gewerkschaften der neuen Regierung ihre Unterstützung nicht verweigern könnten, auch wenn diese zunehmend eine angebotsorientierte Spar- und Deflationspolitik betreibt, zumindest vorläufig noch aufging. Der dafür zu zahlende Preis war allerdings hoch: Auf eine massenhafte Unterstützung 'von unten', wie es die Einleitung eines sozialistischen Transformationsprozesses eigentlich erfordert, konnte die Regierung jetzt endgültig nicht mehr setzen. Schlimmer noch, die Passivierung der eigenen sozialen Basis wurde nunmehr zu einer entscheidenden Voraussetzung für die Fortführung der im Sommer 1982 begonnenen Politik.

4.3.5. Ergebnisse

Mit Hilfe des LPS gelang es der Regierung, den Preisauftrieb in der 2. Jahreshälfte 1982 deutlich zu bremsen: Während die Inflationsrate zwischen Januar und Juni des gleichen Jahres bei etwa 1,2 % pro Monat gelegen hatte, ging sie während des PS um ungefähr zwei Drittel, auf monatlich 0,4 % (Juli: + 0,3 %; August: + 0,3 %; September: + 0,4 %; Oktober: + 0,5 %) zurück. Bezogen auf die gesamte Phase des PS lag die Preissteigerungsrate bei genau 1,5 %, was dazu beitrug, den Preisanstieg für 1982 auf 9,7 % und damit knapp unter die von der französischen Regierung für 1982 anvisierten Obergrenze von 10 % zu senken (Zahlen nach Handelsblatt, 25. 1. 1983). Trotz dieses zumindest relativen Erfolgs war es allerdings nicht gelungen, eines der mit dem LPS angestrebten Hauptziele, nämlich die Verringerung des Inflationsgefälles zwischen Frankreich und einigen seiner wichtigsten EG-Handelspartner zu realisieren. Sowohl in der Bundesrepublik,aber auch in Groß-Britannien und den Beneluxländern, gingen die Preise in der zweiten Hälfte des Jahres 1982 - auch ohne entsprechende staatliche Eingriffe - schneller als in Frankreich zurück (wofür neben der starken Rezession insbesondere die in allen genannten Ländern praktizierte Deflationspolitik verantwortlich war). Unter den Bedingungen fester Wechselkurse mußte sich folglich die internationale Wettbewerbsfähigkeit der französischen Industrie weiter verschlechtern. Das Gesagte gilt dabei umso mehr, als sich unmittelbar nach der Aufhebung des LPS trotz der angekündigten 'Preismoderierungsabkommen' zwischen der Regierung und den einzelnen Branchen die alte Inflationsrate wieder herzustellen begann: So nahmen die Preise schon im November mit 1,0 % fast ebenso kräftig wie bereits in der ersten Jahreshälfte zu - eine Tendenz, die sich in den Folgemonaten (Dezember: + 0,9 %; Januar: + 0,9 %) nur wenig verändert fortsetzte

Während es der Regierung mit dem LPS also nicht gelungen war, das Inflationsdifferential zwischen Frankreich und seinen wichtigsten Handelspartnern grundsätzlich zu verringern, hatte sie doch zumindest in einer anderen Hinsicht 'Erfolg': Der

Anstieg der Masseneinkommen, ursprünglich von der Regierung selbst induziert, wurde jäh gestoppt. Ausschlaggebend dafür war der Umstand, daß die Lohnbeschränkung weitaus konsequenter als der PS eingehalten wurde (vgl. Le Monde, 19. 1. 1983): Während die Löhne zwischen Juli und Oktober lediglich um 0,3 % zunahmen (worin sich insbesondere die SMIC-Anhebung vom Juli reflektiert), stiegen die Preise im gleichen Zeitraum um immerhin 1,5 % an. Dies führte zu einem Reallohnrückgang von 1,2 % (unter Einbeziehung der Anhebung der Arbeitnehmerbeiträge zur Sozialversicherung um sogar 1,5 %), der noch im Juli in eine Stagnation der privaten Endnachfrage mündete. In deren Folge ging auch die industrielle Produktion deutlich, und zwar im Juli um knapp 4 % gegenüber dem Vormonat zurück, um sich dann zunächst auf diesem Niveau zu stabilisieren. Erst im Oktober, also kurz vor Beendigung des LPS, stiegen sowohl die Konsumgüternachfrage als auch die Produktion kurzfristig wieder an, da zahlreiche Haushalte in Anbetracht des für die Zeit nach der Aufhebung des LPS zu erwartenden Preisschubs ihren Konsum auf Kosten der Spartätigkeit kräftig ausweiteten. Dauerhafte Impulse konnten von dieser Entwicklung jedoch nicht ausgehen, da die Realeinkommen weiter rückläufig waren. Bereits mit dem Jahresbeginn 1983 flachte die Nachfrage und mit ihr auch die Produktion erneut ab. Die Investitionstätigkeit, schon in den Monaten vor dem LPS rückläufig, schrumpfte im 3. und 4. Quartal des Jahres 1982 weiter (jeweils um - 2 % real).
Die außenwirtschaftliche Position Frankreichs konnte während der Zeit des LPS ebenfalls nicht grundsätzlich verbessert werden. So nahmen die Exporte zwar nicht mehr ab, wie noch in den ersten drei Monaten des Jahres. Sie stagnierten jedoch (zumindest bis Oktober) auf einem sehr niedrigen Niveau, wofür neben der Wettbewerbsschwäche der französischen Industrie hauptsächlich die internationale Rezession verantwortlich war. Die Importe stiegen entgegen den Hoffnungen der Regierung zeitweilig sogar an - eine Entwicklung, in der allerdings weniger eine mengenmäßige Zunahme der Einfuhren, als vielmehr die mit der laufenden Abwertung des Franc gegenüber dem Dollar einhergehende Verteuerung der Energie- und Ölimporte zum Ausdruck kam.

Wichtig ist schließlich der Hinweis, daß der von der Regierung mit der Senkung der Reallöhne angestrebte Einkommenstransfer zugunsten der Unternehmen ebenfalls nicht realisiert wurde (vgl. Lipietz 1984, 212, Fayolle/Salais 1984, 107). Maßgebend dafür dürfte insbesondere der Umstand gewesen sein, daß mit der privaten Nachfrage zuglcich auch die Produktion zurückgegangen war, so daß nurmehr ein geschrumpftes Sozialprodukt zwischen Löhnen und Profiten verteilt werden konnte. Zudem verschlechterte sich die finanzielle Situation zahlreicher Unternehmen erneut (vgl. ebd.): Die rückläufige Kapazitätauslastung hatte zusammen mit dem PS die Spielräume zwischen Kost- und Absatzpreisen deutlich verengt, zumal die verbliebenen Stückgewinne aufgrund des Umsatzrückganges nur noch seltener angefallen waren.

Tabelle 4.6: Entwicklung der französischen Wirtschaft zwischen Juni und Dezember 1982

			1982							1983
	1981	1982	Juni	Juli	Aug.	Sep.	Okt.	Nov.	Dez.	Jan.
Industrieproduktion (1970 = 100)										
Insgesamt (ohne Bau)	130	128	136	113	79	129	133	133	141	.
Insgesamt (ohne Bau) [a]	130	128	129	126	126	126	127	128	127	.
Baugewerbe und öffentliche Arbeiten [a]	92	87	87	86	86	87	86	86	80	.
Eisen- und Stahlindustrie [a][h]	90	79	79	73	73	72	77	72	65	.
Metallverarbeitende Industrie [a] (1. Verarbeitungsstufe)	106	102	101	101	101	99	101	100	91	.
Chemische Industrie [a]	153	157	162	159	159	157	159	158	160	.
Textilindustrie [a]	95	91	93	89	89	91	91	90	89	.
Konsumgüter [a]	145	149	147	149	149	151	154	154	149	.
Investitionsgüter [a]	149	148	142	141	141	144	141	148	148	.
Kohle [b] (1 000 t)	1 795 [g]	.	1 678	975	1 067	1 774	1 868	.	.	.
Strom (Mill. kWh)	21 595 [g]	.	19 069	18 947	16 275	18 242	21 228	22 461	.	.
Roheisen (1 000 t)	1 439 [g]	.	1 318	1 213	775	988	1 251	1 126	968	.
Rohstahl (1 000 t)	1 772 [g]	.	1 637	1 430	960	1 319	1 576	1 391	1 144	.
Personenkraftwagen (1 000 Stck.)	241,2 [g]	.	262,7	230,8	75,1	293,4	308,6	295,4	.	.
Nutzfahrzeuge (1 000 Stck.)	38.5 [g]	.	45,2	37,0	5,8	39,7	42,2	39.9	.	.
Baumwollgarn (1 000 t)	18,1 [g]	.	19,3	– 19.0	.	.	.	.	.	.
Wollgarn (1 000 t)	10,4 [g]	.	11,5	– 10,8	.	9.8	.	.	.	.
Arbeitsmarkt										
Zahl der offenen Stellen [a][c] (1 000)	69	84	79	83	85	85	91	98	109	115
Zahl der Stellensuchenden [a][c] (1 000)	1 772	2 008	2 043	2 030	2 019	2 016	2 019	2 030	2 029	2 010
Arbeitslosenquote	7.8 [g]	8.9	8,2	8,4	8,6	8,9	9,6	9,5	9,4	9,4
Wochenarbeitszeit [d] (Std.)	40,3 [g]	.	.	39.3	.	.	39.2	.	.	.
Löhne und Preise										
Stundenlöhne i. d. verarb. Industrie (1975 = 100)	216,2	.	.	252,0	.	.	252,3	.	.	.
Großhandelspreise für Nahrungsmittel (1975 = 100) [a]	161,5	.	180,1	181,1	181,8	182,6	185,5	188,4	186,9	.
Konsumentenpreise (1970 = 100)	285.0	318,7	319,2	320,1	321,1	322,5	324,2	327,3	330,1	333,2
Nahrungsmittel und Getränke	289,5	326,2	327,0	326,3	332,0	333,7	335,7	339,0	341,2	343,1
Ind. Fertigwaren	272,5	303,8	303,6	304,9	306,3	308,2	310,5	313,6	315,9	317,1
Dienstleistungen	299,3	334,0	335,3	337,1	337,6	338,1	338,7	342,0	346,1	353,1
Außenhandel (Mill. FF)										
Einfuhr [a] (fob)	52 270 [g]	60 530 [g]	63 452	60 744	61 522	64 875	62 580	64 487	61 678	65 370
Ausfuhr [a] (fob)	48 050 [g]	52 760 [g]	50 174	51 802	52 565	52 647	56 268	57 586	55 686	55 800
Saldo [a]	– 4 220 [g]	– 7 780 [g]	– 13 278	– 8 942	– 8 957	– 12 228	– 6 312	– 6 901	– 5 992	– 9 580

a) Saisonbereinigt. – b) Einschl. geringer Mengen Braunkohle. – c) Am Ende jeden Monats. – d) Verarbeitende Industrie. – e) Ende des angegebenen Zeitraums. – f) Bank von Frankreich. – g) Monatsdurchschnitte. – h) Einschl. Eisenerzförderung.

Quelle: ifo schnelldienst 12/83

4.3.6. Exkurs: Die grundsätzliche Problematik von Preisstops und Preismoderierungsabkommen.

Die Tatsache, daß die Preise nach der Aufhebung der PS erneut stark anstiegen, legt die Vermutung nahe, daß dieses Instrument nicht an den strukturellen Ursachen der französischen Inflation ansetzte und deshalb zu einer dauerhaften Senkung des Preisauftriebes kaum geeignet sein konnte. Im folgenden wollen wir im Rahmen eines kurzen Exkurses zeigen, daß es aber nicht nur wegen seiner relativen Ineffizienz, sondern darüberhinaus auch aufgrund seiner schädlichen Auswirkungen auf die Struktur der französischen Wirtschaft abgelehnt werden muß.
Die grundsätzliche Problematik von PS liegt darin begründet, daß sich die Arbeitsproduktivität und folglich auch die Werte der Waren in den verschiedenen Zweigen der Ökonomie unterschiedlich entwickeln, was unter marktwirtschaftlichen Bedingungen in einer Verschiebung des relativen Preisgefüges zum Ausdruck kommen muß, soll das Wertgesetz nicht außer Kraft gesetzt werden. In Zeiten eines steigenden allgemeinen Preisniveaus, wie es gegenwärtig in allen westlichen Industrieländern zu beobachten ist, erfordert die korrekte Widerspiegelung der Wertverhältnisse folglich entsprechend differenzierte absolute Preissteigerungen. So schlagen sich hohe Produktivitätssteigerungen (relative Wertsenkungen) in bestimmten Branchen nun nicht mehr in starken Preissenkungen, sondern in vergleichsweise moderaten Preissteigerungen nieder. Umgekehrt drücken sich niedrige Produktivitätssteigerungen (relative Wertsteigerungen) in anderen Branchen in überdurchschnittlich hohen Preisanhebungen aus (zur theoretischen und empirischen Fundierung vgl. Demele 1981).

> "Werden aber die Preisanhebungen per Gesetz völlig unterbunden oder zumindest erheblich erschwert, so müssen die 'alten' Preisrelationen im Laufe der Zeit immer unrealistischer werden, d. h. sie drücken die tatsächlichen Wertverhältnisse immer weniger korrekt aus" (ebda. 212).

Dies hat zwangsläufig Auswirkungen auf die Rentabilität in den einzelnen Wirtschaftszweigen: So wird der PS insbesondere in

den Branchen mit lediglich geringen Produktivitätssteigerungen zu einer erheblichen Beschneidung der Profite führen, da die zur Erzielung der Durchschnittsprofitrate erforderlichen überproportionalen Preisanhebungen nunmehr ausgeschlossen sind. Wird der PS längerfristig aufrecht erhalten, muß deshalb davon ausgegangen werden, daß Kapital aus diesen Branchen abgezogen wird, um in anderen Bereichen der Ökonomie profitablere Anlagesphären zu finden. Die überdurchschnittlich produktiven Branchen dagegen werden von einem generellen Preisstop kaum tangiert, da hier bereits eine relativ geringe Preisanhebung zur Aufrechterhaltung der 'normalen' Rentabilität genügt. Hinzu kommt daß sie aufgrund der Verflechtung zwischen den diversen Wirtschaftszweigen auch auf der Kostenseite bevorteilt werden: Da nämlich die Preise der von den wenig produktiven Branchen bezogenen Vorleistungen jetzt nicht mehr, wie noch vor dem PS, kräftig ansteigen können, müssen sich ihre Angebotsbedingungen (relativ) verbessern.
Die Konsequenz eines längerfristig praktizierten PS liegt also darin, daß sich die Rentabilität zugunsten der vergleichsweise produktiven Branchen verschiebt. Eine solche Entwicklung kann jedoch gerade unter den Bedingungen der französischen Industriestruktur nicht erwünscht sein: da die ohnehin bereits rückständigen und vom industriellen Strukturwandel stark betroffenen Bereiche (TKI, ESI etc.) gegenüber den 'modernen' und vergleichsweise kohärenten Wachstumsindustrien (FB, Luft- und Raumfahrt, Rüstung) weiter an Boden verlören, würden sich die seit Jahren festzustellenden Dualisierungs- und Spezialisierungstendenzen in der französischen Industrie beschleunigt fortsetzen. Dies aber stünde den von der neuen Regierung 1981 zurecht formulierten industriepolitischen Zielsetzungen - Entwicklung möglichst kompletter Produkt- und Produktionsketten in allen Industrien, damit Stärkung der Kohärenz des nationalen Produktionsapparats - unmittelbar entgegen und behinderte somit die Schaffung der strukturellen Grundlagen für einen autonomeren Wachstumsprozeß. Ein genereller PS ist folglich nicht nur wegen seiner Ineffizienz, sondern auch wegen seiner schädlichen Auswirkungen auf das industrielle Geflecht Frankreichs grundsätzlich abzulehnen.

Bedenken sind aber auch in Bezug auf die von der französischen Regierung für die Zeit nach dem PS vorgesehenen 'Preismoderierungsabkommen' angebracht (vgl. ebd., 213). Der Versuch, Preisanhebungen u. a. nach den jeweiligen aktuellen branchenspezifischen Produktivitäts- und Kostenverläufen zuzulassen, dürfte nämlich mit nahezu unüberwindbaren praktischen Schwierigkeiten verbunden sein. So entsteht zunächst das Problem, daß die laufenden Produktivitäts- und Kostenstrukturen nicht nur von produktionsstrukturellen Faktoren, sondern auch vom momentanen Grad der Kapazitätsauslastung anhängig sind: Geht die Kapazitätsauslastung (etwa infolge einer Konjukturschwäche) zurück, sinkt die Produktivität und steigen die Stückkosten. Andersherum: nimmt die Kapazitätsauslastung zu, steigt zugleich die Produktivität und sinken die Stückkosten. Damit aber taucht die Frage auf, inwieweit die auslastungsbedingten Kostenschwankungen in den jeweiligen Preisen der Unternehmen zum Ausdruck kommen müssen. Die von der französischen Regierung im Herbst 1982 verabschiedeten Grundsätze über die Preisregulierung geben hierauf allerdings keine Antwort, und das wohl aus gutem Grund, erforderte eine entsprechende - staatlich überwachte - Preisgestaltung doch einen erheblichen unter den vorhandenen Bedingungen kaum realisierbare Kontrollaufwand.

Des weiteren, und dies spricht grundsätzlich gegen flexible Preiskontrollsysteme, lassen sich in Multiproduktunternehmen zahlreiche Kosten (Gemeinkosten) gar nicht exakt einzelnen Produkten oder Produktgruppen zurechnen. Die Kostenaufteilung erfolgt deshalb (trotz der Existenz von Zurechnungsverfahren) in gewisser Weise willkürlich und unterliegt damit auch den Prioritäten der betreffenden Unternehmensleitungen. Wird nun (wie in den von der Linksregierung erarbeiteten Richtlinien über die Preismoderierung) die Weiterleitung bestimmter Kosten in die Preise erlaubt, ist davon auszugehen, daß zahlreiche Unternehmen mit Hilfe buchungstechnischer Tricks bei bestimmten Produkten 'künstliche' Kostensteigerungen entstehen lassen, die sie anschließend - mit voller staatlicher Genehmigung - auf die Preise überwälzen können.

Drittens schließlich bevorteilen Preiskontrollsysteme einseitig die international engagierten MNK. Diese Unternehmen können nämlich durch entsprechende Manipulation ihres konzerninternen Transferpreissystems die Preise der von den ausländischen Tochterunternehmen bezogenen Produkten bewußt heraufsetzen. Die somit erzeugte 'Verteuerung' der Vorleistung ließe sich im Inland als wirkliche Kostensteigerung geltend machen und dürfte demnach - wiederum in völliger Übereinstimmung mit den staatlichen Vorschriften - auf die Preise überwälzt werden. Da rein national operierenden Unternehmen die Verfolgung einer solchen Strategie nicht möglich ist, würden also die in Frankreich ohnehin ausgeprägten strukturellen Disparitäten zwischen Klein- und Mittel- sowie Großunternehmen weiter zugespitzt - eine Entwicklung, die aus den genannten Gründen unbedingt abgelehnt werden muß. Genauso wie PS sind also auch flexible Preiskontrollsysteme bzw. Preismoderierungsabkommen nicht nur wegen ihrer relativen Unwirksamkeit, sondern auch aufgrund ihrer ungünstigen Konsequenzen für die französische Industrie- und Wirtschaftsstruktur grundsätzlich zurückzuweisen.

4.4. Die Verschärfung der Angebotspolitik (Anfang 1983 — Herbst 1984)

4.4.1. Die Maßnahmen

4.4.1.1. Die Franc-Abwertung vom März 1983

In den ersten Monaten des Jahres 1983 stellte sich heraus, daß der konjunkturpolitische Kurswechsel vom Frühsommer 1982 ohne durchschlagenden Erfolg geblieben war. Die Preise stiegen weiter in einem ähnlichen Rhythmus wie schon vor dem LPS an und auch die Handelsbilanz verschlechterte sich erneut. Allein im Januar mußte ein Negativsaldo in Höhe von 9,5 Mrd. Franc (fob/fob) hingenommen werden, der hochgerechnet auf das gesamte Jahr 1983 ein Defizit von ungefähr 100 Mrd. Franc (1982: 93 Mrd. Franc) erwarten ließ. Gleichzeitig drohte der Franc trotz der Wechselkursanpassung vom Juni des vergangenen Jahres erneut die im EWS vorgesehenen Schwankungsbreiten zu verlassen. Der außenwirtschaftliche Druck hielt also unvermindert an. Diese Entwicklung zwang die französische Regierung, im März 1983 zum dritten Mal seit ihrer Amtseinführung einer Neufestsetzung der Paritäten im Rahmen des europäischen Währungsverbundes zuzustimmen. Wie schon im Oktober 1981 und im Juni 1982 waren der Franc-Abwertung auch diesmal massive Interventionen der Banque de France auf den internationalen Devisenmärkten vorangegangen, die die Stützung der französischen Währung zum Ziel hatten. Zwischen Dezember 1982 und März 1983 wurden dabei mindestens 50 Mrd. Franc ausgegeben (vgl. FAZ, 21. 3. 1983).

> "Die Bank von Frankreich weist aus, daß Paris allein in der Woche zum 10. März Devisen im Werte von 23 Mrd. Franc verspielt hat, um eine fällige Franc-Abwertung hinauszuschieben." (ebd.)

Dennoch mußte Kurs des Franc am 21. 3. 1983 innerhalb des EWS herabgesetzt werden, und zwar nunmehr um 2,5 %. Da die DM gleichzeitig um 5,5 % aufgewertet wurde, ergab sich aus der Wechselkursanpassung ein Wertverlust des Franc gegenüber der deutschen

Devise in Höhe von 8 %[1]. Damit aber war das seit der Einführung des EWS im März 1979 kumulierte Inflationsgefälle zwischen Frankreich und der Bundesrepublik bis auf 4 % ausgeglichen (vgl. Lipietz 1984, 217), was die Konkurrenzfähigkeit der französischen Industrie innerhalb des EG-Raumes zweifellos verbessern mußte.

4.4.1.2. Der 'Härteplan' ('plan de la rigueur') vom März 1983

Nur 4 Tage nach der neuerlichen Anpassung der Wechselkurse beschloß die Regierung einen 10 Punkte umfassenden 'Härteplan', der einer deutlichen Verschärfung der im Sommer 1982 eingeschlagenen Konjunkturpolitik gleichkam[2]. Ausgehend von einer nochmaligen Bekräftigung seiner ablehnenden Haltung allen importrestriktiven Maßnahmen gegenüber definierte der neue 'Superminister' Delors die vorrangige Aufgabe des 10-Punkte-Programms darin, durch eine Beschneidung der französischen Binnennachfrage um

---

[1] Weiterhin wurden die italienischen Lira und das irländische Pfund um 2,5 % bzw. 3,5 % abgewertet und der holländische Gulden, die dänische Krone und der belgische Franc um 3,5 %, 2,5 % bzw. 1,5 % aufgewertet.

[2] Wichtig ist in diesem Zusammenhang der Hinweis, daß dem Sparprogramm eine Kabinettsumbildung vorangegangen war, die die Position der 'Angebotspolitiker' in der Regierung deutlich gestärkt hatte. So bestand das neue 'Kampfkabinett' (Ministerpräsident Mauroy) nicht mehr aus 34, sondern nur noch aus 14 Ministerien. Verschwunden waren nunmehr u. a. die Ministerien für Freizeit, Gesundheit, Kultur, Frauen, Solidarität, Umwelt und Arbeit ! J.-P. Chevènement, Führer des CERES, bis dahin Industrieminister und Befürworter einerFortsetzung der Wachstumspolitik, mußte sein Ressort abgeben. Jaques Delors hingegen, einer der Hauptverfechter der Sparpolitik erhielt zusätzlich zum Wirtschafts- und Finanzministerium nun auch das Haushaltsministerium und avancierte damit zum 'Superminister' des neuen Kabinetts.

65 Mrd. Franc (= 2 % des BIP) den hohen Importsog der französichen Wirtschaft zu reduzieren. Auf diese Weise sollte ein erster Schritt in Richtung auf die völlige Beseitigung des Handelsbilanzdefizits bis 1985 getan werden. Allein für 1983 projektierte Delors einen Importrückgang infolge des Sparprogramms um etwa 25 Mrd. Franc. Gleichzeitig kündigte er an, daß mit etwa 100 000 zusätzlichen Arbeitslosen infolge der Nachfragebremsung gerechnet werden müsse, falls die verschiedenen Dispositive der Arbeitsmarktpolitik nicht greifen würden und die französischen Exporte nicht nennenswert gesteigert werden könnten. Die Maßnahmen des 'plan de la riguer', die aufgrund ihrer erheblichen Belastungen für die Franzosen "unter jeder früheren Regierung der 5. Republik unweigerlich zum Generalstreik geführt hätten" (Neue Züricher Zeitung, 30. 3. 1983), bezogen sich sowohl auf eine Beschneidung des privaten Konsums als auch auf drastische Einsparungen im öffentlichen Budget. Im einzelnen wurde folgendes festgelegt (vgl. Le Monde, 25.3.1983, Handelsblatt, 28. 3. 1983):

A. Fünf Maßnahmen zum Abbau der öffentlichen Defizite (Budget und Sozialversicherung)

1. Da die Regierung trotz der nach unten korrigierten Wachstumsprognosen an ihrem Ziel festhielt, daß Defizit des Staatshaushalts auf 3 % des BIP zu begrenzen, mußte die für 1983 ursprünglich vorgesehene Staatsverschuldung gesenkt werden. War im Haushaltsgesetz noch ein Fehlbetrag von 117,8 Mrd. Franc angesetzt, sollte dieses Defizit nun um 20 Mrd. Franc verringert werden, um zwar um 15 Mrd. durch Ausgabenkürzungen und um 5 Mrd. durch zusätzliche Einnahmen. Die folgenden Regelungen wurden zur Durchsetzung dieses Ziels beschlossen:
   - budgetierte Kredite im Umfang von 7 Mrd. Franc werden im sogenannten Fonds zur Haushaltssteuerung gestrichen;
   - weitere 3 Mrd. dieser Kredite werden auf die kommenden Jahre verschoben;
   - 5 Mrd. Franc sollen in anderen, noch nicht näher bestimmten Haushalten eingespart werden;
   - 5 Mrd. Franc Mehreinnahmen sollen durch die Erhöhung der Mineralölsteuer vom 13. 4. an erzielt werden, so daß sich

die relative Preissenkung des Öls nicht auf die Verbraucher auswirken kann.

2. Weiterhin wurde zur Entlastung des öffentlichen Budgets beschlossen, die Defizite der staatlichen Dienstleistungsunternehmen (GdF, PTTs, SNCF, EDF, RATP) um 3 Mrd. Franc zu senken. Dieses Ziel sollte insbesondere durch den Verzicht auf geplante Einstellungen, beschleunigte Rationalisierungsmaßnahmen und eine Beschränkung der für 1983 vorgesehenen Investitionsvorhaben realisiert werden.
3. Ebenfalls der Entschuldung der vorgenannten Unternehmen diente die Vorverlegung der ursprünglich erst für Mai bzw. Juni geplanten Tarifanhebungen auf den 1. April. Die Anhebungen lagen jeweils bei 8 % und entsprachen damit dem von der Regierung für 1983 ansivisierten Inflationsziel.
4. Die öffentlichen Gebietskörperschaften wurden darauf verpflichtet, ihren Kreditbedarf im Jahr 1983 um insgesamt 2 Mrd. Franc zurückzunehmen.
5. Zur Beseitigung der Defizite der Sozialversicherung sollten deren Ausgaben 1983 um weitere 4 Mrd. Franc gekürzt und ihre Einnahmen um insgesamt 13 Mrd. Franc angehoben werden. Den Hauptteil dieser Mehreinnahmen erwartete die Regierung dabei von einer Sonderabgabe in Höhe von 1 %, die bis zum 1. Juli von allen steuerpflichtigen Einkommen erhoben wurde (auf Intervention der PC blieben die SMIC-Empfänger sowie alle Einkommensbezieher, die jährlich weniger als 270 Franc Steuern bezahlten, von dieser Abgabe befreit). Gleichzeitig trat die bereits im Herbst 1982 zur Sanierung der Sozialversicherung beschlossene Erhöhung der Alkoholsteuer um 10 Franc pro Liter sowie die Anhebung der Tabaksteuer um 25 % zum 1. Juli in Kraft. Vom gleichen Datum an wurde auch die Selbstbeteiligung an den Krankenhauskosten von 20 Franc täglich erhoben. Die angestrebten Ausgabenkürzungen sollten schließlich insbesondere durch einen Leistungsabbau im Bereich der Familienbeihilfen und der Krankenversicherung durchgesetzt werden.

B. 5 Maßnahmen zur Beschränkung des privaten Konsums

1. Die wichtigste Maßnahme zur Begrenzung des privaten Endverbrauchs stellte zweifellos die Einführung einer Zwangsabgabe in Höhe von 10 % der im Jahre 1982 gezahlten Einkommensteuer dar. Sie bezog sich - bei einer Laufzeit von drei Jahren - auf alle Steuerpflichtigen, die 1982 mehr als 5000 Franc Einkommensteuer entrichtet hatten und sollte zu einem 'interessanten' Satz verzinst werden (befreit von dieser Abgabe blieben - wiederum aufgrund einer Intervention der PC - diejenigen Personen, die im Jahr 1982 außergewöhnliche Einkommenseinbußen, sei es infolge von Arbeitslosigkeit, teilweiser oder vollständiger Arbeitsunfähigkeit, erlitten hatten).
2. Das Bausparen wurde durch die Erhöhung des Zinssatzes von 9 % auf 10 % und die Anhebung der Darlehenshöchstsumme von 300 000 auf 400 000 Franc gefördert.
3. Die private Spartätigkeit wurde durch die Heraufsetzung der steuerfreien Sparhöchstbeträge von zuvor 45 000 Franc und 49 000 Franc je nach Sparbuchart auf nunmehr 58 000 stimuliert. Der Sparzins blieb allerdings unverändert bei 8 %.
4. Über steuerliche Vergünstigungen wurde die Schaffung betrieblicher und überbetrieblicher Lohnfonds angeregt. Deren konkrete Ausgestaltung sollte in Verhandlungen zwischen den Gewerkschaften und den Unternehmerverbänden festgelegt werden. Als Zweck der Lohnfonds bestimmt die Regierung sowohl die Verbesserung der Investitionsfinanzierung als auch die direkte Schaffung neuer Arbeitsplätze.
5. Schließlich wurden die Ausgaben französischer Touristen im Ausland beschränkt. 1983 sollten pro Erwachsenen nur noch 2000 Franc (pro Kind 1000 Franc) in Devisen mitgeführt werden dürfen, außerdem 1000 Franc in bar. Die Verwendung von Kreditkarten wurde gänzlich untersagt. Zur Überprüfung der neuen Regelungen wurde ein Devisenheft eingeführt, in das alle Devisenkäufe für touristische Zwecke eingetragen werden mußten. Für Geschäftsreisende wurden Spezialregelungen geschaffen (angesichts des starken Protests aus der Bevölkerung nahm

die Regierung diese harten Vorschriften allerdings im April teilweise wieder zurück).

Begleitet wurde das 10-Punkte-Programm von einer Beschränkung der Devisenbeschaffungsmöglichkeiten für die französiche Wirtschaft. Unternehmen, die sich mit Devisen versorgten, um ausländische Waren zu kaufen, die später ans Ausland weiterverkauft werden sollten, durften von nun an zwischen beiden Devisentransaktionen nicht mehr als 8 Tagen (zuvor 3 Monate) verstreicehn lassen. Gleichzeitig jedoch wurde die Genehmigungspflicht für Auslandsanleihen gelockert. Zukünftig sollten Kredite bis 50 Mrd. Franc im Ausland ohne behördliche Genehmigung aufgenommen werden können.

4.4.1.3. Die Geld- und Kreditpolitik

In den Folgemonaten wurde die Restriktionspolitik ausgeweitet und 'vertieft', was zunächst auf dem Gebiet der Geld- und Kreditpolitik zum Ausdruck kam. Ausgehend von der im März formulierten Zielsetzung, das Geldmengenwachstum für 1983 auf maximal 9 % zu begrenzen, nahm die Regierung die Obergrenzen für das Kreditwachstum ('encadrement') - abgesehen von wenigen Ausnahmen - stark zurück. So sollte die Kreditvergabe an private Unternehmen bis Ende des Jahres nunmehr um 2,5 % (zuvor geplant: 3 %) steigen. Noch drastischer gestaltete sich die Begrenzung der Konsumkredite an die Haushalte, für die jetzt eine maximale Steigerungsrate von 3 % (zuvor geplant: 5 %) festgelegt wurde. Da die Regierung für 1983 von einer voraussichtlichen Inflationsrate von 8 % ausging, kam diese Kreditbegrenzung einem empfindlichen Rückgang der Finanzierungsmöglichkeiten des privaten Sektors gleich. Zudem wurde auch die Möglichkeit der Banken, unabhängig vom 'encadrement' durch die Ausgabe von Obligationen neue Kredite zu finanzieren, beschnitten, indem zukünftig nur noch in Höhe von 90 % (bisher: 100 %) des so aufgenommenen Betrages Ausleihungen erfolgen durften. Von diesen kontraktiven Maßnahmen hob sich allerdings eine Ausnahme deutlich ab: Zur

Förderung der französischen Exporttätigkeit wurde die erlaubte Wachstumsrate der Exportkredite um 3 % auf 15 % erhöht. Gleichzeitig blieben vergünstigende Sonderregelungen im Bereich der Kredite für Wohnungen und Investitionsgüter bestehen.

> "Eine Beeinträchtigung der Investitionen dürfte allerdings dennoch kaum zu umgehen sein, wenn sie nicht durch einen Rückgang der allgemeinen Wirtschaftstätigkeit ohnehin automatisch induziert wird" (Neue Züricher Zeitung, 2.6.1983).

4.4.1.4. Sparförderung

Während die Verschuldungsmöglichkeiten des privaten Sektors durch die Verschärfung der Kreditbegrenzung offensichtlich eingeschränkt wurde, weitete die Regierung die Maßnahmen zur Stimulierung der gesamtwirtschaftlichen Spartätigkeit nochmals aus. So wurde im Oktober 1983 ein neues Sparbuch, das 'industrielle Entwicklungskonto' (Compte de Dèvelopement industriel = CODEVI) geschaffen. Es folgte auf das 'Volkssparbuch' (Livret d'èpargne populaire), das die Regierung bereits im Sommer 1982 eingerichtet hatte, und besitzt für die Sparer den Vorteil, daß die Zinsen nicht - wie in Frankreich sonst durchaus üblich - versteuert werden müssen. Die Einlagenobergrenze liegt seit dem 14.1. 1984 bei 20 000 Franc pro Sparbuch. Der mit dem CODEVI verfolgte Zweck besteht darin, weitere Kaufkraft von den privaten Haushalten abzuschöpfen, die vermittelt über einen 'Fonds zur industriellen Modernisierung' der französischen Industrie in Form von Sonderkrediten zur Verfügung gestellt werden kann. Auf diese Weise soll die Investitionstätigkeit der Unternehmen gefördert werden (zur Bedeutung des CODEVI in der französischen Industriepolitik vgl. Economie et Politique, Dècembre 1983, 29). Damit aber offenbart sich ein zentraler Widerspruch zwischen der von der Regierung praktizierten Geld- und Kreditpolitik auf der einen und der von ihr praktizierten Sparpolitik auf der anderen Seite: Während erstere im Kontext einer Verringerung des Geldmengenwachstums die Kreditnahmemöglichkeiten der Unternehmen eindeutig erschwert, hat die letztere genau das Gegenteil - nämlich die Ausweitung und Verbesserung der unternehmerischen Fremdfinanzierungsmöglichkeiten zum Ziel. Es muß folglich befürchtet werden, daß die Realisierung der mit dem CODEVI verfolgten industriepolitischen Zielsetzungen durch die restriktive Handhabung der Geld- und Kreditpolitik erheblich behindert wird.

4.4.1.5. Das Budget für 1984

Die Verschärfung der Deflationspolitik manifestiert sich auch deutlich im Haushalt für 1984, den die Regierung im September des vergangenen Jahres vorlegte und der nur wenig verändert im November vom Parlament verabschiedet wurde. So bekräftigte die Regierung zunächst ihr Ziel, das öffentliche Defizit auch 1984 nicht über 3 % des BIP steigen zu lassen. Bei einer kalkulierten realen BIP-Wachstumsrate von etwa 1 % entspricht diese Regel einem maximalen Budgetdefizit von 125,8 Mrd. Franc. Die Begrenzung der Staatsverschuldung soll dabei insbesondere durch die Zurücknahme der öffentlichen Ausgaben realisiert werden. War deren Wachstum bereits im Budget von 1983 stark beschnitten worden (vgl. oben), sollen die Staatsausgaben nunmehr nahezu konstant bleiben: Bei einer projektierten Inflationsrate von 6,1 % für 1984 sind für dieses Jahr lediglich Ausgabenzuwächse in Höhe von 6,3 % geplant. Angesichts der Tatsache, daß das Inflationsziel der Regierung voraussichtlich nicht erreicht wird (vgl. Le Monde, l'année economique et social, 3. 1. 1984, 46), muß sogar erstmals seit 30 Jahren mit einem Rückgang der realen Staatsausgaben gerechnet werden. Alle wichtigen Haushaltsposten sind von dieser Entwicklung betroffen (vgl. Le Monde, 23.9.1983, Economie et Politique - octobre 1983, 14 ff): Die staatlichen Interventionsmaßnahmen (Übertragungen, Subventionen, beschäftigungspolitischen Maßnahmen, Industrie-, Forschungs- und Wohnungsbausubventionen, insgesamt 314 Mrd. Franc) sollen 1984 lediglich um 3 % (real: - 3 %, 1983: + 16,6 %) zunehmen. Starke Ausgaben-

kürzungen sind dabei insbesondere im Bereich 'nationale Solidarität, Gesundheit und Arbeit' vorgesehen, wo die Regierung 1984 insgesamt 10 Mrd. Franc sparen will. Ähnliches gilt, wenn auch abgeschwächt, für den Wohnungs- und Städtebau, da in diesem Bereich lediglich Ausgabenzuwächse von 2 % (real: - 4,1 %) vorgesehen sind. Der reale Rückgang der staatlichen Interventionsausgaben beruht allerdings nicht auf Ausgabensenkungen, sondern auch auf Ausgabenumschichtungen. So werden von 1984 an die im Zusammenhang der Restrukturierung der französischen Elektroindustrie anfallenden Aufwendungen (etwa 3,4 Mrd. Franc) nicht mehr als Ausgaben des öffentlichen Budgets, sondern als Sonderausgaben der französischen Post geführt. Bestimmte Sozialausgaben (insbesondere im Bereich der Gesundheit) werden, wie es im Gesetz über die Dezentralisierung vorgesehen ist, von 1984 an auf die Gebietskörperschaften überwälzt. Weiterhin werden die mit der Verteuerung der Gasimporte aus Algerien anfallenden Zusatzkosten in Höhe von ca. 1,1 Mrd. Franc zukünftig von dem öffentlichen Unternehmen GdF getragen. Schließlich werden die an die Bauindustrie vergebenen Vorzugskredite (teilweise mit negativen Zinssätzen) ab 1984 über die französische Depositenkasse und nicht mehr über den Zentralhaushalt vergeben. Insgesamt wird das öffentliche Budget allein durch diese Umschichtungen um gut 23 Mrd. Franc entlastet.
Zudem soll der Rückgang der Interventionsmaßnahmen die Realisierung der industriepolitischen Prioritäten der Regierung nicht behindern: Durch entsprechende Umverteilungsmaßnahmen innerhalb dieses Haushaltspostens soll das Forschungsbudget um 15,5 % auf 38 Mrd. Franc ausgeweitet werden. Es ist geplant, 1984 knapp 1000 neue Forschungsstellen im öffentlichen Bereich zu schaffen. Auch die staatlichen Industriesubventionen werden weiter - um 16 % - expandieren, wobei insbesondere die im Zusammenhang der Entwicklungspläne für einzelne Industrien vergebenen Vorzugskredite (+ 16 %) zunehmen sollen. Die Finanzhilfen an die öffentlichen Unternehmen (inkl. Versorgungsunternehmen) werden ebenfalls kräftig steigen und 1984 bei etwa 50 Mrd. Franc liegen. Angesichts der hohen Arbeitslosigkeit ist schließlich auch die Ausweitung der beschäfti-

gungsfördernden Maßnahmen (Berufsbildung, Solidaritätsverträge etc.) geplant.

-die staatlichen Investitionsausgaben (78,9 Mrd. Franc) werden 1984 nurmehr um 4,8 % (1983: 12,5 %) zunehmen und damit unter Einbeziehung der wahrscheinlichen Preissteigerungsrate erstmals seit Jahren real wieder rückläufig sein. Dieser Rückgang basiert dabei im wesentlichen auf einer Verringerung der staatlichen Investitionsnachfrage im Bereich des Straßen- und Wohnungsbaus. Die staatliche Ausstattung der öffentlichen Unternehmen mit Kapital steigt hingegen auf 14 Mrd. Franc (+ 27 %) an. Daraus ergibt sich, daß die Mittelzuweisungen an die Staatsunternehmen (Versorgungs- und Industrieunternehmen) für 1984 insgesamt bei ungefähr 66 Mrd. Franc - 50 Mrd. Suventionen, 16 Mrd. Franc Kapitalausstattung - liegen werden.

-die staatlichen Betriebsausgaben (laufender Sach- und Personalaufwand, 333 Mrd. Franc) sollen dieses Jahr lediglich um 7, o% (real: 0,9 %, 1983: 8,3 %) angehoben werden. Hinter diesem Prozentsatz verbergen sich zunächst durchschnittliche Lohn- und Gehaltserhöhungen von 6,1 %. Die Regierung hat sich also zum Ziel gesetzt, die Einkommen im öffentlichen Dienst real konstant zu halten. Anders als in den Vorjahren sind Neueinstellungen nicht mehr vorgesehen, so daß auch die von der öffentlichen Hand zu zahlende Lohnsumme unverändert bleibt (die Pensionsaufwendungen werden allerdings um 10 % steigen). Der laufende Sachaufwand soll dagegen deutlich zurückgehen, und zwar um real 3 %.

Schließlich bleibt darauf hinzuweisen, daß der vom Staat zu leistende Schuldendienst 1984 kräftig zunehmen wird. Belief er sich im vergangenen Jahr auf 58,4 Mrd. Franc, so sind nun 70 Mrd. Franc (+ 19,8 %) projektiert. Dabei geht die Regierung von einer realen Zinssenkung um 1,5 % - 2 % aus. Diese Erwartung wird jedoch in Frankreich für zu optimistisch gehalten. Es ist folglich sehr wahrscheinlich, daß der dieses Jahr tatsächlich zu leistende Schuldendienst erheblich über dem im Budget angesetzten Betrag liegen wird.

4.4.1.6. Die Reform der Arbeitslosenversicherung

Ausgangspunkt für die Reorganisation der Arbeitslosenversicherung im Winter 1983/1984 waren - neben der Aufkündigung des Vertrages über die UNIDEC durch die Unternehmerverbände - insbesondere die fortwährenden finanziellen Schwierigkeiten, die dieses Versicherungssystem angesichts der hohen Arbeitslosigkeit kennzeichneten. Die von der Regierung im November 1982 dekretierten Leistungskürzungen hatten zwar, zusammen mit der nochmaligen Anhebung der Arbeitgeber- und Arbeitnehmerbeiträge (um 0,6 % bzw. 0,4 %) im Juni 1983 die laufenden Defizite der UNIDEC stark zurückgedrängt. Dennoch lag der in den Jahren 1981 - 1983 insgesamt kumulierte Negativsaldo der Arbeitslosenversicherung Ende 1983 bei etwa 18 Mrd. Franc (vgl. Le Monde, 28. 2. 1984). Die nach langen Verhandlungen zwischen den Unternehmerverbänden und den Gewerkschaften im Februar 1984 mit Billigung der Regierung beschlossene Umorganisierung der UNIDEC zielt darauf ab, dieses Defizit zu beseitigen. Gemäß der bisherigen Finanzierungsaufteilung (Staat: ein Drittel, Beiträge: zwei Drittel) übernimmt die Regierung Verbindlichkeiten der UNIDEC in Höhe von 6 Mrd. Franc. Die restlichen 12 Mrd. Franc sollen neben Beitragserhöhungen insbesondere durch weitere Leistungskürzungen aufgebracht werden. Allein unter diesem Gesichtspunkt muß die zum 1. 4. 1984 von den 'Sozialpartnern' beschlossene Aufspaltung des zuvor einheitlichen Versicherungssystems gesehen werden. Die 'neue' UNIDEC besteht nunmehr aus zwei 'regimes': Einer ausschließlich beitragsfinanzierten Versicherung, die "für Arbeitslose im engeren Sinne, die ihre Beiträge auch wirklich gezahlt haben, reserviert ist" (Le Monde, 28. 2. 1984) und einem Regime der 'Solidarität', das gänzlich über öffentliche Kredite finanziert wird und sich auf Neuankömmlinge am Arbeitsmarkt, Frühverrentete und Langzeitarbeitslose bezieht. Mit dieser Trennung deutet sich zweifellos eine Verstärkung der bereits seit geraumer Zeit erkennbaren Tendenz zur Marginalisierung sogenannter Problemgruppen am Arbeitsmarkt an, auch wenn die

neuerlichen Leistungskürzungen durchaus Arbeitslose beider neuer Versicherungssysteme betreffen. Lediglich die wichtigsten Verschlechterungen seien genannt (im einzelnen vgl. ebd.):
--Arbeitslose SMICARDs (insgesamt 250000 Personen) erhalten seit dem 1. 4. 1984 nur noch 75 % ihres letzten Bruttoeinkommens. Mit dieser Kürzung verlieren sie monatlich 155 Franc.
--Die insgesamt 58700 Arbeitslosen zwischen 50 und 55 Jahren können nurmehr maximal 45 (zuvor 60) Monate Arbeitslosengeld beziehen. Bei einem früheren Bruttoeinkommen von monatlich 5000 Franc verringert sich ihre Entschädigung damit um 45.000 Franc.
--Diejenigen Personen ohne Beschäftigung, die während der letzten 12 Monate weniger als drei Monate Versicherungsbeiträge gezahlt haben, erhalten vom 1. April an nur noch ein erheblich reduziertes Arbeitslosengeld. Diese Regelung trifft insbesondere Frauen sowie Schul- und Hochschulabgänger, die zum ersten Mal (bzw. nach einer längeren Unterbrechung wieder) ins Erwerbsleben treten wollen, bisher jedoch noch keinen festen Arbeitsplatz gefunden haben. Das gesagte gilt umso mehr, als die staatliche Entschädigung lediglich drei Monate lang gezahlt wird, der betroffene Personenkreis bei einer längeren Arbeitslosigkeit also völlig ohne Bezüge bleibt.
--Zudem wurden die Arbeitnehmerbeiträge zur Arbeitslosenversicherung am 1. 4. um 0,2 % angehoben.

4.4.1.7. Die Herabsetzung des Rentenalters

Abschließend wollen wir noch auf eine Maßnahme hinweisen, die wegen ihrer vergleichsweise hohen Kosten zwar nicht in das konjunkturpolitische Szenario der Jahre 1983/84 paßt, aber dennoch im April vergangenen Jahres von der Regierung durchgesetzt wurde. Es handelt sich um die bereits 1981 projektierte Herabsetzung der gesetzlichen Altersrente auf 60 Jahre. Seit dem 1. 4. 1983 können alle französischen Arbeitnehmer, die mindestens 37,5 Jahre Beiträge zur Rentenversicherung gezahlt haben und zwischen 60 und 65 Jahre alt sind, aus dem Erwerbsleben ausscheiden, ohne dadurch Einbußen bei ihren Altersbezügen hinnehmen zu müssen. Sie beziehen - wie alle anderen Altersrentner auch - 70 % ihres ehemaligen Bruttoeinkommens (80 % im Fall der SMICARDs). Laut Le Monde (l'annẽe ẽconomique et social, 3. 1. 1984, 59) haben allein 1983 mehr als 200 000 Arbeitnehmer von der Neuregelung Gebrauch gemacht und sind zusätzlich zu den ohnehin ausscheidenden Personen in den Altersruhestand getreten. Es muß folglich davon ausgegangen werden, daß die Herabsetzung des Rentenalters durchaus bemerkenswerte Entlastungseffekte am Arbeitsmarkt mit sich bringt. Zur Finanzierung der Neuregelung wurden die Arbeitnehmerbeiträge zur Rentenversicherung am 1. 1. 1984 um 1 % angehoben.

4.4.2. Kritik zentraler Theoreme der angebotsorientierten Wirtschaftspolitik

Der letzte Abschnitt hat gezeigt, daß die französische Regierung spätestens seit Anfang 1983 eine Konjunkturpolitik bebetreibt, die sich - abgesehen von einigen sozialpolitischen Nuancierungen - fast vollständig der auch in zahlreichen anderen großen Industrieländern praktizierten Angebotspolitik angeglichen hat. Im folgenden wollen wir nun zwei zentrale Grundtheoreme dieser Politik - nämlich die These von der Investitionsbelebung durch die Senkung der unternehmerischen Kosten und die Zurückweisung eines antizyklischen Einsatzes des öffentlichen Budgets - einer Kritik unterziehen und ihre sowohl in sozialer als auch produktionsstruktureller Hinsicht schädliche Wirkung herausarbeiten.

4.4.2.1. Investitionsbelebung durch Angebotsförderung?

Das wesentliche Ziel der Deflationspolitik besteht (neben der kurzfristigen Abwehr des außenwirtschaftlichen Drucks) darin, die aktuelle Ertragslage der Unternehmen durch die Senkung der Produktionskosten zu verbessern. Steuerliche Vergünstigungen, sinkende Löhne, Industriesubventionen etc. sollen den Unternehmen die angeblich fehlenden Mittel für Investitionen zukommen lassen. Eine Reihe von Dokumenten belegen, daß dies auch die sozialistische Regierung in Frankreich anstrebt. So plädiert sie seit 1982 für die Begrenzung der Masseneinkommen, da

> "die Verlangsamung des Lohnkostenanstiegs ... eine fortschreitende Berichtigung der Unternehmensgewinne nach sich zieht, was ... die produktiven Investitionen 1984 anheben wird" (Projet de loi de finances pour 1984, 18).

Gleichzeitig liegt

> "das wünschenswerteste darin, daß wir von 1984 an die Steuern senken können, um somit die Ökonomie zu stimulieren und die Investitionstätigkeit anzuregen" (Delors 1983, 9).

> " Jeder muß ein wenig seiner Rechte entsagen. Das Wachstum der sozialen Ausgaben ist zu stark ... Folglich müssen die direkten Löhne und die Sozialtransfers gesenkt werden" (Delors, zit.nach Le Monde, 22. 5. 1982).

In dieser Zielsetzung reflektiert sich die Einschätzung, daß ein angeblich überhöhter öffentlicher und privater Verbrauch die wirtschaftliche Leistungsfähigkeit der Unternehmen derart belastet habe, daß die Ausweitung des Produktionspotentials nunmehr unrentabel geworden sei. Erst im Anschluß an die Beseitigung des gesellschaftlichen Oberkonsums könne die anhaltende Investitionsschwäche überwunden werden.

> " Die unabdingbare Notwendigkeit, die Investitionstätigkeit zu vermehren, impliziert eine relative Verminderung der öffentlichen Ausgaben und des Konsums der Haushalte" (9. Plan, Tome 1,5).

Nun muß zunächst festgehalten werden, daß diese Behauptung mit der Empirie kollidiert. Trotz erhöhter Masseneinkommen und gestiegener Staatsausgaben, stieg die Kapazitätsauslastung in der französischen Industrie auch während der Jahre 1981/82 nie über 78 % an (vgl. Lipietz 1984, 110). Realistischerweise muß demnach von einer Unter- und nicht einer Oberbeanspruchung der französischen Produktionskapazitäten ausgegangen werden: Mit den vorhandenen Maschinen und Arbeitskräften hätten weitaus mehr Waren und Dienstleistungen hergestellt werden können, als es tatsächlich geschehen ist und gegenwärtig geschieht. Dieser Umstand verweist auf den grundsätzlichen Irrtum der angebotsorientierten Wirtschaftspolitik. Diese geht nämlich von der Vorstellung aus, daß in einer Phase ökonomischer Stagnation und unterausgelasteter Kapazitäten die Unternehmen auf staatlich induzierte Kostenentlastungen mit einer Ausweitung ihrer Produktions- und Investitionstätigkeit reagieren würden. Dem Ertrag auf bestehendes Kapital wird also die zentrale Bedeutung für die unternehmerische Entscheidung über den Ausbau der Produktionskapazitäten zugewiesen. Dem ist entgegenzuhalten, daß - ausgehend vom privatwirtschaftilchen Kalkül der Gewinnmaximierung - nicht allein die vergangene und aktuelle Ertragslage, sondern in einem entscheidenden Maße die Profiterwartungen der Unternehmer den Umfang der Investitionen bestimmen. Die erwartete Rentabilität einer Realkapitalerweiterung bemißt sich dabei im wesentlichen nach den voraussichtlichen Verkaufspreisen und den voraussichtlichen Kosten der Waren, die mit den neuen Produktionsanlagen hergestellt werden können. Auch die erwartete Kapazitätsauslastung ist in diesem Zusammenhang wichtig, denn von ihr hängt der Umfang der zukünftigen Gewinne ebenfalls ab (ein höherer Auslastungsgrad senkt die Stückkosten und umgekehrt). Ein Blick auf die Kostenseite zeigt nun, daß die französische Regierung hier bereits einiges zur Entlastung der Unternehmen getan hat: Die Stabilisierung der Sozialabgaben, die - teilweise realisierte, teilweise geplante - Reduzierung der Unternehmensbesteuerung, die drastische Beschneidung der Masseneinkommen und nicht zuletzt die verstärkten Subventionen an die Industrie haben die Angebotsbedingungen zweifellos verbessert. Wenn die Investitionstätigkeit dennoch stagniert (vgl. unten), kann dies also nur auf die weiterhin geringen Absatz- und Ertragserwartungen der Unternehmen zurückzuführen sein, die eine Ausweitung der Produktionskapazitäten als ökonomisch unsinnig erscheinen lassen. An dieser Stelle zeigt sich nun ein weiterer zentraler Widerspruch der Angebotspolitik: Die Maßnahmen zur kostenmäßigen Entlastung der Unternehmen haben nämlich in der Regel zugleich auch den Effekt, die gesamtwirtschaftliche Nachfrage zu beschneiden und müssen damit die Produktions- und Investitionstätigkeit von der Absatzseite in Frage stellen. Im Fall der (direkten und Sozial-)Löhne ist das unmittelbar einsichtig: Eine Politik, die auf die Senkung der Einkommen ausgerichtet ist, trägt zur Reduktion des privaten Endverbrauchs bei. Aber auch die Staatsnachfrage selbst ist betroffen: Da die Angebotspolitiker ein kreditfinanziertes Budget grundsätzlich ablehnen (oder, wie im Fall der französischen Regierung, auf einen bestimmten Maximalbetrag begrenzt wissen wollen) und gleichzeitig für eine Umverteilung der Staatsausgaben in Richtung auf eine direkte Wirtschaftsförderung plädieren, muß die Nachfrage der öffentlichen Hand nach Gütern und

Dienstleistungen ebenfalls rückläufig sein. In dieser Situation, die durch stagnierende oder sogar schrumpfende Märkte, unausgelastete Kapazitäten und eine hohe Arbeitslosigkeit gekennzeichnet ist, von den Unternehmen eine Ausweitung ihres Produktionspotentials zu erwarten, geht vollkommen an den privatwirtschaftlichen Rentabilitätskalkülen vorbei. Lediglich Rationalisierungsinvestitionen, die die Unternehmen allerdings nicht in der Perspektive von Kapazitätserweiterungen, sondern ausschließlich mit der Zielsetzung einer Senkung des bestehenden Kostenniveaus vornehmen, werden in der Krise verstärkt auftreten[1]. Ein hoher Anteil der Rationalisierungsinvestitionen an der gesamtwirtschaftlichen Investitionstätigkeit führt jedoch keinesfalls zur Einleitung eines neuen Aufschwungs, wie dies die angebotsorientierte Wirtschaftpolitik behauptet. Zwar werden verstärkte Rationalisierungsinvestitionen zunächst eine Zunahme der Produktion genau in dem Maße nach sich ziehen, wie die rationalisierenden Unternehmen neue Maschinen und Anlagen zur Ökonomisierung ihrer Produktion nachfragen. Doch dürften sich diese expansiven Impulse wieder abschwächen und letztendlich sogar in eine kontraktive Wirkung münden, sobald die neuen Produktionsmittel in Betrieb genommen werden. Ausschlaggebend dafür ist der Umstand, daß die mit dem Einsatz der produktiveren Anlagen verbundene Einsparung von Arbeitskräften die gesamtwirtschaftliche Lohn- und Gehaltssumme senkt, was bei unveränderten Sparquoten der Haushalte zwangsläufig mit einer weiteren Beschneidung des privaten Endverbrauchs (wenigstens im Umfang der Differenz zwischen früheren Realeinkommen und jetzigem Arbeitslosengeld der entlassenen Arbeitnehmer) verbunden sein muß. Auch wenn also die von der angebotsorientierten Wirtschaftspolitik forcierten Rationa-

---

[1] Eine im Juni 1984 in der französischen Industrie durchgeführte Umfrage bestätigt diese These. Danach liegt der Anteil der Rationalisierungsinvestition an den von den französischen Industrieunternehmen bis Mitte 1985 projektierten Investitionsvorhaben bei 42% (1982: 36%), während der der Erweiterungsinvestitionen angesichts geringer Ertragserwartungen auf den Nachkriegstiefststand von 13% (!) gefallen ist (vgl. Economie et Politique, Septembre 1984, 20).

lisierungsinvestionen die Wettbewerbsposition einzelner Unternehmen und damit ihre Produktionstätigkeit - zuungunsten der produktivitätsschwächeren Unternehmen - fördern, bewirken sie durch die zusätzliche Öffnung der Schere zwischen volkswirtschaftlichen Angebotsmöglichkeiten und realer Nachfrage dennoch eine Befestigung der ökonomischen Stagnation.
Zudem wird die mittels angebotspolitischer Maßnahmen durchgesetzte Verschärfung der Krise in der Regel eine deutliche Verschlechterung der einzelwirtschaftlichen Rentabilität zur Konsequenz haben (lediglich die beim Kostensenkungswettbewerb gewinnenden Unternehmen bleiben hiervon ausgenommen). So treibt die rückläufige Kapazitätsauslastung zunächst die Stückkosten in die Höhe. Gleichzeitig verengt sich jedoch auch der Spielraum für Preiserhöhungen, da der zunehmende Angebotsüberhang zu einer wachsenden Konkurrenz zwischen den einzelnen Unternehmen um die verbliebenen Märkte führen muß. Die Zwischenräume zwischen den Kost- und Absatzpreisen werden also geringer, zumal die verbleibenden Stückgewinne aufgrund des Absatzrückganges nur noch seltender anfallen, so daß die Gesamtgewinne auch von daher beschnitten werden. Bereits unter Giscard d'Estaing hatte genau dieser Sachverhalt zu einer deutlichen Verschlechterung der Ertragslage der französischen Unternehmen geführt (vgl. Grjebine 1984, 41 ff.). Die aus der staatlichen Angebotspolitik resultierenden Kostenentlastungen wurden also durch die mit der Krisenverschärfung einhergehenden Gewinneinbußen mehr als nur kompensiert. Während die von der neuen Regierung 1981/1982 induzierte leichte Konjunkturbelebung zu einer spürbaren Verbesserung der unternehmerischen Ertragslage geführt hatte, sind seit Herbst 1982 (der Zeit des LPS) angesichts stagnierender bzw. rückläufiger Absatzmärkte erneut verstärkt Liquiditätsschwierigkeiten in der französischen Wirtschaft festzustellen (was angesichts bestehender Strukturdifferenzierungen im Unternehmenssektor allerdings nicht für alle Unternehmensgruppen gleichermaßen gilt).
Der investitionsfeindliche Charakter einer angebotsorientierten Stabilisierungspolitik hat aber auch erhebliche Konsequenzen

für die Industriepolitik. Das von der neuen Regierung 1981 formulierte Ziel einer Rückeroberung des Binnenmarktes läßt sich nunmehr kaum realisieren. Zwar hat die Bremsung der Binnennachfrage (wie sie insbesondere mit dem Märzprogramm angestrebt wurde) zweifellos den zeitweiligen Rückgang der Importe zur Folge, hierbei kann es sich jedoch lediglich um eine kurzfristige Abwehr des außenwirtschaftlichen Drucks handeln. Entsprechende Erfahrungen wurden bereits in den 50er und 60er Jahren gemacht, als die damaligen Regierungen zur Bremsung des hohen Importsogs der französischen Wirtschaft mehrfach auf eine angebotsorientierte Stabilisierungskonzeption einschwenkten (vgl. Abschnitt 2.2.3 und 2.2.4). In der Regel hatte dieses Vorgehen die Verbesserung der französischen Handelsbilanz für einige Monate zur Konsequenz, jeder abschließende Konjunkturaufschwung brachte jedoch einen erneuten kräftigen Anstieg des Außenhandelsdefizits mit sich, wobei die Penetration des Binnenmarktes im Vergleich zu den vorangegangenen Boomphasen meist noch übertroffen wurde. Die strukturelle Beseitigung der französischen Importabhängigkeit setzt es denn auch voraus, daß die gegenwärtig geringe Kohärenz des nationalen Produktionsapparats angehoben wird. Strategien müssen entwickelt werden, die auf die Konstitution von möglichst kompletten und in nationaler Verfügbarkeit befindlichen Produktionsketten ausgerichtet sind. Nur auf diesem Wege kann die hohe französiche Importabhängigkeit von Waren-, Kapital- und Technologieimporten, die den konjunkturpolitischen Handlungsspielraum Frankreichs deutlich beschneidet, grundsätzlich abgebaut werden. Eine entsprechende Industriepolitik läßt sich jedoch im Kontext der Austeritätspolitik, wie sie die französische Regierung seit Mitte 1982 betreibt, keinesfalls praktizieren. Angesichts der - fast banalen-Tatsache, daß die Restrukturierung des industriellen Geflechts nur unter der Voraussetzung neuer Investitionen von Seiten der Unternehmen möglich sein kann, "steht die Rezessionspolitik in einem fundamentalen Gegensatz zu einer industrie-politischen Strategie, die sich die Überwindung unserer strukturellen Defizite zum Ziel gesetzt hat" (Mazier 1983b , 9). Da die Deflationspolitik die Stagnation zahlreicher Industrien befestigt, "wird sich die Überalterung

unseres Produktionsapparates fortsetzen und mittelfristig eine neue Verschlechterung unserer strukturellen Wettbewerbsfähigkeit ... bewirken" (ebd.). Es muß folglich davon ausgegangen werden, daß die gegenwärtige Konjunkturpolitik der sozialistischen Regierung die ohnchin nur mittlere Position Frankreichs in der IAT weiter unterminiert. Damit aber zeigt sich zugleich, daß das im 9. Plan entwickelte 2-Phasen-Modell-erst Modernisierung des französischen Produktionsapparates im Kontext einer angebotsorientierten Stabilisierungskonzeption, dann Einleitung eines autonomeren Wachstumsprozesses - nicht funktionieren kann, weil bereits die Implikationen bezüglich der ersten Phase unrealistisch sind.
Die Deflationspolitik hat zudem den Nachteil, daß sie die in der französischen Industrie bereits seit langem bestehenden Tendenzen zur Polarisierung zwischen den überwiegend national operierenden Klein- und Mittelbetrieben und den meist international engagierten Großunternehmen verstärkt. Lediglich die letzteren können nämlich, da ihre Absatz- und Ertragserwartungen von der binnenländischen Nachfragekappung nur wenig betroffen sind, von den staatlich induzierten Kostensenkungen profitieren. Die über die Verschärfung der Krise durchgesetzte Senkung der 'Inflationsmentalität' trägt - alle anderen Bedingungen gleichgesetzt - zweifellos zur Anhebung der internationalen Wettbewerbsfähigkeit dieser Unternehmen bei. Dieser Zusammenhang, der aufgrund der von den wirtschaftspolitischen Akteuren ständig hervorgehobenen Bedeutung der Deflationspolitik im Kontext der Importbekämpfung gegenwärtig nur vergleichsweise wenig Beachtung findet, besaß im wirtschaftspolitischen Diskurs Giscards einen zentralen Stellenwert (vgl. Abschnitt 2.4.3). Die weitgehende Ausrichtung der staatlichen Wirtschaftspolitik auf die Export- und Internationalisierungsstrategien der großen Konzerne zielte darauf ab, sogenannte Wettbewerbspole zu konstituieren, die bestimmte, von ausländischen Kapitalgruppen noch nicht besetzte Weltmarktlücken erobern sollten. Mit dieser'Wahl' ging die Ent-

scheidung einher, andere, weniger wettbewerbsfähige oder vom strukturellen Wandel der IAT stark betroffenen Branchen tendenziell aufzugeben und in diesen Bereichen auf Importe zurückzugreifen (zur Kritik vgl. ebd.). Zwar weist die gegenwärtige Regierung die 'Marktlückenstrategie' (wenn auch zunehmend inkonsequent) zurück, dennoch bleibt die Tatsache, daß die staatlich induzierte Bremsung der Binnennachfrage die international operierenden Konzerne eindeutig bevorteilt. Der seit dem LPS offensichtliche Versuch, durch die bewußte Abschwächung der Binnenkonjunktur die heimische Inflationsrate zu senken, um somit neben einem Importrückgang zugleich auch den Aufschwung der Exporte durchzusetzen, legt zudem die Vermutung nahe, daß zentrale Theoreme der Marktlückenstrategie wieder handlungsleitend geworden sind. Folglich muß die in den Abschnitten 2.4.2 und 2.4.3 gegen die Konjunkturpolitik Giscards erhobene Kritik nunmehr auch auf die von der sozialistischen Regierung praktizierte Konjunkturpolitik gerichtet werden (vgl. hierzu auch Abschnitt 5.5.).
Abschließend bleibt darauf hinzuweisen, daß eine exportorientierte Krisenbewältigung auf Basis einer im Inland praktizierten Angebotspolitik für Frankreich allerdings kaum realistisch sein kann. Da nämlich gegenwärtig in nahezu allen großen Industrieländern eine solche Strategie gefahren wird, hat sich die Konkurrenz auf den internationalen Märkten deutlich verschärft. Erfolge können unter diesen Bedingungen nur durch die Verdrängung anderer Konkurrenten erreicht werden. Hier sind die Chancen jedoch ungleich verteilt. Angesichts der in Kapitel 2 aufgezeigten Strukturdefizite des französischen Produktionsapparates muß davon ausgegangen werden, daß die französischen Konzerne - abgesehen von einigen Ausnahmen - ihren Konkurrenten,insbesondere aus den USA, Japan und der Bundesrepublik,unterlegen sind. Auch wenn die französische Regierung eine angebotsorientierte Deflationspolitik betreibt, wird sich die Weltmarktposition der nationalen Konzerne folglich nicht grundsätzlich verbessern. Eine deutliche Belebung der französischen Konjunktur überwiegend

durch den Aufschwung der Ausfuhren kann somit für die nächste Zeit nicht erwartet werden.

4.4.2.2. Investitionsverdrängung durch Staatsverschuldung?

Die Gesamtverschuldung der französischen Gebietskörperschaften lag Anfang 1984 bei 720 Mrd. Franc (vgl. Süddeutsche Zeitung, 4. 1. 1984). Dies mag auf den ersten Blick als ein sehr hoher Betrag erscheinen, dennoch ist die französische Staatsverschuldung im Vergleich zu anderen führenden westlichen Industrieländern relativ gering: Gemessen als Prozentsatz des BIP lag das öffentliche Defizit im Jahre 1982 in den USA bei 3,8 %, in Japan bei 4,1 %, in der Bundesrepublik bei 3,9 %,in Italien bei 12 %, in Frankreich dagegen lediglich bei 2,6 % (vgl. rapport d'éxecution du plan intérimaire 1982-1983, 51). Trotz der unterdurchschnittlichen Verschuldung des französischen Staates halten die verantwortlichen Akteure der sozialistischen Regierung das öffentliche Defizit jedoch für gefährlich, und zwar insbesondere aus drei Gründen:
a) Zum einen wird davon ausgegangen, daß eine weitere Anhebung der Staatsverschuldung die Nachfrage der öffentlichen Hand in die Höhe treibt und damit den hohen Importsog der französischen Wirtschaft aufrecht erhält. Dies aber würde dem erklärten Ziel, den Negativsaldo durch die Kontraktion der Binnennachfrage zu beseitigen, direkt entgegenstehen. "Die Stabilisierung des Staatsdefizits bei 3 % des BIP ... stimmt überein mit dem Ziel, unseren Außenhandel bis zum nächsten Jahr wieder ins Gleichgewicht zu bringen" (Delors 1983, 13). Diese Auffassung haben wir bereits oben kritisiert.
b) Zum zweiten scheint der Wirtschafts- und Finanzminister die öffentliche Verschuldung aber auch grundsätzlich abzulehnen: "Es ist notwendig, daß der Staat ein Beispiel gibt und genauso geführt und rentabel verwaltet wird wie ein Unternehmen ..." (Delors, zit. nach Le Monde, 28. 6. 1983). Hinter dieser Forderung steht die Vermutung, daß jedes öffentliche Defizit die ökonomische Aktivität belastet, und zwar auf fol-

gende Weise: Es wird davon ausgegangen, daß die Verschuldung der öffentlichen Hand das Zinsniveau in die Höhe treibt und damit die Fremdfinanzierung der privaten Investitionstätigkeit teurer macht. In der Folge soll die private Investitionsgüternachfrage, deren Anhebung der Staat mit der Ausweitung seines Defizits ursprünglich angestrebt hatte, unmittelbar beschränkt werden.
Dieser Auffassung ist zunächst die Tatsache entgegen zu stellen, daß der Staat mit der defizitfinanzierten Anhebung seiner Ausgaben (zum Zweck der Konjunkturbelebung) in der Krise lediglich einer "ungewollten 'passiven' Verschuldung" (Demele/ Schöller 1983, 3) zuvorkommt.Diese ergibt sich immer dann, wenn die öffentlichen Einnahmen (Steuern, Arbeitslosen- und Sozialversicherungsbeiträge) im Verlauf der Krise rascher zurückgehen, als die Ausgaben - trotz des Abbaus sozialstaatlicher Leistungen - gekürzt werden können. Bestes Beispiel für diesen Sachverhalt ist die Entwicklung in den USA, wo die Staatsverschuldung trotz Reagans Sparpolitik und der weiteren Fragmentierung des ohnehin sehr löchrigen 'sozialen Netzes' ständig auf neue Rekorde zusteuert. Offensichtlich können also die mit der Kappung der Binnenkonjunktur entstandenen Einnahmelücken nicht durch entsprechende Ausgabenkürzungen kompensiert werden. "Von einer 'passiven' Erhöhung der Staatsverschuldung gehen jedoch, anders als bei einer aktiven Ausweitung der kreditfinanzierten Ausgaben, keine positiven Beschäftigungseffekte aus" (ebd.).
Zudem geht die von Delors vertretene 'Verdrängungsthese' implizit von einem konstanten Kreditangebot aus. Ihr liegt die Vorstellung zugrunde, daß der Staat mit den privaten Unternehmen und Haushalten um dieses Kreditangebot konkurriert, wobei jedem 'mehr' für den Staat einem 'weniger' für die privaten Kreditnehmer gleichkommen muß. In dieser Sichtweise ist natürlich die Annahme konsequent, daß die verstärkte Konkurrenz der Privaten um die nach der Staatsverschuldung gebliebenen Kreditmasse zu Zinssteigerungen führen muß. Dem ist nun

entgegenzuhalten, daß in einer Krisenperiode keinesfalls generell von einem Wettbewerb zwischen den öffentlichen und den privaten Akteuren um das vorhandene Kreditangebot ausgegangen werden kann: Da die Prdoduktions- und Investitionstätigkeit stagniert und die überwiegende Mehrheit der Unternehmen nicht einmal ihre Eigenmittel zur Ausweitung des Produktionspotentials nutzt (was in einer stark steigenden Selbstfinanzierungsquote zum Ausdruck kommt), nimmt die Kreditnachfrage des privaten Sektors während des Konjunktureinbruchs im Vergleich zum Boom tendenziell ab[1]. Deshalb lassen sich in Krisenperioden normalerweise auch sinkende Zinssätze beobachten. In dieser Situation kann nun der Staat in den durch die reduzierte Kreditnachfrage der Unternehmen entstandene Lücke einspringen und durch die defizitfinanzierte Ausweitung seiner Ausgaben versuchen, das gestiegene Geldvermögen der Privaten in effektive Güternachfrage zu transformieren. Im 'schlimmsten' Fall, nämlich wenn der Staat den Ausfall der privaten Kreditnachfrage vollständig kompensiert, kommt es dabei zur Verhinderung eines Zinsrückgangs. Zinssteigerungen lassen sich dagegen aus einer stärkeren Verschuldung des Staates in der Krise keinesfalls ableiten. Einer solchen Auffassung mag allerdings entgegengehalten werden, daß das öffentliche Defizit zwar nicht in der Krise, dafür aber im kommenden Aufschwung, wenn eine relativ hohe Staatsverschuldung mit einer wachsenden Kreditnachfrage des privaten Sektors zusammentrifft, zu Zinssteigerungen führt und damit die Investitionsbelebung blockiert. Doch auch diese Variante des 'Verdrängungsansatzes' kann nicht aufrecht erhalten werden: Im Aufschwung weitet sich mit der Kreditnachfrage zugleich auch das Kreditangebot (beispielsweise durch die Zunahme der kommerziellen, d. h. von Unternehmen an andere Unternehmen

---

[1] Hinter dieser Abnahme verbergen sich allerdings erhebliche Differenzierungen innerhalb des Unternehmenssektors. Während ein Teil der Unternehmen angesichts sinkender Umsätze und steigender Stückkosten mit zunehmenden Liquiditätsschwierigkeiten zu kämpfen hat und deshalb seine Verschuldung ausweiten muß, können sich andere Unternehmen - insbesondere große Kapitalgesellschaften - trotz einer krisenbedingt verringerten Rentabilität entschulden und ihre Geldvermögensbildung deutlich anheben.

vergeben Kredite) aus. Wenn die französischen Zinssätze 1981/82 dennoch gestiegen sind, kann dies folglich nur zu einem Teil mit der Anhebung des öffentlichen Defizits begründet werden. Vielmehr muß der Zinsanstieg auf die ebenfalls gestiegene Inflationsrate sowie insbesondere auf die von der Regierung selbst praktizierte restriktive Geld- und Kreditpolitik zurückgeführt werden. Wie gezeigt, beteiligte sich die Banque des France 1981/82 am internationalen Zinswettlauf, um den Wechselkurs der französischen Währung zu stabilisieren. Diese Politik wurde im großen und ganzen bis heute fortgesetzt, wobei seit 1983 sogar eine Verschärfung durch die Beschränkung der Obergrenzen für das Kreditwachstum hinzugekommen ist.

c) Schließlich wird dem öffentlichen Defizit vorgeworfen, es beschleunige den Prozeß der Inflation.

> "Sie fragen mich, warum wir die Staatsverschuldung nicht über 3 % steigen lassen wollen? Weil wir noch eine schwere Schlacht zu kömpfen haben, um Deutschland und Groß-Britannien auf dem Gebiet der Inflation .. einzuholen" (Delors 1983, 9).

Dieser Position liegt die Auffassung zugrunde, daß eine Ausweitung des kreditfinanzierten Budgetdefizits die Geldmenge aufbläht und damit zum Anstieg des binnenländischen Preisniveaus führt (vgl. projet de loi de finances pour 1984,13/14). Unklar bleibt hier allerdings, wie sich der Transmissionsmechanismus konkret vollzieht. Ohne diese bereits seit Jahrhunderten strittigen Frage grundsätzlich diskutieren zu wollen, muß dennoch festgehalten werden, daß eine Verknüpfung von Geldmengenwachstum und Preissteigerungen nur unter der Bedingung Sinn macht, daß die zusätzliche Geldmenge eine Nachfrageausweitung bewirkt, in deren Folge sich die Möglichkeiten der Unternehmen zu Preisanhebungen verbessern. Einen solchen Prozeß der Staatsverschuldung vorzuwerfen, stellt die Dinge auf den Kopf (vgl. Ernst-Poerksen 1981, 67): Die staatlich induzierte Nachfragebelebung ist nicht ungewolltes Nebenprodukt des öffentlichen Defizits, sondern gerade dessen eigentlicher Zweck. Sie erfolgt in Reaktion auf die Stagnation der ökonomischen Aktivität, welche durch den (relativen) Rückgang der privaten Nachfrage ausgelöst wurde, und zielt darauf ab, einen neuen Aufschwung einzuleiten. Wenn dabei im Zuge der allmählichen Schließung der Schere zwischen der gesamtwirtschaftlichen Nachfrage und den vorhandenen Angebotsmöglichkeiten die Preise steigen, ist dies nicht Ausdruck des kreditfinanzierten Budgetdefizits, sondern allgemeinstes Kennzeichen der beginnenden Konjunkturbelebung.

> "Dann aber gilt: wenn die Inflation immanentes Entwicklungsmoment jener Marktprozesse ist, innerhalb derer der konjunkturelle Aufschwung ... stattfindet..., ergibt sich das Problem steigender Inflationsraten, sobald es zu einem Konjunkturaufschwung kommt, unabhängig davon, wodurch dieser initiiert wurde" (ebd., 69).

Folglich ist es unangebracht, "zwischen Staatsverschuldung und Inflation eine direkte Ursachenbeziehung herzustellen" (ebd).

4.4.3. Ergebnisse[1]

An der Jahreswende 1983/84 stellte sich heraus, daß die Regierung ihr Inflationsziel - genauso wie schon im vorangegangenen Jahr - auch 1983 nicht erreicht hatte. Anstelle der projektierten 8 % war das allgemeine Preisniveau zwischen Dezember 1983 und Dezember 1982 um insgesamt 9,3 % gestiegen. Diese Entwicklung verweist zweifellos auf die Ineffizienz der seit der Aufhebung des LPS zwischen der Regierung und den Arbeitgeberverbänden ausgehandelten Preismoderierungsabkommen. So waren, obwohl die Regierung die völlige Preisfreiheit bis Ende 1983 erst in 35 % der französischen Industrie wiederhergestellt hatte (MB, Teile der EEI, Metallurgie), die Preise in nahezu allen industriellen Branchen um weit mehr als 9 % gestiegen. Zudem wurde der kontraktualisierten Preisfestsetzung Anfang 1984 aber auch dadurch der Boden zunehmend entzogen, daß sich die Unternehmerverbände verstärkt weigerten, entsprechende Abkommen zu unterzeichnen. Die Regierung solle entweder die Preise dieses Jahr völlig freigeben, wie 1982 in Aussicht gestellt, oder aber die alleinige Verantwortung für die Preisfestlegung und deren Konsequenzen übernehmen.

> "Wir lehnen Preisstops und -kontrollen deshalb ab, weil diese - wie die Entwicklung des Preisindizes zeigt - kein geeignetes Mittel zur Inflationsbekämpfung sind. Zudem schaden sie den Unternehmen, weil sie ihre Ertragslage verschlechtern" (G. Brana, Vizepräsident des CNPF, zit. nach Le Figaro, 25.11.1983).

Angesichts dieser Rahmenbedingungen muß es als sehr unwahrscheinlich gelten, daß die Regierung ihr Inflationsziel für 1984 - maximale Preissteigerungen von etwa 5 % - über die Preismoderierungsabkommen durchsetzen kann.[2]

---

[1] Vgl. Le Monde: L´année économique et social, 1984; OECD 1984, OECD 1984 a; Economie et Politique, Avril und Séptembre 1984; Le Monde, Januar-September 1984.

[2] Allein in den ersten 6 Monaten des Jahres 1984 stiegen die Preise um 3,7%.

Die seit Herbst 1982 von der Regierung verfolgte lohnpolitische Leitlinie, nämlich die nominalen Einkommenszuwächse auf die projektierte Inflationsrate zu begrenzen, konnte 1983 ebenfalls nicht eingehalten werden. Die Arbeitnehmereinkommen stiegen im genannten Jahr um durchschnittlich 9,1 % an. Da dieser Zuwachs jedoch hinter den tatsächlichen Preissteigerungen zurückblieb, nahm die Kaufkraft der Franzosen 1983 dennoch ab. Von dieser Entwicklung waren erstmals seit Jahren auch wieder die Mindestlohnempfänger betroffen. Die Regierung hatte den SMIC zwar um 10,1 % angehoben, bei Einbeziehung aller Steuern und Abgaben kam dies jedoch einem realen Rückgang von 0,7 % gleich. Diese rückläufige Tendenz der Lohneinkommen scheint sich auch 1984 fortzusetzen: Während die Preise in den ersten 3 Monaten des Jahres um 2 % (Jan. + 0,7 %; Februar: + 0,6 %; März: + 0,7 %) stiegen, nahmen die Lohneinkommen lediglich um 1,5 % zu.
Zudem zeigten sich auch im Bereich der Lohnverhandlungen große Schwierigkeiten. So kam es seit 1983 nur in relativ wenigen Branchen zum Abschluß von Lohnabkommen, mit der Konsequenz, daß die Einkommensanhebungen häufig von der Arbeitgeberseite allein festgelegt wurden. Eine ähnliche Entwicklung zeigt sich auch im öffentlichen Dienst, wo weder 1983 noch in der ersten Hälfte des Jahres 1984 entsprechende Vereinbarungen zwischen der Regierung und den Gewerkschaften erzielt werden konnten. Abgesehen von wenigen Ausnahmen werden also die Löhne und Gehälter der Staatsbediensteten seit nunmehr fast anderthalb Jahren von der Regierung einseitig heraufgesetzt.
Trotz des Kaufkraftrückgangs der Lohneinkommen (um insgesamt 0,4 %) erhöht sich der Verbrauch des privaten Sektors 1983 um immerhin 1,0 % (1982: 2,5 %). Diese Entwicklung verweist auf die rückläufige Spartätigkeit der französischen Haushalte: Während die Sparquote noch 1981 bei 15,6 % lag, ging sie 1982 auf 15,5 % und 1983 auf 14,8 % zurück. Damit bestätigt sich, daß die Spartätigkeit der Privaten insbesondere vom Einkommensverlauf abhängig ist. Zugleich offenbart sich der auch im 9. Plan durchaus erkannte Widerspruch zwischen der Sparförderungspolitik

der Regierung auf der einen und der von ihr gleichzeitig praktizierten Lohnsenkungspolitik auf der anderen Seite: Gerade die zur Stimulierung der Bauindustrie besonders geförderte Bauspartätigkeit ging 1983 stark zurück. Sie dürfte im Verlauf des Jahres um insgesamt 6 % abgenommen haben. Die Geldvermögensbildung konnte dagegen zumindest stabilisiert werden, was sie insbesondere dem Erfolg der 1982 bzw. 1983 neu eingerichteten Sparbücher, dem 'Volkssparbuch'und dem CODEVI, verdankt. Zudem haben beide Sparbücher eine Umschichtung der Spareinlagen in Richtung auf die industriellen Entwicklungsfonds bewirkt, so daß sich die Fremdfinanzierungsmöglichkeiten bestimmter Industriebereiche zweifellos verbessert hat (vgl. Economie et Politique-Décembre 1983). Seit Anfang 1984 deutete sich jedoch an, daß die steigende Konsumquote den mit dem Einkommensrückgang verbundenen Nachfrageausfall nicht mehr kompensieren kann. Im ersten Quartal dieses Jahres ging die französische Binnennachfrage um 0,5 % zurück. Betroffen von dieser Entwicklung waren insbesondere die dauerhaften Konsumgüter und der FB, dessen Inlandsmarkt zwischen Januar und April um 12,3 % schrumpfte.
Das französische BIP stieg 1983 lediglich um 0,9 % an, nachdem es noch 1982 um 1,5 % (1981: + 0,3 %) zugenommen hatte. Dieser rückläufigen Entwicklung steht allerdings die Tatsache gegenüber, daß sich die französische Industrieproduktion 1983 erstmals seit 4 Jahren wieder leicht - um 0,9 % - erhöht hat (unter Einbeziehung des Bausektors (- 8 %) blieb sie nahezu konstant). Die Produktionsentwicklung verlief dabei in den einzelnen Branchen recht unterschiedlich. Während sie in den Zwischengüterindustrien in etwa stagnierte, was neben einem starken Einbruch in der ESI (- 5,3 %) auf die Produktionsbelebung in der Parachemie (+ 2,0 %) zurückzuführen ist, nahm sie in den Investitionsgüterindustrien ab (- 1,3 %).

Eine entgegenläufige Tendenz zeigte sich hier lediglich in der EEI (+ 0,9%). Im Konsumgüterbereich (incl. FB) konnte die Produktion ausgeweitet werden, und zwar insgesamt um 3,0%. Hinter diesem Prozentsatz verbürgt sich jedoch ein weiterer Rückgang bei den traditionellen Konsumgüterindustrien (Textilindustrie: - 1,4%), der durch die Produktionsbelebung in einigen Sparten der dauerhaften Konsumgüter und dem FB überkompensiert wurde. Seit Herbst 1983 zeigt sich nun allerdings auch hier ein kräftiger Produktionseinbruch. Der seit dem dritten Quartal des Jahres feststellbare Rückgang der Binnennachfrage schlägt also offensichtlich voll auf diese Industrien durch. Allein der FB mußte zwischen Januar und März 1984 ein Absatzrückgang von 10,2% hinnehmen. Der vorläufige Höhepunkt dieser Entwicklung wurde im Juni des gleichen Jahres erreicht, als die französischen Automobilkonzerne ging über den entsprechenden Vorjahresmonat 33% weniger Pkw's verkauften.
Die angesichts der staatlichen Deflationspolitik zunächst unerwartet günstige Entwicklung der industriellen Produktion vermochte es allerdings nicht, den Rückgang der Investitionstätigkeit in der französischen Industrie aufzuhalten. Dieser setzte sich vielmehr - wie schon in den vergangenen Jahren - weiter fort (- 4%). Auch im ersten Quartal 1984 deutet sich keine grundsätzliche Trendwende (- 1,4%) an, obwohl eine Unternehmensbefragung des Statistik-Instituts INSEE ergeben hat, daß die Industrie für dieses Jahr eine erhebliche Anhebung ihrer Investitionstätigkeit plant.
Die Zahl der Arbeitslosen, die in den ersten Monaten des Jahres 1983 bei etwa 2,02 Mio. stabilisiert werden konnte, steigt seit Herbst des gleichen Jahres kontinuierlich an. Im September 1984 lag sie bei 2,36 Mio., was gegenüber September 1983 einer Zunahme von 16,2% entspricht. Dieser Entwicklung korrespondiert ein Anstieg der Arbeitslosenquote von 8,9% auf 9,8%. Gleichzeitig geht die Arbeitsnachfrage von Seiten der französischen Wirtschaft stark zurück. Allein im Jahre 1983 nahm die Zahl der nicht besetzten Stellen um mehr als 50% ab und fiel bis Anfang 1984 auf den historischen Tiefststand von 54.000 (vgl.

Schaubild 4.5.). Im Juni des Jahres lag sie sogar bei nurmehr 40.000.

Schaubild 4.5.: Die Entwicklung des französischen Arbeitsmarktes 1982 bis Anfang 1984

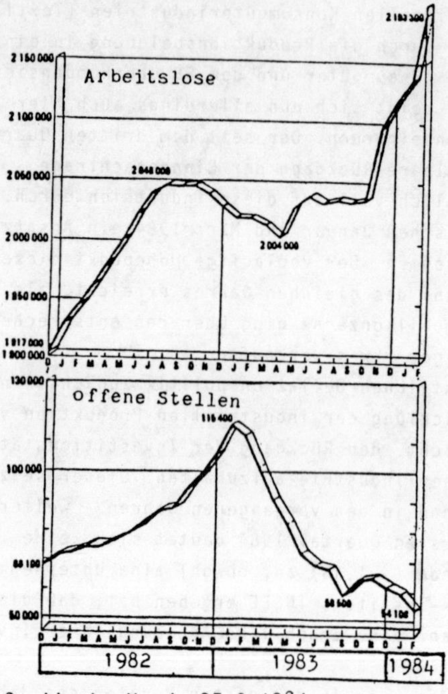

Quelle:Le Monde,27.3.1984

Ausschlaggebend für die zunehmend ungünstige Entwicklung am Arbeitsmarkt ist die Tatsache, daß die Produktivität der französischen Wirtschaft (1983: + 1,5 %) nach wie vor schneller als die Produktionstätigkeit (BIP: + 0,9 %) wächst. Hieraus muß verstärkte Arbeitslosigkeit resultieren, wenn nicht durch entsprechende Regelungen die effektive Wochen-, Jahres- oder Lebensarbeitszeit der französischen Arbeitnehmer verkürzt wird. Dies jedoch ist seit Anfang 1983 kaummehr geschehen. Abgesehen von der Herabsetzung der Altersgrenze auf 60 Jahre, die den Arbeitsmarkt bis zum Jahreswechsel 1983/1984 um immerhin gut 200 000 Personen entlastete, kommt die Arbeitszeitverkürzung - anders als noch 1982 - nur wenig voran. Zwar plädiert die Regierung vehement für die 'flexible', d. h. den Bedürfnissen der Unternehmen nach einer flexibleren Gestaltung von Produktion und Personaleinsatz entsprechende Arbeitszeitverkürzung (Teilzeitarbeit, Job-sharing etc.), doch blieben die in dieser Richtung unternommenen Vorstöße bisher ohne größeren Erfolg. Die durchschnittliche Wochenarbeitszeit der französischen Arbeitnehmer lag im 2. Quartal 1984 mit 38,7 Stunden lediglich um 0,2 Stunden unter der des entsprechenden Vorjahreszeitraums. In der Konsequenz geht die Zahl der Arbeitsplätze in der französischen Wirtschaft erheblich (1983 um 180.000, 1984 sogar voraussichtlich um 270.000) zurück. Da das Arbeitsangebot sowohl aus demographischen Gründen als auch wegen der immer noch zunehmenden Erwerbsquote weiterhin ansteigt (bis 1986 werden jährlich etwa 150.000 Arbeitnehmer zusätzlich auf den Arbeitsmarkt drängen), wird das Beschäftigungsproblem in den kommenden Monaten und Jahren weiter zuspitzen. Auch die vom neuen Ministerpräsidenten Fabius im September 1984 angekündigte arbeitsmarktpolitischen Offensive der Regierung, die sich insbesondere den weitgehenden Abbau der Jugendarbeitslosigkeit bis Ende 1985 zum Ziel gesetzt hat, dürfte die Beschäftigungskrise nicht überwinden können[1]. Im

---

[1] Kernpunkte des neuen Regierungsprogramms zur Bekämpfung der Jugendarbeitslosigkeit sind neben der Gewährung verschiedener Lohnkostenzuschüsse an die Unternehmen im Falle der Einstellung junger Arbeitsloser und zusätzlichen Subventionen bei der Schaffung neuer Praktikantenstellen insbesondere die Verlängerung der Ausbildungszeit für bestimmte Gruppen von Jugendlichen sowie die Schaffung zeitlich begrenzter Zusatzarbeitsplätze im öffentlichen Dienst ('Arbeiten von allgemeiner Nützlichkeit'), die ausschließlich arbeitslosen Jugendlichen zwischen 16 und 21 Jahren vorbehalten bleiben sollen (vgl. Le Monde, 27.9.1984). Zweifel an der Effizienz dieses Programms ergeben sich zunächst deshalb, weil die beiden letztgenannten Maßnahmen das Arbeitsangebot lediglich zeitweilig reduzieren können. Nach Ablauf einer bestimmten Frist, in der Regel ein oder zwei Jahren, werden die betroffenen Jugendlichen erneut auf den Arbeitsmarkt drängen, was die Beschäftigungskrise dann weiter verschärfen muß. Aber auch

übrigen scheint sich die Regierung trotz einer anderslautenden Rhetorik mit der hohen Arbeitslosigkeit weitgehend abgefunden zu haben. Da sie unverändert an der angebotsorientierten Konjunkturpolitik festhält, bleibt nämlich für die nähere Zukunft eine stärkere Belebung der nationalen Produktions- und Investitionstätigkeit, sondern darüberhinaus auch jede Initiative in Richtung auf eine gesetzliche Verkürzung der Arbeitszeit (unabhängig davon, ob mit oder ohne Lohnausgleich) so gut wie ausgeschlossen. So nimmt es denn nicht Wunder, daß nunmehr auch von offizieller Seite davon ausgegangen wird, daß sich die Zahl der Arbeitslosen bis Ende 1984 auf mindestens 2,6 Mio. erhöhen wird. Offensichtlich betreibt also die sozialistische Regierung gegenwärtig eine Politik, die "die Gesundung der Unternehmen zum Schaden der Beschäftigung priviligiert" (Le Monde, 18.4.1984).

Die von der Regierung mit den Maßnahmen des Märzprogramms angestrebte Rückführung der öffentlichen Verschuldung um 20 Mrd. Franc auf insgesamt 97 Mrd. Franc konnte trotz der erheblichen Einsparungen im Staatshaushalt nicht realisiert werden. So lag das tatsächliche Budgetdefizit 1983 bei insgesamt 118,7 Mrd. Franc, was seine Ursache insbesondere darin findet, daß die Steuereinnahmen um fast 13 Mrd. Franc hinter den ursprünglichen Projektionen der Regierung zurückgeblieben waren. Sowohl im Bereich der Einkommensteuer (- 5,3 Mrd. Franc), als auch der Körperschaftssteuer (- 12,2 Mrd. Franc) hatten deutliche Mindereinnahmen hingenommen werden müssen. Die nicht erwarteten Zusatzeinnahmen im Bereich der Mehrwertsteuer (+ 4,4 Mrd. Franc) konnten die vorgenannten Einnahmeverluste nicht kompensieren. Hinzu kommt, daß die Zinsbelastung der öffentlichen Hand den im Haushaltsgesetz für 1983 angesetzten Betrag um 5,6 Mrd. Franc überschritten hatte. Ausschlaggebend dafür war, daß die Regierung für das Jahr 1983 fälschlicherweise eine erhebliche Senkung des allgemeinen Zinsniveaus angenommen hatte.

Lohnkostenzuschüsse führen kaum zur Entstehung neuer Dauerarbeitsplätze, da sie die Unternehmen meist nur dazu veranlassen, im Falle eines erwarteten Aufschwungs die Aufstockung ihres Arbeitskräftereservoirs zeitlich vorzuverlagern. Bei zusätzlichen Subventionen für die Schaffung von Praktikantenstellen ist schließlich zu erwarten, daß die Unternehmen verstärkt bisherige Dauerarbeitsplätze durch kostengünstigere Praktikantenstellen substituieren werden.

Während die Arbeitslosigkeit weiter stieg und das Budgetdefizit entgegen den Intentionen der wirtschaftspolitischen Akteure nicht abgebaut werden konnte, verbesserte sich die außenwirtschaftliche Position Frankreichs 1983 deutlich. Das Rekorddefizit des vorangegangenen Jahres (- 93 Mrd. Franc fob/fob) konnte um mehr als die Hälfte abgebaut werden, so daß die französische Handelsbilanz nunmehr 'lediglich' mit einem Negativsaldo in Höhe von 43,4 Mrd. Franc abschloß [1]. Dieser Betrag lag noch unter den Erwartungen der Regierung, die bei der Verabschiedung des Märzprogramms für 1983 von einem Defizit von 55 - 60 Mrd. Franc ausgegangen war. Sowohl die Ein- als auch die Ausfuhrseite trugen zur 'Berichtigung' des französischen Außenhandels bei. So ging das französische Importvolumen 1983 um 1,8 % zurück (1982: + 5,7 %). Hinter diesem Rückgang verbirgt sich allerdings neben einer Abnahme der Industrieeinfuhren auch eine kräftige Reduktion der Ölimporte. Die Regierung hatte im Spätsommer des Jahres die bis dahin gültige Verpflichtung zur Aufstockung der Ölvorräte für den Winter teilweise aufgehoben, so daß der französische Ölverbrauch in den Folgemonaten zu einem gewichtigen Teil aus dem Abbau der binnenländischen Lagerbestände gedeckt wurde. Die französische Handelsbilanz wurde auf diese Weise mindestens um 12 Mrd. Franc entlastet. Die Exporte konnten 1983 um 4,1 % (1982: - 0,2 %) real gesteigert werden, wobei zu dieser Entwicklung nahezu alle Industriebereiche beitrugen. Überdurchschnittlich entwickelte sich - wie schon in den Jahren zuvor - die Ausfuhr von Rüstungsgütern, die um mehr als 8 % zunahm.
Ausschlaggebend für die zumindest zeitweilige Zurückdrängung des außenwirtschaftlichen Drucks ist neben der Franc-Abwertung vom März letzten Jahres zweifellos die seit Anfang 1983 forcierte Deflationspolitik.

[1] Die permanenten Handelsbilanzdefizite Frankreichs haben die Außenverschuldung des Landes in den letzten Jahren kräftig in die Höhe getrieben. Für 1984 wird davon ausgegangen, daß bei einer französischen Gesamtschuld von 457 Mrd. Franc insgesamt 70 Mrd. Franc als Schuldendienst ins Ausland tranferiert werden müssen. Auch diese Entwicklung, die wegen ihrer negativen Konsequenzen für den wirtschaftspolitischen Handlungsspielraum Frankreichs zweifellos als bedrohlich anzusehen ist, dient der Regierung zunehend als Argument für die Verschärfung des Sparkurses.

"Infolge der verstärkten Austerität hat Frankreich weniger im Ausland gekauft, während die nationale Industrie ihre Produktion verstärkt auf die sich belebenden Auslandsmärkte ausgerichtet hat" (Le Monde, 27. 3. 1984).

Damit aber findet sich zugleich die Erklärung für den zunächst unerwarteten Umstand, daß die französische Industrieproduktion 1983 trotz der deutlichen Verlangsamung des Konsumzuwachses erstmals seit mehreren Jahren wieder angestiegen war. Offensichtlich hatten nämlich die exportorientierten Großunternehmen von der leichten internationalen Konjunkturbelebung profitieren und ihre Ausfuhren anheben können. Das Gesagte gilt allerdings nicht für die überwiegende Mehrheit der Klein- und Mittelbetriebe, die meist auf die - tendenziell stagnierenden - Binnenmärkte angewiesen blieben und 1983 verstärkt mit finanziellen Schwierigkeiten zu kämpfen hatten. Die Tatsache, daß im genannten Jahr trotz der Produktionsbelebung mit mehr als 22700 Konkursen ein neuer Rekord an Unternehmenszusammenbrüchen hingenommen werden mußte, zeigt die erhebliche Belastung der Deflationspolitik für einen großen Teil der französischen Wirtschaft deutlich an. Zudem darf die Verbesserung der Handelsbilanz nicht darüber hinwegtäuschen, daß das geographische Spezialisierungsprofil des französichen Außenhandels nach wie vor sehr ungünstig ist (vgl. Tabelle 4.7). Zwar konnte Frankreich 1983 seit Defizit gegenüber der Bundesrepublik um 28 % und gegenüber der USA sogar um 30 % verringern, dennoch blieben die Negativsalden in Bezug auf beide Länder immer noch sehr hoch (- 27,4 Mrd. Franc bzw. - 17,9 Mrd. Franc). Alle EG-Länder zusammengenommen, wurde das Defizit lediglich um 7 Mrd. Franc auf nunmehr 56,5 Mrd. Franc abgetragen und im Handel mit Japan blieb im großen und ganzen alles beim alten.
Zu erwähnen bleibt schließlich, daß der außenwirtschaftliche Druck in den ersten Monaten des Jahres 1984 erneut drastisch zugenommen hat. So wurde allein in der Zeit zwischen Januar und April ein Fehlbetrag von 17 Mrd. Franc erwirtschaftet. Auch wenn in den Folgemonaten aufgrund steigender Exporte wieder eine deutliche Entspannung eingetreten ist (so daß trotz der Rekorddefizite bis April für das gesamte Jahr 1984 nurmehr mit einem Fehlbetrag zwischen 20 und 30 Mrd. Franc gerechnet wird), weist diese

Entwicklung dennoch ebenfalls auf den ausschließlich konjunkturellen, d.h. zeitlich begrenzten Charakter der Handelsbilanzverbesserung von 1983/1984 hin.

Tabelle 4.7 : Geographische Aufschlüsselung des französichen Außenhandels für 1983 (in Mrd. Franc).

	Importe	Exporte	Saldo	(1982)
Außenhandel insgesamt (fob/fob)	766,5	723,1	- 43,4	- 93,5
Außenhandel insgesamt (cif/fob)	800	695	- 105	- 151,2
OECD	574,9	485,7	- 89,2	- 106,8
-davon EG	398,1	341,6	- 56,5	- 63,6
Bundesrepublik	135,5	108,1	- 27,4	- 38
Belgien/Luxemburg	64,3	59,4	- 4,9	- 6,2
Groß-Britannien	56,7	52,7	- 4	- 2,1
Italien	79,4	74,1	- 5,3	- 4,4
Niederlande	47,7	33	- 14,7	- 14,1
USA	61,7	43,8	- 17,9	- 25,4
Japan	20,9	8,3	- 12,6	- 12,9

Quelle: Le Monde, 14. 2. 1984

4.5. Zusammenfassung

Im Frühjahr 1981, als in nahezu allen großen Industrieländern eine exportorientierte Deflationspolitik betrieben wurde, schlug die neugewählte französische Regierung den Weg einer nachfrageorientierten Krisenbewältigung ein, um die schwere Stagnation der französischen Wirtschaft zu überwinden. Trotz gewisser Erfolge - der Konjunkturabschwung konnte zumindest gebremst werden - wurde sie dabei schon bald mit großen außenwirtschaftlichen Schwierigkeiten konfrontiert. Ein erheblicher Teil der staatlich induzierten Mehrnachfrage floß ins Ausland ab, so daß der mit der Nachfragepolitik anvisierte ökonomische Wirkungsablauf tendenziell unterbrochen wurde. Entgegen den Auffassungen der angebots- und weltmarktorientierten Kräfte in der sozialistischen Partei war das (relative)Scheitern trotz der geringen Kohärenz des französichen Produktionsapparates jedoch keinesfalls zwangsläufig. Die Nachfragepolitik der neuen Regierung blieb naiv, trug der spezifischen Einbettung Frankreichs in die IAT nicht Rechnung. Vor allem in den Bereichen der Währungs- und Außenhandelspolitik bestand ein - nicht genutzter - Handlungsspielraum, den hohen Importsog der französischen Wirtschaft zu bremsen. So mußte die Entscheidung, Frankreich im EWS zu belassen und damit die bereits unter Giscard d'Estaing begonnene 'Politik des überbewerteten Franc' fortzusetzen, sowohl die Gewinnmargen der französischen Exportunternehmen stark reduzieren als auch die weitere Penetration der Binnenmärkte durch ausländische Produzenten fördern. Wir konnten zeigen, daß eine moderate Abwertungspolitik, in deren Rahmen das kumulierte Inflationsgefälle zwischen Frankreich und seinen europäischen Handelspartnern kompensiert wird, die internationale Wettbewerbsfähigkeit Frankreichs verbessert hätte, ohne zugleich allzu hohe Kosten - und Preiseffekte im Bereich der preisunelastischen Importe zu induzieren. Diese Politik wäre durch eine aktive Außenhandelspolitk zu ergänzen gewesen, in deren Rahmen die Regierung insbesondere zeitweilige Importbeschränkungen - hier wiederum vor allem Bardepots auf Importe und Einfuhrkontingentierungen - hätte festlegen können. Das Ensemble dieser Maßnahmen, die in einem

mehr oder weniger ausgeprägten Umfang bereits von zahlreichen Industrieländern praktiziert wurden oder werden, hätte nach Berechnungen des nationalen Plankommissariats die französische Handelsbilanz im Jahre 1982 um mindestens 40 - 50 Mrd. Franc entlastet. Es läßt sich somit schlußfolgern, daß 1981/1982 durchaus die Möglichkeit bestand, die binnenländische Kaufkraft weitaus stärker auf die nationale Produktion zu konzentrieren, als es tatsächlich geschehen ist. Der von der Regierung mit der Nachfragestimulierung angestrebte ökonomische Wirkungsablauf hätte zumindest soweit sichergestellt werden können, daß die Belebung der französischen Produktions- und Investitionstätigkeit deutlich stärker ausgefallen wäre.
Im Frühsommer 1982 schien angesichts drastisch steigender Importe, einer wieder rückläufigen Industrieproduktion sowie hohen Preissteigerungs- und Arbeitslosenraten eine wirtschaftspolitische Kurskorrektur unerläßlich. Grundsätzlich standen dabei zwei Wege offen. Zum einen die bereits angedeutete konsequentere außenwirtschaftliche Absicherung der expansiven Konjunkturpolitik, um somit die Voraussetzungen für eine erfolgreiche Weiterführung des 1981 begonnenen 'sozialistischen Projektes' zu schaffen; zum anderen aber auch die Einleitung eines völligen wirtschafts- und damit auch gesellschaftspolitischen Kurswechsels, d. h. die Rückkehr zum klassischen, bereits in den 50er und 60er Jahren und zuletzt unter Giscard praktizierten Konzept der Deflationspolitik, um den außenwirtschaftlichen Druck über die Bremsung der Binnennachfrage zu reduzieren. Wie sich schon in den ersten Monaten des Jahres 1982 andeutete, schlug die neue Regierung den zweiten Weg ein. Gestärkt durch die vermeintliche Diskreditierung einer jeden Nachfragepolitik durch die tatsächliche ökonomische Entwicklung sowie das völlige Fehlen einer linken Massenbewegung, die allein die Regierung 'vorwärts', in Richtung auf eine konsequentere Nachfragepolitik hätte treiben können, setzten sich nunmehr zunehmend die angebotsorientierten Kräfte in der Regierung durch. Die erste deutliche Manifestation dieses Wechsels war die Verfügung eines allgemeinen LPS für die Zeit vom 1. Juli bis zum 31. Oktober 1982. Diese Maßnahme, von der Regierung zunächst noch als Versuch einer

gleichgewichtigen Verlangsamung der Lohn- und Preisentwicklung deklariert, hatte erstmals seit mehreren Jahren einen Rückgang der Realeinkommen der französischen Arbeitnehmer zur Konsequenz. Ausschlaggebend für den Kaufkraftverlust war der Umstand, daß mit dem LPS zwar die Löhne, nicht jedoch der Preisauftrieb angehalten werden konnten. Hierin reflektierte sich allerdings nicht nur eine inkonsequente Anwendung des PS, sondern auch die relative Ineffizienz dieses wirtschaftspolitischen Instruments, das nicht an den strukturellen Ursachen der Inflation ansetzt. Zudem sind PS - ebenso wie die von der Regierung für 1983/84 beschlossenen Preismoderierungsabkommen - aber auch wegen ihrer negativen Auswirkungen auf die Struktur der französischen Wirtschaft äußerst fragwürdig: Wir konnten zeigen, daß insbesondere die überdurchschnittlich produktiven und international engagierten Großunternehmen aus entsprechenden Regelungen Vorteile zu ziehen vermögen, was die duale Struktur der französischen Industrie vertiefen und damit die Kohärenz des nationalen Produktionsapparates weiter schwächen muß.
Seit Anfang 1983 hat die sozialistische Regierung ihre Angebotspolitik erheblich verschärft. So setzte sie sich das Ziel, die französische Handelsbilanz durch die weitere Kontraktion der Binnennachfrage bis 1985 wieder ins Gleichgewicht zu bringen. Diese Politik aber läuft, wie die verantwortlichen Akteure durchaus zugeben, angesichts der gegenwärtigen Industriestrukturen auf eine staatlich bewirkte Kappung der Binnenkonjunktur hinaus. Sowohl die privaten Einkommen als auch die öffentlichen Ausgaben sollen gesenkt werden, damit die französische Wirtschaft zumindest bis 1985 langsamer als die der anderen großen Industrieländer wächst. Die Sozialversicherungssysteme sollen zu Lasten der Arbeitnehmer 'saniert' werden, damit das Budgetdefizit abgetragen werden kann. Gleichzeitig ergreift die Regierung eine Reihe von Maßnahmen, die auf die finanzielle Entlastung der Unternehmen ausgerichtet sind. Steuerliche Vergünstigungen, Subventionen, Investitionszulagen sowie sinkende Löhne und Sozialbeiträge sollen den Unternehmen die Mittel für Investitionen in die Hand geben, die zur Modernisierung des französischen Produktionsapparates erforderlich

sind. Diese Strategie kann jedoch kaum erfolgreich sein. Wir haben nachgewiesen, daß die angebotsorientierte Wirtschaftspolitik, die Rentabilität auf das bestehende Kapital zur entscheidenden Investitionsdeterminante macht, die Kalküle der Unternehmer bei der Entscheidung über die Ausweitung des Produktionspotentials verkennt. Ohne ausreichende Ertragserwartungen von Seiten der französischen Industrie wird ein Investitionsaufschwung, in dem eine notwendige Voraussetzung für die Restrukturierung des französischen Produktionsapparats gesehen werden muß, nicht möglich sein. Zudem kommt die Angebotspolitik der sozialistischen Regierung - gewollt oder ungewollt - einer einseitigen Förderung der Exportstrategien der französischen Konzerne gleich. Diese Unternehmen sind von dem Nachfrageeinbruch auf den Binnenmärkten nur teilweise betroffen und können die staatlichen induzierten Kostensenkungen zur Anhebung ihrer internationalen Wettbewerbsfähigkeit nutzen. Es drängt sich somit die Vermutung auf, daß - wie schon zu Zeiten Giscards - verstärkt auf eine exportorientierte Krisenbewältigung gesetzt wird. Eine solche Strategie, die die Deflationspolitik im Inland zur Grundlage einer Expansion auf dem Weltmarkt macht, dürfte jedoch angesichts der relativen Schwäche der französischen Konzerne, die ihren Konkurrenten aus der Bundesrepublik, Japan und den USA in vielen Bereichen unterlegen sind, kaum realistisch sein. Zudem steht sie der Perspektive der Einleitung eines autozentrierten Akkumulationstypus, der als Grundlage für die Erlangung eines größeren konjunkturpolitischen Handlungsspielraums betrachtet werden muß, direkt entgegen.
Trotz ihrer negativen Wirkungen auf das industrielle Geflecht und ihre zunehmend katastrophalen beschäftigungspolitischen Konsequenzen hat die angebotsorientierte Konjunkturpolitik der sozialistischen Regierung zweifellos dazu beigetragen, daß sich das außenwirtschaftliche Defizit Frankreichs 1983/84 stark verringert hat. Aufgrund des aufgezeigten Zusammenhangs zwischen einer expansiven Konjunkturpolitik als notwendige Voraussetzung für eine erfolgreiche Restrukturierung des nationalen Produktionsapparats muß jedoch davon ausgegangen werden, daß es sich hierbei lediglich um eine konjunkturelle, gleichsam kosmetische Verbesserung der außen-

wirtschaftlichen Position des Landes handelt. Das 1981 formulierte Ziel der strukturellen Rückeroberung des Binnenmarktes durch die Schaffung möglichst kompletter Produktionsketten in allen wichtigen Industrien läßt sich jedenfalls im Kontext der gegenwärtig praktizierten Deflationspolitik nicht durchsetzen. Trotzdem ist im Herbst 1984 ein konjunkturpolitischer Kurswechsel weniger denn je in Sicht. Im Gegenteil, angesichts der im 1. Quartal des Jahres erneut ansteigenden Außenhandelsdefizite kündete bereits im Frühsommer der damalige Wirtschafts- und Finanzminister Delors für 1985 ein Budget der 'Superhärte' ('budget de la super-rigueur') an, das den Franzosen bisher nicht gekannte Sparmaßnahmen aufbürden werde. Der von der neuen Regierung unter L. Fabius erarbeitete und im Oktober dem Parlament vorgelegte Haushalt für 1985 stellt denn auch zweifellos den bisherigen Höhepunkt der sozialistischen Sanierungs- und Umweltpolitik dar. So muß die große Mehrheit der französischen Arbeitnehmer mit der Heraufsetzung öffentlicher Tarife (Telefon, Metro) und der Anhebung der Benzinsteuer weitere Kaufkrafteinbußen hinnehmen, während die Unternehmen und Besserverdienenden gleichzeitig durch massive Gewerbesteuersenkungen, die Abschaffung der seit April 1983 von den höheren Einkommensbeziehern erhobenen 1%-igen Sonderabgabe sowie die generelle Herabsetzung der Einkommenssteuer um 5%[1] entlastet werden sollen. Sowohl der CERES als auch die PC protestierten zwar vehement gegen die Politik, doch von ihm vorgebrachten Alternativen finden in der Bevölkerung gegenwärtig nur wenig Widerhall. Eine nachfrageorientierte Wirtschaftspolitik stellt offenbar für viele Franzosen aufgrund der Erfahrungen aus den Jahren 1981/1982 keine wünschenswerte Perspektive dar. Die Massenbewegungen, die seit 1983 als Reaktion auf die unsoziale Sparpolitik gegen die Regierung entstehen, mobilisieren denn auch überwiegend nicht in Richtung auf die Wiederaufnahme einer expansiven Wachstumspolitik.

---

[1] Auch diese Maßnahmen kommt keineswegs breiten Bevölkerungskreisen zugute, da aufgrund der vergleichsweise geringen Bedeutung der Einkommenssteuer im französischen Steuersystem lediglich etwa 60% aller Arbeitnehmer (mittlere und höhere Einkommensbezieher) Einkommenssteuer zu entrichten haben.

Es muß folglich befürchtet werden, daß die sozialistische Regierung ihre angebotsorientierte Strategie auch in den kommenden Monaten - zumindest aber bis Anfang 1986 [1] - fortsetzen wird. Damit wäre allerdings nicht nur ein weiterer Anstieg der Massenarbeitslosigkeit, sondern längerfristig zugleich auch eine Zunahme der strukturellen Importabhängigkeit Frankreichs vorprogrammiert.

1 Da wegen der unsozialen Folgewirkungen der Deflationspolitik ein Sieg der Sozialisten bei den im Frühjahr 1986 anstehenden Parlamentswahlen als unwahrscheinlich angesehen werden muß, könnte die Regierung ihren Sparkurs einige Monate vor dem Wahltermin leicht lockern.

Kapitel 5

Die Industriepolitik der französischen Regierung nach dem Mai 1981

5.1. Einleitung

Im Kapitel 2 wurden die strukturellen ökonomischen Probleme Frankreichs als Handlungsbeschränkungen der französischen Wirtschaftspolitik behandelt. Zentrales Ergebnis dieser Analyse ist, daß die Entwicklung der internationalen Arbeitsteilung zu einer immer größeren Inkohärenz des französischen Produktionsapparates geführt hat, die die Steuerungskompetenz einer nationalen Wirtschaftspolitik einschränkt. Dabei konnten verschiedene politische Reaktionsweisen auf die veränderte Stellung Frankreichs in der internationalen Arbeitsteilung beobachtet werden, deren Extreme einerseits in den Versuchen De Gaulles, die nationale Unabhängigkeit vor allem in den militärisch relevanten Produktionsbereichen auszubauen, und andererseits in der fast völligen Unterwerfung der Industriepolitik Giscards unter die naturwüchsig marktvermittelt ablaufende Veränderung der internationalen Arbeitsteilung bestanden. Im Kapitel 3 wurde u.a. die Entwicklung der industriepolitischen Konzepte des PS bis zum projet socialiste analysiert. Dabei erwiesen sich diese Konzepte als miteinander widersprüchlich und durch den entsprechenden politischen Standpunkt überformt. Somit kann aber eine wissenschaftliche Analyse der Industriepolitik der französischen Regierung nach 1981 nicht allein die eigenen industriepolitischen Konzepte des PS als Maßstab der Beurteilung der industriepolitischen Praxis nehmen, sich also auf einen Programmatik/Praxis-Vergleich beschränken, wenngleich dieses Analyseinstrument an verschiedenen Stellen nützlich werden wird. Vielmehr muß als Standpunkt der Kritik ein eigener Begriff einer spezifisch sozialistischen Industriepolitik entwickelt werden, der auf der vorherigen Bestimmung der sozialistischen Perspektive aufbauen muß. Eine wissenschaftliche und nicht normative Ableitung der sozialistischen Perspektive läßt sich nur vornehmen, wenn sie auf einer abgesicherten Theorie des spezifisch Menschlichen und der menschlichen Entwicklung aufbaut. Eine solche Theorie hat die 'Kritische Psychologie' in ihren Grundzügen entwickelt[1]. Danach ist es das Spezifikum des Menschen, durch Vergegenständlichung von gesellschaftlichen Zwecksetzungen in der Arbeit die Umweltkontrolle des Menschen ständig zu erhöhen. Dieses in der Naturgeschichte des Menschen im Tier-Mensch-Übergangsfeld entstandene allgemeinmenschliche Charakteristikum kann sich jedoch in den verschiedenen realhistorischen Gesellschaftsformationen nur in unvollständiger Weise verwirklichen. In der kapitalistischen Gesellschaft ist die Möglichkeit der Menschen zur Umweltkontrolle und damit zur bewußten Gestaltung der Gesellschaft als Gesamtheit der menschlichen Lebenspraxen vor allem durch die privat-unabhängige Organisation der Produktion und die Form des Staates, der der Gesellschaft die Kompetenz zur Regulierung verschiedener gesellschaftlicher Konflikte entzieht, beeinträchtigt. In der privat-unabhängigen Produktion wird der gesellschaftliche Zusammenhang der Produzenten erst im nachhinein durch das über Marktprozesse vermittelte Wertgesetz hergestellt. Die Entwicklung von wertmäßigem Umfang und gebrauchswertmäßiger Qualität der Produktion ist damit einer bewußten gesellschaftlichen Planung entzogen. Eine vollständige Umweltkontrolle erfordert aber auch eine Kontrolle des Vergesellschaftungszusammenhangs der Menschen durch den Menschen, also eine Selbstvergesellschaftung, in deren Perspektive das Wirken des Wertgesetzes durch bewußte demokratische Planungszusammenhänge zurückgedrängt werden muß.

---

[1] Siehe hierzu insbesondere die Werke: Holzkamp, Klaus 1973: Sinnliche Erkenntnis, Frankfurt/Main; Holzkamp-Osterkamp, Ute 1975: Grundlagen der psychologischen Motivationsforschung, Bd. 1 u. 2, Frankfurt/Main; Schurig, Volker 1975: Naturgeschichte des Psychischen, Bd. 1 u. 2, Frankfurt/Main; Holzkamp, Klaus 1983: Grundlegung der Psychologie, Frankfurt/Main

Die marx'sche Theorie der Entwicklung der kapitalistischen Gesellschaft analysiert die zunehmende Vergesellschaftung der Produktion im Verlauf von Konzentration und Zentralisation des Kapitals. Diese Bewegung tritt in einen immer größeren Widerspruch mit der privat-arbeitsteiligen Produktionsweise des Kapitalismus und erzeugt eine wachsende Notwendigkeit einer direkten, d.h. nicht mehr in der privat-arbeitsteiligen Form stattfindenden Vergesellschaftung. Diese wachsende Notwendigkeit darf jedoch nicht als automatische Tendenz der ökonomischen Entwicklung zur Einführung der direkten Vergesellschaftung begriffen werden. Vielmehr handelt es sich um eine Notwendigkeit im Sinne einer praktischen Not, die unter bestimmten ökonomischen, politischen und ideologischen Bedingungen zum Besseren, zur direkten Vergesellschaftung, gewendet werden kann. In der Perspektive einer anti-ökonomistischen Ökonomietheorie darf die in kapitalistischer Form stattfindende Vergesellschaftung keineswegs als auf direkte Vergesellschaftung hintreibend betrachtet werden. Der Kampf auf dem Feld der Wirtschaftspolitik wird so zu einem bedeutenden Faktor der ökonomischen Entwicklung selbst.

Doch mit der Notwendigkeit des Kampfes auf dem Feld der Politik und damit eines Kampfes auch im Staat, ist die zweite Dimension der Einschränkung der Handlungsfähigkeit der Menschen in der kapitalistischen Gesellschaft angesprochen. In der Geschichte der Klassengesellschaften hat sich der Staat über und gegen die Gesellschaft konstituiert, um den Zusammenhalt der in sich zerrissenen Gesellschaft durch die Unterwerfung der Gesellschaftsmitglieder unter die staatlichen Regulierungsformen zu gewährleisten. Dadurch entzieht der Staat der Gesellschaft bestimmte Regulierungskompetenzen, die z.B. in den Formen von Politik, Recht und Ideologie anstelle der Gesellschaft und mit der Wirkung der Aufrechterhaltung der gesellschaftlichen Grundstruktur ausgeübt werden[1]. Die vollständige Umweltkontrolle der Menschen

---

[1] Vgl. hierzu besonders: Marx, Karl: Die deutsche Ideologie, in: MEW 3; Gramsci, Antonio 1967: Philosophie der Praxis, Frankfurt/Main; Buci-Glucksmann, Christine 1981: Gramsci und der Staat, Köln; Theorien über Ideologie (Projekt Ideologietheorie) 1979, Argument-Sonderband 40 (AS40), Berlin; Poulantzas, Nicos 1978: Staatstheorie, Hamburg.

erfordert ebenfalls die Zurücknahme dieser durch den Staat der Gesellschaft entzogenen Vergesellschaftungskompetenzen in die Gesellschaft, was aber historisch nur in der Perspektive der gleichzeitigen Aufhebung der Klassenspaltung der Gesellschaft durch die Vergesellschaftung zumindest der zentralen Produktionsmittel möglich ist. Die Perspektive des Staatsabbaus ist daher mit der Perspektive der direkt gesellschaftlichen Organisierung der Produktion untrennbar verbunden.

Zusammenfassend lassen sich die genannten Grundzüge der sozialistischen Perspektive der Selbstvergesellschaftung der Menschen im Begriff der Selbstverwaltung fassen, wenn diese im doppelten Sinne verstanden wird, daß die arbeitenden Menschen sowohl über die gesamtgesellschaftlichen Zielsetzungen der Produktion als auch über die Organisation der Produktion in den einzelnen Betrieben entscheiden können. Dieser Selbstverwaltungsbegriff richtet sich somit sowohl gegen ein marktwirtschaftliches und allein betriebsbezogenes Selbstverwaltungsmodell, das die Herstellung des gesamtgesellschaftlichen Produktionszusammenhangs weiterhin dem Wertgesetz überläßt, als auch gegen einen Staatssozialismus, in dem die dem Markt abgerungenen Vergesellschaftungskompetenzen vom Staat angeeignet werden[1].

Sozialistische Wirtschaftspolitik ist in diesem Sinne zwar eine Politik, die ihren Gestaltungsraum ausdehnen möchte, um grundlegende gesellschaftliche Strukturveränderungen in der Perspektive der Ausweitung der Handlungsfähigkeit der Menschen durchzusetzen, die aber im Verlauf der realen Durchsetzung dieser Veränderungen ihre eigene Kompetenz als politische und damit auf den Staat ausgerichtete Form abbaut, um sie der Gesellschaft zurückzugeben. Die historischen Erfahrungen des realexistierenden Sozialismus verweisen darauf, daß eine Trennung von Vergesellschaftung der Produktionsmittel und Organisierung der Produktion durch die Gesellschaft selbst in zwei historisch unterschiedene Phasen nicht mit der Perspektive der Selbstvergesellschaftung der Menschen zu vereinbaren ist. Sozialistische Wirtschaftspolitik hat daher immer die Perspektive der Ausweitung der Selbstver-

---

[1] Vgl. hierzu besonders: Brus, Wlodzimierz 1975: Sozialisierung und politisches System, Frankfurt/Main.

gesellschaftungskompetenzen und der Handlungsfähigkeit der Menschen in ihre Konzepte zu integrieren[1].
Die sozialistische Industriepolitik muß in diesem Rahmen als Versuch gefaßt werden, die Industrie als den wesentlichen Ort der Produktion des gesellschaftlichen Reichtums entsprechend der oben entwickelten Perspektive der Selbstvergesellschaftung der Menschen umzugestalten. Das impliziert die Möglichkeit von gesellschaftlichen Entscheidungen darüber, welche Branchen wachsen sollen, welche aus ökonomischen, sozialen oder ökologischen Gesichtspunkten heraus schrumpfen sollen, welche Produktionsprozesse wie umorganisiert werden sollen oder welche internationalen Beziehungen die entsprechende nationale Wirtschaft unterhalten sollen. Es muß nun die Frage beantwortet werden, in welchem Verhältnis eine sozialistische Industriepolitik zum von ihr am Anfang einer sozialistischen Transformationsperiode vorgefundenen industriepolitischen Regulierungsinstrumentarium steht.
Da eine Untersuchung der konkreten industriepolitischen Instrumente nicht zur Aufgabe der Entwicklung eines allgemeinen Begriffs von sozialistischer Industriepolitik gehört, seien hier nur die drei Ebenen festgehalten, auf denen grundsätzliche Unterschiede zwischen sozialistischer und bisheriger Industriepolitik zu bestehen scheinen:
1. Die Ziele: Während, wie oben ausgeführt, die Ziele der sozialistischen Industriepolitik in einer wachsenden Selbstvergesellschaftung der Menschen auf allen Ebenen bestehen, ist die bisherige Industriepolitik vor allem im Rahmen der stark anwachsenden Internationalisierung von Zirkulation und Produktion nach dem Zweiten Weltkrieg mit dem Ziel entstanden, die Konkurrenzfähigkeit der nationalen Wirtschaft zu erhöhen, sowie die soziale Akzeptanz von in diesem Rahmen stattfindenden industriellen Umstrukturierungen herzustellen.

---

[1] Die Nichtbeachtung der katastrophalen Folgen dieser Notwendigkeit bei der Gesetzgebung zur Ausweitung der betrieblichen Rechte der Arbeiter durch die PS-Regierung behandeln wir im Abschnitt 5.6.

2. Die Subjekte: Die sozialistische Industriepolitik benötigt die von industriellen Umstrukturierungen betroffenen Arbeiter selbst als Subjekte, da sich eine Bewegung in Richtung auf eine größere Handlungskompetenz der Menschen nicht ohne diese und nicht für sie organisieren läßt, während die bisherige Industriepolitik nur von einem kleinen Kreis von Ministerialbeamten, den entsprechenden politischen Verantwortlichen und Vertretern der Unternehmensleitungen betrieben worden ist.
3. Die Mittel: Auf der Ebene der Mittel der Industriepolitik ist der Unterschied zwischen sozialistischer und bisheriger Industriepolitik nicht einfach an der Frage des Eingriffs in die Privatautonomie von Investitionen und Beschäftigung festzumachen. So ist zum Beispiel der staatliche Sektor der italienischen Ökonomie auch nach den französischen Nationalisierungen von 1982 noch größer als der französische[1], obwohl in den letzten dreißig Jahren in Italien immer eine Regierung unter christdemokratischer Vorherrschaft existiert hat. Zur Bestimmung des spezifisch Sozialistischen der Industriepolitik muß also wieder auf die Ziele zurückgegriffen werden, mit denen bestimmte Mittel angewendet werden. So wurden Nationalisierungen im Fall Frankreichs in verschiedenen Kontexten und mit verschiedenen Zielen durchgeführt. So war etwa die Verstaatlichung von Renault nach dem Zweiten Weltkrieg nicht in eine entsprechende industriepolitische Strategie eingebettet, sondern basierte auf der besonderen politischen Konstellation, in der eine Enteignung des Besitzes der großen industriellen Kollaborateure für notwendig gehalten wurde. Die Verstaatlichung der Electricité de France (EDF) von 1946 diente ebenfalls nicht einer offensiven staatlichen industriepolitischen Strategie, worunter die Verbesserung der staatlichen Einflußmöglichkeiten auf die Entwicklung der industriellen Struktur verstanden wird, sondern vor allem der Schaffung der infrastrukturellen Bedingungen der privaten Kapitalverwertung. Es wurde nachgewiesen (Le Pors, Anicet 1977), daß die EDF als Vehikel des staatlichen Profittransfers zugunsten bestimmter Großkapitale dient, indem durch Tarifmanipulationen versteckte Subventionen

---

[1] Vgl. hierzu die Zahlen für Italien, in: Albers, Detlev u.a. 1971: Klassenkämpfe in Westeuropa, Reinbek bei Hamburg

gezahlt werden. Die indirekte Verstaatlichung der beiden größten französischen Stahlkonzerne Usinor und Sacilor 1978 (vgl. unsere Abschnitte 5.2.1.6 und 5.2.1.7) muß hingegen als eine defensive politische Verstaatlichung begriffen werden, da ein Konkurs dieser sich in privater Form nicht mehr verwertenden Kapitale zu politisch gefährlichen regionalen Ungleichgewichten mit katastrophalen Beschäftigungsfolgen geführt hätte.
Da somit Ziele und Akteure als die Hauptspezifika einer sozialistischen Industriepolitik bestimmt sind, scheinen uns noch einige Anmerkungen zur Konkretisierung der bisher nur allgemein bestimmten Ziele der sozialistischen Industriepolitik notwendig. Die in Kapitel 2 dargestellte Theorie der internationalen Arbeitsteilung sowie die Kritik an der giscard'schen Marktlückenstrategie verweisen auf die Notwendigkeit der Entwicklung eines autozentrierten Akkumulationstypus. Dieser muß mit Hilfe des Ausbaus der unter nationaler Verfügungsgewalt, d.h. unter der Verfügungsgewalt nationaler privater oder öffentlicher Unternehmen stehenden Produktionsketten die Kohärenz des nationalen Produktionsapparates so vergrößern, daß die Möglichkeit der technologischen, konjunkturpolitischen und generell politischen Dominierung durch andere Staaten, besonders die USA und in einem etwas geringeren Ausmaß auch Japan, verringert wird. Ein so umrissenes Modell einer autozentrierten Akkumulation ist allerdings keineswegs mit Sozialismus gleichzusetzen, da die vergrößerte relative nationale Autonomie erst eine notwendige Bedingung, noch nicht aber Wirklichkeit eines sozialistischen Entwicklungsmodells gemäß der oben entwickelten doppelten Selbstverwaltungsperspektive darstellt. Unter gewissen historischen Bedingungen kann eine autozentrierte Akkumulation auch mit dem autoritären Regime einer Kriegswirtschaft vereinbar sein.

Das Modell der autozentrierten Akkumulation hat jedoch keinesfalls einen autarken Charakter. Es geht zwar sehr wohl um die Verringerung der Import- und der Kapitalimportströme vor allem in den für die Kohärenz des Produktionsapparates wichtigen Kernsektoren, d.h. um die Verringerung der das Dominiertwerden der

Ökonomie manifestierenden Importe, nicht jedoch um die Verringerung der Importe generell, da dies mit einem drastischen Absinken des Realeinkommens verbunden wäre. Entscheidend ist somit die Umorganisierung der Ex- und Importströme gemäß dem Kriterium der Reduzierung der Domination durch die technologisch am weitesten fortgeschrittenen kapitalistischen Staaten und besonders der USA, da diese durch die Größe ihres Binnenmarktes, ihre politisch-militärische Stärke und ihr enormes technolgogisches Potential nach wie vor den Hauptpol der Dominierung der Weltwirtschaft darstellen. Da ein Modell einer autozentrierten Akkumulation unter den heutigen Bedingungen nicht Autarkie bedeuten kann, ists seine Entwicklung an die Entwicklung eines ökonomischen Gegenpols zu den USA gebunden. Ein solcher Gegenpol muß zwangsläufig die Form einer mehrere Staaten umfassenden industriellen Kooperation haben, die die starke Importabhängigkeit im Bereich technologisch avancierter Produkte reduziert, eigene technologische Normen entwickelt und so die Akkumulation in gesellschaftlich von den an dieser industriellen Kooperation beteiligten Staaten gewünschte Richtung lenkt. Zwar existiert mit den Comecon-Staaten bereits ein ökonomisches System, daß der Dominierungsstrategie der USA frontal gegenübersteht, jedoch kann dieses System nur begrenzt als Stützpunkt einer autozentrierten Akkumulation etwa in westeuropäischen Ländern dienen, da die Inkohärenz in den Produktionsapparaten dieser Länder, die den amerikanischen und japanischen multinationalen Konzernen als Einfallstor dienen, in Zusammenarbeit mit den Comecon-Staaten unter einer realistischen Einschätzung deren gegenwärtigen technologischen Entwicklungspotentials nur sehr teilweise beseitigt werden können.
So muß denn die Linke in den westeuropäischen Staaten in erster Linie auf eine europäische Kooperation bauen, die allerdings unter den heutigen politischen Gegebenheiten mehr als Bedingung der Möglichkeit, denn als kurzfristig realisierbare Perspektive eines europäischen Modells einer autozentrierten Akkumulation begriffen werden muß.

Die Dimensionen der Kooperation mit der dritten Welt und mit den Comecon-Staaten als Handlungsfelder für die Entwicklung einer autozentrierten Akkumulation scheinen uns zwar von hoher Bedeutung, können aber im Rahmen dieser Arbeit nicht weiter ausgeführt werden, da hierzu grundlegende theoretische Entwicklungen erforderlich wären, die den Rahmen einer Analyse der französischen Erfahrungen sprengen würden.
Die Perspektive der doppelten Selbstverwaltung macht einen umfassenden Begriff der sozialistischen Industriepolitik notwendig, der nicht nur die staatlichen Interventionsmöglichkeiten in der Industrie, sondern gleichzeitig auch die Interventionsmöglichkeiten der Beschäftigten bezüglich der Organisierung ihres Betriebes und der gesamtgesellschaftlichen wirtschafts- und industriepolitischen Strategie umfaßt. Ein so umrissener Begriff der Industriepolitik muß folglich auch das Verfahren der Planerstellung miteinbeziehen. Dabei scheinen uns zwei Anforderungen an einen in der sozialistischen Transformationsperiode zu organisierenden Planungsprozeß zentral:

1. Der Planungsprozeß muß demokratisch von unten nach oben organisiert sein, d.h. die wesentlichen gesellschaftlichen Gruppen müssen einen konstitutiven Einfluß auf die Planinhalte haben. Dabei darf sich dieser Einfluß nicht nur auf den nationalen Plan erstrecken, sondern muß auch die Unternehmenspläne (mindestens der nationalisierten Unternehmen) betreffen, die ihrerseits eine Grundlage der Erstellung des nationalen Planes sind. Ein demokratisches Planungsverfahren auf Unternehmensebene muß verhindern, daß die Handlungsspielräume der Planung auf der nationalen Ebene durch die allein von den Unternehmensdirektionen der privaten oder der nationalisierten Unternehmen festgelegten mikroökonomischen Entwicklungspfade drastisch eingeengt werden.
2. Die Durchsetzung des nationalen Plans muß verbindlich von oben nach unten organisiert werden. Dabei kann es nicht um die Festlegung der mikroökonomischen Größen wie Preis oder Produk-

tionsmengen einzelner Unternehmen oder um die Entwicklung eines Systems diskreter Eingriffe in die einzelnen Unternehmensstrategien gehen. Sichergestellt werden muß aber die Kohärenz der Unternehmenspläne mit der strategischen Orientierung des nationalen Plans. Gelingt dies nicht, kann sich der nationale Plan in der ökonomischen Entwicklung also nicht durchsetzen, ist er kein Plan, sondern bleibt Programmdokument. In diesem Fall bleibt die durch das Wertgesetz vermittelte Herausbildung eines 'unsichtbaren' Plans[1] unangetastet.

Das 5. Kapitel ist folgendermaßen gegliedert:
Der Abschnitt 5.2 beantwortet die Frage, inwieweit mit den 1982 vorgenommenen Nationalisierungen eine ausreichende ökonomische Grundlage vorhanden gewesen ist, um Ansätze einer neuen ökonomischen Logik in Frankreich einzuführen. Das Problem, inwieweit die reformierte planification den oben entwickelten Anforderungen an die Planung in einer sozialistischen Transformationsperiode entspricht, muß in verschiedenen Schritten beantwortet werden. Abschnitt 5.3 analysiert zunächst den Planinhalt des plan intérimaire und des 9. Plans. Abschnitt 5.4 nimmt eine branchenspezifische Untersuchung der industriepolitischen Praxis vor, wobei hier industriepolitische Praxis nicht nur als die Praxis der direkt staatlichen Industriepolitik gefaßt wird, sondern auch die Unternehmenspolitik der nationalisierten Unternehmen miteinschließt. Diese Begriffserweiterung scheint uns methodisch notwendig zu sein, da es in der Transformationsperiode gerade darum geht, neben der auch in den nationalisierten Unternehmen dominierenden Logik der finanziellen Rentabilität auch eine politisch motivierte gesamtgesellschaftliche Logik in die Unternehmenspolitik einzuführen. Der Widerspruch zwischen der in Kapitel 4 ausführlich behandelten Logik der Konjunkturpolitik der französischen Regierung und den Zielen der Industriepolitik wird in Abschnitt 5.5 aufgezeigt. Im folgenden kommen wir dann auf einige Aspekte

---

[1] Der Begriff des 'unsichtbaren' Plans bezeichnet im synchronen Sinn die Herstellung bestimmter notwendiger Proportionen zwischen den verschiedenen Bestandteilen des gesellschaftlichen Produktionsapparates (z.B. Konsumgüterproduktion und Produktionsmittelproduktion; vgl. MEW 24, Kap. 20) und im diachronen Sinn die Herstellung von gleichgewichtigen Wachstumspfaden (vgl. MEW 24, Kap. 21) durch blindwirkende Marktprozesse.

der gesellschaftlichen Planung zurück: Abschnitt 5.6 analysiert die Ausweitung der betrieblichen Mitwirkungsmöglichkeiten der Beschäftigten durch die lois Auroux und das Gesetz zur Demokratisierung des öffentlichen Sektors unter der Fragestellung, inwieweit den Beschäftigten hier ein Einfluß auf die grundlegenden betrieblichen Entscheidungen eingeräumt worden ist. Erst im Abschnitt 5.7 dann können die Fragen beantwortet werden, inwiefern 1. der Anspruch auf einen konstitutiven Einfluß der wesentlichen gesellschaftlichen Gruppen auf die Planerstellung und 2. die notwendige Kohärenz zwischen dem in Abschnitt 5.3 behandelten Planinhalt und den wirklichen von der Industriepolitik beeinflußten Entwicklungen hergestellt ist.
Durch alle Abschnitte zieht sich als Leitfaden der Analyse die Fragestellung, wie die Programmatik und Praxis der Industriepolitik die Rückeroberung des Binnenmarktes und den Aufbau von national kontrollierten Produktionsketten in ihr Konzept einbeziehen. Abschnitt 5.8 faßt dann die theoretischen Ergebnisse der einzelnen Abschnitte zusammen.
An dieser Stelle wollen wir auf die sehr erheblichen Schwierigkeiten hinweisen, die bei der Beschaffung von aktuellem empirischem Material über die industriepolitische Praxis bestehen. Da die industriepolitische Praxis sich letztendlich nur an der Art und dem Ausmaß der Umorientierung der einzelnen Unternehmensstrategien durch eine nationale industriepolitische Planung beurteilen läßt, sind Informationen über diese Unternehmensstrategien unerläßlich. In Ermangelung einer ausreichenden Anzahl und vor allem einer ausreichenden Qualität von Buch- und Zeitschriftenveröffentlichungen zu diesem Themenkomplex, mußten wir bei verschiedenen Fragen auf Gespräche mit Mitarbeitern des französischen Industrieministeriums zurückgreifen. Diese Gespräche haben zu einem bedeutsamen Teil zum empirischen Kenntnisstand der aktuellen Industriepolitik beigetragen.

5.2. Die Nationalisierungen 1982

Das Nationalisierungsgesetz vom 11.2.1982 betrifft ausschließlich die fünf Industriegruppen CGE, Saint Gobain, Péchiney-Ugine-Kuhlmann, Rhone-Poulenc und Thomson-Brandt, sowie 39 Banken und zwei Finanzierungsgesellschaften. Die Nationalisierungen der beiden Stahlunternehmen Usinor und Sacilor vollziehen sich durch das berichtigende Finanzgesetz (loi de finance rectificative) vom 18.11.1981, das die Umwandlung von staatlichem Leihkapital in Aktien bei gleichzeitiger Kapitalerhöhung vornimmt, so daß der Staat nunmehr je 95% des Gesellschaftskapitals kontrolliert. Die Nationalisierung der Stahlindustrie ist allerdings nur die letztendliche Bestätigung eines Prozesses, der bereits 1978 zur indirekten Übernahme der Kapitalmehrheit durch den Staat in beiden Gesellschaften geführt hatte (vgl. unsere Abschnitte 5.2.1.6 und 5.2.1.7). Die Nationalisierung bzw. Teilnationalisierung der Gesellschaften Dassault-Bréguet, Matra, ITT-France, CII-Honeywell-Bull und Roussel-Uclaf vollzog sich allein durch Verhandlungen mit den entsprechenden Anteilseignern, deren Ergebnisse in den entsprechenden folgenden Abschnitten dargestellt werden.

5.2.1. Die nationalisierten Industriegruppen[1]

5.2.1.1. Die Compagnie générale d'électricité (CGE)

Diese im Jahre 1898 gegründete Firma hat zunächst nur Elektrizität produziert und verteilt. Nach dem Zweiten Weltkrieg deversifizierte sie ihre Produktion in Richtung auf den Bau elektrischer Anlagen, auf die Bauindustrie, auf öffentliche Aufträge im Anlagenbau und den Elektronikbereich. Kürzlich kamen

[1] Die Angaben beziehen sich, sofern nichts anderes angegeben ist, auf die Daten des rapport de la commission spéciale de l'assemblée nationale, der von Michel Charzat erstellt wurde, und auf die Angaben von regards sur l'actualité, mars 1982, Nr. 79.

noch die Bereiche Energiespartechniken, Büromaschinen und Telematik dazu. CGE ist im Bereich des Baus von elektrischen Anlagen für Unternehmen, in der Elektromechanik, im industriellen Engineering und in der Fernmeldetechnik in Frankreich führend. 69,2% des Umsatzes werden in Frankreich abgewickelt, 23,3% werden im Export realisiert und 7,5% des Umsatzes werden von Tochtergesellschaften im Ausland produziert. Die CGE ist in 150 Staaten aktiv.

Wichtigste Aktivitäten:

Elektromechanik und Schiffsbau:
- 11600 Mill. FF Umsatz; 26% des Gesamtumsatzes der Gruppe
- 42300 Beschäftigte
- Tochterunternehmen Alsthom-Atlantique
- versorgt ein Drittel des französischen Marktes mit elektrischen Ausrüstungen
- Monopol für Turbo-Alternateur von Kernkraftwerken

Elektrische Anlagen für Unternehmen:
- 5600 Mill. FF Umsatz, 13% des Gesamtumsatzes der Gruppe
- 27400 Beschäftigte
- Tochterunternehmen CGE-Alsthom
- CGE ist auf diesem Gebiet eines der führenden Unternehmen in Europa

Industrielles Engineering:
- 8400 Mill. FF Umsatz, 18% des Gesamtumsatzes der Gruppe
- 33100 Beschäftigte
- der Bereich Gebäude- und Straßenbau hält die führende Position in Frankreich

Kabel:
- 2500 Mill. FF Umsatz, 6% des Gesamtumsatzes der Gruppe
- führende Position in Frankreich, fünftgrößtes Unternehmen nach Umsatz in Europa und achtgrößtes in der Welt

Akkumulatoren und Batterien:
- 2800 Mill. FF Umsatz, 7% des Gesamtumsatzes der Gruppe
- erster Platz in diesem Produktionsbereich in Frankreich
- zweiter Platz in Europa für die Batterien für den Konsum

<u>Materialien:</u>
- 1500 Mill. FF Umsatz, 3% des Gesamtumsatzes der Gruppe
- führende Weltstellung in der Herstellung von Isolierglas

<u>Fernmeldetechnik und Informatik:</u>
- 8100 Mill. FF Umsatz, 17% des Gesamtumsatzes der Gruppe
- 40100 Beschäftigte
- Tochterunternehmen CIT-Alcatel, Alcatel Electronique (Telio, Ronéo, Sintra, GSI Transac)
- erste Position in Frankreich für den Telefonanlagenbau
- erste Stellung in Europa für Informatikdienstleistungen
- erste Stellung in der Welt für commutation temporelle

<u>Diverse weitere Unternehmensbereiche:</u>
- 4950 Mill. FF Umsatz, 10% des Gesamtumsatzes der Gruppe

1980 beschäftigte CGE insgesamt 179600 Personen, davon 30000 im Ausland. Der Gesamtumsatz betrug 46,5 Milliarden FF, davon 14,1 Milliarden im Ausland. Die Ausgaben für Forschung und Entwicklung betrugen 1,6 Milliarden FF, also etwa 4% des Umsatzes.

5.2.1.2. Saint-Gobain

Die Gesellschaft wurde 1665 mit dem Ziel der Eisherstellung gegründet und wendete sich später dem Chemiebereich und dem Bereich der Glasherstellung zu. Nach dem Zweiten Weltkrieg kam der Bereich der Bauindustrie dazu. 1968 fusionierte die Gruppe mit der Gesellschaft Pont-à-Mousson, womit sich die Aktivitäten auf alle Bereiche der Bauindustrie ausweiteten: Kanalisation, Zement, Stahl, Rohre, Sanitäreinrichtungen. Von 1979 an dehnt sich die Gruppe mit Hilfe des Staates und der Banken auf den Elektronikbereich aus, indem sie 51% des Kapitals der Gesellschaft CII-Honeywell-Bull und 1980 ebenfalls 51% der Compagnie des machines Bull erwirbt. Damit verbunden ist der Erwerb von 30% des Kapitals von Olivetti, dem größten Büromaschinenhersteller Europas. Der Elektronik- und Informatikbereich von

Saint-Gobain macht 3696 Mill. FF Umsatz, was 8,7% des Jahresumsatzes der gesamten Gruppe entspricht.
Saint-Gobain produziert 17% der Weltproduktion von verre-float. Das Unternehmen versorgt 50% des französischen, westdeutschen und belgischen Marktes mit verre-float-Produkten und hat international den ersten Rang in der Produktion von Isoliermaterialien und Rohren im Ziehgußverfahren inne. Es sind vor allem die Produktionsstätten außerhalb Frankreichs, die der Gruppe diese bedeutende internationale Stellung verschaffen. 54% des Umsatzes der Gruppe werden in Frankreich gemacht, 17% in der BRD, 9% in den USA und 20% in anderen Staaten. 1980 betrug der Gesamtumsatz der Gruppe 43489 Mill. FF. Die Investitionen erreichten 1980 die Höhe von 3113 Mill. FF, was vor allem wegen des in starkem Auftrieb befindlichen Informatikbereiches erreicht wurde, der allein 804 Mill. FF investierte.

5.2.1.3. Péchiney-Ugine-Kuhlmann (PUK)

Die Holding-Gesellschaft Péchiney-Ugine-Kuhlmann ist aus einer Reihe von Fusionen hervorgegangen. Die 1855 gegründete Firma Péchiney, die vor allem Aluminium und Kupfer herstellte, fusionierte 1971 mit der Gesellschaft Ugine-Kuhlmann, die auf den Bereichen der organischen und mineralischen Chemie und der Metallurgie spezialisiert war. Heute ist PUK vor allem auf folgende vier Bereiche ausgerichtet:

<u>Aluminium</u>:

- 15384 Mill. FF Umsatz, 40% des Gesamtumsatzes der Gruppe
- 32514 Beschäftigte
- Abbau von Bauxit und Produktion von Aluminium
- erste Position nach Umsatz in Europa, vierte auf Weltebene nach Alcoa, Alcan und Kaiser
- einziger Hersteller von Aluminium in Frankreich, Griechenland, Kamerun
- erster Hersteller in den Niederlanden, zweiter in Spanien
- in Brasilien und Japan werden 80% des Aluminiums mit der Technologie von PUK hergestellt

Eisenmetalle und Kupfer:
- 8235 Mill. FF Umsatz, 22% des Gesamtumsatzes der Gruppe
- 16149 Beschäftigte
- Produktion von Spezialstahlen, von Eisenlegierungen, elektrolytische Kupferveredelung
- vierte Position auf Weltebene in der Herstellung von Eisenlegierungen und Kupfer
- die Verluste der Produktionseinheit für Spezialstahle (2,5 Milliarden FF in fünf Jahren) veranlaßten PUK 1981, diesen Bereich an Salicor zu verkaufen

Feinmetallurgie und hochwertige Materialien, Nuklearindustrie:
- 6045 Mill. FF Umsatz, 16% des Gesamtumsatzes der Gruppe
- 20106 Beschäftigte
- Tochtergesellschaft PUK (USA), die die Howmet Aluminium Corporation, Howmet Turbine Components Corporation und die Intsel Corporation kontrolliert
- auf der Basis von Uran werden verschiedene Nuklearbrennstoffe hergestellt
- Herstellung von Turbinen
- erster französischer Hersteller von Titan

Chemie:
- 8447 Mill. FF Umsatz, 22% des Gesamtumsatzes der Gruppe
- 20325 Beschäftigte
- dieser Bereich mit dem Firmennamen Produits Chimiques Ugine Kuhlmann (PCUK) nimmt den dritten Rang in der französischen Chemieproduktion ein
- organische und mineralische Chemie, Farben, Plastikmaterialien und Pharmazeutikindustrie

1980 betrug der Gesamtumsatz der Gruppe 38111 Mill. FF, wovon 46% in Frankreich und 54% im Ausland (29,8% Export und 24,2% Produktion in ausländischen Filialen) realisiert wurden. Von den 89094 beschäftigten Personen arbeiteten 20749 im Ausland. Der Gewinn betrug 1980 607 Mill. FF. Die hohen Verluste in den Bereichen Spezialstahle und Chemie konnten durch Gewinne im Aluminium-, Kupfer- und Nuklearbereich wieder ausgeglichen werden.

5.2.1.4. Rhône-Poulenc

Die 1928 gegründete und zunächst nur im Chemie- und Pharmaziebereich tätige Gesellschaft übernahm 1961 80% des Kapitals der Kunstfaserproduktionsgesellschaft CELTEX. 1969 fusionierte Rhône-Poulenc mit der Chemiegruppe Progil und übernimmt die Mehrheitsbeteiligung einer gemeinsamen Chemie-Tochtergesellschaft von Péchiney und Saint-Gobain. 1971 wird die Aktivität auf die Bereiche organische Chemie und Biochemie ausgedehnt. Mit der ersten Krise der Weltkunstfaserproduktion ab 1967 beginnen ernsthafte Schwierigkeiten für Rhône-Poulenc. Nach 1980 entstehen 900 Mill. FF Verluste in diesem Bereich. Die 1975 begonnene Restrukturierung der Gruppe basiert auf dem Verkauf des petrochemischen Sektors und der Ausrichtung der Aktivitäten auf Düngemittel und Feinchemie.
Rhône-Poulenc ist das wichtigste Unternehmen der Chemieindustrie in Frankreich, hält den fünften Rang in Europa und den achten in der Welt. 1980 wurden 95389 Personen beschäftigt. 1979 waren es noch 111689. Der Umsatz betrug 1980 30199 Mill. FF, wobei der Chemiebereich 40,5%,der Agrochemie- und Pharmaziebereich 27,7%, der Textilfaserbereich 16,9% und der Filmproduktionsbereich 4,7% ausmachten. In Frankreich ist die Gruppe der bedeutendste Produzent von Chlor und Düngemitteln, in der Welt hält sie den vierten Rang in der Produktion von terres rares, silicones und hydroquinine. Die Gruppe realisiert 55,8% des Umsatzes im Ausland (29,8% durch die Tochtergesellschaften und 26% durch Exporte).

5.2.1.5. Thomson-Brandt

Die Gruppe Thomson-Brandt ist aus der Rüstungsfirma Brandt hervorgegangen und hat sich durch Beteiligungen ab Mitte der sechziger Jahre auf den Elektronikbereich ausgedehnt, indem sie zunehmend mit CGE konkurrierte. Deshalb wurde zwischen diesen beiden Gruppen 1969 ein Abkommen über eine Aufgabenteilung getroffen, das jedoch nicht verhindern konnte, daß die Konflikte in den Bereichen Informatik und Fernmeldetechnik sich verschärften. 1976 kaufte Thomson die Gesellschaft LMT (Telefonanlagenbau), eine Filiale von ITT und Ericsson. Seitdem hat die Gruppe den Elektronikbereich durch den Kauf der Gesellschaften Nordmende, Saba und Videon ausgebaut und die Aktivitäten im Bereich von Telematik und Rüstung verstärkt. Thomson-Brandt, die von den Nationalisierungen direkt betroffene Muttergesellschaft, hält 41,08% des Kapitals der Filiale Thomson-CSF. Thomson insgesamt hält international den dreizehnten Platz in der Produktion von elektrischen und elektronischen Gütern und den ersten Platz in Frankreich für Fernsehgeräte, Kühlschränke, Waschmaschinen und elektronische Anlagen für Unternehmen. 1980 machte die Gruppe 36540 Mill. FF Umsatz, davon 60% im Bereich der électronique professionelle. Die Gruppe wandte 1980 4 Milliarden FF für Forschung und Entwicklung auf, was 10,94% des Gesamtjahresumsatzes entspricht (eigene Berechnungen auf der Grundlage der Firmenangaben). Die Gruppe beschäftigte 128400 Personen, davon etwa 20000 im Ausland. 45,5% des Gesamtumsatzes werden im Ausland realisiert. Thomson-Brandt besitzt Fabriken in Spanien, der BRD, Singapur, Marokko, Tunesien und Italien. Die Aktivitäten von Thomson teilten sich 1980 wie folgt:

Dauerhafte Konsumgüter:
- 10 Milliarden FF Umsatz
- im Bereich der elektrischen Haushaltsgeräte und der Unterhaltungselektronik mehrere Fabriken im Ausland, u.a. Saba und Nordmende in der Bundesrepublik
- Verträge mit AEG-Telefunken und JVC

Elektromechanische Ausrüstungen:
- 2,2 Milliarden FF Umsatz
- Drähte- und Kabelproduktion, spezielle elektronische Ausrüstungen, elektronische Ausrüstungen für Handelsunternehmen, Nuklearindustrie (Hotchkiss-Brandt-Sogeme) und traditionelle Rüstungsgüter

Glühbirnen und Beleuchtungseinrichtungen:
- 1,24 Milliarden FF Umsatz

Engineering:
- 1 Milliarden FF Umsatz

Elektronique professionelle:
- 22 Milliarden FF Umsatz

Aufklärungs- und Flugzeugelektronik:
- 8,2 Milliarden FF Umsatz
- Weltspitzenposition im Bau von Radaranlagen, Schiffselektronik, Simulatoren, Raketenelektronik

Radio-Kommunikation:
- 4,2 Milliarden FF Umsatz
- Fernsehüberwachungsanlagen, Satellitenbau

Telefonvermittlungsanlagen:
- 2,7 Milliarden FF Umsatz

Informatik:
- 1,4 Milliarden FF Umsatz

Elektronische Bauteile und Röhren:
- 2,5 Milliarden FF Umsatz

Medizinische Apparate:
- 2,6 Milliarden FF Umsatz

5.2.1.6. Usinor

Die 1948 entstandene Gesellschaft übernimmt 1966 die Gesellschaft Lorraine-Escaut und 1979 die Gesellschaft Chiers-Chatillon, wodurch sie zum größten französischen Stahlproduzenten wird. 1972 hat Usinor 50% des Kapitals der Stahlwerke in Fos übernommen, weil Sacilor, der diese bis dahin allein gehörten, in finanzielle Schwierigkeiten geraten war. Usinor ist von der seit 1974 einsetzenden Stahlkrise so hart betroffen, daß der Staat 1978 64% des Kapitals im Rahmen des Erneuerungsplanes für die Stahlindustrie übernimmt (vgl. hierzu regards sur l'actualité Nr. 45-46, November 1978 und Nr. 49, März 1979). Allerdings handelt es sich hier um eine indirekte Übernahme der Aktienmehrheit, da der Staat nur über 85,3% des Kapitals der Finanzierungsgesellschaft verfügt, die 64% des Kapitals von Usinor hält. Doch trotz des Restrukturierungsplanes entstehen für Usinor von 1978 bis 1981 3 Milliarden FF Verluste, während das Unternehmen sich mit 19 Milliarden FF verschuldet. 1980 beträgtder Jahresumsatz 22 Milliarden FF. In diesem Jahr produziert Usinor 11 Millionen Tonnen Stahl, was der Hälfte der französischen Produktion dieses Jahres entspricht.

5.2.1.7. Sacilor

Die Gruppe Sacilor ist nach dem Zweiten Weltkrieg durch die Zusammenfassung mehrerer lothringischer Stahlunternehmen entstanden, vor allem aus der ehemaligen Wendel-Gruppe und der Sidelor-Gruppe. Diese Gruppen hatten 1964 gemeinsam die Langstahlproduktfabrik in Gandrange gebaut, sich 1968 zu Wendel-Sidelor zusammengeschlossen und 1973 die Umbenennung in Sacilor durchgeführt. 1975 fusionierte die Gruppe mit Marine Firminy. Im Zuge der Stahlkrise übernimmt der Staat ebenso wie bei Usinor indirekt die Kapitalmehrheit (76,9% der Sacilor Finanzierungsgesellschaft werden vom Staat oder verschiedenen nationalen Kreditinstituten gehalten).
Sacilor ist der zweitgrößte französische Stahlproduzent und beschäftigte 1980 24000 Personen (1978: 35000). Salicor macht 30% des französischen Stahlumsatzes und hält den ersten Platz in der französischen Langstahlproduktion. 1980 machte die Gruppe 16,8 Milliarden FF Umsatz, 1.98 Milliarden FF Verluste und besaß eine Verschuldung von 16,8 Milliarden FF.

5.2.1.8. Dassault-Bréguet

Die Gruppe wurde nach dem Zweiten Weltkrieg von Marcel Dassault gegründet. 1980 machte sie 10740 Mill. FF Umsatz, davon 68,55% im Exportgeschäft. Die Auftragsproduktion belief sich auf 9130 Mill. FF, wovon 54,5% im Exportgeschäft realisiert wurden. Der Reingewinn betrug 312,3 Mill. FF. Die Gruppe beschäftigt 15800 Personen, wovon 4000 in Planungsbüros und Versuchszentren arbeiten.
1980 wurden 310 Flugzeuge gebaut. Das militärische Angebot ist reichhaltig: Super-Etendard, Mirage F-1, Jaguar, Mirage III, Mirage 2000, Alpha-Jet, Atlantic (Anti-U-Boot-Flugzeug). Außerdem werden die zivilen Flugzeuge Falcon-10, 20 und 50 hergestellt.
Die Nationalisierung der Gesellschaft Dassault wurde durch eine Verhandlung zwischen Marcel Dassault und dem Premierminister erreicht, deren Abschlußprotokoll am 8.10.1981 unterzeichnet wurde. Danach erhöht der Staat seine Kapitalbeteiligung an dieser Gesellschaft auf 51%. Der Staat besaß bereits vorher 20% der Kapitalanteile und bekam von Marcel Dassault die 26% der Kapitalanteile geschenkt, die dieser persönlich besaß. Die restlichen 5% der Anteile erwarb der Staat durch den Aufkauf von in der Öffentlichkeit verbreiteten Aktien. Marcel Dassault kontrolliert weiterhin 49% der Kapitalanteile, die von der 'société centrale d'études Marcel Dassault' (SCEMD) gehalten werden. wobei sich der Staat das Recht vorbehalten hat, seinen Anteil im Verlauf der nächsten fünf Jahre zu erhöhen.

5.2.1.9. Matra

Die vor dem Zweiten Weltkrieg gegründete Gruppe spezialisierte sich 1947 auf die Produktion von Raketen und Abschußbasen von Anti-Flugzeugraketen. In den sechziger Jahren wurden auch Aktivitäten in den Sektoren Raumfahrt, Ziviltransport, Telekommunikation und Informatik entwickelt, sowie einige Zeitungen übernommen. 1980 betrug der Umsatz 6812 Mill. FF, die Beschäftigung

5500 Personen und der Reingewinn 256,2 Mill. FF. Die militärischen Aktivitäten des Unternehmens decken 55% des Umsatzes, die zivilen 45%. Matra unterhält Beteiligungen an 21 weiteren Industriegesellschaften, worunter sich bedeutende Unternehmen der Elektronikbauteileproduktion befinden.
Die Nationalisierung von Matra wurde in einem Verhandlungsprotokoll zwischen dem Premierminister und dem P.D.G. von Matra am 12.10.1981 vertraglich vereinbart. Danach wird der Staat mit 51% des Kapitals der Mehrheitsaktionär der Gruppe. Aus Gründen der politischen Akzeptanz wurde der Medienbereich der Matra-Gruppe (Matra besaß 20% der Gesellschaft Marlis, die 75% des Verlagshauses Hachette, 65,6% des Buchhandels Quillet, die wiederum die Tageszeitung 'Dernières Nouvelles d'Alsace' und 16% des Senders 'Europe 1' kontrolliert) ausgelagert. Seine Aktiva, deren Wert auf 310 Mill. FF geschätzt wurden, wurden der Gesellschaft Multi-Media-Beaumont überschrieben, deren Aktien an die alten Aktionäre von Matra verteilt wurden. Der Staat erhielt dann durch ein staatliches Austauschangebot (offre publique d'echange) 420000 Matraaktien, was 26% des Kapitals ausmacht. Die restlichen 25% des Kapitals, die zum Erhalt der 51%-Mehrheit erforderlich waren, erhielt der Staat durch eine Erhöhung des Gesellschaftskapitals durch staatliche Mittel auf den Besitztitel des Staates. Diese Operation kostete den Staat 490,6 Mill. FF. Aufgrund gerichtlicher Schritte einiger privater Anteilseigner mußte die Operation nachträglich durch eine höhere Bewertung der Aktien korrigiert werden.

5.2.1.10. Compagnie générale de construction téléphonique (CGCT) und laboratoire centrale de télécommunications (LCT)

Diese beiden Gesellschaften waren Filialen des ITT-Konzerns. Im Rahmen eines am 14.10.1981 abgeschlossenen Vertrages zwischen ITT und dem französischen Staat kaufte letzterer das gesamte Kapital beider Gesellschaften zum Preis von 215 Mill. FF.

5.2.1.11. CII-Honeywell-Bull

Durch die Nationalisierung von Saint-Gobain, die vermittelt über die 'Compagnie des machines Bull' 53% des Kapitals von CII-Honeywell-Bull besitzt, ist der Staat bereits Mehrheitsaktionär dieser Gruppe geworden. Der amerikanische Honeywell Information System-Konzern hielt jedoch weiterhin 47% der Aktien. Durch einen Vertrag vom 21.4.1982 zwischen der 'Compagnie des machines Bull' und dem Honeywell-Konzern kaufte erstere zum Preis von 150 Mill. Dollar 27,01% des Aktienkapitals vom Honeywell-Konzern, so daß dieser nur noch mit 19,99% an CII-Honeywell-Bull, die sich später in Bull umbenennt, beteiligt ist.

5.2.1.12. Roussel-Uclaf

Die deutsche Hoechst-Gruppe hielt 58% des Kapitals von Roussel-Uclaf, einer in pharmazeutischen und chemischen Produkten spezialisierten Gesellschaft. Im Protokoll der Verhandlungen zwischen dem Industrieministerium und der Hoechst-AG vom 22.2.1982 erklärte sich Hoechst bereit, seinen Kapitalanteil auf 52% zu senken, während der französische Staat seinen Anteil auf 40% erhöht und 8% in der Öffentlichkeit aufgeteilt bleiben (Angaben nach: Blanc, Jacques, Brulé, Chantal 1983, 27). Im Vertrag wurde eine zukünftige Erhöhung des Anteils des französischen Staates auf 49% und letztlich auf 50% vorgesehen (ebd.), wobei gleichzeitig festgelegt wurde, daß Roussel-Uclaf weiterhin nach privatwirtschaftlichen Kriterien geführt werden wird und seine Interessen auf Weltebene weiterhin wahrnehmen wird (vgl. hierzu regards sur lâctualité, März 1982, Nr. 79, 51). Es muß hier also infrage gestellt werden, inwiefern es sich bei dieser Operation überhaupt um eine Nationalisierung in dem Sinne handelt, daß die französische Gesellschaft vermittelt über die Industriepolitik mit Roussel-Uclaf über einen Stützpunkt verfügt, um eine andere ökonomische Logik durchsetzen zu können. Treffender ist es hier, von einem Ausgleich der Interessen zwischen dem französischen Staat und der deutschen Hoechst-AG zu sprechen, wobei letztere dennoch die Oberhand behält.

5.2.2. Die Nationalisierung der Banken

Von den 379 Banken, die am 2.1.1982 auf der Liste des Nationalrates für das Kreditwesen (Conseil national du credit) eingeschrieben waren, wurden folgende nicht von den Nationalisierungen betroffen:

- 38 Banken, die das Statut von Immobiliengesellschaften haben.
- 141 Banken, bei denen die Mehrheit des Gesellschaftskapitals natürlichen oder moralischen Personen gehört, die ihren Sitz auf dem französischen Staatsgebiet haben.
- Alle Banken, deren Kundeneinlagen in FF und Devisen nicht 1 Milliarde FF übersteigen, das sind 71 Privatbanken und 8 Banken des Genossenschaftssektors.

Der Nationalisierung unterliegen also alle 39 Privatbanken mit Gesellschaftssitz in Frankreich, die am 2.1.1981 mehr als eine Milliarde FF in Form von Spareinlagen, Sichteinlagen, flüssigen Mitteln oder Deviseneinlagen von französischen Staatsbürgern aufzuweisen hatten.
Trotz der erheblichen Bedeutung, die ein unter staatlicher Kontrolle stehendes Bankensystem für eine sozialistische industriepolitische Strategie hat, haben wir im Rahmen unserer Arbeit auf eine eingehendere Behandlung desselben verzichtet. Der wesentliche Grund hierfür war die Notwendigkeit, wegen der begrenzten uns zu Verfügung stehenden Zeit das Untersuchungsfeld, insbesonders auch hinsichtlich der industriepolitischen Praxis, einzuschränken. Ein Argument für die Vernachlässigung des Bankensystems war eine gewisse Einhelligkeit in der französischen Diskussion, daß zumindest bis zum Anfang des Jahres 1984 keine wesentliche Modifikation der Führungskriterien der Banken (z.B. der Kreditvergabekriterien) stattgefunden hat, so daß weiterhin eine Logik der finanziellen Rentabilität einer makroökonomisch konzipierten industriellen Logik entgegenstand.

Tabelle 5.1

Die nationalisierten Banken	Höhe der Einlagen auf den Namen von Personen mit Wohnsitz in Frankreich und Devisenkonten in Milliarden FF
Crédit du Nord	22.450
Crédit commercial de France	18.456
Crédit industriel et commercial	14.878
Société lyonnaise de dépôts et de crédit industriel	11.883
Banque de Paris et des Pays-Bas	10.474
Société nancéienne de crédit industriel Varin-Bernier	7.927
Banque Worms	7.279
Banque Scalbert-Dupont	6.989
Crédit industriel d'Alsace et de Lorraine	6.712
Crédit industriel de l'Ouest	6.642
Société marseillaise de crédit	6.000
Banque de l'Indochine et de Suez	5.779
Banque de l'Union européenne	4.102
Société générale alsacienne de Banque	3.826
Banque Vernes et commerciale de Paris	3.707
Crédit chimique	3.393
Banque Rothschild	3.386
Banque parisienne de crédit au commerce et à l'industrie	3.258
Banque Hervet	2.982
Banque fédérative du crédit mutuel	2.945
Banque de Bretagne	2.614
Banque corporative du bâtiment et des travaux publics	2.401
Crédit industriel de Normandie	2.320
Banque régionale de l'Ouest	2.268
Banque de La Hénin	2.218
Union de banques à Paris	2.215
Société bordelaise de crédit industriel et commercial	2.158
Banque centrale des coopératives et des mutuelles	1.651
Société centrale de banque	1.559
Société séquanaise de banque	1.488
Banque régionale de l'Ain	1.421
Banque Chaix	1.279
Banque Tarneaud	1.200
Banque industrielle et mobilière privée	1.193
Banque française de crédit coopératif	1.105
Sofinco - La Hénin	1.070
Monod française de Banque	1.046
Banque Odier Bungener Courvoisier	1.040
Banque Laydernier	1.020

Tabelle aus: Regards sur l'actualité, März 1982, Nr. 79, S. 42

Tabelle 5.2.: Anzahl und Einlagen der nationalisierten und der nicht-nationalisierten Banken

	Zahl der Banken	Höhe der Einlagen der in F. residierenden Franzosen in FF und in Devisen am 2.1.81: In Milliarden FF	Anteil in % der Gesamteinlagen der 379 eingeschriebenen Banken
1. Nationalbanken (Crdit lyonnais. Société générale.Banque nationale de Paris).................	3	393,4	61,8
2. Nationalisierte Banken	39	183,7	29
3. Von 1+2 kontrollierte Banken ..	64	13	2
Gesamter öffentl.Sektor (1 + 2 + 3)..........	106	590,1	92,8
4. Nicht zu nationalisierende Privatbanken :			
- SICOMI*........................	38		
- Rediskontbanken	7		
- Ausländische Banken:			
1° Monegassisches Recht	8	1,7	0,3
2° Unter ausländischer Kontrolle	128	26,3	4,1
- Banken, die nur in den DOM-TOM** tätig sind	13		
Summe (nicht zu nationalisierende Banken)[1]	194	28	4,4
5. Vom öffentlichen Sektor unabhängige Privatbanken	79	18,3	2,8
Summe	379	636,4	100

(1) Banken, die von Nationalbanken oder zu nationalisierende Banken kontrolliert werden, nicht einbegriffen
* Sociétés immobilières pour le commerce et l'industrie
** Départements und Territoires in Obersee

Quelle: regards sur l'actualité, März 1982, Nr.79, S.41

5.2.3. Die ökonomische Bedeutung des nationalisierten Sektors in der französischen Wirtschaft

5.2.3.1. Die Schwierigkeit der statistischen Erfassung der Aktivitäten der nationalisierten Unternehmen

In der volkswirtschaftlichen Gesamtrechnung[1] wird innerhalb des Sektors 'Gesellschaften und nicht-finanzielle Quasigesellschaften' unterschieden zwischen den 'grandes entreprises nationales' (GEN) und den 'anderen Gesellschaften und nicht-finanziellen Quasigesellschaften'. Jedoch ist diese Aufteilung nicht identisch mit den Gruppen von nationalisierten und nicht-nationalisierten Unternehmen. So findet sich z.B. die PTT (staatliche Post-, Telefon- und Telegraphiegesellschaft) unter den GEN, während Renault zusammen mit den privaten Unternehmen in der anderen Gruppe angesiedelt ist.
Die Informationen, die den Berichten der einzelnen nationalisierten Unternehmen zu entnehmen sind, können ebenfalls nur annäherungsweise als Auskünfte begriffen werden, da sie alle auf unterschiedlichen Berechnungsmethoden der einzelnen Unternehmensaktivitäten basieren. Die staatlichen Bemühungen zu einer besseren statistischen Erfassung der Aktivitäten des nationalen Sektors datieren erst von 1979, als das nationale Statistikinstitut INSEE sich um eine Komplettierung der vom Industrieministerium jährlich durchgeführten Untersuchung über die Unternehmen (enquête annuelle d'entreprise (EAE)) zu bemühen begann. Weitere Angaben liefern der 'Dienst für Datenverarbeitung und industrielle Statistiken des Industrie- und Forschungsministeriums' (Service du traitementde l'information et des statistiques industrielles du ministère de la recherche et de l'industrie (STISI)). Bedauerlicherweise bedienen sich jedoch die Untersuchungen von INSEE, STISI und volkswirtschaftlicher Gesamtrechnung nicht der gleichen Begriffe und Ausarbeitungskriterien, so daß erhebliche Differenzen in den quantitativen Aussagen auftreten können (vgl.

[1] Nach ihrer Reform aus dem Jahre 1976.

hierzu Tabelle 5.8). Die in den folgenden Abschnitten gemachten Aussagen zur ökonomischen Aktivität des nationalisierten Sektors müssen daher als Annäherung an die Realität begriffen werden.

5.2.3.2. Die ökonomische Bedeutung des alten und des neuen nationalisierten Sektors

Der in verschiedenen Nationalisierungswellen entstandene alte nationalisierte Sektor (vgl. unser Kapitel 1) war hauptsächlich in nicht der Konkurrenz ausgesetzten Bereichen angesiedelt. Er umfaßt:

- Die acht GEN: Electricité de France (EDF), Gaz de France (GDF), das nationale Kohleunternehmen Charbonnage de France (CDF) mit seiner Filiale CDF-Chimie, die Transportgesellschaft der Region Paris (RATP), die Eisenbahngesellschaft SNCF, Air France, Air Inter, PTT. Diese Unternehmen erzeugen zusammen etwa 5% des Bruttoinlandproduktes.
- Die öffentlichen Industieunternehmen, die der Konkurrenz ausgesetzt sind: Renault, die Kohlenwasserstoffproduzenten Elf-Aquitaine und Total-CFP (wo der Staat nur jeweils 40% des Kapitals kontrolliert), das Chemie- und Minenunternehmen Société Nationale des Poudres et Explosifs (SNPE), CDE-Chimie, das Minen- und Chemieunternehmen EMC, die chemischen Filialen der öffentlichen Erdölgesellschaften Ato-Chloé und Sanofi, das Nuklearindustrieunternehmen CEA-Cogéma, das Minenunternehmen Coframines-BRGM, die Flugzeugbauunternehmen SNIAS und SNECMA und die Tabakwarengesellschaft SEITA.
- Einige große Banken: Société Générale, Banque National de Paris (BNP), Crédit Lyonnais, Crédit Agricole. Diese Banken realisierten bereits vor der Nationalisierung von 39 Banken im Jahre 1982 dreiviertel der Bilanzsumme des gesamten Bankensektors.

Die Tabellen auf der folgenden Seite machen deutlich, daß die Nationalisierungen von 1982 im Gegensatz zum alten nationalisierten Sektor den Zwischengüter- und Ausrüstungssektor (Tabelle 5.3) und zum anderen den der Konkurrenz ausgesetzten Sektor der Ökonomie betreffen (Tabelle 5.4).

Nach den Nationalisierungen von 1982 gehören von den 20 größten Industriegruppen 13 zum öffentlichen Sektor. Dasselbe gilt für die Hälfte des Umsatzes der Unternehmen mit mehr als 2000 Beschäftigten (siehe Tabelle 5.11). Inklusive Energiesektor arbeiten 24% der Beschäftigten in der Industrie im öffentlichen Sektor, werden 32% des Umsatzes und 60% der Energie- und Industrieinvestitionen im öffentlichen Sektor realisiert (vgl. Stoffaes 1983, 203). Diese Angaben variieren je nach Quelle: Das INSEE gibt den Anteil der Beschäftigten des öffentlichen Sektors mit Energiebereich mit 20,3%, das STISI mit 22,7% (beide Angaben auf der Basis 1979) an. Der Investitionsanteil des öffentlichen Sektors mit Energiebereich wird vom STISI mit 51,8% für das Jahr 1980 und mit 56,2% für das Jahr 1981 angegeben. Das Industrieministerium gibt den Umsatz des öffentlichen Sektors mit Energiebereich mit 28,9% an (vgl. Tabelle 5.9 bzw. 5.8). Der Anteil des öffentlichen Sektors mit Energiebereich an der Wertschöpfung ist größer als sein Anteil an der Beschäftigung: 29,9% nach den Berechnungen des STISI und 27,2% nach den Berechnungen des INSEE.
Ein verändertes Bild ergibt sich, wenn nur der öffentliche Sektor ohne Energiebereich betrachtet wird. Hier erreicht der öffentliche Sektor (Basisjahr 1979) laut STISI nur 18,9% der Beschäftigung und laut INSEE sogar nur 16,7% (vgl. Tabelle 5.8). Drastisch niedriger ist hier auch der Anteil an den industriellen Investitionen, laut STISI nämlich 31,3% für das Jahr 1981.

Tabelle 5.3.: Die nationalisierten Unternehmen des industriellen Sektors

Alter öffentlicher Sektor	Neuer öffentlicher Sektor
Zwischengütersektor	**Zwischengütersektor**
CDF-Chimie	PUK
EMC	RHONE-POULENC
CEA (filiales industrielles)	SACILOR
ATO-Chimie	ST-GOBAIN
SNPE	USINOR
	ROUSSEL-UCLAF
Ausstattungsgütersektor	**Ausstattungsgütersektor**
RENAULT	CGE
SNIAS	DASSAULT
SNECMA	MATRA
	THOMSON
Konsumgütersektor	CII-HB
	CGCT
SANOFI	
SEITA	

Tabelle 5.4.: Die nationalisierten Unternehmen des der Konkurrenz und des nicht der Konkurrenz ausgesetzten Sektors

Nicht der Konkurrenz ausgesetzter Sektor	Der Konkurrenz ausgestzter Sektor
Landwirtschafts-und Lebensmittelsektor	
	SEITA
Energiesektor	
ATIC	CFP
CDF	ELF
EDF	
GDF	
Industriesektor	
BRGM	CGE
SNEP	DASSAULT
SNPE	SMC
COGEMA-EURODIF	CGCT
	MACHINES BULL
	MATRA
	PUK
	RENAULT
	RHONE-POULENC
	ROUSSEL-UCLAF
	SACILOR
	SAINT-GOBAIN
	CII-HB
	SNECMA
	SNIAS
	THOMSON
	USINOR
Dienstleistungssektor	
CNES	AIR-FRANCE
RATP	Cie GENERALE MARITIME & FINANCIERE
SNCF	FRANCAISE D'ETUDES et CONSTRUCTION
PTT	

Tabelle 5.5.: Wirtschaftliche Ergebnisse der Gruppen des alten nationalen Sektors 1980

(in Milliarden FF u. Beschäftigte in Tausend)

	Gesamtumsatz	Umsatz in Frankreich	Exporte a. Frankreich	Produktion in F. (Wertschöpfung)	Industrieinvestitionen	Gesamtbeschäftigung	Beschäftigung in F.
Zwischengütersektor							
E.M.C.	7,5	5,2	1,1	1,5	0,2	11,4	8,2
CdF Chimie	11,0	10,7	4,2	2,5	0,4	13,1	12,5
S.N.P.E.	1,5	1,5	0,3	0,9	0,1	6,3	6,3
Cogema + Eurodif	10,8	10,8	2,3	4,8	4,1	9,5	9,5
A.T.C. Chimie	7,4	7,0	2,4	1,2	0,2	7,1	6,3
Summe Zwischengütersektor	38,2	35,2	10,7	10,9	5,0	47,4	42,8
Ausstattungsgütersektor							
RENAULT	80,1	68,4	24,7	28,2	4,7	223,3	168,9
SNIAS	13,2	13,2	6,4	6,7	0,7	34,4	34,4
SNECMA	3,5	3,9	1,8	1,7	0,4	11,6	11,6
Summe Ausstattungsgütersektor	96,8	85,1	32,9	36,6	5,8	269,3	214,9
Konsumgütersektor							
SANOPI	5,2	3,5	0,6	1,7	0,2	15,3	10,7
SEITA	4,5	4,5	0,7	1,6	0,1	10,5	10,3
Summe Industrie	144,7	128,3	44,9	50,8	11,1	342,5	278,7

Quelle: Industrieministerium

Tabelle 5.6.: Wirtschaftliche Ergebnisse des neuen nationalen Sektors 1980

(in Milliarden FF u. Beschäftigte in Tausend)

	Gesamtumsatz	Umsatz in Frankreich	Exporte a. Frankreich	Produktion in F. (Wertschöpfung)	Industrieinvestitionen	Gesamtbeschäftigung	Beschäftigung in F
1/ Zwischengütersektor							
Saint-Gobain (außerhalb CII-HB)	39,7	20,2	4,9	10,3	1,0	143,2	61,4
P.U.K.	38,1	28,9	11,4	10,5	1,5	89,1	65,6
Rhône-Poulenc	30,2	21,2	7,9	8,1	1,9	95,4	60,2
Usinor (Gesellschaft)	17,0	17,0	6,3	4,7	0,6	34,2	34,2
Sacilor	16,7	16,6	6,4	5,2	0,9	51,5	51,0
Summe Zwischengütersektor	141,7	103,9	36,9	38,8	5,9	413,4	275,4
2/ Ausstattungsgütersektor							
C.G.E.	45,8	41,2	9,5	18,0	1,4	179,6	148,0
Thomsen	36,5	31,5	11,6	13,8	1,4	128,4	110,0
Dassault	10,7	10,7	7,4	3,5	0,2	15,8	15,5
Matra (Gesellschaft)	2,9	2,9	2,0	1,3	0,1	5,1	5,5
C.II-HB	6,3	3,1	2,7	3,0	0,3	20,3	15,4
Summe Ausstattungsgütersektor	102,2	91,4	33,2	39,6	3,4	349,2	294,4
Summe Industrie	243,9	195,3	70,1	78,4	9,3	762,6	569,8

Quelle: Industrieministerium

Wenn man eine Analyse der Steuerungsmöglichkeiten der wirtschaftlichen Entwicklung durch den nationalisierten Sektor unternehmen will, muß je nach der konkreten zu beeinflussenden Größe oder Entwicklung der öffentliche Sektor mit oder ohne Energie zugrunde gelegt werden. Soll der öffentliche Sektor unter dem Gesichtspunkt seiner Dienlichkeit zu beschäftigungs- oder konjunkturpolitischen Eingriffen untersucht werden, ist sinnvollerweise der Energiesektor miteinzubeziehen. Geht es allerdings um die Durchsetzung einer industriepolitischen Strategie zur Vergrößerung der Kohärenz und der Autonomie des nationalen Produktionsapparates, sollte der Bereich der Industrie zugrunde gelegt werden, in dem sich der Kampf um bzw. gegen die Dominierung einer Volkswirtschaft im wesentlichen abspielt, und das ist nicht der Bereich des Energiesektors. Wir legen daher unseren industriepolitischen Überlegungen im folgenden, sofern nichts anderes bemerkt ist, die Daten für den öffentlichen Sektor ohne den Energiebereich zugrunde.
Die Tabellen 5.10 und 5.11 zeigen den Anteil des öffentlichen Sektors bezüglich der Unternehmensgrößen vor und nach den Nationalisierungen 1982. Am drastischsten ist die Veränderung im Bereich der Großunternehmen (über 2000 Beschäftigte), in dem der Anteil des öffentlichen Sektors gemessen am Umsatz von 19,2% auf 47,1% und gemessen an der Beschäftigung von 15,8% auf 41% gewachsen ist, also fast die Hälfte erreicht. Beachtlich ist allerdings auch das Anwachsen im Bereich der Mittelbetriebe (zwischen 500 und 2000 Beschäftigten), wo sich der Anteil von marginalen Werten (4,2% für den Umsatz und 3,6% für die Beschäftigung) auf immerhin 18,2% bzw. 15,2% erhöht hat.
Bezieht man die Stellung des öffentlichen Sektors in den verschiedenen Unternehmensgrößen mit in die Analyse ein, so erscheinen die oben ausgewiesenen makroökonomischen Anteile des öffentlichen Sektors bedeutender, wenn man der Theorie folgt, daß die Kompetenz von Unternehmen zur Bestimmung der Entwicklungsrichtung und des Umfanges der Akkumulation mit der Unternehmensgröße wächst.

Tabelle 5.7

Die Beschäftigung im nationalen Sektor gegliedert nach großen wirtschaftlichen Sektoren

Sektoren	Alter öffentl. Sektor	Nationalisierungsgesetz 82	Mehrheitsbeteiligung	Zusammen
Fischerei, Land-und Forstwirtschaft				
Landwirtschafts-und Lebensmittelindustrie				
Energie	233,5	1,1		234,6
Zwischengüterindustrie	50,4	271,0	9,3	330,7
Ausrüstungsgüterindustrie	65,7	188,0	25,9	279,6
Haushaltswarenindustrie		18,1		18,1
Schienen-und Straßenmaterial	145,2			145,2
Verbrauchsgüterindustrie	11,6	14,2	3,2	29,0
Bauindustrie, privat und landwirtschaftlich	2,9	52,6		55,5
Handel	9,5	13,0		22,5
Transport und Fernmeldeverkehr	348,1	4,5	6,4	359,0
Handelsbetriebe	27,9	8,9		36,8
Immobilienkredite				
Versicherungen	35,6		1,5	37,1
Finanzierungsträger	138,8	50,7	2,9	192,4
Nicht zum Verkauf bestimmte Dienstleistungen ...	18,3			18,3
Gesamtheit	1088,5	623,3	50,9	1762,7

Quelle: Comptabilité Nationale

Tabelle 5.8

Relatives Gewicht des öffentlichen Sektors

	Gesamtheit der Unternehmen				Relatives Gewicht des öffentl. Sektors (%)			
	Industrie (BI, BE, BC)		Industrie + Énergie		Industrie		Industrie + Énergie	
	Comptes de l'industrie INSEE	STISI	Comptes nationaux	STISI	STISI	INSEE	STISI	INSEE
Beschäftigung 1979 (Tsd.)	4 814	4 271	5 103	4 415	18,9	16,7	22,7	20,3
1980	4 744	4 220	4 850	4 474	18,3		22,2	
1981	4 562	3 681		3 953	20,7 *		25,3 *	
Investitionen 1980 (Mrd. FF)	81,4	60,7	127,0	100,1	25,9		51,8	
1981	82,0	59,4	134,3	103,0	31,3 *		56,2 *	
Wertschöpfung 1979 (Mrd. FF)	520,4	431,6	630,4	499,4	22,5	16,8	29,9	27,2
Exporte FOB 1979 (Mrd. FF)	340,7	288,4	355,4	300,2	32,1		31,4	
1980	386,0		404,8					

* = einschließlich ITT, CH- HB, Roussel- Uclaf

Quelle: Cahiers français Nor. 214, Jan./Febr. 1984. S. 22

Tabelle 5.9.: Die Stellung der öffentlichen Gruppen in der Industrie (Zahlen 1979)

	Summe der Aktivitäten im Bereich der Industrie und der Energie	Industrielle Tätigkeit außerhalb des Energiebereiches
Beschäftigung		
- Summe	4.515.348	4.270.944
- Öffentliche Gruppen vor der Nationalisierung (in%)	10,8	6,4
- Öffentliche Gruppen nach der Nationalisierung (in%)	22,7	18,9
- Filialen von ausländischen Gruppen (in%)	12,5	12,8
Umsatz (in Mill.FF)		
- Summe	1.286.312	1.081.688
- Öffentliche Gruppen vor der Nationalisierung (in%)	15,7	8,9
- Öffentliche Gruppen nach der Nationalisierung (in%)	28,9	24,4
- Filialen von ausländischen Gruppen (in%)	18,1	15,2
Export		
- Summe	300.252	288.377
- Öffentliche Gruppen vor der Nationalisierung (in%)	12,3	12,2
- Öffentliche Gruppen nach der Nationalisierung (in%9	31,4	32,1
- Filialen ausländischer Gruppen (in%)	20,1	18,2
Wertschöpfung		
- Summe	499,415	431,616
- Öffentliche Gruppen vor der Nationalisierung (in%)	17,3	8
- Öffentliche Gruppen nach der Nationalisierung (in%)	29,9	22,5

Quelle: Industrieministerium

Tabelle 5.10.: Die Stellung des öffentlichen Sektors in der Industrie innerhalb verschiedener Unternehmensgrößen

UNTERNEHMEN	Personalbestand		Erlös	
	Vor Nationalisation	Nach Nationalisation	Vor Nationalisation	Nach Nationalisation
- Mehr als 2000 Lohnempfänger				
· Gesamtindustrie	26,0	47,7	30,9	48,4
· Industrie außerhalb des Energiesektors	15,8	41,0	19,2	47,1
- 500 bis 2000 Lohnempfänger				
· Gesamtindustrie	3,8	15,4	4,7	18,2
· Industrie außerhalb des Energiesektors	3,6	15,2	4,2	18,2
- Weniger als 500 Lohnempfänger				
· Gesamtindustrie	0,7	2,7	2,6	6,6
· Industrie außerhalb des Energiesektors	0,6	2,6	1,8	6,1

Quelle: Industrieministerium

Graphik 5.1
Der Anteil des öffentlichen Sektors an Umsatz und Beschäftigung, gestaffelt nach der Unternehmensgröße

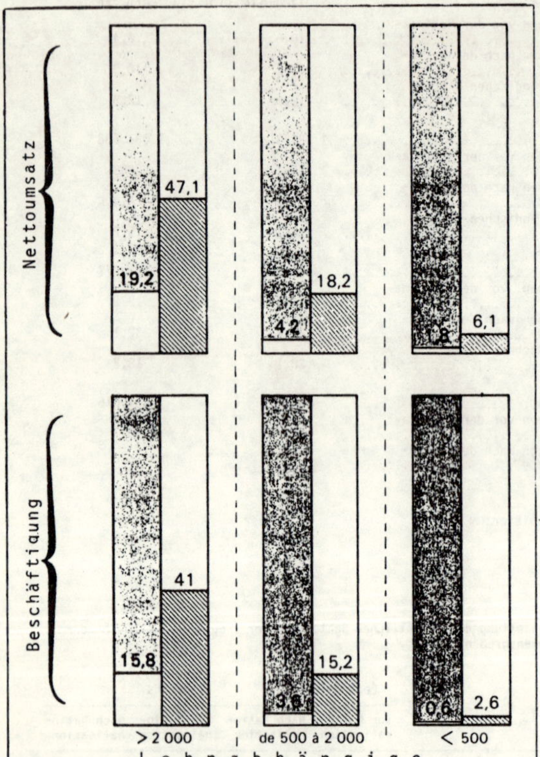

Quelle: Cahiers français Nr. 214, Jan/ Febr 1984, S.19

Der Anteil der öffentlichen Unternehmen an den Industrieexporten ist mit 32,1% (STISI für 1979) sehr hoch. Das steht in scharfem Gegensatz mit dem recht geringen Exportengagement des alten nationalisierten Sektors (12,3% laut Industrieministerium für 1979). Die 1982 nationalisierten Gruppen sind auch in sehr starkem Maße Träger der Internationalisierung der Produktion, was u.a. am Anteil der Auslandsbeschäftigung dieser Gruppen an ihrer jeweiligen Gesamtbeschäftigung abgelesen werden kann. Dieser beträgt z.B. bei Saint-Gobain 53%, bei Rhone-Poulenc 37% und bei Pechiney-Ugine-Kuhlmann 23,5% (Daten für das Jahr 1981, vgl. Stoffaes 1983, 212). Nach den Daten für 1980 trägt der nationalisierte Sektor (inklusive Nationalisierungen 1982) zu einer Verbesserung der Handelsbilanz bei, indem er Importe im Werte von 45 Milliarden FF und Exporte im Werte von 116 Milliaraden FF tätigte (Angaben des Industrieministeriums). Allerdings sind solche Angaben mit Vorsicht zu behandeln, da ein erheblicher Teil an importierten Rohstoffen und Halbfertigfabrikaten, die von den nationalisierten Gruppen vernutzt werden, von Zuliefererfirmen importiert und dann in verarbeiteter Form an die nationalisierten Gruppen veräußert werden. Der indirekte Importanteil des nationalisierten Sektors muß also als größer eingeschätzt werden. Die Suche nach Möglichkeiten der Importsubstitution muß die Zulieferbetriebe mit einbeziehen.
Ist der öffentliche Sektor im Bereich von Beschäftigung und Investitionen weit von einer dominanten Stellung entfernt (20,7% bzw. 31,3% 1981), kann seine Position im Bereich von Forschung und Entwicklung (F&E) durchaus als dominant bezeichnet werden. Der alte nationalisierte Sektor wendete nur ein Viertel der gesamten F&E-Ausgaben auf und beschäftigte nur 18,6% der Forscher bei einem Anteil von 17% am Gesamtumsatz der Industrie (Angaben des Industrieministeriums). Nach den Nationalisierungen von 1981 wuchs der Einfluß des nationalisierten Sektors um mehr als die Hälfte. 184 Firmen für industrielle Forschung befinden sich im Bereich des nationalisierten Sektors. Dieser wendet 60% der gesamten F&E-Ausgaben auf, beschäftigt 55% des in diesem Bereich tätigen Personals und 57% der Forscher. Damit ist der F&E-Bereich

zu einer der wichtigsten mittel- und langfristigen industriepolitischen Eingriffsebenen geworden, auf der sich ein bedeutender Teil des Kampfes um die Erlangung einer nationalen Autonomie abspielen muß.
Insgesamt läßt sich feststellen, daß der öffentliche Sektor nach den Nationalisierungen von 1982 trotz einer Reihe von Umstellungen in der Liste der zu verstaatlichenden Unternehmen in etwa das Ausmaß erreicht hat, das im programme commun von 1972 angestrebt worden ist[1]. Von einem prinzipiellen Bruch mit der Profitlogik kann damit auf der Ebene der makroökonomischen Daten keineswegs gesprochen werden. Die strategische Zielsetzung der Nationalisierungen zielt aber vor allem auf die Eroberung der Zentren der monopolistischen Akkumulation. Mit dem Anteil des öffentlichen Sektors von fast 50% am Umsatz und an der Beschäftigung der Unternehmen mit mehr als 2000 Beschäftigten, einem Anteil an den F&E-Ausgaben von 60% und der Kontrolle von 13 der 20 größten Unternehmen, scheint ein wichtiger Schritt in diese Richtung unternommen zu sein. Inwieweit damit allerdings eine hinreichende Grundlage geschaffen worden ist, um eine Gestaltung der industriellen Entwicklung nach gesamtgesellschaftlichen Kriterien zu gewährleisten, kann erst nach einer Analyse der Stellung der öffentlichen Gruppen in den einzelnen Sektoren der Wirtschaft entschieden werden.

5.2.3.3. Die Rolle der nationalisierten Gruppen in den einzelnen Sektoren

Da der nationalisierte Sektor nach 1982 mit seinem Anteil von 22,5% an der Gesamtindustrieproduktion ohne Energie (Angaben auf der Basis von 1979) nicht prinzipiell das Funktionieren der französischen Ökonomie nach den Gesetzen der Profitmaximierung infrage stellen kann, muß er seine Existenzberechtigung aus seiner

[1] Diese Einschätzung stützt sich auf den Vergleich zwischen den Tabellen 5.8 bis 5.11 und den Berechnungen von Le Pors über die ökonomischen Konsequenzen der Nationalisierungen des programme commun (Le Pors 1977, 213).

Fähigkeit zur Durchsetzung gesamtgesellschaftlicher Interessen bezüglich der Struktur des nationalen Produktionsapparates ableiten. In diesem Zusammenhang ist aber die über die Nationalisierungen vermittelte Kontrolle der Entwicklung verschiedener Branchen und Sektoren von unterschiedlicher Bedeutung(vgl. hierzu unseren Abschnitt 2.1). Der Investitionsgütersektor und insbesonders die Abteilung der Produktionsgüterproduktion zur Herstellung von Produktionsgütern bildet das Herz eines nationalen Produktionssystems und bestimmt zu einem großen Teil die Diffusion von Produktivitätsfortschritten. Eine weitgehende nationale Kontrolle (d.h. nicht notwendigerweise Kontrolle durch nationalisierte Unternehmen) des Investitionsgütersektors ist eine notwendige Voraussetzung der Kohärenz des nationalen Produktionsapparates.
Andere Branchen und Produktionsbereiche gehören zwar nicht direkt zum Investitionsgütersektor, haben aber dennoch für die zukünftige Produktivitätsentwicklung eine erhebliche Bedeutung; hierunter fallen z.B. die Biochemie und der Bereich der Entwicklung neuer Konstruktions- und Industriematerialien.
Eine Einschätzung der Bedeutung des nationalisierten Sektor ist auch von seiner Präsenz in den Branchen anhängig, in denen ein rigoroses industriepolitisches Vorgehen zum Abbau von erheblichen Außenhandelsbilanzdefiziten erforderlich ist.Dies gilt etwa für den gesamten Bereich der Unterhaltungselektronik.
Eine nationale Kontrolle der Schwerindustrie, insbesonders der Stahlindustrie und der Basischemie erscheint unter dem Gesichtspunkt der Kohärenz des nationalen Produktionsystems als weniger bedeutend. Die diesbezüglichen Nationalisierungen erscheinen viel mehr vom Standpunkt regionaler ökonomischer Gleichgewichte und beschäftigungspolitischer Aufgaben als relevant. Die Produkte der traditionellen Schwerindustrie sind zum größten Teil homogen, d.h. der Wettbewerb funktioniert hier vorrangig nicht über Qualitätsunterschiede und Produktdifferenzierungen, sondern über die Preise. Damit kann in diesen Bereichen aber nicht von einer international dominanten Stellung von Nationen oder multinationalen Konzernen durch deren Fähigkeit zur Bestimmung der technischen Nor-

men und der Produktivitätsentwicklung die Rede sein. Die vorangigen industriepolitischen Probleme die mit einem Anstieg der Importe im Bereich der Schwerindustrie verbunden sind, sind die Belastung der Handelsbilanz und negative Beschäftigungswirkungen.
Die Nationalisierungen von 1982 betreffen sowohl einige Bereiche der Schwerindustrie wie auch einige Spitzenbereiche der Ausrüstungsgüterindustrie. Zur Beantwortung der Frage, inwieweit mit diesen Nationalisierungen die Möglichkeit der Durchsetzung von gesamtgesellschaftlichen Entwicklungsinteressen besteht, ist der Anteil der Produktion des nationalisierten Sektors an der Produktion der betreffenden Branche wesentlich. Um so geringer dieser Anteil ist, um so mehr ist auch eine sozialistische Regierung auf eine Politik der Anreize beschränkt, die sich industriepolitisch dann als erfolglos erwiesen hat, wenn es um die Umkehrung von marktwirtschaftlichen Entwicklungstendenzen, wie z.B. den Niedergang der französischen Maschinenbauindustrie in den siebziger Jahren,geht. Tabelle 5.11 zeigt nun den Anteil des nationalisierten Sektors an der Gesamtproduktion jeder Branche.

Der öffentliche Sektor nimmt eine dominante Stellung (mehr als 50% der Produktion) in folgenden Branchen ein: Produktion von mineralischen Brennstoffen, Elektrizitätsherstellung und -distribution, Verteilung von Gas, Abbau und Verarbeitung von Eisenerzen, Stahlindustrie, Metallurgie und erste Transformation von Nichteisenmetallen, Produktion verschiedener Mineralien, Flugzeugbau. Die Basischemie kann mit 47,8% ebenfalls zu den vom nationalisierten Sektor dominierten Branchen gerechnet werden. Neben dem Flugzeugbau findet sich in den vom nationalisierten Sektor dominierten Branchen keine, die zu den für die Produktivitätsentwicklung zentralen Branchen gehört. Die Investitionsgüterindustrie ist in den vom nationalisierten Sektor dominierten Branchen überhaupt nicht vertreten. Der öffentliche Sektor nimmt eine wichtige Stellung (zwischen 10% und 50% der Produktion) in folgenden Branchen ein: Erdöl- und Gaserzeugung, erste Transformation von Stahl, Glasindustrie, pharmazeutische Industrie,

Tabelle 5.11.: Der Stellenwert der öffentlichen Gruppen in den industriellen Sektoren vor und nach den Nationalisierungen von 1982 (Datenbasis 1979)

Sektor	Wertschöpfung in Mill.FF	Vor der Nationalisierung (%)	Nach der Nationalisierung (%)
Produktion von mineralischen Brennstoffen	7379	99,3	99,3
Erdöl- und Naturgasgewinnung	24582	39,7	39,7
Gewinnung und Verteilung von Elektrizität	29662	97,5	95,2
Gasverteilung	6170	96,6	96,6
Verteilung von Wasser und städtischer Fernheizung	3877		3,7
Eisenerzgewinnung und -aufbereitung	696	0,0	68,3
Eisen- und Stahlindustrie	17500		66,4
Erste Transformation des Stahls	4693	0,0	16,8
Gewinnung und Aufbereitung von Metallen, die nicht eisenhaltig sind	131	0,0	
Metallurgie und erste Transformation von Metallen, die nicht eisenhaltig sind	10163	16,3	60,7
Produktion von verschiedenen Mineralien	1887		52,6
Produktion von Baumaterial und von Keramik	15728		5,8
Glasindustrie	6711	0,0	34,7
Industrie von chemischen Grundstoffen	24709	11,6	47,8
Kosmetikindustrie	14376	5,1	9,2
Industrie von Pharmazeutika	7938	6,6	24,3
Solderie	6517		25,3
Metallverarbeitung	27975		6,7
Herstellung von landwirtschaftlichen Maschinen	3751	1,0	
Werkzeugmaschinenindustrie	5353	2,6	3,3
Produktion von industriellen Ausstattungsgütern	24961	1,7	18,3
Materialherstellung für den innerbetrieblichen Warentransport	6251	0,4	1,6
Herstellung von Büromaschinen und Textverarbeitungsanlagen	9617	0,0	8,7
Herstellung von elektrischem Material	16502	0,0	18,7
Herstellung von elektrischem Material für berufliche und Haushaltszwecke	25912		45,7
Herstellung von Haushaltswaren	4856	0,0	8,7
Aotomobil und Fahrzeugbau	54870		31,4
Schiffsbau	2927	0,0	0,0
Luftschiffsbau	14727	53,8	84,3
Herstellung von Präzisionsinstrumenten	5359	7,6	9,6
Kunstfaser- und Synthetkindustrie	1052	0,0	
Textilindustrie	21865	0,0	1,2
Lederwarenindustrie	2124	0,0	0,0
Schuhindustrie	4995	0,0	0,0
Bekleidungsindustrie	12342	0,0	0,0
Holzverarbeitung	5902	0,0	2,4
Möbelindustrie	6024	0,0	1,3
Papierindustrie	11939		7,5
Druckerei, Presse und Verlagswesen	18119	0,0	0,3
Gummiherstellung	9956		3,3
Plastikverarbeitung	9578	2,2	10,4
Andere Industrien	7058	0,0	
Summe der industriellen Aktivität	489415	17,3	29,9
Summe der Industrie außerhalb des Energiebereiches	431615	6,0	22,5

Quelle: Commission Nationale de Planification.Préparation du IXe Plan, 12.10.1982

Schweißerei, Produktion von industriellen Ausrüstungen, Fabrikation von elektrischen Materialien, Fabrikation von elektronischen Materialien für Haushalt und professionelle Anwendung, Automobilbau, Verarbeitung von Kunststoffmaterialien. Die Gruppe der Branchen, in denen der nationalisierte Sektor eine wichtige Rolle spielt, umfaßt wichtige Bestandteile der Investitionsgüterindustrie, wie z.B. die Elektronikindustrie mit 45,7%, industrielle Ausstattungen mit 18,3%, elektrische Ausstattungen mit 18,7%. Damit ist sicherlich eine gute Grundlage für industriepolitische Interventionen gegeben. Dennoch ist ein wesentlicher Bestandteil der Investitionsgüterindustrie zur Herstellung von Produktionsmitteln, die Maschinenbauindustrie, nicht in dieser Gruppe vertreten. In dieser Gruppe erreicht der öffentliche Sektor nur 3,3% der Produktion. Damit bleiben die industriepolitischen Handlungsmöglichkeiten hier auf das Spektrum des schon im plan machine-outil von 1977 enthaltenen Instrumentariums begrenzt. Zu den Sektoren, in denen der öffentliche Sektor ebenfalls nur marginal (mit weniger als 10% der Produktion) vertreten ist, die aber eine wichtige Rolle bei der Diffusion von Produktivitätsfortschritten spielen oder spielen können, gehören die Parachemie, Büromaschinen- und Textverarbeitungsanlagenindustrie, Meßinstrumente- und Präzisionsinstrumenteindustrie. Diese Bereiche gehören zwar nicht direkt zum Sektor der Investitionsgüterproduktion zur Herstellung von Produktionsgütern, haben aber entweder eine Zulieferfunktion für ihn oder eine Funktion zur Ersparung von Verwaltungskosten in allen Sektoren oder eine Funktion zu über neue Materialien vermittelte Kosteneinsparungen in verschiedenen Sektoren.

Im Engineeringbereich, der in der industriellen Entwicklung immer wichtiger geworden ist, da immer weniger einzelne Maschinen oder Anlagen sondern vielmehr auf den Käufer zugeschnittene Systeme einschließlich der dafür notwendigen Planungs- und Ingenieursarbeiten verkauft werden, ist der Einfluß des öffentlichen Sektors erheblich gewachsen. Der Engineeringbereich umfaßt sowohl große als auch sehr kleine Firmen. Die Anzahl der Engineeringfirmen unter öffentlicher Kontrolle ist von 20 auf 41 gewachsen, deren Umsatzanteil aber von 9,6% auf 38,1%. In den einschlägigen Unternehmen mit mehr als 100 Beschäftigten ist der Umsatzanteil sogar von 13,9% auf 55,6% gewachsen. Mit dieser sehr bedeutenden Stellung im Engineeringsektor verfügt die Industriepolitik über einen gerade mittel- und langfristig wichtigen Stützpunkt zur Beeinflussung der industriellen Entwicklung.

Insgesamt kann festgestellt werden, daß die Nationalisierungen in den unterschiedlichen Sektoren verschiedene Funktionen haben. Während eine Reihe von nationalisierten Gruppen in den Sektoren, in denen der nationalisierte Sektor nur eine wichtige Bedeutung hat, offensiven Charakter haben, d.h. zum Aufbau einer gesamtgesellschaftlichen Kontrolle der Entwicklung des Produktionsapparates beitragen können, sind die Nationalisierungen in den Sektoren, in denen der öffentliche Sektor nunmehr eine dominante Stellung hat, vorwiegend (mit Ausnahme des Flugzeugbaus) defensiven Charakters. Entweder sind die Verwertungsprobleme der privaten Kapitale der eigentliche Grund dieser Nationalisierungen gewesen, oder die Notwendigkeit von industriellen Umstrukturierungen unter Vermeidung allzu großer negativer Beschäftigungswirkungen stand im Mittelpunkt der entsprechenden Nationalisierung. Die Tatsache, daß die offensiven Nationalisierungen nur zu einer wichtigen Stellung des öffentlichen Sektors in den entsprechenden Sektoren geführt haben, die dominante Position des öffentlichen Sektors in bestimmten Sektoren aber eher defensiven Nationalisierungen zu verdanken ist, wirft ein entscheidendes Problem für die industriepolitische Strategie auf. Während nämlich in einem vom öffentlichen Sektor dominierten Sektor die Industriepolitik die Gesamtentwicklung des Sektors direkt bestimmen kann, d.h. Umfang und gebrauchswertmäßige Struktur der Akkumulation relativ autonom festgelegt werden können, bleibt die industriepolitische Wirkungsmöglichkeit in den Sektoren mit einer wichtigen Präsenz des öffentlichen Sektors begrenzt. Hier stehen die öffentlichen Gruppen in Konkurrenz zu anderen privaten nationalen Gruppen und multinationalen Konzernen, die in

ihren Filialen teilweise genausoviel produzieren wie die nationalisierten Gruppen (vgl. hierzu etwa den Anteil der Produktion der multinationalen Konzerne in Frankreich im Sektor der elektrischen Ausstattungen, der ebenso wie der der öffentlichen Gruppen bei 20% liegt). Vor allem die Festlegung von technischen Normen und dominanten Entwicklungsrichtungen der Produktion in den entsprechenden Sektoren mit nur wichtiger Präsenz des öffentlichen Sektors ist für die nationale Industriepolitik nicht möglich. Dennoch bieten die Nationalisierungen dieser Kategorie eine wichtige Grundlage zur Restrukturierung der nationalen Industrie in diesen Bereichen. In vielen Fällen sind die nationalen Konkurrenten des öffentlichen Sektors eher Klein- und Mittelbetriebe, was für den öffentlichen Sektor trotz eines zwischen 10% und 50% der Produktion liegenden Anteils eine erhebliche Bestimmung der Entwicklungsrichtung der Akkumulation zuläßt, wenn er sich gegen die Konkurrenz der multinationalen Konzerne behaupten kann. Voraussetzung dafür ist allerdings, daß eine enge Zusammenarbeit zwischen öffentlichen Gruppen und privaten Klein- und Mittelunternehmen in den entsprechenden Sektoren stattfindet und daß in der privaten Industrie überhaupt ein Wille und ein ökonomischer Sinn zur Mitarbeit an der Umstrukturierung des nationalen Produktionsgeflechtes vorhanden ist. Die Mindestvoraussetzung dafür wiederum ist, daß im privaten Sektor eine ausreichende Investitionsneigung vorhanden ist, ohne die es keine Umstrukturierung geben kann.
Zusammenfassend kann also die Präsenz des öffentlichen Sektors in den verschiedenen Sektoren trotz erheblicher Schwächen wie z.B. der minimalen Präsenz in der Maschinenbauindustrie und der nur wichtigen Stellung in anderen zentralen Sektoren als ausreichend angesehen werden, um als Grundlage einer an gesamtgesellschaftlichen Entwicklungsinteressen ausgerichteten Strategie zu dienen, wenn die beiden genannten Bedingungen, ausreichende Investitionsneigung des privaten Sektors und Organisation einer engen Kooperation zwischen öffentlichem und privatem Sektor, in den entsprechenden Sektoren gewährleistet sind.

Die Einschätzung, daß trotz der unzulänglichen Präsenz in einigen Branchen der öffentliche Sektor als ausreichende Grundlage einer sozialistischen industriepolitischen Strategie dienen kann, stützt sich auch auf eine günstigere Präsenz des öffentlichen Sektors in einigen entscheidenden Produktbereichen.

5.3. Die Entwicklung der industriepolitischen Programmatik vom *plan intérimaire* bis zum 9. Plan

Dieser Abschnitt behandelt die industriepolitische Strategie der beiden Pläne. Die beschäftigungs- und konjunkturpolitischen Aspekte dieser Pläne wurden bereits im Kapitel 4 behandelt und werden hier nur insofern erwähnt, als es zum Aufzeigen der vorgeschlagenen industriepolitischen Entwicklungsmodelle unerläßlich ist.

5.3.1. Die industriepolitische Programmatik im plan intérimaire (PI)

Die kursorischen krisenanalytischen Passagen des PI führen die gegenwärtige Weltwirtschaftskrise in erster Linie darauf zurück, daß die Grundlagen des Wachstumsmodells, das das Wachstum nach dem Zweiten Weltkrieg getragen hatte, nicht mehr existieren. Die Ausweitung des Taylorismus und des damit verbundenen Konsummodells haben Lohnsteigerungen bei gleichzeitigen Profitsteigerungen durch die großen erzielten Produktivitätsfortschritte möglich gemacht. Die Reserven dieser Produktivitätssteigerungen haben sich infolge der mit der Fließbandproduktion verbundenen sozialen Probleme erschöpft (vgl. PI, 11). Mit der Entwicklung der neuen Technologien wird die Produktionsorganisation in allen Bereichen umgewälzt. Die Fähigkeit eines Landes, diese neuen Technologien zu beherrschen, entscheidet darüber, ob dieses Land die Krise überwinden kann. Aus diesem

Ansatz heraus würde sich eine Strategie zur Krisenüberwindung aufdrängen, in deren Mittelpunkt die Einführung neuer Technologien und die entsprechende Umstrukturierung des französischen Produktionsapparates steht. Der PI stellt jedoch das Beschäftigungsproblem als das vorrangig zu lösende Problem dar und schlägt zumindest in der kurzen Frist eine traditionell keynesianische Strategie vor. Um die Arbeitslosigkeit zu bremsen, ist zwar ein "Wiederaufschwung der ökonomischen Aktivität .... notwendig" (PI, 50). "Dieser konnte nur von einem Aufschwung der Binnennachfrage kommen, der unter anderem eine unmittelbare Verbesserung der Lebensbedingungen der am meisten Benachteiligten zuläßt" (ebd.). U.a. sieht der PI eine dreiprozentige Wachstumsrate während des Planzeitraums (PI, 81), eine Steigerung der staatlichen Investitionen um 25% pro Jahr von 1982 an (PI, 68) und eine rigorose Benutzung des Instruments des deficit-spending vor. Mit diesen Passagen knüpft der PI noch an das programme commun an und entspricht von der Linie der vorgeschlagenen praktischen Politik her der ersten Phase der Konjunktur- und Beschäftigungspolitik der Regierung vom Frühjahr 1981 bis zum Frühjahr 1982. Die erhöhte Nachfrage infolge der Kaufkraftsteigerungen muß sich auf die inländische Produktion richten, wozu eine Modernisierung des nationalen Produktionsapparates notwendig ist. Das kann kurzfristig angestrebt werden, indem der Schwerpunkt der Erhöhung der Staatsnachfrage auf Bauten und kollektive Einrichtungen gerichtet wird, was eine niedrige Import- und eine hohe Beschäftigungsneigung hätte. Mittelfristig und langfristig muß eine Umstrukturierung des Produktionsapparates die strukturellen Ursachen des Außenhandelsdefizits beseitigen. Insofern ist eine Verbindung zwischen der oben dargestellten Krisenanalyse des PI und den vorgeschlagenen Maßnahmen, wenn überhaupt, erst längerfristig erkennbar.
Die industriepolitische Stoßrichtung zielt auf die Installierung eines autonomeren Wachstumsmodells (vgl. ebd., 53). Neben drastischen Energiesparmaßnahmen (Energiesparinvestitionen, Förderung der einheimischen Kohleproduktion) geht es vor allem um die Modernisierung des Produktionsapparates, die an den bishe-

rigen starkten Punkten der französischen Produktion ansetzen und von dort aus Produktlinien entwickeln soll, die sowohl der Befriedigung der Binnennachfrage, als auch dem Export dienen sollen (vgl. ebd., 54). Importsubstitutionen, enge Kooperation zwischen Produzenten, Konsumenten, Handel und öffentlicher Verwaltung und eine konsequente Ausnutzung der Synergieeffekte in den einzelnen Produktionsketten sollen den Binnenmarkt zu einem wesentlichen Stützpunkt der Modernisierung der Volkswirtschaft machen (vgl. ebd., 54f.). Mit diesen Aussagen nimmt der PI Bezug auf die in den siebziger Jahren entwickelte und im projet socialiste vergegenständlichte Konzeption der Produktionsketten und der autozentrierten Akkumulation. Letztere wird zwar nicht explizit so genannt, reflektiert sich aber zumindest ansatzweise in dem zentralen Stellenwert, der dem Binnenmarkt für die Entwicklung einer größeren Autonomie des nationalen Produktionsapparates zukommt. Allerdings geht die Bezugnahme des PI auf dieses Konzept nicht über eine allgemeine Absichtserklärung und die Nennung der Bereiche hinaus, in denen eine solche Konzeption umgesetzt werden sollte. Damit fehlt aber vollkommen jegliche Analyse der Schwierigkeiten der Durchsetzung des Produktionskettenkonzepts, insbesondere des Verhältnisses des nationalen Kohärenzzieles und den individuellen Unternehmensplänen. Der PI enthält neben der großen Allgemeinheit seiner Ausführungen zum Produktionskettenkonzept sogar Passagen, die in offenem Widerspruch zu demselben stehen, wie z.B. folgende:

> "Die Entwicklung unserer Exporte hängt in erster Linie von der Spezialisierung unseres Produktionsapparates ab und damit von der Fähigkeit unserer Unternehmen, die am stärksten expandierenden Elemente der Weltnachfrage zu befriedigen" (PI, 117).

Ein solcher Widerspruch läßt die Frage aufkommen, inwiefern der Bezug auf die Produktionsketten nur verbal ist.
Die Industriepolitik setzt sich vier Hauptschwerpunkte:
1. Die Beherrschung der Zukunftstechnologien (Elektronik, industrielle automatische Anlagen, Meeres-, Weltraum-, Luftfahrt-, Fernmeldeindustrien, Biotechnologien und neue Materialien).
2. Selektive Interventionen für ausgereifte Sektoren, die einer

starken internationalen Konkurrenz unterliegen (Autoindustrie, Feinchemie, Pharmazeutik, Lebensmittelindustrie).
3. Aktionen zur Rettung der stark bedrohten Branchen (Holz, Textil/Bekleidung).
4. Notwendige Umstrukturierungen insbesondere in der Chemie- und der Stahlindustrie (vgl. ebd., 57).

In allen diesen Bereichen wird der nationalisierte Sektor die Speerspitze der Industriepolitik sein, indem er die Technologieentwicklung und die industriellen Umstrukturierungen vorantreibt, sowie auch Anreiz zur Entwicklung der privaten Unternehmen ist. Ebenfalls sollen die öffentlichen Unternehmen Ort der sozialen Innovation und der Verbesserung der Arbeitsbedingungen sein. Auf den Staat gestützt, können die großen nationalisierten Unternehmen ihre Strategie in einer langfristigen Perspektive entwickeln. Wegen der privaten Aktionäre und der oft schwierigen finanziellen Situation müssen private Unternehmen kurzfristige Rentabilität anstreben, während die nationalisierten Unternehmen technologische Herausforderungen langfristig angehen können (vgl. ebd., 102), d.h. also eine kurzfristige Rentabilität von Investitionen nicht unbedingt erforderlich ist.
Der PI beschränkt die wirtschaftliche Planung auf eine Rahmenplanung. Nur "die großen Orientierungen der nationalen Entwicklung" (ebd., 109) sollen festgelegt, die Ungewißheiten reduziert und der Horizont der Unternehmensleiter erweitert werden. "Aber es kommt auf keinen Fall den öffentlichen Gewalten zu, das Detail der Ausführung zu planen" (ebd.). Welche Probleme mit der so festgelegten Führungsautonomie der Unternehmen z.B. bezüglich des Verhältnisses von Unternehmensstrategie und nationalem Plan entstehen können, wird nicht untersucht. Damit bietet der PI aber auch keine analytische Grundlage zur Renovierung des Planifikationsinstrumentariums im Sinne der Industriepolitik der neuen französischen Regierung.

5.3.2. Die industriepolitische Programmatik des 9. Planes

Der 9. Plan räumt der Perspektive der Entwicklung der neuen Technologien die absolute Priorität ein. Die Beschäftigungsproblematik rückt in der Problemhierarchie weiter nach unten.

> "Angesichts der Vorhaben der Mächtigsten werden die Staaten, die nicht die dritte technologische Revolution beherrschen, schnell den ersten Rang der großen Industrienationen verlassen" (9. Plan, 7). "Was man gemeinhin Krise nennt, ist kein konjunkturelles Ereignis" (ebd.).

Damit bricht der 9. Plan endgültig mit jeder Strategie, die einen staatlich induzierten Aufschwung zu einem zentralen Bestandteil macht. Vielmehr wird auf das auf die makroökonomische Ebene übertragene Portfoliomanagementkonzept angespielt, wenn die Krise als Konsequenz davon bezeichnet wird, daß bestimmte industrielle Aktivitäten, die die Motoren des Nachkriegswachstums gewesen sind, nunmehr in ihr Reifestadium getreten sind und Überkapazitäten entstanden sind, ohne das die Entwicklung von neuen industriellen Aktivitäten dies hätte ausgleichen können (vgl. ebd., 9). Die Reife bestimmter Aktivitäten wird mit der Sättigung der großen Märkte für dauerhafte Konsumgüter erklärt.

> "Viele Hoffnungen werden darauf gesetzt, daß die dritte technologische Revolution die Akkumulationsgrundlagen eines neuen industriellen Kapitals eröffnet" (ebd., 18).

Die angestrebte Strategie der Modernisierung des französischen Kapitalismus wird allerdings, gibt der 9. Plan zu, im Rahmen der erforderlichen industriellen Umstrukturierung zu Beschäftigungsproblemen führen.
Wegen der erheblichen Vergrößerung des Handelsbilanzdefizits, die in der Folge der Erhöhung der kaufkräftigen Nachfrage in der ersten Phase der Wirtschaftspolitik der neuen Regierung entstanden ist, hält der 9. Plan "am Anfang der Periode eine Anstrengung zur Mäßigung des Konsums" (ebd., 109) für unverzichtbar. Wegen der erst mittelfristig auf die strukturelle Verbesserung der Handelsbilanz wirkenden Maßnahmen zur industriellen Umstrukturierung muß "kurzfristig das Wachstumsdifferential ge-

bremst werden" (ebd., 122), das Frankreich mit seinen Haupthandelspartnern hat. Die Anstrengung zur Konsummäßigung muß sich "prinzipiell auf den Konsum der Haushalte richten" (ebd.). Neben der Lohnpolitik ist vor allem die kontrazyklische Interventionskraft des Staates betroffen:

> "Der erklärte Wille, die Zwangsabgaben nicht zu erhöhen und das Haushaltsdefizit zu stabilisieren, impliziert, daß die öffentlichen Einnahmen und Ausgaben nicht mit einem schnelleren Rhythmus wachsen, als die nationale Aktivität" (ebd., 136).

Die Konsum- und Staatsausgabenmäßigung soll nicht nur zur Reduzierung des Außenhandelsdefizites dienen, sondern auch gleichzeitig die Ertragslage der privaten Unternehmen verbessern, um deren Fähigkeit, die für die industrielle Modernisierung notwendigen Investitionen durchzuführen, zu verbessern. Die Verbesserung der finanziellen Situation besonders der PME soll über die Verbesserung der Eigenkapitaldeckung mit staatlichen Mitteln (spezielle industrielle Entwicklungsfonds) und eine veränderte Kreditpraxis der nationalisierten Banken erreicht werden, die einen zunehmenden Anteil an den industriellen Risiken tragen sollen. Zudem soll ein neues Sparbuch, CODEVI, eingerichtet werden, das von den freiwilligen privaten Sparern Kaufkraft abschöpft, die dann in Form von Fonds zur industriellen Entwicklung für die Kreditvergabe zu günstigen Konditionen zur Verfügung steht. Außerdem soll die auf den Unternehmen lastende Entwicklung der Sozialabgaben begrenzt werden: "Die Zwangsabgaben dürfen nicht schneller erhöht werden, als die, die auf den Unternehmen der anderen großen Industrieländer lasten" (ebd., 98). Damit wird die Entwicklung der französischen Sozialabgaben denen der konkurrierenden kapitalistischen Staaten unterworfen.

Mit der Strategie der Konsummäßigung und der Verbesserung der Ertragslage der privaten Unternehmen setzt der 9. Plan auf ein Zwei-Etappen-Modell: In der ersten Phase soll das Außenhandelsdefizit durch die Mäßigung der kaufkräftigen Nachfrage gesenkt werden, während gleichzeitig die Modernisierung der französischen Volkswirtschaft durchgeführt wird. Diese soll dann zum

Beginn einer zweiten Phase soweit fortgeschritten sein, daß die strukturellen Ursachen des Außenhandelsdefizits beseitigt sind. In der Folge können dann die Maßnahmen zur Einfrierung/Senkung der kaufkräftigen Nachfrage wieder aufgehoben werden und eine Phase des Wachstums aller Komponenten des Volkseinkommens beginnen.

Halten wir an dieser Stelle nur einige Bedingungen fest, die erfüllt sein müssen, damit dieses Zwei-Phasen-Modell funktionieren kann:

1. Es gelingt der Regierung wirklich, angesichts der großen implizierten politischen Probleme die Kaufkraft der Haushalte zu reduzieren.
2. Trotz der sich in diesem Fall radikal verschlechternden Absatzerwartungen der Unternehmen wird investiert.
3. Die Investitionen reichen vom Umfang und von ihrer strategischen Ausrichtung her aus, um die strukturellen Schwächen des französischen Produktionsapparates zu beseitigen.
4. Da die Investitionen der privaten Unternehmen in der ersten Phase weder von verbesserten Absatzerwartungen im Inland, noch angesichts der aktuellen Situation der Weltwirtschaft, von einem Exportboom zugunsten der französischen Produkte getragen werden können, müßten diese Investitionen sich selbst tragen, was zumindest unter der Annahme einer längeren ersten Phase als fast ausgeschlossen erscheint.
5. Der Beginn der zweiten Phase muß absehbar sein, wenn die Regierung nicht die politische Unterstützung für ihr Projekt verlieren will. Das impliziert, daß die wirklichen Schritte der Phase 1 als Schritte hin zur Phase 2 erkennbar sein mussen.

Wir werden auf den ökonomischen und politischen Realismus dieser Annahmen in den folgenden Abschnitten dieses Kapitels noch eingehen.

Ebenso wie der PI spricht sich auch der 9. Plan gegen die Marktlückenstrategie der giscard'schen Industriepolitik aus (vgl. 9. Plan, 75). Später wird jedoch angesichts der Begrenztheit der finanziellen Resourcen gesagt:

> "Man wird nicht alles machen können,und finanzielle Abwägungen werden notwendig sein. Sie müssen die absolute Priorität der Produktion von Spitzenausrüstungen, insbesondere elektronischen, und der Aufrechterhaltung der stark auf den Export ausgerichteten Industrien" (ebd., 78) geben.

Damit droht aber die verbal eben noch abgelehnte Marktlückenstrategie durch die Hintertür mit einer veränderten Schwerpunktsetzung im Bereich von einigen neuen Technologien wieder eingeführt zu werden.
Dieser Vermutung entspricht auch eine generelle Schwerpunktverschiebung des 9. Planes gegenüber dem PI,weg von einer eher makroökonomisch an den Produktionsketten und Synergien orientierten Terminologie,hin zur Betonung der zentralen Rolle des einzelnen Unternehmens, dessen Rentabilität und dessen Fähigkeit zur Übernahme von neuen Technologien verbessert werden muß. Vor allem sollen die PME die Mittel bekommen, um ihre Produktion den neuen Technologien anzupassen. Dazu soll ein Technologietransfer von den großen Polen der technologischen Entwicklung, vor allem einzelnen nationalisierten Unternehmensgruppen, zu den PME organisiert werden, der weniger die Form einer direkten Subvention als vielmehr die Schaffung einer für die privaten Unternehmen "günstigen Umwelt" (9. Plan, 79) annehmen soll. In diesem Zusammenhang soll die technologische Beratung ausgebaut werden, auf deren Grundlage Gutachten zur Modernisierung einzelner Unternehmen erstellt werden können. Ausgebaut werden soll auch die Kooperation zwischen Produzenten und Benutzern von Produktionsmitteln, was sowohl das diesbezügliche Angebot verbessern, als auch die Nachfrage ausweiten soll.
Die Förderung der großen Pole der technologischen Entwicklung, von denen aus die neuen Technologien diffundiert werden sollen, vollzieht sich vor allem im und um den Bereich der Elektronikindustrie. Der Plan zur Entwicklung der Produktionskette Elektronik sieht folgende Aktionslinien vor:
1. Eine Steigerung der F&E-Aufwendungen in der gesamten Produktionskette.
2. Die Ausgleichung der Handelsbilanz im Bereich der Unterhaltungselektronik.

3. Die Entwicklung der industriellen Informatik und automatischer Produktionsanlagen für die großen industriellen Gruppen auf der einen und den PME auf der anderen Seite.
4. Die Erhöhung der nationalen Softwareproduktion und die Verbesserung der Dienstleistungen im Informatikbereich. Ähnliche Programme sollen auch für die anderen Hauptpole der technologischen Entwicklung, insbesondere für die Biotechnologien und die Produktion neuer Materialien erstellt werden.
Abgesehen von dem oben bereits genannten Problem, daß die angestrebte Diffundierung der neuen Technologien in den privatwirtschaftlichen Sektor nur unter der Bedingung stattfinden kann, daß dort überhaupt investiert wird, was angesichts der konjunkturpolitischen Stoßrichtung des 9. Planes als sehr fraglich angesehen werden muß, wirft die hier vorgelegte Strategie noch ein weiteres grundlegendes Problem auf. Der 9. Plan hat nämlich außerordentlich optimistische Vorstellungen über die Auswirkungen der in großem Umfang stattfindenden Einführung neuer Technologien. Bezüglich der Beschäftigungswirkungen geht er davon aus, daß die Einführung der neuen Technologien die Wettbewerbsposition Frankreichs stärkt und langfristig wegen der vergrößerten Exporte sowie des teilweise zurückgewonnenen Binnenmarktes neue Arbeitsplätze geschaffen werden können. Kurzfristig gibt der 9. Plan die negativen Beschäftigungswirkungen durchaus zu und will sie durch verschiedene Dispositive der Sozialpolitik bekämpfen (Arbeitszeitverkürzung, job-sharing, Frühpensionierung usw.). Da jedoch die Modernisierung in einem deflationistischen Kontext durchgeführt werden soll, widerspricht die ökonomische Perspektive des 9. Planes, die Vergrößerung der Arbeitslosigkeit in Kauf zu nehmen, den sozialpolitischen Zielsetzungen, die selbstgeschaffene oder zumindest verschärfte Arbeitslosigkeit wieder zu reduzieren. Doch auch die Annahmen des 9. Planes bezüglich der langfristig positiven Auswirkungen der angestrebten Technologiediffusion müssen stark in Frage gestellt werden, da alle Hauptkonkurrenten Frankreichs zur gleichen Zeit ebenfalls versuchen, durch technologische Neuerungen ihre Exportmargen zu vergrößern und angesichts der existie-

renden Kräfteverhältnisse eine mit positiven Beschäftigungseffekten verbundene Ausweitung der französischen Exportanteile nicht unbedingt wahrscheinlich ist.
Eine Analyse der Auswirkungen von neuen Technologien auf die Arbeitsbedingungen unterbleibt vollständig. Der 9. Plan muß sich insofern vorwerfen lassen, seine Strategie auf vage Hypothesen zu bauen und mangels einer Analyse der Widersprüche des Technologietransfers dessen möglichen nicht gewollten Konsequenzen vollständig ohnmächtig gegenüberzustehen.
Bezüglich der Rolle des nationalisierten Sektors und den konkreten Problemen bei der Abstimmung von Unternehmensplänen und nationalem Plan, bleibt der 9. Plan ebenso diffus wie der PI. Er kann von daher weder als Handlungsanleitung noch als Problemanalyse gegenüber der Industriepolitik bezüglich des nationalisierten Sektors angesehen werden. Demgegenüber wird eine andere handfeste Handlungsanleitung für den nationalisierten Sektor ausgegeben: "Der industrielle öffentliche Sektor muß gewinnbringend sein. Nichts könnte den Fortbestand von Defiziten rechtfertigen" (9. Plan, 94). Mit dieser allgemeinen Rentabilitätsforderung, die von Industrieminister Fabius zu der Verordnung konkretisiert worden ist, daß die öffentlichen Unternehmen das betriebswirtschaftliche finanzielle Gleichgewicht bis 1986 erreicht haben müssen, wird die Bedeutung des nationalisierten Sektors als industriepolitisches Instrument drastisch eingeschränkt. Die Idee des nationalisierten Sektors als Motor der Modernisierung und als Garant einer Entwicklung zu einer größeren Kohärenz des nationalen Produktionsapparates durch die Errichtung von kompletten Produktionsketten ist an ungeheure Investitionen der nationalisierten Unternehmen gebunden, deren Rentabilität höchstens in der langen Frist herzustellen wäre. Hier liegt ein weiterer Unterschied zum PI, der als Besonderheit des nationalisierten Sektors gerade die Abwesenheit des Zwanges zur kurzfristigen Rentabilität erkannte.
Ein ausgesprochen positives Verhältnis hat der 9. Plan zu den Auslandsinvestitionen. Da sie ein komplementäres Element darstellen, "indem sie zur Entwicklung der Beschäftigung" (ebd., 99)

und zur Regionalpolitik beitragen, müssen Förderungsmaßnahmen für die Ansiedlung von ausländischen Konzernen in Frankreich eingeführt werden, wobei der nationalen Unabhängigkeit Rechnung getragen werden soll. Wie dies allerdings geschehen soll, bleibt vollständig unklar, da die Interventionen des Staates hier "nicht durch den Weg der Reglementierung, sondern durch den des Anreizes" (ebd.) erfolgen sollen. Auch die französischen Auslandsinvestitionen sollen gefördert werden, wobei vor allem Wert auf produktive Auslandsinvestitionen gelegt wird, die neue Exporte ermöglichen sollen. Hier liegt auch ein klares Unterscheidungskriterium zum PI, der noch dem Binnenmarkt als vorrangigem Entwicklungsfeld von Produkten, die dann auch zum Export verwendet werden könnten, einen absolut zentralen Stellenwert eingeräumt haben. Generell ist auch der Begriff der Rückeroberung des Binnenmarktes im 9. Plan nicht mehr zu finden.

5.4. Die industriepolitische Praxis in ausgewählten Branchen

Im Rahmen der vorliegenden Arbeit ist eine systematische Analyse der industriepolitischen Praxis in allen Branchen unmöglich. Dies gilt sowohl wegen der begrenzten Zeit, die für diese Arbeit zur Verfügung stand, als auch vor allem wegen der Tatsache, daß wir als Untersuchungszeitraum die unmittelbare Gegenwart vor uns hatten. Dadurch wurde die Ergebnisanalyse der oft erst mittelfristig wirkenden industriepolitischen Eingriffe schwierig. Auch die Quellenlage erwies sich als äußerst begrenzt. So mußten wir unsere Analyse auf einige Branchen beschränken, die uns wegen ihrer zentralen Bedeutung für die Kohärenz des nationalen Produktionssystems besonders relevant erscheinen (Elektronik-, Maschinenbauindustrie), die einen besonders bedeutenden Umfang von industriepolitischen Eingriffen zu verzeichnen hatten (Chemie-, Stahlindustrie) oder die bezüglich der Methoden der Internationalisierung besonders interessant sind (PUK in der Aluminiumproduktion, Renault in der Autoproduktion).

Eine weitere Beschränkung unserer Analyse stellt eine klare Schwerpunktsetzung bei der Industriepolitik bezüglich des nationalisierten Sektors dar, die sich jedoch durch die ihm von der Regierung selbst zugewiesenen Rolle der 'Speerspitze der Modernisierung Frankreichs' begründen läßt. Allein im Fall des Werkzeugmaschinenbaus haben wir eine vorrangig von Klein- und Mittelbetrieben bestimmte Industrie hinsichtlich ihrer Reaktionen auf den Werkzeugmaschinenplan der Regierung aus dem Herbst 1981 untersucht.
Von unserem theoretischen Ansatz der Untersuchung der Geschlossenheit von Produktionsketten her haben wir eine Darstellung der industriepolitischen Praxis in Bezug auf bestimmte Produktionsketten bevorzugt, wo dies aufgrund des verfügbaren empirischen Materials möglich war (z.B. im Abschnitt 5.4.1 über die Elektronikindustrie). In vielen Fällen aber mußte wegen des Fehlens einer umfassenden Information die exemplarische Behandlung der Entwicklung eines Unternehmens als Ausweg akzeptiert werden. Hier ist es vor allem die bereits erwähnte Unzulänglichkeit der statistischen Informationen über die nationalisierten Unternehmen, besonders bei einer Betrachtung von aktuellen Entwicklungen, die uns zu diesem Vorgehen zwang.

5.4.1. Die Elektronikindustrie

Die Elektronikindustrie gehört sicherlich zu den Bereichen, in denen wegen seiner zentralen Bedeutung für die Kohärenz des gesamten nationalen Produktionsapparates und der sich drastisch verschlechternden Lage eine Intervention des Staates am dringlichsten ist. Betrug das Handelsbilanzdefizit 1981 noch 1,5 Mrd. FF (hier stand dem Defizit von 10,5 Mrd. FF in den Sektoren Unterhaltungselektronik, Informatik und Büroelektronik ein Überschuß von 9 Mrd. FF in den Bereichen von professionellen elektronischen Ausstattungen und Fernmeldetechnik entgegen), so betrug das gesamte Außenhandelsdefizit der Branche 1982 bereits

11 Mrd. FF (Stoffaes 1983, 321). Im Jahre 1982 wurden 40% des nationalen Elektronikmarktes mit Importen versorgt und 12% durch Erzeugnisse gedeckt, die von ausländischen Konzernen in Frankreich hergestellt worden sind. Für 1986 wurde die Ausweitung des Defizites auf 20 Mrd. FF geschätzt, falls keine industriepolitischen Eingriffe getätigt werden. Ohne diese wäre auch bis 1986 mit einem Abbau von 10000 bis 12000 Arbeitsplätzen zu rechnen (ebd., 322). Extrem beunruhigend sind vor allem die Außenhandelsdefizite der Elektronikindustrie mit den am weitesten entwickelten Industriestaaten im Jahre 1982: 11 Mrd. FF gegenüber den USA, 7 Mrd. FF gegenüber Japan und 3 Mrd. FF gegenüber der BRD (ebd.).
Am 28. Juli 1982 hat die Regierung das Aktionsprogramm der Produktionskette Elektronik (Programme d'Action Filière Electronique (PAFE)) angenommen, womit sie sich gegen eine Fortsetzung der Marktlückenstrategie der alten Regierung aussprach, die eine staatliche Förderung nur für einige Bereiche vorsah. Danach sollen bis 1987 die folgenden vier Ziele realisiert werden:

1. Das nationale Angebot muß mit einer realen Wachstumsrate von 9% statt wie bisher nur mit 3% jährlich wachsen.
2. Es muß wieder eine positive Beschäftigungsentwicklung hergestellt werden. Im Planzeitraum sollen 80000 neue Arbeitsplätze geschaffen werden.
3. Die Wiedereroberung des Binnenmarktes und die Verbesserung der Handelsbilanz. Der PAFE sieht einen Handelsbilanzüberschuß von 12 Mrd. FF für 1987 vor.
4. Die technologische Unabhängigkeit: Insbesondere in den Bereichen einer sehr großen technologischen Abhängigkeit wie z.B. integrierte Schaltkreise und Informatik müssen große finanzielle und industrielle Anstrengungen unternommen werden.

Diesen vier Grundorientierungen entsprechen vier industrielle Prioritäten:

1. Herstellung der Unabhängigkeit in den strategischen Gebieten: integrierte Schaltkreise, Spitzeninformatik, computergesteu-

erte Konzeption von Produkten, Industrieroboter.

2. Auf den Märkten mit hohen Wachstumsraten präsent sein: Mini- und Mikroinformatik, Büroelektronik, neue Produkte der Unterhaltungselektronik.
3. Wiedereroberung des Binnenmarktes in den Bereichen: Fernseher, passive elektronische Bauteile, medizinische Elektronik und automatische Anlagen.
4. Konsolidierung der wettbewerbsfähigen Sektoren: professionelle elektronische Ausstattungen, Telefonanlagen, logiciel.

Der F&E-Anteil am Umsatz soll von gegenwärtig 10% auf 12% gesteigert werden. Der Technologietransfer soll ausgebaut werden. Die allgemeine und berufliche Ausbildung soll stärker auf die Qualifikation der für die Elektronikindustrie notwendigen Arbeitskräfte ausgerichtet werden. In diesem Rahmen ist die Neu- und Weiterqualifizierung von 400 000 Arbeitskräften in elektronischen Berufen (Arbeiter, Techniker, Forscher) vorgesehen. Die Entwicklung des Elektronikangebots muß durch die Entwicklung der großen Nachfragekomponenten ergänzt werden, was sich im wesentlichen auf die Staatskäufe und die Steuerung der Struktur der Käufe der Privaten bezieht. Die Investitionen, die in den Jahren 1982-1985 im Bereich der Elektronikindustrie getätigt werden müssen, werden mit 140 Mrd. FF angegeben, die entweder vom Staat oder von den Unternehmen getragen werden müssen. Mit den fünf im Elektronikbereich vertretenen nationalisierten Unternehmen Thomson, Matra, CGE, CII-HB, Saint Gobain kontrolliert der Staat 50% der nationalen Produktion. 30% werden von Filialen ausländischer Unternehmen (Philips 7%, IBM 13%) und 20% von den kleineren privaten französischen Firmen erstellt.

5.4.1.1. Die Informatikindustrie

Bull ist der Hauptpol der Reorganisation der nationalen Informatikindustrie. Im Bereich der Mini- und Mikroinformatik hat Bull von Thomson die Filiale SEMS und von CGE die Filiale Transac

übernommen. Mit einer kohärenten Produktlinienstrategie in diesen Bereichen soll nicht nur der Binnenmarkt zurückerobert werden, sondern auch ein Exporterfolg erzielt werden.
Im Bereich der Büroelektronik sollen die bisher zersplitterten Produktionsbereiche Büroinformatik, Softwareproduktion, Informatikdienstleistungen und Telefonelektronik zusammengefaßt werden. Hier konkurriert Bull mit der Büroelektronikproduktion von CGE.
Bull soll gleichfalls der einzige Pol für die Entwicklung einer nationalen Produktion von Großrechenanlagen sein, die in der militärischen und wissenschaftlichen Anwendung die gegenwärtig unerläßlichen amerikanischen Importe ersetzen sollen.
Bull soll intern in vier getrennten Unternehmenseinheiten nach dem profitcenter prinzip organisiert werden (Informatik, Periinformatik, Miniinformatik, Büroelektronik).
Die Hauptschwierigkeit Bulls besteht darin, daß zur Rückeroberung des Binnenmerktes der Aufbau von kohärenten Produktlinien in allen vier Unternehmensbereichen notwendig ist, d.h. die Entwicklung von kompletten Produktsystemen, die von Kapazität und Preis aufeinander aufbauen. Da Bull aber von seinem Produktionsapparat her aus z.T. disparaten und aus anderen Unternehmen stammenden Produktionsanlagen zusammengesetzt ist, erfordert diese Entwicklung Anstrengungen auf allen Ebenen zugleich. So befinden sich etwa gleichzeitig die in Lizenz von Honeywell hergestellten Minicomputer genauso im Programm wie die von Thomson übernommenen Geräte der gleichen Kategorie. Da beide Produktsysteme mittelfristig nicht konkurrenzfähig sind, bleibt hier eigentlich nur die Perspektive einer vollständigen Neuentwicklung. Diese ist jedoch nicht nur extrem kapitalaufwendig, sondern ermöglicht das Angebot einer neuen Produktkette auch erst in frühestens zwei bis drei Jahren.
Das Unternehmen verfügt entgegen den Diskursen der Regierung über die strategische Relevanz des Informatikbereiches nicht über eine genügende finanzielle Ausstattung zur Realisierung der in allen vier Unternehmensbereichen dringend notwendigen Investitionen. Der Verlust von CII-HB betrug 1981 430 Mill. FF und

1982 1,3 Mrd. FF. Die Verschuldung stieg von 2,2 Mrd. FF im Jahre 1980 auf 4,4 Mrd. FF im Jahre 1981 (Dauba 1984, 51f.). 1983 erreichte sie 7 Mrd. FF, was mit der jährlichen Zahlung von 800 Mill. FF Zinsen verbunden ist (Quatrepoint 1982). Die 750 Mill. FF, die CII-HB 1982 vom Staat als Anleihen erhalten hatte, dienten ausschließlich zur Aufrechterhaltung der Geschäftstätigkeit, ohne im geringsten zur Investitionstätigkeit beizutragen. 1983 hat Bull nun eine Kapitalübertragung in Höhe von 1,5 Mrd. FF vom Staat erhalten. 1984 sollen ebenfalls 1,5 und 1985 nur noch 1 Mrd. FF an Übertragungen geleistet werden. Diese Summen entsprechen nicht den Versprechungen der Regierung zum Zeitpunkt der Verabschiedung des PAFE. Dies gilt besonders, da die Regierung CII-HB zur Übernahme von Transac zum Preis von 200 Mill. FF und zur Übernahme von SEMS gedrängt hatte, die einen jährlichen Verlust von 150 Mill. FF macht (Quatrepoint 1983). Nach Ansicht von Jacques Stern, P.D.G. von Bull, wäre 1983 mindestens eine Kapitalübertragung an Bull in Höhe von 2,5 Mrd. FF notwendig gewesen, wenn ein Mindestmaß der Investitionen zur Rückeroberung des Binnenmarktes realisiert werden und nicht eine Strategie der finanziellen Gesundung eingeschlagen werden soll, "indem wir uns in einfache Händler verwandeln, die die Produkte der anderen verkaufen.."(Le Monde 22.12.1982). Tatsächlich sind die Investitionsausgaben von Bull von 1981 zu 1982 um 30% auf 1,08 Mrd. FF gesunken, um dann 1983 einen Tiefstand von nur 700 Mill. FF zu erreichen (Dauba 1984, 52). Die Regierung muß sich entscheiden. Entweder man verfolgt den vom englischen Elektronikkonzern I.C.L. eingeschlagenen Weg:

> "massive Entlassungen, Stillegung von Fabriken, drastische Reduzierung von Produktlinien, Aufnahme eines Maximums an ausländischem Material in den eigenen Katalog, de facto Überlassung der Märkte von den unteren bis zu den oberen Produktgruppen an IBM und die anderen amerikanischen und japanischen Konstrukteure. Oder man gibt, und von Anfang an, CII-HB die Mittel, um eine Operation des letzten Versuchs zu führen..." (Quatrepoint 1982).

Doch die Gefahr, daß sich Bull gezwungen sieht, mehr und mehr Projekte zur Eigenentwicklung von konkurrenzfähigen Produktlinien aufzugeben, ist mit der Verpflichtung der nationalisierten

Unternehmen zum finanziellen Gleichgewicht im Jahre 1985 weiter gewachsen.
Die technologischen Verbindungen mit Honeywell blieben auch nach der Verringerung an CII-HB erheblich.
1982 hat CII-HB 60% seiner gesamten Einkäufe importiert, während 60% der Importe direkt von Honeywell stammten. Auf dem Gebiet der elektronischen Bauteile hat CII-HB eine Strategie der Rückeroberung des Binnenmarktes faktisch aufgegeben, indem eine Beteiligung am amerikanischen Trilogy Ltd.-Konzern aufgenommen wurde, anstatt entweder selbst die notwendigen Bauelemente zu produzieren, oder sie zumindest von einem der beiden französischen Produzenten (Thomson und Matra) zu beziehen (Vergnaud 1982, 25). Angesichts der extrem zugespitzten Finanzlage des Unternehmens muß es auch verwundern, daß Bull gegenwärtig Investitionen in Brasilien und in den USA durchführt, um auf den Markt für elektronische Kreditkartensysteme vorzustoßen (vgl. Dauba 1984, 52).
Insgesamt muß für Bull als dem entscheidenden Pol der französischen Informatikindustrie festgestellt werden, daß nach der industriellen Umstrukturierung in diesem Bereich ein genügendes Potential für eine Strategie der Rückeroberung des Binnenmarktes vorhanden ist. Angesichts der disparaten Struktur und dem teilweisen technologischen Rückstand dieses Potentials wird jedoch die Beschränkung der Entwicklung von Bull durch die Haushaltspolitik der Regierung immer allmächtiger.

5.4.1.2. Die elektronischen Bauelemente

Die Industrie der elektronischen Bauelemente wurde umstrukturiert, indem das Unternehmen Eurotechnique, das bisher eine Filiale von Saint-Gobain und National Semiconductor war, zu einer 100%igen Filiale von Thomson wurde (die elektronische Produktion von Saint-Gobain ist vollständig aufgelöst worden). Damit verbleiben nur noch zwei nationale Pole der Produktion elektronischer Bauelemente: Matra und Thomson, wobei Thomson den strategisch größeren Stellenwert besitzt.

Der 1982 verabschiedete plan composants (Plan für elektronische Bauelemente) sieht bis 1986 die Erreichung folgender Ziele vor:

1. Die Erreichung einer exportstarken Position bei den bipolaires linéaires.
2. Die Erreichung einer Deckung des Binnenmarktes durch die nationale Produktion zu 80% bei den bipolaires numériques.
3. Eine Deckungsrate von 85% bei den MOS.
4. Die Erreichung der Rentabilität für die gesamte Produktion elektronischer Bauelemente.

Ergänzt werden soll diese Politik durch eine Beeinflussung der französischen Nachfrage nach französischen Bauelementen, da nur durch den Absatz einer sehr großen Stückzahl die Rentabilität gewährleistet werden kann. In diesem Zusammenhang wird die Bedeutung der Einkaufspolitik des Staates und der nationalisierten Unternehmen hervorgehoben.
Die finanziellen Leistungen des Staates für die Bauelementeindustrie betrugen 1982 480 Mill. FF und 1983 691 Mill. FF (Stoffaes 1983, 328). Dieses Geld wurde den beiden in diesem Bereich tätigen Polen vor allem in Form von Subventionen für Forschung und Investitionen überlassen. Insgesamt sollen von Matra und Thomson von 1983-1986 2,2 Mrd. FF in die Produktion und 3,8 Mrd. FF in die Forschung investiert werden (Le Monde 8.5.1984).
Bei Experten des Industrieministeriums ist es jedoch kein Geheimnis, daß zusätzlich zu den genannten 2,2 Mrd. FF weitere 2,6 Mrd. FF für den Zeitraum bis 1986 notwendig wären, wenn in einer genügenden Breite Investitionen zur Produktion von elektronischen Bauelementen, die bisher nicht in Frankreich hergestellt worden sind, vorgenommen werden sollen. In Wirklichkeit wird nämlich ein Teil der für F&E-Ausgaben vorgesehenen 3,4 Mrd. FF von Matra und Thomson zu Investitionszwecken genutzt (vgl. Le Boucher 1983). Hierdurch vergrößert sich unweigerlich die Gefahr, daß Frankreich sich auf die Produktion einer begrenzten Zahl von elektronischen Bauelementen beschränkt, die man bereits

jetzt technologisch beherrscht. Dadurch würde der technologische Abstand zu den amerikanischen Produzenten und damit mittelfristig auch das Handelsbilanzdefizit in diesem Bereich immer größer werden. In diesem Zusammenhang muß darauf verwiesen werden, daß die Investitionen des kalifornischen Unternehmens Intel im Bereich der elektronischen Bauelemente in einem Jahr genauso groß sind, wie die gesamten französischen Investitionen in diesem Bereich in vier Jahren, d.h. während der gesamten Dauer des plan composants (vgl. Le Monde 1.3.1984).
Die Unzulänglichkeit der finanziellen Ausstattung bei gleichzeitig dennoch stattfindender Durchführung von einigen Investitionsprojekten hat die Ertragslage der Unternehmen Eurotechnique und E.F.C.I.S., den beiden Filialen von Thomson im Bereich der elektronischen Bauelemente, soweit verschlechtert, daß sie von nationalisierten Banken auf die rote Liste gesetzt worden sind und eine Kreditsperre verhängt wurde (Le Monde 8.5.1984). Sogar der Fonds industriels de modernisation (FIM) hat aus dem gleichen Grund die Bearbeitung von Finanzierungsanträgen zu diesem Zeitpunkt abgelehnt (Mitteilung des Industrieministeriums).
Diese katastrophale Entwicklung der Bauelementeindustrie, die in völligem Gegensatz zu den Regierungsdiskursen über die strategische Rolle dieser Industrie steht, manifestiert sich in der stillschweigenden faktischen Aufgabe der ursprünglichen Ziele. Thomson hat seinen Anspruch zur Rückeroberung des Binnenmarktes auf einen Anteil von 18% im Jahre 1987 reduziert (Ancona 1983, 67). Matra hat einen Vertrag mit der amerikanischen Gesellschaft Intel abgeschlossen, der eine Vermarktung von von Intel produzierten Bauteilen über das Vertriebsnetz von Matra vorsieht (Vergnaud 1982, 25). Diese freiwillige oder durch die finanzielle Lage bedingte Aufgabe einer Produktionskettenstrategie wird durch erhebliche Probleme auf der Nachfrageseite ergänzt. Die Einkaufspolitik der französischen Unternehmen, aber auch der nationalisierten Unternehmen, ist keineswegs auf den Kauf der französischen elektronischen Bauelemente ausgerichtet. Unter dem Druck der finanziellen Rentabilität bevorzugen die

Einkaufsabteilungen oftmals billigere ausländische Angebote. Dieses Problem wird noch verstärkt, wenn ein nationalisiertes Unternehmen, wie z.B. Bull, nach dem profitcenter-Prinzip organisiert ist. In jedem Fall kann festgestellt werden, daß die im PI ausgearbeitete Orientierung der Industriepolitik an der Rückeroberung des Binnenmarktes bei den nationalisierten Unternehmen als zentraler Nachfragekomponente so gut wie keine Konsequenzen gehabt hat.
Bezüglich der Angebotsseite kann zusammenfassend festgestellt werden, daß ein ausreichendes strukturelles Dispositiv, die Schaffung von zwei nationalen Polen der Produktion von elektronischen Bauelementen, nicht mit einer ausreichenden finanziellen Ausstattung versehen wird und daher der plan composants droht, zu einem grandiosen industriepolitischen Mißerfolg zu werden.

5.4.1.3. Die medizinische Elektronik

Die Compagnie Générale de Radiologie (C.G.R.), Tochterfirma von Thomson, hat in Frankreich eine dominante Stellung im gesamten Bereich der biologischen und medizinischen Elektronik. Die C.G.R. ist das viertgrößte Unternehmen dieser Art auf der ganzen Welt, in über 100 Ländern durch ein Handelsnetz vertreten und besitzt 10 Fabriken im Ausland. Die bisherige Unternehmensstrategie war vollständig auf das Ziel der Internationalisierung der Produktion um jeden Preis ausgerichtet. Auslandsinvestitionen wurden auch dann getätigt, wenn eine entsprechende Produktion in Frankreich schon vorhanden war. Das Unternehmen bietet in Frankreich miteinander konkurrierende Produkte an, wobei diese Konkurrenz aufgrund der Tatsache, daß die Produktionsprozesse in Frankreich selbst kaum noch modernisiert worden sind, die einheimische Produktion in zunehmendem Maße benachteiligt. Die hohen finanziellen Kosten, die infolge der Verschuldung wegen der Auslandsinvestitionen entstanden sind, und die wegen der vernachlässigten F&E-Ausgaben drastisch reduzierte Konkurrenzfähigkeit der in Frankreich produzierten Erzeugnisse, haben 1982 zu einem Defizit von 450 Mill. FF geführt (Dano 1983, 54). Diese von der alten Unternehmensleitung von C.G.R. initiierte und von der alten Unternehmensleitung von Thomson unterstützte Strategie scheint sich jedoch seit der Nationalisierung von Thomson keineswegs zu verändern. Im Gegenteil traf die neue Unternehmensleitung von C.G.R. die Entscheidung, aufgrund der finanziellen Schwierigkeiten des Unternehmens die Produktpalette erheblich einzuschränken und vorrangig nur noch die Produkte zu produzieren, die gewinnbringend sind. Vor allem sollten kostspielige Entwicklungen von komplexen neuen medizinischen Anlagen nicht mehr unternommen werden. Hierin spiegelt sich die Hoffnung der Unternehmensleitung, das Unternehmen durch einen stark ausgeweiteten Export einiger stark profitträchtiger Produkte zu sanieren. Damit ist allerdings notwendig ein starker Anstieg der Importe in den Bereichen der medizinischen Elektronik verbunden, die von C.G.R. jetzt aufgegeben werden. Ebenso wird ein umfangreiches nationales technologisches Entwicklungspotential zerstört. Die notwendige unternehmensinterne Kehrseite dieser Strategie führte zu Verhandlungen mit der amerikanischen Firma Technicare (Tochterunternehmen von Johnson and Johnson) über die Vermarktung der Produkte des amerikanischen Unternehmens außerhalb der USA durch die C.G.R.. Die Unternehmensleitung von Thomson hat sich der Strategie der C.G.R. entgegengestellt.

5.4.1.4. Die Unterhaltungselektronik

Thomson ist nach den Nationalisierungen von 1982 zum zentralen Pol der Entwicklung der nationalen Unterhaltungselektronik geworden. Aufgrund der Vielzahl der Produkte verzichten wir hier auf eine umfassende Behandlung aller Sparten und beschränken uns auf den wegen des expandierenden Marktes besonders wichtigen Bereich der Videorecorder und einige Bemerkungen zur Bildröhrenherstellung von Thomson.

Bis zum Ende des Jahres 1983 hat Frankreich nicht über eine eigene Herstellung von Videorecordern verfügt. Schon vor dem Wahlsieg der Linken im Mai 1981 standen sich zwei industriepolitische Strategien gegenüber: Die technische und industrielle Kooperation von Thomson mit einem oder mehreren europäischen Unternehmen zur Errichtung einer europäischen Achse der Videotechnologie und die ungleiche Kooperation von Thomson mit dem japanischen Konzern J.V.C., die für den japanischen Konzern den erheblichen Vorteil bringt, über eine noch günstigere kommerzielle Basis zur Eroberung der europäischen Märkte zu verfügen. Im April 1981 stehen die Verhandlungen zwischen Thomson und JVC kurz vor ihrem Abschluß. Dieser Vertrag umfaßt vier Parteien: JVC und auf europäischer Seite Thomson, Thorn (GB) und Telefunken (die drei T). Er sieht folgende Arbeitsteilung zwischen den Unternehmen vor: Telefunken 'fabriziert' die Videorecorder von JVC, Thorn 'fabriziert' die Abspielgeräte der Videodisc von JVC und Thomson 'fabriziert' die Videokameras von JVC. Dabei handelt es sich z.T. mehr um Montage der JVC-Teile als um eine echte Fabrikation. Gemäß diesem Vertrag würde jeder Videorecorder, der unter den Marken Telefunken, Thorn oder Thomson verkauft wird, in einer Fabrik von Telefunken produziert werden. Der im Juni 1981 zum Gesamt-P.D.G. von Thomson avancierte J.P. Bouyssonnie erklärt im August 1981, daß die Allianz mit den Japanern die einzige Möglichkeit ist:

> "Angesichts der japanischen Invasion muß eine Antwort auf internationaler Ebene gefunden werden, um ein Produkt einzuführen" (Bouyssonnie in einer Erklärung gegenüber A.F.P., zit. nach Bauer 1983, 51),

worunter er den Vertrag zwischen den 3 T und JVC versteht. Im September erklärt der neue Industrieminister Pierre Dreyfus, daß er sich gegen diesen Vertrag zur Wehr setzen wird. Der Minister schlägt vor, den Vorschlag von Philips zu prüfen, gemeinsam mit Thomson in Frankreich eine Videorecorderfabrik mit 15 000 Beschäftigten zu errichten, die eine jährliche Produktion von 1 Mill. Videorecordern ermöglichen würde. Thomson wird somit immer mehr zum Symbol dafür, daß es mit den Nationalisierungen

möglich werden könnte, eine grundlegende Änderung der industriellen Strategie vorzunehmen. Die zwei Grundpfeiler dieser neuen Strategie sollten laut den programmatischen Vorstellungen des PI die Errichtung von Produktionsketten und, wo dies nicht allein auf nationaler Ebene möglich sein würde, eine europäische industrielle Kooperation sein, mit deren Hilfe die Dominationsstrategien der amerikanischen und japanischen Herausforderer abgewehrt werden könnten. Im Dezember 1981 wird der Vertrag mit JVC ohne Thomson abgeschlossen, eine nachträgliche Unterzeichnung allerdings wird offengehalten. Der im Februar 1982 neu als P.D.G. von Thomson benannte A. Gomez beginnt im März Gespräche mit Max Grundig, ohne jedoch definitiv einer Allianz mit den Japanern abzusagen. Im Mai 1982 kauft Thomson Dual. Im Juli unterzeichnet Grundig ein Einverständnisprotokoll für die Übernahme von 51% der Kapitalanteile des Unterhaltungselektronikbereichs von Telefunken. Im September scheinen die allgemeinen Grundlagen eines Vertrages zwischen Thomson und Grundig hergestellt zu sein, wonach erstere 75% des Kapitals von Grundig übernehmen würde. Max Grundig tritt für eine europäische Allianz zwischen Grundig, Thomson und Philips ein. Mitterand erklärt am 16. November: "Ich wünsche, daß zuerst eine europäische Lösung gesucht wird" (Le Monde, 17.11.1982). Gomez versucht Philips zu einer Zustimmung zur angestrebten Lösung zu bewegen, ohne die auch ein Vertrag mit Grundig blockiert gewesen wäre, da Philips mit 25% des Kapitals von Grundig die Sperrminorität besitzt.
In der BRD organisiert sich inzwischen Protest von Seiten der Gewerkschaften und verschiedener politischer Parteien gegen den angestrebten Vertrag. Philips stimmt prinzipiell dem Vertragsvorhaben zu, stellt aber die Bedingung, daß Thomson vollständig seine Verbindungen mit JVC abbrechen muß und das von Philips entwickelte Videosystem V 2000 zum europäischen Standard erhoben wird. Thomson weigert sich in den Verhandlungen mit Philips zunächst, das System V 2000 zu akzeptieren, während der neue Industrieminister J.P. Chevènement[1] eine solche Akzeptierung für mehr und mehr notwendig hält, um den europäischen Pol nicht zu gefährden.

[1] Am 29.6.1982 löste Chevènement Pierre Dreyfus als Industrieminister ab.

Am 8.3.1983 untersagt das deutsche Bundeskartellamt den Vertrag Thomson-Grundig, ohne daß Thomson weitere Schritte gegen diese Entscheidung unternommen hat. Noch am gleichen Tag wird ein Vertragsprotokoll unterzeichnet, wonach Thomson 75% des Kapitals von Telefunken übernimmt und dem schon bestehenden Vertrag mit JVC beitritt.

Während Gomez von einem erheblichen Teil der französischen Öffentlichkeit für seine 'Gegenoffensive' gelobt wird, kommentiert Le Monde das Geschehene erheblich distanzierter, indem darauf hingewiesen wird, daß Thomson immer eine sehr ablehnende Haltung gegenüber einer Kooperation mit Philips gehabt hat und es insofern fraglich sei, ob jemals eine europäische Achse wirklich von den entscheidenden Unternehmensleitern angestrebt worden ist. Diese Argumentation scheint umso überzeugender, als der Thomson-Verhandlungsleiter in den Verhandlungen mit Philips, J. Fayard, aus seiner Präferenz für die japanische Option nie ein Hehl gemacht hat ("Um die Marktanteile der Japaner zu übernehmen, muß man zuerst japanische Produkte verkaufen", zit. nach Bauer 1983, 52). Die Rolle von J. Fayard erscheint umso bedeutender, wenn man bedenkt, daß im gesamten dargestellten Zeitraum, vom Frühjahr 1981 bis zum Frühjahr 1983, der Industrieminister dreimal und der P.D.G. von Thomson zweimal wechselt, während J. Fayard als Direktor der Unterhaltungselektronikabteilung von Thomson während der gesamten Zeit an seinem Platz blieb. Hieran wird ein grundsätzliches Dilemma deutlich: Die neue Regierung hat es mit den ihr zur Verfügung stehenden industriepolitischen Instrumenten nicht geschafft, den europäischen Weg gegenüber den verschiedenen Bestandteilen der Unternehmensleitung durchzusetzen. Die den nationalisierten Unternehmen gewährte Führungsautonomie, die im PI und im 9. Plan festgeschrieben ist, verhindert bindende Einzeleingriffe in betriebliche Entscheidungsprozesse. In diesem Fall, in dem die Strategie eines nationalisierten Unternehmens der allgemeinen Zielsetzung der Industriepolitik fundamental widerspricht, ist weder von Seiten der Regierung, noch von Seiten der Interessenvertretungsorgane der Arbeiter eine institutionelle Möglichkeit zur Verhinderung der entsprechenden Unterneh-

mensentscheidung gegeben. Zudem wurde im vorliegenden Fall von der Thomson-Leitung reichlich davon Gebrauch gemacht, darauf zu verweisen, man wäre ja mit den Verhandlungen mit Grunding auf die Forderungen der Regierung eingegangen, doch leider hat das Bundeskartellamt einen erfolgreichen Abschluß verhindert.
Ein Umstand, der den taktischen Spielraum der Unternehmensleitungen nationalisierter Unternehmen erheblich vergrößert, ist die völlige Geheimhaltung der verschiedenen Verhandlungen. Hat das Industrieministerium wenigstens die Resultate einiger Gespräche mit den ausländischen Konzernen erfahren, war der Vorgang der breiten Öffentlichkeit und dem Betriebsrat gegenüber so lange im Verborgenen gehalten worden, bis die entsprechenden Entscheidungen ohnehin gefallen waren, also keine realen Einflußmöglichkeiten mehr bestanden.
Die Aufgabe der europäischen Strategie scheint um so tragischer, da die technologische Entwicklung im Bereich der Videorecorder kurz vor einem neuen Sprung steht, bei dem auch die ökonomischen Erfolgschancen leichter hätten umverteilt werden können. Mittelfristig werden nämlich alle jetzt gängigen Video-Standards (V 2000 von Philips, Betamax von Sony und VHS von JVC) durch einen neuen 8mm-Standard abgelöst. Indem jetzt durch die Entscheidung von Thomson, eine Lizenzproduktion von JVC einer Kooperation mit Philips vorzuziehen, die europäischen Märkte und Produktionsanlagen auf das VHS-System orientiert worden sind (im Frühjahr 1984 hat sich auch Philips gezwungen gesehen, den VHS-Standard ins Programm aufzunehmen), sind die Forschungs- und Investitionskapazitäten der europäischen Unternehmen zumindest kurzfristig auf die VHS-Produkte festgelegt. Indem aber JVC seine Geräte zunehmend im Ausland produzieren läßt, kann es sich selbst besser auf den 8mm-Standard vorbereiten. So entsteht für die japanische Firma ein technologischer Vorsprung, der bisher bezüglich des 8mm-Standards nicht gegeben war (vgl. Lussato 1983).
Mehr an der kurzfristigen finanziellen Rentabilität als an der Aufrechterhaltung eines nationalstaatlich kontrollierbaren technologischen Potentials orientiert, ist auch die von Thomson beschlossene Schrumpfungspolitik in der Bildröhrenproduktion des

Tochterunternehmens Videocolor. Videocolor ist ein Tochterunternehmen von Europacolor, welches wiederum bisher zu 43% vom amerikanischen R.C.A.-Konzern und zu 57% von Thomson gehalten wurde. Nach der Ankündigung von R.C.A., sich aus Europacolor zurückzuziehen, hat Thomson beschlossen, die Produktionskapazitäten von Videocolor, dem zweitgrößten europäischen Produzenten von Bildröhren, drastisch zu reduzieren und eins der drei Werke (Ulm in der BRD) stillzulegen. Die anderen beiden in Agnani bei Rom und in Lyon werden aufrechterhalten. Es wird allerdings einige Zeit dauern, bis die Produktion der 90°-Röhren, die bisher nur in Ulm hergestellt worden sind, in einem der anderen beiden Werke aufgenommen werden kann (Le Monde, 13.11.1981). Bis zu diesem Zeitpunkt werden mit großer Sicherheit Marktanteile an die japanischen 90°-Röhren verloren worden sein. Zum anderen muß diese drastische Kapazitätsreduzierung auch unter dem Gesichtspunkt fraglich erscheinen, daß mit der Entwicklung der neuen Medien eine verstärkte Nachfrage nach Bildschirmen nicht unwahrscheinlich ist.

5.4.1.5 Die fernmeldetechnische Industrie

Die fernmeldetechnische Industrie war bisher in zwei Polen, CIT-Alcatel, Tochterfirma von C.G.E., und Thomson organisiert. Im August 1983 unterzeichneten G. Pebereau, Generaldirektor von C.G.E., und A. Gomez, Präsident von Thomson-Brandt, ein Absichtsprotokoll, wonach die produktmäßige Ausrichtung der beiden Gruppen grundlegend umstrukturiert werden soll. Der gesamte Bereich der Telekommunikationstechniken soll von C.G.E. übernommen werden und die Bereiche der militärischen Elektronik und der elektronischen Bauelemente vollständig von Thomson (Rossel 1983, 26).
In einem ersten Schritt regruppiert Thomson seine Aktivitäten im Bereich der Telekommunikation in einer eigenen Gesellschaft (Thomson-Telecommunications). Gleichzeitig wird Thomson Minder-

heitsaktionär bei CIT-Alcatel und Mehrheitsaktionär in allen Tochterunternehmen von C.G.E., die im Bereich der elektronischen Bauelemente tätig sind. Am 1.1.1987 sollen dann die Telekommunikationsgesellschaften beider Konzerne endgültig fusionieren. Angesichts des bedeutenden ökonomischen Gewichts, welches beide Konzerne zusammen haben (mehr als 300 000 Beschäftigte und 100 Mrd. FF Jahresumsatz), ist die gesamte Produktionskette Elektronik von dieser Umstrukturierung betroffen. Um so verwunderlicher ist es, daß die Verhandlungen unter absoluter Geheimhaltung geführt wurden. Weder Betriebsrat noch Industrieministerium wurden in den Prozeß der Entscheidungsvorbereitung miteinbezogen, sondern erfuhren von den Absichtserklärungen und Verhandlungsprotokollen aus der Presse. Einige Tage nach dem Bekanntwerden des Absichtsprotokolls der beiden P.D.G.'s hat der Industrieminister Fabius am 20.9.1983 einen Brief an die beiden Unternehmensleitungen geschrieben, in dem er sich prinzipiell mit den Fusionsplänen der beiden Unternehmen für den Bereich der Fernmeldetechnik einverstanden erklärt, allerdings zwei Auflagen damit verbindet: 1. soll die Beschäftigung der beiden Unternehmen insgesamt erhöht werden und 2. müssen die von Thomson bisher produzierten Produktlinien aufrechterhalten werden. Zwei Tage nach dem Erhalt dieses Briefes gaben die Unternehmensleitungen von C.G.E. und Thomson bekannt, daß im Zuge der Umstrukturierungen mindestens 5000 Arbeitsplätze abgebaut werden würden (Roche/Roudaut 1983, 14). Die schrittweise Einstellung der Produktion der Vermittlungszentralen von Thomson (M.T.-System) wurde erst im Frühjahr 1984 bekannt.
Wichtigstes Argument der Unternehmensleitungen für die geplante Fusion ist die Notwendigkeit eines großen Unternehmensumfanges, wenn man mit gegen die Weltführer ATT oder ITT antreten will, d.h. ihnen auf internationalen Märkten Marktanteile strittig machen will. Dieses Argument sagt jedoch nichts darüber aus, nach welchen Kriterien dieses größere Unternehmen geleitet werden wird. Die genannten Maßnahmen der Reduzierung der Beschäftigung und des Abbaus der Thomson-M.T.-Produktpalette läßt eher vermuten, daß

das fusionierte Unternehmen eine Marktlückenstrategie im engeren Sinne verfolgen wird, d.h. einige wenige, am besten für den Export geeignete Produktsysteme bei einem insgesamt reduzierten Unternehmensangebot herstellen. In diesem Rahmen erscheint es allerdings als wahrscheinlich, daß bisher gehaltene Marktanteile verloren werden, da das M.T.-System von Thomson auf anderen Marktsegmenten angesiedelt ist als die E 10-Zentralen von CIT-Alcatel (vor allem die unterschiedliche geographische Exportorientierung erscheint hier relevant).
Ein weiteres entscheidendes Problem der neuen Grenzziehungen zwischen den beiden Konzernen ist das Auseinanderreißen von verschiedenen Bestandteilen der Produktionskette Elektronik. Während die elektronischen Bauelemente bei Thomson konzentriert werden, gehört die Fernmeldetechnik als ein entscheidender Abnehmer zu C.G.E.. Gleiches gilt auch für die Büroelektronik, die von CIT-Alcatel in Kooperation mit Olivetti entwickelt wird. Innerhalb beider Unternehmen bestanden bisher zahlreiche Synergiewirkungen, die mit den getroffenen Entscheidungen aufgelöst werden. Ein technologisches Potential wird auch gefährdet, wenn die Forschungsabteilungen der beiden Unternehmen zusammengelegt werden, da der internationale Wettbewerb im Bereich der Fernmeldetechnik in entscheidendem Maße von den hier gemachten Fortschritten, daher aber von der Kontinuität und der Motivation bei der in den Forschungsabteilungen geleisteten Arbeit abhängt.
Eine Reihe der genannten Argumente gegen die Fusion im Bereich der Fernmeldetechnik ist auch von Mitarbeitern des Industrieministeriums und der PTT im Verlauf der Verhandlungen zwischen den beiden Konzernen vorgebracht worden. Die Direction Générale de Telecommunications (DGT) ist als Organ der PTT für die Koordinierung der Industriepolitik im Bereich der Elektronikindustrie zuständig, da die PTT einen dominanten Pol unter den Nachfragern dieser Industrie darstellt. Die DGT hatte generelle Einwendungen gegen die Fusion, da sie die Entstehung eines Monopols gegenüber der PTT für die PTT unter Preis- und Qualitätsgesichtspunkten für negativ hielt. Gleichgültig wie man dieses Argument inhaltlich einschätzt, muß festgehalten werden, daß die DGT, obwohl sie

offizielles Organ im Bereich der Industriepolitik in der Elektronikindustrie ist, ebensowenig in den Entscheidungsverlauf einbezogen worden ist wie das Industrieministerium und der Betriebsrat (Roche/Roudaut 1983, 15). Zusammenfassend kann im Bereich der Fernmeldeindustrie die fast völlige Wirkungslosigkeit der industriepolitischen Instanzen gegenüber dem Entscheidungsprozeß festgestellt werden: Die DGT war prinzipiell gegen die Fusion, Fabius war für die Fusion unter zwei Bedingungen, deren Einhaltung von den Unternehmen abgelehnt worden ist, dem Betriebsrat und den Gewerkschaften ist ohnehin keinerlei Möglichkeit zum Eingreifen in den Prozeß gegeben worden. Doch trotz dieser Umstände und der Nichteinhaltung der vom Industrieministerium selbst gestellten Bedingungen hat Fabius nach den endgültigen Abmachungen über die Fusion keinerlei Schritte, z.B. in Form von finanziellem Druck auf die beiden Unternehmen, unternommen, um zumindest die Modalitäten der Fusion hinsichtlich ihrer Beschäftigungswirkungen zu verändern.
So hat denn auch im Bereich der Fernmeldetechnik das Kriterium der finanziellen Rentabilität gesiegt: Thomson hat sich des wegen seines begrenzten Exporterfolges ungeliebten Fernmeldebereiches entledigt und CIT-Alcatel kann seine Politik der finanziellen Gesundung durch Angebotsverringerung und Exportmarkteroberung realisieren - bei gleichzeitigem Abbau von 300 Arbeitsplätzen 1983 und dem Abbau von 2000 weiteren Arbeitsplätzen in den Jahren 1984 und 1985, obwohl CIT-Alcatel sowohl im Bereich der Büroelektronik als auch im Bereich der computergesteuerten Produktkonzeption anspruchsvolle Expansionspläne hat (vgl. Perrin 1984, 57).

5.4.1.6. Die Aufgabe der Produktionskettenstrategie im Bereich der Büroelektronik durch C.G.E.

Im Rahmen der Umorganisierung der Aufgabenbereiche zwischen den im Elektronikbereich tätigen nationalisierten Unternehmen sollte C.G.E. den Aufbau einer nationalen Produktlinie im Bereich der Büroelektronik übernehmen. Hier ist das Außenhandelsbilanzdefizit sehr groß, da Frankreich in fast allen wichtigen Produktbereichen (elektronische Schreibmaschinen, Kopierer usw.) keine oder keine konkurrenzfähigen Erzeugnisse herstellt. Anstatt der Entwicklung von eigenen konkurrenzfähigen Produktpaletten unter Zuhilfenahme von ausländischen Lizenzen oder dem Kauf von Patenten ist von C.G.E. der Weg einer äußerst ungleichen Kooperation eingeschlagen worden.
Vor den Nationalisierungen des Jahres 1982 besaß Saint Gobain 33% der Aktien von Olivetti, die nach den Nationalisierungen auf die Compagnie des Machines Bull (23%) und die nationalisierten Banken (1,5%) umverteilt wurden und zu 8,5% bei Saint-Gobain verblieben. Da die Unternehmen Bull und Olivetti jedoch zu immer heftigeren Konkurrenten im Informatiksektor werden, legt die französische Regierung Wert darauf, daß C.G.E. einen Teil der Aktien übernimmt, um mit Olivetti im Bereich der Büroelektronik zu kooperieren. Der Unternehmensleiter von Olivetti, de Benedetti tritt zu diesem Zeitpunkt für einen Eintritt des amerikanischen Giganten ATT in das Kapital von Olivetti ein und begrüßt daher eine Lösung, in der C.G.E. 10% der Aktien von Olivetti kauft und die restlichen 23% an Olivetti zurückverkauft werden - um sie dann an den amerikanischen Interessenten weiterzuverkaufen (Le Monde 3.11.1983). In dem von C.G.E. und Olivetti abgeschlossenen Kooperationsvertrag wird die Errichtung von drei gemeinsamen Produktionsstätten geplant, eine gemeinsame Studiengesellschaft für elektronische Schreibmaschinen, die Errichtung einer gemeinsamen Floppy-Disc-Fabrik und die Errichtung einer gemeinsamen Tastaturelementefabrik. Die Errichtung der Produktionsstätten ist jedoch in keiner Weise terminiert worden, so daß eine wirkliche industrielle Kooperation noch auf sich warten läßt

(Perrin 1984, 57). Sofort wirksam wird dagegen die Kommerzialisierung von Olivettiprodukten über das Verkaufsnetz von C.G.E., besonders über die beiden Marken Ronéo und Fridden. Damit sind der Entwicklung einer autonomen nationalen Büroelektronikkette wesentliche Möglichkeiten verbaut worden und gleichzeitig der Einstieg von ATT in die europäischen Märkte erleichtert worden. Gleichzeitig ist die von C.G.E. gegenüber Olivetti eingeschlagene Strategie der Errichtung einer geschlossenen französischen Produktionskette im Elektronikbereich auch insofern entgegengesetzt, als daß verschiedene Erzeugnisse von Olivetti im Bereich der Büroinformatik direkt mit den entsprechenden Erzeugnissen von Bull konkurrieren und C.G.E. damit den Stützpunkt der Untergrabung der Kohärenz der nationalen Produktionsstruktur darstellt.

> "Mit dieser Überlassung des entscheidenden Teils der Beteiligung an Olivetti hat Frankreich nun noch einen Trumpf in der industriellen Schlacht verloren" (Quatrepoint 1983).

Einzig das strategische Kalkül der C.G.E.-Unternehmensleitung, daß die finanzielle Situation des Unternehmens kurzfristig durch die Vermarktung der ausländischen Produkte schneller zu verbessern ist als durch einen umfangreichen eigenen Forschungs- und Entwicklungsaufwand kann für das Zustandekommen und die Form der ungleichen Kooperation mit Olivetti ausschlaggebend gewesen sein.

5.4.2. Die Chemieindustrie

Nach den Nationalisierungen kontrolliert der französische Staat 54% der Basischemie, 14% der Parachemie und 28% der pharmazeutischen Industrie (Stoffaes 1983, 311). Wichtigstes Ziel der Industriepolitik war zunächst die Umstrukturierung des gesamten Chemiesektors. Die großen französischen Gruppen waren völlig ungenügend spezialisiert und erreichten in den meisten Produktionsbereichen nicht die notwendige Mindestgröße, um die entsprechenden Produkte zu konkurrenzfähigen Preisen anbieten zu können. In der gesamten Chemieindustrie hat ein im Vergleich zu den europäischen Konkurrenten drastisch niedrigerer F&E-Aufwand und eine fast stagnierende Investitionstätigkeit im Inland zu einer noch weitergehenden Verschlechterung der Wettbewerbsposition geführt.

Gemäß den Grundsätzen der Autonomie der Unternehmensführung der nationalisierten Unternehmen wollte die Regierung jedoch nur einen groben Rahmen für die Umstrukturierung stecken, ohne die Details der neuen Aufgabenteilung vorzugeben. Gleichzeitig mit der Umstrukturierung sollten die Unternehmen zum Aufbau der neuen chemischen Aktivitäten verpflichtet werden (Biochemie, Spezialitäten in der Feinchemie, neue Materialien). Nach Konsultationen zwischen Industrieministerium und den verschiedenen Konzernleitungen wurden im Mai 1982 die Grundprinzipien der Umstrukturierung der Chemieindustrie bekanntgegeben, bei denen der Produktionskettengesichtspunkt und der Gesichtspunkt der optimalen Unternehmensgröße, die eine stärkere regionale Konzentration erfordert, eine entscheidende Rolle spielen sollten.
Die regionale Konzentration soll durch die Schaffung von drei chemischen Zonen sichergestellt werden: Süden und Südosten (Alpen, Rhône, Lyon), Westen (Paris, untere Seine) und Nordosten (Dunkerque, Lothringen). Dies impliziert einen teilweise drastischen Kapazitätsabbau in vielen Produktionsstätten der sehr zersplitterten französischen Chemieindustrie. Die chemischen Aktivitäten von PUK, die vom Tochterunternehmen Produits Chimiques Ugine Kuhlmann (PCUK) betrieben worden sind, sollten gemäß ihrer Produktionskettenzugehörigkeit auf die drei zukünftigen industriellen Pole Elf-Aquitaine, CDF-Chimie und Rhône-Poulenc aufgeteilt werden, womit PUK vollkommen aus dem Chemiebereich ausscheidet. Zwei Drittel der Aktivität von PCUK gehören zum Bereich der Chlorchemie. Diese sollen von Elf-Aquitaine übernommen werden, die bereits über das Unternehmen Ato-Chloë verfügen, so daß nach der Restrukturierung Elf zum international viertgrößten Produzenten in diesem Bereich wird. CDF-Chimie sollte die Druckfarben und Plastikerzeugnisproduktion von PCUK übernehmen (Stoffaes 1983, 315).
Damit war folgende allgemeine Aufgabenteilung zwischen den drei verbleibenden Gruppen beabsichtigt, die auch einen Austausch von

verschiedenen Produktionsabteilungen untereinander implizierte: Elf spezialisiert sich auf die Chlor-, Fluor- und Bromchemie (Chollier 1983, 69), CDF-Chimie auf Farben, Druckfarben, Polyester, Plastikmaterialien (Stoffaes 1983, 316) und Düngemittelproduktion (Übernahme der Düngerabteilung von Rhône-Poulenc) und Rhône-Poulenc spezialisiert sich auf die Feinchemie, die pharmazeutische Chemie, die Agrochemie und die Kunstfaserproduktion (Chollier 1983, 70). Allein der Bereich der pharmazeutischen Chemie wird innerhalb der nationalisierten Unternehmen nicht eindeutig zugewiesen: Hier sind neben Rhône-Poulenc auch noch die Unternehmen Sanofi (Tochter von Elf) und Roussel-Uclaf tätig.

Insgesamt kann jedoch gesagt werden, daß das dargestellte theoretische Schema der Umstrukturierungen in der Chemieindustrie geeignet ist, eine stärkere Geltung der in der chemischen Produktion besonders eindeutigen Produktionskettengesichtspunkte zu ermöglichen. Damit wäre von der technischen Struktur der drei neuentstandenen Pole her eine gute Grundlage für die notwendigen Modernisierungsinvestitionen gegeben gewesen.
In der Praxis ist das theoretische Schema der Umstrukturierung jedoch bis zum Ende des Jahres 1983 noch nicht vollständig verwirklicht worden. Der Grund dafür sind die dauerhaften Auseinandersetzungen zwischen den verschiedenen Unternehmensleitungen untereinander und mit der Regierung über die Finanzierung der Umstrukturierung, besonders bezüglich der Übernahme der Schulden von PCUK gewesen. PUK hatte gegenüber PCUK Forderungen in Höhe von 3 Mrd. FF, deren Zahlung mit dem Ausscheiden von PUK aus dem Chemiebereich fällig wurde. Elf-Aquitaine, die den größten Teil der Aktivitäten von PCUK übernehmen sollte, weigerte sich mit dem Argument, daß die Übernahme der defizitären Chlorchemie ohnehin schon eine ökonomische Bedrohung des ansonsten mit Gewinn arbeitenden Konzerns darstellen würde, so daß eine Schuldenübernahme nicht vertretbar sei. CDF-Chimie weigerte sich, auch nur einen Teil der Schulden zu übernehmen, da sie selbst in hohem Maß defizitär arbeitet und von PCUK ebenfalls nur defizitäre Bereiche übernimmt. Die Verhandlungen scheiterten zunächst an der sehr har-

ten Position von A. Chalandon, dem P.D.G. von Elf-Aquitaine. Nachdem die Regierung am 16.6.1983 das Mandat von Chalandon nicht mehr verlängert hat, gelangten die Verhandlungen nach wenigen Tagen zu einem Abschluß, der eine endgültige Auflösung von PCUK zum 1.1.1984 möglich gemacht hat. Dennoch hat sich die Strategie von Chalandon durchgesetzt:
1. muß der Staat trotz der hohen Gewinne von Elf-Aquitaine die Kosten der Umstrukturierungsmaßnahmen tragen (etwa 3 Mrd. FF) und
2. ist PCUK vor der Übernahme der meisten Bestandteile durch Elf "gesundgeschrumpft" worden. Verschiedene Anlagen wurden stillgelegt, 1200 Arbeitsplätze abgebaut, die Farbstoffproduktion an den englischen Konzern I.C.I. verkauft, was für Elf eine Einsparung an Sozial- und Organisationskosten in Höhe von etwa 150 Mill. FF bedeutet (Angaben des Industrieministeriums).
Entscheidendes Resultat der vor allem durch die Elf-Aquitaine-Unternehmensleitung verursachten Verzögerung der Umstrukturierung ist die weitgehende Zerstörung des industriellen und kommerziellen Potentials von PCUK. Denn mehr noch als der Abbau des Produktionspotentials hat ein extremer Rückgang der Nachfrage nach PCUK-Produkten in dem Zeitraum, in dem die Umstrukturierung zwar beschlossen, aber nicht durchgeführt worden ist, dazu beigetragen, daß die Marktanteile von PCUK dauerhaft auch für die Unternehmen, die PCUK-Bestandteile übernehmen, verloren sind (vgl. Bauer/Cohen 1983, 20f.). Damit hat aber die allein an der eigenen Profitmaximierung orientierte Verhandlungsstrategie eines nationalisierten Unternehmens die ökonomische Effizienz der Umstrukturierungen in der Chemieindustrie zu einem erheblichen Teil unterlaufen. Die Regierung hat in diesem Fall zwar als industriepolitisches Mittel die Nichterneuerung des Mandats von Chalandon eingesetzt, jedoch kam diese zu spät, um den entstandenen ökonomischen Schaden wiedergutmachen zu können. Damit stellt sich hier aber erneut, wie schon im Fall der Videorecorderpolitik von Thomson und der Büroelektronikpolitik von C.G.E., die Frage, welche industriellen Mittel in einer Situation gegeben sind, in der die Strategie der Leitung eines nationalisierten Unternehmens fundamental der Richtung der Industriepolitik der Regierung und

den Interessen der Beschäftigten widerspricht.

Das zweite entscheidende industriepolitische Problem im Bereich der Chemieindustrie ist die Investitionspolitik der nationalisierten Unternehmen. Elf erzielte 1983 einen verfügbaren Gewinn in Höhe von 14 Mrd. FF und kündigte gleichzeitig für das Jahr 1984 den Abbau von mindestens 2500 Arbeitsplätzen an (Chollier/Marx 1984, 61). Die Entstehung dieses hohen Profits der Gruppe erklärt sich z.T. daraus, daß die unter günstigen Bedingungen geförderten Erdöl- und Rohstoffmengen zu Weltmarktpreisen in US$ an die nationalisierten Unternehmen verkauft werden. In der Erdölförderung und im Erdölhandel liegen auch die Investitionsschwerpunkte von Elf-Aquitaine. Dem entspricht eine defizitäre Situation der Elf-Filialen und eine weitgehende Überalterung der Raffinerien und Basischemieproduktionsstätten in Frankreich selbst. Von den 1982 insgesamt investierten 6,7 Mrd. FF wurden nur 717 Mill. FF in Frankreich investiert, 1983 hatte sich dieses Verhältnis zu 8 Mrd. FF gegenüber 780 Mill. FF verschlechtert (Chollier/Marx 1984, 62). Die Entwicklung der Investitionstätigkeit in Frankreich ist keineswegs mit dem Ziel der Aufnahme der Produktion von neuen chemischen Produkten und einer positiven Entwicklung der Beschäftigung innerhalb des gesamten Chemiesektors vereinbar (die mit der Chemieindustrie befaßte Arbeitsgruppe zur Erstellung des 9. Plans hatte für den Zeitraum zwischen 1983 und 1987 noch die Schaffung von 10 000 neuen Arbeitsplätzen und eine Gesamtinvestitionssumme von 37 Mrd. FF vorgesehen (ebd.). Auch das Forschungsbudget von Elf-Aquitaine entspricht nicht den Anforderungen, die die in der Prozeß- und Produktinnovation stattfindenden technologischen Veränderungen mit sich bringen. Es wuchs 1982 zwar um 19,5%, wenn man jedoch der Inflationsrate und der leichten Umsatzsteigerung des Unternehmens Rechnung trägt, nur um knapp 1% (Chollier 1983, 70).
Die erhebliche Differenz zwischen Nettogewinnen und den gesamten Investitionen (In- und Ausland) legte Elf auch im Jahre 1983 wieder in Finanzinvestitionen an. Die Erträge aus Finanzinvestitionen haben im Jahr 1982 3,7 Mrd. FF ausgemacht (Chollier/Marx 1984,

62). Damit läßt sich aber feststellen, daß die Unternehmenspolitik von Elf-Aquitaine fast in jeder Hinsicht den im PI und im 9. Plan festgelegten allgemeinen industriepolitischen Absichten widerspricht. Nach wie vor werden in einem erheblichen Umfang Finanz- gegenüber Produktivinvestitionen bevorzugt. Das Schwergewicht der Produktivinvestitionen liegt in einem extremen Maße bei den Auslandsinvestitionen, das inländische Produktionspotential kann weder hinsichtlich der neuen chemischen Produktion noch hinsichtlich der Modernisierung der Basis- und Petrochemie in einem ausreichenden Maße entwickelt werden. Die Ziele bezüglich Beschäftigung und F&E-Ausgaben werden nicht erreicht. Dies muß um so schwerer wiegen, als Elf-Aquitaine eines der wenigen nationalisierten Unternehmen ist, die 1983 mit einem Gewinn abschlossen.

5.4.3. Die Aluminiumproduktion

PUK hat in Frankreich fast die gesamte Aluminiumproduktion unter ihrer Kontrolle. PUK realisierte 1982 insgesamt 65% seines Umsatzes im Ausland und machte einen Verlust von 2,7 Mrd. FF. Die Kupfer- und Glasproduktion, die die größten Defizite aufweist, soll drastisch in ihren Kapazitäten reduziert werden. Im Aluminiumbereich sind zahlreiche Investitionsvorhaben, allerdings ausschließlich im Ausland, vorgesehen.
Der französische Gesamtverbrauch an Aluminium betrug im Jahre 1982 etwa 600 000 t, wobei PUK in Frankreich nur 450 000 t produzierte. 1983 wurden sogar nur noch 360 000 t in Frankreich hergestellt, und die Unternehmensleitung von PUK strebt eine Reduzierung der Produktion in Frankreich auf 285 000 t im Jahre 1985 an. Mit diesem Produktionsrückgang würde der Abbau von 1200 Arbeitsplätzen in der französischen Aluminiumproduktion in den Jahren 1984 und 1985 notwendig werden (Le Monde 13.12.1983). Gleichzeitig werden jedoch die Produktionskapazitäten im Ausland drastisch ausgeweitet. Gegenwärtig wird an einer Ausweitung der Produktionsstätten in Australien, Kamerun und Kanada gearbeitet (vgl. Vergnaud 1982, 25). Dabei werden die noch vor der Nationalisierung

des Unternehmens begonnenen Auslandsinvestitionsprojekte nicht nur fortgesetzt, sondern die Umschichtung der Kapazitäten von Frankreich in die ausländischen Filialen noch akzentuiert. So wurde zwar die amerikanische Filiale Howmet Aluminium Corporation (H.A.C.) für 235 Mill. US$ an die japanisch-amerikanische Gruppe ALUMAX verkauft, allerdings wird der dabei erzielte Erlös in der Errichtung einer Großfabrikationsanlage in Quebec angelegt, die mit einer jährlichen Kapazität von 220 000 t arbeiten wird. PUK selbst wird mit 51% des Kapitals dieses Unternehmen halten, während 25% von der kanadischen Regierung und der Rest wahrscheinlich von der Gruppe ALUMAX übernommen werden (vgl. Chollier 1983b, 21). George Besse, der neue P.D.G. von PUK, formulierte die Unternehmensstrategie folgendermaßen: "Überall da, wo die Versorgung zu teuer wird, werden wir verschwinden" (Le Monde 13.12.1983). Besser läßt sich die nach wie vor ausschließlich an der finanziellen Rentabilität und der Eroberung von Exportmärkten orientierte Strategie, bei der die hohen volkswirtschaftlichen Kosten des Anstiegs des Außenhandelsbilanzdefizits und der Arbeitslosigkeit keine Rolle spielen, nicht zusammenfassen.

5.4.4. Die Automobilproduktion von Renault

Von den 2 Millionen Autos, die Renault 1982 gebaut hat, wurden 1.229.000 in Frankreich und der Rest im Ausland hergestellt. Die Anzahl der von Renault im Ausland hergestellten und in Frankreich abgesetzten Autos, ist von 82.110 im Jahre 1976 auf 183.726 im Jahre 1981 angestiegen (vgl. Silvain 1983, 49). 1982 betrug diese Zahl sogar 240.000 (vgl. Economie et politique, Juli/August 1982, 21). Diese Tendenz wird sich noch verschärfen, wenn der R 9, der gegenwärtig in Douai gebaut wird, in dieser Fabrik ab 1984 durch den R 11 ersetzt wird, so daß der R 9 nur noch im Ausland (Belgien, Spanien, USA) gebaut wird. Die für den französischen Binnenmarkt bestimmten R 9 werden in erster Linie aus Spanien importiert werden. Das gesamte Defizit Frankreichs im Außenhandel mit Spanien betrug 1982 8 Mrd. FF. Die genannte Entschei-

dung Renault's dürfte einen erheblichen negativen Einfluß auf die Außenhandelsbilanz haben, da der R 9 1983 zu der Gruppe der fünf meistverkauften PKW in Frankreich gehört hat.
Die seit 1975 vom Renault-Konzern eingeschlagene Strategie, die Weltmarktanteile vor allem durch Investitionen auf der Achse Mexiko-USA-Kanada auszuweiten, hat sich drastisch auf die Investitionstätigkeit in Frankreich ausgewirkt. Die letzte neue Fabrik in Frankreich wurde 1972 in Douai errichtet. Ebenso wurde und wird die Entwicklung neuer Modelle stark vernachlässigt. Der R 9 und der R 11 sind gegenwärtig die einzigen modernen Modelle, bei denen Qualitätsstandard, Leistung und Fertigungsproduktivität dem Niveau der europäischen Konkurrenzprodukte entspricht. Besonders in der Klasse der Kleinwagen verfügt Renault nur über veraltete Modelle (R 4, R 5), die ein fortschreitendes Eindringen der entsprechenden deutschen und japanischen PKW erleichtert. 1983 hat Renault in Frankreich vier Prozent Marktanteile verloren (Le Monde 26.1.1984) und einen Verlust von 2 Mrd. FF gemacht. Bis 1986 sollen in den französischen Renault-Produktionsstätten 8000 Arbeitsplätze abgebaut werden. Auch die Tochtergesellschaft für Nutzfahrzeuge, Renault Vehiculs Industriels (R.V.I.) hat einen Abbau von 5000 Arbeitsplätzen bis 1986 vorgesehen (ebd.). Die mit den unterlassenen Investitionen zur Modernisierung der Fertigungsprozesse und zur Erhöhung der Qualifikation der Arbeitskräfte verbundene Verschlechterung der Produktqualität hat den Renaultkonzern gezwungen, die Rückstellungen für Garantieleistungen im Jahre 1982 auf 58 Mill. FF (+68% gegenüber dem Vorjahr) zu erhöhen (vgl. Economie et Politique, Juli/August 1982, 22).

Die andere Seite der von Renault betriebenen Strategie der Unterlassung des Ausbaus und der Modernisierung des nationalen Produktionspotentials ist ein ambitiöses Auslandsinvestitionsprogramm. 1978 wurde zwischen AMC, dem kleinsten US-amerikanischen Autohersteller und Renault ein Vertrag abgeschlossen, der die Vorbereitung der Produktion von Renaultmodellen durch AMC vorsah. 1979 übernahm Renault 4,7%, 1980 dann 46,4% der Aktien, womit Renault über eine de facto Mehrheit bei AMC verfügt (vgl. Hess

1983). Renault hat bis Ende 1983 482,3 Mill. US$ investiert, ohne die dieses Unternehmen nicht überlebt hätte (Nettoverluste von 500 Mill. US$ von 1980 bis 1983). Renault ließ nun in Kenosha (Wisconsin) für 200 Mill. US$ neue computergesteuerte Produktionsanlagen zur Produktion des R 9 und des R 11 bauen. Die Motoren und Getriebe werden z.Zt. noch aus Frankreich importiert, so daß etwa 30% des Produktionswertes aus französischen Vorleistungen zusammengesetzt sind (ebd.). Ab 1985 werden jedoch alle mechanischen Teile aus einem neuen Renaultwerk in Mexiko stammen, wodurch die wenigen positiven Effekte für die französische Handelsbilanz, die mit der Auslandsinvestitionstätigkeit von Renault verbunden sind, vollständig wegfallen (vgl. Silvain 1983, 50). Der kommerzielle Erfolg von AMC bleibt offen: Zwar ist beabsichtigt, den Marktanteil am amerikanischen Markt von gegenwärtig 2,5% auf 4% im Jahre 1988 auszuweiten, doch kann bisher nur festgestellt werden, daß sich die jährliche Verlustübernahme durch Renault bisher nicht verringert hat (seit 1980 jährlich mindestens 150 Mill. US$). Dieses Geld beschränkt die Möglichkeiten zu Investitionen in Frankreich selbst. Die Investitionsschere wird sich in den nächsten Jahren noch zuspitzen, da die Unternehmensleitung im April 1984 angekündigt hat, daß sie bis 1988 noch weitere 2 Mrd. US$ in die amerikanische Filiale AMC investieren wird (Le Monde 13.3.1984). Im Juli 1984 ist bekanntgeworden, daß Renault mit Toyota verhandelt, um eine wechselseitige Zurverfügungstellung von Produktionskapazitäten zu vereinbaren, die beiden Konzernen das Überwinden von Handelsbeschränkungen ermöglichen würde (FAZ 25.7.1984).
Zusammenfassend kann festgestellt werden, daß die Unternehmensstrategie von Renault sich seit 1981 nicht gewandelt hat, sondern die großen Orientierungen (Bevorzugung des Weltmarktes gegenüber dem Binnenmarkt, von Auslandsinvestitionen gegenüber der Modernisierung des nationalen Angebots) beibehalten worden sind. Der Kapitaltransfer zu AMC scheint sich eher noch zu akzentuieren. Damit ist aber die Unternehmensstrategie von Renault den Zielen zumindest des PI entgegengesetzt, der sowohl die Rückeroberung des Binnenmarktes als auch eine positive Beschäftigungsentwick-

lung in Verbindung mit dem Ausbau des nationalen Produktionspotentials vorsah.

5.4.5. Die Werkzeugmaschinenindustrie

Die strategische Rolle des Werkzeugmaschinenbaus hinsichtlich der Diffusion von Produktivitätsfortschritten ist bereits hinlänglich behandelt worden. Die französische Werkzeugmaschinenindustrie stellte in zunehmendem Maße das Symbol der industriellen Rückständigkeit Frankreichs dar und wurde so zu einem der meistdiskutierten Eingriffsbereiche der alten und der neuen Industriepolitik.
Im November 1981 verabschiedete die Regierung den sektoriellen Plan für die Werkzeugmaschinenindustrie (plan machine-outil), der sich über drei Jahre erstreckt und drei große Handlungsdimensionen umfaßt:
1. Die <u>Schaffung wettbewerbsfähiger Einheiten</u> durch Unternehmensumgruppierungen und die Standardisierung bestimmter Produkte. Hierdurch sollen in jedem Marktsegment die Unternehmen eine bestimmte Mindestgröße erhalten. Die traditionelle, auf den Einzelunternehmer fixierte Unternehmensführung, soll durch moderne Untenehmensstrukturen ersetzt werden. Der finanzielle Bedarf für die gesamte Umstrukturierung wurde im plan machin-outil mit 4 Mrd. FF veranschlagt, wobei der Staat die Hälfte in der Form von Subventionen, Leihkapital und Innovationsbeihilfen zusteuern wollte. Die finanziellen Leistungen des Staates sind an Verträge mit den einzelnen Unternehmen gebunden worden, die sich damit zur Modernisierung, zur Spezialisierung, zur Aufrechterhaltung der Beschäftigung und zu einem vergrößerten F&E-Aufwand verpflichten.
2. Die <u>berufliche Qualifikation</u> muß verbessert werden. 2000 Arbeitskräfte (Arbeiter, Techniker, Forscher) sollen zum Umgang mit den neuen, den Machinenbau revolutionierenden Techniken befähigt werden. Das nationale Erziehungswesen wird 1,2 Mrd. FF erhalten, um die Ausstattung mit den modernsten Werkzeugmaschinen in den

verschiedenen Berufsbildungszentren zu gewährleisten.
3. Die technologische Umwälzung des Werkzeugmaschinenbaus soll beschleunigt werden. Die F&E-Ausgaben des ganzen Sektors sollen sich bis 1985 verfünffachen und 200 Mill. FF erreichen. Der Staat schafft drei Pole der technologischen Entwicklung: CERMO für die Automatisierung von Produktionssystemen, ENSAM für die Maschinenkonzeption und das CETIM für die Materialformungsforschung.

Parallel zu diesen angebotsseitigen Maßnahmen soll vor allem die Nachfrage nach numerischgesteuerten Werkzeugmaschinen belebt werden. Frankreich besitzt hier nur 10 000 Maschinen im Vergleich zu 70 000 in den USA, 50 000in Japan und 30 000 in der BRD (Stoffaes 1983, 353). Die jährliche Steigerungsrate der Ausstattung mit diesen Maschinen soll von 15% im Jahre 1982 auf 40% im Jahre 1985 erhöht werden (ebd.). Die öffentlichen Institutionen und nationalisierten Unternehmen sollten vorrangig nationale Produkte kaufen.
Eine weitere nachfrageseitige Maßnahme zur Diffusion der fortschrittlichen Produkte der Maschinenbauindustrie ist auch das programme productique, das die Einführung von numerisch gesteuerten Werkzeugmaschinen, Industrierobotern und computergesteuerten Konzeptions- und Fabrikationssystemen in großem Umfang fördern will. Das programme productique sieht dazu folgende Maßnahmen vor:
1. Die Erstellung von 5000 umfassenden Diagnosen in einzelnen Unternehmen bezüglich der Möglichkeit der Einführung automatischer Produktionssysteme.
2. Die Durchführung von 250 Pilotprojekten, in denen Klein- und Mittelbetriebe mit staatlicher Unterstützung eng mit den Herstellern von Werkzeugmaschinen kooperieren sollen. Ziel ist sowohl ein besser auf die Bedürfnisse der Nachfrager abgestimmtes Angebot, als auch eine Vergrößerung der Nachfrage an das besser auf bestimmte Unternehmenstypen abgestimmte Angebot.
3. Verbesserte Finanzierungsmöglichkeiten für Klein- und Mittelbetriebe, besonders in arbeitsintensiven Branchen, die sich mit modernen Produktionsanlagen ausstatten wollen (vgl. programme productique, Arbeitsnotiz des Industrieministeriums).

Die entscheidende Schwierigkeit bei der Umsetzung des plan machine-outil besteht in der Dominanz der privaten Klein- und Mittelbetriebe. Gegenüber diesen Unternehmen beschränken sich die industriepolitischen Eingriffsmöglichkeiten der Regierung auf finanzielle Anreize. Die Effektivität dieser Anreize hinsichtlich der beabsichtigten Umstrukturierungs- und Investitionsziele wächst dabei mit der Konkretisierung der mit der Vergabe der Finanzmittel verbundenen Auflagen. Die Regierung hat bisher mit etwa 30 Unternehmen des Werkzeugmaschinenbaus, die etwa 10 000 Beschäftigte und damit 55% der Gesamtbeschäftigten dieser Branche repräsentieren, Verträge abgeschlossen (vgl. Arbeitsnotiz des Industrieministeriums 1983). Dabei ist die mit dem Vertragsabschluß verbundende Umstrukturierung die einzige Bedingung, die exakt vom Industrieministerium formuliert ist. Die anderen in den Verträgen enthaltenen Ziele (wie z.B. die Beschäftigungspolitik), die die Unternehmen anstreben sollen, sind lediglich global formuliert.

Die Umstrukturierung der Werkzeugmaschinenindustrie hat bis Anfang 1984 die Bildung dreier großer Pole unter Beteiligung nationalisierter Unternehmen zur Folge gehabt:

1. M.F.L. (Machines francaises lourdes) ist mit einem Kapital von 250 Mill. FF neu geschaffen worden, das zum größten Teil von verschiedenen nationalisierten Unternehmen und zu 35% vom staatlichen Institut pour le dévelopment de l'industrie (I.D.I.) gehalten wird.
2. Die Gesellschaften S.N.E.C.M.A., S.N.I.A.S., Usinor, Sacilor, Creusot-Loire, Alsthom, Renault und P.S.A. unterhalten gemeinsam zwei Gesellschaften: Berthiez Sêmo und Linê Forest.
3. C.G.M.O. (Compagnie gênérale de machine-outil) wird zu 51% von der nationalisierten Bank Suez und zu 49% von CIT-Alcatel gehalten. Dieses Unternehmen faßt zwei vorher selbständige Werkzeugmaschinenbauunternehmen zusammen: Graffenstaden-Hurê und H.E.S..

Ferner wurden weitere Umgruppierungen zwischen privaten Unternehmen von etwas kleinerem Umfang erreicht.
Entgegen den Intentionen des plan machine-outil haben die Umstruk-

turierungen jedoch nicht immer dem Ausbau des nationalen Produktionspotentials in der Perspektive der verbesserten Befriedigung des Binnenmarktes gedient. So ist etwa bei der Bildung des großen Restrukturierungspols Linê Forest die Fabrik von Berthiez in Givors stillgelegt worden. Ein Teil der Arbeiter wurde zwar in andere Werkzeugmaschinenfabriken übernommen, ein anderer Teil schied jedoch aus der Produktion aus (vgl. Duong 1982, 33). Diese auch vom Industrieminister unterstützte Entscheidung muß um so mehr verwundern, als in diesem Unternehmen vertikale Werkzeugmaschinen hergestellt wurden, mit denen etwa 80% des französischen Marktes für Maschinen dieser Art abgedeckt wurden. Ähnliches geschah auch in dem Fall der Zusammenlegung der Unternehmen Construction de Clichy (C.C.) in Bobigny (region parisienne) und Gendron in Villeurbanne. Beide Unternehmen stellten eine bestimmte Art von Präzisionsschleifmaschinen (rectifieuses speciales) her, die die einzige Gattung von Werkzeugmaschinen ist, bei der Frankreich über eine positive Außenhandelsbilanz verfügt. Mit der Umgruppierung ist nun das Werk von C.C. geschlossen und seine Technologie einschließlich einem Teil der Arbeiter nach Villeurbanne transferiert worden (vgl. Duong 1983, 25). Bei beiden Umgruppierungen konnte festgestellt werden, daß die Beschäftigung erheblich abnahm, daß einige Prozent der Marktanteile an ausländische Unternehmen während der Dauer des Transfers der Produktion verloren worden sind und daß das aus der Einheit von Arbeitern und Technikern bestehende technologische Potential je eines Unternehmens zerstört worden ist.
Angesichts der sehr begrenzten Wirkungsmöglichkeit der staatlichen Industriepolitik auf die privaten Werkzeugmaschinenbauunternehmen müßte der nationalisierte Sektor eine hervorragende Rolle spielen. Neben den genannten drei neuen Polen des Werkzeugmaschinenbaus, die zumindest von nationalisierten Unternehmen dominiert werden, ist die Tochtergesellschaft von Renault, Renault Machines Outil (R.M.O.) eine der größten französischen Herstellerinnen von Werkzeugmaschinen. Doch Renault verfolgt eine Strategie der Begrenzung der Produktion auf drei Bereiche, in denen man verstärkt einen Absatz auf dem Weltmarkt anstrebt: Industriero-

boter, flexible Werkstätten und Antriebsorgane. Mit diesem Angebot leistet Renault jedoch nur einen sehr geringen Beitrag zur Konstituierung einer umfassenden französischen Werkzeugmaschinenindustrie. Dies gilt besonders, wenn man berücksichtigt, daß sich vor allem die Nachfrage nach kompletten Produktionssystemen stark entwickelt, die neben den Industrierobotern auch Katalogwerkzeugmaschinen und Ausstattungen zur computergesteuerten Produktion umfassen. Doch die Direktion von R.M.O. hält trotz des Druckes des Industrieministeriums und der C.G.T. an ihrer Ablehnung einer Diversifikationsstrategie fest. Auf eine Anfrage des Betriebsrates erklärte die Direktion von R.M.O., sie habe "in keiner Weise die Absicht, Katalogmaschinen zu produzieren" (zit. nach Muteau 1983, 38). Eine gegenüber der Zeit von vor 1981 unveränderte Einkaufspolitik von Renault (Fortsetzung der Importe von Werkzeugmaschinen aus der BRD) trägt zusätzlich dazu bei, daß Renault als der größte industrielle Abnehmer und einer der größten Produzenten von Werkzeugmaschinen vollständig als Faktor einer an der Vergrößerung der Kohärenz der nationalen Produktionsstruktur orientierten Industriepolitik ausfällt.
Als Hauptproblem für den Erfolg des plan machine-outil hat sich jedoch der durch die deflationistische Konjunkturpolitik der französischen Regierung verschärfte Rückgang der Nachfrage nach Werkzeugmaschinen herausgestellt. Diese sank von 1981 zu 1982 um 20%, obwohl das Erziehungsministerium 1982 für 400 Mill. FF Werkzeugmaschinen eingekauft hat (vgl. Stoffaes 1983, 354). Die Deckung der Binnennachfrage durch nationale Produkte ist (real) von 42,5% 1981 auf 39% 1982 gesunken (vgl. Arbeitsnotiz des Industrieministeriums 1983). Der Rückgang der Binnennachfrage in Verbindung mit der relativen Abnahme der Deckungsrate kann als grundlegender Mißerfolg des plan machine-outil gewertet werden. Gerade im Bereich der kleinen privaten Maschinenbauunternehmen ist die Zahl der Konkurse 1983 weiter angestiegen. Doch die drastische Verschlechterung der Ertragslage der privaten Werkzeugmaschinenbauunternehmen bringt nicht nur eine quantitative Verringerung der Investitionen in diesem Bereich mit sich, sondern wirkt auch katastrophal auf die Stuktur des Angebots. Le Boucher betont die in

der Krise wachsende Notwendigkeit für die Werkzeugmaschinenbauunternehmen, ihre Produktpalette zu verkleinern, um zu versuchen, ihre Exporte in einigen Marktlücken auszuweiten (Le Monde 8.4.1983). Da jedoch das französische Handelsbilanzdefizit in fast allen Sparten des Werkzeugmaschinenbaus defizitär ist, kann ein Ausgleich auf diese Weise nicht erreicht werden. So wird im Falle des plan machine-outil der Widerspruch von Konjunkturpolitik und Industriepolitik zu einem unüberwindlichen Hindernis. Dieses gilt allerdings nicht zwingend für die unter der Kontrolle der nationalisierten Unternehmen stehenden Werkzeugmaschinenbauunternehmen, die in ihrer Investitionsplanung weniger an die Notwendigkeit der kurzfristigen Rentabilität gebunden sind. Doch hier hat offensichtlich der industriepolitische Wille gefehlt, die nationalisierten Unternehmen auf eine entsprechende Investitions- und Produktpolitik festzulegen.

5.4.6. Die Stahlindustrie

Seit dem Ende des Jahres 1980 ist die europäische Stahlindustrie in eine neue Krisenphase eingetreten. Gleichzeitig wurden die Wettbewerbsbedingungen durch den inkraftgetretenen Davignon-Plan mit den Vereinbarungen von Minimumpreisen und den Grenzschutzabkommen verändert.
Die französische Stahlindustrie mußte ihre Produktion von 21 Mill. t im Jahre 1981 auf 18,4 Mill. t 1982 reduzieren. Die Verluste von Salicor und Usinor zusammen betrugen jeweils in 1981 und in 1982 7 Mrd. FF (vgl. Stoffaes 1983, 290).
Trotz der Nationalisierungen und des Wechsels der P.D.G.'s der beiden Unternehmen wurde zunächst der seit 1978 eingeschlagene Weg fortgesetzt, der vor allem in einer allmählichen Eingliederung verschiedener kleinerer Stahlunternehmen in die beiden Konzerne bestand. Neben den transnationalen Fusionen (verschiedene belgische Unternehmen und Arbed-Saarstahl) wurden 1980 die Annäherung von Creusot-Loire-Aciers an Usinor und 1981 die Inte-

gration von Ugine-Aciers in das Unternehmen Salicor vorgenommen.

Ende 1981 wurde zusammen mit der Nationalisierung der beiden Stahlunternehmen ein neuer Stahlplan 1982-1986 in Kraft gesetzt. Dieser sah vor, kurzfristig zwar noch die anfallenden Defizite weiter zu finanzieren, gleichzeitig aber die Bedingungen zur Wiederherstellung der Rentabilität zu schaffen. Dies sollte durch die Modernisierung einzelner Produktionsstätten, die Schließung verschiedener Produktionsstätten und eine neue Aufgabenteilung zwischen den beiden Unternehmen geschehen. Der Ausarbeitung dieses Plans lag eine für das Industrieministerium verfaßte Studie des Professors Judet (rapport Judet) zugrunde. Diese ging von einer optimistischen Konjunkturentwicklungsprognose aus und sah die Steigerung der nationalen Stahlproduktion auf 24 Mill. t im Jahre 1986 vor (vgl. Stoffaes 1983, 291). Während der gesamten Plandauer sollten 12 000 Arbeitsplätze abgebaut werden (Beschäftigungsabbau von 1974-1981 60 483 (vgl. Stoffaes 1983, 289)) und 17,5 Mrd. FF in die Modernisierung der beiden Unternehmen investiert werden.

Im einzelnen wurden folgende Entscheidungen getroffen:

1. Bei den Walzstahlprodukten soll Dunkerque zur größten Produktionsstätte Europas ausgebaut werden (2 Mrd. FF Investitionen für die komplette Neuerrichtung von Großhochöfen). Dafür sollten die Walzstraßen in Denain (1300 Beschäftige), Longwy (925 Beschäftigte) undLongwy-Rehon (1431 Beschäftigte) stillgelegt werden. Renovierungs- und Modernisierungsinvestitionen sind auch für das Werk Sacilor/Sollac vorgesehen (Investitionen für 3,6 Mrd. FF zur Errichtung einer neuen Kaltwalzstraße und Anlagen der Metallweiterverarbeitung).

2. Bei den Langstahlprodukten ist die Errichtung einer großen Universalwalzstraße in Gandrange (Sacilor) beschlossen worden. Dafür sollen drei Walzwerke in Joeuf, Homécourt und Hagondange stillgelegt werden (zusammen 1700 Beschäftigte).

3. Bei den Spezialstählen soll Usinor 976 Mill. FF in die Modernisierung der Produktion in Dunkerque und Valencienne investieren und das Werk in Vireux-Molhain stillegen (900 Beschäf-

tigte). Sacilor soll 1,8 Mrd. FF investieren, um neue Elektrohochöfen zu installieren. Dafür werden der Hochofen und die Weiterverarbeitungsanlagen in Pompey (2500 Beschäftigte) stillgelegt (s. Devismes 1982, 31). Zusammen mit der anfallenden Defizitfinanzierung wurde die für den Staat bis 1986 jährlich anfallende finanzielle Belastung durch die Stahlindustrie mit mindestens 10 Mrd. FF geschätzt (Stoffaes 1983, 292).
Doch schon im Verlauf des Jahres 1982 wurden die getroffenen Prognosen als zunehmend unrealistisch eingeschätzt. Anstatt eines Ansteigens der Produktion wurde vielmehr ein weiteres Absinken im Jahr 1983 immer wahrscheinlicher, so daß das Ziel von 24 Mill. t im Jahre 1986 aufgegeben wurde. Die europäische Kommission schätzte die Stahlüberkapazitäten im Jahre 1982 auf 50 Mill. t und forderte einen weiteren Kapazitätsabbau. Ein weiterer zentraler Kritikpunkt am Stahlplan 1982-1986 war die Akzentuierung der Stahlproduktion an der Meeresküste (Dunkerque), die den Willen zum Import von Erzen und zu einer Privilegierung auf die Exportmärkte zum Ausdruck bringt. Der vom Industrieministerium gemachte Vorschlag, daß Usinor und Sacilor gemeinsam eine Verwertungsgesellschaft für das lothringische Erz gründen, stieß auf den erbitterten Widerstand der beiden Unternehmen. Damit ist aber eine weitere industrielle Ausdünnung der am meisten von der Stahlkrise betroffenen Regionen (z.B. Lothringen) durch den in großem Umfang betriebenen Transfer zur Küste zu befürchten. Ein weiterer Kritikpunkt ist eine mangelhafte Integration des Stahlplanes in ein Produktionskettenkonzept, d.h. die mangelnde Verbindung der Investitionsplanung mit den vor- und nachgelagerten Aktivitäten auf französischem Boden. So findet man z.B. keinerlei Konversionsprojekte oder Diversifikationsprojekte, die eine Anpassung der zweiten und dritten Transformationsstufe an die nationale Nachfragestruktur verbessern könnten (dazu z.B. Devismes 1982, 31). Die Abwesenheit von Konversionsprojekten läßt ebenfalls kein glaubwürdiges Entwicklungskonzept in den durch Stillegungen massiv betroffenen Gebieten erkennen.

Trotz der sich verschärfenden Kluft zwischen der Prognose und der realen Entwicklung der Stahlproduktion im Verlauf des Jahres 1983 praktizierten Regierung und Unternehmensleitung einen weitgehenden Attentismus. Weder wurden die beschlossenen Investitionsprojekte entsprechend der Planung begonnen, noch wurde eine politische Entscheidung über die Revision der Produktionsziffern in Angriff genommen. Im Dezember 1983 melden die Unternehmensleitungen erstmals den Wunsch zu einem Abbau von 25 000 - 30 000 Arbeitsplätzen in den Jahren 1984 und 1985 an (Le Monde 17.12.1983). Daraufhin beschließt die Regierung am 8.2.1984 einen umfassenden Orientierungsplan zur industriellen Umstrukturierung[1], der in den darauf folgenden Wochen mit den Gewerkschaften diskutiert worden ist (Le Monde 9.2.1984). Am 29.3. beschließt dann der Ministerrat das endgültige Dispositiv der von der Regierung gewünschten industriellen Umstrukturierung[2] (Le Monde 31.3.1984). Danach soll die französische Stahlkapazität weiter auf 23 Mill. t reduziert werden, was durch zusätzliche Stillegungen und den Verzicht auf einige der 1982 beschlossenen Investitionsprojekte erreicht werden soll. In Lothringen wird zwar an der Errichtung der neuen Kaltwalzstraße festgehalten und der Bau von zwei neuen Elektrohochöfen in Longwy und Neuves-Maisons bestätigt, aber die 1982 geplante Universalwalzstraße in Gandrange nicht errichtet. Ferner wird in Gandrange eine Drahtproduktionsstraße stillgelegt. Außerhalb Lothringens wird an der Modernisierung der Stahlproduktionsstraße in Valencienne und dem Bau eines Dickblechwalzwerkes in Dunkerque festgehalten. Der modernste, erst in den 70er Jahren errichtete Stahlproduktionskomplex in Fos-sur-Mer wird vollständig stillgelegt. Der Hochofenbetrieb in Caen wird 1986 wahrscheinlich still-

---

[1]Dieser Orientierungsplan hat neben der Stahlindustrie auch die Kohle- und Schiffsbauindustrie, die sich in einer ebenso tiefen Krise befinden, zum Gegenstand.

[2]Dieses Dispositiv umfaßt neben den direkt industriellen Entscheidungen eine Reihe von sozialen Begleitmaßnahmen und Anreizen zur Unternehmensansiedlung in den am schwersten betroffenen Gebieten, die wir in Abschnitt 5.4.8 behandeln.

gelegt (Le Monde 31.3.1984). Damit kommt zu dem 1982 bereits beschlossenen, aber noch kaum realisierten Abbau von 12 000 Arbeitsplätzen noch ein Abbau von weiteren 13 000-18 000 Arbeitsplätzen hinzu. Damit tragen die Beschlüsse des Ministerrates exakt den Wünschen der beiden Stahlunternehmen Rechnung. Neben den in den Beschlüssen vom 29.3.1984 vorgesehenen Stillegungen ist vor allem die Reduzierung der Investitionsprojekte auf arbeitssparende Modernisierungsinvestitionen die Ursache für diese hohe Zahl an abzubauenden Arbeitsplätzen (z.B. der Ersatz bestehender Anlagen durch moderne Elektrohochöfen).
Diese Revision des Stahlplanes hat in erster Linie katastrophale Konsequenzen für die schwerindustriellen Gebiete, die gleichzeitig von der Krise der Basischemie, des Kohlebergbaus und der Stahlindustrie betroffen sind. In Lothringen kommen zu den 7700 Arbeitsplätzen, deren Abbau 1982 beschlossen wurde, jetzt noch weitere 8500 Arbeitsplatzeinsparungen hinzu (vgl. Le Boucher 1984). Doch läßt der Revisionsplan auch jede industrielle Kohärenz vermissen: Der Verzicht auf den Bau des Universalwalzwerkes in Gandrange bedeutet mittelfristig die Verurteilung der vorhandenen Produktionsanlagen in Gandrange, deren Produktionskapazität von 2,2 Mill. t jährlich nur aufrechterhalten werden kann, wenn die Weiterverarbeitung in einer modernen Großwalzstraße gewährleistet ist. Unter den aktuellen Bedingungen wird ein Weitertransport zu anderen Weiterverarbeitungsanlagen notwendig, der die Kostenlage der Produktion in Gandrange erheblich verschlechtert. Die auf diese Weise provozierte mittelfristige Stillegung der Stahlproduktion in Gandrange würde weitere 6700 Arbeitsplätze vernichten (ebd.). Generell wurden die schon im Stahlplan von 1982 vorhandenen Probleme weiter verschärft (Konzentration auf Produktionsstätten an der Küste, Beschränkung auf kapazitäts- und arbeitssparende Investitionen, Verzicht auf Konversions- und Diversifizierungsprojekte).
In der Perspektive einer an den gesellschaftlichen Bedürfnissen orientierten Planung kann sich die Kritik am Stahlplan der französischen Regierung von 1984 nicht gegen eine Kapazitätsreduzierung an sich richten. Ist in den 80er Jahren zwar eine Kon-

stanz bzw. sogar ein leichtes Ansteigen der Weltnachfrage nach Stahl zu erwarten, scheint ein Rückgang der Weltmarktanteile der westeuropäischen Industriestaaten nicht zu verhindern zu sein, da die Staaten mit einem wachsenden Stahlbedarf historisch in einem wachsenden Maße in der Lage sind, zumindest die einfachen Stahlprodukte selbst zu günstigeren Kosten herzustellen. Gleichzeitig hat sich die gebrauchswertmäßige Struktur der Investitionen in den entwickelten kapitalistischen Staaten in Richtung auf einen geringeren Stellenwert von stark stahlkonsumierenden großen Maschinen und Anlagen und einen größeren Stellenwert von wenig Stahl konsumierenden elektronischen Anlagen und neuen Materialien verlagert. So ist keineswegs davon auszugehen, daß mit einem konjunkturellen Aufschwung eine generelle Umkehr der aktuellen Tendenzen in der Stahlnachfrage der europäischen Industrie zu erwarten ist, jedoch nimmt die französische Stahlproduktion in Westeuropa eine Sonderstellung ein, da die Importe in Frankreich einen erheblich höheren Anteil am Binnenmarkt ausmachen als in vergleichbaren Ländern. Sie sind von 35,5% im Jahre 1981 auf 37,1% im Jahre 1982 gestiegen, während der Importanteil in den meisten anderen EG-Ländern (vor allem in der BRD) in diesem Zeitraum abnahm. Besonders stark stiegen die Importe aus Italien (+10,9%) und den Comecon-Staaten (+71,3%) (s. Handelsblatt 3.11. 1983). Kann Frankreich sich sicherlich nicht gegenüber seiner Teilnahme an dem Abbau der europäischen Überkapazität verweigern, so besteht dennoch die Gefahr, daß durch den aktuellen Stahlplan eine verschärfte Penetration des Binnenmarktes hervorgerufen wird. Im Vergleich zu Frankreich arbeitet z.B. die deutsche Stahlindustrie mit erheblich größeren Kapazitätsreserven, mit denen bei einer veränderten konjunkturellen Lage ein starker Anstieg der Penetration des Binnenmarktes nicht unbedingt notwendig werden würde (die säkulare Tendenz zur Abnahme der Stahlnachfrage in den entwickelten kapitalistischen Staaten schließt durch die konjunkturelle Entwicklung bedingte gegenläufige Phasen nicht aus).
Das Hauptproblem des revidierten Stahlplanes besteht jedoch in der Methode der Kapazitätsreduzierung. Hatte der PS im Wahlkampf

1981 noch einen Aufschwung der Stahlindustrie und eine Aufrechterhaltung der Beschäftigung versprochen, mußte die Regierung mit dem Stahlplan 1982-1986 die ersten 12 000 Arbeitsplatzreduzierungen ankündigen. So hätte ein Jahr nach dem Wahlkampf, der noch unter dem Zeichen einer vollständigen (bewußten oder unbewußten) Fehleinschätzung der Lage stand, noch die Chance zu einer offensiven Stahlpolitik bestanden, die zwar Stahlkapazitäten reduziert, aber gleichzeitig industrielle Alternativen für die beschäftigungslos werdenden Stahlarbeiter organisiert. Es kann jedoch festgestellt werden, daß von 1981 bis 1984 kein einziges Konversionsprojekt ernsthaft vom Industrieministerium geprüft worden ist und der Stahlplan 1982-1986 zu einer Diversifizierung, die einen erhöhten Absatz der französischen Stahlprodukte zur Folge hätte, keine Strategie entwickelt. Selbst die Modernisierungsinvestitionen verzögern sich - man wartet bis zum Frühjahr 1984 und finanziert weiterhin lediglich die laufenden Verluste der beiden Stahlkonzerne. Abgesehen vom fehlenden politischen Willen scheint eine drastische Wendung der Stahlpolitik der Regierung im Frühjahr 1984 schon zu spät zu kommen, da sich eine breit angelegte Konversions- und Diversifizierungsstrategie nur längerfristig durchführen läßt. Bis zu den Parlamentswahlen von 1986 ist das bei der Erarbeitung der Wahlkampfkonzeption und in der Industriepolitik seit 1981 Versäumte jedoch kaum wieder aufzuholen. So gewannen die politischen Kräfte innerhalb der Regierung die Oberhand, die den Ausweg nur noch in der oben dargestellten, drastischen Schrumpfung des nationalen Stahlpotentials sahen. Die Stahlindustrie ist so vielleicht das beste Beispiel dafür, wie die französische Regierung ihre eigene soziale Basis zerstört.

5.4.7. Der Kohlebergbau

Die Förderung des Kohlebergbaus war im Wahlkampf und auch noch im PI ein Symbol für die Steigerung der nationalen Autonomie in der Energieversorgung. Bei den industriepolitischen Reden der neuen Regierung war sie eines der ersten Mittel zur Importsubstitution. Premierminister Mauroy hatte am 27.10.1981 vor der Nationalversammlung erklärt:

> "Wir werden die französische Bergbau- und Kohleindustrie, die in eine Logik der Rezession geraten ist, reaktivieren (...) Es geht ganz sicher nicht darum, die Produktion zu reduzieren, sondern sie zu erhöhen" (zit. nach Le Monde 15.11.1983).

Die Subventionen des Staates für die CDF betrugen 1981 4,09 Mrd. FF, 1982 5,85 Mrd. FF und 1983 6,5 Mrd. FF. Im Jahr 1981 wurden mehrere Tausend Grubenarbeiter von CDF neu eingestellt. Dennoch ist die Produktion von 20,1 Mill. t im Jahre 1981 auf 18,3 Mill. t im Jahre 1982 gesunken (ebd.). Das Defizit von CDF stieg im gleichen Zeitraum von 66,7 auf 691,2 Mill. FF. 1983 betrug das Defizit 1,8 Mrd. FF (ebd.). Dieser drastische Anstieg ist vor allem darauf zurückzuführen, daß die neue Direktion unter George Valbon (Mitglied des Zentralkomitées des PCF) 1982 eine Verkürzung der Wochenarbeitszeit, eine Verlängerung des Urlaubs und vor allem die Durchführung eines umfangreichen Investitionsprogrammes beschlossen hatte (Dubart 1983, 51).
Am 14.11.1983 demissionierteGeorge Valbon von seinem Posten als Präsident der CDF, weil seine Tätigkeit "nicht mehr mit den Zielen übereinstimmen kann, für die er nominiert worden ist" (Le Monde 15.11.1983). Am 5.11.1983 hatte Mauroy in Lille erklärt:

> "Der Präsident der Republik hat das Problem in klaren Begriffen dargelegt: Entweder wir schließen die Augen..., oder, und das ist die Entscheidung der Regierung, wir werden das Defizit begrenzen und mit dem Geld...die Region und neue Aktivitäten fördern" (ebd.).

Die Konsequenz aus dem neuen Diskurs war die Nichterhöhung der Subventionen für die CDF für das Jahr 1984 gegenüber 1983 (6,5 Mrd. FF). Nach Meinung von Valbon wären mindestens 10 Mrd. FF

notwendig gewesen, um die umfangreichen Investitionen durchzuführen, die eine wettbewerbsfähige Produktion des französischen Kohlebergbaus ermöglichen könnten. Seit dem Ende der 50er Jahre sind die Investitionen ständig verringert worden. Seit über 10 Jahren sind keine Untersuchungen zur Erschließung neuer Kohlefelder und zur Möglichkeit der Rationalisierung des Abbaus in den bestehenden Anlagen durchgeführt worden. Nur ein ausreichendes Investitionsprogramm in Verbindung mit Maßnahmen zur Entwicklung der Kohlenachfrage (moderne Kohlekraftwerke, Kohlevergasung usw.) wäre ein Weg zur Realisierung des 1981 angestrebten Aufschwungs der Kohleproduktion gewesen. Neben dem sich 1983 festigenden Willen der Regierung, die Subventionen für die nationalisierten Unternehmen in ihrer Gesamtheit schrumpfen zu lassen, ist es vor allem die Überkapazität der EDF, die durch das unter Giscard entwickelte Atomkraftwerksprogramm entstanden ist, die eine umfassende Umorientierung auf die Errichtung moderner Kohlekraftwerke verhindert hat. Die Programmatik der Kohleförderung und die Fortsetzung der begonnenen und geplanten Bautätigkeit im Kernkraftsektor befanden sich von Anfang an in völligem Widerspruch.
Aus Anlaß des von der Regierung am 8.2.1984 beschlossenen Orientierungsplans zur industriellen Umstrukturierung hat der Verwaltungsrat der CDF beschlossen, daß von 1984 bis 1988 25 000-30 000 Arbeitsplätze in der Kohleförderung abgebaut werden sollen (Le Monde 3.3.1984). Die Gesamtbeschäftigung Anfang 1984 betrug 57 000. Damit soll der geplanten Reduzierung der Produktion von 18 Mill. t 1983 auf 11 Mill. t 1988 Rechnung getragen werden. Die durch die Beschäftigungsreduzierung eingesparten Gelder sollen zur Modernisierung der Hälfte der Anfang 1984 existierenden Zechen, deren Betrieb längerfristig aufrecht erhalten werden soll, verwendet werden.
Im Rahmen unserer Arbeit können wir keine umfassende Einschätzung einer Strategie der 'Renaissance der Kohle' entwickeln. Was sich jedoch festhalten läßt, ist, daß ähnlich wie in der Stahlindustrie zweieinhalb Jahre lang die faktische Industriepolitik in vollständigem Gegensatz zu den 1981 entwickelten und noch im PI

verankerten Diskursen steht. 1984 haben sich dann die von der Regierung selbst entwickelten oder verschärften politischen Restriktionen (Nuklearprogramm, Sparbudget, rezessionistischer Kontext) soweit verfestigt, daß die Herstellung einer Kohärenz zwischen Diskursen und Praxis den meisten Regierungsmitgliedern nur noch durch einen radikalen Bruch mit dem bisherigen strategischen Konzept möglich schien.

5.4.8. Der Konversionsplan für die von den industriellen Restrukturierungen am meisten betroffenen Gebiete

Durch die bereits dargestellten Maßnahmen im Bereich der Stahlindustrie und des Kohlebergbaus sowie die beschlossene Reduzierung der Werftkapazitäten um ein Drittel werden bis 1986 etwa 60 000 Arbeitsplätze abgebaut (Le Monde 9.2.1984). Hinzu kommt die Reduzierung der Produktion in einigen Bereichen der Basischemie, die zum großen Teil in den selben Gebieten angesiedelt ist wie die Stahlindustrie. So schätzt eine Studie die durch die Umstrukturierungspläne von Rhône-Poulenc und CDF-Chimie allein in Lothringen in den nächsten Jahren entstehenden Arbeitsplatzverluste auf 15.000 (Le Monde 18.1.1984). Der vom Minsterrat am 29.3.1984 beschlossene Konversationsplan bildet 14 Konversionspole (pôles de conversion), die die von den dargestellten industriepolitischen Maßnahmen am stärksten betroffenen Gebiete umfassen. Wir beschränken uns im folgenden auf die Darstellung der sozialen Maßnahmen und der Maßnahmen zur Entwicklung der wirtschaftlichen Initiative (im Wortlaut in: Le Monde 31.3.1984), da wir die im Konversionsplan enthaltenen industriellen Maßnahmen bereits in den Abschnitten über die betreffenden Branchen dargestellt haben.

I. Soziale Maßnahmen

1. Die Bedingungen der Frühverrentung werden durch die Sozialpartner festgelegt. Die Unternehmen, die aus dem nationalen Beschäftigungsfond Beihilfen zur Frühverrentung erhalten, müssen

eine Zusage zur Neueinstellung von Arbeitslosen oder Jugendlichen machen, oder versprechen, ihren nach den Maßnahmen zur Frühverrentung bestehenden Beschäftigungsstand aufrecht zu erhalten.

2. Die Beihilfe zur Verringerung der Arbeitszeit wird verbessert. Sie beträgt zwischen 1000 und 1500 FF je Stunde verringerter Arbeitszeit.

3. In den pôles de conversion wird den Arbeitern eine zeitlich begrenzte und degressive Beihilfe gezahlt, die freiwillig eine andere Arbeit akzeptieren, die mit einem geringeren Einkommen verbunden ist.

4. Der Konversionsurlaub ermöglicht den vom Abbau von Arbeitsplätzen in der Stahl- und Schiffsbauindustrie sowie im Kohlebergbau betroffenen Arbeiter, innerhalb von zwei Jahren eine neue Qualifikation zu erwerben, um in einem anderen Beruf arbeiten zu können. Während der gesamten Dauer des Konversionsurlaubes werden die betroffenen Arbeiter von ihrem Unternehmen formell weiterbeschäftigt und erhalten 70% ihres bisherigen Bruttolohnes (die Finanzierung dieser Maßnahme erfolgt zum kleineren Teil durch das betroffene Unternehmen und zum größeren Teil über die Arbeitslosenversicherung).

5. Eine Beihilfe zur Rückkehr ausländischer Arbeiter in ihre Heimatländer wird für diejenigen Arbeiter eingerichtet, die freiwillig dorthin zurückkehren wollen.

II. Industrielle Maßnahmen (...)

III. Die Entwicklung der wirtschaftlichen Initiative

1. Ein neues Unternehmenssparbuch wird eingerichtet, daß es natürlichen Personen erlaubt, nach einer gewissen Spardauer eine Vorzugsprämie zu erhalten, wenn sie ein Unternehmen gründen oder ein bestehendes übernehmen.

2. Die Besteuerung von Forschungs- und Informatikaktivitäten der Unternehmen wird verringert. Die Bildung von Risikokapitalfonds wird erleichtert und steuerlich begünstigt.

3. Die Bildung von Lohnfonds und die Übernahme von Unternehmen durch die Lohnabhängigen wird erleichtert.

4. In den pôles de conversion wird der Begriff des neuen Unternehmens im steuerrechtlichen Sinne ausgeweitet, so daß Steuerersparnisse entstehen.
Wenn eine Person oder eine Gesellschaft ein bestehendes Unternehmen übernimmt, kann sie dessen Verschuldung auf ihre Erträge anrechnen lassen, wodurch eine sehr bedeutende Steuerersparnis entsteht.
5. 1984 werden den nationalisierten Unternehmen zusätzlich eine Milliarde FF zugewiesen, mit der sie Investitionen in den pôles de conversion tätigen sollen.
6. Der FIM erhält zusätzlich 2 Mrd. FF, um private Investitionen in den betroffenen Gebieten durchzuführen.
7. Der Anteil des Fonds für die großen öffentlichen Bauarbeiten (Straßenbau, Infrastruktureinrichtungen), der in den betroffenen Gebieten ausgegeben werden soll, wird erhöht.

Quatorze pôles de conversion

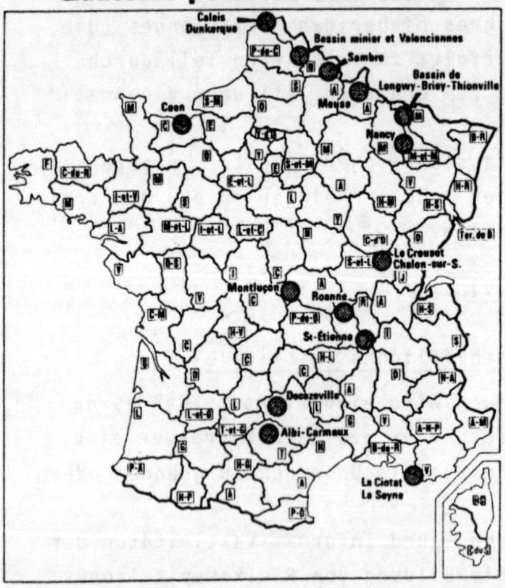

Quelle: Le Monde 10.2.1984

Gemäß dem Titel des entsprechenden Abschnitts des Ministerratsbeschlusses liegt der Schwerpunkt der Maßnahmen zur Neuansiedlung von Industrien und der Schaffung von Arbeitsplätzen im Anreiz zur privaten "wirtschaftlichen Initiative"(Le Monde 31.3. 1984). Als zweifellos wichtigste Maßnahme ist die unter Punkt 4 genannte Möglichkeit, mit der Übernahme eines verschuldeten Unternehmens in einem Konversionspol auch dessen Schulden auf die eigene Steuerabrechnung anrechnen zu können. Ein industriepolitischer Erfolg dieser Maßnahme hängt jedoch von zwei grundlegenden Bedingungen ab:

1. Der Steuervorteil muß so erheblich sein, daß sich eine relevante Anzahl von Unternehmen zur Übernahme von Unternehmen in den betroffenen Gebieten entschließt, die von ihren sonstigen Anlagebedingungen (Infrastruktur, zukunftsträchtiger Absatzmarkt, Existenz eines regional kohärenten industriellen Geflechts) in so gut wie keiner Weise zu Investitionen privater Unternehmen anreizen.
2. Die Übernahme von Unternehmen in den betreffenden Regionen muß mit der Perspektive der Entwicklung von (zusätzlichen) industriellen Aktivitäten verbunden sein. Gerade wegen der geringen Aktivität von Investitionen unter den spezifischen regionalen Bedingungen und dem allgemeinen rezessionistischen Kontext des Konversionsplans ist es jedoch naheliegend, daß Unternehmen einen Teil ihrer Verwaltungs- oder Forschungsabteilung in einen Konversionspol legen um erhebliche Steuervorteile zu erhalten, ohne aber industrielle Aktivitäten aufzubauen. Doch selbst dann, wenn industrielle Produktionskapazitäten übernommen, erweitert oder neu in den pôles de conversion aufgebaut werden, besteht die Gefahr, daß lediglich Kapazitäten und Arbeitsplätze von einer Region in die andere verschoben werden, ohne daß ein wirklicher Zuwachs an industriellem Potential entsteht. Diese Gefahr existiert selbst bei den den nationalisierten Unternehmen zur Verfügung gestellten Mitteln.

Bei der Bildung von Lohnfonds handelt es sich um eine ausgesprochen defensive Maßnahme, die in einigen Fällen zur Aufrechterhaltung von Arbeitsplätzen beitragen, aber kaum einen Beitrag zu einem industriellen Aufschwung leisten kann. Ebenso kann eine verringerte Besteuerung von Forschungs- und Informatikaktivitäten dazu beitragen, langfristig Marktanteile zu sichern oder zu vermehren, nicht jedoch in der kurzen Frist zum Ausbau von (zur Erhöhung der Beschäftigung notwendigen) Kapazitäten beizutragen. Hinzu kommt, daß eine Begünstigung der genannten Aktivitäten aufgrund der Struktur des Arbeitskraftangebots in den Konversionspolen nicht zu einer Verringerung der Arbeitslosigkeit in diesen Gebieten beitragen kann.

Ebenso scheint der Effekt des unter Punkt 1 genannten Unternehmenssparbuches für physische Personen unter dem Gesichtspunkt der Arbeitsplatzbeschaffung sehr begrenzt. Es kann nicht davon ausgegangen werden, daß dadurch eine relevante Zahl von Kleinunternehmen gegründet wird, da bei einer Arbeitslosenquote in den Konversionspolen zwischen 20 und 30% und bei einem sinkenden Realeinkommen der dort ansässigen Bevölkerung die absatzseitigen Bedingungen gerade für Kleinunternehmen als sich verschlechternd eingeschätzt werden müssen.

So kann denn Industrieminister Fabius einen Monat nach dem Beschluß des Ministerrates vom 29.3.1984 keineswegs sehr von einem Erfolg der beschlossenen Maßnahmen zur 'Entwicklung der wirtschaftlichen Initiative' überzeugt gewesen sein, als er ankündigte, er werde sich für die "Schaffung von 4000 neuen Arbeitsplätzen in Lothringen in den nächsten drei Jahren" (Le Monde 28.4.1984) einsetzen. Die Zahl der Arbeitsplätze, die voraussichtlich in den nächsten drei Jahren in Lothringen abgebaut werden, beträgt nach optimistischen Schätzungen mindestens 16 200 in der Stahlindustrie (Le Boucher 1984), einige Tausend in der Basischemie (Le Monde 18.1.1984) und ebenfalls einige Tausend im Kohlebergbau, zusammen mindestens 25 000. Hierbei sind allerdings die Sekundäreffekte, die mit einem derartig weitgehenden Eingriff in die regionale ökonomische Struktur verbunden sind (Kaufkraft, Einnahmen der Departements) nicht berücksichtigt. Die von Fabius versprochenen Arbeitsplätze sollen zur Hälfte von nationalisierten Unternehmen errichtet werden. Es wird sich jedoch hier um die regionale Verlagerung von ohnehin geplanten Investi-

tionen handeln, die vor allem im Bereich der elektronischen Forschung und Produktion liegen (Renault, CGE; vgl. Le Monde 28.4.1984). Dementsprechend werden die dort zu beschäftigenden Arbeitskräfte in erster Linie in anderen Regionen zu rekrutieren sein.
Die Hauptursache der geringen beschäftigungspolitischen Wirksamkeit der dargestellten Maßnahmen liegt in einem gemeinsamen liberalen Charakter. Die Hoffnungen werden darauf gesetzt, daß durch einige steuerliche Anreize, die regionalen Probleme gelöst werden können. Ein Konzept zu einem rigorosen Einsatz des öffentlichen Sektors zur Entwicklung neuer industrieller Aktivitäten in den betroffenen Regionen ist nicht entwickelt worden. Damit ist aber insgesamt kein kohärentes industriepolitisches Konzept für die Konversionspole vorhanden.

Unter diesen Umständen muß der Erfolg der vom Ministerrat beschlossenen sozialen Maßnahmen als sehr begrenzt eingeschätzt werden. Die weitestgehende Maßnahme, der Konversionsurlaub, stellt ohne Zweifel eine sinnvolle Perspektive für die vom Arbeitsplatzabbau in den Konversionspolen betroffenen Arbeiter dar. Die mit dieser Maßnahme verbundene Umschulung verbessert sicherlich die Aussichten der betroffenen Personen zur Vermeidung einer Dauerarbeitslosigkeit. Jedoch drängen sich zwei grundsätzliche Kritikpunkte auf: Zum einen soll der Konversionsurlaub für maximal 10.000 bis 15.000 Arbeiter eingerichtet werden, was bei weitem nicht den entstehenden Erfordernissen entspricht (zur Erinnerung: In den Konversionspolen werden mindestens 60.000 Arbeitsplätze abgebaut). Zum anderen muß die Wirkung der Maßnahme lediglich vorübergehend sein, wenn nicht gleichzeitig auf der Ebene der industriellen Entwicklung zumindest mittelfristig neue Arbeitsplätze geschaffen werden, an denen die Arbeiter nach dem zweijährigen Konversionsurlaub auch arbeiten können. Da diese Bedingung aber nicht erfüllt ist, kann die Wirkung des Konversionsurlaubs gegenwärtig nur im Verschieben der individuellen Arbeitslosigkeit um zwei Jahre bestehen.
Bei der Rückkehrbeihilfe für ausländische Arbeiter und der Finanzierung der Frühverrentung handelt es sich ebenfalls um Maß-

nahmen, die zwar das individuelle Schicksal der Betroffenen verbessern, aber in keiner Weise auf den Erhalt von Arbeitsplätzen ausgerichtet sind. Das entscheidende Problem der am härtesten getroffenen Regionen besteht aber gerade in einer dauerhaften Vernichtung industriellen Potentials, die alle nachwachsenden Generationen betrifft.
Insgesamt sind die Wirkungen der sozialen Maßnahmen durch den Widerspruch zwischen sozialer und ökonomischer Perspektive der Regierungspolitik begrenzt. Selbst wenn sich in der praktischen Durchführung des Konversionsplanes die Devise der Regierung "Keine einzige Entlassung im Zusammenhang mit dem Kapazitätsabbau" bewahrheiten sollte, wird der Konversionsplan unter Einbeziehung aller Sekundäreffekte zu einem Anstieg der Arbeitslosigkeit führen, der zumindest so groß sein wird, wie die Zahl der ohne Entlassungen durchgeführten Arbeitsplatzreduzierungen.

5.5. Der Widerspruch zwischen Industriepolitik und Konjunkturpolitik

Die französische Regierung hat mit dem ersten Sparprogramm vom Frühjahr 1982 und dem zweiten Sparprogramm vom Frühjahr 1983 den mit der Krise einhergehenden Rückgang der kaufkräftigen Nachfrage akzentuiert. Die makroökonomischen Effekte dieser Politik sind in Kapitel 4 behandelt worden. In diesem Abschnitt geht es uns ausschließlich um die Konsequenzen dieser Politik auf die Modernisierung der Industrie und auf die Möglichkeit der Errichtung von Produktionsketten.
Die Problematik industriepolitischer Interventionen im Privatsektor haben wir in Abschnitt 5.4.5. am Beispiel des Werkzeugmaschinenbaus behandelt. Der plan machine-outil konnte trotz seiner umfangreichen Maßnahmen und Investitionsbeihilfen für die Werkzeugmaschinenbauunternehmen nicht verhindern, daß die inländische Nachfrage nach Werkzeugmaschinen 1982 um 20% zurückging und sich die finanzielle Situation der Unternehmen dieser Branche drastisch verschlechterte. Da Inve-

stitionsgüterindustrien am sensibelsten auf die erwartete Entwicklung der Endnachfrage reagieren, ist es auch nicht verwunderlich, daß die im Werkzeugmaschinenbau getätigten Investitionen erheblich hinter den in den Verträgen mit der Regierung vereinbarten groben Rahmendaten zurückblieben. Die steigende Zahl von Konkursen mittlerer und kleinerer Unternehmen dieser Branche sowie die wachsenden finanziellen Schwierigkeiten sogar der großen neugebildeten industriellen Pole der Werkzeugmaschinenindustrie deuten darauf hin, daß eine grundlegende Umstrukturierung einer privatwirtschaftlich dominierten Branche, die gleichzeitig die technologischen Produkt- und Prozeßinnovationen mit einbeziehen soll, in einem deflationistischen Kontext nicht möglich ist. Dies gilt besonders für die französische Werkzeugmachinenbauindustrie, da sie wegen ihres erheblichen technologischen Rückstandes in besonderem Maße auf eine Entwicklung des Binnenmarktes angewiesen ist. In dem Maße allerdings, in dem eine Nachfragekontraktion eine umfassende Erweiterung der technologischen Kompetenzen und den Aufbau einer national kontrollierten Produktionskette Machinenbau verhindert, sind die Unternehmen dieser Branche zu einer Marktlückenstrategie gezwungen, die im Gegensatz zu den Intentionen des plan machine-outil steht. So bedeutet die Nichtentwicklung des Binnenmarktes nicht den generellen Investitionsverzicht der Werkzeugmaschinenbauunternehmen, sondern eine quantitative und qualitative Begrenzung, wobei letztere in der Selbstbeschränkung des Unternehmens auf eine begrenzte Anzahl von Produkten oder Produktgruppen besteht, bei denen sich das Unternehmen besonders günstige Absatzchancen auf dem Weltmarkt ausrechnet. Damit ist aber eine organisch mit der Befriedigung der Bedürfnisse des Binnenmarktes verknüpfte Entwicklung des Werkzeugmaschinenbaus, die allein das enorme Handelsbilanzungleichgewicht mit den hochentwickelten Industrieländern auf diesem Gebiet beheben könnte, ausgeschlossen. Eine wachsende Nachfrage auf dem Binnenmarkt läßt sich so als notwendige Bedingung einer Produktionskettenstrategie und einer Strategie zur Rückeroberung des Binnenmarktes bestimmen.

Die am Beispiel des Werkzeugmaschinenbaus behandelte Grundprob-

lematik der Wirkungen von industriepolitischen Eingriffen in einem rezessionistischen Kontext besteht auch in allen anderen privatwirtschaftlich dominierten Branchen. Allerdings entstehen entsprechend der Funktion der betreffenden Branche in der sektoralen Struktur der Ökonomie andere Konsequenzen, wenn durch Akzentuierung der Marktlückenstrategie im Gefolge der Deflationspolitik der Binnenmarkt weiter durch ausländische Anbieter und Produzenten penetriert wird. Während mit diesem Vorgang im Werkzeugmaschinenbau eindeutig ein Anwachsen des technologischen Dominiertwerdens verbunden ist, beschränken sich etwa im Fall der Textil- und Bekleidungsindustrie die Wirkungen auf ein Absinken der Beschäftigung und eine Vergrößerung des Außenhandelsbilanzdefizits.
Durch die Restriktionen der Binnenmarktentwicklung ist ebenfalls ein anderer zentraler, von der Industriepolitik anvisierter Wirkungsmechanismus erheblich beeinträchtigt: der Technologietransfer von den nationalisierten Unternehmen zu den PME. Im 9. Plan nimmt die Kooperation von nationalisierten Unternehmen mit PME auf dem Gebiet des Technologietransfers und die Diffusion von Prozeßinnovationen (programme productique) in den Bereich der PME hinein einen zentralen Stellenwert ein. Ein Bedarf von Seiten der PME an einem zur grundlegenden Umgestaltung der Produktionsprozesse führenden Technologietransfer ist jedoch nur in einem gesellschaftlich relevanten Maße vorhanden, wenn die Investitionsneigung aufgrund der Ertragserwartungen wächst. Ein nur auf Ersatzinvestitionen beruhender Bedarf an Technologietransfers kann zwar längerfristig unter gewissen Bedingungen zu einer Modernisierung der Produktionsprozesse einer ganzen Branche führen. Jedoch entspricht dies nicht der Zielsetzung des 9. Plans, dem es in erster Linie um eine kurz- bis mittelfristig stattfindende Steigerung der Wettbewerbsfähigkeit bestimmter Branchen mit dem Ziel der Reduzierung des Außenhandelsbilanzdefizits geht.

Während also im privaten Sektor eine am Produktionskettenkonzept und der Rückeroberung des Binnenmarktes orientierte Strategie an den Restriktionen der Konjunkturpolitik scheitern muß, erlauben die Spezifika des nationalisierten Sektors theoretisch die Durchführung eines für die industrielle Umstrukturierung ausreichenden Investitionsprogramms auch unter rezessiven konjunkturellen Bedingungen. Dazu müssen jedoch verschiedene Bedingungen erfüllt sein:

1. Die Investitionspolitik der nationalisierten Unternehmen muß auch an politischen Kriterien orientiert sein. Das Kriterium der finanziellen Rentabilität, das eine Bevorzugung von Investitionsprojekten in Marktlücken bezogen auf den Weltmarkt impliziert, darf nicht mehr das allein bestimmende sein.

2. Die nationalisierten Unternehmen müssen über eine ausreichende finanzielle Grundlage zu einer solchen Investitionspolitik verfügen. Bezüglich der Ertragslage der nationalisierten Unternehmen ergibt sich jedoch ein sehr unterschiedliches Bild (vgl. Tabelle 5.12).

3. In den Fällen, in denen die nationalisierten Unternehmen nicht oder nur in ungenügender Weise aus eigenen Mitteln die zur Erreichung der wirtschaftspolitischen Ziele notwendigen Investitionen durchführen können, muß der Staat in einem ausreichenden Maße die finanzielle Grundlage hierzu schaffen.

4. Die finanziellen Übertragungen des Staates müssen an die Verfolgung der industriepolitischen Strategie durch das nationalisierte Unternehmen gebunden sein. Eine ausreichende finanzielle Grundlage ist zwar eine notwendige, aber noch keine hinreichende Bedingung für ein an der Errichtung von Produktionsketten orietiertes Investitionsprogramm (vgl. hierzu den Fall Elf-Aquitaine im Abschnitt 5.4.2).

Aus Tabelle 5.12 geht hervor, daß die Ertragslage der Mehrzahl der nationalisierten Unternehmen im Jahre 1982 umfangreiche finanzielle Transfers des Staates zur Realisierung der Investitionsziele erforderlich macht. Dies gilt umso mehr, als z.B. die für die industrielle Strategie der Regierung besonders zentralen Unternehmen Thomson und Bull ebenfalls mit 2,2 Mrd. FF und 1,3 Mrd. FF zur Gruppe der defizitären nationalen Unternehmen gehörten. Zur Beantwortung der Frage, inwiefern die nationalisierten Gruppen aktuell über eine ausreichende finanzielle Basis zur Realisierung der industriepolitisch angestrebten Investi-

Tabelle 5.12.: Die defizitären und die gewinnerzielenden Gruppen des nationalisierten Sektors

Gruppe	Nettogewinne/Nettoverluste 1982 in Millionen FF
Usinor	-5000
Sacilor	-3700
PUK	-3000
Thomson	-2200
Bull	-1351
Renault	-1280
CDF-Chimie	-830
EMC	-950
Rhône-Poulenc	-844
CGCT	-298
SNECMA	-45
Elf-Aquitaine	+3600
Dassault	+321
Saint-Gobain	+250
CGE	+248
Matra	+154
SNIAS	+96

tionsprogramme verfügen, ist jedoch vor allem das Verhältnis zwischen Ertragslage und den staatlich finanzierten Eigenkapitalerhöhungen, die der wichtigste Teil des staatlichen Transfers an die nationalisierten Unternehmen sind, von Bedeutung. Hier sieht das Bild (vgl. Tabelle 5.13) ungünstig aus. Trotz der auf den ersten Blick bedeutend erscheinenden 12,65 Mrd. FF an Eigenkapitalerhöhungen im Jahre 1983 ist Bull das einzige Unternehmen, das seine Verluste aus dem Jahr 1982 mit seiner Eigenkapitalerhöhung abdecken kann. Obwohl uns noch nicht alle Geschäftsergebnisse des Jahres 1983 vorgelegen haben, läßt sich ein ähnliches Verhältnis auch für die Verluste von 1983 im Verhältnis zu den Eigenkapitalerhöhungen von 1984 voraussagen. Dies gilt umso mehr, als die Gewinne von Saint-Gobain und CDF-Chimie vor allem auf eine veränderte Abschreibungspraxis zurückzuführen sind.

Tabelle 5.13: Die staatlichen Eigenkapitalerhöhungen für die nationalisierten Unternehmen

Gruppe	Umsatz 1982 in Mrd.FF	Ergebnis 1982 in Mrd.FF	Eigenkapitalerhöhung 1983 in Mrd.FF	Ergebnis 1983 in Mrd.FF	Eigenkapitalerhöhung 1984 in Mrd.FF
Usinor Sacilor	27,2 28,3	-8,5	6,45	-10	5.5
E.M.C.	9,45	-0,94	0,05		0,2
PUK	29	-3	0,7		0,15
Saint-Gobain	51	-0,59		+0,25	0,15
CDF-Chimie	12,5	-1,4	0,3	+2,2	1
Rhône-Poulenc	37,2	-0,84	0,3		0,3
Thomson	42	-2,2	0,55		1
C.G.E.	66	+638	0,15	+0,64	0,7
Bull	8,1	-1,3	1,5		1
C.G.E.E.	2	-0,28		-0,25	0,3
Renault	104,1	-1,4	1	-2	1
SNIAS/SNECMA	21,4	+96,2			0,35
Basischemie (verschiedene Gruppen)	96	-5	1,65	-3,5	1
Summe der Eigenkapitalerhöhungen			12,65		12,55

Quelle: Commissariat de plan

Nun darf es sicherlich nicht die Aufgabe der Industriepolitik sein, prinzipiell alle Verluste der nationalisierten Unternehmen zu decken, ohne dabei die Frage zu beachten, inwieweit durch die Aufrechterhaltung der Produktion auf einem bestimmten Niveau ein gesellschaftliches Bedürfnis befriedigt wird. Es kann jedoch festgestellt werden (vgl. unsere Analyse der industriepolitischen Praxis in verschiedenen Branchen im Abschnitt 5.4), daß in einer bedeutenden Anzahl von nationalisierten Unternehmen die staatliche Finanzierung der zur Realisierung der industriepolitischen Ziele mindestens notwendigen Investitionsprogramme nicht ausreichend ist, sondern in vielen Fällen lediglich zum Abdecken der Defizite und Zinskosten ausreicht. Am schwersten wiegen hier sicherlich die Finanzierungsdefizite in der Elektronikindustrie, wo die finanzielle Lage der Bauelementeindustrie besorgniserregend ist und die Investitionen für die notwendige komplette Erneuerung der Produktpalette in der Informatik und der Unterhaltungselektronik enorm sein müßten. In der Chemieindustrie kann die Modernisierung nur noch mit Kapazitätsreduzierungen im Bereich der Basis- und Petrochemie und einer gegenüber den ursprünglichen Plänen unzureichenden Investitionstätigkeit in den neuen chemischen Aktivitäten durchgeführt werden. Die Modernisierung der Stahlindustrie vollzieht sich nach drei Jahren Attentismus unter den Budgetrestriktionen der Jahre 1983, 1984 und 1985 in Form eines kompletten Verzichts auf Konversions- und Diversifikationsprojekte, die eine erheblich höhere finanzielle Zuwendung des Staates für diesen Sektor erforderlich machen würden.

Die insgesamt unzureichende Finanzierung des öffentlichen Sektors ist zudem zu einem Druckmittel der Regierung auf die nationalisierten Unternehmen geworden, bis 1986 das betriebswirtschaftliche finanzielle Gleichgewicht in ihren Unternehmen wieder hergestellt zu haben. Ab diesem Zeitpunkt sollen die staatlich finanzierten Eigenkapitalerhöhungen eingestellt werden. Damit sind die nationalisierten Unternehmen aber im Gegensatz zur Programmatik des PI[1] zunehmend zu einer Orientierung ihrer Investitionspolitik an der kurzfristigen finanziellen Rentabilität gezwungen. Unter diesem Zwang erscheint eine an der Rückeroberung des Binnenmarktes orientierte Politik der nationalen Unternehmen zunehmend unmöglich. Die hierzu notwendigen Investitionen sind am Aufbau einer organischen nationalen Produk-

[1] Im 9. Plan fehlt der Hinweis, daß im nationalisierten Sektor keine kurzfristige Kapitalrentabilität angestrebt werden muß.

tionsstruktur orientiert und enthalten daher viele Komponenten (F&E-Aufwendungen in Bereichen, in denen man bisher vollkommen von ausländischen Konzernen abhängig gewesen ist, Kooperationsinvestitionen zur Verstärkung der Synergien mit französischen Unternehmen außerhalb des nationalisierten Sektors), deren Rentabilität, wenn überhaupt, erst langfristig hergestellt werden kann. Damit verstärkt die Regierungsverordnung, daß die nationalisierten Unternehmen ab 1986 mindestens finanziell ausgeglichene Ergebnisse erzielen müssen, die in verschiedenen nationalisierten Unternehmen ohnehin vorhandene Tendenz, die Investitionspolitik an den alten Kriterien zu orientieren, d.h. die Expansion der Weltmarktanteile gegenüber einer Orientierung an der Rückeroberung des Binnenmarktes zu bevorzugen.

5.6. Zur Entwicklung der Mitwirkungsmöglichkeiten der Beschäftigten

5.6.1. Die Reform der betrieblichen Mitwirkungsmöglichkeiten der Beschäftigten im privaten Sektor durch die lois Auroux

Durch die vier nach ihrem Autor benannten Gesetze ist die Mehrzahl der arbeitsrechtlichen Regelungen zu den betrieblichen Rechten der Beschäftigten umgestaltet worden (Gesetz vom 4.8.1982 über die Freiheiten der Arbeiter im Unternehmen, Gesetz vom 28.10.1982 über die Entwicklung der repräsentativen Organisationen, Gesetz vom 13.11.1982 über kollektive Verhandlungen, Gesetz vom 23.12.1982 über den Ausschuß für Hygiene, Sicherheit und Arbeitsbedingungen).[1]

[1] Die Darstellung der rechtlichen Regelungen in den Unterabschnitten 5.6.1.1. und 5.6.1.2. orientiert sich an Rehfeldt 1983.

5.6.1.1. Die betrieblichen Rechte der Beschäftigten des privaten Sektors vor der Verabschiedung der lois Auroux

Das französische Arbeitsrecht kannte bisher so gut wie keine Einflußmöglichkeiten der Beschäftigten auf die unternehmerischen Entscheidungen. Die betriebliche Interessenvertretung war in vier Institutionen verankert:
a) Der Betriebsrat (Comité d'entreprise, CE) mit verschiedenen Unterausschüssen wie dem Unterausschuß für Hygiene und Sicherheit (Comité d'hygiène et de sécurité, CHS) und dem Ausschuß für die Verbesserung der Arbeitsbedingungen (Commission d'amelioration des conditions de travail, CACT),
b) Die Personalvertreter (Délégués du personell, DP),
c) Die Gewerkschaftssektionen (Sectionssyndicales, SSE),
d) Die Gewerkschaftsvertreter (Délégués syndicaux, DS).

a. Der Betriebsrat

Der 1945 eingerichtete Betriebsrat ist die wichtigste Institution zur betrieblichen Interessenvertretung. Er besteht je nach Unternehmensgröße aus 3 bis 11 von der Belegschaft gewählten Vertretern (die Gewerkschaften haben das Vorschlagsrecht bei der Kandidatur), je einem gewerkschaftlichen Vertreter pro in dem Unternehmen vertretener Gewerkschaftssektion, der von der jeweiligen Gewerkschaft bestimmt wird und nur über eine beratende Stimme verfügt, und dem Unternehmensleiter, der die Sitzungen des CE leitet. Ein Betriebsrat ist obligatorisch in Unternehmen mit mehr als 50 Beschäftigten. Das CE tritt mindestens einmal monatlich zusammen. In Unternehmen mit mehr als 500 Beschäftigten sind die CE-Mitglieder für monatlich 20 Stunden von der Arbeit freigestellt. Die Geschäftsführung hat den CE vierteljährlich über den Geschäftsverlauf, Investitionsvorhaben und Veränderungen der Arbeitsorganisation zu informieren. Einmal pro Jahr muß ein ausführlicher Geschäftsbericht (in großen Unternehmen mit einer Sozialbilanz) vorgelegt werden. Ein Entscheidungs- oder Vetorecht des CE besteht nicht.

Der Ausschuß für Hygiene und Sicherheit hat das Recht, Untersuchungen über die Arbeitsbedingungen anzustellen und Vorschläge zu ihrer Verbesserung zu machen. Der seit 1973 in Unternehmen mit mehr als 300 Beschäftigten eingerichtete Ausschuß zur Verbesserung der Arbeitsbedingungen soll sich die neuesten arbeitswissenschaftlichen Erkenntnisse aneigenen und hat das Recht, schriftliche Stellungnahmen über schlechte Arbeitsbedingungen in seinem Betrieb abzugeben.
Eine repräsentative Erhebung aus dem Jahr 1981 ergab, daß immer noch 18% der Unternehmen mit mehr als 50 Beschäftigten über keinen Betriebsrat verfügen und daß 75% aller Betriebsräte von ihren Unternehmensleitungen nur unzureichend und 25% überhaupt nicht informiert werden (vgl. Le Monde: Les nouveaux droits des travailleurs 1983, 55).

b. Die Personalvertreter

Im Gegensatz zu dem mehr als Beteiligungsorgan an der Betriebsführung konzipierten CE sind die Personalvertreter 1936 als Vermittler von individuellen und kollektiven Beschwerden eingerichtet worden. Sie sind in Unternehmen mit mehr als 10 Beschäftigten obligatorisch und werden jährlich unter Vorschlagsrecht der Gewerkschaften für die Kandidaturen gewählt. Personalvertreter sind monatlich für 15 Stunden freigestellt. Die Personalvertreter können im Fall eines Verstoßes gegen die Arbeitsgesetzgebung die Inspection de Travail (Arbeitsinspektion) anrufen.

c. Die Gewerkschaftssektionen

Das Recht der Gewerkschaften, in jedem Unternehmen mit mehr als 50 Beschäftigten eine Gewerkschaftssektion gründen zu dürfen, datiert erst aus dem Jahre 1968. Jede Gewerkschaftssektion entsendet einen Vertreter mit beratender Stimme in den Betriebsrat. In Unternehmen mit mehr als 200 Beschäftigten muß ihnen das Unternehmen einen eigenen Raum zur Verfügung stellen.

d. Die Gewerkschaftsdelegierten

Die Gewerkschaftsdelegierten, die ebenfalls erst 1968 eingeführt wurden, werden von jeder Gewerkschaftssektion ernannt (zwischen 1 und 4 je nach Größe des Betriebes) und können mit der Unternehmensleitung im Namen der Gewerkschaft Betriebsvereinbarungen abschließen. In Betrieben mit mehr als 150 Beschäftigten werden die Gewerkschaftsdelegierten für 10 Stunden im Monat freigestellt (ab 300 Beschäftigte 15 Stunden) und besitzen denselben Kündigungsschutz wie die Personalvertreter.

5.6.1.2. Die Erweiterung der Beteiligungsrechte im privaten Sektor durch die lois Auroux

a. Der Betriebsrat

Die Rechte des Betriebsrats sind erheblich ausgeweitet worden. Er muß jetzt vor jedem "bedeutsamen Projekt zur Einführung neuer Technologien informiert und konsultiert werden, insofern sich aus ihnen Auswirkungen für Beschäftigung, Qualifikation, Entlohnung, Fortbildung oder die Arbeitsbedingungen des Personals ergeben können" (Art. L.432-2 des neuen Arbeitsgesetzbuches). Die Unternehmensleitung muß die notwendigen Informationen mindestens einen Monat vor der Sitzung des Betriebsrates diesem zur Verfügung stellen, damit er eine motivierte Stellungnahme abgeben kann. In Unternehmen mit mehr als 300 Beschäftigten darf der Betriebsrat zu seiner Beratung auch einen auswärtigen Experten hinzuziehen, wobei hierzu ein Übereinkommen zwischen der Mehrheit des Betriebsrates und der Unternehmensleitung hergestellt sein muß. Kommt diese Einigung nicht zustande, entscheidet das örtliche Gericht im Schnellverfahren. Falls mehrere Unternehmen zu einem Konzern gehören, kann ein Konzernausschuß (Comité de groupe) eingerichtet werden, der die Information der Beschäftigten auch über die Gesamtstrategie des Konzerns möglich macht. CHS und CACT sind zu einem neuen Ausschuß für Hygiene, Sicherheit und Arbeitsbedingungen (Comité d'hygiène, de sécurité et des conditions de travail) zusammengefaßt worden, dessen Rechte im Bereich der Arbeitssicherheit erweitert worden sind.

b. Die Personalvertreter

In Unternehmen mit weniger als 50 Beschäftigten, in denen die Einrichtung eines Betriebsrates nicht obligatorisch ist, kann der Personalvertreter dessen Aufgaben übernehmen

c. Die Gewerkschaftssektion

Eine Gewerkschaftssektion kann jetzt in allen Betrieben eingerichtet werden. Die bisherige Schwelle von 50 Beschäftigten ist abgeschafft worden.

d. Die Gewerkschaftsdelegierten

Die Freistellungszeiten sind erhöht worden. Sie betragen jetzt 10 Stunden im Monat für Betriebe zwischen 50 und 150 Beschäftigten, 15 Stunden für Betriebe zwischen 150 und 500 Beschäftigten und 20 Stunden für Betriebe mit mehr als 500 Beschäftigten. Die Gewerkschaftsdelegierten können sich jetzt frei im Unternehmen bewegen. Die Unternehmensleitungen sind durch die lois Auroux dazu gezwungen, einmal pro Jahr mit den Gewerkschaftsdelegierten über Löhne, Arbeitszeit und Arbeitsbedingungen zu verhandeln.

e. Die Gruppen der Meinungsäußerung (groupes d'expression)

Die lois Auroux führen die Garantie der Meinungsäußerung der Beschäftigten am Arbeitsplatz ein. In allen Unternehmen können die Beschäftigten auf regelmäßigen Versammlungen kleiner Gruppen ihre Meinung, Kritik und Vorschläge bezüglich der Arbeitsorganisation und der Arbeitsinhalte frei ausdrücken, ohne dafür von der Direktion sanktioniert werden zu können. Die näheren Bedingungen dieser Meinungsäußerung sollen in Unternehmen mit mehr als 200 Beschäftigten zwischen Gewerkschaftsvertretern und Unternehmensleitung ausgehandelt werden. In Unternehmen mit weniger als 200 Beschäftigten werden sie von der Unternehmensleitung festgesetzt. Die bis 1985 gemachten Erfahrungen werden die Grundlage eines neuen Gesetzentwurfes auf diesem Gebiet sein. Nach einer Untersuchung des Arbeitsministeriums und der CFDT haben die in verschiedenen Betrieben bisher eingerichteten Gruppen der Meinungsäußerung folgende Merkmale: Die meisten Gruppen treffen sich drei- oder viermal im Jahr jeweils für 2 Stunden. Sie umfassen jeweils etwa 15 bis 20 Personen und werden vom direkten Vorgesetzten geleitet (Le Monde 5./6.6.1983).

5.6.1.3. Die Grenzen der neuen Mitwirkungsregelungen im privaten Sektor

Trotz der erheblichen Ausweitung der Rechte des Betriebsrates und der Einrichtung der Gruppen zur freien Meinungsäußerung bleibt der Rahmen der betrieblichen Interessenvertretung der Beschäftigten rein defensiv. Der Betriebsrat hat lediglich das Recht zu Information und Konsultation, auf keinem Gebiet aber das Recht zur Mitentscheidung oder zu einem Veto. Damit brechen die lois Auroux aber mit den programmatischen Vorstellungen, die im programme commun und im projet socialiste enthalten sind. Das Verbot von Entlassungen aus ökonomischen Motiven, die nicht durch eine vorherige Maßnahme der Wiedereingliederung der betroffenen Arbeiter begleitet sind, auf das sich der Betriebsrat in den entsprechenden Fällen hätte berufen können (vgl. Parti communiste 1978, 66), ist nicht vorgesehen. Das im projet socialiste vorgesehene Vetorecht des Betriebsrates im Bereich der Beschäftigung, der Arbeitsorganisation und der Weiterbildung, "ohne das die Gefahr besteht, daß die Konsultation der Arbeiter nur ein Ritus ist" (Parti socialiste 1980, 242) ist nicht vorgesehen. Selbst in den Details der Neuregelungen bleiben die eigenständigen Handlungsmöglichkeiten des Betriebsrates beschränkt, so etwa durch die Bedingung, daß es zur Hinzuziehung eines Experten zu Sitzungen des Betriebsrates des Einverständnisses zwischen Betriebsratsmehrheit und Unternehmensleitung bedarf.
Die Gruppen der freien Meinungsäußerung stellen sicherlich einen

Fortschritt hinsichtlich der Möglichkeit der Entwicklung eines Engagements der Beschäftigten für die Umgestaltung der Arbeitsbedingungen dar. Dies gilt besonders unter den Bedingungen der in Frankreich oft noch sehr patriarchalischen Unternehmensstruktur. Drei Faktoren stellen aber die Entwicklung eines längerfristigen Engagements in diesem Rahmen in Frage: Erstens verfügen die Gruppen der freien Meinungsäußerung über keinerlei Entscheidungskompetenz auf einem auch noch so begrenzten Gebiet (wie z.B. dem der Pausenregelung, der Hygiene und Sicherheit am Arbeitsplatz). Die gegenwärtige Regelung erinnert so (freiwillig oder unfreiwillig) an amerikanische Konzeptionen des 'sozialen Managements', denen jedoch insgesamt nachgesagt werden muß, daß sie längerfristig zu einem Rückfall des Motivationsniveaus geführt haben, wenn den Kritiken und Vorschlägen der Beschäftigten keinerlei wirkliche Veränderungen gefolgt sind. Zweitens werden die Sitzungen der Gruppen zur freien Meinungsäußerung in den meisten bisher abgeschlossenen betrieblichen Vereinbarungen von den direkten Vorgesetzten geleitet, was das Engagement der Beschäftigten zur Entwicklung von der Strategie der Unternehmensleitung entgegengesetzten Vorstellungen erheblich mindern muß. Drittens müssen die drei bis vier Treffen im Jahr mit jeweils zwei Stunden Dauer als ein äußerst geringes Zeitbudget erscheinen, wenn man sie mit den allein aus Unternehmerinitiative eingerichteten Qualitätszirkeln vergleicht, die sich erheblich öfter treffen. Diese drei Faktoren lassen eine aus den groupes d'expression hervorgehende Veränderung des innerbetrieblichen Kräfteverhältnisses zur Umgestaltung der Arbeitsbedingungen und der Unternehmensstrategie als ausgeschlossen erscheinen.

Die sonstigen Reformmaßnahmen der lois Auroux zur Stärkung der Position der Gewerkschaften in den Betrieben und zur Verbesserung der materiellen und finanziellen Handlungsmöglichkeiten von Personaldelegierten und Betriebsrat bringen insgesamt einen bedeutenden Fortschritt gegenüber der vorherigen Situation, bleiben aber ebenfalls allesamt auf der Ebene der Stärkung der Defensivrechte.

Insgesamt werden die Entscheidungsstrukturen in den privaten Unternehmen durch die lois Auroux nicht grundlegend verändert. Die Begrenztheit der Reform muß aus dem Gesamtrahmen der ökonomischen Strategie der Regierung erklärt werden, die sich seit dem Frühjahr 1982 immer mehr auf die Restrukturierung der Industrie und den Technologietransfer in die Bereiche der privaten Unternehmen hinein stützt. Bei dieser Strategie wird davon ausgegangen, daß ein grundlegender technologischer Wandel in den Unternehmen nicht ohne eine Zustimmung bzw. eine Mitorganisation der Beschäftigten erzielt werden kann, da sonst die dabei entstehenden Reibungsverluste infolge von passivem Widerstand und Inkompetenz der mit den neuen Technologien umgehenden Arbeiter zu groß wären. Eine Motivierung der Beschäftigten durch eine die Einführung neuer Technologien begleitende Konsultation scheint so als das treibende Motiv der Gesetzgebung zu isolieren zu sein. Damit ist es aber nicht die Zielsetzung der Ausweitung der realen Handlungsfähigkeit der Arbeiter, sondern allein die vom Standpunkt des Kapitalinteresses aus existierende ökonomische Notwendigkeit der sozialen Akzeptanz der Umstrukturierung der Produktivkräfte, die das Ausmaß der Ausweitung der Arbeiterrechte durch die lois Auroux bestimmt hat (vgl. Rehfeldt 1983, 3).

5.6.2. Das Gesetz zur Demokratisierung des öffentlichen Sektors

Angesichts des Fortbestandes der Entscheidungsstrukturen in den privaten Unternehmen wird unter dem Gesichtspunkt des Einflusses der Beschäftigten auf die Logik der industriellen Entwicklung die Veränderung der Entscheidungsstrukturen in den nationalisierten Unternehmen umso relevanter. Das am 26. Juli 1983 in Kraft getretene Gesetz zur Demokratisierung des öffentlichen Sektors[1] (loi de la démocratisation du secteur public, loi N° 83-675), sieht Veränderungen vor allem bezüglich der Direktwahl der Vertreter der Beschäftigten in den Verwaltungsrat und der Bildung der den groupes d'expression in den privaten Unternehmen entsprechenden Werkstatt- und Büroräten (conseil d'atelier et de

[1] Die folgenden Ausführungen betreffen nicht die vorläufigen Regelungen zur Verwaltungsstruktur der nationalisierten Unternehmen, die mit diesem Gesetz außer Kraft treten.

bureau) vor. Das Gesetz gilt nicht für bestimmte öffentliche Unternehmen, die wegen ihrer militärischen Bedeutung, einer zu diversifizierten Mitarbeiterstruktur oder einer zu geringen Zahl von Beschäftigten (weniger als 200) unter Sonderbedingungen arbeiten.

5.6.2.1. Der Verwaltungsrat

Die öffentlichen Unternehmen werden in drei Gruppen aufgeteilt, die eine unterschiedliche Bildung des Verwaltungsrates (conseil d'administration) implizieren:

a. Die öffentlichen industriellen und kommerziellen Einrichtungen des Staates (établissements public, industriels et commerciaux de l'Etat, EPIC), worin nicht die Verwaltungseinrichtungen und die Einrichtungen der territorialen Körperschaften enthalten sind, bilden ihren Verwaltungsrat aus Repräsentanten des Staates, wegen ihrer Kompetenz ausgewählter Personen und Lohnabhängigen, wobei die Lohnabhängigen mindestens über ein Drittel der Stimmen verfügen müssen.

b. Die nationalen Unternehmen ersten Ranges, bei denen mehr als 90% des Kapitals vom Staat kontrolliert wird, bilden den Verwaltungsrat genauso, wobei die Anzahl der Mitglieder jeder der drei genannten Gruppen sechs beträgt.

c. In den restlichen Unternehmen des öffentlichen Sektors wird der Verwaltungsrat nur aus zwei Parteien gebildet: ein Drittel repräsentiert die Lohnabhängigen und wird direkt gewählt (wenn das Unternehmen mehr als 1000 Beschäftigte hat), und zwei Drittel werden durch die Aktionärsversammlung gewählt. In dieser Kategorie haben die Verwaltungsräte zwischen 9 und 18 Mitgliedern.

Die Wahl der Vertreter der Lohnabhängigen erfolgt in allen unter a., b. und c. genannten Unternehmen direkt. Die Kandidaten müssen in den letzten fünf Jahren mindestens zwei Jahre im Unternehmen gearbeitet haben und entweder von einer repräsentativen Gewerkschaft vorgeschlagen worden sein oder von mindestens 10% der Personalvertreter oder der Mitglieder des Betriebsrates unterstützt werden. Unter den gewählten Vertretern der Lohnabhängigen muß mindestens ein Vertreter der Angestellten sein.

Die Vertreter des Staates werden von der Regierung durch eine Verordnung bestimmt.
Die Personen, die wegen ihrer technischen, wissenschaftlichen oder technologischen Kompetenzen, wegen ihrer Kenntnis der regionalen oder branchenspezifischen Besonderheiten oder in ihrer Eigenschaft als Repräsentant der Verbraucher oder der Benutzer in den Verwaltungsrat gewählt werden, werden ebenfalls durch eine Verordnung der Regierung bestimmt, wobei in den Fällen, in denen dies möglich ist, die repräsentativen Organisationen, denen sie angehören, konsultiert werden (vgl. loi 83-675, Art. 5, 2°).
Die Vertreter der Lohnabhängigen im Verwaltungsrat werden für einen Zeitraum zwischen 15 Stunden im Monat und 20 Stunden in der Woche (muß in jedem einzelnen Unternehmen festgelegt werden) von der Arbeit freigestellt. Sie haben ein Anrecht auf eine Ausbildung auf dem Gebiet der Unternehmensführung und deren Finanzierung durch das Unternehmen. Ein Vertreter der Lohnabhängigen im Verwaltungsrat kann nicht gleichzeitig eine andere Funktion der Personalvertretung ausüben.

> "Keine Entscheidung bezüglich der großen strategischen, ökonomischen, finanziellen und technologischen Orientierungen des Unternehmens kann in Kraft treten, ohne daß der Verwaltungs- oder Überwachungsrat vorher darüber befunden hat" (loi 83-675, Art. 7).

Mit diesem Artikel soll insbesondere die Bedeutung des Verwaltungsrats beim Abschluß der Planverträge mit der Regierung betont werden. Weiterhin bestimmt der Verwaltungsrat auch die Modalitäten der Konsultation der Repräsensationsorgane des Personals bezüglich der Unternehmenspläne, die Grundlage des Abschlusses der Planverträge sind.
Der Präsident des Verwaltungsrates muß Mitglied desselben sein. Auf Vorschlag des Verwaltungsrates wird er von der Regierung nominiert. Eine Regelung über Konfliktfälle ist im Gesetz nicht enthalten. Eine andere Prozedur zur Bestimmung des Präsidenten

des Verwaltungsrates gilt in den oben unter b. aufgeführten Unternehmen. Hier bestimmt der Vorstand der Aktiengesellschaft den Präsidenten, ohne daß ein Vorschlagsrecht des Verwaltungsrates selbst besteht.

5.6.2.2. Die Werkstatt- und Büroräte (conseil d'atelier et de bureau, CAB)

Die CAB sind die entwickeltere Form der groupes d'expression, die den Lohnabhängigen einen bedeutenden Einfluß auf die Arbeitsbedingungen sichern sollen. Die CAB haben gegenüber den groupes d'expression erweiterte Kompetenzen, insbesondere sollen sie auch über die Möglichkeiten der technologischen Innovation und der Erhöhung der Produktivität beraten. Obwohl die genaueren Kompetenzen der CAB nicht festgelegt sind und von den Sozialpartnern verhandelt werden sollen, legt das Gesetz ein Mindestmaß an Zusammenkünften der CAB fest. Diese müssen mindestens alle zwei Monate stattfinden und jährlich insgesamt mindestens sechs Stunden dauern. Die Sozialpartner müssen darüber entscheiden, wer die Sitzungen leiten soll und ob in bestimmten begrenzten Gebieten den CAB Kompetenzen eingeräumt werden sollen, die über ein bloßes Informations- und Diskussionsrecht hinausgehen (z.B. Rechte auf dem Gebiet der Arbeitsorganisation).

5.6.2.3. Der Betriebsrat

Der Betriebsrat erhält weitergehende Befugnisse. Er muß jetzt bezüglich der Entwürfe für die Planverträge konsultiert und nicht mehr nur informiert werden. Der Betriebsrat muß außerdem den Bildungsplan des Unternehmens genehmigen, der die Kooperation mit anderen Bildungseinrichtungen fördern soll. Sollte der Betriebsrat den Bildungsplan nicht genehmigen, kann der Verwaltungsrat oder die Direktion des Unternehmens ihn festsetzen.

5.6.2.4. Die Gewerkschaftssektionen

Das Gesetz öffnet den Gewerkschaftssektionen die Möglichkeit, mit der Unternehmensleitung vertraglich eine Ausweitung der Rechte der Gewerkschaftssektionen im Betrieb zu vereinbaren.

5.6.2.5. Die Grenzen der neuen Mitwirkungsregelungen im öffentlichen Sektor

Ebenso wie bei der Reform der Mitwirkungsmöglichkeiten im privaten Sektor entsprechen die neuen Regelungen über die Bildung und die Befugnisse des Verwaltungsrates und die Werkstatt- und Büroräte nicht der Programmatik des PS. In der aktualisierten Fassung des programme commun war bereits ein Konsens darüber hergestellt worden, daß der Verwaltungsrat seinen Präsidenten wählen wird (der von der Regierung lediglich bestätigt wird). Desweiteren sollte der Verwaltungsrat die Kompetenz haben, die Generaldirektion des Unternehmens zu bestimmen (vgl. Parti communiste 1978, 71). Zwar ließ das programme commun den genauen Modus der Bestimmung der Vertreter der Verbraucher und Benutzer im Unklaren, so daß der Regierung die Möglichkeit offengelassen wurde, auf verstecktem Wege eine Mehrheit von ihr ergebenen Vertretern durchzusetzen (vgl. unseren Abschnitt 3.2.3), doch enthielt es immerhin die Aussage, daß die vom Staat formell bestimmten Vertreter nicht in der Mehrheit sein dürfen (Parti communiste 1978, 71). Das Gesetz zur Demokratisierung des öffentlichen Sektors gibt der Regierung jedoch das Recht, nicht nur die Staatsvertreter, sondern auch sämtliche Vertreter, die wegen ihrer Kompetenz in den Verwaltungsrat berufen werden, zu bestimmen. Eine Konsultation der Organisationen, zu denen diese Vertreter gehören, ist in unverbindlicher Weise nur in den Fällen vorgesehen, in denen sie möglich ist. So konstituiert das Gesetz von 1983 die Macht der Regierung, sich eine Zweidrittelmehrheit zu organisieren.
Stellte bereits das projet socialiste eine Wegentwicklung von den

15 Selbstverwaltungsthesen des PS von 1975 dar, so enthielt es immer noch die Möglichkeit von drei verschiedenen Organisationsmodellen der Leitung der nationalisierten Unternehmen. So war zumindest die Möglichkeit offengehalten, daß ein nur von den Beschäftigten gewählter Führungsausschuß oder ein solcher Führungsausschuß zusammen mit einem Überwachungsgremium die Leitung eines nationalisierten Unternehmens übernehmen kann (vgl. unseren Abschnitt 3.6). Gegenüber dem projet socialiste muß das Gesetz zur Demokratisierung des öffentlichen Sektors von 1983 nun als eine vollständige Aufgabe der Selbstverwaltungsperspektive bezeichnet werden, da in der neuen Organisationsstruktur der nationalisierten Unternehmen an keiner Stelle ein Gremium existiert, das sowohl gegenüber der Regierung autonom ist als auch reale Einflußmöglichkeiten auf die grundlegenden Unternehmensentscheidungen besitzt. Der Betriebsrat als weitgehend autonomes Gremium hat nach dem neuen Gesetz lediglich die reale Entscheidungskompetenz über den betrieblichen Bildungsplan zugewiesen bekommen. Die Regelung jedoch, daß im Falle der Ablehnung des Bildungsplans durch den Betriebsrat der Verwaltungsrat oder die Unternehmensleitung entscheiden kann, macht selbst diese begrenzte Kompetenz zunichte.
Die Werkstatt- und Büroräte können eine Kompetenz erhalten, die über das reine Diskussionsrecht, das die Gruppen zur Meinungsäußerung im privaten Sektor haben, hinausgeht. Dies ist jedoch von den Sozialpartnern auszuhandeln und bleibt somit weitgehend vom Kräfteverhältnis zwischen Gewerkschaften und Unternehmensleitung der nationalisierten Unternehmen abhängig, das momentan in den meisten Fällen für die Gewerkschaften nicht sehr günstig aussieht. Anstatt die Eroberung der politischen Staatsmacht als ein Mittel zur Beeinflussung der gesellschaftlichen Kämpfe im Sinne der Beschäftigten zu benutzen, hat sich der PS hier der Verantwortung seiner politischen Tradition vollständig entzogen.

Ebenso wie die lois Auroux die Entscheidungsstrukturen in der privaten Wirtschaft nicht grundlegend verändert haben, hat das Gesetz zur Demokratisierung des öffentlichen Sektors keine reale

Vergesellschaftung der nationalisierten Unternehmen hergestellt, die dem notwendigen Staatseinfluß auf diese Unternehmen eine relative Gegenmacht von Beschäftigten und anderen gesellschaftlichen Gruppen (Verbraucher, Benutzer) gegenüberstellt. Damit ist aber eine Forderung des PS und des PC, die im programme commun einen zentralen Stellenwert gehabt hat, nicht erfüllt: "Die Nationalisierung darf keine Verstaatlichung sein" (programme commun, 114).

5.7. Die Abwesenheit einer demokratischen gesellschaftlichen Planung

5.7.1. Die Reform der planification

Mit dem Gesetz vom 29.7.1982 (loi portant réforme de la planification) sind drei wesentliche Veränderungen in das französische Planungsverfahren eingeführt worden:
1. Die Verstärkung der Rolle des Parlaments.
2. Die Erstellung von Plänen für die einzelnen Regionen.
3. Die Betonung des Abschlusses von Verträgen zwischen Regierung und Unternehmen bzw. zwischen Regierung und Regionen als wichtigstes Mittel der Umsetzung der Planinhalte.

Im Rahmen unserer Arbeit müssen wir auf die Behandlung des Aspektes der Regionalisierung der Planung verzichten.

> "Der Plan bestimmt die strategischen Entscheidungen und die mittelfristigen Ziele der ökonomischen, sozialen und kulturellen Entwicklung der Nation ebenso wie die zu ihrer Durchsetzung notwendigen Mittel" (Art. 1).

Zur Erstellung jedes Plans wird eine nationale Planungskommission (commission nationale de planification, CNP) gebildet, die mit den zur Ausarbeitung des Planes notwendigen Beratungen beauftragt ist, aber nur einen "konsultativen Charakter" (Art. 6) hat. Der Präsident der CNP ist der Minister für Planung und Raumordnung (ministre chargé du plan et l'amenagement du territoire). In der CNP müssen Vertreter folgender Körperschaften und Institu-

tionen vertreten sein: Jede Region, Gewerkschaften und Arbeitgeberverbände, Bauern- und Handwerkerverbände, Verbande der Handelstreibenden und der freien Berufe, der öffentliche Sektor jeweils im Bereich der Industrie und der Banken, der Sektor der Kooperativen und der Genossenschaften, kulturelle Verbände. Die Regierung kann außerdem Personen benennen, die sie wegen ihrer Kompetenz auf dem Gebiet der wirtschaftlichen Planung für besonders qualifiziert hält (Art. 6).
Nationalversammlung und Senat bilden je eine parlamentarische Delegation (bestehend aus 15 Personen), die mit der Information der jeweiligen Kammer über die Ausarbeitung des Plans und der Überwachung seiner Durchführung beauftragt sind (Art. 2).
Die Planerstellung ist in zwei Phasen aufgeteilt - die Ausarbeitung und Verabschiedung des ersten und des zweiten Plangesetzes (loi de plan). "Das erste Plangesetz definiert für eine Dauer von fünf Jahren die strategischen Entscheidungen" (Art. 3) und die notwendigen Instrumente. Das zweite Plangesetz definiert die juristischen, finanziellen und administrativen Maßnahmen, die zur Durchsetzung der Ziele des ersten Plangesetzes notwendig sind (Art. 4). Das zweite Plangesetz legt die notwendig bereitzustellenden finanziellen Mittel fest, bestimmt sogenannte vorrangige Ausführungsprogramme (programmes prioritaires d'exécution, PPE) und legt den Rahmen der mit den Unternehmen und Regionen abzuschließenden Planverträge fest (Art. 4).
In der Vorbereitungsphase zum ersten Plangesetz teilt jede Region der Regierung die vorgesehenen Entwicklungsprioritäten der wirtschaftlichen Entwicklung mit. 18 Monate vor Inkrafttreten des Plans muß die Regierung der CNP ein Orientierungsdokument über die regionale Entwicklung zukommen lassen (Art. 7).
Mindestens ein Jahr vor Inkrafttreten des ersten Plangesetzes muß die CNP ihr Gutachten der Regierung vorlegen, die dann den Gesetzesentwurf für das erste Plangesetz erarbeitet und dem Parlament zur Beratung und Abstimmung vorlegt (Art. 8). Vier Monate vor Inkrafttreten des zweiten Plangesetzes muß die CNP eine Stellungnahme abgeben, auf deren Grundlage die Regierung den Gesetzesentwurf zum zweiten Plangesetz entwickelt, das dann dem

Parlament zur Beratung und Abstimmung vorgelegt wird (Art. 9).

Der Staat kann mit den Territorialkörperschaften, den Regionen und den öffentlichen oder privaten Unternehmen Planverträge abschließen, die ein wechselseitiges Engagement beider Seiten hinsichtlich der Durchführung des Planes enthalten (Art. 11). Die Planverträge mit den Unternehmen können die "prinzipiellen strategischen Orientierungen" (Art. 11) festlegen. Vor Abschluß eines solchen Vertrages muß sein Inhalt den repräsentativen Organen des Personals des betreffenden Unternehmens mitgeteilt werden (Art. 11).

Im Rahmen der im Abschnitt 5.1 entwickelten theoretischen Fragestellungen sind folgende Grundzüge des modifizierten Planverfahrens von besonderer Bedeutung:

1. Die eigentliche Entscheidungsbefugnis bei der Erstellung des nationalen Planes liegt beim Parlament. Damit ist zwar eine politische Legitimation des Plans hergestellt, die aber trotzdem die Möglichkeit (und aller historischen Erfahrung mit der planification unter Giscard nach auch die Wirklichkeit) des Ausschlusses von wesentlichen gesellschaftlichen Gruppen von einer realen Einflußnahme auf den Planinhalt impliziert. Zudem zeigt eine Analyse der Methoden der Entscheidungsvorbereitung der einzelnen Parlamentarier, daß mangels einer inhaltlichen Kompetenz bezüglich der wirtschaftspolitischen Gesetzesvorlagen in fast allen Fällen dem Votum der jeweiligen Fraktionsführung zugestimmt wird, wodurch die Repräsentativität der parlamentarischen Entscheidung wieder eingeschränkt wird.

2. Die Zusammensetzung der CNP wird letztendlich von der Regierung bestimmt, die die einzelnen Mitglieder benennt. Das Gesetz schreibt zwar zwingend die Aufnahme der Vertreter bestimmter Institutionen und Körperschaften vor, wobei die Regierung aber in vielen Fällen eine weitgehende Handlungsfreiheit hat. So wäre es sicherlich politisch nicht opportun, eine von den Gewerkschaften oder den Arbeitgeberverbänden vorgeschlagene Person nicht in die CNP aufzunehmen. In Bezug auf die Auswahl der Vertreter der nationalisierten Unternehmen, der kulturellen Bewegungen, der Ver-

bände, der Kooperativen und Genossenschaften, der freien Berufe und vor allem der Planungsexperten sind die Spielräume allerdings sehr groß, so daß eine politische Dominierung der CNP durch die Regierung naheliegt. Dies stellt allerdings grundlegend den Charakter der CNP als ein relativ autonomes gesellschaftliches Planungsorgan in Frage.

3. Die CNP hat lediglich eine konsultative und entscheidungsvorbereitende Funktion. Sie erarbeitet lediglich ein Gutachten, auf dessen Grundlage die Regierung dann die Gesetzentwürfe für die beiden Plangesetze erarbeitet. Dabei ist die Regierung in keiner Weise dazu gezwungen, sich an die Vorgaben der CNP zu halten. Es liegt also nahe, daß die von der CNP produzierten großen Mengen von Dokumenten als politische Manövriermasse dienen, die durch Zugeständnisse die durch Vertreter in der CNP repräsentierten Gruppen integrieren sollen[1].

4. Die gesellschaftliche Repräsentativität der CNP ist dadurch begrenzt, daß in ihr lediglich Vertreter der Verbands- und Institutionsspitzen vertreten sind. Damit ist jedoch keine Voraussetzung dafür geschaffen, daß ein breiter Diskussions- und Entscheidungsvorbereitungsprozeß in den einzelnen Organisationen zustande kommt, in dessen Zusammenhang dann eine Entscheidung der einzelnen Organisationen über die strategische Orientierung, mit der sie ihre Vertreter in die CNP schicken wollen, gefällt werden kann.

5. Die Planverträge als wichtigstes Instrument der Durchsetzung der Planinhalte lassen in der vorliegenden Form einen weitgehenden Interpretationsspielraum für die Regierung, wie konkret und verbindlich ein Unternehmen auf die Verfolgung einer bestimmten Strategie festgelegt wird. Damit liegt aber die Bestimmung über die Effizienz dieses Verfahrens ausschließlich bei der Regierung.

6. Den Vertretungsorganen der Beschäftigten in den einzelnen Unternehmen kommt lediglich ein Informationsrecht hinsichtlich des Inhalts der Planverträge, die zwischen Unternehmensleitung und Regierung geschlossen werden, zu. Damit ist aber eine effektive

---

[1] Zur Vorbereitung des 9. Plans hat die CNP 9 Kommissionen und 40 Arbeitsgruppen gebildet, in denen zahlreiche Wissenschaftler vertreten sind.

Interventionsmöglichkeit, etwa ein Vetorecht des Betriebsrates, ausgeschlossen. Die Plandurchsetzung im Verhältnis von Staat und Unternehmen bleibt daher eine Angelegenheit zwischen Regierung und Unternehmensleitungen.

5.7.2. Die mangelnde Operationalität des 9. Plans

Der Inhalt des 9. Plans, der der erste ist, der nach den neuen Verfahren der planification erarbeitet worden ist, wurde bereits im Abschnitt 5.3 behandelt. An dieser Stelle geht es ausschließlich um die Frage, inwieweit die Form der Repräsentation der strategischen Orientierungen des 9. Plans geeignet ist, eine verbindliche Durchsetzung der Planinhalte in der praktischen Industriepolitik zu ermöglichen.
Der 9. Plan verzichtet generell auf eine Quantifizierung der von ihm angestrebten ökonomischen Entwicklungsziele. Die wenigen vorgenommenen Quantifizierungen haben eher einen unverbindlichen Charakter:

- die Erreichung einer Wachstumsrate am Ende der Planperiode, die ein Prozent höher ist als im gewichteten Mittel der OECD.
- die Erreichung des besten Resultats innerhalb der EG hinsichtlich der Beschäftigungsentwicklung.
- das Inflationsdifferential zwischen Frankreich und seinen prinzipiellen Handelspartnern soll so schnell wie möglich abgebaut werden.
- am Ende der Planperiode soll die Investitionsquote des Jahres 1973 wiederhergestellt sein.
- in zwei Jahren soll das Außenhandelsgleichgewicht wiederhergestellt sein.

In der französischen Diskussion wurde die Abwesenheit einer weitergehenden Quantifizierung verschiedentlich heftig kritisiert. Die selbe Kritik wurde auch schon gegenüber dem 8. Plan vorgebracht. Nach den Erfahrungen mit dem fast vollkommenen Irrealismus der quantitativen Projektionen des 6. und des 7. Plans scheint uns diese Kritik in ihrer Allgemeinheit unangebracht. Aufgrund der Begrenztheit der Reichweite der industriepolitischen Instrumente einer sozialistischen Regierung unter den aktuellen französischen Bedingungen (z.B. durch die außenwirtschaftlichen Restriktionen) ist eine differenzierte Projektion makroökonomischer Zielsetzungen relativ sinnlos. Das kann jedoch umgekehrt nicht heißen, daß jeder quantifizierte Planungsansatz nutzlos wäre. Im Gegenteil erscheint auch in Zeiten der Krise die Entwicklung von Scenarios sinnvoll, die die Wirkungen verschiedener wirtschaftspolitischer Strategien und industriepolitischer Eingriffe unter je verschiedenen angenommenen Rahmendaten (z.B. Entwicklung des BSP, des Inflationsdifferentials mit den Handelspartnern, der Nachfrage in verschiedenen Branchen) aufzeigen. Hierbei handelt es sich nicht um einen normativen Ansatz, sondern einen Ansatz, der den wirtschaftspolitischen Handlungsbedarf unter je konkreten Prämissen untersucht, um so eine zugespitztere Problemstellung und damit eine entwickeltere Entscheidungsgrundlage für die wirtschaftspolitischen Entscheidungszentren bereitzustellen.

Der Hauptmangel der Repräsentation des Planinhalts des 9. Plans liegt denn unseres Erachtens nach in einem fast vollständigen Verzicht auf Problemzuspitzungen. In Abschnitt 5.3 haben wir die Reduzierung des Außenhandelsbilanzdefizits durch die Stagnation der Massenkaufkraft bei gleichzeitiger industrieller Umstrukturierung als die Grundstrategie des 9. Plans herausgearbeitet. Auf der Ebene des Diskurses aber werden scheinbar gleichberechtigte Ziele nebeneinandergestellt. "Wenn man die Überschriften der Kapitel betrachtet, müßte man denken, daß die Beschäftigung das prinzipielle Ziel ist..." (Holmes 1983, 24). Das Beschäftigungsziel wird ebenso als Priorität bezeichnet wie das Ziel des Abbaus industrieller Kapazitäten in den 'alten Industrien'. Die Kaufkrafteinfrierung wird ebenso für dringend notwendig gehalten wie die breite Diffusion von arbeitssparenden Produktionstechnologien in den Bereichen der Klein- und Mittelbetriebe.

Doch diese enormen Widersprüche werden entweder nicht expliziert oder mit der Bemerkung abgetan, daß angesichts der in der kurzen Frist auftretenden Beschäftigungsprobleme soziale Regelungen gefunden werden müssen (vgl. z.B. 9. Plan, 39). So erweist sich der 9. Plan als wirtschaftspolitischer Diskurs, der mangels entwickelter Problemstellungen keine konkreten Konzepte zur Vereinbarkeit seiner Ziele miteinander enthält. Die Abwesenheit der oben angesprochenen Entwicklungsscenarios ist nichts anderes als ein notwendiger Ausdruck des Schweigens über die Widersprüche der eigenen industriepolitischen Strategie.

Da der 9. Plan somit vorrangig programmatischer Diskurs bleiben mußte, ist für die Regierung ein erheblicher Handlungsspielraum entstanden, in dem sie über die wirkliche Prioritätensetzung der miteinander teilweise unvereinbaren Zielsetzungen entscheiden kann. Damit fehlt dem 9. Plan aber ein wesentliches Element - der Plancharakter, der die Festlegung des Regierungshandelns auf eine verbindliche strategische Achse impliziert.

5.7.3. Die Planverträge mit den nationalisierten Unternehmen

Die Planverträge mit Unternehmen des öffentlichen und privaten Sektors stellen im Gegensatz zur Reform der planification das zentrale Instrument zur Durchsetzung der Planinhalte dar. Wir behandeln exemplarisch fünf Planverträge mit nationalisierten Unternehmen, da zum einen der nationalisierte Sektor besonders in Zeiten der Krise das verhältnismäßig effektivste industriepolitische Eingriffsmittel ist, und zum zweiten hier ein Vergleich der betreffenden Planverträge mit den Ergebnissen der Analyse der in Abschnitt 5.4 behandelten industriepolitischen Praxis möglich ist.
Diese Planverträge stellen einen Kompromiß zwischen den Direktionen des betreffenden nationalisierten Unternehmens und dem für die Aufsicht zuständigen Ministerium dar (in der Regel das Industrieministerium, im Falle der nationalisierten Banken das Finanzministerium und im Falle von Unternehmen, die auch eine militärische Produktion durchführen, das Verteidigungsministerium).

Im folgenden geben wir den Inhalt der öffentlichen Abschnitte der fünf Planverträge (veröffentlicht vom Industrieministerium) wieder, die auch jeweils einen geheimen Abschnitt bezüglich der Produktentwicklungsplanung dieser Unternehmen enthalten. Die behandelten Planverträge wurden alle im ersten Halbjahr 1983 abgeschlossen.

5.7.3.1. Renault

Renault bleibt auf drei Gebieten aktiv:
- auf dem Gebiet der Industriefahrzeuge mußte Renault 1982 einen Rückgang des Absatzes hinnehmen. 1983 wird ein neuer Entwicklungsplan für diese Abteilung vorgelegt.
- der internationale Kontext der Entwicklung der Industrie landwirtschaftlicher Maschinen zwingt Renault seine Aktivitäten auf diesem Gebiet vollkommen neu zu überdenken.
- Renault besitzt gegenwärtig eine große Erfahrung auf dem Gebiet der automatischen Produktionsanlagen und komplexen Produktionssysteme und verfügt über die notwendigen technologischen Fähigkeiten,um ein industrieller Pol zur Herstellung von Produktionsanlagen zu werden.

Als international sechstgrößter Automobilhersteller mit einem Weltmarktanteil von 6,5% und 2,5 Mill. hergestellter Autos 1982 setzt es sich Renault zum Ziel, einen Weltmarktanteil von 7% und die Produktion von 2,5 Mill. Autos zu erreichen. Um dieses Ziel zu erreichen, wird Renault pro Jahr ein neues Modell herausbringen, seine F&E-Aktivitäten erweitern (vor allem auf dem Gebiet der Kraftstoffkonsumreduzierung, der Autoelektrik und der neuen Materialien), seine Produktivität erhöhen und seine internationale Entwicklung ausweiten. 1983 werden die F&E-Ausgaben 2,8 Mrd. FF betragen. In den Jahren 1983 bis 1986 wird Renault 28,5 Mrd. FF investieren, davon 8,9 Mrd. FF 1983. Die durch den Staat finanzierten Eigenkapitalerhöhungen und Quasieigenkapitalerhöhungen werden 1983 1,65 Mrd. FF betragen.

5.7.3.2. Usinor

Die wichtigsten Unternehmensziele sind die Wiederherstellung der Wettbewerbsfähigkeit, die Verbesserung der finanziellen Situation, insbesondere durch die Reduzierung der finanziellen Kosten auf weniger als fünf Prozent des Umsatzes, und die Stabilisierung des Beschäftigungsniveaus. Zur Erreichung dieser Ziele sind vorgesehen:

- die Mobilisierung des gesamten Personals durch eine breite Konzertierung und neue soziale Maßnahmen,
- eine Beschäftigungspolitik, die durch Arbeitszeitverkürzung, Altersmaßnahmen und Ersatzarbeitsplätze den Problemen der industriellen Umstrukturierungen gegenübertritt,
- eine außergewöhnliche Investitionsanstrengung zur Modernisierung des Produktionsapparates, die sich in den nächsten fünf Jahren auf 9 Mrd. FF belaufen wird,
- die Verdopplung der Forschungsausgaben in den nächsten fünf Jahren,
- eine Politik zur Energieeinsparung,
- ein Beitrag zur Dynamisierung des industriellen Geflechts durch die Kooperation mit den Zulieferbetrieben, den weiterverarbeitenden Betrieben und eine Bemühung zum Ausbau der Produktionskette Stahl,
- eine Wiederherstellung des finanziellen Gleichgewichts bis 1986. Dazu erhält Usinor 1983 vom Staat 2,95 Mrd. FF in Form von Eigenkapitalerhöhungen und Quasieigenkapitalerhöhungen.

5.7.3.3. Sacilor

Die finanzielle Situation des Unternehmens soll bis 1986 durch die Senkung der finanziellen Kosten auf 5% des Umsatzes verbessert werden. Sacilor wird seine Anstrengungen zum Ausbau seiner Aktivitäten in den der Stahlherstellung nachgelagerten Aktivitäten (erste Transformation) ausweiten. Dazu werden 200 Mill. FF ausgegeben werden. Die Modernisierung der Produktionsanlagen mit einem Aufwand von 8,5 Mrd. FF bis 1986. 1983 erhält Sacilor vom Staat 3,15 Mrd. FF an Eigenkapital- und Quasieigenkapitalerhöhungen. Die F&E-Ausgaben sollen pro Jahr um 7% angehoben werden. Sacilor soll eine Arbeitszeitverkürzung und Altersmaßnahmen einführen sowie umfassende Weiterbildungsmaßnahmen einleiten. Sacilor soll zur Schaffung von Arbeitsplätzen in anderen industriellen Bereichen in den Gebieten beitragen, die am meisten von einem Abbau von Arbeitsplätzen in der Stahlindustrie betroffen sind. Dazu sollen 250 Mill. FF bereitgestellt werden.

5.7.3.4. Bull

Die Gruppe verfolgt folgende allgemeine Ziele:
- die Erreichung einer wirklichen technologischen Autonomie in den strategischen Bereichen,
- ein Beitrag zur Verbesserung der Außenhandelsbilanz,
- die Verteidigung des Beschäftigungsniveaus.

Die Realisierung dieser Ziele impliziert einen starken Umsatzanstieg, die Rückkehr zum finanziellen Gleichgewicht bis 1986 und einen verstärkten Forschungsaufwand.
Die Strategie von Bull wird ein zentrales Ziel, eine bedeutende Weltmarktstellung, verfolgen, das durch den Ausbau des internationalen Netzes und die Erhöhung der industriellen Kompetenz erreicht werden soll.
Die industrielle Entwicklung soll sich auf vier Gebieten vollziehen:
- der Mini- und Mikroinformatik,
- den Mittel- und Großcomputern,
- Informatikdienstleistungen
- Herstellung von Peripheriegeräten

Zur Entwicklung in diesen vier industriellen Gebieten werden fünf horizontale Programme entwickelt:
- die Verbesserung der Qualität, der Verteilung und der Wartung der Produkte,

- Reorganisierung des Managements der Gruppe, um eine größere Anpassungsfähigkeit und eine größere Verantwortlichkeit der einzelnen Einheiten herzustellen,
- Entwicklung der Präsenz der Gruppe im Ausland,
- Einrichtung einer Kooperation, die eine bedeutende Erhöhung der technischen Kompetenzen und die Teilung der Kosten der Forschung mit sich bringt,
- Sicherstellung einer guten Ausbildung für die Kunden des Unternehmens.

Zum anderen wird Bull an der Realisierung der Ziele der Solidarität und des nationalen Interesses teilnehmen, besonders bezüglich:
- der Bildung im Rahmen des Programms 'Produktionskette Elektronik',
- der Bereicherung des sozialen Dialogs im Rahmen des Gesetzes zur Demokratisierung des öffentlichen Sektors,
- der Beziehungen mit dem industriellen Geflecht und den PMI durch ein Engagement für die technologische Information und die technische Unterstützung.

Zur Realisierung dieser Ziele erhält die Gruppe 1983 vom Staat eine Eigenkapitalzufuhr von 1,5 Mrd. FF.

5.7.3.5. CGE

Der Vertrag stützt sich auf die vom Unternehmen entwickelten mittelfristigen Ziele. Die Aktivitäten der Gruppe gliedern sich in drei Bereiche: Energie und Transport, Unternehmensausstattungen und Großanlagen, Telekommunikation und Informatik. In allen drei Gebieten ist die strategische Orientierung der Gruppe die Entwicklung der Aktivitäten, bei denen sie am ehesten auf europäischer und internationaler Ebene eine herausragende Stellung erobern kann.
Im Bereich der traditionellen Aktivitäten der Gruppe soll das technische und industrielle Potential ausgebaut, die internationa-

le Wettbewerbsfähigkeit erhöht und die technologische Unabhängigkeit verstärkt werden.
Zum anderen bestätigt der Vertrag den Auftrag der Gruppe zur Entwicklung von neuen Aktivitäten im Rahmen des Programms 'Produktionskette Elektronik':

- die Gruppe muß ihr technologisches Potential mobilisieren, um ein 'Programm Produktionsanlagen' zu entwickeln. Bis 1990 sollen 5% des Weltmarktes von Industrierobotern und flexiblen Werkstätten erobert werden,
- die CGE wird einen nationalen Pol der Büroelektronik bilden, der sich auf die Telekommunikationsaktivitäten der Gruppe stützt,
- die CGE wird ihre Kapazitäten bei den berufsmäßigen elektronischen Ausstattungen vergrößern, insbesondere auf dem Gebiet der optischen Meßinstrumente und der Informatik,
- die Gruppe soll sich zu einem der beiden nationalen Pole der Bildübertragung entwickeln. Dieses Gebiet dient auch als bevorzugte Achse der Expansion auf dem Weltmarkt,
- die CGE setzt ihre Anstrengungen auf dem Gebiet der Energieeinsparungen und der Substitutionsenergien fort.

1983 wird das Unternehmen 2,9 Mrd. FF investieren. Die staatlich finanzierte Erhöhung des Eigenkapitals und des Quasieigenkapitals der Gruppe beläuft sich für 1983 auf 896 Mill. FF. Die Gruppe trägt zu einer verstärkten Mobilisierung der Beschäftigten bei, insbesondere durch die Erleichterung der Einstellung von 18 - 25jährigen und eine verbesserte berufliche Weiterbildung. Die selbstfinanzierten F&E-Aufwendungen betragen 1983 2,1 Mrd. FF und werden im Verlauf der nächsten Jahre angehoben werden. CGE wird ihre Exporte bis 1987 verdoppeln, ihr internationales Netz ausbauen und internationale Abkommen anstreben, die insbesondere zur Vergrößerung des Exportes dienen. Die CGE wird außerdem die Verbindungen mit den PMI ausbauen, indem sie diese technologisch berät, deren Produkte über das eigene Exportnetz vertreibt und Dauerverträge mit den Zulieferern abschließt.

5.7.3.6. Die Planverträge im Vergleich zur Unternehmensentwicklung und zur industriepolitischen Programmatik

Die auffälligste Gemeinsamkeit der dargestellten Planverträge ist die Abwesenheit eines beschäftigungspolitischen Konzeptes. Der Planvertrag mit Renault enthält überhaupt keine beschäftigungspolitischen Auflagen. Bull erklärte sich zur Aufrechterhaltung des Beschäftigungsstandes bereit und CGE verpflichtete sich lediglich zu einer Steigerung der Mobilität der Beschäftigung, die mit Einstellungserleichterungen für 18-25jährige einhergehen soll . Bei Usinor und Sacilor wird immerhin ausgehend von der impliziten Annahme von bedeutenden Kapazitätsreduzierungen ein Sozialplan mit Arbeitszeitverkürzungen und Frühverrentungen vorgesehen (eine Arbeitszeitverkürzung in diesem Bereich über die 39-Stundenwoche hinaus wurde allerdings nie realisiert). Die Prozedur der Planverträge leistet daher keinen Beitrag zu einer positiven Beschäftigungsentwicklung. Dies muß um so katastrophaler erscheinen, als es sich bei den Unternehmen CGE und Bull um die Speerspitzen der Modernisierungsstrategie der Regierung handelt, die noch am ehesten eine positive Entwicklung der Beschäftigungszahlen ermöglichen können müßten. Dementsprechend kommt eine Studie des INSEE zum Ergebnis, daß seit Mitte 1982 die "Abnahme der Beschäftigung im öffentlichen wie im privaten Sektor denselben Umfang gehabt" (Ottenwaelter/Turpin 1983) hat. Diese Entwicklung muß als Ergebnis des systematischen Nichteinsatzes der Planverträge zu beschäftigungspolitischen Auflagen seitens der Regierung gesehen werden.
Die Planverträge klammern systematisch das Problem der Orientierung der Unternehmenspolitik an der Rückeroberung des Binnenmarktes und der Errichtung von Produktionsketten aus. Der Planvertrag mit CGE sieht zwar eine Entwicklung von neuen Aktivitäten im Rahmen des Programms 'Produktionskette Elektronik' vor, dieser Bezug muß jedoch als verbal erscheinen, da die anderen im Planvertrag enthaltenen Festlegungen direkt dieser Orientierung entgegenstehen. Dies wird sogar klar ausgesprochen, wenn es heißt, daß die Entwicklung derjenigen Aktivitäten vorangetrieben

werden soll, mit denen am ehesten eine führende Stellung in Europa oder auf dem Weltmarkt erreicht werden kann. Für die Eroberung des Weltmarktes wird sogar eine Prozentzahl für den Bereich der Industrieroboter und der flexiblen Werkstätten angegeben (5% bis 1990), während die Rückeroberung des Binnenmarktes mit keinem einzigen Wort erwähnt wird. Im Fall der CGE entspricht insofern die strategische Linie des Planvertrages auch der wirklich verfolgten Unternehmensstrategie (vgl. Abschnitt 5.4.1). Ebenso sieht der Planvertrag mit Bull vor, daß sich die Strategie der Gruppe um ein zentrales Ziel herum, die Erreichung einer starken Weltstellung, organisiert. Hier taucht immerhin noch das Ziel des Beitrags zum Außenhandelsgleichgewicht und der Steigerung des Anteils am französischen Markt auf. Der Planvertrag mit Renault gibt lediglich Weltmarktexpansionsziele (7% des Weltmarktes) an. Für die Investitionspolitik des Unternehmens ist lediglich die Höhe der Investitionen festgelegt, nicht aber die Frage angesprochen, inwieweit sie ausschließlich zum Aufbau der Produktionskapazitäten im Ausland genutzt werden.
Die Planverträge mit Usinor und Sacilor lesen sich geradezu wie ein Katalog nicht eingehaltener Versprechen, wenn z.B. bei Usinor von der Stabilisierung des Beschäftigungsniveaus und der Schaffung neuer Arbeitsplätze rund um die restrukturierten Produktionsstätten die Rede ist. Ebenso hatte sich Sacilor verpflichtet, in den Produktionsstätten, die am stärksten von Arbeitsplatzverlusten betroffen sind, neue Arbeitsplätze in anderen industriellen Bereichen zu schaffen. Die Politik der beiden Unternehmen bis zum Restrukturierungsplan der Regierung im März 1984 war exakt nach der entgegengesetzten Logik orientiert, nämlich nicht nur keine Ersatzarbeitsplätze (Konversion, Diversifikation) zu schaffen, sondern die Regierung zu einem möglichst radikalen Konzept von Kapazitätsreduzierungen und dem damit verbundenen Arbeitsplatzabbau zu drängen, bei dem der Gesichtspunkt der "Erhaltung der regionalen sozio-ökonomischen Gleichgewichte", zu der man sich verpflichtet hatte, in keiner Weise irgendeine Rolle gespielt hat.
Insgesamt lassen sich zwei Arten von Widersprüchen feststellen:

1. Die Widersprüche zwischen den Planverträgen und der realen Unternehmensentwicklung nach dem Abschluß der Planverträge. Diese bestehen zwischen der Gesamtheit der in den Planverträgen mit den beiden Stahlunternehmen enthaltenen Verpflichtungen und der realen Unternehmenspolitik genauso, wie zwischen den (nur beiläufig und in widersprüchlicher Weise erwähnten) Festlegungen bestimmter nationalisierter Unternehmen (z.B. Bull) auf eine an der Vergrößerung der Binnenmarktanteile ausgerichteten Strategie und der Beibehaltung der alten Marktlückenstrategie in der wirklichen Unternehmenspraxis.
2. Die Widersprüche zwischen dem Planinhalt und dem Inhalt der Planverträge. Diese bestehen vor allem zwischen den im 9. Plan enthaltenen Beschäftigungszielen und dem vollständigen Verzicht der Regierung zum Ausnutzen der Planverträge zu beschäftigungspolitischen Zielen. Zum anderen enthält auch noch der 9. Plan, obwohl in ihm die Bedeutung des Produktionskettenkonzepts und der Rückeroberung des Binnenmarktes geringer ist als noch im PI, einige Passagen über die Notwendigkeit des Aufbaus von Produktionsketten in den 'neuen Industrien'. Diese Passagen lassen sich ebenfalls nicht mit der eindeutigen Dominanz vereinbaren, die die Orientierung der Eroberung von Weltmarktanteilen in den Planverträgen gegenüber einer Orientierung an den Binnenmarktbedürfnissen einnimmt.
Beide Arten von Widersprüchen lassen sich durch die Existenz von zwei in Bezug auf die Unternehmensentwicklung existierenden Plantypen erklären:
1. Die individuellen Entwicklungspläne der einzelnen nationalisierten Gruppen werden von den Direktionen dieser Unternehmen ausgearbeitet und dann den Aufsichtsgremien vorgelegt. Diese Entwicklungspläne sind eine Projizierung der Entwicklung der verschiedenen Unternehmensaktivitäten gemäß verschiedenen konjunkturellen Entwicklungsvarianten. Sie haben daher einen sehr hohen Grad an Konkretisierung, stellen aber nicht die strategische Ausrichtung der Unternehmensaktivitäten infrage (z.B. Umorientierung von der Marktlückenstrategie auf eine Strategie der Rückeroberung des Binnenmarktes). Im Rahmen dieser Pläne existiert

kein beschäftigungspolitisches Konzept, die Beschäftigung erscheint vielmehr als Restgröße der sonstigen Planung, was zumeist mit der Akzeptierung der Stagnation oder des Sinkens der Beschäftigung einhergeht. Ebensowenig ist in diesen Unternehmensplänen eine Einbettung der Unternehmensaktivitäten in das regionale ökonomische Geflecht enthalten. Zentrales Problem ist jedoch, daß die Direktionen der nationalisierten Gruppen von sich aus in den meisten Fällen (vgl. Abschnitt 5.4) die Vergrößerung der kurzfristigen Rentabilität durch eine Privilegierung bestimmter Exportmärkte zuungunsten einer Produktionskettenstrategie in den Unternehmensentwicklungsplänen festgeschrieben haben.
2. Die Planverträge zwischen Regierung und nationalisierten Unternehmen sind hingegen weitaus weniger detailliert, d.h. sie sehen lediglich recht allgemeine Orientierungen vor (Streben nach der Aufrechterhaltung des Beschäftigungsstandes, Streben nach einem positiven Beitrag zu einer ausgeglichenen Außenhandelsbilanz usw.). Sie werden erheblich später abgeschlossen als die unternehmensinterne Planung festgelegt wird.
Damit entsteht das Grundproblem, unter der Voraussetzung, daß die Planverträge ein effizientes Mittel der Umsetzung der Planinhalte des nationalen Plans sein sollen, die nationalen und an einer gesamtgesellschaftlichen Logik orientierten Ziele ex post in die Unternehmensplanung miteinzubeziehen. Die konkrete Form, in der die vorliegenden Planverträge abgeschlossen worden sind, d.h. die Addierung einiger allgemeiner Zielsetzungen zu einer sehr konkreten und langfristigen Unternehmensplanung, in der bereits eine andere Strategie eingegraben ist, muß letztendlich gegenüber der wirklichen Unternehmensentwicklung äußerlich bleiben.
Ein taktisches Kalkül der nationalisierten Unternehmen verstärkt das genannte Problem. Da die Planverträge auch die Höhe der staatlichen Beiträge zur Eigenkapitalerhöhung enthalten, Finanzierung und strategische Ausrichtung also in gewisser Weise gekoppelt sind, liegt es nahe, daß die Direktionen leicht dazu bereit sein werden, auf der Ebene von sehr allgemeinen Festlegungen den Forderungen der Vertreter des zuständigen Ministeriums

nachzukommen, ohne jedoch von vornherein die Absicht zu haben, die schon vorher festgelegte Unternehmensstrategie wirklich den vereinbarten Zielen anzupassen. Somit läßt sich aber feststellen, daß die vorliegende Form der Planverträge nicht in der Lage ist, den Druck zur Einhaltung von Auflagen, der von der Verknüpfung mit der Finanzierung der nationalisierten Unternehmen ausgehen könnte, in der entsprechenden Weise einzusetzen.
Während somit die erste der beiden oben genannten Widerspruchsarten (Widersprüche zwischen Planvertrag und realer Unternehmensentwicklung) aus der durch die Planverträge nicht wesentlich eingeschränkten Macht der einzelnen nationalisierten Unternehmen erklärt werden kann, die Unternehmensentwicklungsplanung autonom vorzunehmen, muß die zweite Widerspruchsart (Widersprüche zwischen den Planverträgen und der industriepolitischen Programmatik des nationalen Plans) aus dem Verhalten der Regierung erklärt werden. Entweder ist die Verhandlungsposition der Regierungsvertreter in den Verhandlungen mit den Direktionen der nationalisierten Unternehmen (aus noch zu bestimmenden Gründen) zu schwach gewesen, um die im nationalen Plan enthaltenen Ziele in den Planverträgen verankern zu können, oder die Regierung hat von vornherein darauf verzichtet, in die Autonomie der Unternehmensführung einzugreifen. Im wahrscheinlicheren zweiten Fall aber kann von einem fast vollständigen Funktionsverlust der planification ausgegangen werden, da die Regierung, die sowohl bei der Planerstellung als auch bei der Planexekution die zentrale Rolle spielt (vgl. Abschnitt 5.7.1), sich eines der entscheidendsten Instrumente zur Plandurchsetzung entledigt hätte. Eine solche Entwicklung der industriepolitischen Praxis der Regierung muß sogar als konsequent erscheinen, wenn man die Entwicklung der Diskurse über die entscheidende Rolle der Unternehmen bei der industriellen Umstrukturierung betrachtet, die seit dem Amtsantritt von Laurent Fabius als Industrieminister im März 1983 stattgefunden hat.
Die in den Abschnitten 5.7.2 und 5.7.3 analysierten Mängel in der verbindlichen Plandurchsetzung von oben nach unten, also vom nationalen Plan bis hinunter zur Entwicklung der einzelnen Unter-

nehmensstrategien, muß umso schwerer wiegen, als unsere Analyse der Mitwirkungsmöglichkeiten der Beschäftigten in den Betrieben im Abschnitt 5.6 ergeben hatte, daß auch die Begrenzung der Führungsautonomie der Unternehmensstrategien von unten, also durch die Beschäftigten, nicht erreicht worden ist.
Zusammenfassend kann also festgestellt werden, daß die dezentralisierte marktwirtschaftliche Entscheidungsstruktur weder in Bezug auf den privaten noch in Bezug auf den nationalisierten Sektor wesentlich in Frage gestellt worden ist und damit die Errungenschaften, die mit der Erweiterung des nationalisierten Sektors bestanden haben, nicht zur Einführung von Elementen einer neuen ökonomischen Logik genutzt worden sind.

5.8. Zusammenfassung

In Abschnitt 5.1 wurde die Umgestaltung der industriellen Produktion als dem zentralen Ort der Produktion des gesellschaftlichen Reichtums in der Perspektive der Selbstvergesellschaftung der Menschen als Gegenstand der sozialistischen Industriepolitik bestimmt. Als Fundament einer solchen Perspektive muß die nationale Souveränität durch den Aufbau eines Modells der autozentrierten Akkumulation vergrößert werden. Die Analyse der subalternen Stellung Frankreichs innerhalb der internationalen Arbeitsteilung in Kapitel 2 hat gezeigt, wie die Unterwerfung eines Landes unter die industrielle und technologische Domination der USA und Japans (abgeschwächt auch der BRD) in den ökonomischen Reproduktionsprozeß der Gesellschaft und damit in ihre gebrauchswertmäßige Struktur eingegraben ist. Das Modell der autozentrierten Akkumulation will den Reproduktionsprozeß der betreffenden Gesellschaft so umgestalten, daß die in die gebrauchswertmäßigen Strukturen eingegrabenen Abhängigkeitsverhältnisse reduziert werden. Dabei muß an verschiedenen Punkten des Reproduktionsprozesses angesetzt werden. Der Begriff der Rückeroberung des Binnenmarktes faßt die Herstellung eines neuen Verhältnisses zwischen der Ausrichtung der nationalen Produktion an der nationalen Nachfrage und der Verstärkung der nationalen

Nachfrage nach der nationalen Produktion. Der Begriff der Importsubstitution bezieht sich auf einen Aspekt der Rückeroberung des Binnenmarktes, nämlich den Aufbau oder Ausbau der Produktion eines bestimmten Produktes, mit dem die angebotsseitigen Bedingungen zu einer Umorientierung der nationalen Nachfrage geschaffen werden können. Der Begriff der Produktionskette faßt eine spezifische Art der Verflechtung von Nachfrage- und Angebotsstrukturen, bei der die Nachfrage der Unternehmen auf das Angebot der in der industriellen Produktion vorgelagerten Stufen tätigen Unternehmen ausgerichtet ist und umgekehrt.
Mit den Nationalisierungen des Jahres 1982 hat die französische Regierung eine notwendige Bedingung erfüllt, um die Einleitung einer Strategie der autozentrierten Akkumulation vornehmen zu können. Der in Abschnitt 5.2 analysierte Anteil des öffentlichen Sektors an der industriellen Gesamtproduktion und an einer Reihe von strategisch wichtigen Branchen war im großen und ganzen (von einigen Problemfällen wie z.B. dem Werkzeugmaschinenbau abgesehen) ausreichend, um den Aufbau von Produktionsketten und die Orientierung der Produktion an der Rückeroberung des Binnenmarktes einzuleiten.
In den Abschnitten 5.4 und 5.5 wurde die Notwendigkeit des ökonomischen Wachstums für die Rückeroberung des Binnenmarktes herausgearbeitet. Eine gebrauchswertmäßige Domination kann nur durch einen mit hohen und oftmals erst in der mittleren oder langen Frist rentablen Investitionen verbundenen Prozeß des Umbaus der gebrauchswertmäßigen Struktur durchbrochen werden. Diese grundlegende Notwendigkeit fand ihren Niederschlag im plan intérimaire, der das Wachstum sowohl für eine Umstrukturierung des privaten Sektors notwendig hielt als auch ausdrücklich die Forderungen nach einer kurzfristigen Rentabilität der Investitionen im öffentlichen Sektor ablehnte.
In der ersten Phase der Industriepolitik vom Mai 1981 bis zum Frühjahr 1982 stand die Vorbereitung der Gesetze zu den Nationalisierungen und zur Reform der Mitwirkungsmöglichkeiten der Beschäftigten in den privaten Unternehmen im Zentrum des Interesses. Ein Gesamtkonzept für die neuen Unternehmensstrategien

im öffentlichen Sektor konnte erst langsam ausgearbeitet werden, da mit vielen Nationalisierungen auch umfangreiche Umstrukturierungen der betroffenen Konzerne durchzuführen waren. Erst nach der Zusammenlegung von Industrie- und Forschungsministerium am 29. Juni 1982 und der Obernhame des vereinigten Ministeriums durch Chevènement, der vorher nur Forschungsminister war, wurde mit sukzessivem Ende des Nationalisierungs- und Umgruppierungsprozesses die reale Basis für den umfassenden Einsatz des öffentlichen Sektors zu einer Strategie der autozentrierten Akkumulation geschaffen.
Gleichzeitig verengte sich jedoch der industriepolitische Handlungsspielraum. Mit dem ersten Sparprogramm vom Frühjahr 1982 und dem zweiten Sparprogramm vom Frühjahr 1983 verhinderte die veränderte konjunkturpolitische Orientierung der Regierung in zunehmendem Maße einen ausreichenden Investitionsprozeß im privaten Sektor.
Damit wurde allerdings der durch das projet socialiste vorgezeichnete Weg verlassen. Dort war ein notwendiger Zusammenhang zwischen Wachstum und der zur Herstellung der ökonomischen nationalen Souveränität erforderlichen Produktionskettenstrategie hergestellt worden. Dieses Abweichen muß als Kehrseite eines anderen Abweichens verstanden werden. Denn das projet socialiste hatte auch gefordert, daß jeder ökonomische Aufschwung mit industriepolitischen und außenwirtschaftlichen Maßnahmen gekoppelt sein muß, die ein Ansteigen des Außenhandelsdefizites verhindern. Die Folgen der einen Abweichung wurden im Verlauf des Jahres 1982 von der Mehrheit der Regierungsmitglieder zum Argument gemacht, daß man ebenfalls von der Verbindung von Wachstum und Industrieller Umstrukturierung abweichen müßte.

Nachdem um die Jahreswende 1982/1983 eine weitere Verschärfung des Sparkurses der Regierung abzusehen war, bat Chevènement am 2. Februar 1983 in einem vertraulichen Brief an Mitterand um seinen Rücktritt[1]. Darin betonte er, daß er unter den Bedingungen

---

[1] Der Inhalt dieses Briefes wurde erst nach der Regierungsumbildung am 22.3.83und der Ablösung von Chevènement durch Laurent Fabius bekannt.

der aktuellen konjunkturpolitischen Ausrichtung seine industriepolitische Mission nicht erfüllen könnte. Inoffiziell betraf die Auseinanderentwicklung von Chevènement und der Regierungsmehrheit jedoch nicht nur den Widerspruch zwischen Konjunktur- und Industriepolitik, sondern auch die Ausrichtung der Industriepolitik selbst. Chevènement wurde vorgeworfen, er mische sich mit dirigistischen Methoden in die Führung der nationalisierten Unternehmen ein. Hinter diesem auf der Ebene des persönlichen Führungsstil formulierten Vorwurf steht jedoch eine grundsätzliche Differenz: Chevènement hielt an einem makroökonomischen Denken auch in Bezug auf die nationalisierten Unternehmen und an der Produktionskettenstrategie fest, während die Mehrheit der Regierungsmitglieder zusammen mit der Veränderung der Konjunkturpolitik auch einen veränderten industriepolitischen Diskurs entwickelte. Die Diskussion über die finanziellen Belastungen der privaten Unternehmen wurde mehr und mehr zum Anlaß genommen, die Rolle des in der Festlegung seiner Strategie freien und finanziell "gesundeten" Unternehmens bei der Modernisierung der französischen Wirtschaft in den Vordergrund zu stellen. Im Verhältnis zu den nationalisierten Unternehmen zielte diese veränderte Orientierung auf die Verpflichtung, daß das betriebswirtschaftliche finanzielle Gleichgewicht im öffentlichen Sektor bis 1985 wiederhergestellt sein muß. Damit wich man vor der Argumentation der Rechten zurück, die in ihrer Kritik der Nationalisierungen die Defizite der nationalisierten Unternehmen in den Vordergrund rückte.
Mit Laurent Fabius, der am 22. März 1983 im Rahmen einer Kabinettsumbildung das Industrie- und Forschungsministerium übernahm, wurde der offizielle Sprachgebrauch des Industrieministeriums der generellen Umorientierung angepaßt. Fabius betont beispielsweise, daß

> "eine systematische Präsenz vom Anfang bis zum Ende (einer Produktionskette, die Verfasser) sich auch als Ursache einer Beschränkung erweisen kann. Sie kann sogar die Ursache dafür sein, daß bestimmte 'technologische Sprünge' versäumt werden. Es ist klar, daß wir nicht alles machen werden können." (zit. nach Dethomas 1984)

Entsprechen dieser Grundeinstellung hat Fabius weitgehend selbst auf den Versuch einer Einflußnahme auf die Strategien der nationalisierten Unternehmen in der Perspektive der Errichtung von Produktionsketten verzichtet und sein ganzes Engagement auf die Propagierung der Entwicklung der "diffundierenden Technologien" (technologies diffusants) und den Technologietransfer in den Bereich der PME gerichtet. In den Beginn der Amtsperiode von Fabius fällt der Abschluß der meisten Planverträge mit den nationalisierten Unternehmen. Der 9. Plan ist nichts anderes als die programmatische Vergegenständlichung der sich im Verlauf des Jahres 1983 manifestierenden Umorientierung der industriepolitischen Diskurse[1]. Nunmehr ist die eine Produktionskettenstrategie und eine Rückeroberung des Binnenmarktes ausschließende Verpflichtung der nationalisierten Unternehmen zur kurzfristigen finanziellen Rentabilität der Investitionen auch im nationalen "Plan" festgeschrieben.

Die Errungenschaften der Jahre 1981 und 1982, die Eroberung der Staatsmacht, die Nationalisierungen und die Möglichkeit der Neugestaltung des Verhältnisses zwischen Staat und nationalisierten Unternehmen, sowie zwischen Staat und Beschäftigten in Bezug auf den Planungsprozeß, wurden nicht zur Schaffung der Grundelemente einer autozentrierten Akkumulation genutzt. Es kann im Zusammenhang dieser Arbeit nicht darum gehen, die industrielle Entwicklung, die sich ohne die Nationalisierungen von 1982 vollzogen hätte, mit der gegenwärtigen Entwicklung zu vergleichen. Ein solches Unterfangen würde sicherlich zu dem Ergebnis führen, daß eine Reihe der betroffenen Konzerne ohne die nach den Nationalisierungen vom Staat empfangenen Eigenkapitalerhöhungen und sonstigen finanziellen Leistungen eine weitergehende Einschränkung ihres Aktivitätsspektrums und eine erheblich geringere Investitionstätigkeit entwickelt hätten. Ebenfalls wären unter einer UDF- oder RPR- Regierung eine Reihe von sozialen Maßnahmen (wie z.B. der Konversionsurlaub) für die von den Konversionsplänen betroffenen Stahl-, Schiffsbau- und Kohlebergwerksarbeiter nicht

---

[1] Unsere Analyse der planification in Abschnitt 5.7.1 hat gezeigt, daß sich die Regierung weitgehend "ihren eigenen" Plan schafft.

entstanden. Doch alle diese Aspekte können nichts daran ändern, daß es der Industriepolitik der französischen Regierung nach 1981 bisher nicht annäherungsweise gelungen ist, Investitionen, Beschäftigung und Absatzstrategie der nationalisierten Unternehmen, geschweige denn der Unternehmen des privaten Sektors, an einer neuen ökonomischen Logik zu orientieren. Die alten Kriterien der Unternehmensführung bestehen fort, und die Entwicklung der Industriepolitik scheint immer mehr darauf hinauszulaufen, selbst den Versuch der Durchsetzung einer den marktwirtschaftlichen Entscheidungsprozeß beschränkenden gesellschaftlichen Logik zu unterlassen.

Damit muß aber, gemessen an den programmatischen Aussagen des projet socialiste und den in Abschnitt 5.1 entwickelten allgemeinen Ansprüchen an eine sozialistische Industriepolitik, die Industriepolitik der französischen Regierung von 1981 bis heute als weitgehend gescheitert angesehen werden.

Nachbemerkung

Mit dem Scheitern der Koalition von PS und PCF ist ein hegemoniefähiges Linksbündnis in Frankreich für einen bedeutenden historischen Abschnitt, wenn nicht vollkommen unmöglich, so doch höchst unwahrscheinlich geworden. Eine präzise Analyse der Konjunktur- und Beschäftigungspolitik sowie der Industriepolitik der neuen französischen Regierung läßt es jedoch nicht als gerechtfertigt erscheinen, von einem Scheitern des linken Projektes zu sprechen, das grob mit den strategischen Komponenten des projet socialiste umrissen werden kann. Die Rede von einem Scheitern in diesem Zusammenhang würde voraussetzen, daß zumindest der offensive und kontinuierliche Versuch einer Umsetzung des projet socialiste unternommen worden wäre. Davon kann jedoch keine Rede sein: Nach dem begrenzten Erfolg der Beschäftigungs- und Einkommenspolitik in der keynesianischen Phase der Wirtschaftspolitik kam die Wende zur Angebotspolitik. Die mit dieser Wende verbundene Stagnation der Massenkaufkraft wurde als die einzig mögliche Politik zur Reduzierung des Außenhandelsbilanzdefizites dargestellt. Der Ausspruch des Freihandelsdogmatikers Delors, "eine andere Politik ist nicht möglich", wurde zum geflügelten Wort der Regierungspropaganda. Doch die so erzielte konjunkturelle und nicht strukturelle Verbesserung der Außenhandelsbilanz wurde teuer erkauft. Nicht nur der sich im Verlauf der Jahre 1983 und 1984 beschleunigende Anstieg der Arbeitslosenquote, sondern auch der zunehmende Widerspruch zwischen Konjunktur- und Industriepolitik mußten eine Regierung immer unglaubwürdiger machen, deren höchste Ziele einmal die Verbesserung der Beschäftigungssituation und die Initiierung eines auf die Nachfragestruktur des Binnenmarktes ausgerichteten Investitionsaufschwunges gewesen sind. Der politische Zyklus der Herausbildung eines hegemoniefähigen Projektes einer sozialistischen Gesellschaftsveränderung ist durch die Politik der sozialistischen Partei in zunehmendem Maße unmöglich gemacht worden.

Aber wie konnte es überhaupt zu einer Situation kommen, in der die Neoklassiker und die Freihandelsdogmatiker es schafften, das Außenhandelsbilanzdefizit als evidentes Argument für ihre

Politik zu beanspruchen? Entgegen der weitverbreiteten Position, daß die Naivität der Keynesianer den Weg in die Sackgasse eröffnet hat, muß darauf verwiesen werden, daß das Anwachsen des Außenhandelsbilanzdefizites während des Jahres 1981 für keinen der wirtschaftspolitischen Akteure überraschend gekommen sein kann. Denn das projet socialiste forderte, daß jeder Nachfrageaufschwung durch industrie- und außenhandelspolitische Maßnahmen begleitet sein muß, die einen Anstieg des Außenhandelsbilanzdefizites verhindern. Die unter den gegebenen französischen Bedingungen katastrophalen Folgen einer Vereinigung von Keynesianismus und Freihandelsdogma waren also bekannt. "Wenn es Naivität gegeben hat, war sie weniger ökonomisch als politisch" (J.-P. Chevènement in einem Interview, in: En Jeu, Nr.5, 35). Es war die Naivität derjenigen, die meinten, die widersprüchlichen Interessen, die sich innerhalb der beiden Regierungsparteien entwickelt hatten, zeitweilig durch einen naiv-keynesianischen Diskurs versöhnen zu können. Unsere Analyse der Entwicklung der wirtschaftspolitischen Programmatik hatte ergeben, daß sich verdeckt vom gemeinsamen Bezug von PS und PCF auf das programme commun eine zunehmende Divergenz zwischen den ökonomischen Zielen der beiden Parteien entwickelt hatte. Diese spitzte sich vor allem in der Frage zu, inwiefern Frankreich versuchen sollte, selbst zu einer international dominanten Ökonomie zu werden, oder einen auf den Aufbau von Produktionsketten und die Rückeroberung des Binnenmarktes ausgerichteten Entwicklungsweg einzuschlagen.

Die spezifische Kombination von Keynesianismus und Freihandelsdogma muß vor diesem Hintergrund vorrangig durch zwei Faktoren erklärt werden: Zum einen erlaubte das politische Kräfteverhältnis innerhalb des PS und zwischen PS und PCF noch keine offene Umorientierung auf vorwiegend angebots- und weltmarktorientierte Strategien - der keynesianische Diskurs konnte noch als politischer "Kitt" der zunehmend disparaten Strömungen innerhalb der französischen Linken dienen. Zum anderen erlaubte der keynesianische Diskurs der Regierung das Agieren in der Form der Stellvertreterpolitik: In einer Situation, in der die Linke <u>ohne</u> eine gesellschaftliche Hegemonie die Regierungsmacht erobert hat, hätte eine Realisierung des projet socialiste allerdings gerade die Initiierung einer Massenbewegung erfordert,

die sich gegen die Inkohärenz zwischen Konjunktur- und Außenhandelspolitik und damit für ein Vorantreiben eines wirklich alternativen ökonomischen Entwicklungsweges einsetzt.
Doch warum sind die angebots- und weltmarktorientierten Kräfte innerhalb des PS im Vorfeld des Wahlkampfes von 1981 nicht offensiver gegen eine Politik aufgetreten, von deren katastrophalen Folgen sie überzeugt waren? Ohne in eine intentionalistische Betrachtungsweise zu verfallen, kann festgestellt werden, daß das Scheitern einer nicht hinsichtlich der spezifischen Stellung Frankreichs innerhalb der internationalen Arbeitsteilung abgesicherten keynesianischen Strategie objektiv den Repräsentanten der Neoklassik genützt hat. Die wirtschaftspolitische Wende hat es auch verstanden, eine ideologische Wende herbeizuführen: Die nahegelegte "Erkenntnis", daß mit dem Keynesianismus der ersten Phase jeder Ansatz diskreditiert sei, der auf keynesianische Elemente zurückgreift, hat sich in Frankreich mehr und mehr durchgesetzt und bildet zunehmend eine der ideologischen Gemeinsamkeiten zwischen der Mehrheit der PS-Regierungsmitglieder und der bürgerlichen Opposition. Damit rückt aber auf der wirtschaftspolitischen Ebene die Möglichkeit eines neuen Bündnisses in Sicht. Angesichts der tendentiellen Unmöglichkeit für den PS, nach den Parlamentswahlen von 1986 allein oder gemeinsame mit den Kommunisten zu regieren, liegt eine Verbindung mit der UDF oder mit Teilen der UDF im Bereich des Möglichen.Gegen die Wahrscheinlichkeit eines solchen Bündnisses spricht allerdings nicht nur der (dann noch radikalere) Identitätsverlust des PS als sozialistischer Partei - Bad Godesberg würde nicht mehr nur einfach praktiziert, sondern auch formell in einer Koalition abgesichert. Vor allem das Kalkül der rechten Opposition, die Regierungsmacht erst 1988 mit den Präsidentschaftswahlen übernehmen zu wollen, wenn das Image der Sozialisten noch mehr verschlissen ist, spricht gegen eine solche neue Koalition.
Jenseits aller an dieser Stelle verfehlten Prognostik ist jedoch der Aspekt hervorzuheben, daß die Wirtschaftspolitik des PS objektiv eine Konstellation herbeigeführt hat, die eine solche Koalition mit einer bürgerlichen Partei möglich und von einem eingeschränkten machttaktischen Standpunkt aus sogar notwendig gemacht hat.

Literaturverzeichnis

AGLIETTA, Michel/ BRENDER, Anton, 1984: Les métamorphoses de la Société salariale, la France en projet, Paris

ALBERS, Detlev/ GOLDSCHMIDT, Werner/ OEHLKE, Paul, 1971: Klassenkämpfe in Westeuropa, Reinbek bei Hamburg

ALTVATER, Elmar, 1983: Der Teufelskreis der Auslandsverschuldung - Der Weltmarkt auf dem Weg in eine Kreditkrise?, in: Prokla 52/1983

ALTVATER, Elmar/ HÜBNER, Kurt/ STANGER, Michael, 1983: Alternative Wirtschaftspolitik jenseits des Keynesianismus, Opladen

ANCONA, Albert, 1983: Vers le renouveau, in: EP, März 1983

ANDREFF, Wladimir, 1975: Développement de la firme multinationale et sectoralisation mondiale de la production, Paris.

ANDREFF, Wladimir, 1976: Profits et structure du capitalisme mondial, Paris

ANDREFF, Wladimir, 1983: Multinationales: Le IXe Plan contre le Plan, in: Equ, Planification, Socialisme et le IXe Plan, Sondernummer, 1983/1984

ANNUAIRE STATISTIQUE de la France, versch. Jhrg, Paris

ATTALI, Jacques, 1978: La nouvelle économie française, Paris

ATTALI, Jacques, 1981: Les trois mondes, Paris

AXT, Heinz-Jürgen, 1978: Staat, multinationale Konzerne und politische Union in Westeuropa, Köln

BAILLY, Daniel, 1984: Thomson, in: EP, März 1984

BALIBAR, Etienne/ BOIS, Guy/ LABICA, Georges/ LEFEBVRE, Jean-Pierre,1979: Ouvrons les fenêtres, camarades!, Paris

BAUER, Michel, 1983: De profondis au magnétoscope européen, in: Intervention, 1983, Nr. 4

BAUER, Michel/ COHEN, Elie, 1983: Nationalisations 82: Mythe ou réalité?, in: Cahiers du CRMSI, 1983,Nr. 2

BEAUD, Michel, 1983: Le mirage de la croissance, Paris

BEAUJOLIN, François, 1983: Y a-t-il un apport syndical spécifique au développement industriel de la France?, in: REi, 1983, Nr. 23

BIENAYMÉ, Alain, 1983: Réflexions sur le neuvième plan, in: EH, 1983, Nr. 274

BILLAUDOT, Bernard/ GRANOV, André, 1983: La gauche et la crise, in: Tm, 1983, Nr. 443

BLANC, Jacques/ BRULE, Chantal, 1983: Les nationalisations françaises en 1982, Paris

BUCI-GLUCKSMANN, Christine, 1981: Gramsci und der Staat, Köln

BOCK, Hans Manfred, 1977: Die Sozialistische Partei in Frankreich, ein Literaturbericht, in: Das Argument 1977, H.1o5

BOUBLIL, Alain, 1977: le socialisme industriel, Paris

BOUVIER, Jean/ CARON, François, 1982: Structures des firmes, emprise de l'état, in: Braudel, F./ Labrousse, E. (Hrsg.): Histoire économique et sociale de la France, Bd. IV,2, Paris

BRIERE, Jacques, 197o: Nationalisierung und demokratische Unternehmensführung als Basis einer wirklichen Demokratie auf dem Weg zum Sozialismus, in: Marxismus Digest 2/1973

BÜHLER, Marcel, 1981: Weltmarkt, internationale Arbeitsteilung und nationale Reproduktion, in: Prokla 44/1981

BIPE (= Bureau d'informations et de prévisions économiques), 1983: L'économie française en 1984, Perspectives macroéconomiques, Bd.1, Paris

BUSCH, Klaus, 1979: Ursachen und Perspektiven der Wirtschafts- und Währungsunion in der EG, in: WSI-Mitteilungen 5/1979

CAMUS, B./ DELATTRE, M./ DUTAILLY, J.C./ EYMARD-DUVERNAY, F./ VASSILLE, L., 1981: La crise du système productif, Paris

CARON, François, 1982: L'industrie: secteurs et branches, in: Braudel, F./ Labrousse, E. (Hrsg.). Histoire économique et sociale de la France, Bd. IV,3, Paris

CAZES, Bernard, 1983: Les traits nouveaux de la planification française, in: EH, 1983, Nr. 274

CHARZAT, Michel, 1981: Rapport de la commission spéciale de l'assemblée nationale, Paris

CHARZAT, Michel/ TOUTAIN, Ghislaine/ CHEVENEMENT, Jean-Pierre, 1977: CERES-Strategie für den Sozialismus, Hamburg/Berlin

CHOLLIER, Gilbert, 1983: Utiliser son secteur public pour un nouvel élan, in: EP, März 1983

CHOLLIER, Gilbert, 1983a: Après le départ de Chalandon ne plus perdre de temps, in: EP, Juli/August 1983

CHOLLIER, Gilbert, 1984: Rhône-Poulence, in: EP, März 1984

CHOLLIER, Gilbert/ MARX, Bernard, 1983: Et si Elf s'intéressait enfin à la France,in: EP, Mai 1983

CHOLLIER, Gilbert/ MARX, Bernard, 1984: Elf, in: EP, März 1984

CLERC, Denis, 1983: Energie: la révison déchirante, in: Equ, Planification, Socialisme et IXe Plan, Sondernummer 1983/1984

COHEN, Daniel/ OUDIZ, Gilles/ de VILLEPIN, Roland, 198o: Enjeux du système monétaire européen, in: Statistiques et études financières, série orange, 198o, Nr. 41

COMMISSARIAT GENERAL DU PLAN, 1984: La marge de manoeuvre à court-moyen terme, Paris

COMMISSION DE REFORME DE LA PLANIFICATION, 1982: Rapport au ministre d'Etat, ministre du Plan et de l'Aménagement du Territoire, Paris

COMMISSION NATIONALE DE PLANIFICATION, 1982: Préparation du IXe Plan, Paris

COTTA, Alain, 1977: La France et l'impératif mondial, Paris

DANO, Jean-Marie, 1983: Soigner l'industrie française du biomédical, in: EP, Februar 1983

DAUBA, Michel, 1984: Bull, in: EP, März 1984

DE BANDT, Jacques, 1983: La politique industrielle: réponse de l'Etat-Nation à la crise?,in: REi, 1983, Nr. 23

DELORS, Jacques, 1983: Les grandes orientations du Budget de l'Etat pour 1984, in: Projet de Loi de Finances pour 1984

DEMELE, Ottwald, 1981: Ursachen der Inflation, Frankfurt/New York

DEMELE, Ottwald, 1983: Ursachen der Massenarbeitslosigkeit und gewerkschaftliche Gegenstrategien, in: FHW-Forschung, 1o/1983

DEMELE, Ottwald/ SCHOELLER, Wolfgang, 1983: Nachfrageorientierte Wirtschaftspolitik - zum Scheitern verurteilt? (Manuskript)

DEPPE, Frank (Hrsg.), 1975: Europäische Wirtschaftsgemeinschaft (EWG), Zur politischen Ökonomie der westeuropäischen Integration, Reinbek bei Hamburg

DERVICHE, Fred, 1982: Silence on tourne, in: Equ, 1982, Nr. 18/19

DETHOMAS, Bruno, 1984: Le glissement vers un capitalisme d'Etat, in: Le Monde vom 14.2.1984

DEUBNER, Christian, 1979: Internationalisierung als Problem alternativer Wirtschaftspolitik, in: L 1/1979

DEUBNER, Christian/ REHFELDT, Udo/ SCHLUPP, Frieder, 1978: Deutsch-französische Wirtschaftsbeziehungen im Rahmen der weltwirtschaftlichen Arbeitsteilung: Interdependenz, Divergenz oder strukturelle Dominanz?, in: PICHT 1978.

DEUBNER, Christian/ REHFELDT, Udo/ SCHLUPP, Frieder/ ZIEBURA, Gilbert, 1979: Abschlussbericht des Forschungsprojektes "Internationalisierungsprozess und Staatsinterventionismus in Westeuropa" (unveröffentlicht), Konstanz

DEUBNER, Christian/ REHFELDT, Udo/ SCHLUPP, Frieder/ ZIEBURA, Gilbert, 1979a: Die Internationalisierung des Kapitals, Frankfurt a.M.

DEVISMES, Dominique, 1982: Acier: La Gauche au laminoir, in: Equ, 1982, Nr. 21

DUBARRY, Jean-Pierre, 1983: L'internationalisation de l'industrie française, in: CF, 1983, Nr. 211

DUBART, Jean-Charles, 1983: Le renouveau du charbon: A quel prix? , in: EP, Februar 1983

DUHAMEL, Olivier/ WEBER, Henri (Hrsg.), 1979: Changer le PC?, Débats sur le gallocommunisme, Paris

DUNST, Karl-Heinz, 1983: Portfolio Management, Konzeption für die strategische Unternehmensplanung, Berlin/New York

DUONG, Philippe, 1982: Ne pas laisser le plan de relance aux seuls mains des patrons, in: EP, Juni 1982

DUONG, Philippe, 1983: Un transfert à rectifier, in: EP, Juli/August 1983

ERNST-PÖRKSEN, Michael, 1981: Staatsverschuldung und Sozialabbau, in: spw 12/1981

ESAMBERT, Bernard, 1971: La priorité industrielle, wiederabgedruckt in: CF, 1983, Nr. 212

FAYOLLE, Jachy/ SALAIS, Robert, 1984: Objectiv emploi, Paris

FENET, Jean-Marc, 1983: L'emploi, solde ou priorité?, in: Equ, Planification, Socialisme et IXe Plan, Sondernummer, 1983/1984

FERRAND, Roger, 1983: Tenir les engagements, in: EP, Juni 1983

FONTAINE, Pierre, 198o: L'industrie automobile en France, Paris

GÄRTNER, Edgar, 1977: Die Krise der französischen Linksunion, in: Blätter für deutsche und internationale Politik, 1977, H. 11

GALLUS, Jacques/ SOULAGE, Bernard, 1979: Les Variables d'Austerlitz, Le socialisme et la vigueur économique, Paris

GAURON, André, 1983: Histoire économique et sociale de la cinquième république, Bd. 1

GILLY, Jean-Pierre/ MARIN, François, 1981: Les Groupes industrielles en France, Notes et Etudes documentaires Nrn. 46o5-46o6
GOLDBERG, Jörg, 1978: Krisen und Überproduktion, in: Alternative Wirtschaftspolitik, Methodische Grundlagen - Analysen und Diskussion, Berlin/West (= Argument-Sonderband (AS) 35)
GOLDTSCHMIDT, Werner, 1978: Bruch der Linksunion, in: SOPO, 1978, Nr. 43
GRAMSCI, Antonio, 1967: Philosophie der Praxis. Frankfurt a.M.
GRESI (= Groupe de Réflexion pour les Stratégies Industrielles), 1976: Etudes politiques industrielles - La division internationale du travail, Bde. 1 und 2, Paris
GREVET, Patrice, 1982: Sur le devenir de la planification en France, in: Issues, 1982, Nr. 13
GRJEBINE, André, 1984: L'état d'urgence, Paris
GUIBERT, Bernard, 1975a: La mutation industrielle de la France, Bde. 1 und 2, Paris
GUIBERT, Bernard, 1975b: L'enjeu de la crise, in: Tm, 1975, Nr. 345
HAUPT, Heinz-Gerhard/ KOCH, Claus, 1978: Schwierigkeiten mit Frankreich, in: L 1/1978
HESS, Josef, 1983: Auch die AMC hat ihren Lee Iacocca, aber er ist Statthalter der Regie Renault in USA, in: Handelsblatt vom 8.12.1983
HERITIER, Pierre, 1984: Un Plan? Pour quoi faire?, in: CFDT aujourd'hui, 1984, Nr. 65
HERZOG, Philippe, 1982: L'économie à bras-le-corps, Paris
HICKEL, Rudolf, 1978: Die theoretischen Grundlagen des Memorandums, in: Alternative Wirtschaftspolitik, Methodische Grundlagen - Analysen und Diskussion, Berlin/West (= Argument-Sonderband (AS) 35)
HOLMES, Peter, 1983: Le neuvième plan: une perspective d'Outre-Manche, in: EH, 1983, Nr. 274
HOLZKAMP, Klaus, 1973: Sinnliche Erkenntnis - Historischer Ursprung und gesellschaftliche Funktion der Wahrnehmung, Frankfurt a.M.
HOLZKAMP, Klaus, 1983: Grundlegung der Psychologie. Frankfurt a.M.
HOLZKAMP-OSTERKAMP, Ute, 1975:Grundlagen der psychologischen Motivationsforschung, Bde. 1 und 2, Frankfurt a.M./ New York

HUSTER, Ernst-Ulrich/ KRAIKER, Gerhard/ SCHERER, Burkhard/ SCHLOTMANN, Friedrich-Karl/WELREKE, Marianne, 1972: Determinanten der westdeutschen Restauration, Frankfurt a.M.

JAULIN, Jean, 1983: La querelle du chiffrage: Les scénarios irréalistes, in: Equ, Planification, Socialisme et IXe Plan, Sondernummer, 1983/1984

JUQUIN, Pierre, 1977: Programme commun: l'actualisation à dossiers ouverts, Paris

JUQUIN, Pierre, 1983: Produire français, le grand défi, Paris

KALDOR, Mary, 1981: Rüstungsbarock, Berlin

KATZENSTEIN, Robert, 1978: Union der Parteien oder Union der Massen, in: SOPO, 1978, Nr. 43

KISKER, Klaus-Peter/ HEINRICH, Rainer / MÜLLER, Hans-Erich/ RICHTER, Rudolf/ STRUVE, Petra, 1982: Multinationale Konzerne, Ihr Einfluss auf die Lage der Beschäftigten, Köln

KOLM, Serge-Christophe, 1983: Sortir de la crise, Paris

KRÜGER, Stefan, 1982: Disproportionen zwischen Realkapital und Geldkapitalakkumulation - Bedingungen einer alternativen Geld- und Währungspolitik, in: Staatsgrenzen, hrsg. v. Ernst-Pörksen, M./ Hosfeld-Guber, J./ Lohmann, K.-E./ Prior, B., Berlin/West (=Argument-Sonderband (AS) 89)

LACROIX, Daniel, 1982: Renault, in: EP, September 1982

LAFAY, Gérard, 1979: Intégrer la demande, Pour une stratégie cohérente de specialisation, in: CF, 1979, Nr. 19o

LE BOUCHER, Eric, 1983: La machine-outil: Dans l'attente d'une reprise des investissements, in: Le Monde vom 8.4.1983

LE BOUCHER, Eric, 1984: Le secteur de la machine-outil régresse, in: Le Monde vom 24.5.1984

LE COMPROMIS GEOGRAPHIQUE, 1976, in: Répères, les Cahiers du Ceres, Juni 1976

LE FRANC, Jean-Daniel, 1984: Industrie - le péril français, Paris

LE GUELTE, Georges, 1983: Les enjeux de politique industrielle dans le neuvième plan, in: EH, 1983, Nr. 274

LEITHÄUSER, Gerhard, 1978: Nationalisierungen im gemeinsamen Regierungsprogramm - eine linksorientierte industriepolitische Alternative?, in: L 1/1978

LEMETTRE, Jean-François, 1983: Pour une politique du système industriel, in: REI, 1983, Nr. 23

LE MONDE, 1983: Les nouveaux droits des travailleurs, Paris
LE PORS, Anicet, 1977: Les béquilles du capital, critère de nationalisation, Paris
LE PORS, Anicet, 198o: Marianne à l'encan, Paris
LES TEMPS MODERNES, 1983: La politique économique de la gauche en question, Sondernummer, 1983, Nr. 441 Bis
LIPIETZ, Alain, 1983: L'échec de la première phase, in: LES TEMPS MODERNES 1983
LIPIETZ, Alain, 1984: L'audace ou l'enlisement, Paris
LUSSATO, Bruno, 1983: Déconvenues financières et retard technologique?, in: Le Monde vom lo.5.1983
MAGNIEZ, Jacques, 1983: La production industrielle n'est pas suivi la demande intérieure en 1982, in: ES, 1983, Nr. 159
MAIER, Rolf, 1978: Investitionsplanung in Frankreich: eine kritische Darstellung der Methoden und Möglichkeiten, in: Jahrbuch der Sozialwissenschaft, 1/1978
MANDRIN, Jacques, 1983: Le socialisme et la France, Paris
MARCHAND, O./ RAULT, D./ TURPIN, E., 1983: Des 4o heures aux 39 heures: processus et réactions des entreprises, in: ES, 1983, Nr. 154
MASSE, Pierre, 1977: L'éloge du Plan, in: CF, 1977, Nr. 181
MAZIER, Jacques, 1982: La politique industrielle 1974-1981: essai de bilan (unveröff. Manuskript)
MAZIER, Jacques, 1983 Les limites de la stratégie de redéploiement, in: CF, 1983, Nr. 212
MAZIER, Jacques, 1983b: Les moyens de la réussite, in: EJ, 1983, Nr. 4
MAZIER, Jacques, 1983c: Le réalisme de l'ambition, in: EJ, 1983, Nr. 4
MAZIER, Jacques/ STOFFAES, Christian, 1982: Le repli industriel en Europe: l'exemple de la France, in: Une politique industrielle pour la France, Actes des journées de travail des 15 et 16 novembre 1982, Paris
MAZIER, J./ BASLE, M./ VIDAL, J.F., 1984: Quand les crises durent..., Paris (im Erscheinen)
MENYESCH, Dieter/ UTTERWEDDE, Henrik, 1978: Wirtschaftliche und soziale Strukturen in der Bundesrepublik, in: PICHT 1978
MENYESCH, Dieter/ UTTERWEDDE, Henrik, 1982: Frankreich, Wirtschaft, Gesellschaft, Politik, Opladen

MEW (= Marx, Karl/ Engels, Friedrich: Werke in 39 Bänden und 2 Ergänzungsbänden), Berlin/DDR, 1956-1966

MICHALET, Charles-Albert/ DELAPIERRE, Michel/ MADEUF, Bernadette/ OMINAMI, Carlos, 1983: Nationalisations et internationalisations, Paris

MILAN, Nicolas, 1984: Le péril français: retards à la compétitivité, in: politique aujourd'hui, 1983/1984, Nr. 3

MINISTERE DE L'INDUSTRIE ET DE LA RECHERCHE, 1983: Débat de stratégie industrielle, Paris

MINISTERE DE LA RECHERCHE ET DE L'INDUSTRIE, 1983: Une politique industrielle pour la France, Actes des journées de travail des 15 et 16 novembre 1982, Paris

MISTRAL, Jacques, 1974: Vingt ans de redéploiement du commerce extérieur, in: ES, 1974, Nr. 37

MISTRAL, Jacques, 1975: Commerce extérieur et croissance française: une mutation?, in: Statistiques et études financières, série orange, 1975, Nr. 2o

MISTRAL, Jacques, 1978: Compétitivité et formation de capital en longue période, in: ES, 1978, Nr. 97

MISTRAL, Jacques, 1983: Les dépendences de la Françe en matière de bien d'équipement, in: REi, 1983, Nr. 23

MITTERAND, François, 1982: Technologie, emploi et çroissance, in: Le Monde vom 6. und 7.6.1982

MONNET, Jean, 1977: Ainsi naquait la planification française, in: CF, 1977, Nr. 181

MORIN, François (Hrsg.), 1977: La banque et les groupes industrielles à l'heure des nationalisations, Paris

MORVAN, Yves, 1983: La politique industrielle française depuis la Libération: quarante années d'interventions et d'ambiguïtés, in: REi, 1983, Nr. 23

MOYNOT, Jean-Louis, 1983: Dialogue social et décision industrielle, in: Tm, 1983, Nr. 443

MÜLLER-OHLSEN, Lotte, 1952: Strukturwandlungen und Nachkriegsprobleme der Wirtschaft Frankreichs, Tübingen

MÜLLER-OHLSEN, Lotte, 1967: Wirtschaftsplanung und Wirtschaftswachstum in Frankreich, Tübingen

MUTEAU, Gérard, 1983: De l'atelier au IXe plan ou comment recenser les besoins, in: EP, Mai 1983

NERZEY, Bertrand, 1982: Les relations économiques extérieures de la France, Paris

9e PLAN DE DEVELOPPEMENT ECONOMIQUE, SOCIAL ET CULTUREL 1984-1988, Bd. 1, Les choix du 9e Plan, Paris

9e PLAN DE DEVELOPPEMENT ECONOMIQUE, SOCIAL ET CULTUREL 1984-1988, Bd. 2, La stratégie et les grandes actions, Paris

9e PLAN DE DEVELOPPEMENT ECONOMIQUE, SOCIAL ET CULTUREL 1984-1988, Les moyens d' exécution du 9e Plan, Paris

OECD-Wirtschaftsberichte, Frankreich, Paris, März 1983

OECD-Main economic indicators, Paris, Juli 1984

OTTENWAELTER, Benoit/ TURPIN, Etienne, 1983: Les difficultés de l'industrie n'epargnent pas les entreprises publiques, in: ES, 1983, Nr. 159

PAGE, Jean-Pierre, 1981: Profil économique de la France, Paris

PALLOIX, Christian, 1975: L'internationalisation du capital, Paris

PALLOIX, Christian, 1977: Procès de production et crise, Paris

PARTI COMMUNISTE FRANÇAIS, 1978: Programme commun de gouvernement actualisé, Paris

PARTI SOCIALISTE, 1972: Changer la vie - Programme de Gouvernement du Parti Socialiste, Paris

PARTI SOCIALISTE, 1975: Quinze Thèses sur l'autogestion, in: Le Poing et la Rose, Paris (Sonderdruck)

PARTI SOCIALISTE, 1977: 89 réponses aux question économiques, Paris

PARTI SOCIALISTE, 1978: Le programme commun de gouvernement de gauche - propositions socialistes pour l'actualisation, Paris

PARTI SOCIALISTE, 198o: Projet socialiste - Pour la France des années 8o, Paris

PARTI SOCIALISTE, 198oa: Socialisme et industrie, actes du colloque politique industrielle et nationalisation, Paris

PARTI SOCIALISTE, 1983: Nationalisations: La voie française, les actes du colloque, Paris

PERRIN, Michel, 1984: C.I.T.-Alcatel, in:EP, März 1984

PFISTER, Thierry, 1977: Les Socialistes, Paris

PICHT, Robert (Hrsg.), 1978: Deutschland-Frankreich-Europa, Bilanz einer schwierigen Partnerschaft, München/Zürich

PLAN INTERIMAIRE, 1981: Stratégie pour deux ans 1982-1983, projet de loi, Paris (veröffentlicht im November)

PONSON, Bruno, 1983: Textile-habillement: un secteur en mutation, in: Regards sur l'actualité, 1983, Nr. 93
POULANTZAS, Nico, 1978: Staatstheorie, Hamburg
POUR LE SOCIALISME, 1974: Le livre des assise du socialisme, Paris
PRIESTER, Karin, 1982: Hat der Eurokommunismus eine Zukunft?, München
PROGRAMME COMMUN, 1972 = programme commun de gouvernement du parti communiste et du parti socialiste, Paris 1972
PROJET DE LOI DE FINANCES POUR 1984, in: Les notes bleues, 3.-9. Oktober 1983
QUATREPOINT, Jean-Michel, 1983: Bull: Toujours le dos au mur, in: Le Monde vom 22.9.1983
QUATREPOINT, J.-M. , 1983a: Une carte bien mal jouée, in: Le Monde vom 4.11.1983
RAPPORT D'EXECUTION du plan intérimaire 1982-1983, hrsg. v. Commissariat Général du Plan et d'Aménagement du Territoire, Paris, 23.11.1983
REHFELDT, Udo, 1978: Gemeinsames Programm, Krise und internationale Arbeitsteilung - Die Grenzen des Reformismus, in: L 1/1978
REHFELDT, Udo, 1983: Beteiligungsrechte und Möglichkeiten der Arbeitnehmer zur Steuerung des technischen Wandels in Frankreich, Länderbericht für die 17. internationale Tagung der Sozialakademie Dortmund vom November 1983 (im Erscheinen)
REGARDS SUR L'ACTUALITÉ, 1982: Nationalisations, Sonderheft, 1982, Nr. 79
ROCARD, Michel, 1979: Parler vrai, Paris
ROCARD, Michel/ COMMISSSION ECONOMIQUE DU P.S.U., 1974: Propositions pour sortir de la crise, Paris
ROCHE, Claude/ ROUDAUT, Serge, 1983: A propos d'une fusion, in: EJ, 1983/1984, Nr. 8
ROSSEL, Jean, 1983: C.G.E., Thomson et la filière électronique, in: EP, Oktober 1983
ROUCAUTE, Yves, 1981: Le PCF et les sommets de l'Etat, Paris
ROUCAUTE, Yves, 1983: Le parti socialiste, Paris
SACHVERSTÄNDIGENRAT zur Begutachtung der gesamtwirtschaftlichen Lage, diverse Jahresgutachten

SANIO, Erhard/ BREUER, Wilhelm M., 1975: Die EWG und die Krise des kapitalistischen Währungssystems, in: DEPPE 1975

SAVARY, Julien, 1981: La France dans la Division Internationale du Travail, in: Revue économique, 1981, Nr. 4

SAVARY, Julien, 1983: Pour une politique sélective vis-à-vis des investissements étrangers en France, in: REi, 1983, Nr. 23

SCHLUPP, Frieder, 1979: Internationalisierung und Krise - das "Modell Deutschland" im metropolitanen Kapitalismus, in: L 1/1979

SCHURIG, Volker, 1975: Naturgeschichte des Psychischen, Bd. 1 und 2, Frankfurt a.M.

7e PLAN DE DEVELOPPEMENT ECONOMIQUE ET SOCIAL 1976-198o, La documentation française, Paris 1976

SILVAIN, Roger, 1983: N'y a-t-il pas autre chose à faire?, in: EP, März 1983

SPECIAL INDUSTRIE, 1977: Les Socialistes jugent la politique industrielle française, in: Le Nouvel Observateur, Sondernummer, April 1977

STATISTISCHES JAHRBUCH der Bundesrepublik Deutschland, versch. Jhrg., Wiesbaden

STATZ, Albert, 1975: Zur Geschichte der westeuropäischen Integration bis zur Gründung der EWG, in: DEPPE 1975

STOFFAES, Christian, 1978: La grande menace industrielle, Paris

STOFFAES, Christian, 1979: L'avenir de l'industrie automobile, in: CF, 1983, Nr. 192

STOFFAES, Christian, 1983: Politique industrielle de la France, in: Lattre, André de: Les cours de droit, Paris

THEORIEN ÜBER IDEOLOGIE, 1979: Hrsg. v. Projekt Ideologietheorie, Berlin/West (= Argument-Sonderband (AS) 4o)

TINELLI, Michel, 1983: Remonter la pente, in: EP, Januar 1983

TUSSAU, Guy, 198o: Les industries électriques et électroniques, Paris

UTTERWEDDE, Henrik, 1979: Wirtschaft im Vergleich, Wirtschaftsstruktur und -politik in Frankreich und in der Bundesrepublik, ein Leitfaden, Tübingen

VERDIER, Robert, 1976: P.S.-P.C., Une lutte pour l'entente, Paris

VERGNAUD, Daniel, 1982: Mettre en oeuvre la stratégie de la reconquête du marché intérieur, in: EP, Juni 1982

WEBER, Henri, 1977: L'union de la gauche, in: Berger, Denis/ Vincent, Jean-Marie: La Ve République à bout de souffle, Paris

WESTPHAL, Andreas, 1983: Eine hundertprozentig synthetische Partei, in: spw 21/1983

WESTPHAL, Andreas, 1984: Auf der Suche nach der verlorenen Zukunft ..., in: spw 23/1984

ZARIFIAN, Philippe, 1983: Le redéploiement industriel, Paris

ZIEBURA, Gilbert, 196o: Die V. Republik, Frankreichs neues Regierungssystem, Köln/Opladen

ZIEBURA, Gilbert, 197o: Die deutsch-französischen Beziehungen seit 1945. Mythen und Realitäten, Pfullingen

Abkürzungsverzeichnis

CF	:	Cahiers français
EH	:	Economie et Humanisme
EJ	:	En Jeu
EP	:	Economie et politique
Equ	:	Economie en question
ES	:	Economie et Statistique
L	:	Leviathan
Prokla	:	Probleme des Klassenkampfes
REi	:	Revue d' économie industrielle
SOPO	:	Sozialistische Politik
spw	:	Zeitschrift für sozialistische Politik und Wirtschaft
Tm	:	Les Temps modernes

Verzeichnis der systematisch seit dem Januar 1981 ausgewerteten Tageszeitungen

Frankfurter Allgemeine Zeitung

Handelsblatt

Le Figaro

Le Monde

Les Echos

Liberation

Neue Zürcher Zeitung

Nouvel Observateur

Süddeutsche Zeitung

Kiersch, Gerhard / v. Oppeln, Sabine
Kernenergiekonflikt in Frankreich und Deutschland
144 S., kt., DM 15,80
ISBN 3-88840-202-6

Recht

Brückner, Jens A.
Schulrecht und Schulpolitik (Studienbuch)
420 S., Lin. geb., DM 28,00
ISBN 3-88840-100-3

Doeker, Günther (Hrsg.)
Entscheidungen des Bundesverfassungsgerichts zum Grundgesetz (Auszüge)
156 S., Lin. geb., DM 18,00
ISBN 3-88840-000-7

Rauch, Elmar
Die Sowjetunion und die Entwicklung des Seevölkerrechts
476 S., Lin. geb., DM 54,00
ISBN 3-88840-200-X

Schimmler, Bernd
Recht ohne Gerechtigkeit
Zur Tätigkeit der Berliner Sondergerichte im Nationalsozialismus
144 S., kt., DM 19,80
ISBN 3-88840-222-0

Soziologie

Berking, Helmut
Masse und Geist
Studien zur Soziologie in der Weimarer Republik
220 S., Lin., DM 36,00
ISBN 3-88840-204-2
220 S., Gb., DM 58,00
ISBN 3-88840-207-7

Jaeggi, Urs et. al.
Geist und Katastrophe
Studien zur Soziologie im Nationalsozialismus
336 S., Lin., DM 45,00
ISBN 3-88840-203-4
336 S., Geb., DM 85,00
ISBN 3-88840-206-9

Kaestner, Jürgen
Personalbibliographie
Heinz Maus (1911-1978)
80 S., kt., DM 24,80
ISBN 3-88840-223-9

Möding, Nori
Die Angst des Bürgers vor der Masse
245 S., kt., DM 29,80
ISBN 3-88840-224-7